北京师范大学史学探索丛书

陈其泰史学萃编

中国近代史学的历程

◎陈其泰 著

华夏出版社

图书在版编目（CIP）数据

中国近代史学的历程 / 陈其泰著. -- 北京：华夏出版社，2018.1
（陈其泰史学萃编）
ISBN 978-7-5080-9364-2

Ⅰ.①中… Ⅱ.①陈… Ⅲ.①史学史－研究－中国－近代 Ⅳ.① K092.5

中国版本图书馆 CIP 数据核字 (2017) 第 288425 号

陈其泰史学萃编·中国近代史学的历程

著　　者	陈其泰
责任编辑	杜晓宇　董秀娟　王　敏
责任印制	汪　军　周　然
出版发行	华夏出版社
经　　销	新华书店
印　　装	三河市万龙印装有限公司
版　　次	2018 年 1 月北京第 1 版 2018 年 1 月北京第 1 次印刷
开　　本	720×1030　1/16 开
印　　张	36.5
字　　数	526 千字
定　　价	88.00 元

华夏出版社　地址：北京市东直门外香河园北里 4 号　邮编：100028
网址：www.hxph.com.cn　电话：(010) 64663331 (转)
若发现本版图书有印装质量问题，请与我社营销中心联系调换。

陈其泰　广东丰顺人，1939年出生。1963年毕业于中山大学历史系。现为北京师范大学历史学院教授、博士生导师，山东大学兼职教授，全国哲学社会科学规划学科组成员，享受国务院政府特殊津贴专家。主要著作有：《陈其泰史学萃编》（九卷）、《中国史学史·近代卷》、《从文化视角研究史学》、《历史学新视野——展现民族文化非凡创造力》。主编《20世纪中国历史考证学研究》及《中国马克思主义史学的理论成就》，分获北京市第九届、第十一届哲学社会科学优秀成果二等奖、一等奖。发表论文、文章约三百篇。

就读于中山大学／1960 年

与白寿彝先生合影／1985 年

《北京师范大学史学探索丛书》
编辑委员会

顾　问　刘家和　瞿林东　郑师渠　晁福林
主　任　杨共乐
副主任　李　帆　易　宁
委　员（按姓氏笔画排序）
　　　　　宁　欣　刘林海　安　然　张　升
　　　　　张　皓　张　越　张荣强　张　建
　　　　　吴　琼　周文玖　罗新慧　郑　林
　　　　　庞冠群　侯树栋　姜海军　郭家宏
　　　　　耿向东　董立河

出版缘起

在北京师范大学的百余年发展历程中，历史学科始终占有重要地位。经过几代人的不懈努力，今天的北师大历史学院业已成为史学研究的重要基地，是国家"211"和"985"工程重点建设单位，首批博士学位一级学科授予权单位。拥有国家重点学科、博士后流动站、教育部人文社会科学重点研究基地等一系列学术平台，综合实力居全国高校历史学科前列，被列入国家一流大学、一流学科建设行列，正在向世界一流学科迈进。在教学方面，历史学院的课程改革、教材编纂、教书育人，都取得了显著的成绩，曾荣获国家教学改革成果一等奖。在科学研究方面，同样取得了令人瞩目的成就，在出版了由白寿彝教授任总主编、被学术界誉为"20世纪中国史学的压轴之作"的多卷本《中国通史》后，一批底蕴深厚、质量高超的学术论著相继问世，如十卷本《中国文化发展史》、二十卷本《中国古代社会与政治研究丛书》、三卷本《清代理学史》、五卷本《历史文化认同与统一多民族国家的发展》、二十三卷本《陈垣全集》以及《历史视野下的中华民族精神》、《上博简〈诗论〉研究》等巨著，这些著作皆声誉卓著，在学界产生较大影响，得到同行普遍好评。

上述著作外，历史学院的教师们潜心学术，以探索精神攻关，又陆续完成了众多具有原创性的成果，在历史学各分支学科的研究上连创佳绩，始终处在学科前沿。为了集中展示历史学院的这些探索性成果，我们组织了这套"北京师范大学史学探索丛书"，希冀在促进北师大历史学科更好发展的同时，为学术界和全社会贡献一批真正立得住的学术力作。这些作品或为专题著作，或为论文结集，但内在的探索精神始终如一。

当然，作为探索丛书，不成熟乃至疏漏之处在所难免，还望学界同仁不吝赐教。

北京师范大学历史学院
北京师范大学史学理论与史学史研究中心
北京师范大学史学探索丛书编辑委员会

自　序

我于1939年农历十月十九日出生在粤东韩江边的一个小镇。我的外祖父是清末秀才，曾担任本地一所小学的校长，母亲于20世纪30年代初在粤东著名的韩山师范学校就读，后来辍学出嫁到陈家，我舅舅是镇上中心小学的教师。我在少年时代经常随母亲到江对岸十几里地外的外祖父家，最有兴趣的一件事情，是读舅舅房间小楼上保存得很完整的《小朋友》《东方杂志》等书刊。我的父亲和叔叔也都上过中学，家里有一个小书橱，记得书架上摆有《辞源》，鲁迅、周作人、孙伏园的散文著作集，《三国演义》和中国地图、世界地图等书，因年龄小读不懂鲁迅的文章，而《三国演义》则很有吸引力，在家里曾经如饥似渴地读过。我母亲平日也常将她学习过的古诗和散文名篇给我背诵、讲解。因此，我从小就培养了阅读的兴趣，以后上初中、高中至大学，都喜欢在课余阅读文学作品和各种报章杂志，从中吸取知识和思想营养。

我的初中、高中阶段更有许多值得回忆的地方。1951年，我考入家乡的球山中学。在我就读的三年中，担任校长、教导主任的都是教育界的精英，又恰好学校从汕头、潮州聘来一批有学识、有新的观念和作风、热爱教育事业的青年教师，课程开设齐全，采用新的"五分制"，老师认真改进教学方法，重视课堂上师生互动，提高教学效果，体育课也上得新颖、活泼，活动多样，总之整个学校呈现出蓬勃向上的景象。1954年我考入丰顺中学读高中，学校设在县城，是县里的重点中学。这里不仅学校规模更大，环境更优美，更重要的是许多任课老师讲课都很精彩，每天引导我们在知识的海洋中畅游。县城离家乡山路一百里，我们这些来自球山中学的学生只有放寒假、暑假才回家，平时每个星期天上午都坐在教室里安静地做作业，或预习，下午则到操场锻炼身体，整理内务，生活过得很充实、愉快。在校也不是死读书，学校重视社会实践和参加生产，安排学生上山植树、挖水渠，参加附近乡村的生产劳动和抗旱，我虽然个子小，视力不好，但也能在烈日下蹬水车，蹬几个小时车水抗旱，干得劲头十足。从1951年上初中到1957年9月考入大学，这六年时间，正是新中国成立后国家蒸蒸日上、社会风气良好的时期，六年时间，我在老师指导下专心地读书，广泛地吸收知识，并且接触了一些社会实践。这是一段极其珍贵的岁月，使我以系统、坚实的各学科知识和奋发向上的社会理想武装了头脑，这对于我的人生道路和学术历程是极其重要的。在许多年之后，我的《史学与民族精神》出版，有一位作者在书评中说，"阅读本书能强烈地感受到著者论述诸多史家史著和文化传统时所怀有的昂扬、饱满的热情"。我以为这话讲出了书中的一个特点，而它恰恰是我在中学时代这一关键时期形成的世界观、价值观奠定的。

在中学阶段，我的文科、理科成绩都属优良，喜欢钻研数学、物理问题，记得高一《物理学》课本后面有约三百六十道总复习题，有的题很有难度，我利用假期大部分都做完了。当时对历史课兴趣一般，对地理却很有兴味，家中那两本《中国地图》《世界地图》是彩色大开本，虽是解放前出版的，却印制精美，又采用了一些很直观的显示方法，如"世界十大河流"，按比例并排地宛延画出每条河流从发源地流到海洋的示意图，依照当时测量的长度顺序为：密西西比河、尼罗河、亚马逊河、长江、多瑙河、黄河……并在地图边整齐地标出公里数，使读者一目了然，印象深刻难忘。我常常双手捧着"读"地图，一遍遍阅读、记忆图中城市、铁路、地形、河流、山脉、海岸线、港口、湖泊、名胜、沙漠、国界、省界、洲界等等，读得津津有味，许多知识历久而不忘。到了高中二年级时，我面临着高考选择什么志愿的问题。记得是和同学散步时一起议论，问到我报考什么时，我脱口而出："我当然报理工科。"立即有一位同学表示十分惊异，说："你怎么不报文科？你如果报理工科，考上名牌大学不一定有把握，如果报文科，就准能考上。"同学的话引起我的一番思索，我倒并不同样认为考文科定能考上最好的学校，而是考虑到自己先天性近视，报考理工科有许多限制；那就报文科吧！就这样，也没有请教过老师或其他长辈，报考文科的事情便这样决定了。到高三临近填报高考志愿时，班主任何方老师找我谈话，他是优秀数学老师，表示为我未报考理工科感到遗憾，建议我在志愿表中加填哲学系，说如学哲学，数理知识能有用处。事后多年回想起来，虽然我后来走上学习历史学科的道路，未能直接用上数、理学科知识，但是，在老师教育下长期下功夫学习数学、物理、化学、生物学等学科知识，长期地训练逻辑思维与严谨、严肃的治学态度和方法，对于以后在历史学领域的发展，仍然是十分重要的。

1957年高考，我幸运地考上中山大学历史系。这一年正赶上大学招生的"低谷"，因为上一年，全国"向科学进军"，大学扩大招生，到这一年就赶上调整压缩，全国只招生10.7万人，录取率为40%。丰顺中学由于师生奋发努力，成绩良好，录取率超过60%，且有不少学生考上全国著名大学，我的母校因而一下子在粤东出了名。考上中山大学，当然是我学习的新起点。踏进美丽的康乐园，见到一座座古典式建筑的教学楼，藏书丰富的图书馆，宽敞的操场……这里一切都是那么新鲜！特别是，历史学系拥有一批全国著名的教授，陈寅恪、岑仲勉、刘节、梁方仲、戴裔煊、董家遵、金应熙，还有当时比较年轻的李锦全、蔡鸿生等先生，他们有的亲自为我们授课，有的虽未授课却能读到他们的著作或耳闻师生对其为人为学的讲述，让青年学子感受到他们的学术风范。我就在这样优越的环境中认真读书，吮吸着智慧的甘露。

在中大，对我影响最大的是著名史学家刘节教授。他于1928年毕业于清华大学国学研究院，师从梁启超、王国维、陈寅恪先生研习古代史。曾任国立北平图书馆金石部主任，自1946年起长期在中山大学任教授（1950至1954年兼任系主任）。他于1927年撰成的《洪范疏证》是学术界首次对《尚书·洪范》篇撰成年代进行系统、严密考证的名文，梁启超曾称赞文中提出的见解"皆经科学方法研究之结果，可谓空前一大发明"。其后撰著的《好大王碑考释》《管子中所见之宋钘一派学说》均受到学界的重视。新中国成立后，刘先生曾撰有《西周社会性质》等多篇文章，主张西周已进入封建社会，并论述由低级奴隶社会向封建制度的过渡、社会发展的不平衡性与一贯性等带规律性问题。他多年开设史料学和史学史课程，著有《中国史学史稿》，对于历代修史制度、史籍之宏富多样和著名史家的成就均有详实的论述，见解独到，尤其重视历史哲学的发展，是中国史学史学科重要代表作之一，著名史学家白寿彝先生称誉该书和金毓黻先生所著《中国史学史》"同为必传之作"。我在校即听了刘节先生开设的"历史文选"课程，对他渊博的学识和认真教学的态度深感敬佩。后来先生为研究生讲授《左传》，也让我去听讲。1963年初，全国第一次统一招考研究生，我即选择了刘先生的"中国史学史"为报考志愿。大约至5月初，正值等待录取消息的时刻，有一次恰好在路上遇到刘先生，那时他是校务委员会委员，高兴地对我说：你已被录取，校务委员会已经讨论批准，报教育部备案,你可准备下学期初开学要用的书籍。当时我们都绝未料到,一场批判刘节先生的风暴即将刮起,后来发生的一切就都完全事与愿违。虽然自毕业离校后我再无机会见到刘节先生,但我今日从事的专业,渊源则始自大学时代受业于先生,师恩难忘。

1963年7月由中山大学毕业,我被分配到河南省工作,一直担任高中语文教师,至1978年。虽然在基层工作与科研机构差别很大,但我认真从事,十五年下来,自觉在对中国优良文化传统的认识,对古今名著名篇的钻研阐释,对语言文字的精心推敲运用等项,都有颇为深刻的体会,实也为此后学术研究之一助。粉碎"四人帮"之后,我国历史进入新时期,1978年全国恢复统一招考研究生,我有幸考取了白寿彝教授指导的"中国史学史专业"研究生,真正实现了大学时代从事本专业的梦想。

这时,正值全国拨乱反正、解放思想的年代,举国上下意气昂扬、千帆竞发,彻底批判极左路线、砸烂思想枷锁,呼唤科学的春天、重视知识重视人才,成为不可阻挡的时代洪流。我深深庆幸自己赶上了这个伟大的时代,庆幸投到名师门下受业深造。白寿彝先生在多个学科领域均深有造诣,他又担任全国人大常委、中国史学会主席团成员、中国社会科学院历史民族宗教三个研究所学术委员等多项职务,而他的主要精力则放在学术工作上,尤其专注于主编多卷本《中国通史》和推动中国史学史学科建设。其时先生已届七旬,但他不知老之将至,相反地是迎来他学术上最辉煌的时期,许多重要著作,正是在他人生道路最后二十年中完成的。他热爱伟大祖国的历史文化,同时他坚信以与时俱进、不断发展的马克思主义来指导学术研究和各项工作。"在唯物史观指导下从事新的理论创造"这句掷地有声的话,精当地概括了白寿彝先生的学术宗旨。他真正做到了把认识和总结客观的历史、体现当今的时代要求、关心国家和民族的未来三者有机地统一起来。他几十年的著述,则是把坚持正确的理论方向、丰富详实可靠的史料、恰当优美、雅俗共赏的表现形式三者有机地统一起来。

白先生担任总主编、汇集国内众多学者共同完成的多卷本《中国通史》（共十二卷，二十二巨册，总字数约一千四百万字），于1999年由上海人民出版社全部出版，被学术界誉为"20世纪中国史学压轴之作"。白先生又是中国史学史学科的重要奠基者和开拓者。他在这一领域辛勤耕耘达半个多世纪，出版有一系列重要著作，如：《史记新论》、《史学史教本初稿（上册）》、《历史教育与史学遗产》、《中国史学史论集》、《白寿彝史学论集》、《中国史学史》（第一册），并主编了《史学概论》、《中国史学史教本》、多卷本《中国史学史》等。他提出了许多精辟的论点和推进学科建设的构想，如，于50年代提出史学史研究要摆脱书目解题式格局，至80年代初进而提出要突破学术专史的局限，要总结史学如何反映了时代的特点和成功史书撰成之后又如何推动时代前进；论述研究史学史应区分精华与糟粕，传统史学是一笔宝贵遗产，应当根据时代的需要，大力继承和发扬；对于史著或一个时期的史学成就，应从历史思想、史料学、历史编纂学和历史文学四个方面来分析评价。又如，论述古代史家提出的问题可以作为今人观察历史与社会的思想资料；论述不应以凝固不变或互相孤立的观点看待古代几种主要史书体裁，而应看到其发展和互相联系，要从传统史学提出的改革历史编纂的主张获得启示，并设想以"新综合体"来撰写通史或断代史。事实证明，白先生提出的这些重要观点和命题，对于推进史学史研究均有指导性意义。先生领我走进学术殿堂，我研究生毕业后，即留在北京师范大学历史学院任教，前后跟随先生达二十一年，时时聆听教诲，使我受益终生。

我在研究生阶段除完成学位论文《论魏源的爱国主义史学著述》外，还撰写有《司马迁经济思想的进步性》《龚自珍的社会历史观》《史书体裁应有创新》《中国古代史学史分期问题》的论文。以后在教学与科研工作中，逐步确立了以先秦两汉史学，清代及近代学术史，20世纪中国史学等作为研究的重点。我念研究生时已三十九岁，深感时间珍贵，时不我待，因而认真读书、写作。先后出版的著作有十一种，主编的著作二种，另有合著三种。进入80年代以后，学术界出现前所未有的思想活跃局面，一方面是大胆破除旧的思想束缚，勇于探索和创新，另一方面，又出现不同观点的交锋和碰撞。我认为，置身于这样的环境实属难得，使我能够从多方面吸收思想营养，也启发我思考：在各种主张纷至沓来的时候，应当坚持正确观点，大力弘扬先辈们的优秀学术遗产，同时要防止和克服消极的倾向。只有这样，经过大家努力，才能不断创造学术发展的大好局面。在科研和教学工作中，我坚持两项基本指导思想。第一，史学史研究应当以发掘、阐释优良遗产为主；对于传统学术的精华，要根据时代需要加以改造和大力弘扬。第二，要充分占有材料，遵循"实事求是"的原则，严谨治学。既重视材料的发掘，又要重视理论的分析。"充分占有材料"应当包含三层意思，一是研究问题务必尽可能完备地搜集材料，通过发现新材料提出新见解，二是对材料要深入分析，去伪存真，去粗取精，三是尤应重视典型材料的价值，提供有力的论证依据。创新不是故意标新立异，不是为了取得轰动效应。尊重前人的成果，以之作为出发点，根据自己发掘的新材料，认真地进行广泛联系、上下贯通、客观辩证的分析，从而得出证据确凿、经得起时间考验的新见解，这才是学术创新的大道。

为了推进学术研究和中国史学史学科建设，我们应当着力探讨中国史学演进中带有关键性的问题，要努力总结和阐释那些显示出中国史学的民族特色，彰显民族文化伟大创造力，具有当代价值，具有中西融通学理意义的内容、思想、命题、方法，以展示传统史学和近现代史学的成就和独具魅力，促进中国学术向世界的传播。这是中国学人的时代责任。围绕这些问题，遵循这一思路，我鼓励自己深入探索，并力求作出新概括、新表述。举例来说，有以下八项。

(一) 从文化视角研究史学

中国古代史学高度发达，但以往对史家、史著的研究，却容易局限于单科性的局部范围之内。因此，应当跳出这种局限，转换角度，"从文化视角研究史学"。即是说：认识历史学的发展与文化学和其他学科有多向性的联系，它跟一个时代的文化走向、社会思潮有紧密联系，不可分割。因此，研究者应当跳出单科性研究的局限，将"史学"与"文化"作互动考察。即：探究和评价一部优秀的史著，应当与它所产生的时代之社会生活、民族心理、文化思潮、价值观念等结合起来，从而更恰当地揭示出这部优秀史著的思想价值，捉住书中跳动的时代脉搏。同时，"史学"与"文化"互动考察，又能通过更加准确评价优秀史家、史著的成就，增加我们对中国优秀文化传统丰富蕴涵的了解，更加深刻地认识中华文化的向心力、凝聚力和伟大创造力，提高民族自信心。我所著《史学与中国文化传统》《史学与民族精神》《再建丰碑》《学术史沉思录》等书，对于《史记》《汉书》《史通》《文史通义》，以及《春秋》《左传》《日知录》，乾嘉考史三大家钱大昕、王鸣盛、赵翼及龚自珍、魏源、崔述等名著、名家，都力求提出新的看法，作出新的阐释。

(二) 深入探索，揭示出史学演进的纵向联系和时代的特点

史学史作为一门专史，对它的研究应当将深度开掘与纵向考察二者相结合。前者是指对一部名著或一个时期的史学成就，应当从著述内容、编纂形式、同时代人的学术交往、史著与社会思潮的互动等项作深入的分析；后者是指应将史著置于史学长河的演进作纵向考察，探讨它对前代学术的承受、对后代的影响，它解决了史学演进中的什么问题而构成了新的学术高峰。还需注意对学术界曾经提出过的一些看法作出回应，或赞成、引申，或解疑、辩难，通过学术争鸣，以推进真知。如《史记》，之所以被赞誉为"史家之绝唱""传统史学之楷模"，这除了司马迁本人具

有雄奇的创造力以外,又决定于他对先秦各家学说精华的大力吸收,和对汉初多元文化格局的自觉继承。汉初思想家陆贾、贾谊、晁错等人吸收秦亡教训,谴责秦的文化专制政策,他们勇于提出自己的思想主张,同时重视吸收各家之长。如陆贾重视儒家"仁义"学说,又吸收道家、法家思想。司马谈《论六家要旨》总结各家学说,有肯定,也有批评,成为司马迁的重要学术渊源。汉初学术的多元化局面,是先秦百家争鸣的继响,是对秦朝文化专制政策的巨大超越,因而成为司马迁社会思想成长的肥沃土壤。当时,封建制度处于上升时期,具有蓬勃的活力,国家的空前统一,都为他的著述提供了极好的时代机遇,因而勇于提出"成一家之言"的目标,形成自由表达思想的高尚志趣。还有,以往有的哲学史教科书评价司马迁的思想倾向是"崇道抑儒",实际上,我们结合司马迁生活的时代,却能从书中举出大量证据,证明他高度评价"六经"对于治理国家的作用,以"继《春秋》"自任,书中评价人物和历史事件的标准均大量地以孔子的论断作为依据,其《孔子世家》系对孔子在文化史上的崇高地位作了全面的论述。所以梁启超称他是西汉时代独一无二的大儒。当然司马迁又善于吸收各家学说之所长,有拥抱全民族文化的宽广胸怀,他对道家的智慧和哲理也重视采纳。

　　再如《汉书》,本来历史上长期《史》《汉》并举,但是在一段时间内,《汉书》的评价却处于低谷。其中一个重要原因,是一度盛行"对立面斗争"的思维定势的影响,要肯定《史记》的杰出成就,称它是"异端"思想的代表,就要拿《汉书》作为陪衬,贬低它是"正宗"思想的典型。这与史学发展的实际情形大相径庭,需要结合中国史学的纵向发展与班固所处的时代环境作深入分析,重新评价《汉书》的历史地位。《史记》著成之后,成就卓异,人们仰慕不已,此后一百余年间只能"续作",写出若干零篇。这些续作者自褚少孙以下有十余人,所做的工作自觉不自觉地置于司马迁巨大成就的笼罩之下。他们并未意识到需要构建新的史学体系,而这个问题不解决,则"保存历史记载长期连续"的目的便会落空。试看,这些"续作"之大部分都已湮灭无闻,就是明证。班固既继承了司马迁的纪传体结构,同时又认识到"大汉当可独立一史",因而"断汉为史"。在内容上提供了时代所需要的历史教材,在构史体系上取得了重大突破,推动中国史学向前跨进一大步。以前,有的研究者对班固"宣汉"大加批评,认为是对封建皇朝唱赞歌。其实,与班固同时代的大思想家王充著《论衡》一书,内容有《宣汉》《恢国》《超奇》《齐世》等篇,都是记述和赞美汉朝比前代的进步。他并且尖锐地批评当时俗儒"好褒古而贬今",因为他们生下来读的就是颂扬三代的书,"朝夕讲习,不见汉书,谓汉劣不若",所以识古不识今。我们联系王充的大量论述,正可证明:班固是以其成功的史学实践回答了时代的需要。在历史编纂上,起自高祖,终于王莽,这一断代史格局正与以后历代皇朝周期性更迭相适应,所以被称为后世修史者"不祧之宗",历两千年沿用不改。进而再深入探析《汉书》的内容,有大量史实证明,班固发扬了司马迁的实录精神,"不为汉讳";在对汉初历史变局和藩国由猖獗到废灭等历史问题的阐述上,具有唯物主义的因素;有一定的人民性,尤其是对封建刑律的残酷作了深刻揭露;十志则在反映封建国家政治职能上提供了丰富的材料和很有价值的看法。简要言之,我们结合纵向和横向考察,可以雄辩地得出结论:《汉书》是一部适应时代需要的、继《史记》而起的巨著,在史学发展上无疑应占有崇高的地位。由于《汉书》的成功,自东汉至唐六百年间形成了一门发达的"汉书学"。

(三)对"经"与"史"作贯通考察,拓展史学史学科的研究领域

经史关系对史学研究有重要的意义。"六经"是中国文化的源头,是古代先民智慧的结晶。其中包含着关于自然、社会以及人类思维活动的现象和规律之深刻观察和概括,影响极其深远,

构成了中华民族的文化基因。"六经"在长期封建社会中处于独尊地位，成为政治指导思想和学术指导思想，因此，重视考察各个时代的经史关系，是深化史学史研究和拓展学术探索范围的关键之一。《春秋公羊传》即与史学的长期发展关系很大，它是儒家经典之一部，又是解释《春秋经》的三传之一，在西汉和晚清时期曾两度大盛于世，但因时过境迁，当代许多人都对它感到陌生。公羊学说既有深刻的政治智慧和精微的哲理，又包含有隐晦芜杂甚至怪异神秘的内容。研究这套学说，就特别需要思辨的智慧和剥离剔别的能力，才能于"荒诞丛中觅取最胜义"。公羊学说的源头，在于《春秋》之"义"，而《公羊传》对《春秋》大义的解释，便构成公羊学说具有活跃生机的内核。再经过汉代董仲舒和何休的大力推演，更成为有体系的学说，以专讲"微言大义"而在儒家经典中独具特色。我在以上分析的基础上，归纳、提炼出公羊学体系的三大特征：一是政治性。主张"大一统"，倡导适应时代需要而"改制"，"拨乱反正"，"为后王制法"，阐发经义以谴责暴君贼臣，关心民族关系。二是变易性。提出一套含义深刻的变易历史观，强调古今社会和制度都在变，变革是历史的普遍法则，时代越来越进步。三是解释性，或称可比附性。其优点是善于解释，在阐发经书"微言大义"的名义下，为容纳新思想提供合法的形式。但大胆解释又容易造成穿凿武断，随意比附，这又是明显的弊病。清中叶以后，研治春秋公羊学的学者甚众，有庄存与、孔广森，至晚清夏曾佑、皮锡瑞等十余家，写出风格多样的著作，经过深入探究、辨析，我们能够准确地把握住其演进脉络和本质特征。晚清公羊学说的展开，恰与清朝统治危机相激荡，又与新思想的传播相伴随、相呼应。它环环相扣，符合逻辑地有序展开，由庄存与揭起复兴序幕，至刘逢禄张大旗帜，至龚自珍、魏源改造发展，至达到极盛，成为近代维新派领袖康有为倡导变法维新的理论武器。戊戌前后，好学深思之士，都喜谈《公羊》。至 20 世纪初年，公羊学说在政治上的作用，随着变法失败而告终结，但在思想文化层面，它却成为中国学者接受西方进化论学说的思想基础，并且是五四前后兴起的"古史辨"派学术源头之一。这些足以证明，绅绎春秋学说，对于深化先秦、西汉史学的研究和清代、近代学术史的研究，确实裨益甚大。

（四）重视比较研究

比较研究的主要功能在于，它能够推进我们的认识能力，开阔我们的视野，使我们对研究对象的认识更加准确、更加深刻。事物的特点和意义是相比较而存在的，而且由于适当的比较而相得益彰。马克思研究资本主义的生产、交换、流通的特点，就不仅研究它们本身，还以之与前资本主义的生产方式相比较，与资本主义生产关系发展程度不高的国家作比较。比较不同时期的史学名著，就可以广泛地考察两者之间联系、继承、发展的各个侧面，更加清楚地认识其不同特点，以及各自在史学发展史上的地位，促使我们的认识更趋深化和更加正确。

如，《史通》和《文史通义》这两部名著被称为"古代史评双璧"，但是章学诚本人却曾经强调二者的相异，在其一封家书中说："自信发凡起例，多为后世开山，而人乃拟吾于刘知幾。不知刘言史法，吾言史意；刘言馆局纂修，吾议一家著述。截然两途，不相入也。"但我们通过认真的比较研究，却的确能够深刻地认识这两部名著的共同性：刘、章二人都重视总结史学演进的经验和教训，以理论的创新推进著史实践的发展；二人都具有强烈的批判意识，都有独到的哲学思想作指导，重"独断"之学，重"别识心裁"。通过比较研究而认识这两部书的共同性，对于史学史研究意义甚大，证明刘知幾和章学诚都重视历史体裁创新，凸显出中国史学有重视理论总结的优良传统，以之指导史学实践。这就更加彰显中国传统文化的独特魅力！通过比较研究，我们又能认识到两部著作的差异性，由此更深刻地把握唐代与清代史学面临的不同特点和刘、章二位著名史家不同的学术个性；刘知幾处在断代史正史纂修的高峰期，他承担的主要使命是总结以往、提出著述的范式，他提出的范畴、命题内涵丰富，且颇具体系性。章学诚则处于正史末流在编纂上陷于困境阶段，其主要任务是开出新路。他洞察当时史识、史学、史才都成为史例的奴隶之严重积弊，又发现晚出的纪事本末体因事命篇的优点正是救治之良方，因此主张大力改造纪传体，创立新的体裁，其论述具有深刻的哲理性和明显的超前性。

又如，魏源完成于鸦片战争时期的《海国图志》和黄遵宪于甲午战争前撰成的《日本国志》同为近代史学两部名著。《海国图志》第二次增订本为一百卷，全书包括论（《筹海篇》一至四）、图（各国沿革图）、志（《志东南洋海岸各国》《志大西洋欧罗巴各国》等）、表（《中国西洋纪年表》等）。《日本国志》全书共四十卷，分为十篇"志"（国统、邻交、地理、职官、食货等）。假如从表象看问题，《海国图志》介绍外国史地知识包括了亚、欧、美、非各大洲，而《日本国志》只专记日本一国，两书范围之广狭相去甚远，似乎不适于比较。其实，这是由于未能达到对两部史书深层认识的原故。我们试就两书的背景、观点、内容、影响作逐层比较，即可以认识：两部史书具有相同的主题，都不愧为近代向西方寻找真理的里程碑式的著作。这两部书的编纂内容和体裁的共同特点，是创造性地运用典志体以容纳具有时代意义的新鲜内容。作为谙熟史书体裁特性和感觉敏锐的学者，魏源和黄遵宪都采取改造了的典志体来撰写史著。他们充分地发挥了传统典志体所具有的两大长处。一是它适合于反映社会史的丰富内容。典志体可以包容各种典章制度、天文、地理、民族、经济、物产、军事、外交、学术文化等。每一部分既可反映社会史的一个侧面，同时又可储备各种知识。在近代，迫切需要了解外国的历史、地理、制度文化，典志体史书正适合囊括这些内容。二是具有灵活性。这种体裁没有固定的框框，可根据需要调整，可以灵活变通。通过比较，我们能够进一步认识近代史学发展的阶段特点。在近代史开端，反侵略的需要十分迫切；到了19世纪后期，则进而要求学习西方的制度文化。处在近代史开端时期的进步史家向往资本主义的民主制度，但认识比较肤浅；到19世纪后期，这种认识则要深刻得多。在历史编纂上，《海国图志》和《日本国志》有共同的特点，但后者的编撰技术更加成熟了。

（五）探讨传统史学向近代史学转变的途径，阐发其理论意义

"传统史学"一词，大体上是指鸦片战争以前在中国文化自身环境中演进的、原有的史学。至鸦片战争后，则进入近代史学时期；而"近代史学"的正式产生，应以20世纪初梁启超发表《新史学》，以及在此前后出版的新型学术史和通史著作，为其标志。"传统史学"与"近代史学"基本格局迥异，近代史学无论在历史观念、治史内容等方面都有极其鲜明的时代色彩。由此之故，对于"传统史学是如何向近代史学转变的?"这一问题，研究者的看法很有分歧。我国历史进入改革开放时期后，国门大开，西方思想大量涌入，使人感到格外新鲜。于是，有的人因对中国文化的自身价值认识不足，遂产生一种偏颇看法，认为传统史学与近代史学之间存在一个断裂层，近代史学从理论到方法都是由外国输入，在编纂上也是摒弃了传统史书形式而从外国移植的。我认为，这种"断层论""摒弃论"的看法，与历史事实极不相符。传统史学向近代史学演进的轨迹清晰可寻，而转变的动力，乃在于传统史学内部有近代因素的孕育。研究这一"转变的中介"，不但内涵十分丰富，而且具有重要的理论价值，进一步证明传统文化的精华在近代具有一定的应变力，具有向现代学术转变的内在基础。从清初顾、黄、王三大家，到乾嘉时期一批出色学者，再而继起的龚自珍、魏源等人，都为酝酿、推动这种转变做出了贡献。他们相继的努力汇集起来创辟了如下的转变途径：在历史观点上，批判专制，憧憬民主，以及对公羊学朴素进

化观的阐释；在历史编纂上，是章学诚提出的改革历史编纂的方向，和魏源、夏燮等史家所作的成功探索；在治史方法上，则是乾嘉史家严密考证的科学因素在新时代条件下的发展。近代史学就是发扬传统学术的精华与接受西方新学理二者结合的产物。近代著名史家，如梁启超、王国维、陈寅恪、陈垣等人，他们都勇于吸收西方新思想，同时又都深深地扎根于中国文化土壤之中，写出来的论著都是地道中国式的，所以才为学者和大众所欢迎。

（六）高度珍视20世纪中国史学的思想遗产

20世纪中国史家人才辈出、成果丰硕。由于中国文化悠久的优良传统的滋养，又适逢中西文化交流提供的相互对话、切磋和启示，加上大量考古文物和稀有文献重见天日，凭借这些难得的时代机遇，学者们精心耕耘，因而取得众多佳绩，蔚为大观，这里包含着对待祖国文化传统的正确态度，包含对外来学说吸收容纳的勇气和善于鉴别的眼光，是留给我们的极其珍贵的思想遗产。由于20世纪史家大量的创新性、系统性研究，使我们对于中国漫长历史认识的广度、深度和准确度，都大大推进了，使我们对中国统一多民族国家如何发展巩固，各个历史时期的特点，国家治乱盛衰的总结，各种制度的建立、沿革，民族关系的处理，历史人物评价，学术文化的发展、变迁等重要方面的认识，较之以往要丰富得多、正确得多。20世纪几代学人的贡献，诚然功不可没！我们绝不能因为中国近代社会积贫积弱，就妄自菲薄，而对先辈的遗产有丝毫的低估。20世纪中国史学遗产的丰厚，最集中的显示是形成了"三大干流"，并且它们互相吸收、互相影响和互相推动。第一，是新历史考证学派。它与乾嘉考证学派有继承关系，同时又接受西方近代史家重视审查史料、拓展史料、严密考证等观念的影响，代表性人物有王国维、陈寅恪、陈垣、胡适、顾颉刚、傅斯年等。第二，是马克思主义史学流派。其创始在五四时期，以后经过奠基、壮大，新中国成立后在全国范围确立其指导地位等阶段，代表性人物有李大钊、郭沫若、范文澜、翦伯赞、吕振羽、侯外庐等。第三，是新史学流派。以往，曾称前二者是"20世纪史学两大干流"，对于"新史学"则一般只关注它是20世纪初年由梁启超倡导、形成磅礴声势的重要学术思潮，而未明确认识它事实上已经形成为一个重要"学派"。我们经过深入探究即能把握到，这一学派不但有影响巨大的领军人物、重要的代表性著作，而且有共同遵奉的学术旨趣，有明显的学术传承关系。构成"新史学流派"基本的学术特点是：以进化史观为指导，主张探求历史的因果关系和规则性；不局限于研治政治史，而要研究、叙述人类社会生活的整体面貌；史家要关心国家民族命运，著史要激发国民的爱国热情；重视史学与其他学科的关系，扩大视野，扩大史料范围；重视历史编纂的创新，写出受大众欢迎的史著。不仅"新史学"倡导者梁启超本人，他如萧一山、吕思勉、张荫麟、周予同、周谷城等，尽管各有其学术个性，而上述诸项，又构成他们学术上的共性。不同学派并非互不相干、壁垒森严，而是互相吸收、互相影响。譬如，梁启超的史学方法影响了新考证学派学者，而马克思主义史家郭沫若、侯外庐等又很重视考证学派的成就。学派繁盛，各展风采，又互相取鉴，正是20世纪中国史学发达的确证。更加深入地考察"三大干流"的形成及其影响，无疑是推进20世纪史学研究的重要课题。

  推进对20世纪史学的研究，还需要着力解决一些难点、重点问题。如，唯物史观和实证史学都是为了探究历史的真相，二者之间绝非互不关联，更不是互相对立。唯物史观也强调搜集史料，要求占有充分的材料；同样重视对材料的考辨，去伪存真，重视史料出处的环境，重视甄别、审查的工作，务求立论有坚实的史料依据；同样遵从孤证不能成立的原则，遇有力之反证即应放弃，训练严谨、科学的态度，反对主观臆断，所得的结论必须经受住事后的验证，发现原先认识有错误迅即改正，决不讳饰；同样要求尊重前人的成果，同时又反对盲从，学贵独创，要有所发现，不断前进，等等。诸如此类，因为都是做学问的基本方法和原则，所以唯物史观与实证史学都是相通的。新中国成立后，许多研究者通过自觉学习唯物史观，收获巨大，能够对复杂的历史现象和学术问题，透过现象，看到本质，以辩证的眼光作具体、细致的分析，互相联系，上下贯通，从而得出正确的结论，解决了长期困惑自己的问题，获得真理性的认识。这些事实证明唯物辩证法确是比传统思想和近代流行的诸多学说远为高明，唯物辩证法能给人以科学分析问题的理论武器。当时有一批四十岁上下的学者，如徐中舒、杨向奎、王仲荦、韩国磐、邓广铭、周一良、谭其骧、唐长孺等史学俊彦，他们原本熟悉传统经史文献典籍，在运用历史考证方法上很有造诣，其具有科学价值的观念和方法，本来就与唯物史观相通；而马列主义、唯物史观理论又比传统学术、近代学术具有更高的科学性，以之为指导，能帮助研究者更全面地把握研究对象的全局，更深入地揭示研究对象的本质。因此，这些学者得到科学世界观指导以后，极感眼前打开了一片新天地，学术研究达到更高的层次。这些年，有的人由于痛恨教条主义，而不恰当地将之与提倡唯物史观联系起来。关键在于，对教条主义盛行的原因应当作深入的具体分析。"十七年"中一度教条主义泛滥，其原因甚为复杂，除了研究者因经验不足，运用不当以外，主要的，是因当时政治上"左"的路线的影响、干预，以及其后"四人帮"别有用心的破坏。实际上，"十七年"中存在着两种对立的学风，与教条主义恶劣学风相对立的，是实事求是的优良学风。这是许多正直的马克思主义学者和像徐中舒、杨向奎、谭其骧、唐长孺等一批严谨治学的学者所坚持的，因此，"十七年"史学虽经历了严重曲折，但仍取得许多重大的成绩。令人欣喜的是，进入新时期以后，教条主义恶劣学风受到彻底清算，而实事求是、坚持唯物史观与时俱进的优良学风则更加显示出其蓬蓬勃勃的活力！

（七）历史编纂学：新的学术增长点

传统史书体裁的丰富多样充分显示出中华文化的巨大创造力，每一种体裁都有成功之作，世代流传。这些名著是历史家呕心沥血著成的，其成功，包含着进步的史识，渊博的学识，高明的治史方法，合理、严密的编纂技巧，这些具有宝贵价值的内涵都承载在历史编纂的成果之中。以往一般认为，史书的体裁、体例，似乎只关乎技术性问题。其实决非如此。史书的组织形式与其内容、思想是辩证的统一，组织形式的运用，结构、体例的处理，体现出作者的史识、史才、史学，包含着多方面的思想价值和深刻的哲理。白寿彝先生在其所著《中国史学史》（第一册）中曾说："史书的编纂，是史学成果最便于集中体现的所在，也是传播史学知识的重要的途径。历史理论的运用，史料的掌握和处理，史实的组织和再现，都可以在这里见个高低。刘知幾所谓才、学、识，章学诚所谓史德，都可以在这里有所体现。"这对于我们有深刻的启发。我们应当对历史编纂学的内涵和特点重新给予恰当的定位：历史编纂学是一个时代史学发展水平的集中体现，也是衡量史家的史识、史学、史才、史德达到何种水平的有效尺度。史家再现历史的能力如何，其史著传播历史知识的效果如何，在这里都直接受到检验。历史编纂学既是史学史研究的内容之一，同时，它又是推进研究史学发展的新颖视角和重要方面。通过深入研究历史编纂学，就能提出一系列新的课题，拓展史学理论与史学史的研究广度与深度，因而是重要的新的学术增长点。近些年，历史编纂学领域的研究成果已日见增多，这是很好的现象，我们应当举起双手欢迎，并经过共同努力，尽快建立起"中国历史编纂学"这一分支学科。无论从主要史书体裁的发展，或不同历史阶段历史编纂的特点，或一些名著中对体裁体例的匠心运用等项，值得探讨的问题无疑都很多，而其中我们尤应深入地探讨"编纂思想"如何体现和运用，作为推进研究工作的关键环节；因为史书的框架设计、体例运用，都是为了反映客观历史进程的需要，而精心安排，或作调整、改造、创新。故此，应当特别重视从"编纂思想"这一角度来深入揭示史学名著成功的真谛。所谓"编纂思想"，可以初步提出主要包括以下数项：一是史家著史的立意，最著名者，如司马迁之"究天人之际，通古今之变，成一家之言"，司马光之"关国家盛衰，系生民休戚，善可为法，恶可为戒者"。二是史家对客观历史进程的理解，并在史著中努力加以凸显的。三是史家为了达到再现客观历史的复杂进程，如何精心地运用体裁形式和体例上的处理。四是史家的编纂思想如何与社会环境、时代条件息息相关。以此作为重要的切入点，再联系对风格各异的史学名著的独创性、时代性，不同时期历史编纂的特点，以及学者提出的观点主张等项深入考察，就一定能够不断获得有原创性价值的新成果。

（八）大力发掘和阐释传统学术精华的当代价值

传统文化典籍内容博大精深，承载着古代先民观察社会生活、总结历史进程所得到的睿思和经验。历史是过往的社会生活，当今时代是历史的发展。现代社会虽然比古代远为复杂和进步，但作为人类社会活动的一些最基本的内容和原理，古今是相通的，因此，古代经典中的精深哲理和先辈们的创造性成果，具有超越时空的意义，具有当代价值。我们应当大力发掘和阐释这些珍贵的原理、原则和精神，展示中华文化的独特魅力，并结合今天时代的需要进行改造和再创造，以大大增强民族文化创造活力。对于古代历史名著，同样应当努力发掘、总结其中具有珍贵价值的思想、观念和方法，作为我们发展新史学的借鉴。譬如，《史记》创立的体裁以"本纪"为纲，其余"表""书""世家""列传"与之配合，体例完善，故被后代学者称誉为"载笔之体，于斯备矣"，又称为著史之"极则"。《史记》的体裁一般称为"纪传体"，实际上其本质和优长，是五体配合的综合体裁。以后历代正史的纂修者只知因循，不求创造，只会刻板地沿用体例，而丧失运用别识心裁加以驾驭和灵活变通的能力，因而遭到章学诚的严厉批评，称之为如洪水泛滥，祸患无穷！章学诚由此提出改革历史编纂的方向："仍纪传之体，而参本末之法。"这就是：要创造性地发扬《史记》诸体配合、包罗宏富的体例特点，和根据记载客观历史变迁的需要，灵活变通、"体圆用神"的著史灵魂；同时，糅合纪事本末体的特点，以解决"类例易分而大势难贯"的严重缺陷。此后，梁启超、章太炎撰著中国通史的尝试和罗尔纲著《太平天国史》，都体现出朝着这一方向继续努力。至20世纪末白寿彝明确主张对传统纪传体实现创造性改造，用"新综合体"撰著多卷本《中国通史》，完成了既大力发扬传统史学精华，又具有鲜明时代特色的成功巨著。

我们既有历经数千年形成的中华文化优良传统，又有一百年来创造性运用马克思主义、引领社会前进的优良传统，这两者是保证中华民族处于当今国际激烈竞争中繁荣、发展的强大精神支柱。马克思主义中国化，正是中国共产党人创造性地将马恩著作中的基本原理，与中华民族的优良传统相结合而确立的正确方向。如何在实现现代化大业中，更加自觉地把这两个优良传统结合起来，是当前我们应该解决的具有重要理论意义和现实意义的课题。通过研讨，更加深刻地认识传统文化的精华与马克思主义中国化方向二者互相贯通，使我们在大力弘扬民族优良文化传统的同时，更加自觉地坚持马克思主义中国化的正确方向，与时俱进，发展21世纪的中国马克思主义理论。我在2008年主编《中国马克思主义史学的理论成就》一书时，专门写了一个题目：传统思想的精华何以通向唯物史观。我提出的基本观点是："中国传统思想中的精华，同样表达了历代人民大众的美好追求和理想，虽然未达到欧洲19世纪先进学说的高度，但其发展方向是相同的；这就成为五四以后先进的中国人接受唯物史观学说的思想基础和桥梁。""马克思主义的基本原理与传统思想的精华，与中国文化形成的价值观的内涵深深地相契合，无疑是马克思主义中国化的伟大事业在过去将近一个世纪中与时俱进地发展，一直保持旺盛的生命力的重要原因。"并从传统思想中有丰富的唯物主义思想资料；历代思想家有大量关于辩证、发展的观点的论述，光辉闪耀，前后相映；历代志士仁人反抗压迫、同情民众苦难的精神；先哲们向往的大同思想四个方面，作详细论证。文章发表后，得到学界同仁的肯定和鼓励。我愿继续对此探索，为学术研究和服务社会尽绵薄之力。

当前我们正处于社会主义学术文化发展的黄金期。发扬中华文化的优良传统和近现代优秀学者的精神；当前学术界持续高涨的创新意识；大力吸收外来文化并加以鉴别、选择的自觉态度：这三大要素，为学术的繁荣、发展提供了极佳条件。我深信，更加光辉灿烂的未来必将展现在我们面前！

2015 年 3 月 17 日
于北京师范大学寓居

卷首识语

  如同一座蕴蓄丰富的矿藏吸引着人们开采一样，近代史学在这些年已越来越引起学术界研究的兴趣。从近代史开端鸦片战争时期起，至中华人民共和国成立之前，这一百一十年间，史学发展波澜起伏，成绩蔚为大观。从最早冲破与世隔绝局面、认识世界潮流的《海国图志》，到本世纪产生的马克思主义史学的划时代著作《中国古代社会研究》《中国通史简编》，每一部优秀之作都记录着中国人民的觉醒和进步，有着久远的生命力。近代史家的学术思想和治学方法在今天还有很大的影响。他们的成就的价值又远远超出"史学"的范围，具有广泛的文化意义。因为近代史学的历程包含着两方面极富哲理性的启示：一是，面对着西方列强的侵略，中国如何在坚决抗击侵略的同时，"开眼看世界"，学习西方的进步文化；二是，中国是具有悠久文化传统的东方大国，在近代落伍了，如何在对外开放、学习西方的同时，继承和弘扬本民族的优良文化传统，增强民族自信心，激发伟大的创造力。近代史家创榛辟莽、呕心沥血写下的著作，记载着我们民族百年奋斗中的许多智慧和经验，是留给我们的宝贵思想财富。

我研究近代史学始于 1979 年。当时，我在中国社会科学院研究生院学习，师从白寿彝先生攻读史学史专业。这一年 6 月，第一学年课程结束之前，先生帮助我确定以《论魏源的爱国主义史学著述》为毕业论文题目。为了研究魏源，不仅要下苦功夫对他的著作进行深入的分析与综合，往前还要研究与他齐名的龚自珍以至清初以来的社会、思想、文化，往后要研究徐继畬、梁廷枏至本世纪初的史学。先生的卓识博学、严谨学风和悉心指导，使我受到极大教益。特别是先生治学重视"通识"，要求上下贯通，始终要把握大的方向、趋势，以驾驭对具体问题的探究和考辨功夫，对我的教育熏陶尤深。完成了论文，之后又从事研究和教学工作多年，我逐步形成了以中国史学史的两头作为研究的重点。奉献给读者的这本书，即是十余年来我在近代史研究方面收获的初步总结。

　　研究史学的发展，要以代表一个时期学术水平的著作为重点，分析体现于书中的历史观点、内容特色、治学方法、史料运用、编撰形式等项成就及其影响，这是无疑的。同时，研究工作还要开阔视野，因为优秀的史著是时代的镜子，评价史家的成就，不能离开对其时代环境的考察；史家的思想又与当时的文化潮流密切联系，在近代史上尤其突出，因而有必要结合其文化观点来论述；还需恰当地进行纵向或横向比较研究；有的史家才气纵横，并不限于撰写史书，在哲学、文学领域也有重要著作，魏源、黄遵宪、梁启超、郭沫若即其中之佼佼者，故此还应重视他们在其他领域的建树。以上几点，我认为对于拓展近代史学研究的范围和推进认识的深化，都是有意义的，也是我在研究工作中主观上所注重的，而实际上做得如何，则有待于专家和读者朋友给以批评指正。近代史学需要深入探讨的问题尚多，书中的不足之处有俟来日弥补，我当加倍地努力。书中有的问题曾作为专题写成文章在刊物上发表，在此基础上作者对内容大多有补充或修改。本书的出版得到河南人民出版社的同志大力支持帮助，谨此向他们致以衷心的感谢！

陈其泰谨识
1993 年 2 月立春日
于北师大丽泽 8 楼寓居

目 录

总论　中国近代史学发展趋势

近代史学：跨世纪的历程 …………………………………… 3
近代史家对传统史学的批判继承 …………………………… 38
近代史家对通史体例的探求 ………………………………… 52

上编　19世纪的中国近代史学

龚自珍的社会历史观 ………………………………………… 71
《圣武记》对清代盛衰的探索 ……………………………… 87
魏源与鸦片战争史 …………………………………………… 102
魏源与中西文化撞击 ………………………………………… 127
徐继畬《瀛寰志略》的价值 ………………………………… 145
近代爱国史家夏燮 …………………………………………… 155
《海国图志》《日本国志》比较 …………………………… 167
黄遵宪的中西文化观 ………………………………………… 186
黄遵宪与客家研究 …………………………………………… 210
《人境庐诗草》与近代文化觉醒 …………………………… 228

下编　20世纪的中国近代史学

梁启超：近代学术文化的开拓者 ………………………… 251
夏曾佑与通史撰著 ………………………………………… 292
20世纪初宣传革命的历史思想 …………………………… 311
陈寅恪治史风格 …………………………………………… 323
陈垣学术思想的升华 ……………………………………… 332
郭沫若史学的时代精神 …………………………………… 352
范文澜：从国学向唯物史观的跨越 ……………………… 373
侯外庐学术的特色 ………………………………………… 396

增订篇目

龚自珍：锻造新的哲学武器 ……………………………… 407
张穆的经世学风与《蒙古游牧记》的撰著 ……………… 421
何秋涛《朔方备乘》的著史宗旨和史学价值 …………… 432
黄遵宪文化思想的特点及其历史地位 …………………… 448
王国维"二重证据法"的形成及其意义 ………………… 458
陈垣：宗教史的开山之作 ………………………………… 479
胡适：《中国哲学史大纲》的新范式 …………………… 488
民国初年历史观领域的新变革 …………………………… 510
"民族—文化"观念与傅斯年、陈寅恪治史 …………… 525
陈寅恪治史风格续议 ……………………………………… 537

跋　语 ……………………………………………………… 553

总论 中国近代史学发展趋势

近代史学：跨世纪的历程

从 1840 年鸦片战争发生起，至 1949 年中华人民共和国成立以前，展现在我们面前的是跨越两个世纪、雄浑壮阔的近代史学的画卷。在这约一百一十年间，由于中国传统文化蕴蓄的深厚和更新力量，由于救亡图强、争取民族解放斗争的不断推动，由于冲破了与世隔绝的状态、学习和借鉴西方先进思想文化，由于一代代史家呕心沥血、追求真实历史记载、追求更高科学价值的不倦努力，近代史学呈现出波澜起伏、高潮迭现的局面。近代的许多优秀史著是同人民大众反帝反封建的伟大斗争，同争取民主、科学、社会发展的近代化潮流息息相关的，近代史学又离我们最近，许多佳作仍被今天的读者经常阅读，与当今发展新史学和建设民族新文化关系最为密切，所以自然格外地引起我们研究的兴趣。

从跨越两个世纪的发展大势考察，近代史学先后出现过三次意义重大的飞跃，标志着演进过程的三个大的阶段：

1842 年，魏源著成《海国图志》，标志着传统史学向近代史学转变出现质的飞跃，传统学术的格局开始被突破，从此，在史书内容、著史旨趣和哲学思想指导上，都灌注进具有近代意义的新鲜东西。这一阶段可划至 19 世纪末。

1902年，梁启超撰《新史学》，是近代史学演进的又一次质的飞跃，以激烈地批判旧史，宣告从理论到方法迥然不同的新史学时代的到来。继其后，夏曾佑撰成的使人"一新耳目"的通史著作，梁启超后期有关历史理论和学术史的著作，王国维的考史成就，"古史辨"派打破旧的权威，抨击了自古相传的古史系统，陈寅恪对中古历史文化的研究，陈垣在文献学、宗教史等领域的成就，都是新史学的发展。新史学的倡导和发展构成近代史学的第二个大阶段。陈寅恪、陈垣的一些有名著作虽写于三四十年代，但他们这些成就也可归到这一阶段叙述。

　　1929年，郭沫若著成《中国古代社会研究》，近代史学因而出现第三次飞跃。在此之前，李大钊为传播唯物史观作出杰出的贡献，他是中国马克思主义史学的先驱。郭沫若则是中国马克思主义史学的奠基者，他首先做到把马克思主义理论与中国历史相结合，系统地重新研究中国古代社会，标志着近代史学发展达到新的阶段。此后范文澜著成新型的通史著作《中国通史简编》及《中国近代史》（上册），还有吕振羽、翦伯赞、侯外庐在社会史、思想史等领域撰写了很有价值的著作，遂使马克思主义史学成为中国史学近代化的主流。

一、突破传统学术格局的历史性跃进

　　鸦片战争是中国历史由长期封建社会转向展开反帝反封建斗争的近代社会的转折点，它也是史学长河中由传统史学的范围走出，开始进入近代史学的标志。

　　反映这一转折时期史学成就的主要代表人物是魏源。但是论述近代史学还不能不讲龚自珍，他虽然在鸦片战争的第二年就去世，但是他的社会历史观和学术主张属于近代体系，所以与魏源齐名。诚如梁启超所总结的："数新思想之萌蘖，其因缘固不得不远溯龚、魏。""吾见并世诸贤，其能为现今思想界放光明者，彼最初率崇拜定庵，当其始读《定庵集》，其脑识未有不受其激刺者也。"① 在鸦片战争爆发之前，龚自珍已经认识到封建专制制度腐朽不堪，指斥封建皇帝是"霸天下之氏"，对众人"震荡摧锄"② 以建立其淫威，"天下无巨细，一束之于不可破之例"，"约束之，羁縻之"。③ 他深切感受到社会矛盾极其尖锐，危机四伏，所以宣告封建统治已经到了"衰世"，"乱亦竟不远矣"！④他还预言历史将发生巨变，"山中之民，有大音声起，天地为之钟鼓，神人为之波涛矣"⑤，更被他死后十年爆发的震撼天地的太平天国革命所证实。他对于腐败透顶、扼杀社会生机和创造活力的官场风气、官吏铨选制度、科举考试等，都有深刻的批判，并尖锐地提出必须变革，国家民族才有生路，强调说："自古及今，法无不改，势无不积，事例无不变迁，风气无不移易"⑥，以此警告统治者，不变革就等于自取灭亡！因而成为近代中国主张社会改革的先驱者。在学术领域方面，他反对当时盛行的考据学末流脱离实际的学风，倡导经世致用。对于史学，更提出史家应该做到"善入""善出"的著名论点，要求史家应熟悉社会生活多种情状，并把它们表现出来。而他本人对西北边疆史地有精湛的研究，充分显示出着眼于解决社会危机，着眼于安定边疆，来解决边疆民族问题的卓识，成为他倡导"经世"学风的出色实践，对当时及后世学者很有影响。所以，龚自珍虽然没有写出重要的史学专著，他却是近代史开端时期主张转变学术风气、由"考史"转向关心社会实际问题而"著史"的代表人物之一。

魏源是龚自珍的挚友，在鸦片战争以前，魏源在揭露封建专制的腐朽、主张变革、批判"爪剖铢析"烦琐考证的学风、倡导经世致用等问题上，与龚自珍的观点是很一致的。魏源于道光八

---

① 梁启超：《论中国学术思想变迁之大势》，《饮冰室合集》文集之七，中华书局1989年版，第97页。
② 龚自珍：《古史钩沉论一》，《龚自珍全集》，上海人民出版社1975年版，第20页。
③ 龚自珍：《明良论四》，《龚自珍全集》，第35页。
④ 龚自珍：《乙丙之际箸议第九》，《龚自珍全集》，第6、7页。
⑤ 龚自珍：《尊隐》，《龚自珍全集》，第88页。
⑥ 龚自珍：《上大学士书》，《龚自珍全集》，第319页。

年（1828）捐资获得"内阁中书舍人候补"的职位后，即广泛阅读了内阁所藏大量档案，了解清朝前期、中期的历史、掌故，为著史作了准备。由于鸦片战争清朝战败的刺激，他发愤著述，连续撰成《圣武记》《海国图志》《道光洋艘征抚记》等三部爱国主义史著，以后又撰有《元史新编》，因而成为近代史开端时期史坛风气转变的出色代表人物。《圣武记》是第一部探索清代盛衰的史书。魏源在书中记述了清初开国和康熙朝平定三藩、平定噶尔丹叛乱等役的胜利，总结出当时指挥得当、将士作战勇敢、君臣上下无甚差异等原因，他把总结历史经验跟当前的爱国御侮斗争结合起来，议论说："自古及今，或以殷忧启圣，或以道谋溃成，庙算不定，而大难克削者，未之前闻！"① 以此表达对道光帝在战争中忽战忽和举棋不定的谴责！魏源一针见血地指出乾隆末年是清朝由盛到衰的转折点，白莲教起义持续九年，蔓延五省，给清朝以"痛深创巨"的打击，而且处处暴露出清朝官军腐败无能，将领贪生怕死、腐化享乐，不顾士卒死活等致命弱点，致使"各路官兵乡勇饷迟不发，至令枵腹无裈，牛皮裹足，跣行山谷"②。揭示出这样不堪一击的军队，正是造成鸦片战争在军事上遭受失败的原因。在《道光洋艘征抚记》中，魏源站在中华民族反抗侵略的正义立场，把握了鸦片战争这场复杂事变的来龙去脉，"据实直书"，尖锐地揭露侵略者和投降派的罪行，表彰爱国将领和人民大众的英勇气概。书中揭露侵略军所到之处"掳掠焚烧惨甚"，三元里事件就是洋兵"时肆侵略"而激起的。清朝统治集团昏聩无能，"承平恬嬉，不知修攘为何事，破一岛一省震，骚一省各省震，抱头鼠窜者胆裂之不暇，冯河暴虎者虚骄而无实"③。投降派琦善在广州"开门揖盗，自溃藩篱"④，奕经在浙江失败后捏奏虚报，掩罪邀功，将大败说成大胜。魏源又以鲜明态度赞扬林则徐等抵抗派人物的功绩，反映人民抗英斗争的巨大

---

① 魏源：《康熙戡定三藩记》，《圣武记》，中华书局1984年版，第73页。
② 魏源：《嘉庆川湖陕靖寇记》，《圣武记》，第399页。
③ 魏源：《道光洋艘征抚证》，《魏源集》，中华书局1983年版，第187页。
④ 魏源：《道光洋艘征抚证》，《魏源集》，第181页。

力量。他在书中明确提出"义兵可用",并以充沛的感情歌颂三元里附近一百零三乡人民"倡义报复,四面设伏",①使侵略军陷入重围,狠狠教训了凶恶的敌人,表现出人民大众爱国御侮的伟大精神,今天读来仍然具有鼓舞人的力量。

《海国图志》一书尤其集中地代表史学突破了传统学术的格局,实现了意义重大的飞跃。以往中国长期处于与世隔绝的状态,对外部世界一向暗昧无知,妄自尊大。鸦片战争这场剧变,骤然向我们的先辈提出一个严峻的课题:为了维护民族独立,抗击侵略,必须立即改变闭目塞听的状态,放下"天朝上国"的架子,了解外国,学习外国先进事物,寻求救国真理。这也是中国社会走向近代化的根本方向。魏源著成《海国图志》一书,恰恰符合于这一时代要求,第一次系统、大量地介绍外国史地知识,突破了传统学术"严夷夏之防",对外国闭塞无知的旧格局。为了向国人介绍急切需要的外国知识,他把当时所能搜集到的材料全部汇辑进去,"钩稽贯串,创榛辟莽,前驱先路"②。对于外国人的撰述,即所谓"西洋人谭西洋"者尤为重视,修撰成一部当时东方世界最详备的世界史地及现状的参考书。魏源尖锐地揭露统治集团对外国昏暗无知,是造成战争惨败的重要原因:"以通市二百年之国,竟莫知其方向,莫悉其离合,尚可谓留心边事者乎?"③相比之下,英国却"洞悉中国情形虚实,而中国反无一人了彼情伪,无一事师彼长技。喟矣哉"④!因而他大声疾呼:"欲制外夷者,必先悉夷情始。"⑤书中还对北美民主制度表示向往。⑥魏源明确提出"师夷之长技以制夷"的口号,成为近代先进的中国人向西方学习真理的起点。当时他所注目的重点固然在学习"船坚炮利"的军事技术,同时还提出允许私人设厂,发展民用工业,并在书中介绍外国铁路、银行、保险等知识。《海国

---

① 魏源:《道光洋艘征抚记》,《魏源集》,第184页。
② 魏源:《海国图志叙》,《魏源集》,第207页。
③ 魏源:《筹海篇三》,《海国图志》,岳麓书社1998年版,第26页。
④ 魏源《暹罗东南属国今为英吉利新嘉坡沿革三》,《海国图志》,第449页。
⑤ 魏源:《筹海篇三》,《海国图志》,第26页。
⑥ 见魏源《外大西洋墨利加州总叙》,《海国图志》,第1611页。

图志》以其前所未有的新鲜内容、新鲜思想获得了社会人士的欢迎，在国内多次刊刻。它的深远影响直至20世纪前期，梁启超于1924年著书评价说：《海国图志》一书奖励国民对外之观念，"其论实支配百年来之人心，直至今日犹未脱离净尽，则其在历史上关系，不得谓细也"①。《海国图志》还传入日本，对明治维新志士产生了重要的影响。

与魏源同时及稍后的重要史家，还有徐继畬和夏燮。徐继畬在鸦片战争期间都在闽、粤沿海任职，较多接触涉外事务。从1843年起，他即为将可靠的外国知识介绍到国内而殚精竭虑，着手撰《瀛寰志略》，至1848年完成。这部书所介绍的世界史地知识，考订比较精审，论述集中而简洁，故在19世纪后期也是与《海国图志》并称的名著。开卷第一篇为《地球》，介绍南北极、赤道、各大洲、各大洋，概述亚细亚大陆之广袤，欧罗巴洲之诸国林立、犬牙交错，美洲新大陆的晚近发现，南冰海的探险……，都是令人耳目一新的科学知识。徐氏把记述欧美国家作为重点。在卷四《欧罗巴》总论中，他颇为准确地勾勒出欧洲历史的轮廓，论述了欧洲古代的希腊罗马文明，近代欧洲国家在世界范围内的殖民活动，各国地理形势、版图、人口、兵力，以及技术、商业、宗教等。更有意义的是，他讲到西方文明在当时居于先进的地位："欧罗巴诸国之东来，先由大西洋而至小西洋，建置埔头，渐及于南洋诸岛，然后内向而聚于粤东。萌芽于明中，滥觞于明季，至今日而往来七万里，遂如一苇之杭。天地之气，由西北而通于东南，倘亦运会使然耶。"②徐氏还称赞华盛顿所创北美民主制度，"公器付之公论"③，又称赞瑞士不立王侯的制度是"西土桃花源"，但他尚不能完全摆脱"夷夏之辨"的旧意识，故有迂腐之论。稍后，夏燮在咸丰年间撰成《中西纪事》，全书记载鸦片战争及第二次鸦片战争的经过，旨在通过记载眼前事变，唤醒国人认识到侵略者正在步步进逼，民族前途日益危

---

① 梁启超：《中国近三百年学术史》，《饮冰室合集》专集之七十五，第323页。
② 徐继畬：《欧罗巴》，《瀛寰志略》卷四，上海书店出版社2001年版，第113页。
③ 徐继畬：《北亚墨利加米利坚合众国》，《瀛寰志略》卷九，第291页。

险。当时投降派人物穆彰阿、耆英得势，夏燮著书实冒着巨大风险。全书爱国感情鲜明，材料翔实，显示出具有将史学服务于反抗侵略、救亡图强斗争的自觉意识。夏燮记述的重点是鸦片战争长江之役、台湾抗英将领姚莹遭受诬陷事件和广州人民反英人进城的斗争。他把批判的锋芒指向权奸穆彰阿和道光皇帝，指出：造成南京城下屈辱签约的结局，不仅是因为耆英、伊里布"预存一不敢战之心"，"方寸已乱"，而决策者更在朝廷，穆彰阿以"靖难息民，于计为便"作借口，道光帝"亦久厌兵，而几幸外夷之一悔祸也"，[①] 所谓"抚夷"也完全是自欺欺人的说法。书中还用确实的史实，揭露姚莹、达洪阿在台湾抗击侵略有功，反遭诬陷，乃是投降派人物秉承侵略者之意有意罗织而成的。尤为可贵的是，夏燮对当权人物最忌恨的广东义民的斗争，却明确地予以肯定和赞扬。书中首尾完整地记述广东人民用"团练"的自发武器组织，进行反对英人进城的斗争，"绅民喋血，丁壮荷戈，誓与英夷为不共（戴天）之仇"[②]。有力地歌颂了广东人民共同的反侵略、反投降的坚强意志。书中还较系统地记载了中英通商关系的由来，鸦片走私贸易的经过及危害，及两次鸦片战争过程中的中外交涉，故在记载近代外交史上也具有较高的史料价值。《中西纪事》的撰成，说明夏燮不愧是近代史上一位有胆量、有见识的爱国史家。

魏源倡导的了解外国、学习外国这一新的著史格局和认识路线，至十九世纪七八十年代，被另一位近代文化名人黄遵宪所发扬。他于1879年至1887年（光绪五年至十三年）撰成了19世纪后期的史学名著《日本国志》。黄遵宪于1877年秋赴日任使馆参赞，亲身体察到日本明治维新所发生的巨大变化，本人还阅读了卢骚、孟德斯鸠民权学说的著作，极受启发，于是决心撰写明治维新的历史作为自己祖国的千秋史鉴。黄遵宪创造性地运用志书的形式，有系统地记述了明治维新的由来，政治、经济、军

---

① 夏燮：《中西纪事》卷八《江上议款》，清光绪二十三年（1897）慎记书庄石印本。

② 夏燮：《中西纪事》卷十三《粤民义师》。

事、文化教育各个领域中施行的新制度、新办法，以及取得的显著成效。书中明白宣告日本君主专制制度已经注定要完结，召开国会为期不远了。由于"时会所迫"，"二千五百余岁君主之国，自今以往，或变而为共主，或竟变为民主"，① 已是历史的必然趋势。书中详细记述明治四年以来如何"锐意学习西法"。他赞美说：不数年之间政府连续采取重要的新措施，"布之令甲，称曰维新，美善之政，极纷纶矣"②！黄遵宪在《日本国志》中反复论证日本的迅速进步直接是由于实行开放政策、大力与外国交往、学习外国的结果，所以使日本"骎骎乎进开明之域，与诸大争衡"，雄辩地证明"交邻之果有大益"。③ 这些论述，都是为了针砭国内守旧派"足己自封，于外事不屑措意"④ 的落后意识造成的种种痼疾。黄遵宪所定的另一撰述要求，是要努力介绍西方资本主义制度、文化，故说："今所撰录，……凡牵涉西法，尤加详备，期适用也。"⑤ 黄遵宪在日本五年，通过究心日本的"学习西法"，已对西方制度有所了解，又到美国三年余，对西方制度作直接的考察。他把这些熔铸入史，使本书又成为观察世界潮流的窗口。书中对西方国家产业蓬勃发展的情景和措施作了生动的描述，目的并不在于讴歌西方，而是为了取其法以求中国的富强，这与当时国内民族资本的发展要求是互有联系的。总之，黄遵宪以自己新的观察、新的知识，发扬了魏源史学的爱国思想和突破传统学术格局的创造精神，通过批判封建专制，广泛记载日本、欧美的制度、文化，明确地表达了发展资本主义的思想要求。在编撰上，由于黄遵宪多年担任外交官，亲自了解、观察、访求，而直接获得大量资料，熔铸成篇，因而所著更有系统性。这些都比《海国图志》大大向前发展了。《日本国志》在90年代刊行后，曾对戊戌维新运动产生了实际的影响。

---

① 黄遵宪：《日本国志》卷一《国统志一》，光绪二十四年（1889）上海图书集成印书局刻印。
② 黄遵宪：《日本杂事诗》卷一"明治维新诗记事"。
③ 黄遵宪：《日本国志》卷四《邻交志上一》。
④ 黄遵宪：《日本国志叙》。
⑤ 黄遵宪：《日本国志·凡例》。

较《日本国志》著成稍前一段时间，有早期维新思想家王韬（1828—1897）撰《普法战纪》及《法国志略》。《普法战纪》二十卷，记叙1870—1871年普法战争事，系根据当时报纸所载资料及采集其他文献，按时间先后汇编而成。但因它编撰及时，战争结束时书已完成，故在日本影响颇大，陆军文库曾刊行此书。《法国志略》编撰时间与上书同时，后来增订补充内容，成书二十四卷。王韬著此书目的，一是把法国历史介绍给国内（前已有在华外国人译成汉文的英、美史志书），二是用法国的富强和进步激励国人觉醒，打破闭塞陋习，因而表达了他深刻的寓意："方今泰西诸国，智术日开，穷性尽理，务以富强其国，而我民人固陋自安，虽不知天壤间有瑰伟绝特之事，则人何以自奋?! 国何以自立哉?!"① 全书内容是把叙述法国历史和记载社会制度、现状结合起来，故其体裁是将纪事本末体和典志体二者相糅合。前十四卷载史事，在国内首次把法国历史盛衰比较系统地介绍过来。后十卷是专题记载，包括职官、国会、礼俗、学校、工艺技术，以及法国疆域、首都巴黎、地方都邑的地理知识；这一部分更明显地体现出王韬学习西方、寻求富强的见识。书中对于促进资本主义生产和贸易的一套办法，如银行、商会、邮政、铁路都有评论，反映出早期维新派对商业流通和商品生产重要性的认识。《志学术》一章，讲法国三百年人才辈出，"于格致历数之理多所发明，详加究测"，有明显的实效。然后历数法国自15世纪以来有关天文、地理、数学、物理、化学、航海、工艺、光学、电学等方面的成就，使人耳目一新。② 尤有价值的是，《志国会》一章，详细记载国会根据公众意见制定法律，选举统领、首辅，"一有不当，通国谢之"，并加以评论，称，"国会之设，惟其有公而无私，故民无不服也。欧洲诸国，类无不如是，即有雄才大略之主，崛起于其间，亦不能少有所更易新制、变乱旧章也。虽或强行于一时，亦必反正于后日。拿破仑一朝，即可援为殷鉴。

---

① 王韬：《重订法国志略·序言》，清光绪十六年（1890）长州王氏淞隐庐铅印本。
② 见王韬《重订法国志略》卷十七《志学术》。

夫如是则上下相安,君臣共治,用克垂之于久远,而不至于苛虐殃民、贪暴失众"。①强调由于有议会民主制度保障,法律不能随便更改,更不能随便破坏,国家可以避免长时间离开常轨,有效地防止腐败政治局面的发生。这在当时明显地具有批评封建专制的重大进步意义。

在哲学思想上,近代前期史学也取得了重大突破,这就是:从鸦片战争前后龚、魏宣扬具有革新意义的公羊三世变易观,到19世纪末先进人士崇奉西方进化论,作为新的观察历史和社会变动的指导思想。公羊三世说的雏形,是《公羊传》作者解释春秋二百四十二年历史所讲的"所见异辞,所闻异辞,所传闻异辞"②,其中包含着对历史可以按一定标准划分为不同发展阶段这样一种宝贵的观点。至东汉何休,又将三世说发展成为一种朴素的社会发展阶段论:"据乱——升平——太平。"③东汉以后,公羊学消沉一千多年,到嘉道年间,公羊学说重新崛起,"翻腾一度",并被进步学者龚、魏所力倡,发挥其"微言大义",耸动人心。龚自珍将它改造为"治世——衰世——乱世"的新三世说,用来论证封建统治陷入危机。④魏源也将公羊变易观点糅合到对中国历史进程的观察之中,提出了"气运说"来解释面临的历史变局。至戊戌维新酝酿时期,赞成维新变法的进步人物,如梁启超、谭嗣同、夏曾佑都喜读《公羊》,康有为更将公羊三世说跟建立君主立宪的主张结合起来,形成具有资产阶级性质的进化理论,作为宣传维新变法的思想纲领。1895年以后,严复着手翻译《天演论》(1898年出版),向国人传播一套具有严密科学体系和鲜明实证特点的近代进化论学说,因而使夏曾佑、梁启超等进步人士无比倾服。进化论的传播,使"中国民气为之一变"⑤,它使立志改革的人物有了新的思想武器,也使自《海国图志》撰成以

---

① 王韬:《重订法国志略》卷十六《志国会》。
② 见《春秋公羊传》隐公元年、桓公二年、哀公十四年传文。
③ 见《春秋公羊解诂》隐公元年何休注。
④ 见龚自珍《乙丙之际箸议第九》,《龚自珍全集》,第6页。
⑤ 胡汉民:《述侯官严氏最近政见》,《民报》1906年1月第2号。

来经过几十年酝酿的近代史学产生新的飞跃,跨入20世纪初年的"新史学"时期。

二、"新史学"的倡导和发展

20世纪初年的中国,一方面处于清朝腐败统治和列强加紧侵略造成的严重危机之下,另一方面又正是新思想奔涌的时代,爱国留学生们大量翻译日本的新著作,其中有《史学原论》《史学概论》等多种,与要求推翻封建专制的时代大潮相呼应,掀起了批判"君史"、提倡"民史"的热潮。进化论这一反映时代精神的先进哲学思想,又为学术创辟新境界注入新鲜的活力。梁启超于1902年所写《新史学》一文,即成为激烈批判封建旧史、宣告具有不同时代意义的"新史学"到来的宣言。

旧史是封建时代的产物,相沿二千年,层层堆积,封建意识根深蒂固。近代史学要为自己开辟道路,就必须以凌厉的攻势廓清其谬误,使人们猛醒过来,认清封建毒素的危害。梁启超正是执行了这一时代使命。《新史学》对旧史进行了激烈的批判,其理论基础是国民意识和进化观念。《新史学》开宗明义标明史学的地位和作用,要求史学必须增长国民意识和激发爱国精神。而旧史则站在国民的对立面——为封建君主、臣僚而作,更不懂进化为何物。由此造成旧史"知朝廷而不知有国家""知有个人而不知有群体"等项严重积弊和封建毒素,简直成为二十四姓之家谱,或是墓志铭的汇集。这些批判虽欠作具体的分析,态度过激,却打中要害。因此梁启超大力呼吁要实行"史界革命",对旧史实行彻底改造,运用国民意识和进化论作指导,创造出符合于"提倡民族主义,使我四万万同胞立于此优胜劣败之世界"[1]这一时代需要的新史学。梁启超还对新史学的发展方向分三个层次加以界定:一、"历史者,叙述进化之现象也";二、"历史者,

---

[1] 以上《新史学》引文,均见《饮冰室合集》文集之九,第1—32页。

叙述人群进化之现象也";三、"历史者,叙述人群进化之现象,而求得其公理、公例者也"。这三层界定,恰恰是以旧史宣扬循环史观、把史书变成孤立的人物传、只记载社会表象而忽视因果关系和进化法则等项弊病为鉴戒而阐发,从此,宣告了在指导思想上、内容上跟以帝王将相为中心的旧史迥然不同的新史学时代的到来。因此,尽管《新史学》所作的设想尚嫌简单,却具有开辟近代史学发展新阶段的意义。在同一时期,梁启超还撰著有《中国史叙论》和《论中国学术思想变迁之大势》。前者提出了修撰中国史的初步设想,论述了中国史与世界史的关系、地理条件与民族性、中国史的分期等问题,显示出远比旧史家开阔得多的眼光。后者以简要文字对中国数千年意识形态作出颇有系统的概述,相当有说服力地论述各个时代思想的主要特点、成就和缺陷,这些特点产生的条件,对后代造成的影响,精见纷出迭现,令人目不暇接。这两篇著作,大大壮大了梁氏倡导新史学的声势。时隔不久,夏曾佑撰成《中国古代史》(1904—1906年,原名《最新中学中国历史教科书》),已完成上古至隋朝部分。此书以进化论和因果律为指导,对中国历史的演进作了别开生面的论述。作者破天荒第一次以进化发展观点为指导,提出了一套划分中国历史发展阶段自成体系的学说,划分为三大时代、七小时期。夏氏划分历史阶段,所注重的是国势强弱、文化发展及民族关系,并且特别重视"世运""变局",考察历史发展的转折,往往能作出独到的分析。书中还激烈地批判专制主义的罪恶,反映了本世纪初进步思想界要求结束专制制度的时代呼声。跟书中新鲜的内容相适应,夏氏在编撰上也采用了新颖的形式。故此书出版后大受欢迎,被评价为"上下千古,了然在目",读之"有心开目朗之感"。可以说,具有比较完整意义的中国近代史学,即是从通史著作《中国古代史》和史学理论著作《新史学》开始的。梁启超本人对于新史学的进一步建树,是在1918年他宣布脱离政界、专力从事著述和大学教课以后。在其一生最后十年间,他先后完成《清代学术概论》、《中国历史研究法》及其《补编》、《中国近三百年学术史》、《先秦政治思想史》、《儒家哲学》、《要籍解题及其读法》、《中国文化史·社会组织篇》、《古书真伪及其年代》、《春秋载记》、《战国载记》等多种著作,对社会史、学术史、文献学以至文化史等项研究作出贡献。跟严复、康有为、夏曾佑只有前期、没有后期不同,梁启超在前期是维新领袖和新史学倡导者,后期仍对学术文化多所贡献,进一步实践其"新史学"的主张,这同他的爱国思想、国民意识和重视学术上的新旧更换是分不开的。而且因他学识渊博,史学之外,文学、哲学、宗教等诸多领域都做出值得称道的成绩,尽管梁氏治学有"浅尝多变"的弱点,但从总体上,不愧是一位才华横溢的近代学术文化的开拓者。

五四前后,为新史学的发展作出重要贡献,并且产生很大影响的有两位学者,一是从事古史研究以运用"二重证据法"著称的王国维,一是创立"古史辨派"的顾颉刚。

王国维(1877—1927)古史研究的成绩是以运用新材料为基础的。19世纪末至20世纪初,关于新史料有四项重要发现:殷墟甲骨文;敦煌及古代西域各地的汉晋竹简;敦煌石室唐人写卷;内阁大库明清档案。这些发现,为方兴未艾的新史学提供了运用新史料、新方法的极好机遇。王国维即在运用甲骨文研究古史上取得重大突破。在他之前,罗振玉对搜集和刊布甲骨文有大的贡献,并且已开始将甲骨文上的商王名号与《史记·殷本纪》相对证,指认出卜辞中商王名号二十二个,外加示壬、示癸两个先公名号。[①] 王国维在罗氏的基础上大大向前推进,他综合《史记》及其他古代文献与卜辞相对证,对整个商王室世系作总体的研究,出色地运用"二重证据法",取得了震惊学术界的成就。王国维运用"二重证据法"这种近代科学方法,使传统的文献资料与出土的考古资料同时为古史研究服务,这就丰富了古史研究中的可信资料,扩大了史学工作者的视野。就文献而论,他又能突破以往研究者仅从史书上找证据的局限,而将以往视为神话、小说,不当作历史材料看待的记载,如《楚辞》《山海经》,也加

---

① 见罗振玉《殷虚书契考释三种》,中华书局2006年版,第102—106页。

以重视，与考古材料互相补充印证，得出重要的新见解。作于1917年的《殷卜辞中所见先公先王考》与《续考》两文，是王氏考史名作。他把与卜辞相质证的文献范围，由《史记》扩大到《楚辞》《山海经》《竹书纪年》《世本》《汉书·古今人表》《吕览》，甚至扩大到金文，广参互证，而使前人无法解决的问题在他手里迎刃而解。例如王亥，他首先注意到：卜辞中多记王亥事，"乃祭礼中之最隆者，必为商之先王先公无疑"。而《史记·殷本纪》及《三代世表》，商先祖中无王亥，只记载：冥卒，子振立。振卒，子微立。查《史记索隐》所注："振，《世本》作核。《汉书·古今人表》作垓。"据此，王氏先判定："《史记》之振，当为核或垓字之讹也。"然后，王氏引《山海经·大荒东经》所载："……王亥托于有易河伯仆牛，有易杀王亥，取仆牛。"郭璞注引《古本竹书纪年》云："殷王子亥，宾于有易而淫焉，有易之君緜臣杀而放之……"《今本竹书纪年》中也有"殷侯子亥宾于有易，有易杀而放之……"的记载。王氏遂作出肯定，以上三种文献中的"王亥""殷王子亥""殷侯子亥"乃是一人，又列在上甲微之前一世，"则为殷之先祖，冥之子、微之父无疑"。① 至此，王国维又从甲骨文中考证出一位商先公名号，而且以详审的证据纠正了《史记》的一项误记。王氏又进一步指出《世本·作篇》中的"胲"，《楚辞·天问》中的"该"，《吕氏春秋·勿躬篇》中的王冰，记的都同是王亥。用同样的方法，王氏又考证出卜辞中的王恒也是商先公，"王亥与上甲微之间，又当有王恒一世"。又识出卜辞中的唐就是商朝开国之君成汤。根据卜辞中报乙、报丙、报丁，字皆在匚中，考证出卜辞中的田就是上甲微，并且第一次采用甲骨缀合之法，考证出上甲微以下的世系应按"报乙、报丙、报丁、示壬、示癸"排列，改正了《殷本纪》中作"报丁、报丙、报乙"的误记；预言示癸与大丁之间应阙大乙，也为以后学者所证实。②

---

① 引文均见王国维《观堂集林》卷九《殷卜辞中所见先公先王考》，中华书局1959年版，第419—422页。

② 以后，董作宾又以缀合的第三片甲骨证实王氏此说，见郭沫若《殷契粹编》考释部分。

由于运用近代科学方法考证新史料，使文献所证几千年前的商先王先公世系获得了实物的确证，而《史记》这部古代杰出史著在总体上史料价值的可靠性也得到证实，且证明后人运用新出土的史料，以科学方法，可以有根据地纠正两千年前史家的误记。对于二重证据法的运用和价值，王国维本人曾用简约的文字加以表述："上古之事，传说与史实混而不分；史实之中固不免有所缘饰，与传说无异；而传说之中亦往往有史实为之素地，二者不易区别，此世界各国之所同也。……吾辈生于今日，幸于纸上之材料外更得地下之新材料，由此种材料，我辈固得据以补正纸上之材料，亦得证明古书之某部分全为实录，即百家不雅驯之言，亦不无表示一面之事实。此二重证据法，惟在今日始得为之，虽古书之未得证明者，不能加以否定；而其已得证明者，不能不加以肯定，可断言也。"① 王国维的成就给学者们很深刻的启发：只要方法对头，广搜证据，缜密考证，就能做出超越前人的成绩。郭沫若对王国维有中肯的评价，称他是"新史学的开山"②，又说："王国维，研究学问的方法是近代式的，思想感情是封建式的。两个时代在他身上激起了一个剧烈的阶级斗争，结果是封建社会把他的身体夺去了。然而他遗留给我们的是他知识的产品，那好像一座崔巍的楼阁，在几千年来的旧学的城垒上，灿然放出了一段异样的光辉。""欲清算中国的古代社会，我们是不能不以罗、王二家之业绩为其出发点了。"③ 杨向奎教授也有精辟的论述："他用考古学上的材料来证实文献上的记载，使久已沉埋的史料又活跃起来。""如果说'古史辨'派在扫荡不科学不合实际的古史传说上作出了贡献；那么王国维则在建设可信的古史系统上作出了成绩。他们是一破一立，同时存在，至郭沫若同志的《中国古代社会研究》出版后，乃出现了一个崭新的

---

① 王国维：《古史新证》"总论"，见《王国维论学集》，中国社会科学出版社1997年版，第38—39页。
② 郭沫若：《历史人物·鲁迅与王国维》，《沫若文集》第十二卷，人民出版社1959年版，第537页。
③ 郭沫若：《中国古代社会研究·自序》，人民出版社1982年版，第8页。

境界。"①

从1920年底以后，顾颉刚（1893—1980）即以提倡大胆疑古辨伪著名，吸引了其他学者参加，形成了以他为主将的"古史辨派"。②顾颉刚从事古史辨伪工作，首先是受到清代乾嘉时期学者崔述及晚清今文学家康有为的影响。顾颉刚本人吸收了近代学术（包括进化论）的营养，又受到五四新文化运动反对复古主义进步潮流的熏陶，他先后提出两种很有影响的论点。第一种，是"层累地造成的古史说"。要点有三：（一）对传统中的古史演变过程加以考辨，即可发现"时代愈后，传说的古史期愈长"。如，周代人心目中最后的帝王是禹，到孔子时有尧、舜，到战国时有黄帝、神农，到汉以后有盘古。（二）"时代愈后，传说中的中心人物愈放愈大。"如舜，在孔子时只是一个无为而治的圣君，到《尧典》就成了一个"家齐而后国治"的圣人，到孟子就成了一个孝子的模范了。（三）我们即使"不能知道某一件事的真确的状况，但可以知道某一件事在传说中的最早的状况"。③这个理论一提出，立即得到钱玄同的"欢喜赞叹"，赞誉这种说法是"精当绝伦"，希望顾氏"常常考查，多多发明，廓清云雾，斩尽葛藤，使后来学子不致再被一切伪史所蒙"。④第二种观点是进一步的发展，他又提出推翻非信史的四项标准：（一）打破"民族出于一元的观念"；（二）打破"地域向来一统的观念"；（三）打破"古史人化的观念"；（四）打破"古代为黄金世界的观念"。⑤

"层累地造成的古史说"道破了自古相传的非科学的古史系统的由来，确实显示了对过去的成就加以审查考辨的近代眼光。古代儒生"嗜古""尚古"成癖，越往后竟将上古史事推得越远，

---

① 杨向奎：《略论王国维的古史研究》，《东岳论丛》1980年第1期。
② 1926年由顾颉刚编著的《古史辨》第一册在北京出版，至1941年《古史辨》共出版了七册。其中第四册、第六册的编者是罗根泽，第七册编者是童书业，余皆为顾颉刚所编。
③ 见顾颉刚《与钱玄同先生论古史书》，《古史辨》第一册，上海古籍出版社1982年版，第60页。
④ 见钱玄同《答顾颉刚先生书》，《古史辨》第一册，第67页。
⑤ 见顾颉刚《答刘胡两先生书》，《古史辨》第一册，第96—102页。

附会穿凿，造成许多迷误，必须对这些臆说加以扫荡，才能建设起科学的、可信的古史体系。"古史辨"派打破了历代相传、视为神圣的旧说的权威，对于后来建立真实的古代史作出很有意义的积极的贡献。考辨是否信史的四项标准也有重要价值。因为传统观点一向认为：夏、商、周三代就形成了统一国家，甚至认为尧、舜时代也已经是统一国家，并且认为唐尧、虞舜是至圣之君，上古是黄金时代，以后世道浇薄，国家难治，造成难以改变的复古倒退意识。因此，古史辨派从事打破旧的古史体系，是同五四时代反封建的伟大潮流相一致的，也是推进史学近代化、向建设科学的信史目标前进的一个重要步骤。[1] 郭沫若曾经明确地予以肯定："顾颉刚的'层累地造成的古史'，的确是个卓识。……到现在自己研究了一番过来，觉得他的识见是有先见之明。……旧史料中凡作伪之点大体是被他道破了。"[2] 但是古史辨派也有明显的局限，这就是"在怀疑和抨击古史方面有时过头，以至玉石俱焚，比如《左传》是一部好的古代史，但他们怀疑它是伪作，这给当时的古史研究者添加了许多麻烦，以致有人用了很大力气证明《左传》不伪"[3]。这是因为顾颉刚误信了今文学家法。顾氏本来对今文家有批评，曾说："拿辨伪做手段，把改制做目的，是为运用政策而非研究学问。……所以虽是极鄙陋的谶纬也要假借了做自己的武器而不肯丢去。"[4] 但是他后来相信了今文学的家法，相信康有为所说刘歆伪造古文经传，走到了原先看法的反面。顾氏在提倡民间文学及历史地理领域也作出贡献，解放后运用唯物史观作指导，从事《尚书》研究尤有成就。

顾颉刚从事古史辨伪还受到胡适的影响，这从《古史辨》第一册两人通信及顾氏所撰《自序》明显反映出来。

胡适（1891—1962）于1917年从美国留学归国，即被蔡元

---

[1] 参见杨向奎《论"古史辨派"》，《中华学术论文集》，中华书局1981年版，第15页。
[2] 《中国古代社会研究》附录《追论及补遗》九"夏禹的问题"，《郭沫若全集·历史编》第一卷，人民出版社1982年版，第304—305页。
[3] 杨向奎：《论"古史辨派"》，《中华学术论文集》，第28页。
[4] 《古史辨》第一册《自序》，上海古籍出版社1982年版，第43页。

培聘请到北大当哲学教授。胡适在北大讲中国哲学史,第一章是《中国哲学结胎的时代》,用《诗经》作时代的说明,丢开唐、虞、夏、商,径从周宣王以后讲起。其后,胡氏为《水浒传》作长序,考证《水浒》本事的来历和演变的层次。这些都给顾颉刚以直接的启发。胡适所著《中国哲学史大纲》(上册)于1919年出版,对学术界曾有相当大的影响。当时人们感到它新鲜,不仅由于它讲中国哲学直接从老子、孔子讲起,更由于它重视讲历史方法论。在此书《导言》一篇中,他讲研究哲学史有三个目的:一是"明变",二是"求因",三是"评判"。但要达到这三个目的,先须做一番"述学"的功夫。所谓"述学",第一步是"审定史料",第二步是"整理史料"。审定史料的证据可分五种:一是"史事",二是"文字",三是"文体",四是"思想",合称为"内证";五是"旁证"。整理史料的方法约有三端:一是"校勘",二是"训诂",三是"贯通"。周予同教授曾评论说:胡氏所讲史学著作应该达到的"目的",应该采取的"方法",而他本人的著作,却"不能说完全依着这步骤,达到这目的"[①]。以前梁启超著《论中国学术思想变迁之大势》也是有系统的论述,但像胡著这样比较全面阐述治学方法,并且拿出自成体系的学术著作来,却是前所未有的,因此具有启发、引导的作用。蔡元培为之作序,称赞他具有"截断众流"的勇气,并且拿此书跟守旧学者讲中国哲学史首先高谈"邃古哲学""唐虞哲学"相比,肯定了胡著在这方面的积极意义。但从另一面说,也恰如梁启超所批评的,从《诗经》讲起,将《尚书》《周易》《左传》《国语》等典籍中有关宗周时代的哲学资料全部丢开,这毕竟"把思想的来源抹杀得太过了"。梁启超称此书是显示出"观察力""组织力""创造力"的名著,同时批评书中的肤浅和错误,如书中"把知识论作为论中国古代哲学唯一观察点",全书主要讲孔子及诸子,但除墨子外,对于各思想家学说多数失之偏颇,讲诸子勃

[①] 周予同:《五十年来中国之新史学》,《周予同经学史论著选集》,上海人民出版社1983年版,第543页。

兴的时代背景也未得要领等。① 总之,《中国哲学史大纲》的出版及围绕它展开的评论,对于推动更有价值的系统著作出现是很有积极意义的。胡适在五四时期,挑起"问题与主义"的论战,反对马克思主义的传播,因而受到李大钊的严厉批评。

　　近代史学名家陈寅恪、陈垣的一些重要著作系撰写于三四十年代,抗战爆发之后他们都明确表明爱国的立场,不过这些著作尚不是以唯物史观为指导写出,与这一时期马克思主义的史著有所不同,故可以归到新史学的发展这个标题内来叙述。陈寅恪谙熟古代典籍,继承了乾嘉考证方法,同时他在欧美长时间求学并担任研究工作,采用了西方近代学者的治学方法,二者相结合。他长期致力的范围是"中古以降民族文化之史",采用了近代西方学者所重视的比较研究、民族文化关系、因果关系等"外来观念"和方法,与清代学者实事求是的考证功夫结合起来,既善于钩稽史料、抉幽阐微,又具有比他的先辈开阔得多的眼光,从比较和联系中探求一个历史时期带全局意义的大事。在其名著《唐代政治史述论稿》中,讲"外族盛衰的连环性",揭示出:《通典·边防典》"突厥"条记隋末中国北部群雄俱向突厥称臣;《旧唐书·李靖传》讲高祖称臣于突厥;《通典·边防典》"突厥"条讲突厥内乱;《旧唐书·回纥传》讲回纥薛延陀部由盛而亡。这些材料似乎互相孤立,经过他的周密考证,实则说明唐初由于突厥强大,唐高祖也得向突厥称臣。十年之后,由于突厥内部天灾及乱政,外部毗邻的回纥兴起的威胁,因而给了唐朝廷以"可乘之隙",太宗一举擒降其颉利可汗。后来回纥的衰落,则又由于黠戛斯的崛起威胁。据此他概括为"其他外族之崛起或强大可致某甲外族之灭亡或衰弱","而唐室统治之中国遂受其兴亡强弱之影响"。② 另一名作《隋唐制度渊源略论稿》,也同样能做到细致入微地考辨史实,又能作综合分析,探求带规律性的东西。陈

---

① 见梁启超《评胡适之中国哲学史大纲》,《饮冰室合集》文集之三十八,第50—68页。
② 陈寅恪:《唐代政治史述论稿》,上海古籍出版社1997年版,第125页。

寅恪治史具有"通识",又表现在他能以辩证的眼光看待史料。他曾论述对于古代遗留下来的片断性的史料,必须放在当时的历史背景下,作综合联贯的研究;相反,若对古人"所处之环境,所受之背景,非完全明瞭,则其学说不易评论"①。并且认为,辨别材料的真伪固然重要,但材料的真伪不过是相对的,伪材料若能考定其作伪的时代及作者,在这个意义上利用之,则有时也同真材料一样可贵。又认为对于儒家及诸子"经典",也必须用历史发展眼光有分析地慎重对待。这些见解,都发前人之所未发,扩大了史料范围,开辟了新的研究途径。他还采用诗文与历史记载互证的方法,写成《元白诗笺证稿》《柳如是别传》(此书作于新中国成立后)等著作。

陈垣在文献学和宗教史上成绩卓著。他在文献学上做了总结性的工作,发展了传统史学讲类例的方法。他善于将有用的材料按类区分,归纳出若干问题,然后选取其中最有代表性的例子,排比说明,并加议论发挥。他早年成名之作《元也里可温教考》就用这种方法,"搜集关于也里可温之史料,分类说明之"。后来他用类例的方法撰成两本名作。《史讳举例》在宋代洪迈,清代顾炎武、钱大昕的基础上,系统研究历代古书避讳的通则,区分为八十二例,不仅帮助解决阅读史籍的疑难,而且进而利用它来辨别古书的真伪、时代、书中后人窜入等问题。②《校勘学释例》一书,则是他在用五种本子同沈刻本《元典章》对勘时,找出沈刻本的谬误一万二千余条,他选择其中十分之一区分为八十二例,从而总结出校勘学的一些通则,可以应用到校勘别的古籍。如他在《序》中所说:"将以通于元代诸书,及其他诸史,非仅为纠弹沈刻而作也。"在宗教史方面,他先后写有多部著作,于1938—1940年撰著《明季滇黔佛教考》,旨在表彰明末遗民的爱国思想,以此激励今天坚持抗日战争的人们,指斥投降变节行

---

① 陈寅恪:《冯友兰中国哲学史上册审查报告》,《金明馆丛稿二编》,上海古籍书版社1980年版,第247页。
② 见陈垣《史讳举例·序》,《励耘书屋丛刻》中,北京师范大学出版社1982年版,第1257—1259页。

为。这部书标志着陈垣的治学旨趣上升到更高层次。此后，又一连写出《清初僧诤记》（1941）、《南宋初河北新道教考》（1941）、《中国佛教史籍概论》（1942）、《通鉴胡注表微》（1945）等著作。环境越恶劣，压力越大，他却写得越多，越精彩；其原因，就是自觉地把保存和发扬民族文化中具有伟大生命力的精华，视为"抗战根本措施之一"。《通鉴胡注表微》一书，进一步把考辨与议论结合起来，深刻地评价史实的意义，慷慨地抒发作者的思想主张。白寿彝教授评论说：此书"代表了援庵先生后期著作中的丰满的成就"①。著者着意把长期被掩盖的胡三省的民族气节、爱国思想发掘出来，用来鼓舞抗战事业。书中进一步点明生死观："人生须有意义，死须有价值，平世犹不甚觉之，乱世不可不措意也。""生死之宜，固可由修养而得。"② 深刻地论述坚守民族气节的重要性。在《治术篇》中，则论述学术不能脱离政治，尤当民族生死关头更是如此。

三、马克思主义史学逐步成为主流

马克思主义史学的崛起，标志着史学近代化产生了意义更为重大的飞跃。李大钊是中国最早传播唯物史观的人物。郭沫若则成功地做到将这一崭新的科学理论与中国历史结合起来，对中国历史作出系统的深入的分析，他的名著《中国古代社会研究》便成为中国马克思主义史学的奠基之作。继郭沫若之后，吕振羽、范文澜、翦伯赞、侯外庐又先后在通史、社会史、思想史等领域撰成多部具有科学价值的著作。于是，马克思主义史学成为中国史学近代化的主流。

李大钊（1889—1927）是史学家，又是革命家。俄国十月革命爆发不久，李大钊出于他的爱国热忱、追求真理的精神和对世

---

① 白寿彝：《要继承这份遗产》，《人民日报》1980年12月30日。
② 陈垣：《通鉴胡注表微·生死篇》，科学出版社1958年版，第366、376页。

界潮流的观察,很快就认清了这一革命代表了无产阶级和人民大众推翻剥削者、成为国家主人的实质,并开始了由革命民主主义者到共产主义者的转变。1918年7月以后,他连续发表《法俄革命之比较观》《庶民的胜利》《布尔什维克主义的胜利》《新纪元》等重要文章,欢呼社会主义的胜利,说明世界历史已进入社会主义时代,马克思主义指引下的无产阶级革命是20世纪不可抗拒的潮流。1919年,他力图帮助《新青年》杂志组织马克思主义研究专号,发表了《我的马克思主义观》的著名论文,第一次向国内介绍了马克思主义学说的三个组成部分——唯物史观、政治经济学和科学社会主义的基本原理。此年7月,胡适在《每周评论》上发表《多研究些问题,少谈些主义》一文,公开反对马克思主义在中国的传播,宣扬实行一点一滴的社会改良。李大钊立即发表《再论问题与主义》,以公开信的形式,严厉驳斥胡适的谬论。他指出,马克思主义是解决中国问题的指导思想,"我们惟有一面认定我们的主义,用他作材料,作工具,以为实际的运动;一面宣传我们的主义,使社会上多数人都能用他作材料,作工具,以解决具体的社会问题"。"免得阿猫、阿狗、鹦鹉、留声机来混我们骗大家。"而中国的问题,"必须有一个根本解决,才有把一个一个的具体问题都解决了的希望"。①

1920年3月,李大钊在北京发起组织了"马克思学说研究会"。1921年7月1日,中国共产党建立,李大钊是创始人之一。在此几年间,他在北京大学等讲授《唯物史观研究》《史学思想史》《史学要论》等课程,系统地宣传唯物史观的基本理论,它的产生的必然性,它对无产阶级和劳苦大众争取解放的斗争所具有的指导意义。其中,尤以1924年著成的《史学要论》一书最为重要。这本书是我国近代史上第一部以马克思主义为指导的史学概论著作。共分六节:(一)什么是历史;(二)什么是历史学;(三)历史学的系统;(四)史学在科学中的位置;(五)史学与其相关学问的关系;(六)现代史学的研究及于人生态度的

---

① 《再论问题与主义》,见《李大钊选集》,人民出版社1959年版,第233页。

影响。李大钊论述了一系列理论问题。他提出区分客观历史和历史记载的不同概念。"历史这样东西，是人类生活的行程，是人类生活的联续，是人类生活的变迁，是人类生活的传演，是有生命的东西，是活的东西，是进步的东西，是发展的东西，是周流变动的东西；……活的历史，只能在人的生活里去得，不能在故纸堆里去寻。"而像《史记》、二十四史等，"无论怎样重要，只能说是历史的纪录，是研究历史必要的材料；不能说他们就是历史。这些卷帙、册案、图表、典籍，全是这活的历史一部分的缩影，而不是这活的历史的本体"。① 这就告诉人们：旧史只是古人以其观点和能力所及留下的一种记载，不等于客观的、真实的历史过程；这客观的历史，有待于现时代的史家用正确的历史观作指导，搜集各种史料去重新认识它。由于历史是人类生活的传演，是有生命的东西，是发展的东西，那么了解以往人类的历程，可以帮助我们认清未来的方向。"过去一段的历史，恰如'时'在人生世界上建筑起来的一座高楼，里边一层一层的陈列着我们人类累代相传下来的家珍国宝。这一座高楼，只有生长成熟踏践实地的健足，才能拾级而升，把凡所经过的层级所陈的珍宝，一览无遗；然后上临绝顶，登楼四望，无限的将来的远景，不尽的人生的大观，才能比较的眺望清楚。在这种光景中，可以认识出来人生前进的大路。我们登这过去的崇楼登的愈高，愈能把未来人生的光景及其道路，认识的愈清。……一切过去，都是供我们利用的材料。我们的将来，是我们凭藉过去的材料现在的劳作创造出来的。这是现代史学给我们的科学的态度。"② 李大钊论述唯物史观在历史学引起的伟大变革，"从来的史学家，欲单从社会的上层说明社会的变革，——历史，——而不顾社会的基址；那样的方法，不能真正理解历史。社会上层，全随经济的基址的变动而变动，故历史非从经济关系上说明不可。这是马克思

---

① 李大钊：《史学要论》，《李大钊史学论集》，河北人民出版社1984年版，第197—198页。

② 李大钊：《史学要论》，《李大钊史学论集》，第245页。

的历史观的大体"。① "马克思所以主张以经济为中心考察社会的变革的原故，因为经济关系能如自然科学发见因果律。这样子遂把历史学提到科学的地位。"② 因此，李大钊提出要不断"动手改作"历史。"一时代有一时代较进步的历史观，一时代有一时代比较进步的知识；史观与知识不断的进步，人们对于历史事实的解喻自然要不断的变动。"③ 最后，李大钊号召以唯物史观作指导，把科学地研究历史与争取劳苦大众解放、创造新生活的斗争联系起来，"使我们自觉我们自己的权威，知道过去的历史，就是我们这样的人共同造出来的，现在乃至将来的历史，亦还是如此"。④ 显然，李大钊所论述的这些问题，对于新史学的发展都具有重要的指导意义。

郭沫若所著《中国古代社会研究》，是近代史家运用唯物史观系统研究中国历史的开山之作。这部名著酝酿和写作于1928年至1929年。当时大革命刚刚失败，郭沫若流亡日本，是处于日本特务监视、生活困难、资料匮乏种种恶劣条件下，发愤写成的。郭沫若把用唯物史观指导研究中国历史同认清革命的前途直接联系起来，他说："对于未来社会的待望逼迫着我们不能不生出清算过往社会的要求。古人说：'前事不忘，后事之师。'认清楚过往的来程也正好决定我们未来的去向。"他要用历史研究驳倒"国情特殊"论，证明"中国人不是神，也不是猴子，中国人所组成的社会不应该有甚么不同"，要走世界各国共同的道路，以此鼓舞处于困难时刻的国内人民看到未来的光明前途。同时他要探求中国历史发展所具有的本身的特点，谱写"恩格斯的《家庭、私有制和国家的起源》的续篇"。⑤ 为此，他把先进的科学理论的指导同扎实的文献考订功夫结合起来。他继承了清代学者实事求是的考证成果，继承了罗振玉，尤其是王国维研究甲骨、金

---

① 李大钊：《史学要论》，《李大钊史学论集》，第199页。
② 李大钊：《史学要论》，《李大钊史学论集》，第201页。
③ 李大钊：《史学要论》，《李大钊史学论集》，第202年。
④ 李大钊：《史学要论》，《李大钊史学选集》，第247页。
⑤ 均见郭沫若《中国古代社会研究·自序》，《郭沫若全集·历史编》第一卷，人民出版社1982年版，第6、9页。

文的成绩，出色地对旧史料作出新解，熔《诗》《书》《易》中纸上史料，与卜辞、金文中的考古材料于一炉，赋予它们以新的意义，并且上升到系统分析社会生产方式和阶级关系的高度。这样，文献、卜辞、金文这些原来似乎互相孤立的材料，都发生了联系，成为有用的活材料，殷、周时期的社会生产的生活方式也得以重现。前此，李大钊为传播唯物史观作出了重大贡献，并提出改写历史的任务，现在郭沫若继续了他的工作，做到把马克思主义的理论同中国历史结合起来，在深入研究的基础上，作了系统的清理，因此成为中国马克思主义史学的划时代的著作。此书一出版，立即引起强烈反响。当时的评论就说："郭沫若先生的《中国古代社会研究》要算是震动一世的名著。就大体看，他那独创的精神，崭新的见解，扫除旧史学界的乌烟瘴气，而为新史学开其先路的功绩，自值得我们的敬仰。"[①] 这一时期，郭沫若在甲骨文字研究、甲骨文分类研究、金文研究和青铜器断代研究等方面也做出出色的成绩，把古器物学、古文字学推向新的阶段。他由于据日译本翻译了米海里斯《美术考古一世纪》一书，吸收了西方近代考古学理论和方法，这对他的卜辞研究和青铜器铭文的分类研究有直接借鉴作用。这又说明，科学无国界之分，研究者要努力吸收世界各国优秀科学成果，在这方面，马克思主义史学家郭沫若也早就为我们做出了榜样。郭沫若于1937年7月回国参加抗战。在抗战时期，写了大量的史剧、史论，对鼓舞民众的抗战意志和帮助革命事业起到很大作用，《甲申三百年祭》（作于1944年）还被中共中央作为整风文件看待。

《中国古代社会研究》问世以后，在三四十年代，影响最大的马克思主义史学著作，是范文澜在延安所著《中国通史简编》（著于1940—1941年）。抗战以前，范文澜曾先后在天津、北京、开封各大学任教，著有《群经概论》《正史考略》《文心雕龙注》等书，治学基本上不出考证学范围。抗战爆发，他到了游击区，

[①] 文甫：《评郭沫若〈中国古代社会研究〉》，载李霖编《郭沫若评传》，现代书局1932年版，第219页。

在火热的革命熔炉中学习马克思主义,使他的学术思想产生升华,自觉地运用唯物史观作指导。在撰成《中国通史简编》之前,他在延安撰有关于古史分期的文章,赞成吴玉章所持殷代是奴隶社会、西周是封建社会的主张。[①] 并在延安中央党校讲《中国经学史的演变》,得到党中央主席毛泽东的肯定。《中国通史简编》共五十六万字,1941年出版上古到五代部分,次年出版宋辽到清中叶部分,是第一部用马克思主义指导撰成的中国通史。此书问世之后,受到各解放区干部、群众的欢迎,1947年在上海也终于刊出。这部书,不仅为新中国成立后内容更丰富、水平更高的《中国通史简编》修订本奠定了基础,而且它本身也是中国马克思主义史学发展的重要成果。范文澜在此书的"绪言"表明,他的研究工作,要全力总结出唯物史观所总结的人类社会共同规律在中国历史上表现出来的特殊性,避免教条主义和公式化的毛病。通过对历史资料的分析、综合,范文澜对几千年中国历史提出了系统的看法,夏以前是原始社会,夏、商是原始公社逐渐解体到奴隶占有制时代,西周至鸦片战争前是封建社会(中间分为三个阶段)。以后长时期关于中国古史分期讨论中影响很大的西周封建说一派,也就以范文澜为主要代表。这部著作还具有以下四项成就:比较深入而成功地分析和描述各个时代的特色,做到主干清晰,而又有血有肉;肯定人民大众是历史的主人,同旧史将帝王将相作为历史主人的旧做法划清了界限,广泛地叙述历史发展的各个方面,包括重视叙述历史上的科技发明和思想文化,重视古代史与近代史的联贯,深刻地分析近代中国的命运是孕育于明清时期多种社会矛盾和因素演变的必然结果,范文澜所著《中国近代史》(上册)[②],大大推动了史学界对这一阶段历史的研究。以往史学界有关近代史著作甚少,有的著作有进步的观点,但篇幅较小,内容单薄,有的则从唯心史观出发,任意曲解

---

① 详见《关于上古历史阶段的商榷》,《范文澜历史论文选集》,中国社会科学出版社1979年版。

② 此书按原计划为《中国通史简编》(下册),1945年范文澜离延安前已写成从鸦片战争到义和团部分,题为《中国近代史》(上册),于1946年在延安出版。此后习惯上视为单独著作。

史实。范著《中国近代史》以马克思主义为指导，在大量占有材料的基础上，通过对历史的系统叙述，恢复了中国近代历史的本来面目，标志着近代史的研究进入科学的阶段。这部著作深刻地揭露了帝国主义侵略和清朝的腐败，使中国社会一步步沦入半殖民地的深渊，歌颂了从平英团到义和团等一系列人民斗争的英勇气概，同时有力地揭露帝国主义和封建势力如何成为中国人民解放的绊脚石，从而深刻启发中国人民认清近代以来社会的主要矛盾和革命的目标，激发了人民的爱国热忱和革命意志。此书的出版，使人们尤其是热血青年受到深刻教育，"许多人因读了范著《中国近代史》而奔赴延安，……发挥了巨大的战斗作用"[1]。

吕振羽、翦伯赞、侯外庐也都是在三四十年代做出了很大贡献的马克思主义史学的开拓者。吕振羽（1900—1980）撰成以马克思主义为指导的史学专著甚早，在30年代已完成了三部：《史前期中国社会研究》（1934年北平人文出版社）；《殷周时代的中国社会》（1936年上海不二书店）；《中国政治思想史》（1937年上海黎明书店）。在40年代，又完成了《简明中国通史》（第一分册于1941年由香港生活书店出版，第二分册于1948年完成，旋由大连光华书店出版）；《中国民族简史》（1948年大连光华书店）。以上这五部著作都曾几次重印或增订再版，产生过广泛的影响。《史前期中国社会研究》的撰著是同社会史大论战直接相联系的。1933年，这场有关对中国历史性质和革命道路基本看法的论战再掀高潮，引起了吕振羽极大关注。他很不满意于一些"理论家"们既缺乏正确的理论，又不清楚中国的历史，致使治丝益棼，徒增混乱，因而批评说："（我）深深的感觉一般中国史研究者——尤其是那些冒充'辩证论'的'历史家'们——大多不是如实的在履行着实验主义的方法论，便又陷入了机械论的歧途。结果虽然给我们提出了一些问题，但不曾替我们解决了问

---

[1] 朱瑞熙等：《范文澜》，《中国史学家评传》（下册），中州古籍出版社1985年版，第1484页。

题。对历史事实的混淆颠倒，徒然又替中国史蒙上一层新面具。"① 又一方面，他对20年代以来一些学者疑古过头的风气也甚为不满，认为其结果使古代传说中一些宝贵的史料也被抛弃掉，史前时期无人问津，也无法揭示出历史发展的规律，故指责他们"不只把中国历史说成支离破碎和漆黑一团，并把它截去一长节，硬说中国的历史只是从甲骨文字等文献可考的商代开始，而且一开始就是有阶级制度和国家权力的时代；说商以前的历史，全系儒家伪托，等等。许多人随声附和，竟形成一股'疑古'风和'疑古'派"②。因此他决心加以纠正，填补这一研究的空白。他阐明他研究的目的是："第一只在给无人过问的史前期整理出一个粗略的系统，引起大家来研究；第二只在说明中国社会的发展过程，和世界史的其他部分比较，自始就没有什么本质的特殊，而是完全有其同一的过程。"③ 本书的研究说明，吕振羽做到了以唯物史观为指导，分析文献与考古材料并结合民族学、民俗学的知识，第一次对我国原始社会史作了初步有系统的清理。他论述了远古居民经历了原始人群居生活、母系氏族社会、父系氏族社会的发展阶段，然后由此进入奴隶社会。这同唯物史观所揭示的人类历史的共同规律是一致的。他还考证出神话传说所反映出的远古居民活动区域与有关文物出土区域大体相一致，关于神农氏和尧、舜、禹神话所指明的时代和仰韶文物所指明的时代大体相一致，这样就为神话传说中反映了原始社会的史影提供了有力证据。故翦伯赞曾评论说：吕振羽的大胆尝试，"把中国历史研究的领域突破了'阶级社会'的界限，从殷代再提前到无阶级的原始时代，因而把'历史怀疑主义者'在中国历史上所设定的封锁线也彻底毁灭了。在这一点上，吕振羽对于在中国无阶级社会史的研究上，是尽了一个开辟的任务"④。《殷周

---

① 吕振羽：《史前期中国社会研究·初版自序》，生活·读书·新知三联书店1961年版，第6页。
② 吕振羽：《史前期中国社会研究·1961年新版序》，第2页。
③ 吕振羽：《史前期中国社会研究·初版自序》，第6页。
④ 翦伯赞：《历史哲学教程》，河北教育出版社2000年版，第211页。

时代的中国社会》一书，在下述两个方面作出贡献。第一，他根据当时中国地下出土文物史实，认定殷代确已进入奴隶社会，并从财产形态、阶级构成、国家形成过程等项作了全面考察，创立了殷商奴隶制学说。并且，根据考古学界对殷墟出土器物和遗迹的考察，从当时铜器冶炼技术和冶炼场遗址的普遍存在，青铜工艺所达到的水平，得出殷商非新石器或金石并用时代，而是"青铜器时代"的结论。又从文献上关于殷人酗酒成风的记载，以及酒器的大量出土，推论出殷商时期已达到较高的劳动生产率，才提供了多余的粮食，而殷商已达到相当高度水平的文化，也只有在较高的剩余劳动之上才能创造出来，这一切与阶级对立（奴隶主与奴隶阶级的对立）、国家形成的社会发展水平正相适应。故殷商不是氏族社会，而是奴隶制社会。第二，他提出西周是封建社会的观点。认为：周灭商以后，奴隶已被解放，原来殷代国家的土地被宣布为"王有"，封赐给贵族和各级臣僚，他们成为大大小小的封建领主。形成了由天子、诸侯、大夫、士组成的封建领主阶级与被称为"庶人"或"小人"的农奴阶级之间的对立。并论证西周封建制的形成过程大致到宣王中兴时完成。故吕振羽是"西周封建说"的首倡者。关于此书所阐述的上述两项观点的价值，吴泽教授曾评价说："吕著的可贵之处在于创立了殷商奴隶制社会论和西周封建说。这对中国历史科学的研究有着十分重大建树的意义。"[1] 在《简明中国通史》中，吕振羽对几千年中国历史的进程提出了更深入、更有系统的看法。对商代，他系统论述了"成汤革命""伊尹放太甲""盘庚迁殷""殷纣亡国"等重要历史事件，对当时的战争、家庭婚姻制度、宗教等等都有更深刻的阐述。又进一步论证商周之际是一次革命性变革，而不是一般的改朝换代；并且论述周人如何在殷的奴隶制废墟上建立起封建制度来。此后在修订本中，他补充论述了西周至春秋战国时期社会发展的不平衡性，西周中央地区在周宣王时完成确立了封

---

[1] 吴泽：《我国马克思主义史学的开拓者——吕振羽》，见刘茂林、叶桂生著《吕振羽评传》一书代序，社会科学文献出版社1990年版，第3页。

建制，东方齐、鲁等国到春秋时才完成，而吴、越、楚等甚至到战国时才完成这一过渡；而且上升到理论的高度，说明不能仅就发展不平衡中的某一面或部分，便全面地肯定为封建制或奴隶制。书中论述了自春秋开始产生了新兴地主阶级，到战国时便盛行了，并完全取代了领主制，二千年的封建专制政治，即由此树立。对于封建社会后期的资本主义萌芽，也作了较深入的阐述。《简明中国通史》完成后，新中国成立初柴德赓评论说："直到今天，象这样的通史，还只有本书和范著《中国通史简编》。这两部书在现阶段确实给治史者以新的启示，指示了新史学的方向，是很有功于历史教学的。"① 本书的主要观点和独到的论证被视为具有开拓性和创造性，如："该书对'西周封建论'的加强，使它的影响更加扩大，更加广泛而深远。""关于中国资本主义萌芽问题的提出，和他后来的论证，给研究中国资本主义的发生和发展，提供了重要的启示。"② 《中国民族简史》写作于战争岁月，内容虽然简略，却也具有特色。一是，吕振羽研究民族问题，同加强全国各民族团结、迎接新中国建立后的和平建设，自觉地联系起来。二是，重视"活材料"。作者一向重视了解民族状况，30年代曾访问过广州水上蛋民，在延安和到东北解放区后，也常访问和调查少数民族状况，为他的研究提供了有价值的材料。

在中国马克思主义史家中，侯外庐（1903—1987）以对思想史有精湛的研究著称，而实际上，他对社会史研究也作出了重要贡献。40年代，他先后出版了四部重要著作：《中国古代社会史论》（1943），《中国古代思想学说史》（1943），《中国近世思想学说史》上下卷（1944—1945），《中国思想通史》第一卷（1947，与杜国庠、赵纪彬合著）。侯外庐在治史以前，曾长期研究、翻译《资本论》，故具有高深的马克思主义理论素养。他治史以王国维、郭沫若的继承者自任，一是方面推进马克思主理

---

① 柴德赓：《对吕著〈简明中国通史〉的几点意见》，《光明日报》1950年9月3日"星期增刊"。

② 刘茂林、叶桂生：《吕振羽评传》，社会科学文献出版社1990年版，第163—164页。

论的民族化，另一方面重视文献资料的解读、使用，继承前人优良方法，进行正确的训释，为古史研究提供可靠的根据。他的研究工作具有以下几个鲜明的特色：一是，通过深入钻研经典作家关于"亚细亚生产方式"的理论，提出中国古代文明与"古典的古代"（希腊、罗马）经由不同路径，前者是"早熟"的文明小孩，后者是"正常发育"的文明小孩的著名理论。二是，他始终把研究社会史与思想史二者密切结合，做到一方面找到代表各个时期思想家的思想的著作所由产生的时代土壤，另一方面特定的时代也由其所产生的特定思想体系证明了自身的存在。三是，在马克思主义理论指导下形成学派，集众人之长，壮大研究队伍，发展学术成果。

翦伯赞（1898—1968）在三四十年代著有《历史哲学教程》及《中国史纲》第一、二卷。《历史哲学教程》撰成于1938年，主要分历史科学的任务、发展阶段，历史发展的合法则性，历史的关联性，历史的实践性，历史的适应性等几个方面论述。作为一部较早的阐述唯物史观指导下历史科学基本理论的著作，作者在不少地方是做得好的，坚持并发挥了正确的观点和主张。关于历史发展"一般性与特殊性之辩证的统一"问题，作者正确地论述了：历史科学研究两项最主要的任务，一是从复杂的社会现象中"发现那支配人类历史的合法则性"，二是又要运用这一合法则性为指导，"把历史的具体性复现"。"必须从历史发展的一般性和其特殊性的统一探究中，才能复现各民族与各时代的历史之具体的内容。……不仅在从多样性的具体历史中抽出其一般性，而且还要从其一般性中去认识其特殊性。"[①] 又论述了经济基础决定上层建筑，上层建筑又有"反作用性"，强调马克思和恩格斯"认为历史的发展，不是唯一的经济的发展，而是经济基础与其所反映的意识形态之在历史上之统一的发展"[②]。并且对歪曲马克思主义的论调予以驳斥。

翦伯赞还运用唯物史观原理，分析鸦片战争以后中国社会的

---

① 翦伯赞：《历史哲学教程》二 "历史发展的合法则性"，第60、62页。
② 翦伯赞：《历史哲学教程》五 "历史的适应性"，第152页。

性质，认为：中国的民族资产阶级，"一方面受着外国资本主义的压迫，另一方面，又受着国内封建势力的束缚。同时，封建势力与布尔乔亚在其对外国资本主义的关系上，又同一地有其隶属性，所以中国现阶段的社会，决不是资本主义社会，而是半封建半殖民地的社会。我们不能因为在政治上保有形式上的独立性，而遂忽视作为这一政治的基础的经济之对外国资本主义的依存性与隶属性。何况政治上的'独立性'的形式，也并不完整。如关税不能自主，领事裁判权、内河航行权以及内地的外国驻军权等之存在，这一切，都从经济上的隶属反映为政治上的隶属。并且也反映到意识形态上，如许多买办阶级的代言人，到处在歌颂外国资本主义的文化"①。这些见解，在当时讲都是正确而深刻的。《中国史纲》第一、二卷（撰成于1943—1944年），对于远古、殷、西周至秦、汉历史的叙述更有系统了。第一卷为"史前史、殷周史"，在"西周——初期封建社会的形成"的总题目下，分别论述西周封建国家的创立、西周社会的经济构造、西周社会的社会关系等项，对于西周分封制度、农奴制的剥削关系、劳役地租的实行，征引了大量文献及考古材料作论据，故能言之成理。第二卷为"秦汉史"，注重叙述不同时期经济状况、土地制度、社会阶级关系变化的动态过程。分别在"土地所有制的关系之变化与农业""土地再分配·农民复员与农村关系的恢复""土地兼并与农民离开土地的过程""土地分配与农业生产的向上""土地兼并·赋税·徭役与农民的赤贫化"等题目中，论述秦、西汉、东汉不同时期的土地关系、农民经济地位及社会状况的变化。这一卷的又一特色，是"努力于考古学资料的应用"。作者形象地说：有关秦汉的"考古学的诸发现，他们不知吹送了多少新生命到纪传体的秦汉史之中。由于这些新的史料之发现，从前在文献史料中仅能想象、或不能想象、乃至完全不知道的史实，现在已有若干被具体地显现出来了"②。书中用考古遗址发现等资料说明汉代中西交通的发展，汉皇朝对西域的经营，用汉简的材料证明河西至盐泽的烽燧设施和守备制度，都是很突出的。这两卷还配

---

① 翦伯赞：《历史哲学教程》六"关于中国社会形势发展史问题"，第232—233页。
② 翦伯赞：《中国史纲》第二卷"序"，商务印书馆2010年版，第7页。

有大量插图、地图，甚便读者。

经过郭沫若、范文澜这些学者和其他马克思主义史学家披荆斩棘、艰苦努力，到40年代末为止，多种新型的通史、断代史、专史、文物文献和史学理论著作先后撰成。马克思主义史学家以其崭新的理论风格、著述的气魄、科学态度和对国家、民族的高度责任感，赢得了大众和学术界同行的尊敬。他们所具有的观察力、创造力，以及在文献资料上的深厚功力，都获得了同行们由衷的钦佩。至此，中国马克思主义史学所取得的巨大成就，使它具有强大的学术优势和影响力，并且为行将到来的马克思主义史学在全国范围的大发展奠定了坚实的基础。

四、近代史学留给我们的深刻启示

以上是对近代史学的发展趋势的鸟瞰。综观近代史学随着时代发展而不断开辟新境的历程，我们至今仍可真切地感受到其中活跃的生命。近代史学是当今史学的昨天，与今天的史学以至整个文化走向关系极为密切，近代史家所留给我们的启示也格外宝贵。现举出以下明显的几项：

（1）近代史学与国家民族的命运联系紧密，对推动近代社会的前进贡献巨大。《海国图志》《日本国志》《新史学》《中国古代社会研究》《中国通史简编》等名著的产生，无不反映了时代的迫切需要。进步史学家当日生活在转折的时代，深刻地感受到现实生活中存在的矛盾或问题，以论述、反思历史的形式把它们提到人们面前，寻找解决的办法。时代精神的集注才使这些名著闪现出光彩，具有久远的生命力。近代进步的思想潮流是了解外国、向西方寻找真理，这一方向首先正是魏源在《海国图志》中提出来的，所以这部著作才被梁启超评价为"其论实支配百余年来之人心"。《日本国志》在戊戌维新时期也回答了人们普遍关心的中国如何变弱为强的问题，故当时即有官员称："此书早流布，省币二万万两。"《新史学》鼓起过20世纪初青年批判封建专制的热情。《中国古代社会研究》则在革命低潮时期，向陷入苦闷中的青年指明中国社会的发展并不逃脱一般社会发展的规律，同时预示了未来的方向，因此，"对当时的青年知识分子，正象打了针强心剂"①。我国古代优秀史家司马迁等人开创的史学密切联系社会生活的好传统，在近代史家手里大大发扬了。近代史学的演进告诉我们，记载了本民族艰难奋斗历程、总结了前人经验和智慧的优秀史著，是具有多方面社会功能的，它们能够增强人们的民族自信心，激发爱国的热情，使大家更加认清前进的方向，并且可以帮助确定解决现实困难问题的对策。历史学不是无用，而是大有用处，这门学问有理由要求人们给以更多的关注。

（2）近代史家向我们昭示了不断追求真理、开阔视野、把握机遇的成功道路。陈寅恪曾经形象地将能否把握机遇，跟上学术潮流称为"预流"或"不入流"，他说："一时代之学术，必有其新材料与新问题。取用此材料，以研求问题，则为此时代学术之新潮流。治学之士，得预于此潮流者，谓之预流。其未得预者，谓之未入流（借用佛教初果之名）。此古今学术之通义，非彼闭门造车之徒，所能同喻者也。"② 他是针对敦煌学而言的，但所讲道理，却适用于各时期出现的学术潮流。19世纪末开始的进化论传播，20世纪初批判专制和宣传革命的思想，五四新文化运动提倡民主和科学，在此前后在学术研究上应用新材料和新方法，以及中国共产党成立后马克思主义的传播，上举诸项对于学术界来说，都是提供了开拓新局面的机遇，形成新的潮流。近代史上卓有成就的史学家，无不紧紧地把握机遇，迎流而上。他们注重学习新的理论，应用新的方法，才相继写出很有价值的著作，使一个时期的史学研究提高到全新的水平上。今天的学者也应不断开阔视野，改进研究方法，为学术工作开创出新的局面。

（3）近代史学对于推进文化史的研究有重要意义。自从鸦片战争中，列强的大炮打开了中国紧闭的大门，此后即开始了东西

---

① 尹达：《郭沫若与古代社会研究》，《尹达史学论著选集》，人民出版社1989年版，第414页。
② 陈寅恪：《陈垣敦煌劫馀录序》，《金明馆丛稿二编》，第236页。

方文化撞击的时代。先进的中国人学习西方的进步思想文化，输入了进化论、民主共和国的理想、近代科学思想和方法，以后是学习和应用马克思主义，一再代表了中国近代进步文化的方向。但中国又是一个历史悠久的大国，我们的民族曾创造了灿烂的古代文化，中国在近代落伍了，如何在学习西方文化进步东西的同时，发扬本民族的优良文化传统，使二者结合起来，始终是一个需要解决的重要的课题。近代史家对此作出肯定的回答，他们批判地继承传统史学中优良的东西，在新的历史条件下将之发扬光大。总结这些成功经验，对于推进80年代以来的"文化反思"和确定当前建设民族新文化的方向，是有积极意义的。

（4）史学研究成果的最后形式是历史著作。史家的观点正确与否，他对于历史问题如何理解，所采用的研究方法是否得当，最终都在史书中得到体现。近代以来，在流行"章节体"的同时，还有史家在探求"新综合体"的编撰形式。近年，这种"新综合体"又受到学术界的重视，在理论上探讨，在实践上创造。寻源溯流，总结前代史家探求史书体例的经验，对于改进今天的历史编撰也将有所裨益。

后面二项，还需要作专题讨论。

近代史家对传统史学的批判继承

一、"摒弃",还是扬弃?

扬弃,即对前人的成果批判地继承,是学术进步的普遍原则,也是从传统史学向近代史学演进中由彼达此的桥梁。一个时代的学者,总要对他所承受的文化遗产作一番区别抉择,舍弃其中陈旧的、与新的时代需要不适应的东西,同时充分吸收其中优良的部分,作为自己创新的基础和凭借。与这种态度对立的是把前人学说简单地抛在一边的虚无主义态度。同是对待黑格尔哲学这一文化遗产,马克思和费尔巴哈的态度就完全不同。如恩格斯所论述的,费尔巴哈是干脆把它抛在一边,马克思则对它实行"扬弃","批判地消灭它的形式,但是要救出通过这个形式获得的新内容"[①]。马克思是我们学习的典范。我们对待文化遗产,总是力图自觉地运用扬弃的原则,取其精华弃其糟粕。当然,近代资产阶级史学家未能达到自觉地运用这个原则;但是他们实际上

---

① 恩格斯:《路德维希·费尔巴哈和德国古典哲学的终结》,《马克思恩格斯选集》第四卷,人民出版社1995年版,第223页。

却对传统史学做了许多批判继承的工作。如最早主张用资产阶级观点和方法研究中国史的梁启超,尽管曾以激烈批评旧史而著名,但在其史学实践中对前人的成果也是多所继承的。

近代史家对传统史学加以扬弃,有批判有继承,这本来是合乎规律的事。然而历史现象是复杂的,有时容易一种倾向掩盖另一种倾向。我国近代资产阶级史学在20世纪初产生,是同当时一股来势迅猛的学习西方、批判封建主义的思潮相联系的。20世纪初,由于民族危机空前严重,进步思想界为了寻找救国真理,大量介绍西方社会学说,以此为武器,猛烈批评封建主义。梁启超用亲历的感受概述当时情况说:"戊戌政变,继以庚子'拳祸',清室衰微益暴露。青年学子,相率求学海外。……壬寅、癸卯间,译述之业特盛。定期出版之杂志不下数十种,日本每一新书出,译者动数家。新思想之输入,如火如荼矣。"① 这讲的是20世纪最早几年的时代趋向。梁启超本人所著《中国史叙论》《新史学》即发表于这一时期,他激烈地批评旧史是"二十四姓之家谱""相斫书""墓志铭""蜡人院之偶像",存在"知有朝廷而不知有国家""知有个人而不知有群体"等六大弊端,提出写历史的任务是"叙述人群进化之现象,以求得其公理公例",主张用新史学取代旧史学。此两文影响甚大,成为近代资产阶级史学产生的标志。以上这些史实集中而突出,给人的印象很强烈。而近代史家吸收前人成果的事实则是分散的,有时很不显露,更无明确的理论主张。由是之故,长期来不少人似乎存在一种相当固定的看法:近代史学,从理论到方法都是从外国输入的,它对于传统史学只有批判而无继承。这就涉及几个带原则性的问题:

第一,由传统史学向近代史学转变是我国史学演进的一个重要环节。按照"有批判无继承"的看法,源远流长、高度发达的中国传统史学到近代就中断了,近代史学的来源却只有向外国去找。史学工作者总要强调"我们不能割断历史""今天的中国是

---

① 梁启超:《清代学术概论》,《饮冰室合集》专集之三十四,第71页。

历史的中国的一个发展",难道史学本身的历史联系反而可以割断吗?若果不能割断,那么二者又是如何联系的呢?

第二,近代文化运动的历史反复证明:吸收外国文化要根据本民族的需要、结合本民族的特点,反对生搬硬套、"全盘西化";对于我国古代文化要批判继承,反对民族虚无主义。近代史学作为近代文化运动的一部分,这一总的规律又怎样体现于其中呢?拿历史编纂来说,自20世纪初"新史学"家采用章节形式叙述历史以来,一直流行了多年而至于今,这种体裁能够对历史作比较系统和全面的叙述,是史学的一大进步。但不少人认为这种形式简单地就是从外国学来的,有的同志还说是"摒弃"了传统的编纂方法才出现的。按这种说法,就很难充分地说明这种体裁为什么能在我们的民族文化中生根。

第三,在今天,批判地继承我们民族丰富的文化遗产,仍然是发展民族新文化提高民族自信心的必要条件。我们要建设具有中国特色的马克思主义史学,同样必须从我国史学的优良传统中吸取营养。近代史学是当代史学的昨天,搞清楚近代史学对传统史学继承的一面,对于我们提高认识,自觉地做好这项工作,当是有所帮助的。

因此,弄清楚这个问题,既是科学地说明近代史学的产生所需要,同时具有理论上的意义。从20世纪初"新史学"倡起,到继起者王国维、顾颉刚、陈寅恪、陈垣等人的史学实践,证明近代史家在尖锐批评旧史学种种弊病的同时,他们对于优良成果也多方面地继承发展。以下从史学观点、治史方法和历史编纂三个方面来说明。

二、历史观点的吸收发挥

20世纪初以后,近代史家在历史观上,普遍做到以历史是进化发展的、因果关系在其中起支配作用的理论,作为观察和叙述中国历史的主导思想。这是近代史学较之传统史学的重大进步。

中国过去二千年中，长期流行着历史循环论的观点。孟子讲"天下之生久矣，一治一乱"，邹衍讲"五德终始"，董仲舒讲"三统"循环，都认为历史是一遍一遍地往复循环，而看不到历史运动的进步趋势。客观的历史进程本来是螺旋式的向上的运动，循环论者看不到这种总趋向，只截取其中的一圈，把螺旋误认为循环。"一治一乱"的循环论影响更大，因为这种说法跟中国历代王朝的屡次更迭表面上似相符合。到20世纪初，夏曾佑、梁启超、章太炎等，都在阐述进化史观、批评循环史观方面作出了贡献，尤以夏曾佑《中国古代史》一书的论述最有系统、最有代表性。

夏曾佑把中国历史划分为"三大时代""七小时代"。自远古至周末，是"上古之世"。可分为两个时期：由开辟至周初，是传疑时代；周中叶至战国，是"化成时代"。由秦至唐，是"中古之世"。可分为三期：由秦至三国，是"极盛时期"；由晋至隋，为"中衰时期"；唐代，为"复盛期"。自宋至20世纪初叶，是"近古之世"，可分为两期：五代、宋、元、明为"退化期"；清代二百六十多年为"更化期"。称清代为"更化期"，尤其寄托着著者深沉的爱国救亡思想。他在书中反复指明：道光以后，外国入侵"运会所遭，人事将变，目前所食之果，非一一于古人证其因，即无以知前途之夷险"①。"此盖处秦人成局之已穷，而将转入他局者。"② 这是观察到：自秦以来达二千年、给中国造成种种祸害的"专制政体"，到此20世纪初年，已行将结束，历史的发展将出现新的重大变化。而他著史的目的，就是要把分析历史上之"因"跟造成目前所食之"果"联系起来，以对挽救民族"前途之夷险"有所裨益。

显然上述时代划分，是中国史学史上从来没有提出过的系统的新见解，跟"一治一乱"之类的循环史观有着质的区别。内容的进步与编纂方法上的创新相一致，使《中国古代史》在当时成

---

① 夏曾佑：《中国古代史·叙》，河北教育出版2000年版，第3页。
② 夏曾佑：《中国古代史》第一篇第一章第四节《古今世变之大概》，第12页。

为一部名著。夏曾佑之所以能够达到这一高度，很重要的原因是他接受了近代欧洲思想家进步的社会学说。他于二十八岁中进士（1890），任礼部职，住在北京。此后十几年，是他学术思想形成的关键时期。他先是潜心研究今文经学，并与梁启超、谭嗣同交往密切，共同热心于变法维新。后于1896年底到天津，与严复等创办《国闻报》，以宣传新学，鼓吹维新变法。这段时间，他通过著名的近代启蒙思想家严复，倾心地学习吸收西方的进化论学说，大开眼界，思想深深受到启发，自称"学问大进"时期。他在致表兄汪康年信中曾酣畅地表达出他极度欣喜激动的心情。因为，当时他正满怀改革现实、救亡图强的强烈感情，接受了进化论，使他找到了观察历史和民族问题的新的思想武器。他拟写阐述进化论的哲学著作的愿望未付实现，却写成了这部以进化史观为主导思想的历史著作。当时，比严复于1898年出版《天演论》还早两年。可以说，夏曾佑是最早接受严复思想影响的人物之一，《中国古代史》是严复传播西方进化论在中国近代史学首先结出的硕果。

同时，我们还应充分注意到：夏曾佑所阐述的中国历史发展的阶段，是根据历史演进中政治、民族、中外关系、文化等要素综合考察得出的，从内容到语言，都是地道"中国式"的。他以西方进化论学说为主导思想，却没有生搬硬套。这一点确实值得我们深入研究。我认为，这是由于夏曾佑接受西方进化论学说，确有他深刻研究今文经学的历史变易观点为基础，因而做到融会贯通。这二者怎样联系的呢？在清代，今文经学的历史变易观点，曾经是龚自珍、魏源到戊戌维新派志士要求改革黑暗现实的理论指导，他们用"公羊三世说"来抨击封建专制统治，鼓吹变革和维新，前后渊源相承，成为晚清思想界名噪一时的今文经学派。在更新的思想学说传入以前，他们只能这样做，这是历史条件所决定的。今文经学具有专讲"微言大义"的传统，易于附会，可借引申经书抒发己见，来为现实政治服务。《左传》和《公羊传》同是解释《春秋经》的，前者属古文学派，注重历史事件、制度、文字训诂，后者属今文学派，注重发挥"微言大义"。董仲舒推演《公羊》家说，提出"《春秋》大一统""天人感应""通三统"等主张，对西汉时期以至整个封建社会的政治、思想产生了巨大影响。东汉何休总结公羊学的特点，便说"其中多非常异义可怪之论"①。东汉末年，古文经学在对今文经学的斗争中取胜，从此取得儒学的正统地位，今文经学则被视为"异端"，长期遭到排斥，一千多年中消沉无闻。到清代乾嘉时期，学者们钻研古代典籍，及于各个角落，于是公羊学重新被庄存与、刘逢禄提起。从龚、魏开始，今文经学与抨击封建专制统治的社会改革思想紧密联系起来，具有了引人注目的进步意义，从此一发而不可收。至康有为著《新学伪经考》《孔子改制考》，更将两千年来禁锢人们头脑的古文经典一概指斥为刘歆伪造，并且附会公羊经说提出整套的变法维新主张，与僵死的正统学说对抗，于是今文经学便成为变法维新运动的指导思想。夏曾佑钻研今文经学就在这一时期。如梁启超所述，梁、夏、谭嗣同三人当时是"讲学最契之友"，"曾佑方治龚刘今文学，每发一义，辄相视莫逆"。② 问题的实质是：维新派人物面对着愚昧落后的封建思想的顽固抵抗，为了变革，必须找到像今文经学这样既对正统学说别树一帜、又具有儒家经典合法地位的思想武器，加以改造利用。

从龚自珍到夏曾佑都特别重视发挥"公羊三世说"的历史变易观点。最早是董仲舒，他根据《公羊传》有"所见异辞，所闻异辞，所传闻异辞"（哀公十四年）的说法，在《春秋繁露》中提出"三世说"："《春秋》分十二世以为三等：有见；有闻；有传闻。有见三世；有闻四世；有传闻五世。"③ 何休注《公羊传》，又进一步以衰乱、升平、太平解释"三世"："于所传闻之世，见治起于衰乱之中。……至所闻之世，见治升平。……至所见之世，著治太平。"④ 于是，春秋公羊学就具有了历史进化论的

① 何休：《春秋公羊经传解诂·序》，四部备要本。
② 梁启超：《清代学术概论》，《饮冰室合集》专集之三十四，第61页。
③ 董仲舒撰，凌曙注：《春秋繁露·楚庄王第一》，中华书局1975年版，第11页。
④ 何休：《春秋公羊经传解诂》隐公元年。

色彩。龚自珍、康有为等都大力引申公羊三世说,并赋予它以新的时代意义。龚自珍以"治世、衰世、乱世"来论证封建统治已经腐朽;康有为将"三世说"跟大同理想结合起来,用来论证由君主专制——立宪——共和的历史必然性。在戊戌时期,这一理论为维新派人物所服膺,成为鼓舞他们冒险犯难、与顽固派斗争的精神力量。正是在这样的时代氛围中,夏曾佑充分吸收了春秋公羊学的历史变易观点;以此为基础,他就容易领会西方进化论学者"心通来物"的"孤识宏怀",并贯通起来,形成独创性的见解。他在书中申明:"自东汉至清初,皆用古文学,当世几无知今文为何物者。至嘉庆以后,乃稍稍有人分别今、古文之所以然,而好学深思之士,大都皆信今文学。本编亦尊今文学者,惟其命意与清朝诸经师稍异。凡经义之变迁,皆以历史因果之理解之,不专在讲经也。"① 这就表明:今文经学的历史变易观点,乃是他历史观的重要组成部分;而他跟前人又有不同,他将"经义之变迁"即三世说之类,同西方进化史观强调因果关系结合起来,去掉其牵强附会的成分。夏曾佑对于中国历史演进别开生面的系统看法,就是在扬弃今文经学的进化论观点的基础上,吸收外来学说,两者相贯通而形成的。在历史观点方面,以及在历史编纂方面,他确实都做到继承发扬传统史学的好的成分,与大力采用外国的新鲜知识结合起来,这才使《中国古代史》成为近代一部有生命力和有代表性的历史著作。

梁启超、章太炎在这一时期形成的进化史观也都包含对古代历史观点的扬弃。梁启超《新史学》,在论述进化史观时,特意加了一条重要的注解:"《春秋》家言,有三统,有三世。三统者,循环之象也。所谓三王之道若循环,周而复始是也。三世者,进化之象也。所谓据乱、升平、太平,与世渐进是也。三世则历史之情状也;三统则非历史之情状也。"② 这里同样发挥了"公羊三世说",并与西方进化史观相结合。章太炎则从先秦思想家历史观点中吸收思想养料。他讲著史要"以发明社会政治进化

---

① 夏曾佑:《中国古代史》第二篇第一章第六十二节《儒家与方士之分离即道教之原始》,第362页。
② 梁启超:《新史学》,《饮冰室合集》文集之九,第8页。

衰微之原理为主"，又说"管、庄、韩三子，皆深识进化之理，是乃所谓良史也。因是求之，则达于廓氏、斯氏、葛氏之说，庶几不远矣"。① 信中廓氏三人系指廓模德、斯宾塞、葛通哥斯（今译作吉丁斯），都是西方社会学家。《韩非子·五蠹》把以往历史分为"上古之世""中古之世""近古之世"，并说："今有构木钻燧于夏后氏之世者，必为鲧、禹笑矣；有决渎于殷、周之世者，必为汤、武笑矣。然则今有美尧、舜、汤、武之道于当今之世者，必为新圣笑矣。是以圣人不期修古，不法常可。"这是古代具有进步意义的历史进化观，章太炎认为它跟西方进化史观有相通之处，是有道理的。

　　进化史观的形成对近代史学有很大影响。在马克思主义唯物史观传播以前，进化史观是资产阶级史家比较完整的讲社会历史发展的学说，我们对此应有充分估价。在近代，还有一种观点产生了颇大影响，这就是"层累地造成的中国古史说"。然则这一理论也是在前人学术基础上发展起来的，顾颉刚先生曾多次讲到他的主张跟郑樵、姚际恒，特别是崔述的继承关系。他在《我是怎样编写〈古史辨〉的？》一文中说："我的学术工作，开始就是从郑樵和姚、崔两人来的。崔东壁的书启发我'传、记'不可信，姚际恒的书则启发我不但'传、记'不可信，连'经'也不可尽信。郑樵的书启发我做学问要融会贯通，并引起我对《诗经》的怀疑。"② 又在《崔东壁遗书·序》中说：崔述《考信录》"把战国、秦、汉间所说的上古、夏、商、西周以及孔子、孟子的事情全部考证了一下，结果推翻无数伪史，又系统地说明了无数传说的演变"。"我们今日讲疑古辨伪，大部分只是承受和改进他的研究。"③ 这些话确凿地说明：在近代史学上有很大影响的古史辨派的理论，正是建立在对传统史学扬弃的基础之上。

---

① 汤志钧：《章太炎年谱长编》1902年条，中华书局1979年版，第141页。
② 顾颉刚：《我是怎样写〈古史辨〉的？》，《古史辨》第一册，上海古籍出版社1982年版，第12页。
③ 顾颉刚：《崔东壁遗书·序》，上海古籍出版社1983年版，第59、60页。

三、治史方法的继承发展

近代著名史家还有王国维、陈寅恪、陈垣，他们的贡献主要是在研究工作上提出新课题开拓新领域。王国维利用新发现的地下材料考证古史，陈寅恪先生致力研究"中古民族文化之史"和诗文证史，陈垣先生撰成很有影响的宗教史和文献学的著作多种。从治史方法来说，他们都深受乾嘉考证方法的影响，并在新的历史条件下加以发展。所谓乾嘉方法到底是好还是不好呢？它在史学发展史上有什么意义呢？平心而论，乾嘉学派不仅对近代史家影响很大，还影响到今天，我们应该重视对它的研究。以前较长时间，许多人主要对它持批评态度，即认为：这一时期在整理古籍上做出了成绩，但从学术方向来说，乾嘉学者抛弃了清初顾炎武等人经世致用的优良传统，在清朝文化专制压力下，闭口不谈社会现实问题，走向烦琐考据的道路，是一种倒退。近年来，有的同志则加以褒扬，认为：乾嘉学派是成功的，特别是在治学方法上，乾嘉学派不是单纯为了躲避政治去搞考据的。清代康、雍、乾三世，经济有很大发展，文化也有很大发展，出了一批学者搞汉学，以后达于经、史、地理、音韵等领域，形成学术的繁荣，其成就对我们很有帮助。后来走向烦琐，应由后人负责。两种看法分歧甚大，还须深入展开讨论。我的粗浅看法，两种意见各有其合理成分。同时，对于这个问题还可以从更广的背景来考察。以严密考证为特点的乾嘉学术，是中国文化经历漫长发展过程之后，在一定条件下的产物。从《诗经》《尚书》算起，中国文化发展长达二千多年，各个时代流传下来丰富的典籍，成为后人的宝贵财富，然则也因流传久远，大量存在着古义、古音难懂，记载抵牾，文字衍夺错讹，版本歧异，甚至典籍窜乱散佚、真伪混淆等诸多问题，必须有专门学者从事整理考证的工作，然后宝贵的古代典籍才能被读懂、被利用。早在清代以前的宋代，考证工作已为许多著名学者所重视，就清楚地反映出这一需要。除了司马光专门写《资治通鉴考异》详考各书记载歧异、说明去取理由外，他如王应麟《困学纪闻》、黄震《黄氏日抄》、沈括《梦溪笔谈》、洪迈《容斋随笔》、叶适《习学记言》等书，都涉及考证史事、文字、版本、真伪的内容。经过明代文人空疏不学以至误国的惨痛教训，清初顾炎武力倡求实和致用的学风，到康熙后期，清代考据学逐渐兴起。造成这一时代风气，从学术发展的深远原因说，就是上述整理文化典籍内在的要求，由宋代学者启于前，顾炎武倡于后，至此扩大发展。所以认真说来，所谓乾嘉学术，不是专言文字训诂的"汉学"的复兴，而是开始注重考证的"宋学"的发展。"汉学"实际是"宋学"。康熙以后的时代，恰恰提供了这种趋势得以发展的社会条件。应该说，清朝统治者在两个方面都起了作用。从坏的方面说，是专制淫威逼迫，文字狱迭兴，聪明才智之士被堵死了关心现实政治问题的道路，只好转向学术考证。从好的方面说，康熙之后有较长时间社会稳定、经济发展，为学术工作提供了物质条件，从而相继成长出为数甚多的专门学者，竞相著述。乾隆时开四库馆，修《一统志》，纂《续三通》《清三通》，修《会典》诸举，都集合了大批文人参与其事，对整理文献起到提倡作用。此外，还有一个原因，是明末以后士大夫中重视自然科学知识的影响。自徐光启译《几何原理》、李之藻译《同文算指》等书以后，士大夫中喜谈天文历算，形成风气。如：江永著有《慎修数学》八种、《推步法解》，戴震著有《勾股割圆记》、校有《算经十书》，焦循著有《里堂学算记》，钱大昕著有《三统术衍》。这种研习数学、天文的风气对于整个学术界的影响，是训练和讲求归纳、演绎、推理的逻辑方法。因此，治学方法在前人基础上趋于严密，更具科学因素。乾嘉学术的明显局限性，是不注重现实问题，不作总体性的规律研究，并趋于烦琐；它的巨大成就，不但在于对浩繁的古代典籍进行爬梳整理，为后人阅读研究扫除障碍，而且在于形成带有近代科学因素的治学方法。就史学而言，如果研究工作可以分为宏观研究与微观研究的话，那么或许可以说乾嘉时代正是微观研究发达的时期，应该承认它在研究方法上是向前推进了。简单来说，这种方法的特点是：实事求是，无征不信，广参互证，追根穷源，运用归纳、演绎、推理的逻辑方法。近代学者王国维等人则在新的历史条件下发展了这种实事求是的方法，而在历史考证学和文献学方面作出重要贡献。

王国维在乾嘉学者的基础上，形成了"二重证据法"的治史方法，即将地下出土的甲骨金文资料与文献资料作综合印证研究，为古史研究开辟了新途径。故郭沫若说，王国维"承继了清代乾嘉学派的遗烈"，"严格地遵守着实事求是的态度"，是"新史学的开山"。[①] 陈寅恪学识渊博，通晓多种文字，不仅谙熟中国典籍，而且长期在欧美学习和从事研究，采用近代学者所重视的比较研究、民族文化关系、因果关系等观念和方法，因而治史眼光开阔，善于从别人不注意处发现各种记载间的内在联系，揭示出一个历史时期带规律性的大事，所以为学者所推重。陈寅恪对于清代学术有过批评，认为清代"史学不振"，"远不逮宋人"。[②] 这是批评清代缺乏像《通鉴》一类的巨著。然而在治史上，陈寅恪擅长钩稽史料、抉幽阐微，则同样是乾嘉方法的继承和发展。他在有名著作《隋唐制度渊源略论稿》中，广搜《通鉴》《通典》《隋书》《两唐书》《南齐书》《陈书》《北史》等书中表面互相孤立的资料，发现它们的内在联系，论证隋唐制度主要来源于北魏、北齐，前人认为是主要渊源的西魏、北周，影响反而是微小的。他对所引述的史事，如果有多种记载，他都进行参校比勘。这些正是从乾嘉考证方法承受而来的。这是在更高水平上运用钩稽贯串、追根溯源的考证方法。陈寅恪还有《元白诗笺证稿》一书，则用诗文与历史记载互证的特点甚为显明，无须详述。陈垣曾概述其治史历程是"钱、顾、全、毛"，由发扬清代史家的优良传统到最后找到毛泽东思想。他在新中国成立后致友人书中说："九·一八以前，为同学讲嘉定钱氏之学。九·一八以后，世变日亟，乃改顾氏《日知录》，注意事功，以为经世之

---

① 郭沫若：《鲁迅与王国维》，《沫若文集》第十二卷，人民文学出版社1959年版，第536、537页。

② 陈寅恪：《陈垣元西域人华化考序》，《金明馆丛稿二编》，第238—239页。

学在是矣。北京沦陷后，北方士气萎靡，乃讲全谢山之学以振之。谢山排斥敌人，激发故国思想。所有《辑覆》、《佛考》、《诤记》、《道考》、《表微》等，皆此时作品（按：指《旧五代史辑本发覆》、《明季滇黔佛教考》、《清初僧诤记》、《南宋初河北新道教考》、《通鉴胡注表微》等著作），以为振国之道止此矣。"① 这是讲他解放前著述中对前代史家的继承和发展。陈垣还熟练地运用了传统史学讲类例的方法，而在文献学上做了总结性的工作。这种方法，宋代史家郑樵就很重视使用，并说："类例既分，学术自明，以其先后本末具在。"② 陈垣发展了这种方法，他善于将有用的材料按类区分，归纳出若干问题，然后选取其中最有代表性的例子，排比说明，并加议论发挥。对类例的成功运用，使他在避讳学、校勘学领域取得了超越前人的成就，使之系统化、条理化。

四、历史编纂的改造提高

分章节叙述历史的编纂形式在20世纪初出现和流行，有着极深刻的原因。一方面，是当时的史学家从西方和日本接受了新的历史理论，着意于说明历史的进化和因果关系，因而也从外国学习新的历史编纂方法。另一方面，中国史学的发展也恰好早已提出了改进编纂方法的要求，以利于反映历史演进的大势。章学诚在18世纪末提出了"仍纪传之体而参本末之法"③，作为改革史书编撰的方向。他认为历代演用的纪传体存在难以反映史事大势的重大缺陷，"类例易求而大势难贯"④，主张用纪事本末体的优点加以弥补。他对纪事本末体的特点有中肯分析："因事命篇，

---

① 转引自白寿彝主编《史学概论》，宁夏人民出版社1983年版，第325页。
② 《通志二十略·校雠略》，中华书局1995年版，第1806页。
③ 章学诚：《与邵二云论修宋史书》，见仓修良编《文史通义新编》，上海古籍出版社1993年版，第543页。
④ 章学诚：《史学别录例议》，见仓修良编《文史通义新编》，第314页。

不为常格，非深知古今大体，天下经纶，不能网罗隐括，无遗无滥。文省于纪传，事豁于编年，决断去取，体圆用神。"① 产生于中国封建社会后期的纪事本末体，由于具有这种因事命篇、灵活变化的优点，就成为近代史家学习西方而从事体裁创新的基础。梁启超就说，"纪事本末体，于吾侪之理想的新史最为相近，抑亦旧史界进化之极轨也"②。纪事本末体会成为参照西方史书体裁创新的基础，这点并不奇怪。因为从实质说，分章节叙述的形式与以事件为中心，二者之间正有相通之处。郭圣铭先生所著《西方史学史概要》"绪论"中说"试看世界各国史籍的体例，最初都是史诗，接着发展为编年体、传记体，其后又发展为纪事本末体"③。将西方分章节叙述的史书形式也视为纪事本末体。因此可以说：学习西方的历史观点和方法是外因，中国史学发展本身提出的要求和业已达到的基础是内因，二者相结合，才产生了这种新的编纂形式。我们看看夏曾佑所著《中国古代史》便可一目了然。

夏曾佑所撰《中国古代史》是一部较早采用章、节体裁，有颇大影响的中国通史著作（只完成上古至隋统一）。在当时，它从内容到形式都使人感到耳目一新。在编纂方法上，他正是把中国纪事本末体的特点，糅合到从外国学来的分章节叙述的形式中。试以书中第二篇"中古史"第一章"极盛时代（秦汉）"为例。这一章前五十节中，绝大多数是按事件设立节目的。其中有专设一节叙述一事的，如"文帝黄老之治""景帝名法之治""武帝儒术之治""光武中兴""汉第一次通西域""汉第二次通西域""汉第三次通西域"；若一节容纳不了一个事件，则分上下两节叙述，如"天下叛秦""秦亡之后诸侯自相攻伐""楚汉相争""高祖之政"等即是；还有用连续六节叙述一事的，如"汉外戚之祸"（一至六）、"宦官外戚之冲突"（一至六）即是。正由于纪事本末体与西方的章节体裁确有相通之处，夏曾佑才能将

---

① 章学诚：《书教下》，见仓修良编《文史通义新编》，第19页。
② 梁启超：《中国历史研究法》，《饮冰室合集》专集之七十三，第20页。
③ 郭圣铭编著：《西方史学史概要》，上海人民出版社1983年版，第7页。

二者糅合在一起，而达到创新的目的。这就证明：近代新的历史编纂既是受到外国影响出现的，又是对本国原有形式加以改造和发展的结果。它跟传统史学的关系，确是扬弃而不是"摒弃"。

唯其如此，新的编纂形式一产生，当时的学者便竞相效法，且能运用自如，至今流行不衰。40年代以后出现的用马克思主义为指导的多种通史和断代史著作，也是采用这种体裁，叙述中国历史的发展，探索其规律，获得了很大成绩。这个事实再一次有力地证明，学习外国文化必须根据本民族的需要和特点，才能在中国土地上生根，成为我们民族文化有机的组成部分。

对传统的编纂方法做这种扬弃工作的不止夏曾佑一人，恰在同一时期，章太炎和梁启超也都尝试在改造传统方法的基础上创新。虽则他们的工作未臻完成，却同样提供了有益的经验。

总起来说，近代史家在历史观点、治史方法、历史编纂几个方面所取得的成就，固然是由于学习、输入外国进步文化所取得，同时也是对传统史学扬弃、发展的结果。近代史学是近代中国新文化运动的一个组成部分，它的成果，后来又成为马克思主义史学建立和发展的基础。这些历史经验再次告诉我们：一种文化，一个学科，只有吸收古今中外的优秀成果，才能壮大、丰富起来。

近代史家对通史体例的探求

历史编撰不是单纯的技术问题，不是史学发展中毋须重视的枝节问题。任何史学著述都不能离开一定的体裁形式，它是史家所欲表述的观点和内容之所依托，借助它来表现自己多年以至终生的研究成果，借助它达到读者当中而发挥史学的社会作用。体裁形式运用得恰当与否，直接影响到史书内容的深度和广度，直接影响到读者对它理解和欢迎的程度，影响到史书的社会效果和流传价值。历代有识史家无不在重视观点、内容的同时，重视体裁的运用和创新。因此，同一时期有多样的体裁，而且随着史学发展而创造出新的编撰形式，就成为史学史上一种带规律性的现象。中国史学发展到近代，在历史编撰上引人注目地出现了极有价值的探索趋势，这就是近代著名史家章炳麟、梁启超为编撰《中国通史》设想了新的体裁。值得注意的是，这种设想并非在本世纪初突然地提了出来，而是经过了颇长时间的孕育酝酿，其本源可以追溯到17世纪的马骕和18世纪的章学诚。从学术继承关系考察，先有清初马骕撰《绎史》，创造了熔合众体的综合体制，至乾嘉时期，著名的史学评论家章学诚深入地"辨析体例"，提出了"仍纪传之体而参本末之法"的主张，并在修撰方志上作出尝试，章炳麟、梁启超才进而提出"新综合体"的设想。马、章、章、梁都是清初以后的史学名家，他们的具体做法虽有不同，但并不是互相孤立的存在，而是具有内在的有机联系，朝着同一的方向努力。他们努力的总方向是：突破原有体裁的限制，创造出一种更能显示出历史演进大势、更能广泛反映社会史丰富内容的新综合体。他们不断探索的趋势从一个侧面反映出近世学术界对通史新体例的探求，因此对这一问题的研究还应从马骕和章学诚说起。

一、马骕、章学诚的尝试和主张

清初的马骕是近三百年探索新综合体的第一人。他的史学成就在当时就受到重视，时人号曰"马三代"，顾炎武对他尤为推服。[①] 他在青年时期酷爱《左传》，又认为编年体裁不便于读者对史事的来龙去脉"一览即解"，遂易编年为叙事，将《左传》改编为纪事本末体，成《左传事纬》一书。这说明他早年就重视体裁的运用。以前南宋章冲撰有《春秋左传事类始末》，首创用纪事本末体改编《左传》，但存在分篇立目过于细碎的缺点。《左传事纬》比章书有很大改进，它能抓住春秋时期的主要事件按事立篇，叙事完整联贯，所以至今仍为研究《左传》的学者所重视。此书除正文外，还有附录八卷，内容有"图表""阅左随笔""名氏谱"等，以此补充正文叙事的不足。这种做法，包含着吸取其他史书体裁的优点以补充单一体裁所不足的意图，在编撰思想和方法上为《绎史》作了准备。

《绎史》一书创造了新的综合体制。此书是马骕一生精力所萃，共计一百六十卷，分为五部：一为"太古"部，记远古传说时代。二为"三代"部，记夏、商、周史事。三为"春秋"部，记春秋时期史事。四为"战国"部，记三家分晋至秦亡史事。以上一百五十卷，均按事件始末或人物活动分篇记载，是全书的主

---

① 王士禛：《池北偶谈》卷九《谈献五·马骕》，中华书局1982年版，第212页。

体部分。最后为"外录",十卷,有天官书、地理志、食货志、考工记、名物训诂、古今人表等,补充前面四部记载的不足。冠于全书之首还有世系图和年表,也是与正文互相配合。马骕自述其著作主旨说:"纪事则详其颠末,纪人则备其始终。……君臣之迹,理乱之由,名、法、儒、墨之殊途,纵横分合之异势,了然具焉。"① 他为自己确定的要求,是既重记事(治乱兴衰、纵横分合的事件)又重记人(人物活动和诸子学说)。显然,倘若只是简单地采用传统史学三种主要体裁中的哪一种,是无法容纳这样广泛的内容的,于是出现了体裁上的突破。清初著名文人李清②为《绎史》作序,盛赞它具有"体制之别创""谱牒之咸具"等特点,又说"自读《绎史》,然后知天地之大,识宇宙之全"。这段话说得有些过头,但他特别推崇《绎史》体制别创和内容丰富两项,则是很有见地的。

  马骕在《绎史》中融合了包括编年体和学案体几种体裁的特点,而从主要方面来说,是吸取了纪事本末体和纪传体二者的优点。前四部大多是记事的篇目,如"夏禹受禅""商汤灭夏""武王克殷""宣王中兴""齐桓公霸业""晋文公霸业"等等,记述各个主要历史事件的始末。这说明《绎史》确实具有浓厚的纪事本末体的特色。由于此,《四库全书总目提要》把它归于"纪事本末类",并认为马骕此书与袁枢《通鉴纪事本末》都是这一体裁的代表作,说:"史例六家,古无此式,与袁枢所撰均可谓卓然特创,自为一家之体者矣。"这段话,说明了《绎史》在发挥按事立篇、显示历史事件的完整过程方面获得了成功。但《四库全书总目提要》作者没有认识到《绎史》所具有的综合众体的特点。

  《绎史》吸取纪传体的优点明显地表现在两个方面。第一,书中设有相当数量的记人篇目,如"老子道教""孔子类记""孔门诸子言行""子思墨子言行""列庄之学""扁鹊文挚医术"

---

① 马骕:《绎史·征言》,中华书局2002年版,第1页。
② 李清在清初曾被荐纂修《明史》,不就。著有《南北史合注》《南唐书合订》《诸史异汇》等。

"荀子著书""韩非刑名之学"等，都是用以记载人物活动和诸子学说。还有的篇目记事又兼记人，如"齐桓公霸业"一篇中，重点记桓公得国、桓公会盟征伐等事件，又记述了管仲事功、管仲著书等以作补充。因为齐桓公的霸业有赖于管仲，兼顾记人与记事二者，正有助于窥见这一段历史的全貌。这是糅合了纪传体以人物为中心的优点。第二，更为重要的是，《绎史》在全书布局上采用了纪传体几种体裁互相配合、容量广阔的特点，创造了记事、记人、图、表、书志集于一书的新的综合体裁。正文一百五十卷主要是记事和记人的篇目，也有记载制度的，如"周官之制""周礼之制"诸篇。正文之前是世系图三十二幅和大型年表，作者也下了很大功夫。世系图中有关春秋战国各国者，既列出各国诸侯的世系，又列出各国公族的世系，并有简要文字作考订说明。年表中，把自共和元年至秦亡为止六百三十五年间的大事逐年列出。"外录"部分的"天官书""地理志""食货志"，都是仿照纪传体史书中的书志而设，且又扩大到"考工记""名物训诂"等，内容更加广泛。

《绎史》还吸收了编年体年经事纬的优点，表现在所有事件和人物都按年代先后安排；吸收了学案体的特点，汇集了先秦诸子活动和学说的材料。《绎史》的缺陷是资料汇编的成分太浓和有的材料抉择不精。但由于它具有独创的体裁，网罗了丰富的内容，所以今天的历史学家仍给以相当高的评价，白寿彝教授主编的《中国通史纲要》说："这书在先秦史方面是一部重要的名著。"

马骕作出的尝试促使后人在理论上进行探讨。在他之后约一个世纪，章学诚著《文史通义》，深入地辨析史书体裁的得失，提出了改革史书编撰的方向。据章学诚自述，他为"辨析体例"下了一生的功夫。十五六岁时，他曾想将《左传》加以删节，经他父亲指点后，改为按纪表志传的体裁将《左传》《国语》的材料编成《东周书》，几及百卷。少年儿戏之事，导致了一生治学的路数，"吾于是力究纪传之史而辨析体例，遂若天授神诣，竟成绝业"①。他重视体裁的运用是与重视著述的义旨相贯通的，要根据著述的义旨灵活运用。因此他强调别识心裁，反对墨守成法，这是他辨析体例的重要特点。他说："吾于史学，贵其著述成家，不取方圆求备，有同类解。"② 又说："知来欲其抉择去取，故例不拘常，而其德为圆。"③ 毕生探索加上具有卓识，使他能够精到地总结中国传统史学主要体裁的演变和得失，对于历史编纂学的理论作出重要的贡献。

章学诚以纵贯的眼光分析了纪传体一千多年的演变和特点。他认为，纪传体本是三代以后之良法，司马迁发凡起例，具有卓见绝识，纪表书传互相配合，足以"范围千古，牢笼百家"，具有很大的包容量。加上司马迁对体例的运用能够灵活变通，"体圆用神"，不愧是撰述的典范。加上《汉书》《三国志》，都是"各有心裁家学"的上乘之作。降而《晋书》《隋书》《新唐书》等，"虽不出于一手，人并效其所长"。所以能修成有价值的史书。后来的修史者墨守成规，不知根据需要变通，结果史才、史识、史学都反过来成为史例的奴隶，"斤斤如守科举之程式，不敢稍变；如治胥吏之簿书，繁不可删"。"纪传之最敝者，如宋元之史，人杂体猥，不可究诘，或一事而数见，或一人而两传，人至千名，卷盈数目"，简直如洪水泛滥的河、淮、洪泽，祸患无穷。因此他大声疾呼非加以改造不可！这些论述纪传体演变和得失的看法集中见于《文史通义》外篇一《史学别录例议》和外篇三《与邵二云论修宋史书》二文中。这些话，相当中肯地总结了中国一千多年历史编纂学的一些主要经验教训，贯串着一种历史的分析的眼光，不作绝对的肯定或绝对的否定，强调史学的才识，强调灵活运用。这种识见是当时众多的考据家们所不可企及的。

章学诚还中肯地指出纪传体本身在反映史实上的缺陷。他并不停留在重复刘知幾所说一事数载、前后屡出那些话上，而能够

---

① 章学诚：《文史通义》外篇三《家书三》，《章学诚遗书》。
② 章学诚：《文史通义》外篇三《家书三》。
③ 章学诚：《文史通义》内篇一《书教下》。

提出新问题。他强调史书的任务是记事。这话似最平常不过,但因为后来的修史者恰恰忘记了这条最简单而最重要的道理,章学诚重申这一点就是有的放矢。他认为评论体裁得失的重要标准就是看它能否恰当地记述史事,以此来衡量,纪传体的重要缺陷是难以反映史事演进的大势。"史以纪事者也,纪传纪年,区分类别,皆期于事有当而已矣。……盖史至纪传而义例愈精,文章愈富,而于事之宗要愈难追求,观者久已患之。"又说:"纪传之书,类例易求而大势难贯。"[①] 明确指出纪传体这一缺点,也是章学诚"辨析体例"的重要创见。归纳起来,章学诚认为,纪传体的长处是容量广阔和便于分类归纳,短处是难以反映史事演进的大势。从编撰思想讲,应该效法司马迁的别识心裁、灵活运用,坚决摒弃后人修史墨守成法、不知变通的弊病。

纪传体不利于反映史事大势这一缺陷,章学诚认为正好从纪事本末体得到弥补。他对纪事本末体的特点有精到的分析,说:"按本末之为体也,因事命篇,不为常格,非深知古今大体,天下经传,不能网罗隐括,无遗无滥。文省于纪传,事豁于编年,决断去取,体圆用神,斯真《尚书》之遗也。""夫史为记事之书,事万变而不齐,史文屈曲而适如其事,则必因事命篇,不为常例所拘,而后能起讫自如,无一言之或遗而或溢也。"[②] 这里强调历史事实本身千变万化,历史著述要与之适应,就必须采用纪事本末体的办法,"按事立篇","不拘常格","起讫自如"。以前杨万里为《通鉴纪事本末》作序,敏锐地看出这种体裁有利于讲清史事的前因后果、来龙去脉,"寨事之成,以后于其萌;提事之微,以先于其明"。章学诚进一步从记述复杂多变的史实的需要来分析这种体裁的长处,所见比前人更为深刻。

章学诚还认为,袁枢著书时只是为了阅读《通鉴》的方便,并未有很深的用意,应该对他的方法加以发挥提高。他还把纪事本末体的来源追溯到《尚书》,且指出所谓《尚书》只是"记言

---

① 章学诚:《文史通义》外篇一《史学别录例议》。
② 章学诚:《文史通义》内篇一《书教下》。

之史"的说法并不正确，这些也甚有见地。《尚书》中《金縢》《顾命》两篇，记事相当完整，已经具有纪事本末的创意。但是章学诚又走得太远，把《尚书》抬到至高无上的地步，说"其于史也，可谓天之至矣"，则又犯了封建时代许多学者总把儒家经典理想化的通病。

基于上述对纪传体、纪事本末体利弊的分析，章学诚明确提出了"仍纪传之体而参本末之法"，作为改革史书编撰的方向。他说：

> 神奇可化臭腐，臭腐亦复化为神奇。《纪事本末》本无深意，而因事命题，不为成法，则引而伸之，扩而充之，遂觉体圆用神，《尚书》神圣制作，数千年来可仰望而不可接者，至此可以仰追。岂非穷变通久自有其会，纪传流弊至于极尽，而天诱仆衷，为从此百千年后史学开蚕丛乎！今仍纪传之体而参本末之法，增图谱之例而删书志之名，发凡起例……①

章学诚上述主张的实际内容，就是吸取纪传体和纪事本末体二者之所长，形成一种新的综合体。他自认这是为史书的编撰解决了大难题，开辟了新途径。他讲自己于史学"创例发凡，多为后世开山"，主要也是指总结了"仍纪传之体而参本末之法"这条原则。当年他已经五十五岁，这一认识是他经过数十年探求才获得的，有如历尽艰辛攀上峰顶忽觉豁然开朗一样，欣喜激动之情溢于言表。

如何实现"仍纪传之体而参本末之法"，章学诚曾有过两种设想。一种办法是采用"纪""传""图""表"四体配合。即保留纪传体原有的"纪"和"表"，去掉"书志"名称，设立包含多种类型内容的"传"并增加"图"。他说：

> 以《尚书》之义为《春秋》之传，则《左氏》不致以文徇例，而浮文之刊落者多矣。以《尚书》之义为迁《史》

---

① 章学诚：《文史通义》外篇三《与邵二云论修宋史书》。

之传，则八书、三十世家不必分类，皆可仿《左氏》而统名曰传。或考典章制作，或叙人事终始，或究一人之行，或合同类之事，或录一时之言，或著一代之文，因事命篇，以纬本纪。则较之《左氏》翼经，可无局于年月后先之累；较之迁《史》之分列，可无歧出互见之烦。文省而事益加明，例简而义益加精，岂非文质之适宜，古今之中道欤！至于人名事类，合于本末之中，难于稽检，则别编为表，以经纬之；天象、地形、舆服、仪器，非可本末该之，且亦难以文字著者，别绘为图以表明之。①

按这一设想，"纪"仍是全书的纲，"传"则灵活多样，既用来记人，又用来记典章和记事，一律称为"传"，以此吸取纪事本末体的优点，达到改造纪传体的目的。

另一种设想是采用"别录"的办法，即在全书前面标列出一个时代最主要的事件，在每一事件之下将书中有关的篇名注明，以此起到提纲挈领的作用。他说："于纪传之史，必当标举事目，大书为纲，而于纪表志传与事连者，各于其类附注篇目于下，定著为别录一篇，冠于全书之首，俾览者如振衣之得领，张网之挈纲。"②

总结章学诚"辨析体例"的主张，我们可以得出两点认识：第一，章学诚的具体设想虽有纪、传、表、图和"别录"两种办法之不同，而所体现的意图却是相同的，这就是保留纪传体各体配合的特点，而补充纪事本末体更能显示历史大势的长处。他对"仍纪传之体而参本末之法"的原则确信不疑，而这一原则正与马骕《绎史》的编撰意图相符合。从实质上看问题，他们是朝着共同的方向努力的。

第二，两种设想在《文史通义》书中同时保存，又说明章学诚仍然处在探索问题的过程中，还没有最终达到自己满意的结果。他还一再说到他要写《圆通》之篇，在他心目中这是一篇极

---

① 章学诚：《文史通义》内篇一《书教下》。
② 章学诚：《文史通义》外篇一《史学别录例议》。

紧要的文字，要讲"创立新裁，疏别条目，较古今之述作，定一书之规模"①。念念不忘而没有最终写成。这说明：有了一种总的设想之后，要制定出一套严密合理的具体办法来，中间还有很多困难。他还多年计划重修宋史，可是也美志未遂。生活的困顿，"遑遑升斗，终岁奔驰"②，当然不利于著述。但还有别的障碍，他不善于总结出一个时代历史演进的大势。这点在《与邵二云论修宋史书》中讲得很坦率："惟是经纶一代，思虑难周，惟于南北三百余年，挈要提纲，足下于所夙究心者，指示一二，略如袁枢《纪事》之有题目，虽不必尽似之，亦贵得其概而有以变通之也。"章学诚的所长在"辨析体例"，而要做到对一代史实"挈要提纲"，他心中无数。必须二者兼备，创修新史才有可能。章学诚欠缺一项，计划也就不能实现。但是他把明瞭一个时代史事的大势列为修史的首要问题，这又是他比起一些修史者高明的地方。

章学诚未能实现重修宋史的愿望，但他主张的"仍纪传之体而参本末之法"的原则，却在《湖北通志检存稿》中体现出一些来。他为通志设立六体：纪（皇王纪等）；图（方舆图等）；表（职官表、人物表等）；考（府县考、食货考等）；政略（经济略、循良略、捍卫略、师儒略）；传（篇目最多，计五十三篇）。③ 六体中，"纪""图""表"三项名实自明。"考"则相当于"书志"，只换个名称。四篇"政略"是将某一类有政绩的官员（知府、知县等）的事迹集中记载，跟"传"相区别，是为了避免"官民混同"，反映出一种迂腐的观点。唯"传"一项，则实现了他把记人和记事统合起来的主张。其中有记事的传，如《宋陈规德安御寇传》《嘉定蕲难传》。记人的传又多采用"合传"，如《李时珍尹商宾传》《复社名士传》。④ 六体的设置虽有不尽合理处，但整个来说则体现了章学诚兼采纪传体和纪事本末体二者优点的指导思想。

---

① 章学诚：《文史通义》内篇一《书教下》。
② 章学诚：《文史通义》外篇三《答沈枫墀论学》。
③ 章学诚：《文史通义》外篇三《与邵二云论修宋史书》。
④ 全部通志，又与"湖北掌故""湖北文征"配合，构成"方志三书"。

二、章太炎和梁启超修撰《中国通史》的设想

讲到章、梁以前，应先简略说到魏源运用体裁的创造性。魏源向以进步思想家著名，他的史学成就长期被他在思想史上的成就所掩盖。实则魏源所撰《圣武记》《道光洋艘征抚记》《元史新编》等史书，在史学思想上和编撰上都是有成就的；《海国图志》虽以介绍外国史地为主，但作为全书总纲的《筹海篇》及时总结了鸦片战争的经验教训，因而兼有当代史的性质。魏源具有史识，运用体裁能够根据内容需要灵活变通。《圣武记》是纪事本末体，却又吸收典志体作为补充，书的末尾附有《武事余记》四卷，以记载兵制，发表议论。《海国图志》采用图、志、表、论四体互相配合，是一种独创的综合体，而使分散的材料显出有机的联系，直接为"御侮"提供鉴戒。《元史新编》在体裁上也有别开生面之处，它吸取了纪事本末体的优点，按各个时期将有关的人物合起来记载，如"平西域功臣""平宋功臣""开国宰相""中叶宰相""末叶宰相"等等。采取这种合传的形式，有利于显示出一个时期主要事件的轮廓。对此，梁启超曾评论说："其体裁，实不失为革命的。""如果真要改造（二十四史），据我看来最好用合传的体裁，而且用魏源的《元史新编》那体裁。……就可耳目一新，看的时候，清楚许多，激发许多。"[①] 可见梁启超在体裁上的见解直接受到魏源的影响。魏源的这些做法是近世史家探索新综合体趋势中的一种助力。

章太炎、梁启超二人时代相同，史学思想同有近代色彩，两人还曾通信讨论修撰《中国通史》的体例，在这个问题上关系更加直接。他们是同时致力于探索综合体的新体例。

[①] 梁启超：《中国历史研究法补编》，《饮冰室合集》专集之九十九，第58—59页。

章太炎于 1900 年写作《中国通史略例》①，明确地采用章学诚的主张，吸收了纪事本末体的优点而对纪传体加以改造。两年以后，即 1902 年，他又写信给梁启超、吴君遂等，重申他在《中国通史略例》中提出的主张。这说明：《略例》中提出的设想，不是一时兴之所至，而是他长期探索之后形成的相当确定的看法。《略例》中所列《中国通史》目录由五体构成：

表。有帝王表、方舆表、职官表、师相表、文儒表。

典。有种族典、民宅典、浚筑典、工艺典、食货典等，共十二篇。

记。有周服记、秦帝记、南胄记、唐藩记、党锢记、革命记、陆交记、海交记、胡寇记、光复记。

考纪。有秦始皇考纪至洪秀全考纪共九篇。

别录。有管商萧葛别录、李斯别录、会党别录，畴人别录等，最末为叙录，共二十五篇。

根据这个目录和章太炎所作的说明，有三点应予特别注意。

第一，他修撰《中国通史》的目的，一是为了"扬榷大端，令知古今进化之轨"，一是为了"振厉士气，令人观感"。② 这种观点反映出他当时作为资产阶级革命家的立场，同时，也反映出他接受了日本、西方资产阶级进化论学说的影响，所以比起封建史家来具有明显的进步性。编撰体例是为表现这种观点服务的。又应看到，"他所汲引的西方'进化'学说，只是庸俗的进化论和资产阶级社会学说"③，并不可能对社会历史作出科学的解释。

第二，章太炎在《略例》中明白指出，章学诚主张的兼采纪事本末的方法是"大势所趋"，并且加以发展。上列目录中的十篇"记"，就是吸取纪事本末体的优点设立的。他说："诸典所述，多近制度。及夫人事纷纭，非制度所能限。然其系于社会兴

---

① 《略例》附在《訄书》第五十九《哀清史》之后，见《章太炎全集》（三），上海人民出版社 1984 年版。
② 章太炎：《訄书·哀清史》附《中国通史略例》，《章太炎全集》（三），第 329—330 页。
③ 汤志钧：《章太炎年谱长编》1902 年条，第 141—142 页。

废，国力强弱，非眇末也。会稽章氏谓后人作史，当兼采《尚书》体例，《金縢》、《顾命》就一事以详始卒。机仲之纪事本末，可谓冥合自然，亦大势所趋，不得不尔也。故复略举人事，论撰十篇，命之曰《记》。"① 又说："犹有历代社会各项要件，苦难贯串，则取机仲纪事本末为之作'记'。"② 他是这样地重视吸取纪事本末体的优点，认为这样做为史书编撰解决了难题，这清楚地说明了章太炎的设想与章学诚主张前后继承的关系，应验了章学诚"自信发凡起例，多为后世开山"的预言。还应看到，这十篇"记"要叙述有关"社会兴废、国力强弱"的重要事件，诸如秦的统一、唐代藩镇割据、农民起义、民族斗争、中外关系等等，这样来显示历史演进的大势，比起章学诚的办法大有改进。章太炎在前人成果的基础上加以发展，推进了问题的解决。

第三，对纪传体的利用和改造。目录中的"典"是用以记典章制度，来源于"书志"。"考纪"和"别录"实则同是记人，差别只在"考纪"专记帝王（洪秀全是太平天国的"天王"）。两者来源于"本纪"和"列传"，但舍弃了"本纪"作为全书大纲的作用。"表"是用以列举次要的人物和纷繁的材料，来源自明。他说："有典则人文略备，推迹古近，足以臧往矣。若其振厉士气，令人观感，不能无待纪传，今为考纪、别录数篇。"③ 可见他在总体上了吸取了纪传体综合的优点，而形成典、记等五体互相配合的体制。

总的来说，章太炎的设想较章学诚前进了一大步。但仅就体裁本身说，也仍然存在问题。究竟是以"记"还是"典"来概述社会大势，他自己并不明确，所以若真要实行起来会有许多困难。至于同是记人还要显示帝王高人一等的做法具有浓厚的封建气味，就更不待言了。

约略与章太炎同时，梁启超于1901—1902年也酝酿写《中

---

① 章太炎：《中国通史略例》，《章太炎全集》（三），第329页。
② 《章太炎来简》，《新民丛报》第13号，1902年8月4日。
③ 章太炎：《訄书·哀清史》附《中国通史略例》，《章太炎全集》（三），第329—330页。

国通史》,见于他所写《中国史叙论》和《三十自述》两文。后因卷入政治漩涡而搁置多年,至1918年,他才"屏弃百事,专致力于通史之作"①。不久又因患病和欧游停下。现见于《饮冰室合集》中有关《中国通史》的部分作品,都写成于1920年,计有:《太古及三代载记》,内容仅有《古代传疑章第一》;《纪夏殷王业》,述大禹功绩,按其内容应为《太古及三代载记》的一部分;《春秋载记》,六章,末附《春秋年表》;《战国载记》,六章,末附《战国年表》;《志语言文字》②;《志三代宗教礼学》。以上各篇收入《饮冰室合集》专集之四十三至四十九。另外,《志三代宗教礼学》篇后附有《原拟中国通史目录》,分为三部,共列有朝代篇、民族篇、地理篇等三十一个篇名。③

值得注意的是,将《太古及三代载记》等篇内容与《原拟中国通史目录》相对比,除了《志语言文字》与目录中《语言文字篇》相合外,其余各篇都是这份目录所包括不了的。这说明,这份《原拟中国通史目录》并不能代表梁启超在1918—1920年著述时的设想。1918年,他有一封致陈叔通信,概述他订的《中国通史》体例,分明是设立"载记""年表""志略""传志"(又称"列传")四项,这正好与上述三篇"载记"、两篇"年表"、两篇"志"相符。信中说:"所著已成十二万言(前稿须复改者颇多),自珍敝帚,每日不知其手足之舞蹈也。体例实无余暇作详书告公,弟自信前无古人耳。宰平曾以半日读四万言之稿两遍,谓不忍释,吾计凡读者或皆如是也。顷颇思'先秦'杀青(约端午前可成),即先付印(《传》《志》别行,此惟有《年表》、《载记》、《志略》三种,《先秦》之部都十一卷,冠以总叙一卷,约二十万言也)……"又有致梁仲策信也说:"今日《春秋载记》已脱稿,都百有四叶,其得意可想,夕当倍饮以自劳,

---

① 丁文江、赵丰田:《梁启超年谱长编》1918年条,上海人民出版社1983年版,第859页。

② 标题下编者注:按此《志语言文字》及《志三代宗教礼学》两篇为《中国通史》稿之一部分。

③ 还有一份《原拟中国文化史目录》,所列内容大致相同,包括有朝代篇、种族篇、地理篇等共二十八个篇名。

弟亦宜遥浮大白以庆我也。"① 他经过惨淡经营之后自认为找到解决问题的办法，激动得手舞足蹈和开怀畅饮，两封信中表达的心情比章学诚更为真切。

梁启超的"四体"与章太炎的"五体"有许多相通之处。它们之间的关系可以简单表示如下：

梁启超《中国通史》体例：　年表　载记　志略　传志

章太炎《中国通史略例》：　表　典　记　考纪　别录

从总的原则和体制说，两人的设想相当一致。在吸收纪传体与纪事本末体二者的优点以创造新综合体这一点上，两人各自通过努力达到了共同的结论。

"载记"的作用是叙述一个时期的主要事件和历史大势。以《春秋载记》为例，此篇共有六章，先在总叙中说明各章内容安排和撰写意图，说："先分述数大国国势梗概，次总述霸业消长，与各国交互错综之关系，次述文物制度之迹象，各分节目而时缀以论列，借以揽知大势云尔。其宜专纪者，则归诸列传也。"② 以下各章的写法是，既叙述史实，又结合评论历史事件或论述一个阶段总的趋势。在《纪晋楚齐秦国势章第一》的开头便说："晋楚齐秦，分峙朔南东西四徼，实春秋之骨干，而晋楚尤其脊柱也。此四国者，惟齐自始封即为大侯，余皆微弱不足齿数。……而其后乃皆浡焉以兴，迭为霸长。虽曰人谋之臧，毋亦以越在边远，环其周遭者多未开化之蛮族，非刻意振拔不能自存。及其既已强立，……乘时内向以争中原，则弱小者固莫与抗矣。"③ 这段话，讲了四国勃兴和争霸的总趋势，让读者先了解这个阶段历史的特点，然后再叙述具体的史实。各个时期的"载记"联接起来，就是从纵的方面叙述历史演进的主张，与章太炎的十篇"记"相比较，有可能叙述得比较系统。再者，梁启超设想的体

---

① 丁文江、赵丰田：《梁启超年谱长编》1918年条，第861、864页。
② 梁启超：《春秋载记》，《饮冰室合集》专集之四十五，第3页。
③ 梁启超：《春秋载记》，《饮冰室合集》专集之四十五，第3页。

系是明确地以"载记"为主干，其他"年表""志略""传志"都与之相配合。这样安排也比章太炎前进了一大步。

  设立"载记"是对纪事本末体的创造性运用。梁启超能这样做，是因为他既能看到纪事本末体的优点，又能看到其不足。他说："纪事本末体，与吾侪之理想的新史最为相近，抑亦旧史界进化之极轨也。"① 又说："记事本末体是历史的正宗方法。……过去的记事本末体，其共同的毛病，就是范围太窄。我们所希望的纪事本末体，要从新把每朝种种事实作为集团，搜集资料，研究清楚。"② 他的"载记"就把范围扩大，力图说明事件之间的联系和历史大势。他用了纪事本末的方法而加以发展，不但跟袁枢的书相比大为不同，对照马骕、章学诚的办法也有了很大改进。对于纪传体史书，梁启超曾经激烈地批评说是"二十四姓之家谱而已"③，又说"愈晚出之史，卷帙愈增，而芜累亦愈甚也"④。这只是一个方面。另一方面，他对纪传体的长处也有评论："纪传体之长处，在内容繁富，社会各部分情状，皆可以纳入。"⑤ "纪传体的体裁，合各部在一起，记载平均，包罗万象。……伸缩自如，实在可供我们的研究。"⑥ 他设想的《中国通史》的体制，其核心内容，就是既吸取上述纪事本末体的优点，又发挥纪传体这种各体配合、包罗丰富、伸缩自如的长处，而形成新的综合体裁。尽管梁启超远未实现自己的设想，但他的做法和认识却给后人提供了重要的启示。

三、回答史学发展提出的问题

  上述探索新综合体的每一进展，都是历史家付出艰苦的劳动

---

 ① 梁启超：《中国历史研究法》，《饮冰室合集》专集之七十三，第20页。
 ② 梁启超：《中国历史研究法补编》，《饮冰室合集》专集之九十九，第31页。
 ③ 梁启超：《新史学》，《饮冰室合集》文集之九，第3页。
 ④ 梁启超：《中国历史研究法》，《饮冰室合集》专集之七十三，第19页。
 ⑤ 梁启超：《中国历史研究法》，《饮冰室合集》专集之七十三，第19页。
 ⑥ 梁启超：《中国历史研究法补编》，《饮冰室合集》专集之九十九，第157页。

获得的。马骕的《绎史》是他一生精力之所萃。章学诚"辨析体例"数十年，才总结出新的编撰原则。近代史家章太炎、梁启超则是在熟悉中国史学演进并且吸取西方近代学说的基础上，才提出编撰《中国通史》的设想的。他们治史的共同特点是：善于吸取传统史学的丰富遗产，而又具有别识心裁，勇于创造。他们探索的收获，代表了一批有作为的历史家辛勤劳动的积极成果，包含着很可宝贵的真理的成分。

这一探索趋势的出现决不是偶然的，它是史学发展到一定阶段的必然产物。就历史编纂学的演进讲，这一时期出现了两大特点：一是在中国历史上长期被作为史家之"极则"的纪传体出现了种种流弊，章学诚等的评述，便是历史家观察得出的结论，这就促使人们去寻求改革的办法。二是纪事本末体创立之后，它在叙述史事上具有的优点受到学者们的重视，因而明清两代作者继出，以至这一体裁的史书也能贯串古今而自成系统，成为编年、纪传之外又一种主要史书体裁，从而为史书编撰提供了新鲜经验。这样，史学的发展必然要向自己提出这样的课题：融合多种体裁的优点，创造出新的综合体裁。这种融合不但必要，而且可能。因为前代史家先后创造的三种主要史书体裁，实际上反映了历史家主要地从某一角度认识和叙述历史，编年体以年代先后为主要角度，纪传体以人物为主要角度，纪事本末体则以事件为主要角度；观察和反映的角度虽有不同，其对象则同是历史过程本身。所以，不同的体裁之间并不存在着不可逾越的鸿沟，它们之间互相联系互相补充。司马迁创造的纪传体中包含有编年体，袁枢撰《通鉴纪事本末》所用的就是《通鉴》的原文，便是明证。所以，探索新的综合体，实际上是表明史学发展到这一阶段之后，要求在前人成就的基础上，创造出一种更能显示历史大势，而又能够从多方面反映社会史丰富内容的新形式。马骕等人，就是勇于回答这一课题的有识史家。这一探索趋势不但有利于改进史书的编撰，且又说明史家对于观察和反映历史已经有了新的认识，因而也就具有历史哲学上的意义。

然而由于时代条件限制等原因，问题并没有真正得到解决。

马骕的书存在着资料汇编气味太浓的缺点，章学诚重修宋史并未着手，章太炎提出设想之后只写了两篇"别录"①，梁启超修史的实际工作也刚开了头而未能继续下去。这说明这项创新工作虽很有意义又极为艰巨，除了个人的探索精神和编撰技术外，还要有一种贯串全书的进步的历史哲学，需要必要的物质条件。这些史家有一些进步的史学观点，但未能形成足以构成一部新史的历史哲学。马骕和章学诚的思想体系还是封建时代的观点。章太炎和梁启超虽有近代倾向，但也远未建立起一套自成系统的历史理论，因为软弱的中国资产阶级是拿不出成熟的思想体系来的，更不用说他们这样的带有浓厚的封建色彩的人物和过渡时代学者了。我们对于前人不应苛求，但对他们的局限应有正确的说明。此外，创修新史工作复杂艰巨，单靠一人之力不能胜任，梁启超对此深有感受，说这项工作必须"分途以赴，而合力以成"②。

我们今天的史学是以马克思主义的科学世界观为指导的，内容与旧史学有根本的不同，远远比封建史学、资产阶级史学进步得多。但是今天的史学还是要发展的。我们要继续以马克思主义为指导探讨中国历史的规律和丰富内容，同时在形式上要形成鲜明的民族风格，具有"中国作风和中国气派"。为此，必须遵循毛泽东同志取其精华、弃其糟粕和"古为今用"的指示，从传统史学的多样形式中，包括从清代和近代史家探索新综合体的经验中得到借鉴。

---

① 《訄书》中有"别录"两篇。
② 梁启超：《中国历史研究法》，《饮冰室合集》专集之七十三，第35页。

上编　19世纪的中国近代史学

龚自珍的社会历史观

一、对危机时代的敏锐反映

龚自珍（1792—1841）出生于清王朝已经中衰的乾隆末年。在他死前一年爆发了鸦片战争。他生活的五十年，正是已经衰老了的封建社会在下坡路上加速滑落、走向解体、最后沦为半殖民地半封建社会的剧烈变动的时代，社会矛盾日益尖锐，危机四伏。

当时最突出的社会矛盾是土地兼并恶性发展，大官僚、大地主占田多达几千顷以至几万顷。农民失去土地，沦为佃户，首先受高额地租剥削。而给农民带来更大灾难的是苛捐杂税，横征暴敛。农民被逼得实在无法生存下去了，只好外出逃亡，造成了嘉道年间极为严重的流民问题。当时，有成千上万失去土地的农民转移流徙在高山密林、深壑荒岛之间，挣扎在死亡线上。川陕鄂三省交界的大山林聚集最多，别的地方也有数量不同的流民聚集。据《续文献通考》和《清实录》等书记载：广东、福建的流民流向台湾，关内的流向关外，还有贵州的苗山，浙江宁波、台州交界的南田地区，以及淮河边上，都有流民聚集。

数以千万计的流民转徙各地，突出地表明社会之不安定，危机之深重。阶级矛盾的激化使得农民起义接连不断地爆发，规模最大的是1796年爆发的川陕白莲教起义，蔓延鄂、豫、陕、川、甘五个省，持续时间达九年之久。斗争过程中曾多次丧失起义的首领，但起义却长期坚持下来，其重要原因就是农民痛苦不堪，他们欢迎起义军的到来。嘉庆在诏书中也承认"良民不得已而从贼者日以渐多"。清朝统治力量不断削弱，连禁卫森严的皇宫也并不安全了。1813年天理教起义群众七十多人进攻皇宫，后来虽然失败，却使统治集团陷于一片慌乱。

在鸦片战争前夕，外国资本主义侵略势力与中国的矛盾也日益尖锐。鸦片走私越来越猖獗。烟毒遍于全国，不仅官僚、绅士、地主，甚至兵丁也吸食鸦片。白银大量外流，清政府财源日益枯竭。清朝统治者的腐败更加助长了英国殖民者的侵略野心，它已准备用武力打开中国的大门。中国半殖民地化的历史前途已经注定了。

社会危机这样深重，而当时的思想界对于这一切却绝少反映。封建士大夫还在那里讴歌"海内晏然"，"皇基永固"。这种麻木状态是统治者长期禁锢思想的结果。空谈义理性命、耻言经济事功的理学，埋头故纸堆中、闭口不谈现实问题的考据末流，仍在思想界居于统治地位。加上八股文取士制度，引诱读书人背诵《四书集注》，死守八股程式，汲汲于功名利禄。这些精神枷锁严重束缚着知识分子的思想，使他们不去思考现实生活所提出的问题。然而，时代的激烈变动终究要冲破传统观念的牢笼。少数对环境敏感的知识分子感受到时代的危机，起来批判腐朽的封建制度。龚自珍就是他们当中的突出代表，他的思想是时代的一面镜子。

二、批判专制　倡导变革

龚自珍出身于封建家庭，祖父、父亲都做过京官。他十一岁随父到京城居住，二十九岁以后，任内阁中书十余年，以后又任礼部主事等职，耳闻目睹，使他很熟悉统治阶级的黑暗内幕。他才气很高仕途却很不得志，五次参加会试都落第，三十八岁才中进士。由于他爱发表自己的政治见解，"动触时忌"，备受排斥，只能居于"冷署闲曹"。① 最后连那样的闲职也保不住，被迫辞官南归。这种受压抑的遭遇，使他更容易感受社会的矛盾。他那发展的变动的历史观，就是观察现实社会和总结历史经验的结果。

龚自珍对社会的矛盾和时代的危机有深刻的观察，他断定当时社会已经到了"衰世"，"乱亦竟不远矣"！他描述衰世的表征，是表面上天下太平，文章、名物、声音笑貌都像治世，实际上是非杂乱，秩序破坏，人心混沌。真是"履霜之屦，寒于坚冰，未雨之鸟，戚于飘摇，痹瘘之疾，殆于痈疽，将萎之华，惨于槁木"②，呈现出一幅怵目惊心、行将解体的社会惨象。

龚自珍曾探索过社会危机的经济根源，因而在一定程度上接触到土地兼并这个根本问题。他认为，"贫者日愈倾，富者日愈壅"，财富占有极不平均，已经达到要爆发祸乱的严重程度，"至极不祥之气，郁于天地之间，郁之久乃必发为兵燧，为疫疠，生民噍类，靡有孑遗，人畜思痛，鬼神思变置"。只有置身于现实的尖锐的矛盾之中，才会产生这样痛切的感受！他指出"贫富不相齐"将导致封建王朝的灭亡，"小不相齐，渐至大不相齐；大不相齐，即至丧天下"。③ 因此主张用取有余补不足的办法，维持大体的平均。

龚自珍对封建统治集团的腐朽、专横和顽固，揭露得淋漓尽致。他揭露当时的官僚制度，是"累日以为劳，计岁以为阶"，只讲资格不讲能力，"贤智者终不得越，而愚不肖者亦得以驯而到"。熬到最后当上"宰辅""一品大臣"，一些深于世故、畏葸退缩、无所作为的官僚，"因阅历而审顾，因审顾而退葸，因退葸而尸玩，仕久而恋其籍，年高而顾其子孙，傺然终日，不肯自

---

① 吴昌绶：《定庵先生年谱》，《龚自珍全集》，第 622 页。
② 龚自珍：《乙丙之际箸议第九》，《龚自珍全集》，第 7 页。
③ 龚自珍：《平均篇》，《龚自珍全集》，第 78 页。

请去"。① "苟安其位一日,则一日荣","以退缩为老成,国事我家何知焉"?② 这种腐败的选拔升迁制度,必然造成有作为的人得不到鼓励,玩忽职守者得不到惩戒,"至于建大猷,白大事,则宜乎更绝无人也",整个官僚集团也就"尽奄然而无有生气"。③ 他还尖锐地抨击士人风格卑下,有的以仆妾姿态阿谀取容,有的像狗马一样卑贱,没有操守,没有志节,"小者丧其仪,次者丧其学,大者丧其祖"④。越是大官,就越是以谄媚为能事,"官益久,则气益媮;望愈崇,则谄愈固;地益近,则媚亦益工"。而国家一旦有急难,他们就像鸠燕一样飞跑了。他斥责这些毫无责任感的官僚是"至其家求寄食焉之寓公,旅进而旅豢焉之仆从,伺主人喜怒之狎客"。⑤

龚自珍还把批判的矛头指向封建专制主义。他揭露封建皇帝为了巩固自己的地位长期对士人摧残迫害。"史氏之书又有之:昔者霸天下之氏,称祖之庙,其力强,其志武,其聪明上,其财多,未尝不仇天下之士,去人之廉,以快号令,去人之耻,以嵩高其身;一人为刚,万夫为柔,以大便其有力强武。"并特别点明统治者"大都积百年之力,以震荡摧锄天下之廉耻"。⑥ 这显然是针对清朝百余年来的高压政策而发出的抗议。他分析专制制度对社会造成的祸害,"天下无巨细,一束之于不可破之例",这"例",就是用"一切琐屑牵制之术",处处实行"约束"和"羁縻",就像逼着活人"卧之以独木,缚之以长绳,俾四肢不可以屈伸,则虽甚痒且甚痛,而亦冥心息虑以置之耳"。⑦ 他甚至发出"居民上,正颜色,而患不尊严,不如闭宫庭"⑧ 的呼声。龚自珍虽然没有形成系统的反封建专制的理论体系,但他的这些富有战

---

① 龚自珍:《明良论三》,《龚自珍全集》,第33页。
② 龚自珍:《明良论二》,《龚自珍全集》,第32页。
③ 龚自珍:《明良论三》,《龚自珍全集》,第34页。
④ 龚自珍:《古史钩沉论四》,《龚自珍全集》,第29页。
⑤ 龚自珍:《明良论二》,《龚自珍全集》,第31—32页。
⑥ 龚自珍:《古史钩沉论一》,《龚自珍全集》,第20页。
⑦ 龚自珍:《明良论四》,《龚自珍全集》,第35、34页。
⑧ 龚自珍:《乙丙之际塾议第二十五》,《龚自珍全集》,第12页。

斗性的激烈言论，却促使长期受封建思想禁锢的人们惊醒过来，激发他们对专制主义的不满和反抗。

龚自珍认为考察现实和总结历史两者的关系，是"纵"与"横"的关系。对各种各样的社会现象要从"纵"和"横"两方面来考察。《尊隐》一文中所提出的"三世说"，就是从这两方面考察而得出的重要成果。他用"早时、午时、昏时"来表示封建统治从兴盛到衰亡的三个阶段。"早时"，统治集团处于兴盛时期，"吸引清气，宜君宜王"，"百宝万货，人功精英，不翼而飞，府于京师"。"午时"，统治集团仍有力量，"炎炎其光，五色文明，吸饮和气，宜君宜王"，"百宝万货，奔命涌塞，喘车牛如京师"。在这两个阶段，处于无权地位的"鄙夫""窒士"都没有形成力量。到了"昏时"，情况就完全不同了，"日之将夕，悲风骤至，人思灯烛，惨惨目光，吸饮暮气，与梦为邻"，"俄焉寂然，灯烛无光，不闻余言，但闻鼾声"。统治集团气息奄奄，"京师"与"山中"力量对比发生了根本变化。"京师之气泄，则府于野矣"；"豪杰轻量京师；轻量京师，则山中之势重矣"；"京师如鼠壤；如鼠壤，则山中之壁垒坚矣"。到最后，统治集团陷于孤立，山中之民一呼百应，时代大变动的事件就要发生了。"朝士寡助失亲，则山中之民，一啸百吟"，京师"夜之漫漫，鹖旦不鸣，则山中之民，有大音声起，天地为之钟鼓，神人为之波涛矣"。[①] 这并非龚自珍的臆想，而是根据历史经验和接连发生的起义事件而作出的预言，"山中之民"是什么人。没有明说，实际上应该包括隐于野的有不满思想的知识分子和数量众多的流民群众。龚自珍死后不过十年，果然爆发了惊天动地的太平天国起义。

尽管龚自珍对"三世说"的表述过于简单，但它却是龚自珍的社会历史观中的重要部分。他的"三世说"是否就是公羊学的"三世说"呢？自从梁启超提出：龚自珍"引公羊义讥切时政，

[①] 龚自珍：《尊隐》，《龚自珍全集》，第87—88页。

诋排专制"①之后，人们便袭用这一说法，似乎龚自珍的观点是直接从公羊学来的，龚自珍的"三世说"与公羊学的"三世说"是一回事。这种看法是不妥当的。西汉时代的公羊学，是把《公羊传》解释经书所谓"微言大义"的说法，与阴阳五行说糅合而成的一种神学思想体系。董仲舒讲"春秋分十二世为三等，有见有闻有传闻"，东汉何休注《公羊传》演变为"据乱、升平、治平"三世的说法，其目的，都是为了论证汉家皇权的神圣，龚自珍用"早时、午时、昏时"象征三世，其作用是论证封建统治的腐朽。他虽然用过"据乱、升平、治平"三世的说法，但显然决不是简单地运用。至于阴阳五行的迷信学说，他更坚决反对。所以龚自珍只是吸取了公羊三世说中"变"的观点，抛弃它神秘的唯心体系，进行了改造，提出自己论证封建衰世到来的"三世说"。在近代，借用儒家经典上某种说法来批判封建主义，这是常见的一种迂回战术。

龚自珍积极倡导变革。他的关于改革的言论同样犀利而深刻。他论述变革是历史的必然主张，成为近代资产阶级维新派言论的先河。他说："自古及今，法无不改，势无不积，事例无不变迁，风气无不移易。"②又说，夏朝亡商朝兴，难道不是夏为商提供了六百年统治的机会吗？商朝亡周朝兴，难道不是商为周提供了八百年统治的机会吗？历史上没有八百年不亡的朝代，可是还有十年五十年就亡的朝代，又是什么原因呢？就是"拘一祖之法，惮千夫之议，听其自堕，以俟踵兴者之改图耳"。因此他向清朝统治者发出警告："一祖之法无不弊，千夫之议无不靡，与其赠来者以劲改革，孰若自改革？"③正因为龚自珍把变革提高到历史必然规律，提高到关系封建统治的生死存亡的高度来论述，他的言论才会对后来的改革派起到启迪和激励的作用。他在皇帝殿试对策时，就仿效王安石《上仁宗皇帝言事书》，从施政、用人、治水、治边等方面提出改革主张。他曾反复陈说八股文取士

---

① 梁启超：《清代学术概论》，《饮冰室合集》专集之三十四，第54页。
② 龚自珍：《上大学士书》，《龚自珍全集》，第319页。
③ 龚自珍：《乙丙之际箸议第七》，《龚自珍全集》，第5—6页。

的弊病,说明清几百年的科场文章是"言不由衷"、"疲精神耗日力于无用之学","浮沉取容,求循资序而已"。① 要求立即废除科举制度,"以收真才"。

面对英国殖民者鸦片走私的罪行和侵略野心,龚自珍表现出强烈的爱国思想。他对鸦片走私使中国"丧金万万,食妖大行"②极为忧虑,写了《东南罢番舶议》(已佚)。他对英国殖民者的侵略阴谋深有警惕,说"近惟英夷,实乃巨诈,拒之则叩关,狎之则蠹国"③。当林则徐前往广东禁烟时,他写了《送钦差大臣侯官林公序》,主张以严厉措施禁烟,并建议整修武器,加强兵力,守卫海口,批判投降派种种谬论。恳切希望林则徐坚定意志,毫不动摇,完成禁烟重任。这些都说明龚自珍晚年对东南沿海新形势的严重关切。

龚自珍没有写过系统的历史著作,但他所论述过的历史问题却出色地体现了他那发展变化的历史观点。《农宗答问》篇中,他批判统治阶级长期宣扬的君权神授的神意史论。他说:帝王将相起初都是一般的从事生产的人,礼乐刑法制度是自下而上形成,最后都被说成是神意创造。这就有力地揭露了君权神授的欺骗性。④ 对于中国封建社会长期争论的封建与郡县问题,他赞成并发挥柳宗元的观点。他认为:秦推行郡县制后,在一个时期内,仍是封建与郡县并存的局面,小封建王国的保留,是长期祸乱的根源。统一与分裂两种倾向一直斗争了两千年,总的趋势是走向统一。⑤ 这些看法也是基本符合于历史事实的。

龚自珍的社会历史观深刻地反映了他所处的时代。他的言论文章,不仅在那黑暗的时代起了开榛辟莽、前驱引路的作用,具有战斗的意义;而且,对于以后的资产阶级维新派产生了重大影响。梁启超曾多次讲述过他自己的切身体会:"语近世思想

---

① 龚自珍:《对策》,《龚自珍全集》,第116页。
② 龚自珍:《赠太子太师兵部尚书两广总督谥敏肃涿州卢公神道碑铭》,《龚自珍全集》,第145页。
③ 龚自珍:《阮尚书年谱第一序》,《龚自珍全集》,第229页。
④ 见龚自珍《农宗答问》,《龚自珍全集》,第54—55页。
⑤ 见龚自珍《答人问关内侯》,《龚自珍全集》,第331页。

自由之向导，必数定庵。吾见并世诸贤，其能为现今思想界放光明者，彼最初率崇拜定庵，当其始读《定庵集》，其脑识未有不受其激刺者也。"① "晚清思想之解放，自珍确与有功焉。光绪间所谓新学家者，大率人人皆经过崇拜龚氏之一时期。初读《定庵文集》，若受电然。"② 龚自珍的社会历史观及其"三世说"，直接启发了康有为，使他用类似的学说来证明变法维新的历史必然性。龚自珍以批判的方式总结过去，而同时又揭开了近代思想史的序幕。这就是他的社会历史观的主要的进步意义。

由于历史条件和阶级地位的局限，龚自珍的思想观点又有许多落后的唯心的成分，自相矛盾的地方。他揭露黑暗，倡导改革，但还不能把爱国与清王朝区分开来。他具有发展的变化的观点，却又相信循环论，认为"万物一而立，再而反，三而如初"，"终不异初"。③ 他倡导变革，又反对突变，"可以更，不可以骤"④。他对下层人民有一定同情，又说"权不重则民不畏，不畏则狎，狎则变"⑤，要统治者加强对人民的控制。他关心社会现实问题，有时却又消沉冷漠，谈佛参禅，从佛教唯心论中寻找慰藉。他提出平均贫富的主张，主要还是为了调整地主阶级内部的土地占有关系。并且后来又倒退了一大步，在《农宗答问》篇中设计按宗法关系授田，认为那种落后的空想的宗法社会是治国的良策，等等。这也并不奇怪。因为在那个时代，封建制度已经腐烂，但是并没有出现新的物质力量，龚自珍不可能找到新的思想武器，这就决定了他的思想必然带着浓厚的封建色彩。

三、转变学术风气　关注现实问题

在学术风气方面，龚自珍同样起着继往开来的作用。他有关

---

① 梁启超：《论中国学术思想变迁之大势》，《饮冰室合集》文集之七，第97页。
② 梁启超：《清代学术概论》，《饮冰室合集》专集之三十四，第54页。
③ 龚自珍：《壬癸之际胎观第五》，《龚自珍全集》，第16页。
④ 龚自珍：《平均篇》，《龚自珍全集》，第79页。
⑤ 龚自珍：《明良论四》，《龚自珍全集》，第35页。

学术问题的全部主张，都是为着发扬前代进步思想家"经世致用"的传统，把学术从脱离实际的歧路转移到注重现实问题的方向上来。

针对嘉道时代脱离实际、烦琐空疏的学风，龚自珍提出"一代之治，即一代之学"的论点。他认为学术问题与治理国家紧密相联系，王者统治天下，"不可以口耳喻也。载之文字，谓之法，即谓之书，谓之礼，其事谓之史"，而后代的知识分子却严重脱离社会政治实践，"重于其君，君所以使民者则不知也；重于其民，民所以事君者则不知也"，"王治不下究，民隐不上达"，这种与现实生活完全脱节的知识分子，到头来必定使国家遭受祸害。① 这些话确实道出了当时学者的致命弱点。

当时考据学仍然风靡于世，学者趋之若鹜。龚自珍却不随波逐流，他采取有分析的批判态度。一方面，他肯定了考据学的成绩，"黜空谈之聪明，守钝朴之迂回，物物而名名，不使有遁。……于是二千载将坠之法，虽不尽复，十存三四。愚瘠之士，寻之有门径，绎之有端绪，盖整齐而比之之力，至苦劳矣"②。另一方面，他又尖锐地指出烦琐考据的严重弊病："近有一类人，以名物训诂为尽圣人之道，经师收之，人师摈之。"③ 这种"琐碎饾饤"之学，根本不合做学问的目的。他认为，目的应是"闻性道与治天下"，否则"六艺为无用"。他在给魏源的信中说，做学问要"能言其大本大原，而究其所终极；综百氏之所谭，而知其义例，遍入其门径，我从而管钥之，百物为我所隶用"④。他恳切地劝魏源不要被烦琐的考据所牵累，要做个能综合众说，掌握关键，为我所用的"通人"。

龚自珍是著名古文字学家段玉裁的外孙，十二岁就跟着段学《说文》，可是他并没有按照外祖父的希望，成为一个古文字学家。后来他向刘逢禄学《公羊春秋》，也并没有成为像宋翔凤那

---

① 龚自珍：《乙丙之际箸议第六》，《龚自珍全集》，第4、5页。
② 龚自珍：《陈硕甫所箸书序》，《龚自珍全集》，第195页。
③ 龚自珍：《与江子屏笺》，《龚自珍全集》，第347页。
④ 龚自珍：《与人笺一》，《龚自珍全集》，第337页。

样附会谶纬迷信或专讲"微言大义"的今文经学家。而且他反对今文、古文、汉学、宋学的门户之见。这一切都决不是偶然的。他用自己的实践贯彻了"经世致用"的主张。当"友朋之贤者"陈奂、江藩等人问他"曷不写定《易》、《书》、《诗》、《春秋》",他回答说"方读百家,好杂家之言,未暇也"。又有"内阁先正姚先生"问他"曷不写定《易》、《书》、《诗》、《春秋》",他回答说:"又有事天地东西南北之学,未暇也。"① 龚自珍于经史、诸子、文字音韵、金石等等都有著述,但他一生所瞩目的中心,始终是"东西南北之学",即社会现实政治问题。他这样形容他的文章与时代的关系:"外境迭至,如风吹水,万态皆有,皆成文章,水何容拒之哉!"② 魏源在《定庵文录叙》中评论说,龚自珍"于经通《公羊春秋》,于史长西北舆地。其文以六书小学为入门,以周、秦诸子吉金乐石为崖郭,以朝章国故世情民隐为质干"③。这便是深交好友对他的确评。

对于史学,龚自珍发表过不少看法。首先,他针对乾隆以来"号为治经则道尊,号为治史则道诎"的流行观点,强调史学的极端重要性。认为史学关系到国家的存亡;史与百官都有联系。"灭人之国,必先去其史;隳人之枋,败人之纲纪,必先去其史;绝人之材,湮塞人之教,必先去其史;夷人之祖宗,必先去其史。"其次,继承和发扬章学诚"六经皆史"的主张,提出"五经者,周史之大宗","诸子也者,周史之小宗"的论点。④ 既然六经是史的一部分,那当然就不再是顶礼膜拜的对象、万古不变的教条,而是研究的材料。这对传统思想是一种冲击,而提高了史学的地位。再次,他认为史学的作用是"忧天下","探世变"。他说:"智者受三千年史氏之书,则能以良史之忧忧天下,……探世变也,圣之至也。"⑤ "史之材,识其大掌故,主其记

---

① 龚自珍:《古史钩沉论三》,《龚自珍全集》,第25页。
② 龚自珍:《与江居士笺》,《龚自珍全集》,第345页。
③ 魏源:《定庵文录叙》,《魏源集》,第239页。
④ 龚自珍:《古史钩沉论二》,《龚自珍全集》,第24、21、22页。
⑤ 龚自珍:《乙丙之际箸议第九》,《龚自珍全集》,第7页。

载,……以教训其王公大人。"如果没有史籍保留下来作为鉴戒,"则弊何以救?废何以修?穷何以革?"① 史学要探究历史的发展变化,要用历史事实来教训那些统治者,并作为今天革除弊政、挽救危机的依据。

他在《尊史》一文中提出:史学所以受到尊重,不在于它负责历史记载、掌握褒贬大权,而在于史官应该具有的识见精神。这就要做到"善入"和"善出"。"善入",是要求史家熟悉社会生活各个领域,"天下山川形势,人心风气,土所宜,姓所贵,皆知之;国之祖宗之令,下逮吏胥之所□守,皆知之。其于言礼、言兵、言政、言狱、言掌故、言文体、言人贤否,如其言家事,可谓入矣"。否则,写出来的就不是"实录"。"善出",是指对上述社会生活各个领域及其相互联系,史家要把它明白生动地表现出来,使人如观演剧一样心领神会。否则,你写的史书就没有"高情至论"。与这两个要求不合的史书。就是"余呓""余喘",白日说梦。他还说,记载史实必须与治乱兴衰之"道"结合起来,"入乎道,出乎史,欲知大道,必先知史",这样的史书才是真正的史学著作,这样的史家才是独具特色的"史之别子"。②

龚自珍对于史学的见解,中心是史必须反映广泛的社会现实,史必须与"道"相统一。这些主张,丰富了中国传统的史学理论。

对于古代史家,龚自珍赞扬司马迁的《货殖列传》,说可以"配《禹贡》,续《周礼》,与《天官书》同功",斥责"不学小夫"说它是抒发个人感慨的游戏文章的看法,是颠倒是非。③ 他严肃批评刘向、班固宣扬迷信。说:"刘向有大功,有大罪,功在《七略》,罪在《五行传》。"批评刘向用灾异附会人事,是制造混乱,笨拙至极。④ 他主张"摧烧汉朝天士之谬说","班氏之

---

① 龚自珍:《古史钩沉论四》,《龚自珍全集》,第28页。
② 引文均见龚自珍《尊史》,《龚自珍全集》,第80—81页。
③ 龚自珍:《陆彦若所著书序》,《龚自珍全集》,第197页。
④ 龚自珍:《非五行传》,《龚自珍全集》,第130页。

《五行志》不作可也"。① 统治者惯用宣传迷信来欺骗人民，嘉庆在诏书中也重弹"天人感应"的老调，因此龚自珍反对迷信在当时确有其现实意义。

龚自珍强调学术经世致用，反对烦琐空疏的学风，是具有进步意义的。而他讲的"一代之治"和"道"，则是以地主阶级的政治和道理为其阶级内容的。他批评别人脱离实际，自己又用大量精力去写《春秋决事比》《发大心文》一类无有意义甚至宣扬佛教唯心论的文章，这又是其严重的局限性。

四、擅长西北边疆史地研究

龚自珍对西北边疆史地有精湛的研究。这是他的"经世致用"的学术主张出色的实践。

在当时，边疆史地刚刚开始被很少几个学者所注意，但是这项工作是与国内外政治有密切关系的重要课题。从国内方面说，清代疆域空前扩大，如何处理好清朝中央政府与少数民族地区的联系，如何加强对边疆的行政管理，直接关系着多民族国家政权是否巩固。从对外关系说，沙皇俄国长期觊觎我国新疆地区；在印度、阿富汗实行殖民统治的英国侵略势力，也企图侵入我国西部地区。沙俄支持噶尔丹叛乱，英国殖民者支持张格尔叛乱，便是突出的事实。在东南沿海形势日趋紧张的情况下，加强西北边防更具有重要战略意义。研究西北边疆史地，与这些任务的解决都有密切关系。

龚自珍对边疆地理的研究，始于协助程同文修《会典》时，他负责其中"理藩院"一门及青海西藏各图。道光元年，龚自珍在程的帮助下，修《蒙古图志》，体例是图、表、志三者配合。其中《哈萨克》《布鲁特》二表沿用徐松原作。书未成遭火灾烧毁，只存《拟进上蒙古图志表文》及各篇的序。龚自珍任国史馆

---

① 龚自珍：《与陈博士笺》，《龚自珍全集》，第346页。

校对官时，参加重修《一统志》，曾上书订正旧志关于塞外部落沿革等十八项错误。这些都说明龚自珍对于西北史地的渊博知识。

重要的是，龚自珍运用他所熟悉的西北部落源流、历史沿革、山川形势的丰富知识，来研究和解决实际问题。《西域置行省议》《御试安边绥远疏》《上镇守吐鲁番领队大臣宝公书》等文，充分显示出他着眼于解决社会危机，着眼于安定边疆，着眼于加强边防、巩固国家统一，来解决边疆问题的远见卓识。

关于新疆设行省的建议，绝非只给新疆起个"行省"的新名称，也绝不是简单设立一个行政机构，而是具有更深刻的意义。自康熙年间，新疆地区已成为我国统一的多民族的一个重要组成部分。可是至嘉庆年间止，这一百多年间，朝廷对新疆的管理却一直采用委派将军、参赞大臣等"镇守"的办法，而缺乏一套系统的行政管理机构。这显然不利于有效地开发、管理新疆，不利于巩固国家统一。龚自珍反复陈述清代边疆形势与前代大不相同，"中外一家，与前史迥异"，汉唐时代的"凿空""羁縻"办法已完全不适用了；今天的迫切问题是朝廷如何在新疆建立起健全的行政系统，"疆其土，子其民，以遂将千万年而无尺寸可议弃之地"。① 因此，龚自珍第一个明确提出新疆设立行省，对新疆的经济、边防，以至十四个府州、四十个县如何具体设置，都有具体建议。

迁内地无业游民入疆。这是既解决内地严重的流民问题，又可发展边疆生产、巩固边防的一举三得的重要措施。他认为：乾隆末年以来，"不农、不士、不工、不商之人，十将五六"，游民问题这样严重，因此必须"大募京师游食非土著之民，及直隶、山东、河南之民，陕西、甘肃之民，令西徙"，"与其为内地无产之民，孰若为西边有产之民"。② 他特别提出移民要选择"性情强武"之人以适应边疆特点。这显然有利于加强边防。

---

① 龚自珍：《御试安边绥远疏》，《龚自珍全集》，第112页。
② 龚自珍：《西域置行省议》，《龚自珍全集》，第106、107页。

龚自珍要求建立民族间"安"和"信"的关系。他称颂清朝建立起空前的多民族统一国家，代替历史上民族间战争频繁的混乱破坏局面。《说居庸关》一文记述了他骑马走在南口狭窄的山路上，迎面来了一队骑骆驼的蒙古人，"与余摩肩行，时时橐驼冲余骑颠，余亦挞蒙古帽，堕于橐驼前，蒙古大笑。余乃私叹曰：若蒙古，古者建置居庸关之所以然，非以若耶！余江左士也，使余生赵宋世，目尚不得睹燕、赵，安得与反毳者相挞戏乎万山间？生我圣清中外一家之世，岂不傲古人哉"！① 这些话绝对不是粉饰太平之辞，而是龚自珍对国家统一、民族间和睦相处，发自内心的赞美。

龚自珍通过总结新疆地区复杂的政治历史事件所提供的教训，论证民族间"安"和"信"的重要性。对于乾隆时清与回部的战争，他正确地谴责波罗泥都、霍集占"助逆背德"。对于乌什事件，他谴责原清朝驻乌什领队大臣素诚"占回之妇女无算，笞杀其男亦无算，夺男女之金银衣服亦无算"的暴虐行为，认为这次事件是平日"扰回"引起的"激变"。对于康、雍、乾三朝长期平定准噶尔部的战争，他既强调这项军事行动是统一祖国、稳定边疆所需要，谴责噶尔丹、阿睦尔萨纳等辈的罪恶；同时又指出，长期战争的结果是大量无辜人民的死亡，"千里一赤，睢盱之鬼，浴血之魂，万亿成群"。他恳切要求驻新疆的大臣将领记取这些教训，"敬谨率属"，"不以驼羊视回男，不以禽雀待回女"，"令回人安益安，信益信而已矣"。② 并希望由于吐鲁番的安定而带来整个天山南北路，以至整个西北地区安定和平的局面。

此外还有一些具体建议，如："撤屯编户"，因为原来的屯田已经"有名无实"，故建议将"客丁变为编户，戍边变为土著"③，"以边安边"，"开垦则责成南路，训练则责成北路"；④ 保

---

① 龚自珍：《说居庸关》，《龚自珍全集》，第136—137页。
② 龚自珍：《上镇守吐鲁番领队大臣宝公书》，《龚自珍全集》，第309—312页。
③ 龚自珍：《西域置行省议》，《龚自珍全集》，第110页。
④ 龚自珍：《御试安边绥远疏》，《龚自珍全集》，第113页。

护游牧部族的特点,"立行省后,不可使与民户旗户无区别";①对于原部族头人应有适当优待,因为他们对本族居民有影响;等等。

龚自珍的上述建议都是有利于国家的统一和边疆的安定的。他把深入研究边疆史地与解决现实问题密切结合起来,因而具有政治的远见。他对青海问题的看法同样体现了这一点。道光年间,居住在青海境内的蒙古族与藏族发生纠纷,有人主张清政府出兵支持蒙古族攻打藏族。龚自珍引用历史教训有力地驳斥这种错误主张,他说:"古未有外夷(这里指边疆地区少数民族)自相争掠,而中朝代为之用兵者",况且派军队介入,"克则杀机动,不克则何以收事之局",不论哪种可能性,都没有好结果。他认为,蒙古族和藏族都信奉佛教,可让青海大喇嘛"以佛法两劝而两罢之,不调一兵,不费一粟,以外夷和外夷,智之魁也"。②显然,龚自珍的根本出发点仍是边疆的安宁和民族间和睦相处。

龚自珍提出这些建议的态度是很慎重的。他说《西域置行省议》一文"筹之两年而成","其非顺天心,究祖烈,剂大造之力,以统利夫东、西、南、北四海之民,不在此议"。③ 龚自珍于道光九年朝考时,针对刚刚平息张格尔叛乱这一事件,"胪举时事","直陈无隐",批评清政府为了平叛远从二万里以外的东北调派军队,结果劳师縻饷,骚扰州县,"兵差费至巨万","故曰甚非策也"。因此建议加强伊犁索伦驻军的训练,以防备边疆地区再度发生不测事件。④ 这些一针见血的见解,却使"阅卷诸公皆大惊,卒以楷法不中程,不列优等"⑤,这也是腐朽的统治集团杜绝言路、压抑人才的一个例证。但是龚自珍自信自己的看法正确,他预言新疆设行省的建议"五十年中言定验"⑥。光绪十年(1884),新疆果然设立行省,他的预言得到了证实。

① 龚自珍:《北路安插议》,《龚自珍全集》,第112页。
② 龚自珍:《与人笺》,《龚自珍全集》,第342页。
③ 龚自珍:《西域置行省议》,《龚自珍全集》,第111页。
④ 龚自珍:《御试安边绥远疏》,《龚自珍全集》,第112—114页。
⑤ 吴昌绶:《定庵先生年谱》,《龚自珍全集》,第618页。
⑥ 龚自珍:《己亥杂诗》,《龚自珍全集》,第516页。

可是龚自珍毕竟是个封建地主阶级知识分子，他对边疆史地的研究同样深深地打上地主阶级的烙印。在设计治理新疆的方案的时候，他没有忘记把地主剥削农民的关系也设计进去，他说，"许上农自占地，以万人耕者授万夫长，以千人耕者授千夫长，回人之贫者役之为佃"①，可见他甚至认为一个地主剥削成千上万的佃户也是天经地义的。他讲的民族之间的"信"和"安"，与我们今天已经实现了的民族之间的真正平等团结的关系，有着根本不同的阶级内容，更是不言而喻的了。

总起来说，龚自珍生活在封建末世的黑暗时代，他面对现实，密切注视着社会政治问题。他揭露黑暗、倡导改革的激烈言论，他的发展的变化的历史观，他对当时窒息着一切进步思想的烦琐空虚的学风的批判，以及对边疆史地的研究，都在一定程度上反映了时代的要求，而同时又反过来影响了他的时代。他在辞官南归时曾写下这样的诗句："一事平生无齮龁，但开风气不为师。"② 他的史学思想，确实起了开一代风气的作用。鸦片战争后史学出现了新的风气，有许多学者注重研究现实问题，出现了一批记述当代政治斗争史实、研究边疆史地和介绍外国史地的著作，其中著名的有魏源的《海国图志》《圣武记》，徐继畬的《瀛寰志略》，张穆的《蒙古游牧记》，何秋涛的《朔方备乘》，夏燮的《中西纪事》等。当时就有人正确地评论说："近数十年，士大夫诵史鉴，考掌故，慷慨论天下事，其风气实定公（龚自珍）开之。"③ 当然，学术风气演变的根本原因是时代剧变的推动，是鸦片战争这个历史大转折所产生的巨大影响，而龚自珍的主张和实践恰恰符合了这一历史要求，因而产生了重要的作用，具有进步的意义。

---

① 龚自珍：《御试安边绥远疏》，《龚自珍全集》，第113页。
② 龚自珍：《己亥杂诗》，《龚自珍全集》，第519页。
③ 程秉钊语。引自国学扶轮社本《龚定庵全集》中《定庵文集》卷下，第11页。

《圣武记》对清代盛衰的探索

一、"积感之民"发愤之作

魏源(1794—1857)《圣武记》一书,酝酿准备于清朝统治危机四伏之时,发愤完成于鸦片战争失败民族遭受空前屈辱之际。道光九年(1829),三十四岁的魏源在连续参加会试落第之后,按例捐资得了"内阁中书舍人候补"的职务,从而有机会阅读内阁所藏有关清朝开国以来主要史事的大量档案材料,并开始着手准备撰写《圣武记》。魏源生活的年代正是清朝统治由盛到衰的急剧转变时期。乾隆六十年(1795),爆发了贵州苗民起义。又次年,爆发了规模更大的白莲教起义,斗争持续达九年之久,沉重地打击了封建统治。嘉庆二十年(1815)魏源被选拔为贡生,由湖南到京,此年又正值天理教起义爆发,起义群众曾攻入紫禁城,虽遭失败,却使统治集团陷入一片慌乱。魏源对于清朝统治的危机、社会的动荡不安有敏锐的感受,因而自称"积感之民"。阅读内阁案卷,使他得以将这种深切感受与具体史实的记载结合印证思考。他立志要理出清代由开国兴盛至后来衰落的历史线索,这就是《圣武记叙》中所说:"溯洄于民力物力之盛衰,人材风俗进退消息之本末。"① 在清代史坛上,《圣武记》是探索清朝盛衰的第一部史书。魏源这种密切结合现实问题的治学旨趣,与当时风靡于世的考据末流的烦琐学风相对立,具有进步的意义。

鸦片战争爆发时,魏源居住在扬州,目睹了英国野蛮侵略、清廷昏庸战败这一重大事变,尖锐的民族危机使他忧愤交加,不能自已。道光二十二年(1842)八月,清廷代表在南京长江江面英国军舰上与侵略者签订丧权辱国的《南京条约》,同月,魏源发愤完成了《圣武记》。他在叙中讲他著述的心情说:"海警沓至,忾然触其中之所积,乃尽发其椟藏,……告成于海夷就款江宁之月。"② 并因"索观者众,随作随刊"③。这已充分说明这部探索清朝统治盛衰的史书与时局关系之密切,以及当时所发生的巨大影响。全书共十四卷,约一百万字,数年之内又经两次修订。近代史家梁启超等人都对此书有高度评价,如梁启超说:"魏默深有良史之才,《圣武记》……实罕见之名著也。"④ "默深观察力颇锐敏,组织力颇精能,其书记载虽间有失实处,固不失为一杰作。"⑤ 对于研究清代历史,《圣武记》无疑是一部必读之作。

二、探索清朝统治的盛衰

《圣武记》以具体史实显示清朝统治盛衰的变化,并且明确地通过总结历史经验为当时反抗侵略这一迫切重大的课题提供鉴戒。

全书内容先记清代开国、平定三藩叛乱、康熙至乾隆间为巩

---

① 魏源:《圣武记叙》,《圣武记》,第1页。
② 魏源:《圣武记叙》,《圣武记》,第1页。
③ 魏源:《圣武记目录》,《圣武记》,第5页。
④ 梁启超:《国学入门书要目及其读法》,《饮冰室合集》专集之七十一,第12页。
⑤ 梁启超:《中国近三百年学术史》,《饮冰室合集》专集之七十五,第275—276页。

《圣武记》对清代盛衰的探索

固统一而进行的战争等事件，后记苗民、白莲教、天理教等几次起义的发生和统治者的镇压，从军事政治史的角度，显示了清朝统治从上升走向衰落的过程。自称"积感之民"的魏源，对于这种盛衰变化是有深刻感受的。1794年魏源出生，到他著《圣武记》这五十年间，先是一连串人民起义把统治者搞得狼狈不堪，最后爆发鸦片战争，清朝战败，腐烂的本质更加暴露无遗。大波迭起，危机深重，魏源都听说了、看到了、经历了。加上他长期地对清代史事进行了一番系统的整理思索，因此能够对清代盛衰大势提出自己的总看法。他说：

> 国家极盛于乾隆之六十年，版舆生齿倍雍正，四夷宾服逾康熙。外宁则内孽，始衅于湖南、贵州红苗。越明年，……湖北、四川"教匪"旋起，蔓延河南、陕西、甘肃。……与五省环攻之兵力，且抚且剿，犹七载而后定，靖余孽者又二载，先后糜饷逾万万金，视伊犁回部、大小金川几再倍过之。且前代流寇皆发难末造，川壅必溃，未有蠢动于庞豫之余，劳师焊武如今日者。①

这段话认为乾隆末年是清朝统治由盛到衰的转折点，在外表强盛的掩盖下，内部矛盾激化，起义接连爆发，使清朝几乎面临历代王朝灭亡前夕那种"川壅必溃"的局面。这一看法符合历史的真实，说明魏源具有考据家们难以相比的、相当深刻的历史观察力。

书中记述努尔哈赤、康熙这两个清代上升时期代表人物的事迹时，既反映了他们个人的军事政治才能，又深入一步总结当时"兴盛"的原因，记载在制度等方面所具有的生气。《开国龙兴记》突出记载努尔哈赤时期八旗兵的战斗力，在萨尔浒、沈阳、辽阳、广宁诸役中连续取胜，简直所向披靡。为何有这样强的战斗力？魏源特别强调当时的指挥制度：

> 太祖每有征伐，与诸贝勒适野而谋，画地而议，上马而

---

① 魏源：《嘉庆川湖陕靖寇记一》，《圣武记》，第375页。

传令，上下等威不甚异。以五大臣议政，十大臣理事，无留狱，无壅情，令简而速，故事无不举。临敌七旗却走，一旗拒战，即以七旗佐领之丁给一旗；一旗却走，七旗拒战者，亦如之；一旗内半却走半拒战者，亦如之；罪亲不贷，功疏不遗，令信而必，故战无不克。①

这里着重的是通过商议决定大事，机构精干，办事迅速有效，赏罚分明。因此"战无不克"。

魏源很赞扬康熙在复杂严重的局势面前镇定指挥。如平定三藩事件时，吴三桂"专制滇中十余年"，四方猛将多归部下，"水陆冲要遍置亲人，各省提镇多其心腹"，清廷对他无法控制。所以吴三桂叛乱消息传来，举朝为之震动，"数月间而六省皆陷"。叛军打到湖南岳州、澧州一线，沿长江南岸布防，清军将领竟无一人敢渡江与之作战。《圣武记》记述了康熙在这样严重的局势下沉着镇定指挥，终于扭转局势，并且总结康熙下列成功经验：军纪严明，"不宽王贝勒劳师养寇之罪，罚先行于亲贵"；发挥汉族和满族将领的作用，"群策群力，敌忾同仇"；布置严密，各省连成一气，使敌无隙可伺，"其时，乱起多方，所在鼎沸，情形日日不同，故中原腹地，皆屯重兵以备应援。楚急，则调安庆兵赴楚，河南兵移安庆，又调兵屯河南以继之；蜀警，则调西安兵援蜀，而太原兵移西安，又调兵屯太原以继之；……使贼渠不得出湖南一步"；情报迅速准确，"速邮传，诘奸宄，防诈讹。甘肃西边五千余里九日可至"。②

《圣武记》总结努尔哈赤和康熙时期的历史经验，无一不是针对腐败现实而发，所指何事，则当时凡关心时事的人心中都明白。赞扬康熙镇定指挥就是针对道光忽战忽降，举棋不定。魏源还说"自古及今，或以殷忧启圣，或以道谋溃成，庙算不定，而大难克削者，未之前闻"③。明白地将镇定指挥与"庙算不定"

---

① 魏源：《开国龙兴记二》，《圣武记》，第21页。
② 魏源：《康熙戡定三藩记》，《圣武记》，第62、64、72、73页。
③ 魏源：《康熙戡定三藩记》，《圣武记》，第73页。

相对照，实际上就是对道光的谴责。强调军事行动迅速、布置严密、情报准确、赏罚分明，所针对的是鸦片战争中统治集团"文恬武嬉、水陆废弛"，一败再败，谎报军情以避罪或邀功，是非颠倒等腐败情状。这些记述和议论，都寓含着作者深沉的愤慨和爱国御侮的良苦用心。

《圣武记》后半部写嘉道时期清朝统治的衰落，实际上揭露了鸦片战争时期腐败局面的根源。这可以从两方面看：

一是在一定程度上反映出社会矛盾激化，统治集团陷入困境。如写贵州苗民起义的原因是土地被抢夺；湘粤桂瑶民起义是为反抗官吏和汉族地主的残酷剥削；对白莲教起义背景记载尤详，写由于镇压苗民起义加重四省军费，人民不堪剥削，流民失业，仇官思乱，官吏暴虐，大搞株连，引起起义大规模爆发。还通过记载官员言论反映统治集团的狼狈处境。如载那彦成（清廷派往"剿捕"白莲教起义的军机大臣、钦差大臣）回答嘉庆询问时说："筹兵筹饷、议剿议堵皆为无益，如螳螂非人力所能捕尽。"① 道出了统治集团的绝望情绪。嘉庆十九年，天理教起义又加黄河决口，"军饷宣防交急，司农竭蹶"，政府又开捐例，朝臣议论说："贼起多由吏饕民困，今复开捐输，是吏治重弊也。"② 而嘉庆不加理睬，继续实行这种饮鸩止渴的办法。这些记载正显示出：清朝统治就沿着这条残酷剥削——引起农民起义——反过来更加重剥削的恶性循环的道路无可救药地衰落下去。

一是暴露官军的极度腐败。书中记载许多临阵溃逃，甚至残害无辜百姓以邀赏的事。将领互相掣肘，勾心斗角，贪生怕死，大肆贪污，挥霍军费，"诸将会饮，虽深箐荒麓间，蟹鱼珍错辄三四十品，而赏伶犒仆之费不与焉。凡粮台地，玉器裘锦成市，馈献赂，遗赌博，挥霍如泥沙，理饷之员……皆乾没巨万"③。军费被侵吞，"各路官兵乡勇饷迟不发，至今枵腹无裤，牛皮裹足，

---

① 魏源：《嘉庆川湖陕靖寇记五》，《圣武记》，第419页。
② 魏源：《嘉庆畿辅靖变记》，《圣武记》，第456页。
③ 魏源：《武事余记》，《圣武记》，第487页。

跣行山谷"①。魏源痛斥的"今日揹于堂,明日觔于隍,后日胁于藏"②,就包括了书中揭露的和现实存在的腐败情况,在侵略者的洋枪洋炮面前,这样腐败的军队能不惨败吗?

三、对边疆民族问题的记述

《圣武记》涉及大量边疆民族问题的史实。魏源在这方面的主要观点是:肯定康、雍、乾三朝明确和巩固我国固有疆域的功绩;用历史事实驳斥不利国家统一的论调;重视记载民族之间、中央与地方之间关系加强的史实;谴责制造民族不和与边境事件的清廷不法官吏和少数民族统治者。19 世纪中叶,我国正遭受英、俄等殖民主义、扩张主义国家从南北两面严重的侵略和威胁,因此魏源这种维护国家统一与民族和好的观点更有进步意义。这是《圣武记》在史学思想上又一重要价值。

首先,魏源肯定康、雍、乾三朝进行的巩固统一的战争的作用。《康熙亲征准噶尔记》载:准噶尔部噶尔丹竭力向外扩张自己的势力,"兼有四卫拉特,复南摧回部城郭诸国,尽下之,威令至卫藏。则又思北并喀尔喀"。在噶尔丹军事进攻下,喀尔喀蒙古三部落"数十万众尽弃牲畜帐幕分路东奔"。③ 噶尔丹的军事扩张造成了严重后果,清朝中央政府当然应该加以制止。因此,康熙对噶尔丹进行的战争,是为了遏止国内各少数民族之间的军事争夺,保持国家的统一。《国朝抚绥西藏记》载:策妄阿布坦尔早就蓄意控制西藏地区,利用达赖五世死后继承人问题争议未决的局面,派兵入藏,杀拉藏汗,大肆掳掠,造成西藏秩序大乱。清朝政府大军护送达赖六世入藏,把策妄的军队赶出去,恢复了西藏的秩序。因此这次战争也是为了维护统一,使西藏免于

---

① 魏源:《嘉庆川湖陕靖寇记四》,《圣武记》,第 399 页。
② 魏源:《圣武记叙》,《圣武记》,第 2 页。
③ 魏源:《康熙亲征准噶尔记》,《圣武记》,第 115、116 页。

遭受准噶尔统治的厄运。魏源认为：经过康熙对准噶尔的战争，为明确我国的疆域奠定了基础，到乾隆时又获得巩固。这也是符合历史事实的。

魏源还能够从人民负担减轻的事实说明国家统一带来的好处，这是更加进步的历史眼光。他说：

> 当准噶尔时，竭泽以渔，喀城岁征粮至四万八百九十八帕特玛，他税称是；叶尔羌岁征匠役户口棉花、红花、缎布、金矿、铜硝、牛羊、猞猁、毡罽、果园、葡萄之税，折钱十万腾格，他城称是；且不时索子女，掠牲畜。故回民村室皆鳞次栉比、坚墉曲隧，以便窖藏防房劫。及两和卓木归旧部，虽减科则，而兵饷徭役烦兴，供给稍迟，家立破；及出亡，又尽其赀以行，民脂殆竭。自为王人后，蠲苛省敛，二十而取一，回户休息更始矣。①

从准噶尔"竭泽而渔"，大小和卓木"兵饷徭役烦兴"，"民脂殆竭"，到中央政府实行"二十而税一"，这些事实雄辩地证明统一对新疆人民带来巨大的好处。

其次，批驳不利国家统一的错误论调。乾隆中，清朝政府对新疆实行开发和有效的管理，"列亭障，置郡县"，"农桑阡陌徭赋如内地"。这本是大好事情，可是有人却把新疆看成是一个包袱，"取之虽不劳，而守之或太费"。魏源对这种不利国家统一的论调作了批驳：（一）强调要把乾隆以后出现的"中外一家，老死不知兵革"的统一局面，与以前"烽火逼近畿，民寝锋镝"的战乱时期相对比，指出这种人"狃近安，忘昔祸"，好了疮疤忘了痛。（二）新疆驻军"不惟未尝糜饷，而且节帑"，驻军的开支是这些军队驻扎内地时应领之饷，而军队屯田每年向国家交粮米十四万三千余石。（三）与"得不偿失"论者相反，魏源充分肯定开发新疆的意义和前途。"西域南北二路，地大物衍，牛、羊、麦、面、蔬、蓏之贱，浇植贸易之利，……又皆什百内地。边民

---

① 魏源：《乾隆戡定回疆记》，《圣武记》，第167—168页。

服贾牵牛出关,至则辟汗莱,长子孙,百无一反。"① 主张进一步发展屯田、开矿等事业。魏源的这些看法显然也是正确的。

第三,《圣武记》不但记载清代民族间发生的战争,同时也注重记载民族之间联系加强、中央与地方间关系趋向密切的事实。最突出的事例有:喀尔喀蒙古三部因受噶尔丹进攻东奔时,清朝中央政府立即"发归化城独石、张家二口仓储,并赐茶布牲畜十余万以赡之,暂借科尔沁水草地使游牧"②,使几十万部众得到安顿。再如乾隆对重归祖国的土尔扈特的安置。土尔扈特本是厄鲁特蒙古四部之一,明末清初因邻部所逼投俄罗斯。康熙间,其首领阿玉奇取道俄罗斯入贡,康熙即遣使远道前往答礼。乾隆时,土尔扈特部苦于屡次被俄罗斯征调去与土耳其等打仗,大量死伤,愿回伊犁居住。于是整个部落辗转流离来到伊犁。廷臣中有人不赞成接纳,说:"降人中有舍楞,前……逃俄罗斯,今来归疑有奸诈,且我受俄罗斯叛藩,恐启衅。"乾隆回答说:清朝接受土尔扈特"理直有词",不存在什么"启衅";"且土尔扈特既背其上国而来,倘复干我中国,彼将焉往"?为土尔扈特着想,更不能拒绝。于是隆重地接纳,妥善地安置,召其酋长至热河入觐,各封为汗、亲王等,赐给大量马匹、茶叶、米、麦等物资。在国外艰难备尝的土尔扈特,回归祖国后得到政府如此款待,对比之下,真感到"息喘如归",真正回到自己家里了。③ 这段史实应是民族关系史上的好教材。

第四,谴责破坏民族和好、制造边境事件的不法官吏和少数民族统治者。书中详载乌什事务的阿奇木伯克"暴戾无亲",办事大臣苏成"素愤愤不治事,又酗酒宣淫","喜麃怒狼,民无所诉",激起维族人民起义反抗。魏源同情起义人民,强调这一事件是"镇守回疆诸臣之大戒"。④ 对于复杂的事件,魏源能采取有分析的态度。嘉庆中发生张格尔勾结外来势力举行叛乱的事件。

---

① 魏源:《乾隆荡平准部记》,《圣武记》,第158页。
② 魏源:《康熙亲征准噶尔记》,《圣武记》,第116页。
③ 魏源:《乾隆新疆后事记》,《圣武记》,第178、179页。
④ 魏源:《乾隆新疆后事记》,《圣武记》,第179、181页。

而在此以前南疆人民因为不满压迫剥削,存在着强烈的反抗情绪,被张格尔所利用。不同性质的事件纠合在一起,构成复杂的情况。书中正确地谴责张格尔勾结安集延、布鲁特势力进行叛乱,"尽戕兵民"、"搜刮回户殆遍"、"昏愦滥诛杀";① 同时同情受虐待的维族人民,谴责不法官吏、伯克对人民的残害。这也反映出魏源对于边疆民族问题的见识。

上述四项说明:《圣武记》记载边疆民族问题的主要着眼点是维护国家的统一与民族间的和好,而对于新疆地区民族问题特别重视,看法尤有见地。长期以来,沙皇俄国觊觎我国新疆地区,采取种种阴谋手段妄图把新疆从祖国分裂出去。如果让其阴谋得逞,新疆便将由祖国领土变成敌人反对我国的前哨阵地。魏源根据史实用力论证国家统一的好处,驳斥错误论调,主张维护民族间的和好,都是符合国家和人民利益的进步观点。当然,魏源所主张的统一,与我们今天各兄弟民族之间平等和睦、团结一致有着根本不同的阶级内容。清代边疆民族问题很复杂,可以说,经过魏源的整理记载而已经有了一个比较清楚和可靠的蓝本,这也是《圣武记》的一个贡献。

四、总结军事指挥上的成败得失

《圣武记》记载了许多战役,对总结指挥策略方面的成败得失尤为重视。例如:书中详细记述萨尔浒之战这一奠定明清胜败局势的关键战役,赞扬努尔哈赤采用集中兵力、各个击破的策略,克敌制胜。他侦知明军中路将领杜松"轻敌,欲立首功",不与南北两路配合,孤军轻进,又分散兵力,"以三万余众屯萨尔浒山,而自引兵二万围界藩"。据此决定"先败其中路之兵",并选择明军萨尔浒大营为首攻目标,集中六旗兵力一举把它解决。然后两路夹攻击溃包围界藩的明军,接着又以攻坚突破和诱

---

① 魏源:《道光重定回疆记》,《圣武记》,第185、187页。

敌深入、屡出奇兵的不同打法，一连将明军北路、南路打败，"阅五日而三路皆破"，大获全胜。① 在记述平定三藩的战争中，则突出康熙坚持以湖南为作战重点的策略。当叛军占据岳州一线，"荆州兵未能渡江"时，康熙指挥岳乐避实就虚，迂回"由袁州直取长沙"。陕、甘形势得以稳定后，康熙即命令"诸将暂缓进蜀，但守险要，分贼势，令大兵得专力湖南"。耿精忠、尚之信先后反正之后，吴三桂派兵攻韶关、桂林，企图分散清朝兵力，康熙仍然头脑清醒，"命诸将专力湖南"。② 由于指挥策略的正确，终于逼吴三桂走上灭亡的道路。

魏源认为："纪事之文贵从实，所以垂法戒也。"③ 不但详记胜仗，对错误指挥而致惨败的战例也有意详加记载。如记傅尔丹不顾其他将领劝告，听信准部所派"间谍"的"诡言"，结果在和通泊陷入重围，几乎全军覆没。④ 这是提供历史上的反面教训。

魏源还根据准部三次在战场上失败后立即要求和好的事实，总结出只有在战场上取胜、和谈才有基础的规律，说："以战为和，以剿为抚，从未有兵未交绥，寇未退境，即与为城下之盟而能使其帖耳、制其猖獗者。"⑤ 这段议论，也是针对在侵略者兵临城下情况下签订屈辱条约这一现实，提供了一条重要的历史经验，同时企图鼓起人们勇敢抵抗、逼敌退境的士气。

魏源总结军事指挥上成败教训的目的，是为御侮直接提供鉴戒，所以也就具有史学思想上的价值。

五、比较与局限

赵翼著有《皇朝武功纪盛》四卷，三万余言，记平定三藩至

---

① 魏源：《开国龙兴记二》，《圣武记》，第16、17页。
② 魏源：《康熙戡定三藩记》，《圣武记》，第65、66、67页。
③ 魏源：《武事余记》，《圣武记》，第501页。
④ 魏源：《雍正两征厄鲁特记》，《圣武记》，第143页。
⑤ 魏源：《雍正两征厄鲁特记》，《圣武记》，第148页。

《圣武记》对清代盛衰的探索

大小金川等事件,与《圣武记》一部分内容相同,因此需对两者作一比较。

乾隆对准噶尔部作战时,赵翼以内阁中书身份值军机处,"缮写谕旨,抄录奏折",对事件有相当的了解;缅甸之役,他"奉命赴滇,参军中幕画",掌握了直接材料。因此《纪盛》对这两次事件记载具体。《圣武记》有关的两篇记,当是参照赵书写成。

但是,《纪盛》对一些事件的记载在史实上却有严重缺漏。如《平定三逆述略》把一些琐事都写上了,而对吴三桂最后"情竭势绌""窃帝位以自娱""潦草礼成"这一重要内容却没有涉及。《纪盛》写乌兰布通战役,只"出师至乌兰布通,大败其众"一句话,无任何史实。《圣武记》却有完整记载,如噶尔丹军先"以万驼缚足卧地,背加箱垛,蒙以湿毡,环列如栅,士卒于垛隙发矢铳,备钩距,谓之'驼城'";清军以火器轰击,噶尔丹军"阵断为二",清军绕出横击,"遂破其垒",最后噶尔丹溃败狂逃。[①] 所载甚详。昭莫多之役,《圣武记》的记载也具体生动,《纪盛》则只记了个大概。

因此,《圣武记》不仅在规模上、所包括的时间和范围上远非《皇朝武功纪盛》所能比,即就相同的事件而论,《圣武记》所载史实也要完整、充实得多。一个重要的原因是,魏源写书所依据的材料并不限于诏令、奏议、方略,还大量采用了各方面的著述。

两书的写作目的尤有不同,《圣武记》是为探讨清朝统治的盛衰、总结军事史上的成败得失而写。《皇朝武功纪盛》则是为歌颂皇帝"功烈之隆"。《圣武记》对于清代前期也大加歌颂,而且是形成这部作品有浓厚封建色彩的原因之一,但两者仍有显著的区别。魏源歌颂清代前期功业是为了"后王师前王",让当时的统治者效法他们祖宗的榜样,振作精神,革除腐败,所以他随处注意总结对当时御侮有用的经验教训,因而具有进步意义。赵

[①] 魏源:《康熙亲征准噶尔记》,《圣武记》,第117页。

翼则认为:"铺张鸿庥,扬厉伟绩,臣子职也。"① 以颂扬皇帝的"鸿庥""伟绩"为己责,完全是正统封建史家的庸俗言论。为了一味颂扬,对事实就要有所隐讳,"言胜不言败,书功不书罪"。如《纪盛》记平三藩之役,对顺承郡王勒尔锦等畏缩不前、贻误军机隐而不书,对傅尔丹和通泊惨败之事也根本不提。赵书写于乾隆五十七年,记载了乾隆二十三年统一南疆事,却对乾隆二十七年乌什之变一字不提。这些当然都不是偶然的疏忽。赵、魏二人在见解上有如此重大差别,主要是时代不同使然。赵翼处于清朝极盛时期的末尾,他又以"前翰林院编修官"自居,正统观点和考据学风束缚着他的头脑,他当然看不见潜藏着的社会矛盾,因而写出为皇帝唱赞歌的著作。《圣武记》则酝酿于社会矛盾激化的时期,成书于民族危机的紧急时刻,因而通过总结历史经验教训而表现出爱国主义思想。赵、魏二人时代不同,观点不同,作品也就大异其趣。

《圣武记》本身在史学思想上又有其严重的局限性。(一)它具有浓厚的封建色彩和阶级偏见。书名、篇名中"圣武""开国龙兴""戡定""绥服""靖寇"等等说法,以及书中其他颂扬帝王的语句,都充满着封建气味。魏源揭露了封建统治的腐败,目的还是为了让统治者记取这些"痛深创巨"的教训,"懔朽索、戒持盈,益洪延我丕丕基"②,维护封建制度。他希望再次出现"一喜四海春,一怒四海秋。五官强、五兵昌,禁止令行,四夷来王"③ 的封建盛世,也是充满封建色彩的不可实现的幻想。他承认官逼民反,对农民起义有某种同情,但又污蔑农民起义为"贼""寇""匪",对残酷镇压农民起义"有功"的将吏,如用"碉堡法"镇压苗民起义的傅鼐,备极赞扬,表明他反对、仇视农民起义的地主阶级立场。(二)书中有多处宣扬迷信思想。魏源说:"帝王之师,恒有天助,……祈天永命,当在承平积累之

---

① 赵翼:《皇朝武功纪盛·序》,中华书局1985年版,第2页。
② 魏源:《嘉庆川湖陕靖寇记一》,《圣武记》,第375页。
③ 魏源:《圣武记叙》,《圣武记》,第2页。

时,其可转移于大运已去之后耶!"① 于是对他所赞同的事件,就附上"祥瑞",反对的事件,则记有"灾异"。如记康熙出征,"军行瀚海,泉溢刍生"②。又如岳钟琪攻罗卜藏丹津,"追奔一昼夜,士马饥渴,塞外严冻,钟琪祷天,忽涌泉成溪,万马腾饮"③。还记载灾异,如说,萨尔浒之役,明军四路深入,"时蚩尤旗长竟天,慧星见东方,星陨地震,识者皆知其必败"④。嘉庆元年爆发白莲教起义,"是时慧星出西方,长数丈,逾年不灭"⑤。嘉庆十六年,"有星孛紫微垣,占主兵。越二年,则有天理'教匪'之变"⑥。为什么要附会迷信呢?魏源说过:"鬼神之说,其有益于人心、阴辅王教者甚大,王法显诛所不及者,惟阴教足以慑之。"⑦ 原来是有意地拿迷信来维护"王教""王法"。这显然是严重的糟粕。(三)在对待少数民族问题上,魏源有恩赐观点和歧视态度。另外,雍正"改土归流"和乾隆年间对准噶尔的战争在客观上都有进步意义,予以肯定是对的。但是统治者在实行征讨时又都给当地人民带来巨大灾难,应该谴责统治者的残暴行为。魏源却没有这样做,他只是无可奈何地归结于"天数"。

六、历史编撰和历史文学上的成就

《圣武记》之所以被誉为"杰作""罕见之名著",还因为它在历史编撰上和历史文学上都很有成就,确实显示出魏源"有良史之才"。其中颇有些东西至今仍值得我们借鉴。

《圣武记》是纪事本末体,将清代大事总结为三十四个事件,按事立篇。其中像清代开国、平定三藩、白莲教起义等,都是一

---

① 魏源:《武事余记》,《圣武记》,第523—524页。
② 魏源:《康熙亲征准噶尔记》,《圣武记》,第118页。
③ 魏源:《雍正两征厄鲁特记》,《圣武记》,第140页。
④ 魏源:《开国龙兴记二》,《圣武记》,第15页。
⑤ 魏源:《嘉庆川湖陕靖寇记一》,《圣武记》,第375页。
⑥ 魏源:《嘉庆畿辅靖变记》,《圣武记》,第453页。
⑦ 魏源:《默觚上·学篇一》,《魏源集》,第3页。

个大事件中包含许多史实，或同时发生，或交错进行，如果不善于组织，就会支离紊乱。《圣武记》避免了这种缺点。它发挥了这种体裁所具有的"不为常例所拘""起讫自如"① 的长处，把复杂的事件用恰当的方法组织起来。

如平三藩中，清朝政府对三个割据势力作战是交错进行的，复杂的过程为撰写带来困难。魏源采用按类归纳、分开叙述、互相补充的方法。在《康熙戡定三藩记》的上篇集中记述平定吴三桂始末，在下篇记述有关平定耿精忠、尚之信等史实。因而使复杂的事件显得有条不紊，并且突出了重点所在是对吴三桂作战。上下篇之间，又用简洁的文字，指明下篇所载在内容上、时间上与上篇事件的衔接，显示出上下篇的有机联系。书中《绥服蒙古记》等篇，也是采用这种归纳法，把复杂的事件叙述得清楚明白。

魏源还采用了分段法的写作手法，即按事件发展过程分段叙述。如白莲教起义首尾持续九年，头绪纷纭。魏源划"初起事"为一段，"嘉庆二年形势"为一段，起义军"合于四川"为一段，……共分八篇叙述，使复杂漫长的事件显出了眉目。记清代开国史事的五篇，总的安排也是按事件先后分段叙述。

在历史文学方面，史家向来称誉魏源"善叙事""文核事赅""笔势浩瀚"。从《圣武记》看，这些评语魏源也是当之无愧的。

本书叙事简洁生动，极有条理，同时继承了《左传》《史记》《通鉴》的传统，善于写千军万马鏖战场面及战场局势的急剧变化。如写萨尔浒战役努尔哈赤击破马林军：

> 太祖驰赴尚间崖。明兵二万阵山麓，太祖方趣我兵登山，据高下击，而马林营内之兵出与濠外兵合。大祖知敌将迎战，止兵勿登山，皆下马步战。传令复未遍，而明兵已自西突至。大贝勒即怒马直入其阵，二贝勒阿敏、三贝勒莽古尔泰麾二旗兵继之，于是后至之六旗兵皆不及布阵，纵马驰突，人自为战。诸贝勒已贯阵出其背，与大军表里夹击，呼

---

① 章学诚：《文史通义》内篇一《书教下》。

声震天地,明军瓦解,泥藉尚间厓下,河为之赤。①

这段叙述生动地表现出战场上双方殊死搏斗的紧张场面和当时八旗军很强的战斗力,写得有声有色。

由于纪事本末体裁的要求,《圣武记》全书以事件为中心,然其十分可贵处,又在叙事时注意到写人,写关键人物的心理活动、精神状态,以增加文字的生动性和感染力。如卷二《康熙戡定三藩记》写康熙削藩和吴三桂反叛前后的思想活动,康熙经过反复考虑才下定决心,吴三桂因错估形势大出意外,波澜起伏,文字曲折有致。卷三《康熙亲征准噶尔记》写噶尔丹最后败亡一段,从清军进逼、粮尽畜绝、内部纷扰等各个方面写其走投无路、众叛亲离,却只用了一百二十个字,极其简练生动。像这类成功的例子还有许多。"言之无文,行之不远。"从《左传》到《圣武记》,这种重视历史文学的传统,是值得我们继承和发扬的。

魏源因是私人修史,此书记述内容又很广泛,而所据资料受到限制,因此所载史事间有失实之处。在材料组织上,后半部有的篇章(如记白莲教起义事)提炼不够,失于琐碎。但这些不足之处,只能算是次要的,从全书的成就说,《圣武记》的确是一部很具特色的史学名著。

---

① 魏源:《开国龙兴记二》,《圣武记》,第16—17页。

魏源与鸦片战争史

一、写"当前的活的历史"

历史著述,最难的应是写当代史,尤其是在当前事变刚一过去就能把握其来龙去脉,作出及时正确的记载和总结了。著名的例子是马克思的《路易·波拿巴政变记》。这书在政变后三个月内就写成。恩格斯赞誉说:"这是一部天才的著作。"当时"这个事变在所有一切人们中间都是只引起过惊异,而却没有被任何人了解",马克思在"事变刚一发生之后",就"把图画描绘得如此巧妙,使得后来每一次新的揭露,都只是提供出新的证据来证明这幅画曾是把现实反映得极为真确的。他对当前的活的历史了解得如此卓越,他在事变刚刚发生时就把事变的意义洞察得如此明白,这真是无可伦比的"。[①]

引用恩格斯上面的话,并不是要荒唐地硬说魏源具有革命导师那样的洞察力。然而,恩格斯的话却提供了一个重要的原则和

[①] 弗·恩格斯:《〈路易·波拿巴政变记〉德文第三版序言》,《马克思恩格斯文选》第一卷,外国文书籍出版局1954年版,第221页。

尺度，帮助我们对魏源在鸦片战争时期写"当前的活的历史"作出恰当评价。第一，魏源著《道光洋艘征抚记》，及时地对鸦片战争经过作了忠实完整的记载，而这样做在当时是触犯时忌、冒着风险的。第二，魏源又撰《海国图志》介绍当时国人迫切需要了解的外国史地知识，并在全书总纲《筹海篇》中认真总结鸦片战争的经验教训，宣传发挥林则徐"师敌之长技以制敌"的进步主张。两者合起来，就是对鸦片战争"活的历史"作了及时的记载和总结，表现出鲜明的爱国思想和历史家严肃的责任心。这不仅曾在史学史上放出异彩，而且就其反应迅速、态度认真等项而言，对今天从事现代史研究者也还具有某种启发的作用。

二、对鸦片战争的忠实记载

著述的勇气

《道光洋艘征抚记》成书和流传时间都在鸦片战争结束不久。当时没有署上作者魏源的姓名，各传抄本内容相同而书名小异，作《夷艘寇海记》或《夷艘入寇记》等。光绪四年（1893）上海申报馆将之收入《圣武记》排印出版，篇名改为《道光洋艘征抚记》。因其内容记载鸦片战争始末，与探索清朝盛衰历史的《圣武记》有所不同，故人们仍常视为单独著作；一般也就称为《道光洋艘征抚记》。

申报馆将《征抚记》收入《圣武记》，是对该文作者是魏源的正式确认和第一次公开，这一做法具有权威的性质，决非出于猜度或误传。我们今天仍可找到多项直接记载证明作者是魏源无疑。中国社会科学院近代史研究所藏《夷艘寇海记》前有娄东福桥居士所写的一篇前记，说：

> 道光丙午夏六月上旬，皖江邓君守之（完白山人之令子，申耆先生之高弟）触暑来访余于石墩馆舍，……行箧中

携有邵阳魏氏所纂《夷艘寇海记》二卷。①

此书是"邵阳魏氏所纂",说得明明白白。此外,清末以前确认此书作者是魏源的,还有汤纪尚、葛士濬、朱克敬②等人。许多材料互相印证,说明人们一向认为此书乃魏源所作是可信的。

娄东福桥居士的前记还为成书时间提供了重要证据。道光丙午年即道光二十六年(1846)。可知《征抚记》成书至迟在这一年夏天以前。又据北京图书馆藏抄本《夷艘人寇记》中记事下项是:"二十三年春,伊里布卒于广东,诏耆英往接办。"可知成书在道光二十三年(1843)春以后。③

判定《征抚记》在鸦片战争刚刚结束就成书颇为重要。魏源在这样的时刻著书揭露投降派罪行,记载战争经过,是在巨大政治压力下采取的勇敢行动。鸦片战争是由于中华民族与西方殖民主义侵略势力发生尖锐矛盾而爆发的。作为这一基本矛盾的一种反映,清朝统治阶级内部抵抗派和投降派也展开斗争。其结果,投降派得势,中国战败。战后,清朝统治集团为了维持其更加腐朽的统治,加上它实际上已经听命于侵略者的旨意行事,因而对一切爱国进步力量摧残镇压,对思想舆论界实行钳制。最突出的事件是对广东人民抗英斗争进行破坏镇压。同时听从英国侵略者的旨意,逮捕处罚抵抗派姚莹等,再次向敢于爱国御侮的人们示威。又悍然起用琦善、文蔚、奕经等人,委以重任,使这些不齿于人民的奸贼一个个重新神气起来。投降派首领人物穆彰阿、耆英内外勾结,狼狈为奸。终道光之世,穆彰阿都是首席军机大臣,权势有增无已,处心积虑排挤陷害进步势力,庇护重用民族败类。耆英签订卖国条约后,又以两广总督、钦差大臣身份包办

---

① 《夷艘寇海记·福桥居士序》,《魏源全集》第三册,岳麓书社2004年版,第585页。

② 汤纪尚《槃过文集》甲集《纪定海兵事》中说:"予览魏源《夷艘寇海记》",说法也很明确。葛士濬编《皇朝经世文续编》收入《道光洋艘征抚记》,署名魏源。朱克敬编《边事续钞》也收入此篇并署名魏源。

③ 又李瑚《魏源诗文系年》一书,据《征抚记》中有"英夷自去年夏困于三元里"的话,认为"成书时间当在道光二十二年"。此说也可参考。

对外交涉，媚敌有功，官升至内阁大学士，并得到赐紫禁城乘坐肩舆的特殊优遇。当时，尽管东南沿海地区人民群众及部分中下层官吏中抵抗情绪仍相当强烈，但在政府中投降派得势，不准人们谈论国事。《软尘私议》记述当时京城的政治气氛说：

> 和议之后，都门仍复恬嬉，大有雨过忘雷之意。海疆之事，转喉触讳，绝口不提。即茶坊酒肆之中，亦大书"免谈时事"四字，俨有诗书偶语之禁。①

投降派这样钳制社会舆论，是害怕人们揭了他们的老底。私下谈论尚被禁止，著书则要冒更大风险。为了避祸，当时的一些私人著述都不敢署名或不署真名。不但《征抚记》，其他一些记载局部史实的作品，如《英夷入寇纪略》《出围城记》《壬寅闻见略》等也都不署真名或托名。《夷氛闻记》原刻本及传抄本也不具名，直至1937年才由清史专家孟森证明作者是梁廷枏。当时这些作者们所受的政治压力，还可以《中西纪事》的遭遇来说明。《中西纪事》初稿成书于道光三十年（1850），作者本是夏燮，当时却托名"江上蹇叟"。序言说："两相枋国（指穆彰阿、耆英），防口綦严，珍此享帚之藏，窃怀挟书之惧。"② 同样道出投降派钳制舆论的逼人气氛和作者惧祸的紧张心情。又据后序说：某大吏见是编，以为忤时，削其板，其书渐泯。至同治中，才重为印行。道光三十年距鸦片战争结束已经八年，《中西纪事》尚遭此厄运，那么魏源在战事刚刚结束、京城到处大书"免谈时事"的时候著书，而且记载更具体揭露更尖锐，当时所承受的巨大压力就更可想见！

总之，魏源是在鸦片战争这场事变刚一发生之后，就立即记载了这段"活的历史"，当时又处在投降派钳制社会舆论的恶劣环境中，他敢于如实记下投降派卖国等史实，这样的著述勇气确实是了不起的。

---

① 《软尘私议》，见中国史学会主编《鸦片战争》第五册，上海人民出版社1957年版，第529页。

② 夏燮著，高鸿志点校：《中西纪事·原序》，岳麓书社1988年版，第1页。

具有鲜明爱国思想的信史

《征抚记》以近两万字的篇幅对鸦片战争历史做了简洁、系统、忠实的记述，凝聚着魏源的爱国感情。鲜明的爱憎和忠实的记载在书中得到较好的统一。

它态度鲜明地揭露英国侵略者的罪行，暴露统治集团腐败无能造成战争的失败，痛斥投降派可耻卖国。

马克思曾严厉地谴责英国侵略军在鸦片战争中犯下的罪行，说："英军作战时那种极端残酷的手段，是和引起这次战争的贪欲无厌的私贩行动完全相符合的。"① 《征抚记》一开始摘引黄爵滋奏折，指出烟毒"蔓延中国，横被海内，槁人形骸，蛊人心志，丧人身家，实生民以来未有之大患，其祸烈于洪水猛兽"。并以此证明引起战争的原因是英国进行可耻的鸦片走私贸易，中国严厉禁烟完全正当。英国破坏中国禁烟运动，并屡次武装挑衅，最后以舰船数十艘发动大规模侵略战争。书中揭露侵略军所到之处"掳掠焚烧惨甚"。三元里事件就是洋兵"时肆侵掠"而激起广东人民的英勇抗击。侵略军进入长江，"炮声震江岸，自瓜州至仪征之盐艘巨舶，焚烧一空，火光百余里"。② 控拆侵略者犯下的滔天罪行。结尾写：

> 迩者沿海通商，鸦片益甚于前，其据定海及鼓浪屿之夷，且胁官吏，蔽遁逃。封豕横门户，绸缪无桑土，直未知所底止矣！③

指出签约后鸦片祸害更加严重，侵略者盘踞中国门户，后患无穷，深沉地呼吁人们提高警惕。

---

① 恩格斯：《英人对华的新侵略》，《马克思恩格斯论中国》，解放社1950年版，第76页。

② 魏源：《道光洋艘征抚记下》，《魏源集》，第200页。

③ 北京图书馆、北京大学图书馆藏两本《夷艘入寇记》（抄本）结尾均如此。排印本《征抚记》则补叙至"咸丰元年，又特诏奖雪林则徐及姚莹、达洪阿之尽心竭力于边，而斥耆英畏葸骄敌之罪"。表明是非已有定论。

《征抚记》揭露统治集团的投降主义和冒险主义造成在战争中一败再败，"承平恬嬉，不知修攘为何事，破一岛一省震，骚一省各省震，抱头鼠窜者胆裂之不暇，冯河暴虎者虚骄而无实"。魏源把批判锋芒直指皇帝和权臣。如写道光反复无常，毫无主见，始而虑骄轻敌，告诉林则徐"不患卿等孟浪，但患过于畏葸"，后又贸然下令停止中英贸易。可是英船一到天津海口，他就将林则徐革职，让琦善负责对英交涉。后来道光对英宣战，可是一闻知侵略者舰船到达镇江，他又吓破了胆，"敕耆英便宜行事"，实际上是委以投降的全权。又写侵略者恐吓耆英、伊里布"诘期交战"时，"诸帅已胆裂，即夜复书，一切惟命"，乖乖地接受全部逼降条款。书中还暴露清朝将领种种腐败情形：情报严重失实，或捕风捉影，虚张声势，或捏奏邀功，推卸罪责；将领贪生怕死，官军临阵脱逃。

此书写作时，琦善之流正在道光、穆彰阿庇护下重新抬头，魏源对他们的罪行更痛加揭露。如写琦善在天津就向敌人献媚，主动提出"重治林则徐之罪"，到广州后，"开门揖盗，自溃藩篱"。当侵略者更加嚣张，日夜准备扩大侵略时，"关天培密请增兵，琦善惟恐其妨和议，固拒不许"。英军乘机进攻大角等炮台，情况万分危急时，"天培遣廷钰回至省城，哭求增兵，阖省文武亦皆力求，琦善置不问，惟连夜作书令鲍鹏持送义律，再申和议，于烟价外复以香港许之"。这些记载不但是对琦善卖国罪行的声讨，也是对整个统治集团奉行的投降路线的有力批判。书中同样深刻揭露奕山、奕经率先冒险，一败涂地之后屈辱投降，最后弄虚作假、讳败为胜的可耻行径。如写奕山"侥幸一试"招致失败后立即现出怕死原形，"避入巡抚署，面无人色"，派余保纯向敌求降，"一切允之，城上改树白旗"。奕经出师，一路游山玩水，沉迷酒色，法纪荡然，"索供应，征歌舞，纵拷捕，揽威福。苏城流言四起，远播京师"。在浙江大败后捏奏虚报，"张贼势而逭己罪"。英军放弃宁波城北上，奕经竟"以大军逼退英兵、收复宁波入告"，大败又变成大胜。写奕经军中参赞文蔚"弃军宵遁，沿途赏舆夫，赏舟子，惟恐英兵追及"。魏源把这班害民贼的罪恶载入史册，叫他们遗臭万年。

《征抚记》又态度鲜明地肯定和赞扬林则徐及其他抵抗派人物的功绩，反映人民抗英斗争的巨大力量。

林则徐是最遭投降派忌恨的人物，在战争中被革职充军，战后投降派又一齐叫嚷"起衅之由，肇自禁烟"①，把战败责任推到林则徐身上。《征抚记》首先以鲜明态度赞扬禁烟运动，写林则徐对烟害深恶痛绝，"十余年后，岂惟无可筹之饷，抑且无可用之兵"，经过魏源提炼转述的这些话，百余年来已成为人们熟知的警句。对林则徐严拿烟贩、勒令交出走私鸦片等坚决措施，缴烟后他"亲驻虎门验收"、"会同督抚"监视烧毁的认真态度，书中都以赞扬态度记述。其次，写林则徐严密防守的各种措施，如招募水勇，用铁链木筏横截水路要道。一向被侵略者所藐视的水师，经过林则徐的训练，也能两次把寻衅英船击伤。侵略军大队舰船到达中国海面后，因林则徐防守严密，"至粤旬月，无隙可乘"。这与琦善、奕山等辈的可耻表演前后对比鲜明。魏源还肯定林则徐在对外交涉中的见识。如了解外国情形，"刺探西事，翻译西书"；严禁鸦片，但主张正常的国际贸易；坚决抵抗侵略，又主张学习西方军事技术，"师敌之长技以制敌"。书中写林则徐奏请区别对待外商，"遵法者保护之，桀骜者惩拒"，道光却批驳"同是一国之人，办理两歧，未免自相矛盾"，用道光的颠顶衬托林则徐的识见。

魏源肯定和赞扬林则徐坚决抵抗侵略，是对投降派的回击，同时表明他自己反对投降、主张抵抗的进步立场。书中对邓廷桢、关天培、陈化成、裕谦、姚莹等抵抗派人物也予表彰。当时侵略者和投降派一起诬陷姚莹，清廷听从洋人旨意对他惩办，魏源却在书中明白记载事实真相：璞鼎查"讦台湾镇道妄杀其遭风难民"，"时江苏主款官吏方忌台湾功"，"劾台湾镇道冒功"。经查对证明姚莹等原奏英船侵入台湾完全属实，"无功可冒"，清廷

---

① 黄恩彤：《抚远纪略》，见中国史学会主编《鸦片战争》第五册，第433—434页。

却"强镇道引诬以谢洋人"。揭露中外反动派的卑鄙陷害和清廷的奴才行径,伸张了正义。

对待人民抗英斗争采取什么态度,在鸦片战争时期更是一个很尖锐的问题。奕山之流恶毒诬蔑"粤民皆汉奸,粤兵皆贼党",并大肆捕杀。《征抚记》揭露了他们的可耻行径,然后以赞颂的笔调记载三元里人民抗英斗争:

> 讲和次日,洋兵千余自四方炮台回至泥城淫掠。于是三元里人民愤起,倡义报复,四面设伏,截其归路,洋兵终日突围不出,死者二百,殪其渠帅曰伯麦、霞毕,首大如斗,夺获其调兵令符、黄金宝救,及双头手炮。而三山村亦击杀百余人,夺其二炮及枪械千。义律驰赴三元里救应,复被重围,乡民愈聚愈众,至数万。

生动地表现出人民奋起、使敌寇丧胆的伟大力量。正当侵略者陷入人民的重重包围、走投无路的时候,"(奕山)遣余保纯驰往,解劝竟日,始翼义律出围回船"。一边是庄严的战斗,一边是无耻的叛卖,字里行间饱含着对投降派的痛恨蔑视。魏源还写过这样的诗句:"前时但说民通寇,此日翻看吏纵夷。"① 表达了同样的思想感情。《征抚记》中又引录三元里事件之后广东义民贴出的抗英檄文,警告侵略者"倘再犯内河,我百姓若不云集十万众,各出草筏,沉沙石,整枪炮,截尔首尾,火尔艘舰,歼尔丑类者,我等即非大清国之子民"。并载:"是时南海、番禺二县团勇三万六千,昼夜演练,义律侦知内河已有备,竟不敢报复。"这些表现人民抗英力量的记载,今天读来仍然使人感奋。魏源重视人民抗英力量,在篇末总结反侵略办法中也表现出来,其中重要一条是"义民可用"。

以上两大方面合起来,说明《征抚记》具有鲜明强烈的爱国精神,并且它确实把握了鸦片战争的来龙去脉,记载了最重要的史实。它是对侵略者和投降派的憎的丰碑,对抵抗派和抗英人民

---

① 魏源:《寰海》,《魏源集》,第806页。据林昌彝《射鹰楼诗话》补。

的爱的大纛，是近代史开端时期爱国主义的历史名著。由于《征抚记》是一部信史，表达了当时正直人们的共有的思想感情，而且比一般的人了解得更多、观察得更深刻，符合时代的需要，加上它善于叙事、篇幅又短，所以人们不怕触犯时忌，广为传抄。进步的历史著作冲破了当权者的禁止，产生了广泛影响。

关于《征抚记》史实的可靠性问题，姚薇元先生曾以辛勤劳动写了《鸦片战争史实考》一书，根据中英文材料逐段作了考证，并得出结论：《征抚记》是中国关于鸦片战争"最早"和"比较全面的记述"，"确是记述鸦片战争史事的第一等著作"。[①] 可以说，《征抚记》是在事变刚刚过去就为鸦片战争描绘出基本正确全面的图画，以后提供的材料只是在细部上对它作补充修正，而且恰恰证明它在整体上的正确可靠。

与歪曲历史的记载相对比

拿侵略者和投降派营垒中歪曲历史的记载来做对比，很有助于我们认识《征抚记》的思想价值和史料价值。

1842年伦敦出版了参加过对华侵略战争的英国海军军官宾汉写的《英军在华作战记》。宾汉说，当时英国的"普通人"，"从中国人的立场看这问题，认为这次战役，是由于中国政府，为了挽救人民的道德而禁止鸦片入口所引起的。因而谬称这次战争为'鸦片战争'，而对于我们（指英国政府）这次出兵是否合乎正义一个问题，也表示怀疑"。宾汉对此大为恼火，于是写书为英国侵略行为狡辩。他胡说引起战争是"大不列颠民族从愚昧而骄傲的中国官吏们的手里所受到的无数的侮辱"，"因中国政府的固执和狡诈的行为，迫使我们不得不对他们加以打击"。[②] 书中到处是歪曲事实，颠倒黑白，对中国人民恶意诽谤。

投降派也要借歪曲历史为自己的卖国行为辩护。投降派干将

[①] 姚薇元：《鸦片战争史实考·前言》，人民出版社1984年版，第1页。
[②] 宾汉著，寿纪瑜、齐思和译：《英军在华作战记》，见中国史学会主编《鸦片战争》第五册，第6、3页。

黄恩彤（此人参加过筹划卖国的《南京条约》和诬陷姚莹、镇压广东人民抗英斗争，终于声名狼藉而清廷不得已将之免职），就是一个典型。他先写过《抚夷论》，宣扬投降理论。同治四年（1865），这个久住山东家中的老投降派仍然感到"世人悠悠众口"的压力，便企图以伪造的历史洗刷自己的臭名声，于是写《道光抚远纪略》，为自己及同伙涂脂抹粉，评功摆好。书中，侵略者烧杀淫掠，胁迫签约，被说成为了"申冤"。强迫中国割地赔款，不是出于其侵略本性，而是因为"西人性胶结难解"，"断难折以空言"。耆英之流媚敌求降，被称赞为"周知情伪"，"洞悉机宜"，"以尧阶干羽化覃海外"，救了江南人民。并继续把引起战争的责任推给林则徐，诬陷姚莹"捏奏冒功属实"。还恶毒诬蔑广东人民"结队横行，骄悍难制"，"见利忘义"，"必不可倚以为用"，充分暴露出他死心塌地与人民为敌、向侵略者献媚的丑恶面目。①

可以想见，如果没有魏源在《征抚记》中作出忠实记载，鸦片战争史将被侵略者和投降派歪曲颠倒到何等程度！两种记载之间的对立，是"直书"与"曲笔"在新的历史条件下的鲜明对照，也是侵略与反侵略、爱国与卖国、抵抗与投降之间的斗争在史学领域的反映。在今天，鸦片战争这段历史仍是我们进行爱国主义教育的一份教材，每当我们重温当年外国资本主义野蛮侵略、腐败的统治集团投降卖国的史实，重温当年人民群众奋起反抗、抵抗派人物为国死难的史实，都会更加激起我们热爱祖国和努力建设强大社会主义国家的崇高感情。与此同时，我们也应该记起魏源在非常困难的条件下留下忠实记载的功绩。

局限性

《征抚记》在思想观点方面的局限性是：第一，魏源看到法、

---

① 黄恩彤：《抚远纪略》，见中国史学会主编《鸦片战争》第五册，第417、419、434页。

美与英国之间存在矛盾的一面,主张加以利用,有可取之处,但没有看到它们互相勾结进行侵略的一面,其认识是片面的。第二,在防守办法上,他错误地认为"定海孤悬海中,本不必守之地",事实上舟山乃军事要地,英国海军在战争中就把舟山作为侵略据点。第三,说:"岂特义民可用,即莠民亦可用",又说"以毒攻毒",在对待人民上有剥削阶级的偏见。另外,书中有的文字可能在传抄中被改动或增附。如《征抚记》中关于林则徐要外商具结,如有夹带鸦片,船货入官,人即正法的记载中,批评"其令过严"。可是两本《夷艘入寇记》(抄本)文字与之不同,不但没有批评,反而称赞这一做法"词严义正"。[1]据此看来,《征抚记》那段文字很可能是传抄者改写的。《征抚记》还有八转机说,而各抄本互不相同,有的只有两转机,有的前面已有"粤事再转机",后又有"粤事第二转机",混乱不成体例,而凡是去掉讲转机那几句的地方,上下文句则更加联贯,这种情况也可能是传抄者所加。又,《征抚记》卷上"史论"中还说:"林公处横流溃决之余,奋然欲除中国之积患,而卒激沿海之大患。"这与全篇对林则徐肯定赞扬的态度显然相矛盾,究竟是不是魏源原本所有,也似可怀疑。

《征抚记》记载史实也有缺陷。一是有的记载过于简略。如记三元里抗英斗争就不及《夷氛闻记》详细。对关天培、陈化成殉难经过也记得太略。二是疏于考证,有若干比较重要的地方有误,如说道光逮琦善后,英人不敢求琦善所许之香港,实际上英人已在一月之前占据香港;书中谓英兵攻宁波之役,"段永福督后队至,闻风反走",实际上段曾督军猛攻;又英军接政府训令后,决定侵入扬子江,扼镇江要害,断南北漕运,而《征抚记》却说"国王谕至,令复往天津求埠地通商,故是月退出宁波",误。其他属于日期、兵员数字、死伤数目、行军里程的误载也有多处。

这些缺陷与《征抚记》的成就相比,当然只居于次要地位。

---

[1] 《夷艘入寇记》(抄本),见中国史学会主编《鸦片战争》第六册,第107页。

三、总结鸦片战争的经验教训

"托空言"与"征往事"

《海国图志》五十卷本于道光二十二年（1842）十二月成书，时距《南京条约》签订还不到半年，后又经过两次增订，至一百卷。魏源愤慨于统治者对外国情形的极度无知，"岛夷通市二百载，茫茫昧昧竟安在"①，所以竭力搜求有关材料，对当时能得到的一些外国人的记载尤为重视，"钩稽贯串，创榛辟莽，前驱先路"②，编撰成这部当时最详备的世界史地参考书。又因为书中对元代西北疆域详加考证，推动了西北边疆史地和元史的研究。关于这两方面的成就，学者们已作了较多论述。

本节要着重说明的是，魏源在书中，特别是作为全书总纲的《筹海篇》中，认真地总结了鸦片战争的历史教训。这种总结，与《征抚记》对史实的记载，有其内在的联系。道光二十五年（1845）魏源致书友人讲他发愤著述的心情说："海艘迭警，不胜漆室之忧③，托空言以征往事。"④ "托空言"即发议论，"征往事"即记载史实，两者都是在民族危难时代为反侵略需要而作。《筹海篇》全篇都是通过引证和分析鸦片战争史实立论，而魏源本人对此篇特别重视，咸丰二年（1852）所写的《海国图志叙》说："夫悉其形势，必知其控驭，必有于《筹海》之篇，小用小效，大用大效，以震叠中国之声灵者焉。斯则夙夜所厚幸也！"⑤

---

① 魏源：《都中吟》，《魏源集》，第677页。
② 魏源：《海国图志原叙》，《海国图志》，第1页。
③ 指身居下层而为国忧患。《列女传》：鲁漆室邑之女，过时未适人，倚柱而啸曰："使君老，太子幼！"邻妇曰："此卿大夫之忧也。"女曰："不然。昔有客马逸践吾园葵，我终岁不食葵。鲁国有患，君臣父子被其辱，祸及众庶，妇女独安所避乎？"
④ 《宝庆府志·艺文略三·致邓显鹤书》，中国书店出版社2002年版。
⑤ 魏源：《海国图志后叙》，《海国图志》，第8页。

就是说他在篇中寄托了御侮图强的强烈目的和全部感情。

呕心沥血总结历史经验

魏源在《筹海篇》中认真地分析总结战争的成败得失和前因后果，提出了反侵略的办法，显示出他的卓识。

当时的迫切问题是：如何看待战败签约后的形势？如何对待侵略者？

清朝统治集团在战争中已被英军的洋枪洋炮吓破了胆，这一下是很为"和议告成"而松了口气，以为出卖了主权，便可求得与侵略者相安无事。如魏源所揭露的，"我患夷之强，夷贪我之利，两相牵制，幸可无事"，正是"今日主款者之秘略"。① 黄恩彤《抚夷论》则竭力夸大侵略者如何厉害以恫吓人民，说"该夷之船坚炮烈，断难力敌，亦无术破"，"往往备之累岁，败之崇朝"。"我兵皆立船上，而夷兵皆藏船中；我以血肉之躯当炮，而夷以坚厚之舟当炮，况我军炮不如，火药不如，炮手更万万不如。"总之防守统统是枉然，唯一选择就是投降。他用自欺欺人的说法，叫"捐释前嫌，示之宽大"，"无事则抚以恩，有事则折以信"，② 拆穿了说，是要赶快忘掉一切奇耻大辱，放手卖国，平时以满足侵略者欲壑来表示"恩"，战时以不准抵抗来表示"信"，真是认贼作父，甘当奴才。

魏源的主张与他们针锋相对。他清醒地认识到：签约以后侵略的危险仍然严重存在。"既款以后，夷瞰我虚实，藐我废弛，其所以严武备、绝狡启者，尤当倍急于未款之时。"必须加倍严守，防止侵略者再次打来。第二次鸦片战争证明魏源对局势的估计是正确的。这决非巧合，而是因为这种估计是建立在总结历史经验的基础之上。第一，他懂得清朝的腐败政策是对侵略者的鼓励。战争的进程就是如此："观其初至也，以结怨之广东而不攻，

---

① 魏源：《筹海篇》，《海国图志》，第1—44页。以下引自此篇者不再注明。
② 以上引文见黄恩彤《抚夷论》，见中国史学会主编《鸦片战争》第五册，第434—435页。

继以结怨之厦门而不力攻,及突陷舟山,徘徊半载而不敢深入,是犹未测内地之虚实,尚有所畏也。自广东主款撤防,破虎门,围省会,而夷始肆然无忌矣!"现在抵抗派被打下去,海防废弛,当权者"至今益以养痈为得计",侵略者不就更无顾忌了吗!第二,魏源对英国殖民者侵略成性已有初步认识。他总结出英国的特点是:"凡商舶所至之国,视其守御不严者,辄以兵压其境,破其城,或降服为属藩,或夺踞为分国。"①"盖四海之内,其帆樯无所不到,凡有土有人之处,无不睥睨相度,思朘削其精华。"② 这些都已接触到英国到处武装侵略到处掠夺的本质。因此必须提高警惕,严密防守。魏源大声疾呼振奋人心,革除腐败,寻求御敌办法,"此凡有血气者所宜愤悱,凡有耳目心知者所宜讲画也"③。

魏源在《筹海篇》痛斥黄恩彤的谬论,指出他"故危其词,如鬼神雷电",目的是"神奇敌军以胁款",为投降制造理由。魏源用了许多史实证明:英国侵略者是可以打败的。敌船在辽阔大洋中难以击沉,可是一到浅海内河就失去优势,如余姚、台湾两次"人船皆获"。陆战中打败敌人的史实更多,陈连升在沙角炮台之役,朱桂在大宝山之役,都以少当多,"歼夷数百"。"三元里之战,以区区义兵,困夷酋,斩夷帅,歼夷兵,以款后开网纵之而逸,孰谓我兵陆战不如夷者!"只要有一条坚决抵抗的路线,就能够战胜侵略者。魏源还认为中国在自己国土上防御敌人,是以主待客,以逸待劳,以众待寡,从根本上掌握有主动权。

魏源总结战争经验教训得出一套策略办法,中心问题是防守,"不能守,何以战?不能守,何以款?"具体办法有:(1)扼守海口内河,然后"乘风潮,选水勇,或驾火舟,首尾而攻之";(2)"出奇设伏,多方误敌","兵、炮、地雷,水陆埋伏,如设阱以待虎,设罾以待鱼,必能制其死命";(3)利用人民力量。根据"广东初年,水勇五千,前后出洋,烧夷艇、匪艇,逆夷望

---

① 魏源:《大西洋·英吉利国广述下·英吉利小记》,《海国图志》,第1463页。
② 魏源:《大西洋·英吉利国广述中》,第1447—1448页。
③ 魏源:《海国图志原叙》,《海国图志》,第2页。

风畏窜"的经验,主张"调客兵不如练土兵,调水师不如练水勇",等等。

很可贵的是,魏源在当时对于反侵略战争能够取得胜利和在技术上赶上西方具有强烈信心。他认为:英国船坚炮利并不神秘,"在中国视为绝技,在西洋各国视为寻常"。中国有充足的资源,人民中蕴藏着伟大的力量。"现在广东岸上力作之人与水中渔贩之人,其技勇皆欧罗巴人所不及。""中国智慧,无所不有,历算则日月薄蚀,闰余消息,不爽秒毫;仪器则钟表晷刻,不亚西土;至罗针、壶漏,则创自中国,而后西行;穿札扛鼎,则无论水陆,皆擅勇力。"他相信具有如此伟大创造力的民族,经过学习,一定能迎头赶上,"因其所长而用之,即因其所长而制之。风气日开,智慧日出,方见东海之民,犹西海之民"。当时,侵略者气焰嚣张,投降派奴颜婢膝,畏洋人如虎,魏源却对中华民族的力量和前途充满信心,慷慨激昂地为振奋民族精神呼号,呕心沥血地探求达到民族兴旺的道路,这与统治集团那副奴才相是多么强烈的对照!我们今天比魏源当时已经跨过了几个历史时代,但百余年来的实践,包括近些年来的实践反复证明:这种中国人应有的尊严和骨气,这种赤诚的爱国热忱,仍然是必须发扬光大的精神财富。

"师夷之长技以制夷"

西方殖民者是一个陌生的对手。鸦片战争前,中国长期以"天朝上国"自居,视外国都是"蛮夷之邦",闭目塞听。鸦片战争中统治集团始而盲目虚骄终而屈膝投降,前后两番表演,原因实是一个,即对外国事务极度昏暗无知。甚至在战败以后,统治集团也不能从中吸取一点教训,睁开眼睛看看世界。作为一个阶级来说,当时的封建统治阶级已经极度腐朽,完全丧失应付事变的能力,只图侥幸得以苟安,不惜出卖民族利益,还要自打肿脸充胖子,讲些"抚之以恩""暂事羁縻"一类骗人的话。这种投降政策把中国一步步引向半殖民地的黑暗深渊。当时还有人不顾中国失败的事实，吹嘘清朝"国运方隆"，认为延请外人教造船造炮技术是"丧失国体"，"反求胜夷之道于夷"，"古今无是理"。[1] 这种依旧夜郎自大、拒绝学习外国的顽固态度也严重阻碍中国的进步。

魏源同林则徐一样，是当时最有识见的人物，既坚决反抗侵略，又重视了解西方和学习进步技术，作为对付侵略者的重要途径。魏源贯彻并大力发挥了林则徐的做法和主张，将"师夷之长技以制夷"作为一个重要课题和口号提出来，显示出时代演进的特点，具有进步的意义。

魏源严厉地抨击统治集团昏暗无知，又阻挠反对别人介绍外国的顽固态度。"以通市二百年之国，竟莫知其方向，莫悉其离合。""苟有议翻夷书、刺夷事者，则必曰多事。则一旦有事，则或询英夷国都与俄罗斯国都相去远近。"[2] 他感慨地用英国处处"侦我虚实"作对比：英国在新加坡"建英华书院，延华人为师，教汉文汉语，刊中国经史子集图经地志，更无语言文字之隔。故洞悉中国情形虚实，而中国反无一人了彼情伪，无一事师彼长技。唶矣哉！……使后世有人焉，曰翻夷书，刺夷事，筹夷情，如外夷之侦我虚实，其不转罪以多事，甚坐以通番者几希！"[3] 敌我双方对对方情况明暗的了解悬殊，是造成敌胜我败的一个重要原因。因此魏源把了解"夷情"提到首要的地位，"欲制外夷者，必先悉夷情始；欲悉夷情者，必先立译馆翻夷书始"。

提出"师夷之长技以制夷"的口号更加需要识见。这个口号包含有不少辩证法：仇视敌人，又要承认敌人先进；为了最后打败敌人，首先要学敌人的长处。这是历史转折时期提出的新课题，是满脑子祖宗古训、思想僵化的庸人们想不到也接受不了的。魏源抓住了这一新课题并且大力宣传，不愧为近代史开端时期摸索救国救民真理的先进人物。当时他注目的重点是学习军事

---

[1] 梁廷枏：《夷氛闻记》卷五，中华书局1959年版，第172页。
[2] 魏源：《筹海篇三》，《海国图志》，第26页。
[3] 魏源：《东南洋四·暹罗东南属国今为英吉利新嘉坡沿革三》，《海国图志》，第449页。

技术，一战舰，二火器，三养兵练兵之法。具体做法是：在广东设局制造轮船和枪炮，聘请西洋工匠教授，选本国巧匠精兵学习制造、使用；学习西方练兵方法，整顿军队，并增加水师科，"凡水师将官必由船厂、火器局出身，否则由舵工、水手、炮手出身"，等等。他斥责那种借口"奇技淫巧"而盲目排外的错误态度，说："有用之物，即奇技而非淫巧。"

与此同时，魏源已经提出发展民用工业的主张："凡有益民用者，皆可于此造之"，如千里镜、火轮机、自转碓、千斤秤等；并允许私人设厂制造，"沿海商民有自愿仿设厂局以造船械，或自用、或出售者，听之"。《海国图志》附录中除介绍船舰兵器外，还有蒸汽机、火车、织布机、运河、港口设施，以及钞票、银行、汇兑、保险等知识。可见魏源"师夷长技"已超出单纯学习军事技术的范围，其中一些主张在客观上有可能利于在中国发展资本主义。

反侵略思想贯串全书

《海国图志》与徐继畬《瀛寰志略》当时同以介绍外国史地著名，王韬曾评论说，两书都是国人"谈海外掌故之嚆矢"，而又"各有所长"，"中丞（徐继畬）以简胜，司马（魏源）以博胜"。① 这话颇有道理。但《海国图志》还有更重要的特点，它介绍外国史地贯串着反侵略的思想，这是全书的主线。

《叙东南洋》《西南洋五印度国志》《北洋俄罗斯国志》等几篇都说："志南洋实所以志西洋也。"② "志西南洋实所以志西洋也。"③ "志北洋亦所以志西洋也。"④ 为什么都强调志西洋？"志西洋正所以志英吉利也。"⑤ 点明介绍各国都直接间接服务

---

① 王韬：《瀛寰志略跋》，《弢园文录外编》卷九，辽宁人民出版社1994年版，第363页。
② 魏源：《叙东南洋》，《海国图志》，第347页。
③ 魏源：《西南洋五印度国志》，《海国图志》，第667页。
④ 魏源：《北洋俄罗斯国志》，《海国图志》，第1479页。
⑤ 魏源：《大西洋欧罗巴洲各国总叙》，《海国图志》，第1093页。

于对付英国这一当时的主要敌人。试以亚洲和美国为例。亚洲各国中，魏源最重视两类国家。一是已经沦为英国殖民地的新加坡、印度，重视它们在英国侵略活动中起到的作用。如说英国控制新加坡是"欲扼此东西要津，独擅中华之利，而制诸国之咽喉"①（据颜斯综《南洋蠡测》）。说印度为英国提供财力、兵力，在英国侵华活动中占据重要地位，"东印度为英夷驻防重镇，凡用兵各国皆调诸孟加腊"，"印度地产鸦片烟，英吉利关税岁入千万计"。"又与我属国缅甸、廓尔喀邻近，世仇。故英夷之逼中国，与中国之筹制英夷，其枢纽皆在东印度。"② 二是重视缅甸、安南这类国家抵抗英国侵略的经验。认为："观于缅栅之足拒夷兵，而知我之所以守，观于安南札船之足慑夷艇，而知我之所以攻。"③ 魏源还高度评价北美独立战争的胜利经验："弥利坚国非有雄材枭杰之王也，涣散二十七部落，涣散数十万黔首，愤于无道之虎狼英吉利，同仇一倡，不约成城，坚壁清野，绝其饷道，（遂）〔逐〕走强敌，尽复故疆。"启发中国读者也用这种"同仇一倡，不约成城"的精神，对付侵略中国的"无道之虎狼英吉利"。④

《海国图志》为反侵略需要总结鸦片战争经验教训，为反侵略需要介绍外国史地知识，它当之无愧地是近代史开端时期爱国主义的先驱名著。

四、在清代史坛上放一异彩

魏源鸦片战争时期的历史著作标志着清代史学终于冲破了因考据盛行而长期沉闷的局面，风气为之一变。毛主席说："一定

---

① 魏源：《暹罗东南属国今为英吉利新嘉坡沿革三》，《海国图志》，第443页。
② 魏源：《西南洋·东印度国》，《海国图志》，第666、729页。
③ 魏源：《东南洋·缅甸》，《海国图志》，第467页。
④ 魏源：《外大西洋墨利加州总叙》，《海国图志》，第1611页。

的文化（当作观念形态的文化）是一定社会的政治和经济的反映。"① 特定的社会政治经济条件是产生不同风格史学著作的内在原因。乾嘉时期考史之风盛行即有其深刻的社会背景：清朝统治者在其统治地位巩固以后，加强对文化的控制，屡兴文字狱，实行高压政策，于是学者们纷纷视接触现实问题为畏途，埋头搞起史实或史料的整理考订。"避席畏闻文字狱，著书都为稻粱谋。"② 这两句诗很能说明乾嘉学者们著述的处境和志趣。考史家们在整理和考订旧史方面很有成就，但是他们的致命弱点是严重脱离实际，只注重细小问题的考证，不去考察历史演进的规律、兴衰治乱的教训。到鸦片战争时期，史学突放异彩。魏源发愤著成《圣武记》《道光洋艘征抚记》《海国图志》，从内容说，这三部书紧密联系实际，探索清代盛衰史，记载并总结鸦片战争这段"活的历史"，介绍人们所需要的外国史地知识；从写作目的说，它们都直接服务于反侵略这一迫切课题。"梦中疏草苍生泪，诗里莺花稗史情。"③ 魏源著史与民族的灾难、时局的变化多么息息相关！魏源鸦片战争时期的历史著作，从研究对象到写作目的，都与乾嘉学者如此迥然不同，它们是怎样产生的呢？

这些历史著作的产生，首先是时代剧烈变动和社会思潮长期酝酿的结果。

自1794年魏源出生到鸦片战争爆发半个世纪中，正是清朝统治结束了它的"盛世"之后，在下坡路上急速滑落的时期。吏治极端腐败，贪污贿赂公行，土地兼并恶性发展，大批农民丧失土地出外逃亡。阶级矛盾不断尖锐，引起农民起义接连爆发，特别是1796年爆发的白莲教起义，蔓延五个省份，斗争持续九年之久，沉重地打击了封建统治。1813年天理教起义群众曾攻入皇宫，后虽然失败，却使统治集团陷入一片慌乱。至鸦片战争前夕，又出现鸦片走私猖獗，烟毒遍于全国，白银大量外流，政府

---

① 毛泽东：《新民主主义论》，《毛泽东选集》第二卷，人民出版社1991年版，第663页。
② 龚自珍：《咏史》，《龚自珍全集》，第471页。
③ 魏源：《寰海后》，《魏源集》，第808页。莺花，指罂粟花，喻鸦片战争。

财源枯竭。社会千疮百孔，封建统治风雨飘摇，更大的危机就在眼前。

如果说，在清朝统治的"强盛"时期，考据学还可以被统治者利用来点缀升平的话，那么到了19世纪上半叶社会危机四伏的时候，烦琐考据无济时事的致命弱点就已彻底暴露出来了。面对"人畜思痛，鬼神思变置"的严酷现实，史学还能不走出"象牙之塔"?! 于是，这一时期出现了两个重要现象：一是考据学营垒中已露出分化的端倪，可以俞正燮（1775—1840）为代表，他著《癸巳类稿》，既长于考经考史，又注意到西北民族关系、中俄关系等问题，写了《驻扎大臣始末》《俄罗斯事辑》等与现实关系密切的作品，不同于先前学者"纯考据"的做法。二是以龚自珍、魏源为代表的对社会危机敏感的知识分子，尖锐地批判烦琐考据的严重弊病，倡导实行社会变革的新思潮。

这一新思潮所利用的思想武器是经世学说和今文经学。恩格斯说过：任何新的学说都"必须首先从已有的思想材料出发"①。在清代，"经世致用"是思想学术史的进步传统。王夫之、黄宗羲、顾炎武等进步思想家的经世主张与明清之际的政治斗争相联系，批判理学空谈的误国，提倡研究现实问题。章学诚主要从学术文化史的角度提出"史学经世"的口号，批评烦琐考据"不求其义，而执形迹之末"②，不是治学的正途。龚自珍、魏源继承了他们的进步主张，力图把人们的注意力从空谈性理、烦琐考据、科举利禄的歧路引回到现实问题上来。龚自珍认为学术应与治理国家密切联系，"一代之治，即一代之学"③。历史家应该熟悉社会生活各个领域，"天下山川形势，人心风气，土所宜，姓所贵，皆知之；国之祖宗之令，下逮胥吏之所□守，皆知之。其于言礼、言兵、言政、言狱、言掌故、言文体、言人贤否，如其言家事"。这样写出的史书才是"实录"，否则是"余呓""余喘"，

---

① 恩格斯：《反杜林论》，《马克思恩格斯选集》第三卷，第355页。
② 章学诚：《文史通义》外篇二《说文字原课本书后》。
③ 龚自珍：《乙丙之际箸议第六》，《龚自珍全集》，第4页。

白日说梦。① 他一生瞩目的重点始终是"东西南北之学",即社会现实问题,对西北边疆史地尤有精湛研究。龚自珍、魏源又利用今文经学阐发他的社会改革思想。今文经学专讲"微言大义",正好被他们这样的忧国忧民的知识分子发挥利用,抨击现实的弊政。今文学家的"三世说"具有历史变易的色彩,龚自珍吸取了这种"变"的观点,提出"治世、衰世、乱世"三世说,断言"衰世"到来,"乱亦竟不远矣"。② 他警告统治者:"一祖之法无不敝,千夫之议无不靡,与其赠来者以劲改革,孰若自改革!"③ 昌言改革是历史的必然,不图变革等于坐待灭亡。龚、魏以外,还有陶澍、林则徐、贺长龄、包世臣等人,也都"悉心稽察历代的治乱得失,深究天下之利病"④。他们大多互有交往,以"经世致用"相砥砺,并且针对禁烟、吏治、边防、海防、漕运等问题发表议论。这一社会思潮已经指明:发扬前代史家的优良传统,冲破"考史"的樊篱,写出与剧烈变动的社会现实密切相关的作品,是时代对历史家的要求。

其次,从魏源本人来说,他在鸦片战争前所形成的思想观点和学术实践,已为他后来著作《道光洋艘征抚记》等奠定了基础。

魏源是著名的经世派。他尖锐地批判烦琐考据的严重弊病,说:"自乾隆中叶后,海内士大夫兴汉学,而大江南北尤盛","争治训诂音声,爪剖钊析","锢天下聪明知慧使尽出于无用之一途"。⑤ 他主张"贯经术政事文章于一"⑥,治、道、学三位一体;提倡写简明切要的"救时务之书"⑦。他在认识论上有朴素唯物主义的倾向,非常重视实践,强调亲自实践才能获得知识。

---

① 龚自珍:《尊史》,《龚自珍全集》,第80—81页。
② 龚自珍:《乙丙之际箸议第九》,《龚自珍全集》,第6—7页。
③ 龚自珍:《乙丙之际箸议第七》,《龚自珍全集》,第5—6页。
④ 龚书铎:《清嘉道年间的士习和经世派》,《中华学术论文集》,中华书局1981年版,第200页。
⑤ 魏源:《武进李申耆先生传》,《魏源集》,第358—359页。
⑥ 魏源:《刘礼部遗书序》,《魏源集》,第242页。
⑦ 魏源:《复何竹芗同年论会计书》,《魏源集》,第507页。

《魏源集》中多次讲到"躬行""践履""勤访问",说,"及之而后知,履之而后艰","披五岳之图,以为知山,不如樵夫之一足;谈沧溟之广,以为知海,不如估客之一瞥;疏八珍之谱,以为知味,不如庖丁之一啜"。① 由于他重视实践,所以他对解决当时一些社会问题具有真知灼见。他曾参与改漕运为海运,获得成功。又曾在淮北实行票盐法,裁浮费,除中饱,剔积弊,大获成效,不仅使盐价低于私贩,且使政府每年增收税银数十万两。魏源对水利问题更具卓识,曾先后对治理永定河、漳河、黄河、长江中下游、淮河下游、苏南水系提出建议。更难得的是,他能认识到水利问题主要不是技术问题,而是社会问题,强调治水害的关键是除掉那些"行贿舞弊之胥役,垄断罔利之豪右"②。关于长江中游治水问题,他一反当时筑堤防洪的流行见解,主张拆除碍水堤垸以导洪、泄洪。这与解放后实行荆江分洪的道理相同。当时的黄河是南行从淮河下游入黄海,灾害连年,而流行的看法却是"黄河要维持着南行","必不可听其北行"。③ 魏源则根据元代黄河改道南流以后治黄的历史,根据开封、兰考以东南高北低的地势,提出"筑堤束河,导之东北"的卓越主张,并预言不这样做黄河也将自行北决。④ 十三年后,黄河果然从铜瓦厢北行入渤海,魏源的预言得到了证实。很明显,魏源如此重视研究现实问题并具有真知灼见,乃是他以后能写出为时代需要的历史著作的一个很重要的原因。

魏源具有变易的历史观,并且借今文经学宣传社会变革思想。他认为,世界万物和社会历史都是变化的,"三代以上,天皆不同今日之天,地皆不同今日之地,人皆不同今日之人,物皆不同今日之物"。变革是历史的必然,变革得越彻底越好,"变古愈尽,便民愈甚"。⑤ 他认识到鸦片战争前的清朝统治已经陷入严

---

① 魏源:《默觚上·学篇二》,《魏源集》,第7页。
② 魏源:《湖广水利论》,《魏源集》,第391页。
③ 岑仲勉:《黄河变迁史》,人民出版社1957年版,第581页。
④ 魏源:《筹河篇中》,《魏源集》,第371页。
⑤ 魏源:《默觚下·治篇五》,《魏源集》,第47、48页。

重危机,"官民以此日困,此前代所无"①,已经比亡明更困难、更危险。他猛烈抨击统治集团的腐朽昏庸,"除富贵而外不知国计民生为何事,除私党而外不知人材为何物;所陈诸上者,无非肤琐不急之谈,纷饰润色之事;以宴安酖毒为培元气,以养痈贻患为守旧章,以缄默固宠为保明哲"②。"遇大利大害则动色相戒,却步徐视而不肯身预。"③ 对封建官僚营私谋利、腐朽透顶、祸害国家表示了极大的愤慨。变易观点和批判态度,使他以后能认识鸦片战争这一历史转折,并作出及时的总结。

魏源对史学的作用也有重要看法。他认为历史著述应该是医治社会现实弊病的药物,"立乎今日以指往昔,异同黑白,病药相发"④。所以他不屑于作粉饰太平的官家史馆编修官,说:"今日史官日以蝇头小楷、徘体八韵为报国华章之极事,源厕其间,何以为情?"⑤ 他曾致力于搜集整理清朝一代有关社会问题的文献资料,编成《皇朝经世文编》一书,这在当时考据学仍风靡于世的情况下确实具有别树一帜的意义。所选有关"经世"的官书、论著、奏疏、信札一千三百多篇中,户政即经济方面所占比例最大,细分为理财、养民、赋役、屯垦、农政、仓储、荒政、漕运、盐课、钱币等项,涉及国计民生各个部门。又兵政一项包括"海防"三卷,选有《防海》《论澳门形势状》等文,针对的是清朝政策"不防西夷"的弊病,说明魏源早已密切注视西方殖民者东来以后中国海防面临的新形势。《皇朝经世文编》至今仍是研究清史的重要资料,后人继之编有《皇朝经世文续编》《三编》《四编》《五编》《补编》《新编》等,可见影响之大。同样又从医治清朝弊病的目的出发,仿照"宋臣鉴唐,汉臣过秦之谊",整理明代史料,编了《明代食兵二政录》(今存《叙》一篇),书稿为龚自珍所见,很受赞赏。魏源于道光八年(1828)担任内

① 魏源:《明代食兵二政录叙》,《魏源集》,第163页。
② 魏源:《默觚下·治篇十一》,《魏源集》,第66页。
③ 魏源:《太子太保两江总督陶文毅公神道碑铭》,《魏源集》,第328页。
④ 魏源:《明代食兵二政录叙》,《魏源集》,第163页。
⑤ 魏源:《致邓显鹤信》(二),《魏源全集》第十二册,第748页。

阁中书候补时，就大量阅读官私文献，为探索清朝盛衰史作准备。鸦片战争时期的著作，就是这些学术观点和学术实践合乎逻辑的发展。

经世主张、变易思想和注重当代的治史志识，决定了魏源成为承前启后、转复风气的代表人物。

第三是鸦片战争这一空前事变的直接影响。英国野蛮侵略、中国统治集团极度腐朽而战败的严峻事实深深刺激了魏源，他的思想跟随着时代前进。他是坚决的禁烟派和抵抗派；他曾两次到过浙江前线，还审问过英国俘虏安突德；他与林则徐等人关系密切，1841年6月，已被革职派到浙江军营效力的林则徐再次遭到处罚，路过京口（今镇江）时，魏源从扬州赶来见面，两人"万感苍茫"①，彻夜长谈，就是在这次会见时，林则徐把《四洲志》等资料交给他，嘱他修撰《海国图志》；他所居住的扬州又是沿海地区的中心，消息灵通，对战事了解较多。这一切，使得一向忧国忧民的魏源对于鸦片战争这一重大事变感受更加直接、深刻而强烈。他对侵略者无比仇恨，对统治者的腐败深恶痛绝，对人民遭受的灾难感同身受，对时局的危险忧心如焚，然而又对中华民族的力量和前途充满信心。这种强烈的爱国主义思想感情使他发愤著述。

爱国主义是一个历史范畴。在鸦片战争时期，爱国主义的具体内容就是为保卫民族的生存而反抗英国殖民者的侵略。魏源的思想感情符合这一需要，并且表现得坚决明确。当时的清朝很腐败，可是对外它还代表中国。魏源曾一再谴责统治者的腐败，而作为生活在当时的地主阶级知识分子，他不可能将腐败的清朝与真正的中国即民族的利益两者区别开来，还曾经希望道光效法其祖宗以重扬国威，表现出阶级的和认识的局限性。但从当时的历史条件和主要的方面说，魏源坚决反抗侵略的立场是符合于人民利益的，所以应该给以赞扬。鸦片战争标志着中国进入半殖民地半封建社会的历史阶段。由于资本主义的侵略，中国社会除了继

---

① 魏源：《江口晤林少穆制府》，《魏源集》，第781页。

续存在地主阶级与农民阶级这一基本矛盾外，增加了资本主义（以后是帝国主义）侵略与中华民族这一基本矛盾。而在民族危机的紧急关头，后一矛盾更显突出，成为支配一切的主要矛盾。这时，人民群众是反抗资本主义侵略的最坚决的力量，同时，在地主阶级的内部也有可能分化出一部分倾向进步的势力，能在一定程度上参加反抗侵略的斗争，并提出具有进步意义的主张。"正是在这一点上，魏源的思想反映出了历史前进的趋势，站在时代潮流的前面，从而也达到他的思想所能达到的高峰。""魏源的爱国主义思想是帝国主义与中华民族矛盾的产物，因而就具有资产阶级民主革命的内容。"①

由于时代的刺激和魏源的影响，这一时期出现了一批程度不同地与现实政治问题相联系的作品，形成一种风气。如徐继畲《瀛寰志略》、姚莹《康輶纪行》、梁廷枏《夷氛闻记》、夏燮《中西纪事》、何秋涛《朔方备乘》等。魏源则以他突出的爱国思想、著述勇气和修史才能，成为恢复经世致用传统的继往开来的关键人物，用他的心血写下了中国近代史学史的第一页。

---

① 李侃：《论魏源》，《历史学》1979年第3期。

魏源与中西文化撞击

一、冲突和应变

近代中西文化"两极相联"① 的矛盾,是以鸦片战争为撞击起点而展开的。从一开始,这场文化冲突就以其罕有的复杂性、深刻性和紧迫性,尖锐地摆在一代哲人面前,迫使他们迅速作出反应和抉择。

——如何看待差异如此巨大的东西方两种文化体系;

——如何认识文化问题与当时迫在眉睫的救亡图强社会问题的紧密联系;

——怎样做到将学习西方文化的先进性与警惕殖民者的侵略性二者加以区分;

——又怎样做到将批判中国封建主义的闭塞落后与保持民族自信心二者加以剖别。

可以想见,面对当时复杂、严峻的情况,而能够提出积极

---

① 这一提法见于马克思《中国革命和欧洲革命》一文,载《马克思恩格斯选集》第一卷,第690页。

的、有意义的文化对策的人,必定是属于代表民族智慧的、有胆有识的杰出人物。

时隔一个半世纪以后,这场文化冲突和一代哲人作出的反应仍然引起今天人们的反思。今天中国学人,鉴于近代以来中国长期落后的屈辱;鉴于"十年动乱"中,许多封建专制的毒物,竟在"最最革命的""社会主义的"招牌下复活,造成了民族的空前浩劫;鉴于当前全民族振兴中华、迎接世界潮流挑战、实现现代化大业的共同意志;因而热切地争先剖析"文化",冀求对几千年的文化积淀作一番大洗涤,其中自然包括对近代中西文化撞击作出评价。这是一股反映历史前进要求的思想解放潮流,也是一场意义深远的学术攻坚战役。"文化热"讨论的深入,必能使我们更加看清当前建设现代化国家面临的任务。不过,讨论中有一种看法则为笔者所不敢苟同。有的论者认为,中国传统文化到了近代就成为"惰力""阻力",中国近代文化即是西方文化的"移植",似乎中国传统文化之中,根本无法滋生出具有近代价值的成分,中西文化也绝无互相沟通可言。我认为,这种看法并不符合近代文化演进的历史实际。当鸦片战争刚刚发生,西方的先进文化随着侵略者的大炮出现时,就有一位哲人,对于学习西方先进文化与坚决反抗西方侵略,对于抨击清朝封建统治腐败落后与确信中华民族的前途这些纷纭纠结的问题,首先作出剖分抉别,显示出中国传统文化优秀部分的代表人物,在中西文化撞击的最早时刻所具有的应变能力。这位哲人就是魏源。他在鸦片战争以前所持有的批判观点和改革思想,由于时代变局的刺激,发展成为向西方学习的明确主张。唯其如此,他所编撰的《海国图志》一书,至20世纪20年代,仍被梁启超评价为:"其论实支配百年来之人心,直至今日犹未脱离净尽,则其在历史上关系,不得谓细也。"[①] 剖析魏源鸦片战争前后文化思想的发展,无疑有助于对近代中西文化的冲突和交流的探讨。

封建社会本质上是闭塞的。清朝统治者特别顽固地推行文化

---

① 梁启超:《中国近三百年学术史》,《饮冰室合集》专集之七十五,第323页。

隔绝政策，西方资本主义正在大步前进，中国封建主义却仍维持着如马克思所评论的"野蛮的、闭关自守的、与文明世界隔绝"①的状态。西方殖民者用武力打开了清朝的大门，从此开始了中西文化撞击的时期。中华民族的生存已面临着危险，但在文化问题上却出现复杂的局面：中国是受侵略的正义国家，在文化上却明显处于落后地位；侵略的、非正义的西方列强，文化上却明显居于先进地位。传统文化的落后局面排拒外来进步事物，表现出保守性和顽固性；其进步层面却显示出能够吸收西方优秀文化的能力，显示出变革性和兼容性。时代的巨变，刺激着先进人物勇敢地进行文化思想的新探索，其中心课题，即唤起全民族反侵略意识与学习西方进步文化。这一时期，文化上的探索与民族盛衰存亡如此紧密地联系在一起，这在以往任何时代都是未曾有过的。如梁启超说："数新思想之萌蘖，其因缘固不得不远溯龚、魏。"②他们揭开了近代文化觉醒的序幕，此后文化思潮的发展，就是在他们开拓的道路上继续前进的。

魏源在鸦片战争后能够成为首倡学习西方的人物，绝非偶然。其深刻原因，应从鸦片战争前他的文化主张去找。换言之，他所代表的传统文化的优良部分，是他具有应变力的内在基础，使他能在事变的刺激下，立即走上了接受西方知识、学习西方文化的道路。

魏源前后期思想的发展，有哪些逻辑的联系呢？

首先，魏源对于清朝腐败政治、专制统治的憎恨，构成他在鸦片战争后最早介绍西方民主政治的思想基础。

魏源和龚自珍交谊笃厚，当时"龚魏"并称，他们是嘉道时期时代精神的共同体现者，对于时代危机的痛切感受，逼使这两位哲人去寻找社会的病因，探求解决的良策，展开了对扼杀民族生机的专制主义和束缚人们头脑的腐朽文化的猛烈批判。他们无情地鞭挞封建末世的黑暗混沌，同时渴求和憧憬一个变革进取、

---

① 马克思：《中国革命和欧洲革命》，《马克思恩格斯选集》第一卷，第691页。
② 梁启超：《论中国学术思想变迁之大势》，《饮冰室合集》文集之七，第97页。

人才涌现、个性发展的"新"时代的到来。

魏源敏感到封建统治已经到了"气运将尽"的"衰世",大乱将至。他对封建统治集团的腐朽作了深刻的揭露:"除富贵而外不知国计民生为何事,除私党而外不知人材为何物;所陈诸上者,无非肤琐不急之谈,纷饰润色之事;以宴安酖毒为培元气,以养痈贻患为守旧章,以缄默固宠为保明哲。"① 结果只能是祸国殃民,把国家一步步推向危险的境地。

更难得的是,魏源敢于向君权挑战,表达了对民主政治的憧憬。他将古代民本思想向前推进了一大步,提出了具有近代民权色彩的论点。《默觚·治篇三》云:"人者,天地之仁也。……'天地之性人为贵',天子者,众人所积而成,而侮慢人者,非侮慢天乎?。人聚则强,人散则尪,人静则昌,人讼则荒,人背则亡,故天子自视为众人中之一人,斯视天下为天下人之天下。"② 以往研究魏源对这段话很少注意,其实,它在伦理思想和政治思想的根本问题上,提出了与专制主义文化思想相对立的观点。中国二千年封建专制文化形态的核心是君权神圣,皇帝可以为所欲为,"君要臣死,不得不死",任何违背皇帝旨意的都是大逆不道,更不用说普通人的正常权利被一概抹杀了。如马克思所说,"专制制度的唯一原则就是轻视人类,使人不成其为人"③。在中国,这种专制主义的原则,又包裹了一层儒学的温情脉脉的外衣。作为孔子思想核心部分的"仁""礼"学说,便是以粉饰的方式为巩固封建统治秩序服务的。孔子说:"克己复礼为仁。"这个意味着忠恕、宽厚、忍让的"仁",其基本作用,是要求人们约束自己的言行,使之完全符合于封建等级秩序(即"周礼")。然而,由于"仁"是实现等级制度的"礼"的保证,所以"仁"又成为传统思想的最高范畴,可以引申为"合理",包括合理的状态、合理的蕴含等等。魏源借用了"仁"的概念,表达的却是

---

① 魏源:《默觚下·治篇十一》,《魏源集》,第66页。
② 魏源:《默觚下·治篇三》,《魏源集》,第44页。
③ 马克思:《摘自"德法年鉴"的书信》,《马克思恩格斯全集》第一卷,人民出版社1960年版,第411页。

崭新的内容。——他用来论证"人"是天地间首要的、天然合理的基本的构成。同是"仁"这一最高范畴,由过去长期被用来证明等级制度的神圣不可侵犯,变成现在用来证明人的存在和权利的天然合理性。以往的儒家经师、理学先生们,惯于演绎出"三纲五常","存天理,灭人欲"等说教,为封建专制统治张目,要人民永远屈从于君权的淫威之下;而现在,魏源却倡导"人是天地之仁"的新命题,演绎出人民的生活状况和意志决定着君主和国家命运的道理,得出了"天子是众人中之一人","由众人所积而成","天下为天下人之天下"的新结论,从而把两千年君权至高无上的旧观念根本颠倒过来。实际上,魏源是高高扬起人的存在是天然合理的旗帜,论证了君主必须服从于众人的意志,这就使他的文化思想明显地具有近代民权学说的色彩。于是,旧的专制文化思想的堤坝,从其根基上被冲开了一个大缺口,它注定要被日后掀起的反对专制主义的思想浪潮所冲垮。

基于这种具有民权主义倾向的认识,魏源憧憬下情上达、上情下达的政治局面。他说:"人材之高下,下知上易,上知下难,……诚使上之知下同于下之知上,则天下无不当之人材矣;政治之疾苦,民间不能尽达之守令,达之守令者不能尽达之诸侯,达之诸侯者不能尽达之天子,诚能使壅情之人皆为达情之人,则天下无不起之疾苦矣。"① 他还把言路的通塞视为国家盛衰的重要标志:"景运之世,言在都俞,其次言在旌木,其次言在庭陛,其次言在疏牍,其次言在歌谣,其次言在林薮,其次言在腹臆;言在腹臆,其世可知矣。"②

上述主张,表明魏源对于专制主义造成民族的灾难有痛切的认识,苦苦探索变革专制的出路。这就决定他一旦接触西方文化时,就能跨越两种文化体系的鸿沟,冲破"夷夏之防"的樊篱,表现出理解和向往西方的民主政治的倾向。

其次,魏源的改革主张和经世思想,推动他在时局变化面

---

① 魏源:《默觚下·治篇十一》,《魏源集》,第67页。
② 魏源:《默觚下·治篇十二》,《魏源集》,第68页。

前，呕心沥血地寻求救国良策，探求西方知识。

魏源同龚自珍一样大力倡导变革。他说："天下无数百年不敝之法，亦无穷极不变之法，亦无不易简而能变通之法。"① 他具有进化的历史观点，认为在历史长河中，一切都在变："三代以上，天皆不同今日之天，地皆不同今日之地，人皆不同今日之人，物皆不同今日之物。"所以，时代不同，人的思想和治国方法也必须改变，"变古愈尽，便民愈甚"。② 对于空谈性理的程朱理学，"爪剖钗析"的烦琐考据，禁锢士人思想的科举制度，他都予以尖锐的抨击，呼吁人们关心研究现实问题。他在三十三岁时，就替江苏布政使贺长龄编辑《皇朝经世文编》一书，精选出清朝一代有关社会问题的论著文献，这在当时考据学风仍风靡于世的情况下确有别树一帜的意义。他的视野所及，包括学术、治体、吏政、户政、礼政、兵政、刑政、工政各个方面。其中户政即经济方面所占的比重最大，细分为理财、养民、赋役、屯垦、农政、仓储、荒政、漕运、盐课、钱币等项，涉及国计民生各个部门。又兵政一项包括"海防"三卷，选有《防海》《论澳门形势状》等文，针对的是清朝政策"不防西夷"的弊病，说明魏源早已密切注视西方殖民者东来以后中国海防面临的新形势。这种"经世"和变革思想，使他能够在鸦片战争后迅速地把眼光投向外国，努力探求西方知识。

第三，魏源吸收和改造了儒家今文经学的变易历史观，使他具有认识东西方局势变化潮流的哲学头脑和时代智慧。

在哲学观点方面，魏源和龚自珍一样，发挥了今文公羊学历史变易的观点，并给以革命性改造，用来作为观察封建统治急剧衰落的思想武器。在儒家经典中，《春秋公羊传》专讲"微言大义"，用"三世"划分历史发展的阶段，形成了儒家经典中独有的理论体系。具有政治性、可比附性、变易性的特点，便于引申发挥。《公羊传》在东汉以后一千多年间消沉无闻，对于长期居

---

① 魏源：《淮南盐法轻本敌私议自序》，《魏源集》，第443页。
② 魏源：《默觚下·治篇五》，《魏源集》，第47、48页。

于正统地位的"古文经学"来说,它又具有异端的特点,因而具有耸动人心的色彩。从鸦片战争前后早期启蒙思想家到戊戌时期维新志士利用公羊学作为宣传改革、倡导变法的武器,理由正在于此。

魏源阐发公羊历史哲学的特点是,将公羊学说变易的观点,糅合到对中国历史进程的考察之中,提出"气运之说"来概括历史形势的大变局。于是,这一作为公羊变易学说的发展形态的独到的历史观点,极大地帮助魏源去体察鸦片战争所预示的一场新的巨大变局。他在《海国图志》中有这样一段重要议论:"天地之气,其至明而一变乎?沧海之运,随地圜体,其自西而东乎?前代无论大一统之世,即东晋、南唐、南宋、齐、梁,偏隅割据,而航琛献赆之岛,服卉衣皮之贡,史不绝书,今无一登于王会。何为乎红夷东驶之舶?遇岸争岸,遇洲据洲,立城埠,设兵防,凡南洋之要津,已尽为西洋之都会。地气天时变,则史例亦随世而变。"①

这是中国思想文化界对认识鸦片战争为开端的历史转折第一次直接的表述。魏源当时尚不能了解鸦片战争这一冲突对于外交关系和中西文化所预示的全部深刻性和尖锐性,但这段议论透露出,他已意识到中国历史和文化已面临着两种意义的转折:一是,自明末西方传教士东来,已意味着东西方由过去隔绝到互相交往的转变;二是,中国和西方先进和落后地位的转变。这样的历史变局,就意味着中国必须警醒自强,同时意味着中国人对于外国事物应由过去的傲慢排斥转变为学习外国的长处。这样,魏源便立即由鸦片战争前的"经世""除弊",转变为首倡御侮图强、了解外国、学习外国的主张,成为近代史上沟通中西文化的先驱人物。

二、群体和个体

考察近代史开端时期中西文化的撞击,还应注意到群体与个

---

① 魏源:《叙东南洋》,《海国图志》,第347—348页。

体的关系。这里的群体,主要指魏源、龚自珍、林则徐、姚莹这些对社会问题和文化问题有共同倾向的人物。他们在鸦片战争前便有密切交往,周围还有黄爵滋、汤鹏、张际亮、包世臣、潘德舆等人。其共同基础,是经世思想和重视气节,以"力振颓风"自任,希望于时局有所匡救。至鸦片战争爆发,龚自珍、魏源、林则徐、姚莹这些核心人物,都是著名的抵抗派,互相竭诚支持。在文化问题上,则由经世和变革,发展到注重殖民者东来的新变局。上述取向是这一群体所共同经历的思想轨迹,是共性。但由于各人不同的地位和遭遇,又形成个性不同的特点。龚自珍在鸦片战争以前的文化主张,与魏源几乎合若符节。但是龚自珍主要活动在战前,他卒于鸦片战争发生的次年。对于这场巨变,他在林则徐被委派为钦差大臣、南下禁烟时,写了《送钦差大臣侯官林公序》,表示他坚决抗击侵略的立场。并以"故人横海拜将军,侧立南天未蒇勋。我有阴符三百字,蜡丸难寄惜雄文"①的深沉诗句,表明自己虽然被权贵排挤出京城,生活漂泊无定,却仍然关注着林则徐所领导的这场斗争的命运。对于鸦片战争后一系列新的复杂的时代课题,龚自珍未能接触。

林则徐是一位在当时条件下难得的头脑相当清醒的实行家。他在与陌生的西方殖民对手打交道时,既坚决反抗侵略,又重视了解外国情形,给予魏源以直接的重要的启示。他的清醒态度,首先表现在坚决查禁鸦片的同时,采取了一系列防备侵略的措施,使英国侵略军在广东无隙可伺。这些已为人们所熟知,不必赘述。其次,表现在注重了解外国情形。他一到广州,便"日日使人刺探西事,翻译西书,又购其新闻纸"。从到达广州至被革职前一年多时间,他所搜求的西方国家资料,就有《澳门新闻纸》《华事夷言》《四洲志》等。第三,还表现在他开始产生了保证正常贸易、学习西方先进的军事技术的意识。他购买西方洋炮数百门,排列珠江两岸。并上奏道光皇帝区别对待外商,"遵法者保护之,桀骜者惩拒"。这些都是传统文化体系所未曾有过

---

① 龚自珍:《己亥杂诗》,《龚自珍全集》,第517页。

的近代观点。道光却严词批驳："同是一国之人，办理两歧，未免自相矛盾。"① 保护正常贸易，本来可以发展成为具有进步意义的新生机，可是当它处于萌生状态时，就被掌握专制权力的顽固意识所扼杀。

与魏源了解外国的思想有密切关系的还有姚莹（1785—1852）。他在鸦片战争前后，同样经历了由经世派向抵抗派的转变。姚莹为学"不好经生章句，务通大意，见诸施行。文章善持论，指陈时事利害，慷慨深切"②。1838年他被擢为台湾兵备道。1841年秋和1842年春，英侵略军屡次进犯台湾，姚莹与台湾总兵达洪阿率兵把它打败。《南京条约》签订后，总督怡良竟秉承外国侵略者和投降派首领穆彰阿旨意，诬以妄杀"遭风难民"，姚莹被逮捕入狱。后贬官四川，再罚往西藏。

姚莹早在台湾期间，就怀有"控制外夷，屏藩数省"的目的，搜集了沿海形势的资料，与西人所著舆地书籍相对照。对英国的侵略，他主张实行坚决而有效的抵抗，反对投降和冒险。他还通过亲自审讯英俘了解外国情形。《南京条约》签订后，他对中国人因昧于外事招致失败无比痛心，说："然而（海夷）所至望风披靡者何也？正由中国书生狃于不勤远略，海外事势夷情平日置之不讲，故一旦海舶猝来，惊若鬼神，畏如雷霆。……不待兵革之交，而胜负之数已较然矣。"他认识到古今时势已完全不同，今后的局面更加"可忧可惧"！③ 因此，当他在贬谪西南途中读到魏源《海国图志》一书时，不禁大喜，赞曰"大获我心"④，又说"余数十年之所欲言所欲究者，得默深此书，可以释然无憾矣"⑤。《康輶纪行》一书即作于姚莹贬官西南期间。他"就藏人访西事"，身在边陲就近了解外国，同时记述沿途所见山川、物产、宗教、风俗等情况。自称"喋血饮恨，而为此书，冀雪中国

---

① 以上引文均见《道光洋艘征抚记上》，《魏源集》，第174、173页。
② 赵尔巽等：《姚莹传》，《清史稿》第三百八十四卷，第11671页。
③ 姚莹：《复光律原书》，《东溟文后集》卷八，同治六年（1867）安福县署刊本。
④ 姚莹：《康輶纪行自叙》，同治六年（1867）安福县署刊本。
⑤ 姚莹：《康輶纪行》卷十二，同治六年（1867）安福县署刊本。

之耻"。① 书中对西藏的关隘险要，道路远近，特别是内地入藏的里程，从印度、尼泊尔入藏和路线，都详加考订，即意在为防守边疆提供可靠资料。姚莹的实地考察有助于订正其他记载的错误，魏源增订《海国图志》时，即据之以订正原来对廓尔喀地理位置记载的错误。《康輶纪行》末卷附载了《艾儒略万国图》《汤若望地球图》等十五幅地图。这也同魏源在《海国图志》书中重视地图的做法相同，姚莹虽然未能完成有体系的著述，但在认识探求外国知识以御侮图强的紧迫性上，他已经达到了跟魏源相同的思想高度。

魏源在鸦片战争前批判专制、倡导变革的主张已如前述。他在鸦片战争后又生活了十七年。所以他一生身跨封建末世和近代史开端两个时代，这跟龚自珍经历不同。魏源作为思想家、著作家，跟实行家林则徐、姚莹也不同。诚然，魏源著《海国图志》，同他在战争中的经历，特别是同林则徐的交往有密切的关系。他曾两次到过浙江前线，还亲自审问过英国俘虏安突德，魏源向他详细询问英国的历史、地理、社会状况，写成《英吉利小记》②。魏源密切地关注林则徐抗英斗争的成败。嗣后，林则徐嘱他修撰《海国图志》。因此，《海国图志》一书，与其视为魏源个人的著作，毋宁说是鸦片战争时期爱国抵抗路线在文化上的产物。在当时复杂的历史条件下，近代探求西方知识的先进人物，就必须兼有下列品格：爱国热忱——关心国家民族命运，坚决反抗侵略；求实精神——敢于打破素以"天朝上国"自居的偏见，不耻于向昔日视为"夷狄"的西方国家学习；辩证态度——能够跨越中西文化的巨大隔阂，走出沟通二者之间联系的第一步。通过前面简略地勾勒这一群体由经世和变革向抵抗和探求新知转变的轨迹，足以证明：在这一群体的代表人物林则徐、魏源身上，正是传统文化的优良部分赋予了他们这些品格。

---

① 姚莹：《复光律原书》，《东溟文集》卷八。
② 后辑入《海国图志》书中。

三、近代启蒙思潮的先驱

魏源所撰《海国图志》标志着由传统文化开始向近代文化转折,它冲破了旧的精神枷锁和顽固派的压力,第一次把世界的真实面貌摆在中国人民面前。为了介绍外国知识,魏源把当时所能搜集到的材料全部汇辑进去而又特别重视采用出自外国人的撰述,即所谓"西洋人谭西洋"的资料。除了采辑林则徐派人翻译的《四洲志》外,他如英国人马礼逊的《外国史略》、葡萄牙人马吉斯的《地理备考》、美国人高理人的《美理哥国志略》,都大量引用。全书采用"图""志"配合的编撰方法。"志"是全书的正文,记述亚洲、非洲、欧洲、美洲各国情况,包括历史、地理、物产、经济发展、交通贸易、政治情况、风俗、宗教等。同时收入各种地图七十五幅,包括东西半球地图、四大洲各国地图和中国邻近国家的沿革图。全书气魄宏伟,内容详博,同时具有实用性和直观性的特点,堪称当时中国和东方最详备的世界史地文献总汇。

魏源无愧是近代启蒙思潮的先驱。他开创了解外国、对外交往的风气,成为近代中国向西方寻找真理、走向世界的起点。尽管在当时,魏源"师夷"的重点是学习西方列强船坚炮利的"长技",但是,他已探索了欧美国家富强之道,已经注目于西方民主政体的优越,表示了憧憬和向往。这样,就实现了对旧的封闭型文化体系的重大突破,揭开了近代文化觉醒的序幕。这一思想的进一步发展,就是戊戌时期批判封建专制,广泛输入新学,要求实行议会制度的近代启蒙思潮。因此,《海国图志》的内容和思想,从其知识体系和价值观念来说,都具有跟腐朽的封建制度和封建文化相对立的意义。可是有的论著在探讨魏源思想的时代特点时,却显然低估了其进步意义,认为:魏源"所有的对策和措施,无不是站在官方立场为维护其当前统治者的利益出发的",

"根本上还是为维护原有的封建秩序"。① 这种看法很值得商榷。魏源在鸦片战争后的思想和主张,是冲击而不是维护旧的封建制度和文化,不仅对中国,而且对东方世界都具有深远的影响。

魏源批判了两千年来被视为"神圣古训"的"严夷夏之防"这一迂腐观点,提出了解外国是当务之急和新价值观。他尖锐地揭露统治集团对外国昏暗无知,是造成战争惨败的重要原因:"今日之事,苟有议征用西洋兵舶者,则必曰借助外夷恐示弱,及一旦示弱数倍于此,则甘心而不辞;使有议置造船械师夷长技者,则曰縻费,及一旦縻费十倍于此,则又谓权宜救急而不是惜;苟有议翻夷书、刺夷事者,则必曰多事。(原注:嘉庆间,广东有将汉字夷字对音刊成一书者,甚便于华人之译字,而粤吏禁之。)则一旦有事,则或询英夷国都与俄罗斯国都相去远近,或询英夷何路可通回部……以通市二百年之国,竟莫知其方向,莫悉其离合,尚可谓留心边事者乎?"② 同时他用英国以新加坡为基地,处处侦探中国情报作对照:"(英人)建英华书院,延华人为师,教汉文汉语,刊中国经史子集图经地志,更无语言文字之隔。故洞悉中国情形虚实。而中国反无一人了彼情伪,无一事师彼长技。喟矣哉!"③ 总结双方的成败得失,结论就是:必须彻底抛弃闭目塞听,视外国为夷狄的旧意识,迅速了解外国情形。这是对付西方列强侵略的先决条件。因此,魏源一再呼吁:"同一御敌,而知其形与不知其形,利害相百矣;同一款敌,而知其情与不知其情,利害相百焉。"④ "欲制外夷者,必先悉夷情始;欲悉夷情者,必先立译馆翻夷书始;欲造就边才者,必先用留心边事之督抚始。"⑤ 魏源他还清醒地预料到,传播外国知识,定然要经历与顽固保守势力的严重斗争,要冒极大风险,"使后世有人焉,曰翻夷书,刺夷事,筹夷情,如外夷之侦我虚实,其不转罪

---

① 见徐光仁《试论魏源向西方学习的思想——兼论其思想的阶级属性》,《华南师范学院报》1981年第2期。
② 魏源:《筹海篇三》,《海国图志》,第26页。
③ 魏源:《暹罗东南属国今为英吉利新嘉坡沿革三》,《海国图志》,第449页。
④ 魏源:《海国图志原叙》,《海国图志》,第1页。
⑤ 魏源:《筹海篇三》,《海国图志》,第26页。

以多事,甚坐以通番者几希"①!但他怀着偷天火给人间的无畏精神,自觉地担负起时代先行者的责任,"创榛辟莽,前驱先路"②。

魏源提出了向西方学习的新课题,预示了近代进步文化潮流的方向。了解外国和学习外国,是魏源撰写《海国图志》的目的。《海国图志叙》说:"是书何以作?曰:为以夷攻夷而作,为以夷款夷而作,为师夷长技以制夷而作。"③抵抗恶魔般的外国侵略者和承认侵略者高明、拜他们做老师,这二者本来是不容易跨越的对立关系。魏源发扬了我们民族所具有的朴素辩证思维的传统,因而能够跨越二者的对立,看到其内在的统一关系。他还说:"善师四夷者,能制四夷;不善师外夷者,外夷制之。"④先要有勇气承认自己的落后,虚心学习,才能变落后为先进。这是多么深刻有用而又简单明瞭的道理!因此,魏源所总结的"师夷长技以制夷"这一口号,便标示了近代向西方寻找真理这一进步文化潮流的方向。梁启超评价魏源的观点"乃支配了百年来之人心",是结合他本人和同时代人的切身感受而讲的,确实反映了近代的历史进程。

不错,魏源当时提出学习外国的重点是在军事技术方面。他处在当时历史条件下只能如此。但值得重视的是,他同时主张发展民用工业,而且,他所介绍的许多知识,在客观上有利于发展资本主义。他主张设船厂和机器局,既造战船,又造商船,既从事军事生产,又从事民用生产。"船厂非徒造战舰也。战舰已就,则闽、广商艘之泛南洋者,必争先效尤;宁波、上海之贩辽东、贩粤洋者,亦必群就购造,而内地商舟皆可不畏风飓之险矣。……此外量天尺、千里镜、龙尾车、风锯、水锯、火轮机、火轮车、自来火、自转碓、千斤秤之属,凡有益民用者,皆可于此造之。"还主张允许民间自行设厂制造:"沿海商民有自愿仿设

---

① 魏源:《暹罗属国今为英吉利新嘉坡沿革三》,《海国图志》,第449页。
② 魏源:《海国图志原叙》,《海国图志》,第1页。
③ 魏源:《海国图志原叙》,《海国图志》,第1页。
④ 魏源:《大西洋欧罗巴洲各国总叙》,《海国图志》,第1093页。

厂局以造船械，或自用、或出售者，听之。"① 这是近代发展民营资本主义企业主张的滥觞。《海国图志》附录中还介绍了蒸汽机、火车、织布机、运河、港口设施，以及钞票、银行、汇兑、保险知识。这些都有可能利于在中国发展资本主义。

魏源还论证了"师夷长技"的可行性。他认为，英国人的长处并非不可企及，"英夷船炮在中国视为绝技，在西洋各国视为寻常"。经过学习、吸收，能够把别人的长处变为自己的长处，"尽得西洋之长技为中国之长技"。② 他还提出，可以仿效外国办法，设水师科，培养本国急需的航海、制造等人才。这对于科举制度所代表的重视经训、轻视技艺，引导人们死守程式抄袭模仿、扼杀独立思考和创造才能的旧价值观，无疑是一种冲击。

与倡导"师夷长技"相联系的是，魏源对西方民主制度表示向往，作出了沟通中西文化的宝贵尝试。

近代中西文化撞击的极端复杂性，在于西方文化的传入与西方列强的大炮是同时出现的。中西文化两种体系又差异悬殊：封建专制与民主政治对立；纲常伦理、等级观点与平等思想、法制观念、竞争意识对立；空谈义理、醉心考据与重视科学、征服自然的学说相对立……巨大的差异无疑增加了沟通的困难。直到戊戌前一年（1897），与西方国家打交道半个世纪了，总理衙门的官僚对于外国事物依旧抱着极端拒斥的态度："或竟不知万国情状，其蔽于耳目，狃于旧说，以同自证，以习自安。""语新法之可以兴利，则瞋目而诘难；语变政之可以自强，则掩耳而走避。"③ 在如此复杂的文化背景下，魏源却在鸦片战争时期即大胆地对西方民主制度表示赞美向往，不能不是卓绝的见识！

魏源是这样对华盛顿领导独立战争胜利和美国的民主政体表示衷心赞扬的："呜呼！弥利坚国非有雄材枭杰之王也。涣散二十七部落，涣散数十万黔首，愤于无道之虎狼英吉利，同仇一

---

① 魏源：《筹海篇三》，《海国图志》，第30、32页。
② 魏源：《筹海篇三》，《海国图志》，第27页。
③ 梁启超《戊戌政变记》引康有为向光绪帝奏语，《饮冰室合集》专集之一，第5页。

忾，不约成城，坚壁清野，绝其饷道，（遂）〔逐〕走强敌，尽复故疆，可不谓武乎！……二十七部酋分东西二路，而公举一大酋总摄之，匪惟不世及，且不四载即受代，一变古今官家之局，而人心翕然，可不谓公乎！议事听讼，选官举贤，皆自下始，众可可之，众否否之，众好好之，众恶恶之，三占从二，舍独徇同，即在下预议之人亦先由公举，可不谓周乎！"① 魏源显然已经相当中肯地领会了西方民主政体的主要问题：由公众推选议事者，这些议事者再按少数服从多数原则决定国家大事，选举国家首领，首领废除世袭制，并且定期换选，他赞美这种制度"公"而且"周"，公开地表示它比中国几千年"君权神授""朕即天下"的专制制度要进步和合理。他还在《海国图志后叙》中指出："《地理备考》之《欧罗巴洲总记》上下二篇尤为雄伟，直可扩万古之心胸。至墨利加北洲之部落代君长，其章程可垂奕世而无弊。"② 更意味着希望中国也应该用资本主义民主制来取代封建专制制度。魏源还把"至于朝纲，不设君位，惟立官长、贵族等办理国务"，"推择乡官理事，不立王侯"的瑞士，誉为"西土之桃花源"，③ 同样表达了对民主政治的向往。

认识民主制度的优越，必须并且可以用它来取代中国不合理的封建专制制度，这是近代向西方寻找真理的根本问题，也是沟通中西文化的根本问题。魏源能够跨出这具有深刻时代意义的第一步决不是偶然的，它植根于对封建专制腐朽性的认识，植根于鸦片战争前对中国古代民主思想的阐扬。他看出专制制度大势将去，所以才能认识（尽管还不清晰）历史的发展将是实行西方民主制度这一趋势。当时的社会那么黑暗，魏源的主张则是冲破黑暗的报晓的鸡鸣。同在《海国图志后叙》中，他再一次用"气运说"来表达他的预见："岂天地气运，自西北而东南，将中外一家欤！"④ 把意思讲得明白些，就是：历史面临着大的转折，西方

---

① 魏源：《外大西洋墨利加洲总叙》，《海国图志》，第1611页。
② 魏源：《海国图志后叙》，《海国图志》，第7页。
③ 魏源：《瑞国沿革》，《海国图志》，第1333—1334、1337页。
④ 魏源：《海国图志后叙》，《海国图志》，第7页。

的民主政治也终将在东方实行，中西制度文化有可能沟通、融合。魏源的大胆设想，预示了近代历史的发展方向，其后从要求变革专制的戊戌变法和推翻帝制的辛亥革命的接连发动，得到了有力的证实。

四、"决定幕末日本社会前进的指南针"

评价《海国图志》在东西方文化冲突中开启了新的时代这一意义，还必须以它对日本社会所产生的深远影响作为重要的参照系。《海国图志》撰成后，自1852至1854年，就有三次运入日本，总数二十多部。此后，日本人士纷纷为之翻译、注解、刊刻。1854—1856年间翻刻版本竟多达二十余种（均是部分翻刻）。把《筹海篇》译成日文的学者盐谷世弘对这部著作极为推崇，称为"实武备之大典"，并感慨说："（魏源）忠智之士，忧国著书，其君不用，反而资之他邦，吾固不独为默深悲，抑且为清主悲也夫！"① 一百多年以后，日本学者研究《海国图志》对19世纪后半期日本社会的影响，成果甚多，井上清、信夫清三郎、大谷敏夫是其中尤著者。当时，日本正处于"幕末"时期，社会状况及对外关系均与清朝相类似，都处于闭关锁国的状态，都面临着西方列强的侵略、威胁。了解《海国图志》对日本产生的巨大影响，对于我们评价这部著作的时代意义，也是一项重要的依据。

日本学者大谷敏夫精辟地指出："在幕末时，《海国图志》起了决定日本前进道路的指南针的作用。"② 他之所以得出这一重要结论，是因为，第一，《海国图志》成为"幕末"有识人士的必读书，使他们了解西方列强的存在，以及因列强武力威胁清朝开放，使日本人士认识本国面临着同样严峻的形势，因而成为他们

---

① 转引自王家俭《魏源年谱》，中央研究院近代史研究所1981年版，第150页。
② 大谷敏夫：《〈海国图志〉对"幕末"日本的影响》，译文载于《福建论坛》1985年第6期。下文关于幕末学者传播《海国图志》的材料即主要依据该文。

转向主张开国的契机。第二,《海国图志》影响了一批开明人物,他们成为肩负日本明治维新事业的阶层。《海国图志》所介绍的西方议会制等知识,成为此后日本实行立宪政体的途径之一。

　　日本"幕末"许多著名人物都因读了《海国图志》而警醒。此书由长崎传入,再转到商业和文化中心城市大阪、江户(东京)和京都,成为当时文化人了解列强实力和世界状况的必备文献。当时的私塾和诗社是传播文化的组织形式,就普遍以此为教材。如:广濑淡窗在九州的日田(位于长崎通向大阪的交通线上)开办私塾,不问身份高低,都可作入门弟子,有三千门人云集,形成了一个思想活跃的中心。梁川星岩在广濑门下深受影响,随后自己在江户创办玉池吟社,幕末时期一批忧国忧民之士即聚集于此,慷慨议论国事。其中有人著有《鸦片始末》一卷,是日本最早记载鸦片战争事件的论著。梁川本人即在此时读了《海国图志》,痛感加强海防和洞察外国情形,乃日本当务之急。他有诗云:"百事抛来只懒眠,衰躬迨及铺糜年。忽然摩眼赶快读,落手邵阳《筹海篇》。"[①] 形象地讲出因读了此书后,从"懒眠"到惊醒的突变。长州藩的吉田松阴创办"松下村塾"。松阴是力主开国的志士,企图秘密出国,事败被禁,却被准许讲学,因而培养了一批有才能和识见的门生。松阴特别重视读《筹海篇》。他以《海国图志》作为教授学生掌握日本开国后应具有的外交学识的教材,其中即培养出伊藤博文等明治时期主管外交的人物。

　　幕末"经世派"著名人物横井小楠,其思想倾向是用具有以议会制色彩的制度代替幕府的专制制度,其来由也是读了《海国图志》而形成的。因而《海国图志》介绍的西方政体,实际上就成为此后日本实行君主立宪的途径之一。幕末另一著名开国论者佐久间象山,十分赞赏魏源倡导瞭悉敌情的主张。他这样表达与魏源思想的共鸣:"呜呼!余与魏各生异域,虽不相识姓名而诚

[①] 转引自夏剑钦、熊焰:《魏源研究著作述要》,湖南大学出版社2009年版,第165页。

143

可谓海外同志。"① 从梁川星岩到佐久间象山等幕末学者由于读了《海国图志》而惊醒，立志走上开国、维新的道路，确实证明这部书为日本社会输入了新的活力，起到了当时日本前进的指针的作用。这就进一步有力地证明：《海国图志》的思想倾向不属于旧的封建文化范畴，而属于新的近代文化的开端。诚如梁启超所说："日本之平象山（即佐久间象山）、吉田松阴、西乡隆盛辈，皆为此书所激刺，间接以演尊攘维新之活剧。不龟手之药一也，或以霸，或不免于洴澼絖，岂不然哉！"② 日本学者井上清则说："在嘉永、安政之交（按，嘉永、安政年号为1848—1858年、1854—1859年），从佐久间象山、吉田松阴、安井息轩、横井小楠、桥木佐内起，谈论外交、有志海外事务的人，都争读这本书。幕府末期人士又经由中国文献的媒介，最初获得关于国际法和立宪政治的知识。"③

中日两国当时社会状况和对外关系均处于相似的地位，同一部《海国图志》，起到刺激日本走上开国和维新立宪道路的作用，而在自己国土上却未能直接促成社会的变革。魏源所提出来的主张，本来为中国寻找学习西方、由弱变强的起点，提供了一次重要的机遇。不幸的是，由于整个社会保守拒外的势力占据统治地位，致使中国失去了这次历史机遇。然而，东邻日本却正因传入《海国图志》而获得了历史转折的契机，这一史实同样证明：在中西文化冲突面前，中国传统文化的优秀部分确实具有它一定的应变力。我们反思历史，不应因愤慨于封建统治的昏愦腐败，而有意无意地低估了先驱者的功绩。

---

① 参见大谷敏夫《〈海国图志〉对"幕末"日本的影响》，译文载《福建论坛》1985年第6期。
② 梁启超：《论中国学术思想变迁之大势》，《饮冰室合集》文集之九，第97页。
③ ［日］井上清著，吕明译：《日本现代史》，生活·读书·新知三联书店1956年版，第215页。

徐继畬《瀛寰志略》的价值

一、著述背景与机遇

徐继畬，字松龛，山西五台人。生于乾隆六十年（1795），卒于同治十二年（1873年）。道光六年进士，选庶吉士，授编修。迁御史，颇勇于任事，疏劾忻州知州史梦蛟等，又疏请除大臣回护调停积习。道光十六年，任广西浔州知府，后调署福建汀漳龙道。鸦片战争期间，徐氏都在闽粤沿海任职，因此较多接触涉外事务。道光二十二年授两广盐运使、广东布政使，次年迁福建布政使。其主要著作《瀛寰志略》即撰著于此时。道光二十六年任福建巡抚，旋兼署闽浙总督。咸丰元年，任太仆寺少卿。次年因事罢官，主平辽书院以自给。晚年参与筹划潞州驻防，亲历辽州、上党、阳城诸要塞。所著除《瀛寰志略》十卷外，还有奏疏一卷，文集四卷，诗集二卷，《两汉志沿边十郡考略》一卷，《两汉幽并凉三州今地考略》一卷。后人合编为《松龛先生全集》。

《瀛寰志略》撰著时间为1844—1848年，与魏源所撰《海国图志》同一时期。这两部书的内容，都是介绍当时与御侮图强密切相关的外国历史地理知识。它们的产生，标志着清代史坛风气的一大转变,由乾嘉时期的崇尚考史,到晚清时代为关注现实社会政治问题而著史;它们的内容超出了传统学术的范围,标志着近代史开端时期东西方文化撞击的结果,故这两部著作长期被赞誉为"国人谈海外知识之嚆矢",在晚清几乎成为家喻户晓之作。

清朝统治者以"闭关锁国"为国策,造成了中国与西方各国长期隔绝的状态,加上东西文化的巨大差异,难以沟通。在这样的社会政治背景和文化氛围下,近代史开端时期冲破思想禁锢首先研究外国的人物,就必须具有过人的胆识,克服各种障碍,既要勇于跨过东西方不同的社会制度的鸿沟,越过东西方文化体系的巨大差异,甚至要冒着被加上"通番"之类的罪名的风险,同时还要克服语言文字上和资料上的种种困难。徐继畬撰《瀛寰志略》和魏源撰《海国图志》一样,有着"创榛辟莽,前驱先路"的巨大功绩!《瀛寰志略》一书的撰成,除了鸦片战争时期对付西方殖民者这一时代需要的推动外,还有徐继畬本人特殊的机遇。鸦片战争前后,他一直在闽、粤沿海地区任地方官。1836年,任福建汀漳龙道,驻扎厦门,鸦片战争事起,他都毗邻海防前线。1842年任广东按察使,次年调任福建布政使,撰写此书的资料准备工作即始于此时。他先后结识美国传教士雅裨理、英国领事李太郭及美国人乔治·史密斯夫妇,从他们那里借到世界地图和其他资料,仔细询问有关知识。只要能找到的各种资料,他都苦心搜求,"荟萃采择,得片纸亦存录勿弃,每晤泰西人,辄披册子考证之,于域外诸国地形时势,稍稍得其涯略。乃依图立说,采诸书之可信者,衍之为篇,久之积成卷帙。每得一书,或有新闻,辄窜改增补,稿凡数十易"。五年时间,"未尝一日或辍",始得告成。[①] 可见徐氏为撰著此书倾注了大量心血。

二、近代中国人了解世界的起点

《瀛寰志略》的撰成,同《海国图志》一样,成为近代中国

[①] 徐继畬:《自序》,《瀛寰志略》,世纪出版集团上海书店出版社2001年版,第6页。

人了解世界的起点。它突破了传统学术的范围,提供了具有近代意义的外国史地知识和东西方历史的趋势,引导国人认识外部世界的广阔和先进性。它的成就可以概括为三个方面:

第一,它展示出一幅比较正确而完整的世界图画。

人类世世代代生活的世界,真的像官书《皇朝文献通考》所说中国居大地中央,四周是海,五大洲之说毫无根据吗? 徐继畬对这种非科学的臆说明确作了否定。本书开卷为《地球》篇,回答说:"地形如球。""地球从东西直剖之,北极在上,南极在下,赤道横绕地球之中,日驭之所正照也。""地球从中间横剖之,北极、南极在中。"

他又告诉人们,西方人所说五大洲确实存在:"大地之土,环北冰海而生,披离下垂如肺叶……泰西人分为四土,曰亚细亚、曰欧罗巴、曰阿非利加,此三土相连,在地球之东半,别一土曰亚墨利加,在地球之西半。""四大土之外岛屿甚多,最大者澳大利亚,余则亚细亚之南洋诸岛、亚墨利加之海湾群岛。""土之外皆海也……曰大洋海,曰大西洋海,曰印度海,曰北冰海,曰南冰海。"还详述亚细亚大陆之广袤;欧罗巴国家之众多,犬牙交错,"其人性情精密,工于制器,长于用舟,四海之内无所不到,越七万里而通于中国";南北美洲大陆的晚近发现;南冰海的探险……所有这些,在当时都是令人耳目一新的科学知识。①

欧美国家是本书记述的重点。原因极明显,英、葡等国"越七万里而通于中国",用武力胁迫开商埠、通贸易,在文明发展程度上,它们是先进国家。对于守旧人物不愿承认欧美文明"反有中华所不能及者"这个尖锐的问题,"其人性情精密,工于制器,长于用舟",已经作了总括性的回答。在卷四《欧罗巴》总论中,进而论述西方文明发展的大势:"其地自夏以前,土人游猎为生,食肉寝皮,如北方蒙古之俗。有夏中叶,希腊各国初被东方文化,耕田造器,百务乃兴。汉初,意大里亚之罗马国,创

---

① 以上引文均见徐继畬《地球》,《瀛寰志略》卷一,第1—5页。

业垂统，疆土四辟，成泰西一统之势，汉史所谓大秦国也。前五代之末，罗马衰乱，欧罗巴遂散为战国。唐、宋之间，西域回部方强，时侵扰欧罗巴诸国，苍黄自救，奔命不暇。先是，火炮之法创于中国，欧罗巴人不习也，元末有日耳曼人苏尔的斯始仿为之，犹未得运用之法。明洪武年间，元驸马帖木儿王撒马儿罕威行西域，欧罗巴人有投部下为兵弁者，携火药炮位以归。诸国讲求练习，尽得其妙。又变通其法，创为鸟枪，用以攻敌，百战百胜，以巨舰涉海巡行，西辟亚墨利加全土，东得印度、南洋诸岛国，声势遂纵横于四海。"这段论述讲到了欧洲古代的希腊、罗马文明，讲到中国火药的西传，讲到近代欧洲各国在世界范围内的殖民，所勾画的轮廓大致无误。这一篇欧洲总论，还扼要地讲述了以下各项问题：地理形势；与中国贸易情况；各国版图、人口兵力、财政收入统计数字；技术的进步；风俗；物产和商业；宗教；纪年；语言。徐氏着重论述西方文明当时居于先进的地位："（欧人）善于运思，长于制器，金木之工，精巧不可思议，运用水火尤为奇妙。火器创自中国，彼土仿而为之，益加精妙，铸造之工、施放之敏，殆所独擅。造舟尤极奥妙，篷索器具，无一不精，测量海道，处处志其浅深，不失尺寸。越七万里而通于中土，非偶然也。""欧罗巴诸国之东来，先由大西洋而至小西洋，建置埔头，渐及于南洋诸岛，然后内向而聚于粤东。萌芽于明中，滥觞于明季，至今日而往来七万里，遂如一苇之杭。天地之气，由西北而通于东南，倘亦运会使然耶。"徐氏虽然不能理解资本主义在社会发展阶段上比起封建主义进步，但他显然意识到东西方先进与落后关系发生了根本性转折，并且把这个信息传递到国内。

徐氏所论也有迂腐之处。如说欧洲技术上的先进，是因其地理位置"以罗经视之，在乾戌方，独得金气"。[①] 他称赞了瑞士"推择乡官理事，不立王侯"的制度，是"西土之桃花源"，却又

---

① 以上引文均见徐继畲《欧罗巴》，《瀛寰志略》卷四，第106—107、112、113页。

叹惜其地"远在荒裔，无由渐以礼乐、车书之雅化耳"①！足见他远远未能摆脱"夷夏之辨"的顽固意识。

第二，论述西方殖民者东来以后亚洲的局势，注意反映东方民族反抗殖民主义者的经验教训。

亚洲南洋各国、南洋诸岛和印度半岛各国，是本书的又一重点。徐氏将所得西方人的地图、资料，与有关的中文记载，如《海国闻见录》（陈伦炯）、《海录》（谢清高）、《海岛逸志》（王大海）、《薄海番域录》（邵星岩）、《吕宋纪略》（黄毅轩）、《西域闻记录》（七椿园）等加以综合和考证，纠正了以往的一些误载误传。更有意义的是徐氏有意识地记述东方民族在西方势力东来后的遭遇。他总结南洋各地，昔年是中国的藩属，如今已成为西方列强的统治范围和从事殖民活动的基地，"自泰西据南洋诸岛，城池坚壮，楼阁华好，市廛繁富，舟楫精良，与前此番族之荒陋，气象固殊，而中土之多事，亦遂萌芽于此。英吉利……国势既强，西班牙、荷兰非其匹敌，莫敢连视，其视南洋诸岛，若已有之，修船炮、备糗粮，诸岛皆奉承唯谨。……今之南洋乃欧罗之逆旅。履霜冰至，岂伊朝夕？事势之积渐，盖三百余年于此矣"②！

徐氏总结西班牙奴役吕宋（菲律宾）、荷兰奴役噶留巴（爪哇）的手法是：殖民者先伪装谦卑，求得片土，或称居留，或称修船，然后筑城立营，猝然发动进攻，把所在国置于奴役之下。徐氏对于英吉利奴役孟加拉和整个印度大陆尤为扼腕叹息："欧罗巴诸国之居印度，始于前明中叶，倡之者葡萄牙，继之者荷兰、佛郎西、英吉利，皆以重资购其海滨片土，营立埠头，蛮人愦愦，不察萌芽。英吉利渐于各海口建立炮台，调设兵戍，养锐蓄谋，待时而动。迨孟加拉一发难端，遂以全力进攻，诸蛮部连鸡栖桀，等于拉朽折枯，于是五印度诸部，夷灭者十八九，哀哉！"③

---

① 徐继畬：《瑞士国》，《瀛寰志略》卷五，第161页。
② 徐继畬：《南洋各岛》，《瀛寰志略》卷二，第52页。
③ 徐继畬：《五印度》，《瀛寰志略》卷三，第76页。

这些论述显然寄托着对殖民者的阴谋要早加防备的深刻用意。对于"马辰以毒流获全（按，马辰为婆罗州南部港湾，荷兰入侵时，马辰人"以毒草渍水上流，荷兰受毒狼狈去"）""苏禄以血战自保"的勇敢斗争，徐氏则作为东方民族抗击殖民侵略的典型，一再表示敬佩。

第三，书中介绍了资本主义的特点，认识到民主制度的先进性。

徐氏对于资本主义特点的认识，可以对英吉利的论述为代表。他认为，英国称雄于世界是由于殖民掠夺："其骤致富强，纵横于数万里外者，由于西得亚墨利加，东得印度诸部。""盖四海之内，其帆樯无所不到，凡有土有人之处，无不睥睨相度，思朘削其精华。"而同时，徐氏又认为资本主义民主制度远比封建专制制度进步。他论述英国的两院制说："都城有公会所，内分两所，一曰爵房（即上议院），一曰乡绅房（即下议院）。爵房者，有爵位贵人及西教师处之；乡绅房者，由庶民推择有才识学术者处之。国有大事，王谕相，相告爵房聚众公议，参以条例，决其可否，复转告乡绅房，必乡绅大众允诺而后行，否则寝其事勿论。……大约刑赏、征伐、条例诸事，有爵者主议；增减课税、筹办帑饷，则全由乡绅主议。此制欧罗巴诸国皆从同。"①

对于华盛顿所创立的美国民主制度，徐氏更衷心赞扬。他认为华盛顿在领导美国取得独立之后，提出"得国而传子孙，是私也"，创立了四年一选，不得连任两届以上的总统选举制，这比起封建制度视"朕即国家"、帝位世袭来，是"公"的原则的体现。而美国"不设王侯之号，不循世及之规，公器付之公论"，乃是"创古今未有之局"，所以华盛顿是西方世界第一伟人！② 这样的议论出自徐继畬这位一个半世纪之前的清朝大员之口，是难能可贵的！

---

① 徐继畬：《英吉利国》，《瀛寰志略》卷七，第236、237、235页。
② 徐继畬：《北亚墨利加米利坚合众国》，《瀛寰志略》卷九，第276、291页。

三、与《海国图志》的比较

《瀛寰志略》和《海国图志》都是近代史开端时期密切结合御侮图强、论述外国史地的名著，都曾产生过深远的影响。

魏源《海国图志》五十卷本成书于1842年十二月。他于1846—1847年增订为六十卷，又于1852年再增一百卷。百卷本中，魏源从《瀛寰志略》辑录了大量材料，计有三十三处之多，约四万字，为《瀛寰志略》全书的四分之一，记欧罗巴各国的材料辑入尤多。徐氏此书撰成，因书中突破了传统学术的范围，介绍了大量新鲜知识和新鲜观念，引起顽固派的忌恨，"甫经付梓，即腾谤议"。《清史稿》本传亦云徐氏遭到言者"抨击"。此书与《海国图志》一样在日本产生了强烈的影响。日本在1861年即有《瀛寰志略》的刊本，以后又经多次翻刻。国内则有1866年总理衙门刻印了此书，后又作为同文馆学习外国知识的教材之一。所以王韬评论说："近来谈海外掌故者，当以徐松龛中丞之《瀛寰志略》、魏默深司马之《海国图志》为嚆矢，后有作者弗可及已。……此诚当今有用之书，而吾人所宜盱衡而瞩远者也。""中丞莅官闽峤，膺方面之寄，蒿目时艰，无所措手，即欲有所展布，以上答主知而下扶时局，而拘文牵义者动以成法为不可逾，旧章为不可改，稍有更张，辄多掣肘。中丞内感于时变，外切于边防，隐愤抑郁，而有是书，故言之不觉其深切著明也。"① 王韬此论代表了早期维新派对此书的推崇。直到1879年，此书和《海国图志》仍为青年康有为学习外国知识的基本读物，据《康南海自编年谱》载："光绪五年二十二岁，……既而得《西国近事汇编》、李圭《环游地球新录》及西书数种览之。薄游香港，览西人宫室之瑰丽，道

---

① 王韬：《瀛寰志略跋》，《弢园文录外编》卷九，辽宁人民出版社1994年版，第363、364页。

路之整洁，巡捕之严密，乃始知西人治国有法度，不得以古旧之夷狄视之。乃复阅《海国图书》、《瀛寰志略》等书，购地球图，渐收西学之书，为讲西学之基矣。"①

两部书又有不同的特点。就知识性而言，王韬曾有颇为中肯的评论："此二书者，各有所长，中丞以简胜，司马以博胜。"②徐继畬以十卷篇幅，为读者提供了比较明晰而系统的外国史地和世界近代趋势的知识，他并不简单地将材料汇辑，而是经过自己的综合，加以必要的考证，然后熔炼成篇。在一百五十年前能达到这样的地步是极不容易的。徐氏于考证一项也颇擅长，撰有关于两汉边郡边州的著作，这种兴趣和功力，在考订外国史地上也反映出来。魏源全书计一百卷，作者在全书前后以《筹海篇》总论作为全书纲领，各卷中也写了大量总论、按语，其余则按照一定的体系，将当时能搜集到的各种资料、地图等汇辑而成，还包括有《各国教门表》《中国西洋历法异同表》《中国西洋纪年通表》及《火轮船图记》《铸炮铁模图说》《攻船水雷图说》《西洋器艺杂述》《地球天文合论》等，这些丰富内容，在当时都为国人所亟须。

就思想性论，尽管徐书对于资本主义殖民扩张有所谴责，对于东方民族反侵略经验有所介绍，但两书相比，《海国图志》反侵略的主旨更加鲜明，感情更强烈。在作为全书总纲的《筹海篇》中，魏源认真地总结了鸦片战争中的经验教训，提出了反抗侵略的策略思想。他清醒地认识到：签约以后侵略的危险仍然严重存在："既款以后，夷瞰我虚实，藐我废弛，其所以严武备、绝狡启者，尤当倍急于未款之时。"第二次鸦片战争的爆发恰恰证明了这种预见。他痛斥投降派畏敌如虎，予以尖锐揭露。他列举鸦片战争进程的许多史实，证明侵略者是可以打败的。并对中华民族在反侵略战争中能够取胜和民族振兴表示强烈的信心。《海国图志》全书的编撰明显地贯串着反侵略思想的主线。书中

---

① 中国史学会主编：《戊戌变法》第四册，上海人民出版社1957年版，第114—115页。
② 王韬：《瀛寰志略跋》，《弢园文录外编》卷九，第363页。

对缅甸、安南之类东方国家抵抗英国侵略的经验，以及北美独立战争打败了"无道之虎狼英吉利"的历史，都着重加以论述。意在启发中国人民发扬"同仇一倡，不约成城"的精神，坚决抗击侵略者！

在鸦片战争时期，同样写出了跟爱国御侮这一时代课题密切联系的历史撰述的作者，思想倾向又各有不同的表现。这种情况，实则取决于作者的不同思想经历和所处不同的社会地位。魏源是一位对于社会矛盾有深刻观察的忧国忧民的知识分子，他的卓越见识和才华一直受到当权者的排挤，而跟这一时代具有敏锐见解的英伟之士，如龚自珍、林则徐、姚莹等人都有密切关系，在鸦片战争前，他们同是著名的"经世派""忧世派"，侵略者燃起战火之后，他们又都是坚决的抵抗派。他的有名诗句："梦中疏草苍生泪，诗里莺花稗史情"①，表达出昂扬的爱国精神，因而在《海国图志》中处处显示出其鲜明的反侵略思想，达到了那个时代所能达到的高峰。徐继畬身为清朝巡抚大员，在当时投降派当权的形势下，他自然不敢与朝廷对外妥协的势力相对立。在鸦片战争中，他对时局估计悲观，倾向主和，认为："奋中国之全力，亦断不能扫穴犁庭。"②而对西方列强的侵略性缺乏警惕，认为他们只为通商赢利而来，并无其他目的，说："逆夷以商贩为生，以利为命，并无攻城掠地、割据疆土之意。所欲得者，中国著名之码头，以便售卖其货物。"③ 这种认识实与《瀛寰志略》书中的有关论述相矛盾。可见他对于当时御侮图强的时代课题并不理解。同一时期，广东开明士绅、越华书院监院长梁廷枏著《夷氛闻记》五卷，比较全面地记载鸦片战争的经过，包括中英通商由来、禁烟始末、鸦片战争中沿海各省战事等，尤其对三元里人民抗英斗争有完整的记述，着意表现人民抗英精神及其威

---

① 魏源：《寰海后》，《魏源集》，第808页。莺花，指罂粟花，喻鸦片战争。
② 徐继畬：《揣度夷情密陈管见疏》，见《近代中国史料丛刊续编》第四十二辑《松龛先生全集》奏疏下，第84页。
③ 徐继畬：《致赵盘文明经、谢石珊孝廉书》，《松龛先生全集》文集卷三，第303页。

力，且其材料得自亲身见闻，具有很高的史料价值。但梁氏对时代潮流同样表现出相当隔膜，竟在书中吹嘘清朝"国运方隆"，处于"全盛之日"，认为学习外国，请外国人教器械技术，是"丧失国体"，"反求胜夷之道于夷，古今无是理"。① 我们通过比较，认真探究这些问题，对于认识这一历史转折时期思想界的复杂性，总结社会历史观点对于史书产生的指导作用等项，都是很有意义的。

---

① 梁廷枏：《夷氛闻记》卷五，第172页。

近代爱国史家夏燮

近代爱国史家夏燮（嘉庆五年—光绪元年，1800—1875），安徽当涂人，字季理，号谦甫，亦作嗛甫。又因慕全祖望之史学，别号谢山居士，笔名江上蹇叟。父銮，兄炘、炯，都有相当学问。《清儒学案》卷一五五专为他们父子兄弟四人立了《心伯学案》，称"当涂夏氏兄弟，自相师友，各有成就"。称夏燮本人"研音韵，兼深史学，留意时务，持论宏通"。[①] 这"留意时务"，正说出夏燮关注国家民族命运的治史特点。他于道光元年（1821）中举人。先后在安徽、直隶任职事，他的主要著作《中西纪事》（二十四卷）即是在直隶临城（河北省今县）开始酝酿的。以后在江西任知县，卒于宜黄知县任上。其主要著作还有《明通鉴》（一百卷），尚有其他著作多种。

一、"沥血叩心，忧危入告"的著述精神

《中西纪事》记载了鸦片战争和第二次鸦片战争的史实。夏

[①] 徐世昌：《清儒学案》卷一五五《心伯学案》，沈芝盈等点校，中华书局2008年版，第6023页。

燮发愿撰著此书时,正当《江宁条约》刚刚签订不久。以后,他处在投降派得势、"防口綦严"的恶劣政治气氛下,冒着风险从事修撰和续订,前后经历二十三年,充分体现出他怀有的炽热爱国心和强烈的时代责任感。

夏燮中举后,曾历任安徽青阳、直隶临城训导。鸦片战争时,他正在临城训导任上,英国野蛮侵略、清朝战败屈辱签约的事实使他满怀爱国义愤,"蒿目增伤,裂眦怀愤"。这一年冬天,《江宁条约》条款刚刚传出,他就在致友人书中加以痛切的评论。他说:开放五口通商,使侵略者在中国俨然成为主人。他们"得陇望蜀",欲壑难填。"通商码头,东南四省,一气联络,向则开门揖盗,今且入室操戈矣。"在这里,他严厉谴责投降派在战争中所干的是"开门揖盗"的卖国行为;现在,由于侵略者在东南四省都有了据点,对中国的威胁更严重更深入了!他又说,条约中只订开放那些通商码头,却不明载不准通商的码头。侵略者的本性是"声东击西,原不足信",占据了南方的码头,就会要求开放在北方的码头。今日不在条约中载明,"杜其觊觎之渐",将来"乃恐别生枝节"!譬如天津一地,即很有可能成为他们下一步的目标,所以要切实防备"二千一百万清款后,该夷以一火轮船,径赴天津,要求通商"的发生。[1]

夏燮对《江宁条约》的评论,忧国忧民之情溢于言表,而且其所见切中肯綮,很有预见性,为后来的事态发展所证实。他撰写《中西纪事》,是直接受到魏源爱国思想的影响,他说,"是编草创未就,得见同年魏默深中翰源所撰《海国图志》,爱其采摭之博"。从道光二十二年(1843)起,他就为撰写此书作准备,"搜辑邸抄文报,旁及新闻纸之可据者,录而存之"。[2] 夏燮在鸦片战争刚刚过去这一时刻著书记述中英交涉经过、揭露投降派罪行,是在巨大政治压力下采取的勇敢行动。清朝在鸦片战争中失败。战后,统治集团为了维持其更加腐朽的统治,加上它实际上

---

[1] 夏燮:《中西纪事》卷九《白门原约》,清光绪二十三年(1897)慎记书庄石印本。

[2] 夏燮:《中西纪事·原叙》。

已经听命于侵略者的旨意行事，因而悍然摧残镇压一切爱国进步力量，破坏广东人民抗英斗争，逮捕、贬逐抗战派姚莹。而琦善、奕经这些民族败类重新被授职，一个个又神气起来，投降派首领穆彰阿、耆英权势更加炙手可热。并对思想舆论界实行钳制，致使京城的茶坊酒肆间，大书"免谈时事"。在这种情势下，欲撰著史书揭露投降派罪行，是要犯极大风险的！当时一些有爱国心的人士记载史实都不敢署名或不署真名，即是为了避祸。夏燮即在这个时刻苦心孤诣地从事著史工作，他为保留信史而具有的超人勇气，实在令后人肃然起敬。

道光三十年（1850），道光帝死，咸丰帝登位，穆彰阿、耆英被革职。至此，夏燮把所藏资料整理而成初稿，并写了《中西纪事原叙》，但当时还未敢刊行，仍秘藏起来。咸丰九年（1859），他对初稿作了增订，"续据十年来所闻见者，合之前定之稿，分类纪叙，釐为十六卷"，并写了《次叙》。

在任临城训导之后，夏燮又辗转历任江西永新、永宁、宜黄知县。咸丰十年（1860）秋，调入两江总督曾国藩幕。时英法联军进攻北京，咸丰帝逃避热河，夏燮曾随清军北上。《北京条约》签订后，他又将罢兵换约前后的奏咨稿案和军机粮台来往函件编为"庚申（1860）续记"，再次作了增订。次年，他回江西供职，曾参与长江设关、西士传教等事。同治四年（1865），他再取"庚申"以后史实，作第三次增订，是为《中西纪事》定本，共二十四卷。成书之年距夏燮最初艰难收集资料着手撰写初稿，已历二十三年矣！刊刻此书时未敢直署真名，果然旋即被清政府某大吏禁毁。同治十年（1871），由雪中人（笔名）根据旧本重印，才得流行。作者既有强烈的爱国心，又有极其严肃的著述态度，诚如他所说："沥血叩心，忧危入告，不避文字之忌，故今悉据实书之，不敢诬，亦不敢讳也。"① 围绕《中西纪事》产生的曲折过程，即从一个侧面反映出近代爱国志士与投降势力之间的激烈斗争，在今天也是我们进行爱国主义教育的好教材。

---

① 夏燮：《中西纪事》卷十五《庚申换约之役》。

夏燮著史的高度责任感还表现在搜集史料的辛勤上。他只是一名小官或充当僚佐，并无及时接触各种资料的便当条件。完全是以历史家的责任心，二十余年如一日苦心搜求，才获得了以下几方面的可靠资料：一是邸抄、奏议；二是当时传抄的官员来往信札；三是当事人的笔记、书信，如姚莹《上闽督论斩夷囚书》《奉逮入都上浙抚刘韵珂书》，梁章钜《致刘中丞鸿翱书》，还有作者访问所得材料，如通过访问江西地方官员许应镁，获得许祥光在广东为义民团练阻止英人进城而写的致英国使臣的信；四是可以据信的西人月报，如卷六《粤东要抚》即录有西人月报十五则。全书采用纪事本末体。前四卷《通番之始》《猾夏之渐》《互市档案》《漏卮本末》，写鸦片战争起因。从卷五《英人窥边请抚》到卷十一《五口衅端》，记鸦片战争经过。卷十七《长江设关》至卷二十一《江楚黜教》，记侵略者在长江沿岸的活动。卷二十二《剿抚异同》、卷二十三《管蠡一得》是作者综合史实，自抒己见。最后卷二十四《海疆殉难记》，按时间先后，记载各地殉难者事迹。所以这部倾注夏燮爱国义愤和炽热感情的书，是我国较早的近代史著作，也是近代第一部中外关系史专著。

二、歌颂爱国军民　揭露投降派罪行

夏燮发扬了魏源所创立的近代爱国主义史学传统，他在书中以鲜明的爱憎，歌颂爱国军民反侵略的正义斗争，愤怒揭露侵略者的凶残和投降派的卖国罪行。

鸦片战争中长江之役、台湾抗英将领姚莹遭受诬陷的事件和广州人民反英人入城斗争，是夏燮记述的重点。他热烈赞扬陈化成英勇抗英、为国死难，愤怒揭露投降派牛鉴（两江总督）及其后台的叛卖行为。书中记述陈化成在吴淞口严守待敌，"不避风雨寒热，住居白单布帐房，与士卒同甘苦，已将五月"。"激励将士，拊循军民。冬则踏雪巡营，夏则海潮作时，帐房水深尺许，未尝一移营就燥地，躬习劳苦，以为士卒先。"吴淞之役开始时，英船进犯,陈化成果敢地指挥开炮,击伤敌兵船三艘,毙敌三百余。本来我军占了上风,将士踊跃欢呼,士气更振。英兵船退却,绕出小沙背。此时,牛鉴带着队伍来到教场,英军发现牛鉴乘坐轿子的目标,便向教场打炮。就在这关键时刻,身为两江总督的牛鉴竟临阵脱逃,"亟弃冠靴,杂军校而走"。我方阵势一乱,英军立即壮胆进攻:"英夷遂由东炮台登岸,绕而西。时守备韦印福等守西炮台,力战不克,死之。军门(陈化成)见军无后援,抚膺顿足叹曰:'垂成之功,败于一旦,制使杀我矣!'遂中铅子伤,喷血死。夷兵乘胜入宝山。牛督已自西门逸出。"英军攻入宝山,大肆掳掠,"驱本地壮丁为之搬运财物,下船之后,悉虏之"。以后英军西进,攻京口,"以火箭射入城中,延烧近城房屋,火光烛天","杀旗民无算"。开门揖盗而造成惨酷的灾祸。

夏燮以他的忠实记载,使陈化成这位鸦片战争时期的爱国将领彪炳于史册。读了陈化成平时不怕苦、战时不怕死、尽忠报国的事迹,读者无不为他的壮烈死难而顿足叹息,同时激起对牛鉴这样的民族败类的无比痛恨。夏燮愤怒地写道:"关军门(天培)之死也,琦相(善)实杀之。裕帅(谦)之死也,余步云实杀之。陈军门之死也,牛督实杀之。"牛鉴"开门揖盗","驯至于兵临城下,俯首苾盟"。当英军火轮船抵达下关江面时,将领陈平川等"皆愤愤,请决一战"。牛鉴却决意屈辱投降,恐吓诸位将领说:"虎须未可撩也!江宁重镇,牛鉴"不谋扼险而守",致敌兵得以在钟山上安设大炮,把全城置于炮口威胁之下。侵略者进行要挟时,牛鉴又危言恐吓:"形势万分危急,呼吸即成事端",只恐投降太迟,卖国太晚!夏燮还进一步揭露,牛鉴早在英军进入长江口之时就准备投降,因为:"牛督方自上海回,沿江告警,一日数惊,然不谋江上之守。"致使英军深入长江如入无人之境。马礼逊在签约后宴会上就有一番表白:英军初到时,不敢遽入内江,轻造重地。于是先遣人探水,沿江而上,溯流至安徽芜湖,先后七次,"每遇险要处,停舟泊岸,舟行芦苇间,不见一兵一将,然后放心前进"。书中引录这段话,特意用敌人提供的证据,说明屈辱签约的结局,确是自溃藩篱所造成。所以夏燮以严正的史笔对这个投降派干将作了结论："牛督之罪，上通于天矣！"

我们尤应注意到：夏燮记述长江之役有更深刻的含意，他以巧妙的手法指明：牛鉴实际上只是一个执行者，制定投降路线的是更有权势的人物。首先是钦差大臣耆英、将军伊里布。耆英、伊里布"初到，预存一不敢战之心，而先入之言，方寸已乱"。二人遂把答应英国侵略要求的呈文上奏朝廷，"是时满首揆揽机务，谓：'兵兴三载，糜饷劳师，曾无尺寸之效，剿之与抚，功费正等，而劳逸已殊。靖难息民，于计为便。'上亦久厌兵，而几幸外夷之一悔祸也。爰排廷臣之议而许之"。① 所谓"靖难""抚夷"云云，统统不过是把"投降"换成自欺欺人的说法！夏燮的记述，实已寓含着向穆彰阿和道光帝追究投降责任的深刻用意。这些地方尤其显示出夏燮在恶劣政治气氛下慷慨仗义的崇高精神。

夏燮还谴责清朝当局屈服于侵略者旨意，诬陷抵抗派姚莹、达洪阿，构成近代史上一大冤案。书中围绕台湾军民抗英史实、诬陷的由来和制造冤案的幕后人物三个问题，逐层揭示，使事情的真相大白于天下。书中明确记载：道光二十一年（1841）及次年，英国侵略军兵船连续两次进犯台湾港口，遭到台湾兵备道姚莹、总兵达洪阿带领台湾军民奋力抵抗："二十一年秋八月，有夷舟驶进鸡笼口，对二沙湾之炮台开炮攻击，镇道督师抵御，亦开炮相持。适副将邱镇功手发一炮，正中夷舟，折其桅索，夷舟仓皇退出口门，冲礁立碎，纷纷落水，死者无数。我师乘机亟进，生擒黑夷百余名，并刀仗衣甲及夷图夷书等件。"九月，英兵船又有一次进犯，被击退。至"二十二年壬寅春正月，夷舟三犯大安港，见我军防守严密，不得进。越日，有三桅大船拖带杉板，游奕于大安港外，遥见我军旗帜，掩舵北驶。于是，镇道等谋以计诱入口内擒之，密饬所募渔船之粤人与夷船上广东汉奸操土音，请任向导，诱之自土地公港进口，为暗礁所击，搁浅中

---

① 以上引文均见夏燮《中西纪事》卷八《江上议款》。

流。官兵乡勇乘危邀击，遂俘其众，生擒白夷十八人，红夷一人，黑夷三十人"。夏燮以确凿的史实，证明姚莹、达洪阿的行动是鸦片战争时期爱国军民的壮举，是抗击侵略的正义斗争。又引了当时道光帝的嘉奖谕旨云："览奏欢悦，大快人心！该夷上年窥伺台湾，业被惩创，复敢前来滋扰。达洪阿、姚莹以计诱令夷船搁线，破舟斩馘，大扬国威，实属智勇兼施，不负委任。"白纸黑字，岂容歪曲。

然而不久却被颠倒黑白，两位战抗有功的将领横遭诬陷。《江宁条约》签订后，侵略者受到鼓励，气焰嚣张，他们编造谣言，诬称"台中两次俘获，均系遭风难夷，而镇道乘危缴功，……乃诡词诉于江、浙、闽、粤四省之大吏，胁令上闻，欲以此抵镇道罪"。而闽浙总督怡良等人遂屈服于侵略者的旨意参与诬构："一时诸大吏怵于夷威，又虑兵端再起，各据夷人递词。"侵略者编造的诬词竟成为清朝官员上奏的依据！于是造成骇人听闻的冤狱，清廷将姚莹、达洪阿二人革职逮问，枷解北京监狱。夏燮进而揭露冤案的酿成乃是投降派头面人物指使的，他们是更大的罪魁："台湾之狱，外则耆相主之，内则穆相主之。怡制使（怡良）之查办此案，竟以'莫须有'三字定谳，固由忌功，并奉政府枋臣指授也。"夏燮以史家的责任感，为爱国者伸了冤，他把历史的是非曲直昭示后世，也为近代史学增添了光彩。最后他愤慨地说："当日置镇道于劾典，辄以'恐误抚夷之局'一语，奉为金针！"① 这是再一次对清朝统治集团奉行对外投降路线的有力抨击！

尤其可贵的是，夏燮在书中热烈地赞扬人民群众的反侵略斗争。在卷六《粤东要抚》中，他记述三元里人民抗英斗争说："（侵略者）取路泥城，过萧关三元里，里人因其淫掠起愤，哗然争逐之。于是一时鸣金揭竿而起者，联络一百有三乡，不戒而集，顷刻间男妇数千人，围之数重。"在卷十三《粤民义师》中，他首尾完整地记述广东人民用"团练"的自发武装组织，进

---

① 引文均见夏燮《中西纪事》卷十《台湾之狱》。

行反对英人进广州城的斗争。"团练"具有明确的反侵略目的，同仇敌忾，众志成城。夏燮说："道光二十一年夏，粤东义民创夷人于萧关三元里，遂起团练之师，始自南海、番禺，而香山、新安等县继之，绅民喋血，丁壮荷戈，誓与英夷为不共之仇。"在群众高昂斗争情绪推动下，爱国绅士一再向地方官员表示："吾乡之民能为国家效剿力，不愿从抚也。""吾粤之耽耽者皆在夷矣，若明公投袂一呼，则负杖入保者皆至，何求而不克？"这些话掷地有声，表达出广东义民共同的反侵略、反投降的坚强决心。于是，在民众的支持下，取得了阻止英人入城斗争的胜利："二十九年己酉，英舟至粤，复请入城与制府议事。制府辞之，即乘舟出虎门外，亲诣夷舟。夷酋出其所求通商各款，并申二年入城之约。制府不答，回至会城，密与抚军画战守策。时则南海、番禺各乡团练之师先后并至。绅士请师期。制府告曰：'夷人志在入城，不许，则必挟兵以要我，先守后战，曲在彼矣。'越日，夷舟闯入省河，连樯相接，轮烟蔽天。制府复单舸前往，谕以众怒不可犯。夷酋谋质制府舟中，以要入城之请。俄而省河两岸义勇呼声震天，夷酋大惧，乃以罢名修好请。自此不言入城事。"

夏燮还特意用两件事衬托这一胜利：一是写道光皇帝获报后，"方悟粤东民情之可用"；二是因此役朝廷对徐广缙、叶名琛封爵嘉奖。夏燮则一再点明："然实粤民团练之师，先人而夺之也。"这是郑重宣告，真正建立功勋的是广东义民！书中又载，义民"团练局"于咸丰八年下令凡广东人在港办事或雇役者，一律限一月内辞退，给侵略者造成严重困难，"夷人为之大窘"。

对待人民群众的抗英斗争采取什么态度，一直是近代史上十分尖锐的问题。夏燮在书中对民众斗争的力量有如此生动的表现，说明这位爱国史家与民众感情息息相通，同时他对人民抗英斗争的历史作用又有如此深刻的认识，这些都无愧为近代爱国主义传统在史学上的突出显示！

三、编撰《明通鉴》 总结历史教训

夏燮另一重要史学撰述是《明通鉴》，编年体裁，共一百卷，二百万字。自称用二十年精力，"参考群书，考其异同"而成。此书大约在道光三十年（1850）《中西纪事》初稿完成后即集中力量从事编撰，至同治元年（1862）已略具规模，故于此年写有《与朱莲洋明经论修〈明通鉴〉书》。又据夏燮好友平步青《与夏嗛父书》（载《樵隐昔寱》卷四）中所说夏燮为著此书"覃精五十年"推断，则夏燮着手编撰的时间还要早得多。全书于夏氏任永宁知县时完成，又于宜黄知县任上刻印。

在与朱莲洋信中，夏氏详述官修《明史》存在的问题及自己的修史主张。他认为，官修《明史》编撰人本身有诸多弱点，"半系先朝遗老，亡臣子孙，其中或以师友渊源，或因门户嫌隙"，因而大量史实未得到正确的记载。如他本人"近阅明季稗史，参之官书，颇有《本传》所记铮铮矫矫，而野史摈之不值一钱。亦有野史所记其人之本末可观，而正史贬抑过甚者，岂非恩怨之由"！① 不仅大量存在记载太略或史实不符的缺陷，甚至还有重要人物不予立传，如张煌言在明亡之后坚持抗清斗争，以后"流离海上，与宋之陆秀夫相似；就刑杭城，与宋之文天祥相似；若其身膏斧锧，距我大清定鼎已二十年，疾风劲草，足以收拾残明之局，为史可法以后之一人。列之《忠义传》犹非其例，况无传乎"②！

《明通鉴》主要特点有三：第一，史事翔实，考订精审，这是夏氏治史的一贯态度。平步青说他"聚书千百种，贯串考订，卓然成一家之言"③。夏燮以其实际工作证明"钦定"之《明史》

---

① 夏燮：《明通鉴卷首·与朱莲洋明经论修〈明通鉴〉书》，湖北官书处清光绪二十三年（1897）刻印。
② 夏燮：《明通鉴卷首·义例》。
③ 平步青：《樵隐昔寱》卷四《与夏嗛父书》三。

诸多缺陷，他广泛用明代野史、笔记和其他私人著作参证，考其异同，并自撰《考异》，说明对不同记载的去取理由。

第二，他著史的主要目的，是总结明代兴衰治乱教训，作为针砭当时清朝统治内忧外困的药石。对于明代严刑峻法造成严重弊病他就极为重视，以评论发表自己的见解：

> 观太祖当日召对元臣，谓"以宽失天下，吾未之闻"，及手书问天象，则谓："元以宽失天下，朕救之以猛。"何其言之相反也！盖为子孙之远虑，欲遗之以安强。重以勋旧盈廷，猜嫌易起，而不嗜杀人之志，惜未能始终以之。若使如二公（按，指刘基、王祎）之言，培养元气，感召天和，安知不足以弭靖难之变哉！①

朱元璋是从元末农民大起义中削平群雄建立起政权的，初期他还谨慎从政，但很快就转向反面，因求一家一姓的长久统治、猜忌功臣，而不惜滥施刑戮，结果恰恰加剧了社会矛盾。夏燮所总结的，正是封建专制的残暴统治必然把社会推向祸乱这一根本性教训。

宋濂被谪贬，《明史》不明其原因。夏燮据姚福《青溪暇笔》记载说：朱元璋观外国所献海东青马，令群臣献诗，宋濂诗中有"自古戒禽荒"句。"上曰：'朕偶玩之耳，不甚好也。'濂曰：'亦当防微杜渐。'……上不怿而起。"② 夏燮还批评朱元璋末年滥施诛戮，"狃于自用"，不听臣下劝告，种下后患。又如，书中指斥明末贪官残酷剥削，引用崇祯兵部尚书梁廷栋所说："今日民穷之故，唯在官贪。"③ 并说贪官加派结果将造成"无地非兵，无民非贼，刀剑多于牛犊，阡陌决为战场"④。这些话，正预告了明的灭亡。夏燮竭力要写出"信史"，总结明亡教训，这是他"留意时务"的治史风格的一种发展。

---

① 夏燮：《明通鉴》卷四，太祖洪武四年。
② 夏燮：《明通鉴》卷四，太祖洪武四年。
③ 夏燮：《明通鉴》卷八十二，庄烈崇祯三年。
④ 夏燮：《明通鉴》卷八十四，庄烈崇祯八年。

第三，夏燮在《明通鉴》中还继承了全祖望的民族思想，大力表彰明季忠贞之士。如论张煌言：

> 自奉迎监国后，支持十九年，委蛇于干弱尾大之侧，转徙于蛎滩鳌背之间，中历黄、王之交哄，熊、郑之强死，屠、董诸君子之大狱，零丁皇恐，有人所不能堪者。……直至鲁王之死，灰心夺气，始散其军，其亦可为流涕者矣！

> 若夫南田被执，在宁有肩舆之迓，入浙无桎梏之加，其可以求死者亦自易易，而恐委命荒郊，志节不白。故煌言之授命杭城，与文信国之就刑西市，先后同揆。而《明史》不为之立传，宁毋贻刘道原失之瞠眼之讥乎！

> 残明自福王以后，遗臣之死事者，楚、粤则何腾蛟、瞿式耜，浙、闽则钱肃乐、张肯堂，而煌言殿其后，遂以收有明二百七十年剩水残山之局，其所系岂浅鲜哉！①

在清朝统治日益腐朽、外敌入侵日亟的情况下，夏燮激扬民族气节，乃是借论述南明史表达其爱国思想。

夏燮另著有《粤氛纪事》十三卷，记载太平天国起义及清朝统治者镇压太平军的作战过程。书中记事起于咸丰元年（1851），止于咸丰十年。夏燮认为太平军起义长驱东南数省、历时十年之久，是极其严重的事件，"虽曰天意，抑亦人事哉"。此书即主要从"人事"方面，总结清朝统治者与太平军作战的经验教训，也反映出清朝政府残酷剥削人民和政治、军事腐败不堪的事实。夏燮以安徽一省情况说明清政府在经济上的残酷榨取："东南之民肝脑涂地，抑已酷矣。而皖又甚焉。昔人感时世而吟曰：'桑柘废来犹纳税，田园荒尽尚征苗。'今吾皖之民悉索敝赋，困于官……有佃辞其主、主焚其券欲求已责而不能者，则诚所谓'任是深山更深处，也应无计避征徭'也！"② 书中暴露官军将帅互相掣肘、怯战不前、"从容观望"、贪生怕死的事实更比比皆是。故

---

① 夏燮：《明通鉴》附编卷六，清康熙三年。
② 夏燮：《粤氛纪事》卷九《皖南逾岭》，同治间刻本。

此书虽是站在清朝统治者的立场来记载议论，但因夏燮著史一向怀抱着以史为鉴、据实直书的宗旨，因此也能反映出当时严重的社会矛盾。在体裁上，本书采用分省为篇的纪事本末体，以粤西起事、两楚被兵、浔皖失援、长江挺险、西江反噬、七闽用兵等专题分卷，也体现出其根据各省地理形势总结军事上的教训这一撰写意图。

《海国图志》《日本国志》比较

历史学领域的比较研究可以分为两个分支学科。一为"历史比较研究",主要侧重于社会史、经济史等方面。一为"史学比较研究",既可以是中外史学的比较,也可以是中国史学的比较,包括不同时期的史学、不同史家、不同史著的比较。

比较研究的主要功能在于,它能够推进我们的认识能力,开阔我们的视野,使我们对研究对象的认识达到更加准确、更加深刻。事物的特点和意义是相比较而存在的,而且由于适当的比较而相得益彰。"要了解一个限定的历史时期,必须跳出它的局限,把它与其他历史时期相比较。"① 这是马克思的名言。所以马克思研究资本主义的生产、交换、流通的特点,就不仅研究它们本身,还以之与前资本主义的生产方式相比较,与资本主义生产关系发展程度不高的国家作比较。毛泽东同志研究中国革命战争史的特点,则拿它与国民党的战争史作比较。比较不同时期的史学名著,如《史记》和《汉书》,《史通》和《文史通义》,以及进入近代史阶段以后出现的名著《海国图志》和《日本国志》,就可

---

① 马克思:《十八世纪外交史内幕》,《马克思恩格斯全集》第四十四卷,人民出版社1982年版,第287页。

以广泛地考察两者之间联系、继承、发展的各个侧面，更加清楚地认识他们史学的不同特点，以及各自在史学发展史上的地位，促使我们的认识更趋深化和更加正确。季羡林先生说：比较方法"会大大扩大我们的视野，会提供给我们很多灵感，会大大有助于讨论的推进与深入。……中国的社会科学，其中也包括人文科学，想要要前进，想要有所突破，有所创新，除了努力学习马克思主义以外，利用比较的方法是关键之一"①。季先生的论述无疑是很中肯的。

比较研究方法的又一重要功能，是通过认识事物的客观联系去发现规律性现象，经由对具体事物的认识达到抽象的概括，达到认识过程的更高层次。通过比较，总结出前代进步史家与保守史家之间不同的旨趣，即他们具有不同的思想和学风，可以帮助我们认识：中国古代及近代史学不是只具备同一的品格和性质，而是存在着进步史家与保守倾向严重的史家之间的差异或对立。这是中国史学史重要的规律性现象之一。通过比较，总结出的继承、发展关系，可以帮助我们加深认识史学作为文化的一门重要学科，它的发展具有相对独立性。一个时期史家的成就高低往往受到两个主要因素的制约。一是时代条件的制约，即要看一个时代是否出现了有利于史学发展的经济、政治、文化条件。一是史家是否善于继承前代史家的史学成就，在前人的基础上继续前进。不借助比较研究的方法，我们就难以从具体的认识上升到抽象的认识，难以达到确有科学价值的宏观概括。

既然比较研究能推进认识达到更加准确和深刻，能帮助我们从具体事物的联系中总结出规律性现象，那么，在研究近代史学演进过程中就有必要重视运用它。近代中国社会为逐步摆脱封建蒙昧和与世隔绝的状态，走过了异常艰难曲折的路程。近代社会的急剧变化敏锐地反映到史学的演进中，而进步的史学著作由于反映了时代前进的要求，又反过来对社会变动产生直接的影响。魏源在鸦片战争时期编撰的《海国图志》，和黄遵宪在甲午战争前撰著的《日本国志》就是这样的两部名著。对这两部史书作一

---

① 季羡林：《比较文学与民间文学》，北京大学出版社1991年版，第149页。

番比较研究，将不仅能推进我们对魏源、黄遵宪史学成就的认识，而且有助于探索近代史学演进的规律。

魏源《海国图志》初稿五十卷本成书于道光二十二年（1842）十二月，时距《南京条约》签订才四个月。后于道光二十七年（1847）增订为六十卷，咸丰二年（1852）再次增订为一百卷。全书包括论（《筹海篇》一至四）、图（各国沿革图）、志（志东南洋海岸各国、志东南洋各岛、志大西洋欧罗巴各国、志北洋俄罗斯国、志外大洋弥利坚等）、表（西洋各国教门表、中国西洋纪年表等）以及附录（夷情备采、器艺货币等）。黄遵宪（1848—1905）《日本国志》是他在驻日使馆参赞任上创稿的，光绪八年（1882）春他由日本调任美国旧金山总领事时已写出初稿。[1] 至光绪十一年（1885）秋黄遵宪由美告假回国后又继续编纂，历二年最后完成，时为光绪十三年（1887）夏。全书共四十卷，分为十篇"志"（国统、邻交、天文、地理、职官、食货、兵、刑法、学术、礼俗、物产、工艺），并配合以"表"（《中东年表》，东指日本）和"论"（各卷几乎都有序论或后论，且有不少长达数千字）而成。

假如从表象看问题，《海国图志》介绍外国史地知识包括了亚、欧、美、非各大洲，而《日本国志》只专记日本一国，两书范围之广狭相去甚远，似乎不适于比较。其实，这是由于未能达到对两部史书深层认识的原故。我们试就两书的背景、观点、内容、影响作逐层比较，即可以认识：两部史书具有相同的主题，都不愧为近代向西方寻找真理的里程碑式的著作。

一、时代条件和撰述意图的比较

这个问题可以从三个方面论述。

---

[1] 黄遵宪《人境庐诗草》卷四《奉命为美国三富兰西士果总领事留别日本诸君子》诗有"草完明治维新史"句。（三富兰西士果即旧金山。）见黄遵宪著，钱仲联笺注《人境庐诗草笺注》，上海古籍出版社1981年版，第340页。

首先是时代条件的比较。《海国图志》是因鸦片战争的直接刺激产生的。鸦片战争标志着东西方不同的制度文化"两极相逢"的矛盾，以英国武装侵略这种极端尖锐的方式爆发了。其结果，一方面是一向以"天朝上国"自居的清皇朝已彻底暴露出其腐朽衰弱的本质。嘉道以来不断加深的民族危机，如今由于外国侵略威胁着中国的生存，更加严重了。又一方面，中国的屈辱战败，造成了封建专制统治的落后性与西方资本主义的先进性的鲜明对比，这就刺激着爱国敏感的先进人物睁开眼睛看世界，开始走上向西方学习的道路。《海国图志》正是这一历史转折时期的先驱著作。魏源认为，最紧迫的问题是了解外国情形，摒弃夜郎自大、闭目塞听的愚顽态度："欲制外夷者，必先悉夷情始；欲悉夷情者，必先立译馆翻夷书始。"他抨击统治集团对世界的昏暗无知："以通市二百年之国，竟莫知其方向，莫悉其离合。""苟有议翻夷书、刺夷事者，则必曰多事。"[1] 他尤其感慨于英国"处处侦我虚实"，"故洞悉中国情形"；"而中国反无一人了彼情伪，无一事师彼长技，喟矣哉！……使后世有人焉，曰翻夷书，刺夷事，筹夷情，如外夷之侦我虚实，其不转罪以多事，甚坐以通番者几希"！[2] 这些可能招来的非议和压力他都置之度外，呕心沥血地从事研究外国史地这一首创性工作，"钩稽贯串，创榛辟莽，前驱先路"[3]，编撰成一部当时在中国和东方内容最丰富的世界史地巨著。

《日本国志》的产生约在《海国图志》之后四十年。黄遵宪继承了魏源开创的近代爱国史学的传统并在新的时代条件下加以发展，《日本国志》通过记述日本明治维新的历史，回答了进一步学习西方制度文化、发展资本主义的时代课题。

在十九世纪七八十年代，中国社会的主要矛盾仍然是中华民族与帝国主义的矛盾。新的时代特点是：由于西方列强继续对中

---

[1] 魏源：《海国图志》卷二《筹海篇三》，第26页。
[2] 魏源：《海国图志》卷九《暹罗东南属国今为英吉利新嘉坡沿革三》，第449页。
[3] 魏源：《海国图志原叙》，第1页。

国进行武力侵略（第二次鸦片战争、中法战争），民族危机更深重了；再者，这一时期中国沿海地区开始出现了一批民办新式企业，民族资本主义开始出现，它尽管弱小，但对于早已腐朽的封建制度来说，却是新生的社会力量，要求冲破封建势力和外国资本的压迫而获得发展。因此，时代前进的要求，是学习西方、实行改革和发展资本主义，这种反映社会进步力量的要求与封建专制统治产生了越来越深刻激烈的对抗。这种对抗在思想文化领域的突出表现，是主张学习西方与坚持"用夏变夷"的冲突。在黄遵宪随使日本以前，曾经发生过两次引人注目的事件。同治十三年（1874），因日本侵台，朝野感到国势危急，亟需图强，朝臣和地方官员中，都有人提出采用西法练兵、筹建机器制造局、任用懂得西学和外文的人管理工厂制造以备日后出使外国或办理军务等项之用的建议，廷寄各地讨论。顽固派官僚于凌辰（通政使）、王家璧（大理寺少卿）立即狂怒般加以反对，称："师事洋人，可耻孰甚。"抬出"古圣贤""用夏变夷"的法宝，质问提出建议的人"直欲不用夷变夏不止"！[①] 还挖苦主张学习西法的人是"以能顺夷情不顾国是"[②]。这等于用心险恶地指控主张学习西法的人是忘本、投降、卖国！其后，围绕郭嵩焘出使欧洲日记又引起一场轩然大波。因他在日记中说西方国家也有二千年文明，不能以夷狄视之一类话，竟"引起满朝士大夫之公愤"，被骂为"不知是何肺肝"，[③]"有二心于英国，欲中国臣事之"，简直成了卖国的罪人！最后"有诏申斥"，"毁其《使西记》版"，郭嵩焘本人也从公使任上被撤回。[④] 这些都反映出新的进步倾向与封建禁锢势力的尖锐矛盾。

时代的要求，就是以充分的、确凿的事实，证明变革封建制

[①] 《光绪元年二月二十七日通政使于凌辰奏折》，见中国史学会主编《洋务运动》第一册，上海人民出版社2000年版，第121页。
[②] 《光绪元年二月二十七日大理寺少卿王家璧奏折》，见中国史学会主编《洋务运动》第一册，第126页。
[③] 李慈铭：《越缦堂读书记》，中华书局1963年版，第483页。
[④] 王闿运《湘绮楼日记》引何金寿疏劾郭嵩焘的话，岳麓书社1997年版，第579页。

度、学习西法才能进步,有力地驳斥顽固派"用夏变夷"的论调。《日本国志》正是担负着这种任务出世的。黄遵宪在驻日使馆参赞任上(1877—1882)考察了日本明治维新的历史,又在驻旧金山总领事任上(1882—1885)考察了美国成为西方世界"泱泱大国"的历史,使他清楚地看到封建制度的落后和资本主义制度的先进。他以雄辩的事实证明:只有开放和互相师法,才能由弱变强。日本由于明治维新以来打破了"闭关自守"的局面,"取法于泰西","竞事外交,骎骎乎进开明之域,与诸大争衡。向使闭关谢绝,至今仍一洪荒草昧未开之国耳!则信乎交邻之果有大益也"。西方各国的强盛更是由于互相师法:"欧洲之兴也,正以诸国鼎峙,各不相让,艺术以相摩而善,武备以相竞而强,物产以有无相通,得以尽地利而夺人巧。……(法国)合纵连横,邻交日盛,而国势日强。比之罗马一统时,其进步不可以道里计。"① 他更指出:中国和西方在技术、文化上先进与落后的悬殊对比是客观存在的,"弓矢不可敌大炮,桨橹不可敌轮舶,恶西法者亦当知之",守旧派却死抱着迂腐的偏见,"恶其异类","以通其艺为辱,效其法为耻,何其隘也"!他们的病根在于:"特未知今日时势之不同,古人'用夏变夷'之说深入于中。"这种愚顽的态度不改变,中国永远落后,"我不能与之争雄,彼挟其所长,日以欺侮我,凌逼我"。② 这些论述,恰恰是对于顽固派论调的有力驳斥。

其次,是两人思想观点形成过程的比较。

魏源和黄遵宪的思想历程都是从关心国家民族命运、主张革新出发,都经历过"剧变"阶段,但又各具不同的时代风采。魏源在鸦片战争前,就勇于揭露封建专制统治的许多弊端,阐述历史变化的观点,主张"变古愈尽,便民愈甚"③。他还尖锐地批判

---

① 黄遵宪:《日本国志》卷四《邻交志》序论,光绪二十四年(1898)上海图书集成印书局刻印。
② 黄遵宪:《日本国志》卷三十二《学术志一》。
③ 魏源:《默觚下·治篇五》,《魏源集》,第48页。

烦琐考据的严重危害是"锢天下聪明知慧使尽出于无用之一途"①。他和龚自珍,是当时齐名的"经世""变革"思潮的代表人物。这种进步思想和学风,到了鸦片战争这一时代转捩点,由于国内激烈矛盾的推动,就产生了质的飞跃,倡导了解外国、学习外国,焕发出新的时代光彩。在鸦片战争中,魏源是坚决的禁烟派和抵抗派,他一直深切地关注着战争事态的进展,曾两次到过浙江前线,还审问过英国战俘安突德,向他了解英国的历史和现状,写成《英吉利小记》。他与林则徐是挚友,后来林则徐郑重地嘱托他撰修《海国图志》。所以《海国图志》一百卷不但是魏源本人发愤之作,而且是近代史开端时期爱国抵抗路线在文化领域结出的硕果。

黄遵宪能写出《日本国志》也决非偶然。他在青年时代就富有革新和批判精神。《人境庐诗草》开宗明义第一篇《感怀》诗中,他激烈地批判儒学的保守传统,辛辣地讽刺了儒生泥古守旧的迂腐习气。他还抨击清朝统治者所提倡的程朱理学和风靡于世的考据学:"均之筐箧物,操此何施设?"以后,他又在诗中揭露八股科举考试制度是束缚士人的枷锁,并提出诗歌创作应该做到"我手写我口,古岂能拘牵"②。鲜明地主张诗人应写出对于当今时代的新鲜感受,从而成为晚清"诗界革命"的先声。黄遵宪第一次接触资本主义物质文明,就表现出他锐敏的观察能力。同治九年(1870)他到广州应乡试后游历了香港,所写诗中,他一方面谴责英国把香港作为侵略中国的据点,"虎穴人雄据","高垒蠱狼烽",另一方面又赞扬这里经济文化的先进,"《博物》张华志,千间广厦开","中外通喉舌,纵横积货财","官山还府海,人力信雄哉"!③他所看到的资本主义先进性和侵略性两重性质正符合事情的本质。他随使到日本时,正是明治维新"百度草创"的时期,他冲破传统偏见的束缚,努力体察日本"改从西法"带

---

① 魏源:《武进李申耆先生传》,《魏源集》,第359页。
② 黄遵宪著,钱钟联笺注:《人境庐诗草笺注》卷一《杂感》,第42页。
③ 黄遵宪著,钱仲联笺注:《人境庐诗草》卷一《香港感怀十首》,第64—71页。

来的新变化，并且阅读卢骚、孟德斯鸠民权学说的著作，"心志为之一变"①。在日本迅速资本主义化的现实和充满新鲜气息的"平等""民主"学说面前，黄遵宪的思想由原来的主张革新到拥护民权，实现了质的飞跃。尽管后来他的思想观点有局部的倒退，但这一基本信仰终其一生而不变。这一意义重大的思想飞跃，正是他撰写《日本国志》的思想基础。

第三，是编撰意图的比较。

《海国图志》《日本国志》的撰写目的，都可以用"救亡图强"来作概括，但又明显地反映出近代史进程不同的阶段特点。前者主要服从于反抗英国武装侵略这一紧迫需要，后者则更多地通过全面研究日本效法资本主义的制度文化来为中国提供借鉴。

魏源撰著《海国图志》的动机极为明确，就是为了对付侵略者："是书何以作？曰：为以夷攻夷而作，为以夷款夷而作，为师夷长技以制夷而作。"②因此，魏源介绍外国史地，特别注重搜求外国人的记载，"以西洋人谭西洋"，力求可靠。他绝不是将材料平摆罗列，书中介绍外国史地明显地贯串着反侵略思想这一主线，点明书中各部分都直接间接地服务于对付英国这一当时的主要敌人。且说英国控制新加坡是为了"独擅中华之利，而制诸国之咽喉"③；说印度提供的财力、兵力在英国侵华中起重要作用；说美国华盛顿领导的独立战争："同仇一倡，不约成城"，"（遂）〔逐〕走强敌，尽复故疆"。④都是启发中国人民去对付侵略者。

魏源正确地估计到，不平等条约签订之后，侵略的危险"尤当倍于未款之时"⑤。他大声疾呼要振奋人心，革除腐败，走"富国强兵"的道路，"此凡有血气者所宜愤悱，凡有耳目心智者所宜讲画也"⑥。因此，书中在介绍外国史地的同时，又尽力介绍当

---

① 《东海公来简》，《新民丛报》第十三号，1902年5月。
② 魏源：《海国图志原叙》，第1页。
③ 魏源：《海国图志》卷九《暹罗东南属国今为英志利新嘉坡沿革三》，第443页。
④ 魏源：《海国图志》卷五十九《外大西洋墨利加洲总叙》，第1161页。
⑤ 魏源：《海国图志》卷二《筹海篇三》，第26页。
⑥ 魏源：《海国图志原叙》，第1页。

时所能了解到的西方国家达到富强之道,包括船舰兵器制造,养兵练兵方法,以及蒸汽机、火车、织布机、运河、港口设施,钞票、银行、汇兑、保险知识,等等。一是唤醒人们研究外国情形,一是倡导学习西方富强之道——魏源这两个反映了时代脉搏的进步观点,开创了近代政治思想和学术思想的新风气,影响至为深远。正如王韬所说,《海国图志》是近代中国人"谈海外掌故之嚆矢"[1],而且"'师长'之说,实倡先声"[2]。在近代史学史和思想史上,《海国图志》当之无愧是研究外国史地和宣传改革思想的先驱名著。

黄遵宪的撰述意图,在《日本国志书成志感》诗中有深刻的反映:"湖海归来气未除,忧天热血几时摅?《千秋鉴》借《吾妻镜》,四壁图悬人境庐。改制世方尊白统,《罪言》我窃比《黄书》。频年风雨鸡鸣夕,洒泪挑灯自卷舒。"[3] 他目睹中国处于风雨如磐的险恶局势中,怀着满腔的"忧天热血",把日本明治维新的成效作为自己国家的千秋史鉴,同时着意介绍西方国家的发展取向。所以他提醒人们《日本国志》实际上是一部政论,书中有他开出的医治祖国积弱的药方。黄遵宪在《日本国志·凡例》中还强调说:"检昨日之历以用之今日则妄,执古方以药今病则谬,故杰俊贵识时;不出户庭而论天下事则浮,坐云雾以观人之国则暗,故兵家贵知彼。日本变法以来,革故鼎新,旧日政令,百不存一。今所撰录,皆详今略古,详近略远。凡牵涉西法,尤加详备,期适用也。"[4] 这同样表明,在《日本国志》中,他汇合了考察日本"维新"和后来在美国直接考察"西法"两个认识过程的结晶,目的就是为了治愈中国"今日之病"。

黄遵宪同样感慨于中国士大夫对外国情形的昏暗无知:"中

---

[1] 王韬:《弢园文录外编》卷九,第363页。
[2] 王韬:《扶桑游记》,见钟叔河主编《走向世界丛书》本,岳麓出社1985年版,第413页。"师长"即"师夷长技"。
[3] 黄遵宪著,钱钟联笺注:《人境庐诗草笺注》卷五《日本国志书成志感》,第443—444页。诗中《吾妻镜》是日本史书名,比喻日本的历史。《黄书》是明清之际启蒙思想家王夫之所著的一部政论书。
[4] 黄遵宪:《日本国志·凡例》。

国士夫，好谈古义，足己自封，于外事不屑措意。无论泰西，即日本与我，仅隔一衣带水，击柝相闻，朝发可以夕至，亦视之若海外三神山，可望而不可即；若邹衍之谈九州，一似六合之外，荒诞不足论议也者，可不谓狭隘欤?!"① 撰写《日本国志》，就是为了廓清迷雾，提供正确的地理、可靠的历史，尤其要研究明治维新"革故鼎新"中建立起来的制度。就研究外国史地的范围而言，《日本国志》远远不像《海国图志》那么广阔，这是书的性质所决定的；而就研究的程度说，《日本国志》却是大大深入了，无论在材料的准确上、认识的深度上，都达到了更高的层次。魏源的时代，中外接触刚刚开始，他的足迹又未出国门，自然只能依据间接的材料（即使是可靠的外国人记载，对于魏源本人来说仍是未经验证过的间接材料），所以论述中有不少错误。日本是中国的近邻，但由于那时两国都是封闭式社会，中国人对日本的了解确如"十里云雾"，偶有中国商人、船员到达日本，所到只是长崎一带，便误以为这窄小的范围为整个日本，并且以讹传讹。《海国图志》便错误地根据《瀛寰志略》，说日本国由长崎、萨峒马（即萨摩）、对马三岛组成，而《瀛寰志略》所依据的又是陈伦炯《海国闻见录》。直到光绪三年（1877），黄遵宪所随使团一行到达日本，才澄清了"海上三神山"的讹误，记述了日本地理的面目。70年代的实地考察代替了40年代的仅凭传闻，取得了这一进步。

更有实质意义的是让中国人了解明治维新的历史和成效，这才是当时日本的真面目。这场日本历史上划时代的事件，使日本走上资本主义道路，由弱变强，并将直接影响中国和东方各国的历史进程。这段时间到过日本的中国商人或文士，有的留下了对明治维新的观感，只是作浮光掠影式的泛论，而且说法歧异，莫衷一是。陈其元《日本近事记》称明治维新造成了混乱的局面，他甚至荒唐地提议清廷渡海东征，扶助幕府复辟。② 金安清《东

---

① 黄遵宪：《日本国志叙》。
② 见陈其元《日本近事记》，见王锡祺辑《小方壶斋舆地丛钞》初编第十帙，杭州古籍书店1985年版，第265—267页。

倭考》则措辞含混，似褒似贬，既称明治天皇"其远大之志，一如赵武灵王之类"，又说他"严令遽设"，"强狠沉鸷"。① 较有见识的是李圭，他于1876年到美国费城参加美国建国一百周年而举办的博览会，途中访问了日本，他称赞日本"崇尚西学，效用西法有益之举，毅然而改者极多。故能强本弱干，雄视东海"②。但他只是在赴美途中顺笔写下简略的观感。有鉴于此，黄遵宪要做的是：对明治维新作深入的研究，撰写出一部"实录"式的著作。他大量采用了政府"布告之书及各官省年报"③，还对朝野人士广泛接触、访问，另采书达二百余种，由于《日本国志》立论鲜明，材料翔实，所以当时就被誉为一部"奇作"④，有的评论还称赞说："《日本国志》一书，海内奉为瑰宝。由是诵说之士，抵掌而道域外之观，不致如堕五里雾中，厥功洵伟矣哉！"⑤

二、向西方学习的观点之比较

历史著作的最大社会价值，在于通过记述史事以启示未来。向西方寻找真理是中国近代社会的前进方向。这一前进方向，恰恰是在《海国图志》中首先显示出来，而在《日本国志》中表现得相当明确、具体、切实。

魏源在《海国图志》中提出的"师夷长技"具有重大的进步意义。他有勇气承认中国落后，有决心赶上先进的西方，所以这个口号影响了整个近代。由于时代条件限制，魏源学习西方的重点是放在"船坚炮利"上，学习西方的军事技术。他说："（英吉利）不务行教而专行贾，且佐行贾以行兵，兵贾相资，遂雄岛

---

① 金安清：《东倭考》，《倭变事略》，上海书店1982年版，第208页。
② 李圭：《环游地球新录》，湖南人民出版社1980年版，第127页。
③ 郑子瑜、实藤惠秀编：《黄遵宪与日本友人笔谈遗稿》，"己卯笔话"，早稻田大学东洋文学研究会1968年版，第284页。
④ 薛福成：《日本国志序》，《日本国志》卷首。
⑤ 《狄葆贤平等阁诗话》，见《人境庐诗草笺注》附录三《诗话上（各家诗话）》，第1274页。

夷。……故今志于英夷特详。志西洋正所以志英吉利也。塞其害、师其长，彼且为我富强；舍其长、甘其害，我乌制彼胜败？"① 在当时鸦片与大炮一齐袭来的紧迫复杂情况下，难得有这种能选择、有眼光、为我所用的辩证态度。

魏源的可贵之处，还在于他初步认识到资本主义制度的优越性，为长期遭受封建专制主义窒息的思想界注入了一股新鲜空气。他向往瑞士"皆推择乡官理事，不立王侯"的民主制度，称之为"西土之桃花源"。② 赞美美国的民主制度："二十七部酋分东西二路，而公举一大酋总摄之，匪惟不世及，且不四载即受代，一变古今官家之局，而人心翕然，可不谓公乎！议事听讼，选官举贤，皆自下始，众可可之，众否否之，众好好之，众恶恶之，三占以二，舍独徇同，即在下预议之人亦先由公举，可不谓周乎！"③ 这种赞美之中就包含着对专制、"世及"的封建"官家之局"的批评。魏源"师夷长技"也已超出单纯学习军事技术的范围。他主张设局制造轮船枪炮，同时主张兼办民用工业，"凡有益民用者，皆可于此造之"，如千里镜、火轮机、自转碓、千斤秤等；并允许私人设厂制造，"沿海商民有自愿仿设厂局以造船械，或自用、或出售者，听之"。④ 这些主张，客观上有可能利于在中国发展资本主义。

比起魏源对资本主义的初步认识，黄遵宪经过实地考察所得的看法则要高出很多。

首先，《日本国志》在记述明治维新历史时，相当鲜明地赞扬了民权思想，抨击了专制制度的罪恶。他反复地强调：宣传民权学说，要求召开国会，"庶人议政，倡国主为共和"，是日本转向兴盛的关键。"日本今日之兴，始仆幕府，终立国会，固天时人事相生相激，相摩相荡，而后成此局也。"并预见到民权学说在日本方兴未艾，形势将继续发展。还应注意到，黄遵宪肯定议

---

① 魏源：《海国图志》卷三十七《大西洋欧罗巴洲各国总序》，第 1092—1093 页。
② 魏源：《海国图志》卷四十七《瑞国沿革》，第 1337 页。
③ 魏源：《海国图志》卷五十九《外大西洋墨利加洲总叙》，第 1611 页。
④ 魏源：《海国图志》卷二《筹海篇三》，第 30、32 页。

《海国图志》《日本国志》比较

会民主制度的优越是同揭露封建专制的严重弊病对照论述的。他说："盖自封建以后，尊卑之分，上下悬绝。""小民任其鱼肉，含冤茹苦，无可控诉。或越分而上请，疏奏未上，刀锯旋加。瞻仰君门，如天如神，穷高极远。盖积威所劫，上之于下，压制极矣！此郁极而必伸者，势也。维新以来，悉从西法。……朝廷之下诏，已以渐建立宪政体，许之民论。"① 在这里，他激烈地抨击了专制制度在社会地位、经济负担、刑法治理各方面对平民的残酷压制，论证了议会民主制度代替封建制度是历史的必然，也是历史的巨大进步。而他批判的锋芒同样指向中国的封建专制。他描述西方议会民主制度："其国大政事、大征伐皆举国会议，询谋佥同而后行。其荐贤授能、拜爵叙官，皆以公选。……君臣上下无甚差别，相维相系，而民气易固。"② 表达了对西方民主制度的由衷向往。他又赞扬西方的立法制度，说："人无论尊卑，事无论大小，悉予之权以使之无抑，复立之限以使之无纵。胥全国上下同受治于法律之中。"③ 这些论述，都接触到西方政治法律制度的实质性内容。

其次，与十九世纪七八十年代国内发展民族资本主义的历史要求相一致，黄遵宪在《日本国志》中大量输入了西方近代经济观念，如奖殖产业、崇尚竞争、讲求联合、注重理财等等。他概述西方国家采取保护政策，举国上下增殖产业、对外竞争的强烈意识："今海外各国，汲汲求富。君臣上下，并力一心，期所以以繁殖物产。""故其在国中也，则日讨国人，朝夕申儆，教以务财、力农、蓄工。于己所有者，设法以护之，加意以精之。"④ 在这里，他根据多年在国外的考察体验，描绘出一幅西方各国在激烈的竞争中发展生产、增强国力的生动图画。黄遵宪所论及的经济观念，包括国家对商人的资助保护、改进技术、培养专门人才、及时掌握市场需要等方面，强调发展生产、对外竞争的意

① 黄遵宪：《日本国志》卷三《国统志三》。
② 黄遵宪：《日本国志》卷三十二《学术志一》。
③ 黄遵宪：《日本国志》卷二十七《刑法志一》。
④ 黄遵宪：《日本国志》卷三十八《物产志一》。

识，已经成为西方国家立国和强盛的基础。同时，他批评清朝统治者"拘拘古制"的保守意识造成了国家的落后。

黄遵宪反复论述"联合"观念的重要和它对西方社会发展所起的作用："举世间力之最巨者莫如联合力。……凡世间物力皆有尽，独联合力无尽，故最巨也。"① 而这种"联合"起来以求增强国力、提高工艺、对外竞争的思想意识，正是打破中国中世纪以来小农生产狭小规模长期形成的分散、闭塞、落后的格局所迫切需要的。

三、社会影响之比较

《海国图志》由于提供了当时人们迫切需要的世界知识和御侮图强办法，对近代思想界有深远的影响。《海国图志》五十卷本、六十卷本、百卷本刊行后都风行海内，"吴中为之纸贵"②。其后至本世纪初，又先后刊行六次之多。何以如此受到重视？魏源的两个同时代人作了很好的回答。姚莹在《康輶纪行》中说："余数十年之所以欲言所欲究者，得默深此书，可以释然无憾矣？"③ 陈澧则在致友人信中说："魏君可谓有志之士矣，非毅然以振国威、安边境为己任，何其编录之周详，议论之激切如此哉！"④ 直到光绪五年（1979），此书仍对青年康有为确立维新思想起到重要作用。⑤ 正如梁启超所说："其论实支配百年来之人心，直至今日犹未脱离净尽，则其在历史上关系，不得谓细

---

① 黄遵宪：《日本国志》卷三十七《礼俗志四》。
② 陈善圻：《重刊海国图志序》，见魏源《海国图志》（四），岳麓书社 2011 年版，第 2237 页。
③ 姚莹：《康輶纪行》卷十二"商贾说外夷有裨正史"条。
④ 陈澧：《东塾集》卷二《书〈海国图志〉后——呈张南山先生》，菊坡精舍刊本。
⑤ 见中国史学会主编《戊戌变法》第四册《康南海自编年谱》光绪五年，第 114—115 页。

也。"① 这些都是对《海国图志》在近代思想界产生深远影响的最好评语。

《海国图志》撰成后即远传日本。根据日本学者的研究，1852—1854 年，就有三次运到日本，总数二十多部。当时，日本主张锁国与开国两派斗争激烈，《海国图志》的输入，使日本进步人士学到了外国知识，开阔了眼界，更加认识了开国的重要。日本历史学者井上清说："幕府末期的日本学者文化人等，经由中国输入的文献所学到的西洋情形与一般近代文化，并不比经过荷兰所学到的有何逊色。例如横井小楠的思想起了革命，倾向开国主义，其契机是读了中国的《海国图志》。"又说："在嘉永、安政之交（按，嘉永、安政年号是 1848—1853 年、1854—1859 年），从佐久间象山、吉田松荫、安井息轩、横井小楠、桥木佐内起，谈论外交、有志海外事务的人，都争读这本书。幕府末期人士又经由中国文献的媒介，最初获得关于国际法和立宪政治的知识。"② 另一位日本历史学者信夫清三郎也说："1853 年，魏源的《海国图志》传入日本，与《坤舆图识》一起成为追求海外知识的幕末志士的必读书。"③ 由此可见，《海国图志》确实对明治维新这场政治改革起到积极作用。

19 世纪 50 年代，中国和日本同是闭塞落后的封建社会。然而，仅仅过了三十年，明治维新这场改革运动却使日本一跃而成为先进国家，并称雄于东方。短短三十年间，观念、知识的先进与落后翻了个儿。原来是向中国学习的日本现在反而成了中国的老师。近代史上这一戏剧性情节曾经引起多少人的感慨，但单单感慨并无助于从历史中汲取教益，需要的是深入分析。首先是中日两国民族文化心理的差别。中国长期是东方文化的源泉，备受周围各国的崇敬。这本是好事，可是却由此而产生"唯我独尊"

---

① 梁启超：《中国近三百年学术史》，《饮冰室合集》专集之七十五，第 323 页。
② 井上清：《日本现代史》第一卷第四章，生活·读书·新知三联书店 1956 年版，第 215 页。
③ 信夫清三郎：《日本政治史》第一卷第三章，上海译文出版社 1982 年版，第 181 页。

的傲慢态度，视外国为未开化的夷狄，"严夷夏之防"，实行彻底的文化隔绝。《海国图志》能够在日本间接引起一场有声有色的改革运动，在中国则没有产生触动清朝政治的结果，就是这种沉重的历史包袱的明证。魏源预言后世向国内传播外国知识的人将会获罪的话，也恰好被郭嵩焘的遭遇所证实。日本人则没有这种历史包袱。日本在历史上就曾大规模学习中国隋唐文化，如黄遵宪所说："中古以还，瞻仰中华，出聘之车，冠盖络绎。上自天时、地理、官制、兵备，暨乎典章制度、语言文学，至于饮食居处之细、玩好游戏之微，无一不取法于大唐。"① 实际上，日本历史上还曾大量吸收朝鲜、印度的文化。因而在了解外国文化、认识其价值方面，不像中国那样存在着传统的偏见。这是中日之间文化心理上的很大差异。

其次，社会经济因素对思想文化产生的作用也不容忽视。日本作为一个海洋国家，方便的海上运输条件有利于商品经济的发展，使主要城市在明治维新前已经既是经济的中心，又是文化的中心。进步的思想文化，在城市得到交流、集中、提高，然后又普及到各地，这样就有可能形成一种社会力量。井上清对此有很好的分析，他比较中日两国的状况说："日本比中国先形成民族中心市场"，"日本有围绕着三都（按，指大阪、江户、京都）及长崎的四大文化中心；日本全国的人和商品都流入那里，再分散到全国去，文化也汇集到那里，提高以后再分布全国"。"全国各地的第一流学者已经汇集在一起，互相交往合作。在江户这个政治中心不但影响幕府，并且给全国各藩人才以良好的影响。"② 而当时中国商品经济的发展，却未能达到形成集中全国经济和文化的中心城市的程度。

由此，我们可以得出一个深刻的历史启示：一个国家历史上的先进人物所形成的进步思想、认识，还必须与恰当的民族文化心理与价值观念相结合，并有一定的社会经济发展水平作为基

---

① 黄遵宪：《日本国志》卷四《邻交志上一》。
② 井上清：《日本现代史》第一卷第四章，第215—216页。

础，才能产生强大的力量。

《日本国志》则对国内的政治产生了直接的影响。这种情况的社会经济背景是，当时国内民族资本主义已经出现。《日本国志》所论述的日本"改从西法"的道路正好反映出民族资本的发展要求。其政治背景是，老大的清帝国被经过明治维新强盛起来的日本打得惨败，继之列强又掀起瓜分中国狂潮，民族存亡危在旦夕，举国上下群情激愤，痛切呼吁变革图强。于是，《日本国志》被视为一部救国良策，又被维新派视为变法教科书。光绪二十一年（1895）秋，总理衙门章京袁昶从北京到江宁见张之洞，迢迢几千里，行箧中却带着《日本国志》。当时他遇到刚从新加坡总领事任上奉调回国的黄遵宪，感慨地说："此书早流布，直可省岁币！"① 梁启超则断言："有王者起，必将取法。斯书乎，岂可仅以史乎？史乎？目之哉？"② 在光绪帝最后决心变法和筹划具体步骤的关键时刻，曾急切地向翁同龢索取《日本国志》，因翁一时未备而甚为不满，"颇致诘难"。翁送上一部后，继而又再要了一部。③ 光绪帝在百日维新中颁行的各项新政上谕，固然很大部分是采纳康有为历陈的建议，而其中又有不少内容，如：命各部删去旧例、另定简明则例，选宗室王公游历各国，饬户部编列预算，命各省设商务局，命地方官振兴农业，试办机器，兴办农务局、农会，分设丝茶公司，振兴工艺，开矿，修铁路，置邮政，等等，则又明显地受到《日本国志》中明治新政及黄遵宪论政的影响。戊戌变法企图通过对封建政治实行资产阶级性的改革和发展资本主义的办法，达到国家的富强，反映了历史前进的潮流，具有巨大的进步意义。但是由于维新派缺乏深厚的社会基础，力量微小，结果被凶恶的顽固势力扼杀了。历史给我们的又一启示是：由于中国封建反动势力的强大，资产阶级改良的道路在中国行不通，必须首先以革命手段推翻反动统治，中国才有

---

① 黄遵宪著，钱仲联笺注：《人境庐诗草笺注》卷十《三哀诗·袁爽秋京卿》，第1000页。
② 梁启超：《日本国志后叙》，见《日本国志》卷末。
③ 参见《翁文恭公日记》及《人境庐诗草》卷九《己亥杂诗》。

出路。

四、编撰思想的比较

《海国图志》和《日本国志》在编撰上的一个共同特点,是创造性地运用典志体以容纳具有时代色彩的内容。在中国史学史上,典志体向为有识史家所重视。司马迁的"八书"、班固的"十志"都是典志体的杰作。以后,又发展为大型的典志体史书,最著名的有《通典》《通志》《文献通考》。典志体在传统史学中占据这样重要的地位,近代史家魏源、黄遵宪又如此重视,其中有深刻的原因,最主要有两条。一是它适合于反映社会史的丰富内容。史书是记述人类活动的。人类史包括多种因素、多个侧面。典志体可以包容:各种典章制度、天文、地理、民族、经济、物产、军事、外交、学术文化等。每一部分既可反映社会史的一个侧面,同时又可储备各种知识。在近代,迫切需要了解外国的历史、地理、制度文化,典志体史书正适合囊括这些内容。二是具有灵活性。这种体裁没有固定的框框,可根据需要调整,可以灵活变通。魏源、黄遵宪运用典志体的成功,也启发了今天的史家:可不可以创造性地改造、利用典志体,反映我们时代所需要的新内容呢?

两部史书在编撰上的又一共同特点,是善于运用其他体裁形式作补充,即显示出综合运用多种体裁的趋势。《海国图志》中《筹海篇》和各卷的叙、论,各国地图、各种器械的图,表,都与"志"配合。《日本国志》中也有大量的论(有的序论、后论长达数千字),还有各种表(如邮政局表、矿山表、国税表、岁出入总表、国债种类数目表等)。这种综合运用多种体裁的情况,也显示出史学演进的一种趋势。

两书编撰上也有不同之处。《海国图志》产生于研究外国史地的开创时期,对钩稽得来的材料多采用纂辑的形式。《日本国志》则是有系统的论述,标志着研究外国史地的进步。所以,从编撰技术说，《日本国志》要高出一个层次。这也反映出近代史学的发展。

"有比较才能鉴别。"运用史学比较研究方法有助于我们更准确、深入地分析不同史家成就的特点和地位，有助于我们正确地总结史学演进的规律，从而推进学术研究工作。

通过对《海国图志》《日本国志》作比较研究，我们更清楚地看到近代史学的共同主题是御侮、救亡、图强。这是近代社会中华民族与帝国主义这一基本矛盾在史学领域的反映。近代史学与政治的发展有十分密切的关系。史学反映了近代社会对研究外国情形，学习西方制度、文化的客观要求，反过来又对近代思想界和政治改革运动产生积极的影响。近代史家这种关注当今社会、寻找救国道路的爱国求实精神是他们历尽艰辛取得成就的强大动力。这种精神值得我们发扬。

通过比较，我们又可看到近代史学发展的阶段特点。在近代史开端，反侵略的需要十分迫切；到了19世纪后期，则进而要求学习西方的制度文化。处在近代史开端时期的进步史家向往资本主义的民主制度，但认识比较肤浅；到19世纪后期，这种认识则要深刻得多。由此可见，研究近代史学的阶段特点对于探索中国近代化过程是不可忽视的一个侧面。在历史编撰上，《海国图志》和《日本国志》有共同的特点，但后者的编撰技术更加成熟了。

黄遵宪的中西文化观

近代中西文化两极相逢的矛盾，在19世纪70年代以后进入了具有深刻意义的新阶段，即：宣传西方民主政体和社会学说，与封建专制制度和陈旧教条已日趋对立，维新变法思潮正在酝酿。推动新旧思想斗争的主要原因是：外国列强不断加剧对中国的侵略，使中国日益面临被瓜分的危险，刺激着进步的知识分子寻求救亡图强的道路；70年代和80年代起，沿海地区已经出现一批民办新式企业，标志着中国民族资产阶级已经产生，它虽然微小然而是新生的社会物质力量，要求冲破封建势力和外国资本的压制，在经济上政治上得到发展；介绍西方知识的书籍、报纸在国内陆续发行[1]，一批官员、知识分子先后被派到国外担任外交官或外出游学，大大开阔了眼界，并向国内传递西方的信息。王韬、郑观应、薛福成，以及康有为、梁启超、严复等，都是人们熟知的这一时期传播西方思想文化的先进人物。

黄遵宪也"生逢其时"，他在70年代和80年代先后担任驻日本、美国、英国外交官员，从各个侧面研究了明治维新学习西

---

[1] 如江南制造厂所译书，除科技、兵制、船政、商学书籍外，还有史志、政治、教育书籍，以及《西国近事汇编》等。早期的报纸，除传教士所办《万国公报》（上海）等外，中国人先后创办的有《中外新报》《华字日报》《循环日报》（都在香港）。

方革故取新的经验，研究了欧美社会，所撰《日本国志》，成为近代介绍日本学习西法和介绍西方文化的名著。戊戌时期，他是维新运动骨干人物之一，为宣传新文化作出了贡献。戊戌变法失败后，他仍然明确主张"大开门户容纳新学"，批评梁启超"保存国粹"的倒退观点。在文学上，他的诗作反映了新的思想文化和新世界的奇异风物，成为近代"诗界革命"的旗帜。黄遵宪关于中西文化的主张和实践是当时进步文化潮流的重要组成部分，在近代文化史上应占据一定的地位。

一、黄遵宪早年就对儒学的保守传统和当时禁锢人们头脑的有害学风作尖锐的批评。他对西方文化的看法得自多年亲身考察体验，决非浮光掠影者可比。

论述黄遵宪的文化观必须追溯到他早年的言论，他青年时期对封建文化的尖锐批评，已经显示出他后来思想发展的趋向。《人境庐诗草》开宗明义第一篇《感怀》诗中，他激烈地批评儒学的保守传统，诗中还提出了"道皇古"和"贵知今"两种不同的学风，辛辣地讽刺了封建儒生迂腐可笑的泥古做法，针砭了儒学传统因袭保守的严重弊病。在清代，统治者所提倡的程朱理学和风靡于世的烦琐考据，成为封建文化的两大支柱，黄遵宪在诗中加以抨击，称为："均之筐篚物，操此何施设！"[①] 他二十一岁时又写有一组《杂感》诗，进一步揭露八股科举制度是束缚士人的枷锁，他还提出了自己的文化史观："大块凿混沌，浑浑旋大圆，隶首不能算，知有几万年？羲轩造书契，今始岁五千。以我视后人，若居三代先。"并且吟唱："我手写我口，古岂能拘牵？

[①] 黄遵宪著，钱仲联笺注：《人境庐诗草笺注》卷一《感怀》，第9页。

即今流俗语，我若登简编，五千年后人，惊为古斓斑。"① 这里提出了颇有理论色彩的发展进化观点，进一步对封建文化的拟古倾向作有力批判。他认为，三代和当今都是历史发展的一个阶段，迷信三代、鄙薄当今是极其错误的。一味模拟因袭是把古人的糟粕当作宝贝，勇于革新创造才能推动文化的发展。因此他主张的"我手写我口"，即写出对当今时代的新鲜感受，就成为晚清"诗界革命"的先声。年轻的黄遵宪在诗中所表达的对封建文化大胆批判的态度和鲜明的革新精神，确实为晚清文化领域带来了新的气息。这除了个人的天赋和进取精神外，还有思想渊源和社会变动的深刻原因。从思想渊源说，他的观点远绍明清之际黄宗羲、王夫之的反封建精神，近承鸦片战争前后龚自珍、魏源抨击腐朽学风的进步主张。从社会变动的影响说，黄遵宪生活在岭南地区，在近代，这里最早遭受资本主义的侵略，各种社会矛盾较之内地更加尖锐，同时，这里也更多地接受西方文化的影响。这种环境在近代先后造就了不少反对封建专制、努力向西方学习的著名人物。青年黄遵宪反对保守、倡导革新的文化主张，也是时代变动的一种反映。

黄遵宪对西方资本主义文化的直接接触，开始于 1870 年。当年，二十三岁的黄遵宪由嘉应州到省城应乡试，归途中在香港作了停留，使他产生了两方面的印象。一方面，他亲眼见到这里已成为英国侵略中国的重要据点，"虎穴人雄据"，"高垒蠢狼烽"。另一方面，他又赞美这里经济文化的先进："《博物》张华志，千间广厦开"，"中外通喉舌，纵横积货财"，"官山还府海，人力信雄哉"！② 在陌生的西方文明面前，黄遵宪一开始就能相当敏锐地看到它具有先进性和侵略性两重性质，这点很值得注意。

黄遵宪对西方文化作深入考察，是在他长期担任外交官的年代。其思想发展过程有如下三个特点。一是阅历丰富，罕有其比。他先是随清朝首任出使日本大臣何如璋到东京，任使馆参赞

---

① 黄遵宪著，钱仲联笺注：《人境庐诗草笺注》卷一《杂感》，第 42 页。
② 黄遵宪著，钱仲联笺注：《人境庐诗草笺注》卷一《香港感怀十首》，第 64、65、71、73 页。

官四年多（1877年秋至1882年春），接着任美国旧金山总领事三年余（1882年春至1885年秋），后又随出使英、法、意、比四国大臣薛福成到伦敦，任使馆参赞二年余（1889年夏至1891年秋），再后任驻新加坡总领事三年余（1891年秋至1894年底）。总共居留外国十四年，足迹到达东西半球，因此他有诗句云："我是东西南北人"，"绕尽圆球剩半环（自注：环游地球，所未渡者大西洋海耳。)"。① 黄遵宪在日本期间正值明治十年至十五年，是"改从西法"的一段极重要的时期，百度草创，计日程功，恰为黄遵宪所亲闻历见，所以成为他进行东西方文化对比考察的最好机会。在新大陆崛起的"泱泱大国"美国和资本主义的发源地英国，又利于他进而对西方文化作追根求源的研究。他的见解来自长期的亲身考察，不仅"生逢其时"，而且"遍历其地"，阅历之丰富在同时代人中是少有的。

二是正视现实，摒弃偏见。黄遵宪东渡之际，尽管有革新的思想，但是，那种根深蒂固地存在于中国士大夫头脑中的以"天朝上国"自居、视一切外国是"化外之夷"的偏见，对他也深有影响。在估价中日文化先进落后关系上，他的主观想法与客观情况大相径庭，他在赴日途中吟唱"帝泽旁流遍裨瀛"②的诗句就很典型，以为自己是上邦使者宣抚蛮荒岛国而来，并很夸耀使团一行的"汉宫威仪"如何使日本人士倾倒。但事实是，两国文化的高下已经完全翻了个儿，明治维新使日本出现划时代的变化，它所推行的西方文化已远比中国的封建文化进步。黄遵宪值得称道之处，则在于他不为传统偏见所囿，而努力去体察新事物。他广泛接触日本朝野各界人士，上自政府要员，下至平民百姓，以及学者、报业人士、农艺家、气象工作者等，都有交往，并大量搜集各政府部门有关推行西法的统计数字。当时，有不少日本旧派学者同他过从甚密，讲了许多讥贬新法的话，黄遵宪不附和他

---

① 黄遵宪著，钱仲联笺注：《人境庐诗草笺注》卷九《已亥杂诗》，第800、824页。

② 黄遵宪著，钱仲联笺注：《人境庐诗草笺注》卷三《由上海启行至长崎》，第199页。

们，他相信眼见的事实，相信西方文化使日本取得迅速进步。他还直接阅读卢梭、孟德斯鸠的著作，对民权学说由"惊怪"转为信服，"心志为之一变，以为太平世必在民主"①。相信民权学说、相信民主制度，这点应视为黄遵宪中西文化观的基石，表明他从根本上认识西方制度、学说大大优胜于中国的封建货色。他到美国后又对日本与西方的制度加以对照，得出二者"无大异也"的结论。他赞美西方制度使美国富强，有诗云："人人得自由，万物咸遂利。民智益发扬，国富乃倍蓰。泱泱大国风，闻乐叹观止。"② 对华盛顿开创美国的民主传统尤表敬佩："一夫奋臂万人呼，欲废称臣等废奴。民贵遂忘皇帝贵，莫将让国比唐虞。"③ 这些诗句，是他总结日本、美国的现实而对民权学说的颂扬，同时也是对封建专制的批判。诚然，由于他在美国看到两党因竞选总统互相攻击的丑剧，转而主张中国应该先实行君主立宪，表明了他思想的局限。然则他相信民主制度是世界潮流所向的总看法，则终其一生无有改变。

三是总结回顾，现身说法。黄遵宪生平曾多次回顾自己不断探求新知、对比中西文化得失的思想历程，总结其中教训。1890年（光绪十六年）他在伦敦使馆所写《日本杂事诗自序》一文讲得尤为深刻。这篇序的中心内容，是讲他经过"究年累月，深稽博考"之后，才逐步地明白中西文化"是非得失之宜，长短取舍之要"。他说：《日本杂事诗》写作之时，"值明治维新之始，百度草创，规模尚未大定。……新旧异同之见，时露于诗中。及阅历日深，闻见日拓，颇悉穷变通久之理，乃信其改从西法，革故取新，卓然能自树立，故所作《日本国志》序论，往往与诗意相乖背。久而游美洲，见欧人，其政治学术，竟与日本无大异。今年日本已开议院矣，进步之速，为古今万国所未有。……使事多暇，偶翻旧编，颇悔少作，点窜增损，时有改正，……嗟夫！中

---

① 黄遵宪：《东海公来简》，即黄遵宪致梁启超信（1902 年），《新民丛报》第十三号。
② 黄遵宪著，钱钟联笺注：《人境庐诗草笺注》卷四《纪事》，第 377 页。
③ 黄遵宪著，钱钟联笺注：《人境庐诗草笺注》卷九《己亥杂诗》，第 827 页。

国士夫，闻见狭陋，于外事向不措意。今既闻之矣，既见之矣，犹复缘饰古义，足已自封，且疑且信；逮穷年累月，深稽博考，然后乃晓然于是非得失之宜，长短取舍之要，余滋愧矣！况于鼓掌谈瀛，虚无缥渺，望之如海上三山，可望而不可即者乎！又况于排斥谈天，诋为不经，屏诸六合之外，谓当存而不论，论而不议者乎"！① 这里他现身说法，坦率地讲出自己探求真知的艰苦过程，对明治维新改从西法，由开始且疑且信，经过多年考察思索，到最后才确信它使日本取得"古今万国未有"的进步。这些反映出一个爱国的、感觉敏锐的知识分子对中西文化得失逐步提高认识的经历，是很有代表性的。黄遵宪既深深责备自己"缘饰古义，足已自封"的旧习，同时有力地针砭那些对外国事情懵懵懂懂的无知者，特别是严厉地斥责那些拒绝、反对认识新事物，阻碍中国历史前进的顽固派。黄遵宪对西方文化进步性的认识是从长期体验和艰苦思索得来的，他所形成的观点就能前后一贯，而不至见异思迁，随波逐流。

二、《日本国志》在记述明治维新"慕效西法"的同时，着意对中西文化作比较研究，广泛输入西方政治、经济、学术思想，并倡导文化价值观念的新转变。

《日本国志》一书记述了明治维新的历史，同时，书中又有作中西文化比较研究的明显意图。这种特点是由两个原因决定的。其一，黄遵宪撰写此书经历了八九年时间。他在驻日使馆任上开始属稿，离开日本之时刚刚写出初稿。此后撰述之事中辍，至 1885 年秋他辞去旧金山总领事之职回到家乡，"闭门发箧，重

---

① 黄遵宪著，钱仲联笺注：《人境庐诗草笺注》附录一《日本杂事诗·自序》，第 1095—1096 页。

事编纂",又历两年才告完成。因此这部书综合了他总结日本"改从西法"和在美国直接考察西方文化二者的成果。其二,此书的撰述,除了要以日本明治维新的历史作为中国的鉴镜外,还有进而介绍西方文化的目的。黄遵宪有《〈日本国志〉书成志感》一诗写道:"湖海归来气未除,忧天热血几时摅?《千秋鉴》借《吾妻镜》,四壁图悬人境庐。改制世方尊白统,《罪言》我窃比《黄书》。频年风雨鸡鸣夕,洒泪挑灯自卷舒。"① 表明他满怀爱国的热忱,要借介绍日本由弱变强的经验,介绍他多年旅居"湖海"观察到的世界潮流,寻找一条挽救民族危亡的道路。唯其如此,他才寓意深刻地把这部史书比作王夫之的政论。他在著述凡例中,也明确地将介绍、评论西法列为著述宗旨之一,他说:"凡牵涉西法,尤加详备,期适用也。"② 因此,书中大量采用了序论、后论、夹注等形式发表议论,努力溯源介绍西方制度文化、思想学说,着意对中西文化作对比研究,抨击阻碍传播西方进步文化的传统偏见。他的做法反映了近代文化发展的客观要求,当时就有人赞誉说:"《日本国志》一书,海内奉为瑰宝。由是诵说之士,抵掌而谈域外之观,不致如堕五里雾中,厥功洵伟矣哉!"③

那么,《日本国志》是怎样广泛地介绍西方文化,并对中西文化加以比较考察的呢?

在政治思想方面,书中赞扬西方议会民主制度和法律制度,而且对封建专制作了有力的抨击。黄遵宪描述西方议会民主制度说:"其国大政事、大征伐皆举国会议,询谋佥同而后行。其荐贤授能、拜爵叙官,皆以公选。……君臣上下无甚差别,相维相系,而民气易固。"④ 由衷地表示出对西方民主制度的向往。他又赞扬西方的立法制度,说:"人无论尊卑,事无论大小,悉予之

---

① 黄遵宪著,钱仲联笺注:《人境庐诗草笺注》卷五《日本国志书成志感》,第443—444页。
② 黄遵宪:《日本国志·凡例》。
③ 《狄葆贤平等阁诗话》,见《人境庐诗草笺注》,第1274页。
④ 黄遵宪:《日本国志》卷三十二《学术志一》。

权以使之无抑,复立之限以使之无纵,胥全国上下同受治于法律之中。"① 这些论述,都接触到西方政治法律制度的实质性内容。在记述日本明治维新历史时,他反复地强调:宣传民权学说,要求召开国会,"庶人议政,倡国主为共和",这是日本转向兴盛的关键。"日本今日之兴,始仆幕府,终立国会,因天时人事相生相激,相摩相荡,而后成此局也。"并预见到民权学说在日本方兴未艾,形势将继续发展。更值得重视的是,黄遵宪肯定议会民主制度的优越是同揭露封建专制的严重弊端对照论述的。他说:"盖自封建以后,尊卑之分,上下悬绝。其列于平民者,不得与藩士通嫁,不得骑马,不得衣丝,不得佩刀剑。而苛赋重敛,公七民三,富商豪农,别有借派。间或罹罪,并无颁行一定之律,畸轻畸重,唯刑吏之意,小民任其鱼肉,含冤茹苦,无可控诉。或越分而上请,疏奏未上,刀锯旋加。瞻仰君门,如天如神,穷高极远。盖积威所劫,上之于下,压制极矣!此郁极而必伸者,势也。维新以来,悉从西法。……朝廷之下诏,已以渐建立宪政体,许之民论。"② 在这里,他激烈地抨击了封建专制在社会地位、经济负担、刑法治理各方面对平民的残酷压制,论证了议会民主制度代替封建制度是历史的必然,也是历史的巨大进步。而他批判的锋芒实际上同样指向中国的封建专制制度。这种对照,也就是作中西政治思想的对比考察。

在经济思想方面,书中大量介绍了奖殖物产、崇尚竞争、讲求联合、注重理财等西方近代观念。这些新的思想观念的输入,与当时中国发展民族资本主义的历史要求是相一致的,因而同样具有重要的现实意义。他概述西方国家举国上下增殖产业、对外竞争的强烈意识,说:"今海外各国,汲汲求富。君臣上下,并力一心,期所以繁殖物产。……其竭志尽力,与邻国争竞,则有甲弛乙张、此起彼仆者。其微析于秋毫,其末甚于锥刀;其相倾轧之甚,其间不能以容发。故其在国中也,则日讨国人,朝夕申

---

① 黄遵宪:《日本国志》卷二十七《刑法志一》。
② 均见黄遵宪《日本国志》卷三《国统志三》。

儆，教以务财、力农、蓄工。于己所有者，设法以护之，加意以精之。于己所无者，移种以植之，如法以效之。广开农工商诸学校以教人；有异种奇植、新器妙术，则摹其形、绘其图、译其法而广传之。……而犹虑他国之产侵入我国，吾之力微不能拒也，则重征进口货税。……犹虑己国之产不售于人国，吾之利薄不能盛也，则分设领事，遍遣委员，使察其风尚之所趋，人情之所习，而依仿其式以投其好。……泰西人有恒言：疆场之役，十战九败，不足虑也。若物力虚耗，国产微薄，则一国之大命倾焉，元气削焉。彼盖筹之精而虑之熟矣！"① 在这里，他根据多年在国外的考察体验，描绘出一幅西方各国在激烈的竞争中发展生产、增强国力的生动图画。黄遵宪所论及的经济观念，包括国家对商人的资助保护、改进技术、培养专门人才、及时掌握市场需要等方面，他还特别强调发展生产、对外竞争的意识，已经成为西方国家立国和强盛的基础。与此同时，他批评清朝统治者"拘拘古制"的保守意识造成了国家的落后。他以开矿山、修铁路为例。"矿山之利，人尽知之"，可是发展矿业在中国却行不通，其原因，是"风水之说""国体之说""聚众难散之说"这类愚昧落后意识成为严重障碍。他驳斥说："风水"之说纯属"荒渺"之论。借口"国体"之说者，是指开矿"与民争利"，事情却完全相反，"一经开坑，则开掘需人，冶铸需人，转运需人，小民藉手足之力，资以谋生者不知凡几。……富强之机不在此乎"？！持"聚众难散"说者也是杞人忧天，因为"矿旺则人众，矿衰则人少，矿绝则人散，有利则赴，无利则逝，此民之恒情，固无庸鳃鳃代为谋也"。②

黄遵宪反复论述"联合"观念的重要和它对西方社会发展所起的巨大推动作用。他说："举世间力之最巨者莫如联合力。……凡世间物力皆有尽，独联合力无尽，故最巨也。余观泰西人之行事，类以联合力为之，自国家行政逮于商贾营业，举凡

---

① 黄遵宪：《日本国志》卷三十八《物产志一》。
② 黄遵宪：《日本国志》卷十四《职官志二》。

排山倒海之险,轮舶电线之奇,无不藉众人之力以成事,其所以联合之故,有礼以区别之,有法以整齐之,有情以联络之,故能维持众人之力而不涣散,其横行世界莫之能抗者,恃此术也。"又说:西方国家组织成各种社会团体,"合众人之才力,众人之名望,众人之技艺,众人之声气,以期遂其志者也"。①虽然黄遵宪还未能懂得资本主义协作和社会化大生产的道理,但他的论述却已反映出这一趋势。而这种种"联合"起来以求增强国力、提高工艺、对外竞争的思想意识,正是打破中国中世纪以来个体生产狭小规模长期形成的分散、闭塞、落后的格局所迫切需要的。黄遵宪在书中还详细论述西方国家重视"理财之道"的观念。他说,西人"于理财之道尤兢兢致意,极之至纤至悉,莫不有册籍以征其实数,其权衡上下,囊括内外,以酌盈剂虚,莫不有法"②。这同中国历代只知户口田亩大概数字,"苟欲稽其盈虚盛衰之况,则无所依据"的情形,恰有霄壤之别。黄遵宪认为,西方国家讲求理财,体现在审户口、核租税、筹国计、考国债、权货币、稽商务六大门类上,每项都有明确的制度,便于遵循和查核,防止挥霍和舞弊。他说:"其征敛有制,其出纳有程,其支销各有实数。于预计之数无所增,于实用之数不能滥。取之于民,布之于民,既公且明,上下孚信。自欧罗巴逮于米利坚,国无大小,所以制国用之法莫不如此。"而中国的传统观念是"讳言兴利",无制度章程可循,其结果是弊端丛生,不法官吏乘机挥霍贪污,"殆为相沿之陋规,阴便其额之无定,得以上下其手,百端侵渔;阳利其用之不敷,得以推诿敷衍,无所事事。坐视政事之弛废,国家之贫乏,小民之困穷,而漠然不顾"。③中西有关"理财"的两种对立观念,对国计民生造成完全相反的结果,其间的优劣得失不是昭然若揭吗?

在学术、教育思想方面,黄遵宪十分重视日本采用西方教育制度设立各级新式学校,在中小学中开设数理化史地等课程,学

---

① 黄遵宪:《日本国志》卷三十七《礼俗志四》。
② 黄遵宪:《日本国志》卷十五《食货志一》。
③ 黄遵宪:《日本国志》卷十七《食货志三》。

习科学知识，大学中按科学门类分设科系，在专业学校中讲授书本知识与学生实践并重。并且认为，日本教育体制的改革，已成为国家进步和富强的基础。他还在《日本杂事诗》中表达对新式教育制度的赞美和对旧式私塾的厌恶，其中一首是："联袂游鱼逐队嬉，捧书挟策雁行随。打头栗凿惊呼罨，怅忆儿童逃学时。"① 写出新式教育制度下孩子学习新鲜知识和集体游戏的快乐，以对照旧式师塾常用的体罚对儿童造成的心灵创伤。他很重视报纸的作用，说："知古知今，益人智慧，莫如新闻。"② 这种认识显然是他后来创办报纸的思想根源。饶有兴味的是，由于黄遵宪在文化问题上具有着眼于便利大众和社会进步、力主革新、反对泥古的观点，加上他对东西方历史、语言、文字的发展有广泛的知识，能从中总结其规律，因此，他在评论日本一学者倡行古学、主张废除日本一切假名文字的意见时，提出了一系列新颖中肯的论断。这就是：(1) 认为各国的一个共同规律是，"语言与文字离则通文者少，语言与文字合则通文者多"。欧洲古代的拉丁文字为什么不用了？就因为"各国以语言殊异，病其难用"，所以发展为欧洲各国的现代语言。日本的假名，正符合于文字与语言相通的要求，有功于日本文化正多，"庸可废乎"！(2) 各国称中国文字最难，也在于"语言文字之不相合"，所以他预言中国文字的发展趋向，将是"愈趋于简，愈趋于便"。(3) 还有文体，其进步的标准应该是"明白晓畅，务期达意"，所以中国的文体也要变化，这从流行的白话小说大量使用民间口语已可见端倪。今后文体的发展，将形成一种"适用于今，通行于俗"的新文体。③ 黄遵宪对文化发展的这些真知灼见已经被事物的发展所一一证实。根据这些论述，我们有理由把他称为提倡我国文字改革和文体改革（白话文）的先行者。

既然从民权学说到教育制度，西方文化比中国旧文化如此优胜，那么怎样才能有效地学习采用呢？黄遵宪认为，必须破除陈

---

① 黄遵宪著，钱仲联笺注：《人境庐诗草笺注》附录一《日本杂事诗》卷一，第1111页。
② 黄遵宪：《日本国志》卷三十二《学术志一》。
③ 均见黄遵宪《日本国志》卷三十三《学术志二》。

旧的偏见，倡导文化价值观念的新转变。他所论述的涉及以下几个方面：

抛弃"足己自封"的狭隘意识，提倡"竞事外交"的开放态度。他尖锐地批评说："中国士夫，好谈古义，足己自封，于外事不屑措意。无论泰西，即日本与我，仅隔一衣带水，击柝相闻，朝发可以夕至，亦视之若海外三神山，可望而不可即；若邹衍之谈九州，一似六合之外，荒诞不足论议也者，可不谓狭隘欤?!"① 只有立即改变这种愚昧无知的状况，中国才能进步。他用欧洲、日本的历史，反复证明"交邻之果有大益"这一真理。他说："欧洲之兴也，正以诸国鼎峙，各不相让，艺术以相摩而善，武备以相竞而强，物产以有无相通，得以尽地利而夺人巧。……（法国）合纵连横，邻交日盛，而国势日强，比之罗马一统时，其进步不可以道里计。"再看日本，它孤立海中，按理应是"闭关自守，民之老死不相往来"，但事实正相反。古代的日本，制度文化"无一不取法于大唐"，近代的日本，制度文化又"无一不取法于泰西"，结果都使日本取得大进步。尤其是明治以来学习西方，"近世贤豪，志高意广，竞事外交，骎骎乎进开明之域，与诸大争衡。向使闭关谢绝，至今仍一洪荒草昧未开之国耳！则信乎交邻之果有大益也"。② 黄遵宪的论述令人信服地证明："闭关自守"终久落后，"竞事外交"才能进步，这就是东西方历史所昭示的真理。

抛弃"用夏变夷"的迂腐偏见，采取"互相师法"的学习态度。黄遵宪认为，中国和西方在技术、文化上先进与落后的悬殊对比是客观存在的。首先要承认落后，"弓矢不可敌大炮，桨橹不可敌轮舶，恶西法者亦当知之"。可是守旧派死抱着陈腐的偏见，"恶其异类"，"以通其艺为辱，效其法为耻，何其隘也"！这岂不是自欺欺人的态度！黄遵宪认为，守旧派的病根是："特未知今日时势之不同，古人'用夏变夷'之说深入于中！"这种顽症不加根除，后果不可收拾，"我不能与之争雄，彼挟其所长，日以欺侮我，凌逼我"。跟中国守旧派的观念相反，西方文化的

---

① 黄遵宪：《日本国志叙》。
② 黄遵宪：《日本国志》卷四《邻交志一》。

特点是重视交流、学习。他说："泰西诸国以互相师法，而臻于日盛"，日本亦因发愤学习西方而"骎骎乎有富强之势"。① 总之是，"今万国工艺，以互相师法，日新月异，变而愈上"②。世界潮流如此，中国只有抛弃"用夏变夷"的偏见，反其道而行之，转变为"效之法之"，才能"收效无穷"，赶上西方，并且达到"远驾其上"的目的。③

抛弃"喜言空理"的旧习，提倡注重"实学"的风气。黄遵宪总结西学的特点是讲求"实学"，"崇尚工艺"，即重视自然科学和产业技术。有益于国计民生。他称赞说："今欧美诸国，崇尚工艺，专门之学，布于寰区。""举一切光学、气学、化学、力学，咸以资工艺之用，富国也以此，强兵也以此。"把注重"实学"的学风提高到富国、强兵皆所依赖的高度，恰是黄遵宪的卓识。他批评说，中国士大夫却相反，"喜言空理，视一切工艺为卑卑无足道"。④ 这正道出了中国旧学轻视自然科学的实质。"鄙夷"工艺之学造成了中国的贫弱，为了国家的富强，必须大兴注重"实学"的风气。

总之，黄遵宪在《日本国志》中根据自己的长期考察广泛传播了近代西方思想文化，并对中国旧文化保守迂腐的习气痛加针砭，提倡文化价值观念的转变。因而这部著作推动了酝酿中的维新改革思潮，对光绪决心变法和新政的制订也有直接影响。黄遵宪在介绍西方进步文化的同时，还一再提醒人们警惕西方列强的侵略性。他说："今天下万国，鹰瞵鹗视，率其兵甲，皆可横行。有国家者，不于此时讲求兵制，筹一长久之策，其可乎哉！"⑤ 又说："凡西人兵威宗教，几几乎弥纶地球而无所不至。……余观亚细亚诸国，印度覆矣，土耳其仆矣，安南、缅甸又倾踣矣！"⑥ 他大力传播西方先进的制度文化，就是为了抗御西方列强侵略瓜分中国的阴谋。所有这些符合于时代要求的进步思想，都值得我

---

① 均见黄遵宪《日本国志》卷三十二《学术志一》。
② 黄遵宪：《日本国志》卷四十《工艺志》序。
③ 黄遵宪：《日本国志》卷三十二《学术志一》。
④ 黄遵宪：《日本国志》卷四十《工艺志》序。
⑤ 黄遵宪：《日本国志》卷二十一《兵志一》。
⑥ 黄遵宪：《日本国志》卷十《地理志一》。

黄遵宪的中西文化观

们予以充分肯定。

《日本国志》也反映出黄遵宪的认识存在明显的局限性。他在日本阅读民权学说、赞成民主制度,后来思想却有局部倒退。直接的原因,是他到美国后目睹两党争斗的丑剧,感到西方先进大国还存在这样严重的弊病,是由于"民主"过了头,"无差等",无节制。他进而认为中国"民智未开",更不能实行无差别的民主,而应实行"君民共主"的立宪政治。抵英后,即认为英国的君主立宪对中国最为适合。《日本国志》有两处提法反映了这种认识。一处讲到:"思所以捍卫吾道者,正不得不藉资于彼法,以为之辅。"① 认为西方的"法"与中国原有的"道"是辅助关系。又一处讲:"吾不可得而变革者,君臣也,父子也,夫妇也,凡关于伦常纲纪者皆是也。吾可得而变革者,轮舟也,铁道也,电信也,凡可以务财、训农、通商、惠工者皆是也。"② 这些都明显地反映出黄遵宪思想保守、妥协的一面。但我们也应注意到这些议论跟《日本国志》全书的思想倾向并不协调。在当时,公开讲出在根本制度上学习西方要受到顽固派无情的压制,黄遵宪的书又是作为驻外使馆官员上呈清朝政府的,他这样说,也包含着为减轻"非圣无法"的压力的苦心。我们不能离开当时的历史环境而过高要求。再者,黄遵宪对西方自然科学与中国墨家学说作了比附。他说:"余考泰西之学,墨翟之学也。"本来,黄遵宪对我国古代自然科学的成就有丰富的知识。他总结出《墨经》在力学、光学、数学等方面提出的一系列科学命题,还举出张衡候风地动仪、《书考灵曜》中"地恒动不止,而人不知"的说法等大量有价值的例证。这些论述能够激发人们在向西方学习中增强民族自信心,以迎头赶上,这应是黄遵宪思想积极的一面。可是他又从中得出"彼之精微,皆不能出吾书"③ 的论断,这就违反了事实,而且混淆了古代学说与近代科学的界限。

---

① 黄遵宪:《日本国志》卷三十二《学术志一》。
② 黄遵宪:《日本国志》卷四十《工艺志》。
③ 黄遵宪:《日本国志》卷三十二《学术志一》。

三、20世纪初，黄遵宪针对梁启超转而主张"保存国粹"的守旧倾向，提出"大开门户容纳新学"。他贬斥曾国藩"学问皆破烂陈腐、迂疏无用之学"，对曾所代表的传统文化糟粕部分作有力的否定。

黄遵宪于1894年（光绪二十年）底从新加坡回国。戊戌前后，他努力实践自己输入西方进步文化的主张，并成为戊戌变法运动的骨干人物。回国次年，在上海，他支持康有为办强学会。后因京师强学会遭封闭，沪会亦废。黄遵宪愤学会之败，谋再振之，于是倡办《时务报》，凡关创办事务多所擘画，这份报纸发行后很快成为维新派的喉舌。1897年，黄遵宪在湖南署理按察使，"与（巡抚）陈宝箴力行新政，督理学堂，开办警察署，凡湖南一切新政，皆赖其力"①。"所有办学章程，授课科目，亦均由其参酌东西各国教育制度，一手订定。"②戊戌三四月间，因康有为提倡，"保（孔）教"之说盛行。遵宪即在南学会发表演说，讲"今日但当采西人之政，西人之学，以弥缝吾国政、学之弊，不必复张吾教"。他在南学会演说中，还力倡"联合"和"自治"，即"以联合之力，收群谋之益"，"由一府一县推之一省，由一省推之天下，可以追共和之郅治，臻大同之盛轨"③。

梁启超是黄遵宪所钦敬的一位维新志士，在戊戌变法中是影响很大的领袖人物。黄遵宪极佩服梁的宣传天才，认为他足以担负"以言救世"、宣传新思想的时代责任。对于梁在戊戌前后撰写的出色文章，黄遵宪誉之为"惊心动魄，一字千金"，"虽铁石人亦应感动"。两人交谊如此深厚，但当在文化根本问题上出现

---

① 梁启超：《戊戌政变记》，《饮冰室合集》专集之一，第90页。
② 王仲厚：《黄公度诗草外遗著轶闻》，见郑子瑜编《人境庐丛考》，新加坡商务印书馆1959年版，第150页。
③ 黄遵宪：《论政体公私人必自任其事》，《湘报》第5号，1898年2月19日。

分歧时，黄遵宪也不取敷衍态度。梁启超有"流质易变"[①]的性格弱点，20世纪初年，他在思想上出现激进倾向的同时，却又暴露出"壹意反而守旧"[②]的倾向。黄遵宪以他对中西问题的比较一贯的看法，批评了梁的保守观点。

当时，戊戌政变后一度严厉取缔维新党人的政治气氛已有所改变，"放归"回原籍的黄遵宪才得以与居留日本的梁启超通信。1902年秋，梁氏曾以创办《国学报》见商，提出"保存国粹"之说。黄遵宪即表示反对，而响亮地提出"大开门户容纳新学"的主张。黄遵宪的复信说：

> 公谓养成国民性，当以保国粹为主义，取旧学磨洗而光大之。至哉斯言，恃此足以立国矣。虽然，持中国与日本校，规模稍有不同。日本无日本学，中古之慕隋、唐，举国趋而东，近世之拜欧、美，举国又趋而西。当其东奔西逐，神影并驰，如醉如梦，及立足稍稳，乃自觉己身在亡何有之乡，于是乎保国粹之说起。若中国旧习，病在尊大，病在固蔽，非病在不能保守也。今且大开门户，容纳新学。俟新学盛行，以中国固有之学，互相比校，互相竞争，而旧学之真精神乃愈出，真道理乃益明，届时而发挥之，彼新学者或弃或取，或招或拒，或调和或并行，固在我不在人也。国力之弱至于此极，吾非不虑他人之挽而夺之也。吾有所恃，恃四千年之历史，恃四百兆人之语言风俗，恃一圣人及十数明达之学识也。公之所志，略迟数年再为之，未为不可。[③]

黄遵宪洞察到中国落后的病根在于"尊大""固蔽"，这正击中了旧文化的要害。对症下药，就必须"大开门户容纳新学"，从学习西方中寻找救国道路，即他所说用"西人之政"（民主）、

---

① 其师康有为1902年致梁启超信中对梁的评语，见丁文江、赵丰田《梁启超年谱长编》1902年条，第299页。

② 黄遵宪1904年致梁启超信中对梁的评语，见丁文江、赵丰田《梁启超年谱长编》1904年条，第340页。

③ 黄遵宪1902年八月致梁启超书，见丁文江、赵丰田《梁启超年谱长编》1902年条，第292—293页。

"西人之学"（科学）来救中国之弊。所以他毫不含糊地批评梁启超"保存国粹"的主张不合时宜。黄遵宪对西方文化的长处有长期亲身体验，通过比较，使他对中国旧文化的弊病更加瞭然，而且对自己的看法确信不疑。历史证明，黄遵宪正确回答了中西文化之争的时代课题，平心而论，他的主张与五四新文化运动提倡民主和科学也是有其前后联系的。他对中日文化演进不同特点的分析也很精辟。其后，黄遵宪致梁启超信中，再次批评他"壹意反而守旧，……谓保国粹即能固国本，此非其时，仆未敢附和也"。且劝其改掉多变的毛病，说："言屡易端，难于见信，人苟不信，曷贵多言！"[①] 可谓一针见血。

  还应该特别提出：黄遵宪当时已预见到中西文化经过互相比较、互相竞争，将达到二者融合的发展趋向。他对中西文化都有辩证分析的眼光，在他看来，输入西方文化之后，主动权仍在自己，按照适用与否，将之区分为应该吸收和应该弃除两个部分。而中国旧文化中也有值得发扬的"真精神""真道理"，中国虽处于落后地位，但中国人具有民族自立的信心，具有吸收外来文化为我所用的能力。这些看法涉及中西文化更为深刻的问题，20世纪以来，不同时期、不同观点的人们不是反复地不断地探讨，直到今天讨论仍在进行吗？我们不是可以从黄遵宪的论述中发现其真理的成分，而得到应有的启示吗？

  黄遵宪评论曾国藩的学问、为人，同样显示出他对中西文化的卓见。事情也由梁启超引起。梁氏于1900年四月给友人写信，说："因偶读《曾文正家书》，猛然自省，……自顾数年以来，外学颇进，而去道日远。"[②] 这时他深深后悔接受了"新学"，而与"曾文正"所代表、所卫护的"道"背离了。并且他写日记也以"曾文正公日记"作为模仿的榜样。同月梁氏致康有为一信中也

---

  ① 黄遵宪1904年七月致梁启超书，见丁文江、赵丰田《梁启超年谱长编》1904年条，第340—341页。
  ② 梁启超1900年四月致叶湘南等书，见丁文江、赵丰田《梁启超年谱长编》1900年条，第227页。

说："读《曾文正集》,瞿然自省,觉事事不如彼。"① 至1902年十月,梁启超遂有写曾国藩传的想法,并请黄遵宪评论曾的为人。

黄遵宪在复信中对曾国藩作了全面否定。他说:"仆以为其学问皆破碎陈腐、迂疏无用之学,于今日泰西之哲学,未梦见也。其功业比汉之皇甫嵩,唐之郭子仪、李光弼为尤甚。然彼视洪、杨之徒,张(总愚)、陈(玉成)之辈,犹憯窃盗贼,而忘其赤子为吾民也。此其所尽忠以报国者,在上则朝廷之命,在下则疆吏之职耳。于现在民族之强弱,将来世界之治乱,未一措意也。所学皆儒术,而善处功名之际,乃专用黄老。其外交政略,务以保守为义。尔时内战丝棼,无暇御外,无足怪也。然欧、美之政体,英、法之学术,其所以富强之由,曾未考求,毋乃华夷中外之界,未尽泯乎?凡吾所云云,原不可以责备三四十年前之人物。然窃以为史家之传其人,愿后来者之师其人耳。曾文正者,事事皆不可师。而今而后,苟学其人,非特误国,且不得成名。"②

黄遵宪是明确地从近代历史文化发展的趋势,以对"民族之强弱"所起作用为标准,来严正评价曾国藩的。在黄遵宪看来,近代文化的发展,要求有识之士打破陈旧观念,去学习"泰西之哲学、欧美之政体、英法之学术",从中"考求""富强之由",曾国藩对于这一潮流却未曾梦见,支配他头脑的仍是"夷夏中外之防"的迂腐意识,与时代前进要求格格不入。因此断言:"其学问皆破碎陈腐、迂疏无用之学","事事皆不可师","苟学其人,非特误国,且不得成名"。按照封建标准,曾国藩是朝廷的功臣,这却是黄遵宪所不取的。他关心的是民族的强盛,所以,他称太平军将士是"赤子""吾民"而表示同情,否定曾国藩对外妥协投降和儒学掩盖下的阴险权术。黄遵宪贬斥曾国藩,是贬

---

① 梁启超1900年四月致康有为书,见丁文江、赵丰田《梁启超年谱长编》1900年条,第232页。
② 钱仲联:《黄公度先生年谱》1902年引尤炳圻《黄遵宪年谱》,见《人境庐诗草笺注》,第1246页。

斥他所代表的旧文化的糟粕部分，贬斥"严夷夏之防"这种落后荒谬的思想体系。黄遵宪的论述鲜明地表现出他可贵的爱国民主思想，因而具有一种正气磅礴的力量。黄遵宪预言"苟学其人"必误国败名早已应验，20世纪吹捧曾国藩是"我国旧文化的代表人物，甚至于理想人物"的人，恰恰证明他们在袭取旧文化的糟粕部分、压迫人民、对外妥协投降、玩弄权术等方面与曾国藩是一脉相承的，结果只能被近代历史文化的汹涌潮流席卷以去！而这，正是文化发展规律不可抗拒的力量。

四、中西文化接触为黄遵宪的诗歌创作带来了新源泉、新意境，从而为近代"诗界革命"开辟了道路。

黄遵宪一生中努力将学习西方、互相师法的文化主张付诸实践，在史学著述、新闻、教育上都作出贡献。晚年，犹扶病在家乡筹办师范学堂、讲习所，亲自为子弟讲解格致（物理）、生理卫生等科学知识。而他成就最大的，是在诗歌创作上努力表现中西文化接触的新事物、新感受，开辟了诗歌史上前所未有的广阔内容，因此被梁启超极力赞扬为"诗界革命"的一面旗帜。

黄遵宪在早年反对诗坛拟古主义主张的基础上，后来又进一步提出："诗之外有事，诗之中有人；今之世异于古，今之人亦何必与古人同。"[①] 要求写出"古人未有之物、未辟之境"，"耳目所亲历者，皆笔而书之。要不失为以我之手，写我之口云"。[②] 即主张具有时代的新内容和个人独创的风格。他的诗作一反当时流行的"同光体"之类生硬晦涩、矫揉造作的做法，深刻地反映了近代社会的矛盾，尤其是列强侵略、瓜分中国造成的民族危机

---

① 黄遵宪：《人境庐诗草序》，见《人境庐诗草笺注》，第3页。
② 黄遵楷：《辛亥初印本跋》，见《人境庐诗草笺注》，第1091页。

和中国人民的英勇反抗，表现出强烈的爱国主义感情。《书愤》《悲平壤》《东沟行》《哀旅顺》《哭威海》《度辽将军歌》《台湾行》等，都是其中的名篇。

黄遵宪为"诗界革命"开辟道路，更在于他的诗反映了新世界的奇异风物和新的思想文化。《日本杂事诗》是咏明治维新历史变革的专集。《人境庐诗草》中有大量的以"新学"和新世界为题材的诗作，且多鸿篇巨制，给人以绚烂多彩、丰富宏深的感受。如：记外国风物的，有太平洋上的明月，苏彝士河畔的古迹，英国社交活动的豪华，法国巴黎铁塔的雄姿。评论政治的，有记美国总统选举，述在美华工巨大贡献及所遭受迫害。也有咏西方哲学的，如《己亥杂诗》中有"乱草删除绿几丛，旧花别换日新红。去留一一归天择，物自争存我大公"的诗句，形象地讲出进化论原理。

黄遵宪独辟异境的代表作，还要首推《今别离》四首，在当时是人们叹为观止的"千年绝作"[1]。四首诗分别咏轮船火车、电报、照片和东西半球昼夜相反，但不作直接状述，而是巧妙地模拟儿女情长的感受写出，构成一种具有近代色彩而又缠绵迷离的新异意境。如第一首云："别肠转如轮，一刻既万周。眼见双轮驰，益增中心忧。古亦有山川，古亦有车舟。车舟载离别，行止犹自由。今日舟与车，并力生离愁。明知须臾景，不许稍绸缪。钟声一及时，顷刻不少留。虽有万钧柁，动如绕指柔。岂无打头风，亦不畏石尤。送者未及返，君在天尽头。望影倏不见，烟波杳悠悠。去矣一何速，归定留滞不？所愿君归时，快乘轻气球。"[2] 全诗把赞美近代科学技术进步的主题与抒发别离之情曲折细腻的笔法融为一体，意境独创。在当时诗坛上，尝试反映西方文化带来的新事物的诗人，自然不独黄遵宪一人。但有的作者并未能找到恰当的手法，虽有表现新文化的愿望，诗作却存在"满纸译语""捋扯新名词以自表异"的缺点。黄遵宪的诗，却做到

---

[1] 袁祖光：《绿天香雪簃诗话》引陈三立评语，见《人境庐诗草笺注》，第1278页。

[2] 黄遵宪著、钱仲联笺注：《人境庐诗草笺注》卷六《今别离》，第516页。

反映近代社会生活的巨大变化与传统诗歌手法的和谐，成功地为诗坛注入新思想、开拓新意境。这是一种有历史意义的创造。夏曾佑评论说："此诗殆以命世之资，而又适当世会之既至，天人相合，乃见此作。"① 他讲个人才能与时代条件相结合赋予黄遵宪成功的条件，是中肯的。可以进一步说，黄遵宪在文化问题上的进步思想和贡献，都是他个人革新进取的精神与中西文化接触这一时代风会二者结合的产物。

五、黄遵宪的文化主张反映了近代文化论争与寻求救国道路的一致性。他为后人提供了值得重视的思想资料。

文化思想，作为一定的社会发展阶段的反映，它总是要反过来对社会发展产生影响的。近代中西文化的激烈论争对近代社会的推动作用更加明显。我们应结合这一总背景，从更高的层次评价黄遵宪文化主张所具有的意义。

黄遵宪的文化主张反映了近代中西文化论争与寻求挽救民族危亡道路的紧密一致性，反映了传播西方文化的极端艰巨性。近代中西文化之争远远超出了学术的范围，它首先涉及政治学说、社会结构、经济主张、外交思想，以至教育制度、学术风气、民族心理等等，归根结底，是要变革腐朽的封建专制制度，冲破禁锢人们头脑的封建教条。这也就是在民族危机迫在眉睫的形势下，寻求救亡图强的出路。黄遵宪对封建专制弊病的批判，他对资产阶级民主的向往，他所提出的"奖励物产""扶植商民"等发展资本主义的主张，他强调通过学习西方的哲学、政体、学术以寻求民族强盛道路的时代趋势，他对科举制度和"喜言空理"的有害学风的批判，都属于近代中西文化论争的重要问题，也是

---

① 《人境庐诗草》夏曾佑跋语，见《人境庐诗草笺注》，第1084页。

摸索救国救民真理的重要问题，反映出二者的密切联系。黄遵宪和其他近代先进的人物传播西方思想又是历尽艰辛磨难进行的。中西文化的巨大差异是客观存在的大障碍。中国传统文化具有源远流长、独立发展的特点，凝聚成自强不息、不畏强暴的民族品格，并对世界文化作出了宝贵贡献，这些都是中国文化的优点。但是，"独立发展"的另一面，却是它长期与外界绝少联系（汉唐时期是例外），到了近世，西方资本主义文化在迅速发展，中国封建皇朝却以"闭关自守"为国策，因而形成了妄自尊大、拒斥外来文化的极端狭隘性。这就是马克思所评论的"野蛮的、闭关自守的、与文明世界隔绝的状态"①。中国已远远落后，却仍以"天朝上国"自居；西方国家早已先进，却被目为"夷狄之邦"而加以鄙视。封建专制与民主政治对立；纲常伦理、等级观念与平等思想、法律观念、竞争意识对立；空谈义理、醉心考据与重视科学、征服自然的学说对立；科举与学校对立……中西文化如此悬殊的差异确实大大增加了沟通的困难。传播西方思想的更大障碍是顽固派施加的压力。就在黄遵宪赴日本的前两年，出使英国的钦差大臣郭嵩焘将他赴伦敦的日记钞寄总理各国事务衙门，因其中讲了西方国家也有二千年文明，不应以"虚骄"态度对待一类话，便引起"满朝士大夫的公愤"，被骂为"不知是何肺腑"，结果闹到"有诏申斥"，毁其书板。在黄遵宪创办《时务报》的第二年（1897），康有为向光绪帝上书中，对总理衙门的官僚们之愚顽骄横，还有这样的描述："或竟不知万国情状，其蔽于耳目，狃于旧说，以同自证，以习自安。""有以分裂之说来告者，傲然不信也；有以侵权之谋密闻者，懵然不察也。语新法之可以兴利，则瞋目而诘难；语变政之可以自强，则掩耳而走避。"②顽固派这样敌视传播进步思想文化，构成了戊戌政变中西太后残酷镇压维新派的社会基础。面对顽固派的压力，新思想的宣传者就必须具有黄遵宪诗中所抒发的"剖胸倾热血"的爱国情

---

① 马克思：《中国革命和欧洲革命》，《马克思恩格斯选集》第一卷，第691页。
② 梁启超：《戊戌政变记》，《饮冰室合集》专集之一，第5页。

怀和献身精神。在黄遵宪身上，反映出近代向西方寻找真理的先进人物共有的爱国热诚、革新勇气和求实态度，而这，也正是我们民族优良传统在近代的发扬。

黄遵宪的独创见解，还为今天深入讨论中西文化问题提供了宝贵的思想资料。近代中西文化之争包括着极为复杂的问题：西方文化的传入与西方列强的兵舰大炮是同时出现的；而封建的中国的落后局面，又与我们民族文化内在的优良传统交错纠缠。因此在那个时代，如何做到在认识西方文化进步性的同时，又能清醒地警惕西方列强的侵略性，就是非常紧要而困难的工作。同样，在承认中国封建文化落后、倡导学习西方的同时，又能保持着民族自强的强烈信心，也需要有非凡的见识。由于历史环境如此复杂，同是近代学习西方的先进人物中，有的人因经历和见识的局限，对于西方列强的侵略性缺乏警惕甚至对它们抱有幻想，这是毋庸讳言的。还有的人，如梁启超，曾在批判封建文化中英勇作战过，后来观点却出现倒退，在20世纪初提出"保存国粹"，竟把中国旧文化视为拯救世界的法宝，提出了与原来进步观点相违背的看法。比起他们，黄遵宪则有比较清醒的认识和比较前后一贯的看法。

更有理论意义的是关于探讨中西文化二者结合的前景问题。大量吸收西方文化的优良部分是近代中国历史发展的客观需要，但是，具有如此悠久历史和优良文化传统的中华民族，难道不应该同时发扬本民族文化的精华，使二者结合，形成既有时代进步内容、又有本民族特点的新文化吗？这个问题在五四时期和整个新民主主义阶段曾一再被争论，就因为它关系到我国文化的方向和民族的根本出路，具有无比的重要性。黄遵宪则根据自己长期的亲身考察，在本世纪初就预见到中西文化经过互相比较、互相竞争，将达到二者融合这样一种趋向，认识到西方文化中也有不适用的部分，中国固有文化中也有值得发扬的"真精神""真道理"。尽管他只作了很简略的论述，但这已是达到中西文化深层的认识。这个问题在理论上明确解决，是毛泽东同志在抗日时期作出的，他科学地总结了整个近代文化斗争的历程，提出了"民族的科学的大众的新文化"和"马克思主义普遍真理与中国革命具体实践结合"的光辉论断。当然这一理论还有待于丰富和进一步发展。今天，我们处于历史的新时期，大量输入外国进步文化与总结发扬本民族优秀文化遗产，都具备了以往任何时代无法比拟的优越条件，对于中西文化二者关系的不同意见又一再被引人注目地提出来了，黄遵宪的论述，应是我们深入讨论中一份有价值的思想资料。

黄遵宪与客家研究

月光光,秀才郎,骑白马,过莲塘。……

这首流传久远的客家儿歌,在广东嘉应地区曾世世代代被人们作为最早的启蒙教材教给孩童。在 19 世纪中叶,也曾教给了一位出生在嘉应州的未来的爱国者和杰出诗人。他对此的印象是如此深刻,以致他日后成为一个外交界著名人物,撰写了出色的著作,并写下数百首受人赞誉的诗篇之后,仍然极其珍惜幼儿时所受的这段教育,在他的有名诗作中感情深沉地吟咏:"牙牙初学语,教诵《月光光》,一读一背诵,清如新炙簧。"① 他就是近代客家杰出人物黄遵宪。成长后的搏击风云、走向世界并没有使他忘记本土;恰恰相反,在学术文化上取得的出色成就,更使他珍视他由客家文化土壤成长起来的"根",世界范围内的丰富阅历,更促进产生探究乡邦文化的强烈愿望。

一、时代机遇和个人素养

对客家文化进行有开拓意义的研究始于 19 世纪最后十年并

---

① 黄遵宪著,钱仲联笺注:《人境庐诗草笺注》卷五《拜曾祖母李太夫人墓》,第 427 页。

非偶然，因为在此之前尚未具备研究的条件。客家人于晋代、唐末、南宋末几次大规模由中原南迁，历经战乱，辗转流徙，逐渐扩大散居在今广东、福建、湖南、江西、广西、四川、台湾等地的山区。由于交通偏僻险阻、土地贫瘠，客家人所赖以生存繁衍的条件十分艰难，在文化教育上，与经济富庶、人烟稠密、基础深厚的平原发达地区，更是无法相比。加上客家人散处辽远地带，处在中世纪的闭塞年代更难得相互联系。在上述不利条件的严重制约下，当时要对客家文化作一番反思和研究，自然尚无从谈起。

黄遵宪是早期客家研究的开拓者。他探索乡邦文化的时间，集中在19世纪最后十年和20世纪的开端。他之所以能够做出卓有建树的拓荒工作，离不开时代为他提供的机遇。首先，此时的中国，跨入近代阶段已有半个世纪，以往的闭塞状态逐步被打破，新鲜的理论开始传入，最先进的人们，已经开始运用进化发展的观点来看待包括客家史在内的社会历史问题。黄遵宪《己亥杂诗》（写于1899年）中吟咏客家人特色的诗篇，紧接着排在他咏"去留——归天择，物自争存我大公"[①]的组诗之后，便是明证。而如果没有近代哲理的启示，把"客家"作为一个研究对象来探究，则是不可能的。再者，客家人所做出的贡献已增添了新的内容，赋予了新的意义。就分布在闽、粤山区的客家人而论，他们不仅开发了闽西、粤东、粤北地区，把贫瘠的山岭开辟成良田，建立起相当繁盛的城镇，逐步发展了教育事业，而且，随着"海禁"解除，不少客家人相继离开家园，远涉重洋，到达东南亚各国，在那里发扬了客家人的勤苦精神，为开发当地做出贡献，有的客属华侨也自身致富。"总计南洋华商，客人居十之三。"[②] 海外的创业，与在内地千年来的开拓精神前后联系，交相辉映，使人们对于客家人的价值，有了新的认识。第三，在近代以来，客家人陆续涌现、造就了一批名人，或是从政，或是参与

[①] 黄遵宪著，钱仲联笺注：《人境庐诗草笺注》卷九《己亥杂诗》，第808页。
[②] 黄遵宪著，钱仲联笺注：《人境庐诗草笺注》卷九《己亥杂诗》自注，第818页。

外交事务，或是抗击外来侵略，或为文化事业，做出了卓著的贡献。他们都是从穷乡僻壤苦斗出来的，彼此之间自然产生了亲切的认同感，这也必然推进了对共同的文化背景——客家文化的认识，从而把早期客家研究提到日程上来。

黄遵宪本人，则具备从事这项拓荒工作的多方面有利条件。他出生在客家人居住和从事经济文化的中心地嘉应城，他从小才气横溢，见识过人，对客家人文风俗耳濡目染，蕴蓄于胸。到19世纪最后十年，他已在文化上作出卓越的建树。他所著《日本国志》一书，为中日文化交流和中国近代学术做出了不可磨灭的贡献。在此之前，《日本杂事诗》也已经一再刊行，系以诗的形式记述日本的社会特点、世情风俗，也为文化领域中卓有创意之作。1889年夏，遵宪又随驻英、法、意、比四国大使薛福成到伦敦，任参赞二年余，之后调任驻新加坡总领事三年余，到1894年底回国。遵宪在日本期间，正值实行明治维新、输入西学的高潮，此后又有在资本主义制度典型国家美国、英国多年的生活体验，他先后接触了民权学说、进化论学说，耳闻目睹西方社会盛行的实地考察、实验、统计等近代科学手段，这些宝贵阅历，使他开始养成用一种较为科学的态度对待周围事物，进行研究和考察的兴趣。在伦敦，他在编辑《人境庐诗草》和修改《日本杂事诗》之余，已开始了探究客家文化的工作，在远隔数万里的西欧，回忆、手书客家山歌，写出多篇"题记"。他从新加坡奉调回国后，在上海发起筹办中国近代最有影响的报纸之一《时务报》，又在湖南大力参与推行新政，成为维新运动的骨干人物。维新变法失败后他被"放归"回原籍，在著述之余，对本族子弟进行政法、格致（物理）、生理卫生等课程教育，从科目到教授方式都加进了近代科学内容。包括他的生活方式也是如此，据正先所撰《黄公度》记载："公度笃信科学，生活饮食，悉取法西人。解职乡居，无事，常浏览汉译声光电化生物生理诸学。"[①] 他

[①] 黄廷缵：《黄公度——戊戌维新运动之领袖》，见《广东文史资料》第29辑，广州人民出版社1980年版，第183—184页。

对客家历史和文化的探索工作，主要在1899—1901年这段时间进行。显然，正是以他赴日以后逐渐形成的近代意识为指导，他才能够以一种相当自觉的态度去研究乡邦文化，探究其源头、流变和特点，并且提出客家人如何对待眼前的民族危机这一严肃课题。

再者，是他具有比较研究的眼光。在日本，他一再把日本社会习俗、历史文化与中国进行比较，得出日本在隋唐时期醉心效法中国，而中国当前必须大力学习日本，进行维新改革的结论。在美国，他所写的诗歌也常显示出比较的眼光，即拿英美政体、社会风气与东方国家相比较。由于他有国内外丰富的社会知识和生活体验，如今把比较方法运用到客家研究中，即能相当中肯地揭示出客家人的许多特点。

开拓性的工作常应有一批志同道合的人共同努力，而倡导者也能因此受到鼓舞、增加信心。此时的黄遵宪确有一定的社会影响，这是又一项有利条件。在嘉应，他有一批朋友愿意帮助他工作。如1891年黄遵宪拟议收集客家山歌，即计划委托胡曦、梁诗五等人搜集整理。戊戌回乡后，他据同里张榕轩收集的嘉应客家诗人作品的旧稿为基础，委托丘逢甲作进一步的搜集、考订工作，编成《梅水诗传》，由黄遵宪作序，阐述了精辟的见解。

二、卓有成效的创始工作

《己亥杂诗》是一部以诗史的形式，回顾诗人生平经历、反思历史的大型组诗。在其中，遵宪以十三首诗抒写他对客家乡邦文化的热爱和对客家人特点的探索，每首都附以自注，有的长达数百字，把这些诗和小注联接起来，即可视为客家小史和客家民情习俗的缩影。以《己亥杂诗》中的这一部分为主，辅之以1891年遵宪所作手抄山歌题记和1901年所作《梅水诗传序》，构成黄遵宪探索客家文化的基本部分。当其从事这项探索工作时，他无所依傍，但由于他对乡邦文化注入浓厚的感情，尽力进行开掘，

因而建树卓著,为继起的客家文化研究者所推重。我们可以把他开创性的成就概括为两个方面:

第一,视野开阔,广泛涉及了客家来源、传统美德、礼仪习俗等项有意义的课题。

嘉应地区的客家人系何时由何处迁来?以往史籍并无载述,当地亦无可靠资料可资征引。遵宪经采访父老口传和多方调查,才初步弄清楚嘉应客家居民的来源,是为:迁到嘉应地区的客家人先后有两批,先前一批,传世已有四五十辈。相对于后来迁到者言,先前的客家人也可称为"土著"。早到的客家人除居住在嘉应州附近外,还分布在今丰顺、大埔等地,这批客家人在南宋末年抗元斗争中付出了巨大牺牲,历经千年之后,在今天居民中仍可找到保留下来的一些宋代生活习俗。黄遵宪这样追溯早先客家人的历史:"梅州之土人,今惟存杨、古、卜三族。当南宋时,户口极盛。其后㬎(南宋恭宗赵㬎)、昺(南宋幼主赵昺)播迁,文(天祥)、陆(秀夫)号召,土人争从军勤王。崖山之覆,州人士死者十盖八九,井邑皆空。故客人从他邑来。今丰顺、大埔,妇人皆戴银髻,称孺人,相传为帝昺口敕,此亦足补史传之缺也。"如嘉应松口卓姓在宋元时即为大族,据《嘉应州志》载:"元世祖至元十四年,文信国(即文天祥)引兵出江西,沿途招集义兵,所至响应。相传梅民之从者极众。父老流传,松口卓姓有八百人勤王,兵败后,只有卓满一人。"遵宪用诗句赞颂早先客家人抗击暴虐和保存民族气节的传统:"男执干戈女甲裳,八千子弟走勤王。崖山舟覆沙虫尽,重带天来再破荒。"现今的嘉应客家人则是在元时迁来的。遵宪追溯迁入的来源,特别指明客家人与中原文化的联系:"客人来州,多在元时,本河南人。五代时,有九族随王审知入闽,后散居八闽。今之州人,皆由宁化县之石壁乡迁来,颇有唐、魏俭啬之风,礼俗多存古意,世守乡音不改,故土人别之曰客人。方言多古语,尤多古音。陈兰甫先生云:证之周德清《中原音韵》,多相符合。大埔林海岩太守则谓客人者，中原之旧族，三代之遗民，殆不诬也。"①

客家人是中原旧族南迁的后代，所以又称他们是"三代之遗民"。这是对客家与中原文化有何联系的明确回答，说明了：在古代，以中原地区为代表的汉族文化具有坚强的维系力和久远的传衍力。客家人虽几经流徙，而最后则在偏僻山区定居下来，成为稳定的居民群体。而中原地带则情形大不相同：由于历经大规模战乱，多次引起大范围内居民的播迁混居，古代的生活习俗、居住格局这类文化特征，许多在中原地区早已荡然无存，而在客家地区却能找到明显的遗存。如果把中华民族祖先活动的中心地区中原譬作"都"，那么客家人所定居的僻远山区则是"野"，孔子所说"礼失而求诸野"这句话，用在这里则颇为合适。遵宪清楚这一点，故他强调客家"礼俗多存古意"，"方言多古语，尤多古音"。并用诗句作形象的描述："筚路桃弧辗转迁，南来远过一千年。方言足证中原韵，礼俗犹留三代前。"他还重视用实地调查所得材料与口传资料相印证：元代迁入的客家人"皆传二十余世"，"孙枝蕃衍，多者数千人，少亦千人。入明以后，坟墓世守无失，元时墓存一二而已。明时筑室，亦有存者"。

关于客家生活的特点，遵宪作了多方面的总结描述。

勤劳节俭，富于开拓精神。由于客家人世代辛勤劳动，筚路蓝缕，以启山林，把嘉应地区贫瘠的山岭垦辟成良田。从妇女身上，尤其体现出这种异乎寻常的吃苦耐劳精神："妇女皆勤俭，世家巨室，亦无不操井臼议酒食亲缝纫者。中人之家，则无役不从，甚至务农业商，持家教子，一切与男子等。盖客人家法，世传如此。五部洲中，最为贤劳矣！"②遵宪形成这种看法渊源甚早，并与他从小了解从高祖母起本家族妇女的生活经历有直接关系，一再记述、歌咏她们从年青起就具有的勤俭美德。如他记述高祖母："年十四，以童养媳来归我朴泉公。既入门，井臼缝纫，

---

① 黄遵宪著，钱仲联笺注：《人境庐诗草笺注》卷九《己亥杂诗》及自注，第813、812、811、810页。

② 黄遵宪著，钱仲联笺注：《人境庐诗草笺注》卷九《己亥杂诗》及自注，第810、813、815页。

操劳如成人。逮府君设典肆,内事悉以任之。"① 当遵宪年二十岁出头,妹妹出嫁,他写诗反复表达对客家妇女劳苦艰辛的崇敬和慨叹:"就中妇女劳,尤见风俗纯。鸡鸣起汲水,日落犹负薪。盛妆始脂粉,常饰惟綦巾。汝我张黄家,颇亦家不贫。上溯及太母,劬劳无不亲。客民例操作,女子多苦辛。送汝转念汝,恨不男儿身。"②

有强烈的亲族观念。这从到处重视族谱、祠堂、族规清楚反映出来:"各姓皆聚族而居,皆有祠堂。纠赀设牌,视捐金之多寡,以别位置。初意以联宗族、通谱谍,而潮州、惠州流弊亦或滋讼狱,生械斗。故乾隆间,江西巡抚辅德有禁祠之奏。"并以诗歌云:"宰相表行多谱牒,大宗法废变祠堂。犹存九两系民意,宗约家家法几章。"因而,对扫墓、祭祖一类活动也极重视,且有本地独特方式。遵宪对此也有形象的诗句:"螺壳漫山纸蝶飞,携雏扶老语依依。红罗缴影铜箫响,知是谁家扫墓归。"并加注云:"扫墓每在墦间聚食,喜食螺,弃壳于地,足以征其子孙之众多也。乐用铜箫,亦土俗。"

盛行童养媳和迷信习俗。诗中如实地反映:"反哺难期妇乳姑,系缨竟占女从夫。双双锦褓鸳鸯小,绝好朱陈嫁娶图。"所指即是当地"多童养媳,有弥月即抱去,食其姑乳者"。当时的嘉应地区还盛行迷信胎神、《阴骘文》和风水之说:"日者言胎有神,某日在门,在碓磨,在厨灶,在仓库,在房床,在厕,在炉,在鸡栖。如兴工作犯其神,则堕胎,或胎残缺。世皆遵信之。""嘉道以来,所谓学术,只诵《阴骘文》耳。"又"溺于风水祸福之说,讼狱极多"。

华侨出洋谋生。客家人居住区因土瘠田少,生计困难,因此相继漂洋过海,到东南亚各地谋生,他们把客家艰苦创业精神带到侨居国,对开发当地作出巨大贡献,这也是研究客家的一个重要方面。遵宪当时即已注意到论述客家赴南洋人数之众、有的人

---

① 黄遵宪:《高祖妣钟太淑人述略》,见《人境庐诗草笺注》卷一《送女弟》注引,第31页。
② 黄遵宪著,钱仲联笺注:《人境庐诗草笺注》卷一《送女弟》,第29页。

因勤俭致富的情况:"州为山国,土瘠产薄。海道既通,趋南洋谋生者,凡岁以万计,多业采锡,遇窖藏则暴富。近则荷兰之日里,英吉利之北蜡、槟榔屿,法兰西之西贡,皆有积资至百数十万者。总计南洋华商,客人居十之三。"又有生动的诗句描述:"海国能医山国贫,万夫荷臿转金轮。最怜一二虬髯客,手举扶余赠别人。"末二句即指在马来亚开矿的客家华侨,最后因势力薄弱,利权丧失,转被当地酋长所据有。①

第二,用比较的眼光,指明客家独具的优点,对客家山歌的特色和价值尤有精辟的论述。

黄遵宪有东西方世界的生活体验,又有高深的文化修养和学术造诣,因而能从客家生活中发现很有意义的东西,作出独到的深刻阐释。譬如,客家妇女世代天足,在当地习以为常,其理由也极明显:是因妇女长年参加劳动、下田上山的需要决定的。遵宪却启发人们要以比较的眼光来看待这类事物:"西人束腰,华人缠足,惟州人无此弊,于世界女人,最完全无憾。"并写下诗句:"宵娘侧足跂行苦,楚国纤腰饿死多。说向妆台供媚妾,人人含笑看梨涡。"②宵娘是李后主宠爱的宫嫔,后主令她缠足,用纤足跳舞,以此喻南北方中国妇女缠足而世代受苦。所以遵宪自豪地认为:比起那些浓妆打扮、供权势者作为玩物的不幸妇人来,客家妇女矫健的身姿,才真正使人觉得优美。

山歌是最具乡邦特色的客家文化之花。遵宪从小熟习山歌,从中汲取营养。少时这种酷爱之情,从他的一段回忆中反映得很真切:"有乞儿歌,沿门拍板,为兴宁人所独擅场。仆记一歌曰:'一天只有十二时,一时只走两三间,一间只讨一文钱,苍天苍天真可怜!'悲壮苍凉,仆破费青蚨百文,并软慰之,故能记也。"③读此我们即可浮现这样的情景:少年黄遵宪遇到会唱山歌的乞丐,不惜拿出百文铜钱,再用好语劝慰,请乞丐教给他这首

---

① 黄遵宪著,钱仲联笺注:《人境庐诗草笺注》卷九《己亥杂诗》,第813—820页。
② 黄遵宪著,钱仲联笺注:《人境庐诗草笺注》卷九《己亥杂诗》,第815页。
③ 黄遵宪著,钱仲联笺注:《人境庐诗草笺注》卷一《山歌》,第55页。

山歌。到19世纪90年代,他已成为一个创作丰富、独领一代风骚的大诗人,却对于客家山歌弥加珍爱、推崇。1891年,他一边整理自己的诗作,一边深情地回忆昔年在故乡学到的山歌,加以追记、整理,手抄成册。遵宪所录下的山歌多属男女间表达爱情、颇足称为民间山歌手的佳作。如:

> 自煮莲羹切藕丝,待郎归来慰郎饥。为贪别处双双箸,只怕心中忘却匙。
>
> 人人要结后生缘,侬只今生结目前。一十二时不离别,郎行郎坐总随肩。
>
> 买梨莫买蜂咬梨,心中有病没人知。因为分梨故亲切,谁知亲切转伤离。
>
> 催人出门鸡乱啼,送人离别水东西。挽水西流想无法,从今不养五更鸡。
>
> 邻家带得书信归,书中何字侬不知。等侬亲口问渠去,问他比侬谁瘦肥?

此时的遵宪,不禁拿民间山歌手的才华与文人搜尽枯肠的平庸加以对比,从而感慨地表示对家乡山歌的许多无名氏作者的尊敬:"十五国风妙绝古今,正以妇人女子矢口而成,使学士大夫操笔为之,反不能尔。以人籁易为,天籁难学也。余离家日久,乡音渐忘,辑录此歌谣,往往搜索枯肠,半日不成一字。因念彼冈头溪尾,肩挑一担,竟日往复,歌声不歇者,何其才之大也?"[①] 遵宪把山歌比作"天籁",确实意义深长,说明山歌真切的感情、清新的意境、形象的语言,都由劳动而生,由强烈的生活感受而发,为那些矫揉造作的文人诗作所无法比拟,所以他认为山歌的价值有类于历代被奉为至宝的"十五国风"。

遵宪由山歌的妙趣天成,又联系到梅县能诗之人众多的特殊文化现象加以探究,认为:这是由于客家语言具有与书写文字相近的优点,由于得到启发,应该促使在更大范围内民众语言与书

---

① 黄遵宪著,钱仲联笺注:《人境庐诗草笺注》卷一《山歌》,第54—55页。

写文字的一致，并进行文体的改革。在《日本国志》中他曾论及："语言与文字离则通文者少，语言与文字合则通文者多。"这是各国的一个共同规律。日本的假名，正符合于文字与语言相通的要求，有功于日本文化正多。中国文字的发展趋向将是"愈趋于简，愈趋于便"。文体也要改革，使之"明白晓畅，务期达意"。① 至晚年，他撰《梅水诗传序》，又作进一步的阐述："语言者，文字之所从出也。……余于《日本学术志》中，曾述其意，识者颇韪其言。五部洲文字，以中国为最古。上下数千年，纵横数万里，语言或积世而变，或随地而变，而文字则亘古至今，一成而不易。父兄之教子弟，等于进象胥而设重译。盖语言文字扞格不相入，无怪乎通文字之难也。嘉应一州，占籍者十之九为客人。此客人者，来自河、洛，由闽入粤，传世三十，历年七百，而守其语言不少变。有《方言》、《广雅》之字，训诂家失其意义，而客人犹识古意者；有沈约、刘渊之韵，词章家误其音，而客人犹存古音者。乃至市井诟谇之声，儿女噢咻之语，考其由来，无不可笔之于书。……嘉道之间，文物最盛，几于人人能为诗。置之吴、越、齐、鲁之间，实无愧色。岂非语言与文字合，易于通文之明效大验乎？"② 遵宪来自客家民间，成名之后仍然高度重视民间文化对他的滋养，而且热心倡导更加接近于百姓日常语言的大众文化，其中蕴含着深刻的哲理，值得我们思索回味。他由山歌巧妙比喻、借物歌咏的手法，上溯国风和古代乐府诗歌，而得出诗歌创作必须以形象思维为基本要求的结论，以此为基础，形成自己的诗歌境界说。直至 1902 年春，他写信给梁启超讨论诗体改革，也强调吸收比兴手法，才能根治词章家只会模仿、不会创造、毫无生气的痼疾。③ 黄遵宪重视从客家文化中提取有生命力的东西，把它上升到理论高度，运用到更广泛、更普遍的领域，发挥积极的作用。这对于我们今天从事客家研究，

---

① 黄遵宪:《日本国志》卷三十三《学术志二》。
② 黄遵宪:《梅水诗传序》，见《文献》第 7 辑，书目文献出版社 1981 年版，第 76 页。
③ 见丁文江、赵丰田《梁启超年谱长编》1902 年条。

具有宝贵的启迪意义。

值得注意的是，遵宪没有把客家生活描写成田园牧歌式的画面。相反，他清醒地认识到，从嘉应南流的韩江水，连着浩瀚的大洋，客家的生活，同国家命运、世界形势有密切的关联。他有诗云："九曲潮江水（按，韩江经潮州入海，故又如此称），遥通海外天。"① 所以，黄遵宪的客家研究又有明显的时代色彩，在《梅水诗传序》末尾，他深沉地呼吁客家同胞警惕列强侵略、要自强不息："自物竞天择、优胜劣败之说行，种族之存亡，关系益大。凡亚细亚古所称声明文物之邦，均为他族所逼处，微特蒙古族、鲜卑族、突厥族茶然不振，即轰轰然以文化著于亚洲，如吾辈华夏之族，亦叹式微矣！……凡我客人，诚念我祖若宗，悉出于神明之胄，当益骛其远者大者，以恢我先绪，以保我邦族，此则愿与吾党共勉之者也。"②

在近一个世纪以前，黄遵宪从事客家研究的探索，是拓荒者的劳作，自然尚处于比较简略、初步的阶段。但他研究客家的历史源流、礼仪习俗、文化特色，以至于客家人走向世界而作出的贡献，又善于把乡邦文化的研究与整体性的文化联系起来，他的方向无疑是正确的，值得给以充分的肯定。

三、客乡风情画 海外奋斗篇

提供了客家风情和海外客家人奋斗的形象图画，是黄遵宪对客家研究的又一贡献。

黄遵宪是一位杰出的现实主义诗人，他极善于选取典型性材料再现客家人生活情景，因此这类诗歌对于认识客家乡邦文化及其演变同样有重要价值。人文科学研究者一向重视典型的文学作品所具有的社会史意义。我国传统诗歌中如杜甫的"三吏""三

---

① 黄遵宪著，钱仲联笺注：《人境庐诗草笺注》卷五《夜宿潮州城下》，第406页。
② 黄遵宪：《梅水诗传序》，见《文献》第7辑，第76页。

别",白居易的《卖炭翁》等名篇,由于以典型化手法揭示了劳动人民在封建压迫下饱受的苦难,它们所反映的社会生活的深度,甚至是许多一般的历史记载所无法相比的。恩格斯的一段话对我们很有启发,他论述巴尔扎克《人间喜剧》对于研究法国社会的意义时说:"他在《人间喜剧》里给我们提供了一部法国'社会',特别是巴黎'上流社会'的卓越的现实主义历史","围绕着这幅中心图画,他汇集了法国社会的全部历史,我从这里,甚至在经济细节方面(诸如革命以后动产和不动产的重新分配)所学到的东西,也要比从当时所有职业的历史学家、经济学家和统计学家那里学到的全部东西还要多。"① 这个道理,也适用于看待黄遵宪所写的客家典型生活情景的诗篇。由于他的选材具有典型意义,集中地、细致地加以描绘,这些作品相比起前述宏观式的反映或论述来,等于是提供了极有价值的"个案"材料。以下我们举出三篇来说明:

《拜曾祖母李太夫人墓》作于1887年,是遵宪怀念抚育自己成长的曾祖母之作。李太夫人是嘉应名门之裔孙,善于持家,卒年八十五岁。遵宪出生时她已七十五岁高龄,因次年遵宪又添弟弟,老人即把他抱走,"引与同寝,甫学语,即教以歌诗",平时处处疼爱备至。诗中描述了一个七十口人的客属大家庭,在清末咸同年间是如何浓厚地保存着宗法式礼制分明、长幼有序、子孙孝敬老人的特点:"太婆每出入,笼东挂一杖,后来杖挂壁,时见垂帷帐。夜夜携儿眠,呼娘搔背痒。展转千捶腰,殷殷春雷响。佛前灯尚明,窗隙见月上。大父骞帘来,欢笑时鼓掌。琐屑及乡邻,讥诃到官长。每将野人语,眩作鬼魅状。太婆悄不应,便知婆欲睡。户枢徐徐关,移踵车轮曳。明朝阿娘来,奉匜为盥洗,欲饭爷捧盘,欲羹娘进匕。大父出迎医,诊缕讲脉理。咀嚼分尝药,斟酌共量水。自儿有知识,日日见此事。"② 遵宪另撰有《曾祖母李太夫人述略》,所记李太夫人以勤俭管束全家情景,正

---

① 《恩格斯致玛·哈克奈斯》,《马克思恩格斯选集》第四卷,第683—684页。
② 黄遵宪著,钱仲联笺注:《人境庐诗草笺注》卷五《拜曾祖母李太夫人墓》,第429、434页。

可与此诗相补充:"太夫人治家严,虽所爱,或不遂顺,辄怒责,或呼杖。诸孙妇十六七人,不许插花,不许掠耳鬓,不许以假发拖长髻尾。晨起如厕,必遍历孙妇室外。诸孙妇必于未明时严妆竟,闻太夫人履声,即出垂手立户外问安。或未见,辄问病耶?睡耶?咸惕息不敢违。……每岁十月,太夫人寿辰,必会亲戚,长幼咸集,酣嬉歌呼,作十日饮乃已,太夫人亦顾而乐之。"① 这种"俭而用礼""有三代遗风"的特点,为客家大家庭所共有,而在历经战乱频仍的中原地区反不多见。遵宪笔下的宗法或大家庭生活图,从社会学角度看,等于提供了有助于我们了解古代宗法制度和家族生活的"活化石"。

然而到了光绪年间,嘉应客乡人们的眼界和兴趣,毕竟有了明显的变化,《春夜招乡人饮》一诗正道出此中消息。这首诗描绘了:在19世纪80年代后期,当遵宪由美返家与乡亲聚会时,人境庐中主客纵情议论的竟是崭新的话题。昔日闭塞的客乡,如今人们却你一言、我一语互相传递海外奇谈,向这位远洋归来的外交官询问究竟,从日本说到美洲,从海上巨舟说到西方人的饮食。其中最有趣味的是,这些原来只晓种田、赶墟的客家人,如今却绘声绘影谈论哥伦布发现新大陆,"或言可伦坡,索地始未获。匝月粮惧罄,磨刀咸欲杀。天神忽下降,指引示玉牒。巨鳌戴山来,再拜请手接。狂呼登陆去,炮响轰空发,人马合一身,手秉黄金钺。野人走且僵,惊辟鬼罗刹。即今牛货洲,利尽西人夺。金穴百丈深,求取用不竭"②。尽管这个故事因辗转相传,加进了神话色彩,但事情的轮廓却大体近真。客家人的见闻有如此跃进,上距李太夫人每天清晨巡视庭院才二三十年,这正说明步入近代以后,嘉应客家人在由闭关到开放的时代潮流中出现的变化。

遵宪又是出色的外交官,在他先后任驻旧金山和驻新加坡总领事时,都以尽力保护华商正当利益而著名。他还有诗篇反映华

---

① 黄遵宪著,钱仲联笺注:《人境庐诗草笺注》卷五《拜曾祖母李太夫人墓》注引,第428页。
② 黄遵宪著,钱仲联笺注:《人境庐诗草笺注》卷五《春夜招乡人饮》,第410页。

侨在国外艰难创业，表达对他们命运的无比关切。侨居南洋的华侨十分之三是客家人，所以遵宪所写的这些诗篇，对我们了解客家华侨的遭遇也很有价值。

《番客篇》写华侨商人之子新婚，邀集众宾客前往庆贺，借此再现了华侨商人在南洋定居后仍处处保持着华人习俗：门上大书"大夫第"，厅堂居室内写着"福""寿"，乐器吹洞箫，是闽、粤乡音，新婚仪式先拜天地，再拜父母，然后新婚夫妇对拜。仪式结束后，在庭院内搭台演皮影戏，吃着故乡风味的饼食……在座众宾客，更是华侨艰苦奋斗的缩影，他们职业有别，经历都不平常。有的是航海起家，成为在当地掌管贸易的头目："上头衣白人，渔海业打桨，大风吹南来，布帆幸无恙，初操牛头船，旁岸走近港，今有数十轮，大海恣来往。银多恐飞去，龙圜束万镪，多年甲必丹（指在当地司汉人贸易者），早推蛮夷长。"有的父子两代从事开矿，最后经营锡矿致富："左边黑色儿，乃翁久开矿，宝山空手回，失得不足偿。忽然见斗锡，真乃无尽藏，有如穷秀才，得意挂金榜。沉沉积青曾，未知若干丈，百万一紫标，多少聚钱蚼。"有的善于种植经济林木和经营畜牧业："曷鼻土色人，此乃吾乡党。南方宜草木，所种尽沃壤，椰子树千行，丁香花四放，豆蔻与胡椒，岁岁收丰穰，一亩值十钟，往往过所望。担粪纵余臭，马牛用谷量。"有的先从事垦荒，以后经营房地产致富："右坐团团面，实具富者相，初来锥也无，此地甫草创。海旁占一席，露处辟榛莽，蜃气嘘楼台，渐次铲叠嶂。黄金准土价，今竟成闾巷，有如千户侯，列地称霸王。"还有的利用新加坡居东西方要冲的有利位置，从事转运贸易："君看末座客，挥扇气抗爽，此人巧心计，自负如葛亮。千里封鲑羹，绝域通枸酱。积著与均输，洞悉万物状，锦绣离云爵，妙能揣时尚。长袖善新舞，胡卢弃旧样，千帆复万箱，百货来交广，遂与西域贾，逐利争衰旺，即今论家资，问富过中土。"这是用诗的形式，谱写了一篇南洋华侨的创业史。华侨的艰辛，还由于清朝的颠顶政策所加剧。清初实行"海禁"，致使华侨回国探亲者遭受歧视劫夺，甚至被强加上"通番"罪名，以后清政府又漠视华侨在侨居国的正当利益,置之不闻不问。黄遵宪对此加以揭露和抨击:"溯从华海来,大抵出闽骆。当我鼻祖初,无异五丁凿,传世五六叶,略如华覆荨。富贵归故乡,比骑扬州鹤,岂不念家山,无奈乡人薄。……曾有和兰客,携归百囊橐,眈眈虎视者,伸手不能攫,诬以通番罪,公然论首恶。国初海禁严,立意比驱鳄,借端累无辜,此事实大错。事隔百余年,闻之尚骇愕,谁肯跨海归,走就烹人镬?言者袂掩面,泪点已雨落。……道咸通商来,虽有分明约,流转四方人,何曾一字著,堂堂天朝语,只以供戏谑。"①

像这类典型地反映客家人及客属华侨的生活和遭遇的诗篇,在《人境庐诗草》中还有不少,尚待我们作进一步的研讨。

四、客家精神在近代展现的风采

"客家精神"是一个发展的概念。在近代以前,它以吃苦耐劳、节俭知礼为主要特点。进入近代以后,客家人的优秀分子在时代潮流中搏击,成为实行开放政策和走向世界的推动者。这是客家人勇于开拓进取的传统精神在近代展现的新风采。黄遵宪本人适逢际会,如他的诗句所云:"百年过半洲游四","绕尽圆球剩半环"。②作为一位客家杰出人物,他的思想发展道路,本身即是客家精神发扬光大的最好例证。不仅如此,他一生的交游,其中自然有不少是客家人士,所以我们又不妨将他们视为客家在近代难得的一个"群体",借以研究近代客家人物的心态。本文限于篇幅,仅能择举其中一二明显者,作全面深入的研究,则有待来日。

黄遵宪在近代外交、戊戌维新、文学和史学上的建树已为研究者所公认,而他在近代政治思想史上的贡献也不应忽视。黄遵

---

① 黄遵宪著,钱仲联笺注:《人境庐诗草笺注》卷七《番客篇》,第625—626、632—633页。

② 黄遵宪著,钱仲联笺注:《人境庐诗草笺注》卷九《己亥杂诗》,第800、824页。

宪诗集中最后一首《病中纪梦述寄梁任父》表达他对封建帝制行将灭亡、民主政体必将实现的信念："人言廿世纪，无复容帝制，举世趋大同，度势有必至。"① 比写此诗早二年余，他在致梁启超信中倡导中国必须大力学习西学、引进西方进步学说："若中国旧习，病在尊大，病在固蔽，非病在不能保守也。今且大开门户，容纳新学。俟新学盛行，以中国固有之学，互相比校，互相竞争，而旧学之真精神乃愈出，真道理乃愈明，届时而发挥之，彼新学者或弃或取，或招或拒，或调和或并行，固在我不在人也。"② 这些论断已被辛亥革命以来的历史经验所证实。发人深思的是，遵宪这种追随时代潮流、勇于进取的思想风格，其发端，竟可从他二十岁时写于嘉应山城、诗集中开宗明义第一篇中找到，他在这首《感怀》诗中辛辣地讽刺了封建儒生迂腐可笑的泥古做法，针砭了儒学传统因袭保守的严重弊病，响亮地提出："识时贵知今，通情贵阅世。"追求一种与惯于"道皇古"的保守儒生们相反的"贵知今"新学风。至二十一岁所作《杂感》诗中论诗歌的演进，明显地表达了历史进化观点，进一步对泥古守旧的倾向作有力批判，并吟出"我手写我口，古岂能拘牵"的名句，成为晚清"诗界革命"的先声。这位成长于偏僻客乡的青年，为何在当时已能形成这种光彩照人的进化革新思想？这个问题至今仍需我们认真思索并回答。我们如果把握住客家人优良传统的"根"与时代风会二者的结合，并总结客家人世代形成的开拓创造精神，再联系进入近代以来东南沿海最早接受西方资本主义文化影响加以探索，这样的思路或许大体不错。

1874年，遵宪北上参加进士考试不中，却幸而获得涉足外交界的机遇，成为他人生道路的一大关键。当时他晤到并为他举荐提携的人物中，即有二位是广东客家乡亲——何如璋和丁日昌。

何如璋（1838—1891），字子峨，粤东大埔人，是遵宪父鸿藻（曾任户部主事）的朋友。何氏为光绪七年进士，入翰林院，

---

① 黄遵宪著，钱仲联笺注：《人境庐诗草笺注》卷十一《病中纪梦述寄梁任父》，第1075页。
② 丁文江、赵丰田：《梁启超年谱长编》1902年条，第292—293页。

以庶吉士任编修。他早年喜桐城古文,后转而"究心时务",经常往来天津、上海,向当地传教士了解西方知识。尝谒李鸿章,李见而异之,退而语人曰:"不意翰林馆中亦有通晓洋务者。"1877年,由于李鸿章的推荐,清政府决定派何如璋为驻日使臣,而他早就闻知遵宪通达时务,因而邀之同行。何如璋赴日后,很重视自己担负的使命,认为出使期间应对日本社会"参稽博考,目击亲历",并向国内报告。他撰有《使东述略》,内容虽甚简略,且有记载不准确的缺点,但有他自己的实地观察,如说神户、长崎等城市通商后面貌大不相同:"通市以来,气象始为之一变",并总结日本维新变法后的情况说:"近趋欧俗,上至官府,下及学校,凡制度、器物、语言、文字,靡然以泰西为式","风会所趋,固有不克自主者乎"!① 虽未明显赞扬,却也道出了事实,比起三年前另一位中国人把明治维新说成"通国不便,人人思乱"② 来,确是比较客观的观察,识见要高得多。他见到外国兵船陈列横滨海面,即想到国际形势变化急速、强国无不重视攻战之术,因而论及中国应抛弃"拘成见,务苟安"的旧观念,"及此时求自强"。所以,何氏所著的《使东述略》《使东杂咏》,对遵宪撰《日本国志》起到开先路的作用。

丁日昌(1823—1882)是遵宪在赴日本前一年北上路经天津时结识的。丁日昌为粤东丰顺人,当时因参加李鸿章与英使威妥玛谈判马嘉理案之事,正在天津。丁氏任江苏巡抚,平时注重奖引人才,此番遇到黄遵宪这位从家乡北上应试的青年学子,倍感亲切,他发现遵宪具有"究心时局"的非凡见识,深表嘉许,年底,丁日昌被委任为福建巡抚,便欲延遵宪至其幕下。因遵宪欲赴顺天乡试而未果。但丁氏的器重却引起了当日办外交、洋务的官员们对遵宪的注目,因而也成为他步入外交界的有利因素。后来王韬为黄遵宪《日本杂事诗》作序,特意记载了丁、黄二人这

---

① 何如璋:《使东述略》,见钟叔河主编《走向世界丛书》第一辑第三册,岳麓书社2008年版,第102、107、118页。
② 陈其元:《日本近事记》,见王锡祺辑《小方壶斋舆地丛钞》初编第十帙,第265—267页。

段交往："公度岭南名下士也。今丰顺丁公尤器重之，亟欲延致幕府，而君时公车北上，以此相左。"这也是近代客家人物交往的一段佳话。

丁、何二人资历、地位都比黄遵宪高，他们的提携，出于客家乡情，又共同"究心时务"、对外部世界持比较开明的态度，两者都是重要的原因。

遵宪晚年交往的客家人物还有著名的爱国者丘逢甲（1864—1912）。他是台湾客家人，原籍广东蕉岭县。1896年，逢甲激于对清廷签订卖国的《马关条约》、把台湾割让给日本的义愤，倡议反对割让、台湾自立，率军与登台日军英勇作战两个月，兵败后脱险渡海回到广东。1901年逢甲回到嘉应州原籍，即到人境庐拜访了黄遵宪。此后四年中，黄、丘二人频繁地写诗赠答，互相鼓舞。逢甲先前的成名，也与丁日昌的提拔极有关系。时为1877年，十四岁的逢甲应童子试，获全台之冠，得到赴台视察的福建巡抚兼学政的丁日昌的赏识，誉之为"东宁才子"。黄、丘二人更是英雄重英雄。遵宪评价逢甲之诗："此君诗真天下健者。渠自负曰：二十世纪中，必有刻黄、丘合稿者。又曰：十年之后，与公代兴。论其才调，可达此境，应不诬也。"① 逢甲则赞誉黄遵宪："茫茫诗海，手辟新洲，此诗世界之哥伦布。"黄、丘二人互相景仰，结成深厚友谊，其共同思想基础，自然是对时局无比关切的爱国感情、高深的诗歌造诣，同时，深厚的客家乡情、紧邻的地域，也是极重要的原因。所以，丘逢甲还把二人的故里、相距只有六十华里的嘉应城和蕉岭文福乡称为东方诗国实行变革的发源地："海内之能于诗中开新世界者，公（指遵宪）外，偻指可尽。忽有自海外来与公共此土者，相去只三十西里耳！后贤推论，且将以此土为东方诗国之萨摩、长门，岂非快事？"② 仅此而论，即足令客家人为他们近代的先进人物感到自豪！

---

① 钱仲联：《黄公度先生年谱》1902年引黄遵宪与梁启超书信，见《人境庐诗草笺注》附录二，第1249页。
② 丘逢甲为《人境庐诗草》所写跋语，见《人境庐诗草笺注》，第1088、1089页。

《人境庐诗草》与近代文化觉醒

一、从近代文化史的角度考察

以尖锐地抨击封建儒学的痼疾开篇，以铿锵地预言20世纪帝制必定灭亡终卷；整部诗集内容丰富多彩，且多鸿篇巨制，深刻地反映了近代中西文化的冲突与交流，表现了新世界的奇风异物和新观念新哲理，从而开创了中国诗歌史上空前未有的新格局。

这就是黄遵宪著名的诗集《人境庐诗草》的特色。黄遵宪生活的19世纪后半期和20世纪初年，是中西文化接触的重要时期，他的诗歌创作的主流明显地反映出近代文化觉醒的倾向。他有丰富的阅历，曾先后担任驻日本、美国、英国和新加坡的外交官员。他在《己亥杂诗》中一再咏道："我是东西南北人，平生自号风波民。百年过半洲游四，留得家园五十春。""岁星十二遍周天，绕尽圆球剩半环。法界楼台米家画，总输三岛小神山。"（自注：余客海外十二年，环游地球，所未渡者大西洋海耳。）[①] 世界

---

① 黄遵宪：《人境庐诗草》卷九《己亥杂诗》。

范围的广阔见闻,是他生平经历极重要的部分,为他的诗歌创作注入了新思想、新源泉。诗集中五光十色、博大宏深的篇章,正是中西文化撞击的产物。以往对《人境庐诗草》主要从文学史角度研究其内容和艺术,今天我们很有必要从近代文化史的角度加以探讨,以求得新的突破。

把握近代文化潮流的总特点,是深刻理解黄遵宪诗集社会意义的关键。一定社会阶段的进步文化思想,总要反映出当时社会政治经济的前进要求,并有力地促进这些任务的解决。近代文化觉醒有两大特征,都与中国近代社会基本任务的解决密切相关联:一是深刻地批判封建专制与愚昧,向西方学习,宣传民主思想和科学知识;一是宣传民族主体意识,揭露西方列强的侵略性,维护民族的独立。由于中国近代历史进程的极端复杂,由于中西文化的巨大差异,由于中国古代文化长期处于先进地位而形成的妄自尊大等沉重历史包袱,决定了近代文化觉醒必须经历艰难而长期的过程。

具体地说,这一过程大体经越三个阶段。第一阶段是19世纪后半期至20世纪初年,其标志是戊戌时期及20世纪初宣传"新学"的高涨。五四新文化运动是第二阶段,其标志是《新青年》杂志揭起民主和科学两面旗帜,猛烈地批判旧文化旧礼教。中国共产党成立后,进入了第三阶段,马克思主义成为中国革命的指针,并正确地总结近代文化论争,其标志是1940年毛泽东同志发表《新民主主义论》,提出了建设"民族的科学的大众的文化"的指导思想。尽管这三个阶段居主导地位的思想体系有初步民主思想、激进民主思想、共产主义思想这些质的不同,但是批判封建思想和反对外来侵略这两大基本特征则贯彻于始终,而且三个阶段互相有机地联系,前者为后者作准备,后者是前者的发展,都是近代文化觉醒不可缺少的环节。第一阶段是中西文化接触的初期,时代的要求是宣传新学批判旧学,即批判封建旧文化的保守落后,摒弃闭关自守的迂腐意识,倡导了解世界和输入西方思想文化,寻求救亡图强的道路。虽然当时新学的代表人物对于封建文化的批判还很不彻底,对于外国事物的认识也有时模糊，但这一阶段是近代文化觉醒的起点。正如毛泽东同志所说："在'五四'以前，中国文化战线上的斗争，是资产阶级的新文化和封建阶级的旧文化的斗争。在'五四'以前，学校与科举之争，新学与旧学之争，西学与中学之争，都带着这种性质。那时的所谓学校、新学、西学，基本上都是资产阶级代表们所需要的自然科学和资产阶级的社会政治学说（说基本上，是说那中间还夹杂了许多中国的封建余毒在内）。在当时，这种所谓新学的思想，有同中国封建思想作斗争的革命作用，是替旧时期的中国资产阶级民主革命服务的。"① 当时宣传新学批判旧学，宣传资本主义民主思想和政治制度、批判封建专制制度和封建文化，就是《人境庐诗草》产生的背景。

二、跳动着近代文化的脉搏

黄遵宪青年时期所写的诗歌中，就已强烈地表现出冲破封建文化禁锢的要求，并产生了为救亡图强而了解世界的思想。从这些诗篇中，我们已可感觉到近代文化脉搏的跳动。

《人境庐诗草》开宗明义第一章《感怀》诗，就是他对封建儒生泥古保守弊病的辛辣讽刺：

> 世儒诵《诗》《书》，往往矜爪嘴。昂头道皇古，抵掌说平治。上言三代隆，下言百世俟，中言今日乱，痛哭继流涕。摹写车战图，胼胝过百纸。手持《井田谱》，画地期一试，古人岂我欺，今昔奈势异。儒生不出门，勿论当世事，识时贵知今，通情贵阅世。

他的诗句形象地讲了古今时势不同的哲理，呼吁学术风气的根本转变。鸦片战争后，社会危机日益深重，照搬儒家的陈旧教条只能是迂腐可笑。他清醒地认识到："当世得失林，未可稽陈

---

① 毛泽东：《新民主主义论》，《毛泽东选集》第二卷，第696—697页。

编。"只能靠研究当代寻找救国之方。在当时,统治者仍然极力提倡宋明理学、乾嘉考据、科举制度这一套封建货色,士人们也仍旧视为神圣而趋之若鹜,黄遵宪却一概予以尖锐的抨击。他斥责宋明理学的空疏无用:"宋儒千载后,勃窣探理窟。自诩不传学,乃剽思孟说。讲道稍僻违,论事颇迂阔。"又贬斥考据学的琐屑饾饤:"读史辨豕亥,订礼分袒袭。上溯考据家,仅附文章列。"最后指责两者都是对于国计民生毫无裨益的陈腐东西:"均之筐箧物,操此何施设?"①

这首诗所提出的是与当时弥漫朝野的因循保守思想相对立的新的文化价值观念,是青年黄遵宪发出的文化观点宣言书。他本人对此诗极为重视,晚年致信梁启超就说到诗中对"宋人之义理"和"汉人之考据"的猛烈批评。② 诚然,黄遵宪生活的岭南嘉应州是偏僻之区,当年他刚二十岁,"不假师友","自为著述",有人曾对此感到奇异莫解。其实,产生黄遵宪这种新颖文化观点的社会条件和思想渊源是清楚的。岭南地区在近代最早遭受资本主义的侵略,各种社会矛盾较之内地更加尖锐;同时也更多地接触资本主义文化而受到影响。这种环境在近代造就了不少倡导新思想的著名人物。再从文化领域批判空疏学风说,鸦片战争前后的龚自珍、魏源已首开其端,黄遵宪则是继承他们的进步观点而在新的条件下加以发展。总之,黄遵宪独立形成的文化价值观,其根基就是鸦片战争后的社会变动。

既然青年黄遵宪在文化问题上已经达到敏锐反映时代需要的高度,从此之后便一发而不可收,并随着阅历的丰富、视野的开阔而不断发展。《诗草》前二卷都是他未出国门前的诗作,其中有大量从多方面揭露封建旧文化禁锢和毒害人们头脑的篇章。在《杂感》诗中,他以颇有理论意味的发展观点,对封建营垒的拟古风气作进一步的批判,对于时代和文化的进步高声赞扬:"大块凿混沌,浑浑旋大圆,隶首不能算,知有几万年?羲轩造书

---

① 黄遵宪:《人境庐诗草》卷一《感怀》。
② 黄遵宪著,钱仲联笺注:《人境庐诗草笺注》卷一《感怀》注,第12页。

契,今始岁五千。以我视后人,若居三代先。俗儒好尊古,日日故纸研,六经字所无,不敢入诗篇,古人弃糟粕,见之口流涎。沿习甘剽盗,妄造丛罪愆。黄土同抟人,今古何愚贤?即今忽已古,断自何代前?明窗敞流离,高炉爇香烟。左陈端溪砚,右列薛涛笺。我手写我口,古岂能拘牵。即今流俗语,我若登简编,五千年后人,惊为古斓斑。"这表明黄遵宪具有发展进化的文化观,认为三代和当今都是历史发展的一个阶段,迷信三代、鄙薄当今是极其错误的复古倒退观点。一味模仿因袭是把古人的糟粕当作宝贝,勇于革新创造才能推动文化的发展。"我手写我口,古岂能拘牵",这呼吁诗人关注当代,力求创新,抒发时代精神和个人新鲜感受的警句,确实为晚清文化领域带来新鲜气息。

他还大胆地把科举制度窒息士人聪明才智的祸害与秦始皇焚书坑儒相提并论:"秦皇焚诗书,乃使民聋聩。宋祖设书馆,以礼罗措大。吁嗟制艺兴,今亦五百载。世儒习固然,老死不知悔。精力疲丹铅,虚荣逐冠盖。劳劳数行中,鼎鼎百年内,束发受书始,即已缚杻械。英雄尽入彀,帝王心始快。"这些诗句对封建文化专制的揭露可谓鞭辟入里。面对当时深重的社会危机,他呼唤扫除历代相沿读书无益实用的恶习:"谓开明经科,所得学究耳。谓开制策科,亦只策士气。谓开词赋科,浮华益无耻,持较今世文,未易遽轩轾。隋唐制科后,变法屡兴废,同以文章名,均之等废契。……所用非所习,只以丛骂詈。亦有高材生,各自矜爪觜。祖汉夸考据,媚宋争义理,彼此互是非,是非均一鄙。"他倡导学以致用的学风,力图把人们的注意力引向关注现实问题的解决上来。当时他已洞察到科举制度走向末路,大胆地预言它定将废除:"后有王者兴,张网罗贤俊,决不以文章,此语吾敢信。"① "诸书束高阁,所习唯《兔园》,古今昏不知,各各张空拳。士夫一息气,奄奄殊可怜。……到此法不变,终难兴英贤。"②

---

① 黄遵宪:《人境庐诗草》卷一《杂感》。
② 黄遵宪:《人境庐诗草》卷二《述怀再呈霭人樵野丈》。

随着黄遵宪的足迹到达广州、香港，以后又北上到了天津、北京、上海，他的文化思想增加了更有时代意义的新内容。他耳闻目睹外国列强对中国的侵略，接触到资本主义文明，又阅读了《万国公报》及江南制造局所译有关西学的书籍，迅速产生了了解世界事务、寻求御敌办法的意识。这是他要求革新和注重现实的观点之进一步发展。

黄遵宪对列强侵略威胁中华民族生存有高度的警觉："东南鬼侯来，昼伏夜伺隙，含沙射人影，鬼蜮不可测。虎威狐辄假，鸱视鼠每吓。今年问周鼎，明年索赵璧，恫疑与虚喝，悉索无不力。"[1] 这些诗句对侵略者的阴险伎俩和无止境的欲壑作了深刻的揭露。

与此同时，他又敏锐地认识到资本主义文明的先进性。在《香港感怀十首》中，他为香港已成为英国侵略的基地而忧虑："帆樯通万国，壁垒逼三城。虎穴人雄据，鸿沟界未明。""居然成重镇，高垒蠹狼烽。"资本主义物质文明的先进和经济的发达又使他惊叹："《博物》张华志，千间广厦开。摩挲铜狄在，怅望宝山回。大鸟如人立，长鲸跋浪来。官山还府海，人力信雄哉！""飞轮齐鼓浪，祝炮日鸣雷。中外通喉舌，纵横积货财。"[2] 在北上途中他同样写下许多称赞西方国家科学技术先进的诗句："电掣重轮走水车，风行千里献比闾。移山未要嗤愚叟，捧土真能塞孟诸。""《考工》述物搜奇字，鬼谷尊师发秘书。"[3]

当时西方列强完全是陌生的对手，黄遵宪却既能看到其侵略性又能看到其先进性，实属难能可贵。这与统治集团那种"野蛮的、闭关自守的、与文明世界隔绝"[4] 的顽固意识是根本对立的。黄遵宪还认识到世界的联系已空前紧密，各国间关系犬牙交错："茫茫巨浸浩无垠，华夷万国无分土"，"敌国同舟今日事，太仓稊米自家身"。[5] 因此，他产生了寻找对付列强侵略办法的急迫

---

[1] 黄遵宪：《人境庐诗草》卷二《述怀再呈霭人樵野丈》。
[2] 黄遵宪：《人境庐诗草》卷一《香港感怀十首》。
[3] 黄遵宪：《人境庐诗草》卷二《和钟西耘庶常津门感怀诗》。
[4] 马克思：《中国革命和欧洲革命》，《马克思恩格斯选集》第一卷，第691页。
[5] 黄遵宪：《人境庐诗草》卷二《由轮舟抵天津作》。后两句用《庄子》典，"计中国之在海内，不似稊米之在太仓乎"？

感:"海疆东南正多事,水从西来纷童谣。曲突徙薪广恩泽,愿亟靖海安天骄。"① 但是究竟用什么办法实现御侮图强的目的,当时黄遵宪还不可能找到明确的答案。

三、异国风物志 历史启示录

从1877年起,黄遵宪开始了他一生中关系重大的随使外国、亲身考察西方文化的时期。他首先经历了日本明治维新"改从西法""革故取新"的历史性转折,在文化观上产生了飞跃。以后他到美国和欧洲,直接考察了西方的制度、文化,更使他具有一种世界眼光,去观察东西方国家历史文化的发展趋向。《诗草》卷三至卷七所收大量诗篇,就反映出他文化观上这一重大转变和发展。

这些诗篇展现出东西半球五光十色的异国风情画。其中有日本举国狂欢的樱花节:"一花一树来婆娑,坐者行者口吟哦,攀者折者手捼莎,来者去者肩相摩。墨江泼绿水微波,万花掩映江之沱,倾城看花奈花何,人人同唱樱花歌。""喷云吹雾花无数,一条锦绣游人路。""十日之游举国狂,岁岁欢虞朝复暮。"② 有中秋时节横渡太平洋,领略皓月当空波平如镜的奇景奇情:"茫茫东海波连天,天边大月光团圆,送人夜夜照船尾,今夕倍放清光妍。一舟而外无寸地,上者青天下黑水。""鱼龙悄悄夜三更,波平如镜风无声。""我随船去月随身,月不离我情倍亲。"读了使人真有亲临其境之感。诗中还将地球自转昼夜变化的科学知识与自然景色和诗人的想象巧妙地糅合起来:"举头只见故乡月,月不同时地各别,即今吾家隔海遥相望,彼乍东升此西没。"③ 有美国大选中竞选的情景:"某日戏马台,广场千人设。纵横乌皮几,上下若梯级。华灯千万枝,光照绣帷撒。登场一酒胡,运转

---

① 黄遵宪:《人境庐诗草》卷二《福州大水行同张樵野丈龚霭人丈作》。
② 黄遵宪:《人境庐诗草》卷三《樱花歌》。
③ 黄遵宪:《人境庐诗草》卷五《八月十五夜太平洋舟中望月作歌》。

广长舌。盘盘黄须虬,闪闪碧眼鹘。开口如悬河,滚滚浪不竭。笑激屋瓦飞,怒轰庭柱裂。有时应者者,有时呼咄咄。掌心发雷声,拍拍齐击节。"① 有英国女王国典和贵族宴会的豪华场面:"万灯悬耀夜光珠,绣缕黄金匝地铺。"② "红氍贴地灯耀壁,今夕大会来无遮。""衣裳斓斑语言杂,康乐和亲欢不哗。"③ 还有巴黎铁塔的雄姿;苏伊士运河的奇迹;锡兰岛上的卧佛;新加坡海峡的风浪……许多佳作把人们带到一处处奇异的境地,当时被称为"新世界诗"。它们及时地记载了中国人走向世界的足迹,开拓了中国诗歌前所未有的新领域。

更有意义的是,黄遵宪在诗中写下了他深入考察外国制度文化的认识,并与中国相比较,为人们打开了观察世界潮流的窗口。

他在日本的四年余,正值明治十年至十五年,是"百度初创"实行新政的时期,使他得以亲见学习西方给日本带来了富强。对于民权学说,他"初闻之颇惊怪",后来直接阅读卢梭、孟德斯鸠的著作,"心志为之一变,以为太平世必在民主"。④ 这是他的文化观由批判封建儒学向接受资产阶级社会政治学说飞跃的重要标志。"古岂无利器,今合借他石。"⑤ 他找到了可以借来攻中国这块璞玉的他山之石,认识到日本学习西方的道路是中国走向富强必须效法的榜样。这正是他长期思索的问题的答案。因此,他克服了种种困难,撰写《日本国志》初稿,以明治维新史作为中国的借鉴。了解《日本国志》的基本论点对于评价黄遵宪所写的有关日本的诗篇有直接帮助。他在书中认为:宣传民权学说,要求废除专制召开国会,"庶人议政,倡国主为共和",是日本实行新政的关键。并预见到民权学说在日本方兴未艾,形势将继续发展。他揭露专制制度的严重弊端,"小民任其鱼肉,含冤

---

① 黄遵宪:《人境庐诗草》卷四《纪事》。
② 黄遵宪:《人境庐诗草》卷六《温则宫朝会》。
③ 黄遵宪:《人境庐诗草》卷六《感事三首》。
④ 《东海公来简》,即黄遵宪致梁启超信(1902年),《新民丛报》第十三号。
⑤ 黄遵宪:《人境庐诗草》卷三《陆军官学校开校礼成赋呈有栖川炽仁亲王》。

茹苦，无可控诉……上之于下，压制极矣！此郁极而必伸者，势也。"① 同时反复论述对外开放、学习西方的意义："近世贤豪，志高意广，竞事外交，骎骎乎进开明之域，与诸大争衡。向使闭关谢绝，至今仍一洪荒草昧未开之国耳！"② 黄遵宪在诗作中则这样赞扬明治维新的历史性变革："乾坤整顿兵气息，光华复旦歌维新。"③ 他还赞扬废除专制"霸政"后平民生活的改善："如此江山信可怜，欢虞霸政百余年。黄粱饱饭红灯上，小户家家弄管弦。"④《诗草》卷三还有黄遵宪在戊戌前后补作的《近世爱国志士歌》，用维新志士前仆后继、视死如归、卒成维新大业的精神，"以兴起吾党爱国之士"。特别值得注意的是，黄遵宪推服日本人士林子平关于欧亚地理距离正在缩小的观念："拍枕海潮来，勿再闭关眠。日本桥头水，直接龙动天。""龙动"即日人对伦敦的音译。黄遵宪借林子平的说法警告顽固派，从远东到欧洲，以前视为浩渺辽远，现在却是直接相通了。"彼驾巨舰，履大海如平地，视异域如比邻，而我不知备，可谓危矣！"黄遵宪在诗中表述的，恰是"迅速缩小的世界"（rapidly shrinking world）这样一种典型的近代意识。黄遵宪还极为推崇吉田松阴，他是因决心学习西方而被幕府处死于狱中的维新志士，临死前还引用日本语草《七生灭贼说》表达决心为维新事业而死的壮烈情怀。黄遵宪呼唤中国也需要松阴式的志士："丈夫四方志，胡乃死槛车？倘遂七生愿，祝君生支那。"

黄遵宪在这些诗篇中所表达的民主意识、对外开放意识和危机感意识，较之他未出国门前的诗作已经具有更强烈的近代文化觉醒的内涵。此后他到了欧美主要资本主义国家，又到了被西方列强征服、控制的南亚国家。这一时期，他对西方列强恃其先进到处侵略和东方国家备受欺凌的命运有了更加痛切的感受，对东西方文化关系的思考更加深入，并肆力于诗作，写出如《锡兰岛

---

① 黄遵宪：《日本国志》卷三《国统志三》。
② 黄遵宪：《日本国志》卷四《邻交志一》。
③ 黄遵宪：《人境庐诗草》卷三《西乡星歌》。
④ 黄遵宪：《人境庐诗草》卷三《不忍池晚游诗》。

卧佛》《感事三首》《番客篇》等堪称史诗的名篇。

《锡兰岛卧佛》这部罕见的巨制，共有五百三十二行，是一部佛教文化的兴衰史，又是文明古国的反思录。黄遵宪由卧佛的形象，自然联想到佛教流传的亚洲各国长期的衰落："岂真津梁疲，老矣倦欲眠。如何沉沉睡，竟过三千年！"亚洲人到处虔诚迎佛，结果接连沦为西方列强的殖民地，诗人不禁追溯了佛教由盛到衰的历史："综佛所照临，竟过九洲阔，极南到朱波，穷北逾靺鞨。"① "此方护佛齿，彼土迎佛骨，……五百虎狮象，遍地迎菩萨。谓此功德盛，当历千万劫，有国赖庇护，金瓯永无缺。……举佛降生地，一旦尽劫夺！"按照佛经所讲，佛法力无边，神幻莫测，竟不能拯救自己。诗人以一连串的发问，指出佛教经义与社会现实之间的尖锐矛盾："我闻舒五指，化作狮子雄，能令众醉象，败窜头笼东。何不救兽王，俾当敌人冲？我闻粗大力，手张祖王弓，射过七铁猪，入地千万重。何不矢一发，再张力士锋？……惟佛大法王，兼综诸神通，声闻诸弟子，递传术犹工。如何敛手退，一任敌横纵，竟使清净土，概变腥膻戎！"而严酷的现实是，西方列强以传教、殖民、武力侵略三位一体的征服手段，使佛教传播的亚洲国家陷于受奴役的厄运："迩来耶稣徒，遍传新旧约，载以通商舶，助以攻城炮。谓天只一尊，获罪无所祷，一切土木像，荒诞尽可笑。顶上舍利珠，拉杂付摧烧，竟使佛威德，灯灭树倾倒。"

黄遵宪并不停留在追溯历史，他进而探索了东方文化的深层问题。他认为，造成"佛力遂扫地""佛不能庇国"的可悲现实，根源在于佛教哲学自身存在的致命弱点。虽然佛教哲学中的平等观念、思辨色彩都有其价值，但它讲对敌人慈悲为怀、宣扬不抵抗主义则是大错特错了！"独惜说慈悲，未免过主张，臂称穷鸽肉，身供饿虎粮，左手割利刃，右手涂檀香。冤亲悉平等，善恶心皆忘。愈慈愈忍辱，转令身羸尪。兽蹄交鸟迹，一听外物戕。"黄遵宪沉痛地呼吁：当此弱肉强食的时代，必须抛弃这种退却懦

---

① 朱波指缅甸，靺鞨指黑龙江流域。

弱的东方哲学，树立竞争和自强意识，才能制敌御侮。"人间多虎豹，天上无凤凰。虎豹富筋力，故能恣强梁。凤凰太文彩，毛羽易摧伤。惟强乃秉权，强权如金刚。"他又将问题引到更高的层次，总结包括中国在内的世界文明古国的命运："吁嗟古名国，兴废殊无常。罗马善法律，希腊工文章，开化首埃及，今亦归沦亡。念我亚细亚，大国居中央，尧舜四千年，圣贤代相望。……到今四夷侵，尽撤诸边防。"① 最后用"弱供万国役，治则天下强"的警句作结，寄托了对复兴古老的中国文明的殷切期待。全诗上下纵贯几千年，跨越自远东、南亚至欧洲的巨大空间，气魄雄伟而富于哲理，形象化地显示古老的东方文化与西方近代文化的冲突，呼吁正视东方国家所面临的严重危机，读之使人惊醒奋起。

《感事三首》同样是从较高层次总结中西历史文化发展趋势的佳作。当时黄遵宪在伦敦，置身于资本主义物质文明高度发达的大都会中，但他内心里却深深为自己民族的命运忧虑。"问我何为独不乐，侧身东望三咨嗟？"末一首所抒发的感慨尤其深沉。黄遵宪以如炬的目光，注视着中西关系的巨大变局和世界形势的迅速发展，抨击中国封建儒学的迂腐误国。他谴责西方侵略势力东来威胁亚洲国家的生存："咄哉远人来叩关，凿地忽通西南蛮，贾胡竟到印度海，师船还越大浪山。""长蛇封豕恣并吞，喁喁鹣鲽来无路。"同时他又告诫人们，西方国家在地理大发现之后，已经取得奇迹般的成就，正日益以迅速的发展显示其先进性："可仑比亚尤人豪，搜索大地如追逃。……忽然大陆出平地，一钓手得十五鳌。即今美洲十数国，有地万里民千亿。世人已识地球圆，更探增冰南北极。精卫终偿填海志，巨灵竟有擘山力。华严楼阁虽则奇，沧海桑田究难测。"可是颠顸顽固的清朝统治集团却对于世界形势昏聩无知。1875年，奉使英国的郭嵩焘因讲了西方国家也有二千年文明，不应以虚骄态度对待一类话，便引起"满朝士大夫的公愤"，随即郭嵩焘便从公使任上被撤回。黄遵宪

---

① 黄遵宪：《人境庐诗草》卷六《锡兰岛卧佛》。

作为其后的使馆官员,当然深知此事的原委。他特别写下"岂知七万余里大九洲,竟有二千年来诸大国"的诗句,用意也在澄清是非,以正视听。有鉴于此,他大声疾呼摒弃这种闭目塞听、夜郎自大的迂腐意识,转变为对外开放、了解和学习外国的态度,国家才有希望。诗的最后直斥顽固派:"宋明诸儒骛虚论,徒诩汉大夸皇华。谬言要荒不足论,乌知壤地交犬牙。鄂罗英法联翩起,四邻逼处环相伺,着鞭空让他人先,卧榻一任旁侧睡。古今事变奇至此,彼己不知宁勿耻!持被入直刺刺语不休。劝君一骋四方志。"① 黄遵宪借这些精彩的诗句发表议论,意味着要求中国士大夫抛弃虚论、谬言,抛弃闭目塞听、自欺欺人的可耻态度,实现文化价值观念的根本转变,由"严夷夏之防"、闭关自守转变为承认落后和学习西方国家的长处。

《番客篇》是一部华侨辛酸史,又是从华侨的遭遇这一角度反映国家的强弱和文化观念的问题。诗中深刻地反映了南洋华侨创业的艰难,华侨归国省亲竟被诬为"通番",在侨居国又备受欺凌。黄遵宪用满腔同情尖锐地提出问题:"譬彼犹太人,无国足安托?""番汉两弃却","颇奈国势弱"。② 华侨问题这样突出地提出来,在近代史上还是第一次。旅居各国的华侨遭受虐待,从清朝衰弱无力保护来说,是政治问题;从国内长期形成的与外界隔绝的意识来讲,又属文化观念问题。《番客篇》追溯了历史的根源,所以同样具有抨击闭关锁国落后意识的意义。

总的来说,黄遵宪生逢中西文化接触的重要时期,他十多年担任外交官员的特殊经历,使他长期处在这一"两极相联"的撞击面上。他从封建旧文化的营垒中走出来,憎恨它的种种弊病,所以更能敏锐地对比中西文化之间的长短得失,而迅速地接受民主思想、对外开放等近代观念。他由考察现实进而追溯历史,认识必须学习西方才能由弱变强。《人境庐诗草》以其丰富的内容和深刻的见解向人们表明,黄遵宪是近代输入西方文化思想的先

---

① 黄遵宪:《人境庐诗草》卷六《感事三首》。
② 黄遵宪:《人境庐诗草》卷七《番客篇》。

进人物之一,这些诗篇乃是教育人们摆脱与世隔绝状态,了解世界、走向世界的历史启示录。

四、自强御侮的民族主体意识

近代中西文化接触的历史条件异常复杂,如何做到既认识西方国家先进性,又能警惕、反抗其野蛮侵略;与此同时,既认识中国封建文化的落后性,又能对古老中国文明的复兴和中华民族自立于世界民族之林的能力具有高度信心。——这种自强御侮的民族主体意识和辩证的态度,是近代文化觉醒的又一基本内容和要求。前已述及,黄遵宪早在青年时代就显示出坚决反抗侵略的意识,随使外国时期又进一步发展。至19世纪末20世纪初,面对列强加紧侵略中国、民族命运更为危急的形势,他愈加强烈地表现出民族主体意识,在其后期诗作中,自强和御侮就成为格外鲜明的主题。

黄遵宪一再揭露列强企图奴役、灭亡中国的阴谋,唤起人们的高度警觉。《书愤》组诗即针对甲午战争后列强掀起瓜分中国狂潮而作,第一首云:"一自珠崖弃,(自注:胶州)纷纷各效尤。(自注:旅顺、大连湾、威海卫、广州湾)瓜分惟客听,薪尽向予求。秦楚纵横日,幽燕十六州。未闻南北海,处处扼咽喉。"写出帝国主义列强纷纷像饿狼一样扑来,贪婪残暴地对中国任意宰割,谴责腐败的清政府拱手出让领土,其行径与当年向契丹自认儿皇帝的石敬瑭没有两样!又一首云:"弱肉供强食,人人虎口危。无边画瓯脱,有地尽华离。争问三分鼎,横张十字军。波兰与天竺,后患谁更知?"[①] 进一步用波兰、印度亡国的教训,告诫人们警惕中国重蹈其覆辙。

为了激励人民反抗侵略的精神,他对关天培、冯子材等敢于与敌人血战到底的英雄大力褒扬。他写冯子材对法国侵略者的仇

---

① 黄遵宪:《人境庐诗草》卷八《书愤》。

恨："何物岛夷横割地，更索黄金要岁币。""将军气涌高于山，看我长驱出玉关。"写冯子材身先士卒，与敌决战，在镇南关大败法国侵略军这一惊心动魄的情景："将军一叱人马惊，从而往者五千人。五千人马排墙进，绵绵延延相击应。轰雷巨炮欲发声，既戟交胸刀在颈。敌军披靡鼓声死，万头窜窜纷如蚁。十荡十决无当前，一日横驰三百里。"表现出这位爱国英雄指挥若定、使敌闻风丧胆的气概。诗的最后，以冯子材收复大片失地的胜利，与马江海战的惨败作鲜明对比，说明在民族危难关头，尤其需要发扬冯将军这种大无畏精神："吁嗟乎！马江一败军心慑，龙州拓地贼氛压。闪闪龙旗天上翻，道咸以来无此捷。得如将军十数人，制梃能挞虎狼秦。能兴灭国柔强邻，呜呼安得如将军！"①

对于贪生怕死、临阵脱逃的民族败类，黄遵宪则在诗中痛加鞭挞，叫他们遗臭万年。如《悲平壤》诗写中日战争平壤之役，怒斥叶志超弃城逃跑："天跳地踔哭声悲，南城早已悬降旗。三十六计莫如走，人马奔腾相践踩。驱之驱之速出城，尾追翻闻饿鸱声。""一夕狂驰三百里，敌军便渡鸭绿水。一将囚拘一将诛，万五千人作降奴。"②这些饱含愤怒的诗句，充分表现出诗人的爱国感情。

甲午战争日本战胜腐败的清朝，强迫清朝签订不平等条约，割让辽东半岛、台湾、澎湖列岛等领土，并赔偿白银二亿两的巨款。黄遵宪以满腔悲愤，谴责日本侵略者的贪婪和清朝的卖国行径："括地难偿债，台高到极天。行筹无万数，纳币一千年（自注：辽金岁币银二十万两，以今计之，合一千年乃有此数）。"③对于台湾义民抗击日本侵略者霸占台湾的英勇斗争，黄遵宪以饱满的激情加以歌颂："我高我曾我祖父，艾杀蓬蒿来此土。糖霜茗雪千亿树，岁课金钱无万数。天胡弃我天何怒，取我脂膏供仇虏。眈眈无厌彼硕鼠，民则何辜罹此苦？亡秦者谁三户楚，何况

---

① 黄遵宪：《人境庐诗草》卷四《冯将军歌》。
② 黄遵宪：《人境庐诗草》卷八《悲平壤》。
③ 黄遵宪：《人境庐诗草》卷八《马关纪事》。

闽粤百万户。成败利钝非所睹,人人效死誓死拒,万众一心谁敢侮。"① 这气吞山河的战歌,充分表现出中国人民同仇敌忾、誓死保卫祖国领土的伟大力量! 在当时曾产生强烈的影响,今天也仍然具有鼓舞人们抗击外来侵略的积极意义。

黄遵宪还致力于把这种自强御侮精神灌输到军队和学生之中,这是他倡导民族主体意识的卓见,也是他跟一般诗人很不相同之处。他精心创作了《军歌》《学校歌》,意在成为响遍军营和中小学校的歌声,以庄严的爱国感情时时熏陶军人和少年儿童的心田。《军歌》共二十四章,包括"出军""军中""旋军"各八章。每章末一字,义取相属,用"鼓勇同行、敢战必胜、死战向前、纵横莫抗、旋师定约、张我国权"二十四字收尾。如其中第五章:"怒搅海翻喜山撼,万鬼同一胆。弱肉磨牙争欲啖,四邻虎眈眈。今日死生求出险。敢敢敢!"第六章:"剖我心肝挖我眼,勒我供贡献。计口缗钱四万万,民实何仇怨! 国势衰微人种贱。战战战!"把对侵略者的仇恨、对亡国灭种危险的呼号、为民族自强生存的奋争,化成了悲壮激越的军歌,应视为优秀的篇章,《学校歌》共十九首,借更为通俗易懂的诗句,让少年学生从小懂得迫在眉睫的民族危机和救国御侮的神圣责任。其中最精彩的几首是:"来来汝小生,汝看汝面何种族。芒砀五洲几大陆,红苗蜷伏黑蛮辱;虬髯碧眼独横行,虎视眈眈欲逐逐。于戏我小生! 全球半黄人,以何保面目。""来来汝小生,汝之司牧为汝君;尊如天帝如鬼神,伏地谒拜称主臣。汝看东西立宪国,如一家子尊复亲。于戏我小生! 三月麑裘歌,亦曾歌维新。""听听汝小生,人人要求普通学。不愿百鸟出一鹗,不愿牛毛变麟角;空谈高论不中书,一任代薪束高阁。于戏我小生! 三年几巍科,何补国昏弱?""勉勉汝小生,既为国民忍作贼? 国民贵保民资格,国民要有民特色。任锄非种任瓜分,心肝直比黑奴黑。于戏我小生! 焚尽白降幡,有我无他国。"每一首都包含一个值得反复吟咏体味的道理:或教育学生认识不同种族各处于奴役和被奴役地

---

① 黄遵宪:《人境庐诗草》卷八《台湾行》。

位，激发民族自强意识；或在这些幼小心灵上播下民权、平等、反对专制的思想种子；或宣传废科举、兴学校的紧迫性；或发出国家将被瓜分的警号，启发少年国民的责任心。因而具有震撼人心的力量，如梁启超当时所评论："读之拍案叫绝，此中国文学复兴之先河也。"① 今天读来，仍使人强烈地感受到当年爱国志士为救亡图强而奔走呼号的时代气息。黄遵宪作为诗坛巨子，却这样重视对普通军人和少年儿童进行启蒙教育，重视先进文化思想的社会效果，的确体现出他对振兴中国的深远思考，这点很值得注意。

黄遵宪晚年诗作中，还昂扬地表达出他对民族前途的信心。《己亥杂诗》是他回顾一生思想经历的价值很高的组诗，有云："万花烂漫他年事，第一安排旋复花。"当时，戊戌维新运动刚刚被西太后为首的顽固势力所镇压，六君子惨遭杀害，黄遵宪本人也被指控为"奸恶与谭嗣同同"，几乎被逮，旋被勒令"放归"，回乡后被隔绝了与外界联系。在如此严酷的环境下，他却以乐观的态度观察国家的前途，相信"万花烂漫"的时节将会到来，首先是，戊戌维新虽然失败，但废除专制、实现民权的理想定能实现。"第一安排旋复花"这一双关语即指此。他的处境如此艰难，为何抱有这样的信心呢？很重要的原因是，他已掌握了进化论的哲学思想，相信社会进步的潮流不可阻挡。《己亥杂诗》有多首宣传他的进化哲学观点，其中有云："乱草删除绿几丛，旧花别换日新红。去留一一归天择，物自争存我大公。""三千年上旧花枝，颇怪风人不入诗。我向秦时明月问，古时花可似今时？（自注：《诗》有桃李花，有梅实，而不及梅花。赋咏梅花，始于六朝，极盛于唐。以植物之理推之，古时花未必佳，后接以他树而后盛耳。）"这些诗句形象地说明生物进化是自然规律，今天比古代进步，将来必定比今天进步。他进而说明，人类一定要适应生存环境的变化，在此弱肉强食的时代，必须警策自己，自强不

---

① 梁启超：《饮冰室诗话》之七十七，陈其泰、徐蜀、陆树庆编《梁启超论著选粹》，广东人民出版社 1996 年版，第 524 页。

息，去争取民族的美好前途："移桃接李尽成春，果硕花浓树愈新。难怪球西新辟地，白人换尽旧红人。"或是自强求生存，或是被征服而归于灭绝，二者必居其一。黄遵宪形象地宣传《天演论》哲学思想的诗句，确实能够扣响民族危难关头人们的心弦。

认为《人境庐诗草》反映了19世纪末至20世纪初文化觉醒的历程，是符合实际的；但其中也有明显的糟粕，主要是有仇视、污蔑太平军和义和团的诗作多首，以及出于知遇之恩而对光绪的颂扬。这说明他思想中有浓厚的封建意识。然而还应看到，黄遵宪晚年思想的主流，仍然是渴望废除帝制和实现民主共和。黄遵宪自从在日本接受了民权学说以后始终未曾改变这一基本信仰。此后他到美国，一方面，因亲见美国"民智益发扬""泱泱大国风"而增加对西方民主政治的了解；另一方面，又因亲历美国总统大选两党互相攻击的丑剧，而归咎于自由"过分"，转而赞成君主立宪。由服膺民权学说到只赞同君主立宪，说明他思想上有局部倒退，但又应看到，他真诚地要求废除专制实行君主立宪的主张，在当时仍然具有进步的意义。在这时，他已看清了镇压戊戌运动后的满清朝廷，"所用之人，所治之事，所搜刮之款，所娱乐之具，所敷衍之策，比前又甚焉"[1]，确实已至无可救药。所以这一时期的黄遵宪，又时时酝酿着转向暴力革命的情绪。他在致梁启超另一信中说，数年来"早夜奋励，务养无畏之精神，求舍生之学术，一有机会，投袂起矣！尽吾力为之，成败利钝不计也。……再阅数年，加富尔变而为玛志尼，吾亦不敢知也"[2]。这种思想在诗中也有明白的表露。《己亥杂诗》中咏道："滔滔海水日趋东，万法从新要大同。后二十年言定验，手书《心史》井函中。""颈血模糊似未干，中藏耿耿寸心丹。琅函锦箧深韬袭，留付松阴后辈看。"前一首表示坚信中国必然走向废除专制的共和政治，后一首深沉地召唤谭嗣同、吉田松阴式的志士，不怕流血死难，去实现中国的维新大业。而作为整部诗集的压轴之作，

---

[1] 丁文江、赵丰田：《梁启超年谱长编》1902年黄遵宪致梁启超信，第806页。
[2] 钱仲联：《黄公度先生年谱》1902年，见《人境庐诗草笺注》，第1247—1248页。

是写于1904年底的《病中纪梦述寄梁任父》诗。当时正值日俄战争，两个帝国主义国家在中国领土上厮杀，黄遵宪在焦虑中犹希望这一事变能使"睡狮果惊起"。同时，他在诗中表示坚信，统治中国几千年的专制制度将被废除是无可怀疑的了。"呜呼专制国，今既四千岁，岂谓及余身，竟能见国会。……人言廿世纪，无复容帝制，举世趋大同，度势有必至。"① 才过了七年，辛亥革命的风暴便结束了两千余年的封建帝制，黄遵宪的预言得到了证实！这充分证明，黄遵宪对民族前途的信心，是以深刻地观察近代历史文化的潮流为其坚实基础的。

五、传统形式与新思想新意境的融合

黄遵宪在诗歌创作中把传统的形式与新思想新意境融合为一，这同样是近代文化觉醒的一种体现，不但曾对近代诗歌创作产生了颇大影响，而且对我们今天吸收外国进步文化的营养也有启迪的作用。由于他对中国古典诗歌有高超的造诣、娴熟的技巧，在创作观上追求革新和突破，以及他具有不可遏止的抒发新的时代感受的热情，所以能够达到这种融合和统一，而成为"诗世界之哥伦布"②。

黄遵宪对传统文化有高深的修养。他撰著的《日本国志》是近代史学史上的名著。他对传统诗歌技巧有熟练的掌握。前文所引的篇章，就有不少是以形象化手法抒情说理的佳作。这里再举几个擅长于写景叙事的例子。他写与朋友夜谈的诗句云："花尚含苞春过半，月刚留影夜初三。丁当檐铁君休问，抽得闲身且絮谭。"③ 真是妙趣天成，散发着江南仲春的馨香气息和友情的温暖，又透露出诗人被权贵排斥、报国无门的寂寞心情。写晚霞中渡江的情景云："霞红眉欲笑，山绿鬓遥删。鱼底星辰睡，鸥边

---

① 黄遵宪：《人境庐诗草》卷十一《病中纪梦述寄梁任父》。
② 《人境庐诗草》丘逢甲跋语，见《人境庐诗草笺注》，第1088页。
③ 黄遵宪：《人境庐诗草》卷八《偕叶损轩夜谈》。

天地闲。"① 则宛如一幅明暗对比强烈、宁静深远的风景画。他写遥望海上日出的奇观云："荡荡青天一纸铺，团团红日半轮孤。波摇海绿云翻墨，谁写须臾万变图？"② 以极简洁的笔法状写出红日跃出海面，瞬息间又波涌云翻的热带晨景，与前一首的闲适淡远恰好相映成趣。诗集中不乏这类足与唐宋人媲美的佳句佳作，充分显示出黄遵宪具有驾驭语言的高超技巧。

然而，他并不满足于熟练运用传统手法而力求突破，要开拓新的领域，抒发独有的时代感受。青年时期他已有"我手写我口，古岂能拘牵"的卓见，以后久游美洲、欧洲，更使他眼界不断开阔，新的灵感联翩涌现，"诗之精深华妙，异境日辟"③。创作观也得到发展，提出了几项重要原则："欲弃去古人之糟粕，而不为古人所束缚"；"诗之外有事，诗之中有人；今之世异于古，今之人亦何必与古人同"；"其述事也，举今日之官书会典方言俗谚，以及古人未有之物，未辟之境，耳目所历，皆笔而书之"。④ 他自觉地把记述古人未有之事、抒写今人才有的情怀、开辟古人未有之境作为自己创作的目标，才使《人境庐诗草》成为反映近代中西文化冲突和交流的一面镜子，他本人则被推崇为近代"诗界革命"的一面旗帜。

在当时诗坛上，尝试表现中西文化接触带来的新事物的诗人，自然不独黄遵宪一人，但有的作者并未能找到恰当的手段，虽有表现新文化的愿望，诗作却存在"满纸译语""挦扯新名词以自表异"⑤的缺点。黄遵宪的诗，却做到表现中西文化接触带来的新事物、新哲理与运用传统手法的和谐，成功地为诗坛注入新思想、开拓新意境。《今别离》四首，自是独辟异境的代表作。四首诗分别咏轮船火车、电报、照片、东西半球昼夜相反，但不作直接状述，而是巧妙地模拟儿女情长、别离相思的感受写出，

---

① 黄遵宪：《人境庐诗草》卷八《晚渡江》。
② 黄遵宪：《人境庐诗草》卷七《养疴杂诗》。
③ 《人境庐诗草》康有为序，见《人境庐诗草笺注》，第1页。
④ 黄遵宪：《人境庐诗草》自序，见《人境庐诗草笺注》，第3页。
⑤ 梁启超：《饮冰室诗话》，人民文学出版社1959年版，第49页。

构成一种既有近代色彩而又缠绵迷离的新异意境。这些诗篇显示出表现近代科学成就的新鲜主题与运用曲折细腻的手法相融合的高度技巧，在当时就是人们叹为观止的"千年绝作"①。这类成功之作，我们还可从其中再举两例。《纪事》记美国两党竞选总统，深刻而诙谐，首节云："吹我合众筘，击我合众鼓，擎我合众花，书我合众簿。汝众勿喧哗，请听吾党语：人各有齿牙，人各有肺腑。聚众成国家，一身比尺土。所举勿参差，此乃众人父。击我共和鼓，吹我共和筘，书我共和簿，擎我共和花。请听吾党语，汝众勿喧哗：人各有肺腑，人各有齿牙。一身比尺土，聚众成国家。此乃众人父，所举勿参差。"② 生动地写出两党竞选用一样的手法、一样的腔调，纯属一样的货色，诗人匠心独运，将前面单句一概移作双句，构成交叉叶韵，既有中国的民歌对唱的韵味，又使人联想到西洋音乐的二重奏，使叙事本身无须外加评论就含有强烈的讽刺意味。《以莲菊桃杂供一瓶作歌》借写新加坡无冬无夏，莲菊桃李等同时开花，手摘众花杂供一瓶这一奇观，抒发诗人对全世界黄白黑各种族共处，互有矛盾又互相交往的感想："如竞筘鼓调筝琶，番汉龟兹乐一律。如天雨花花满身，合仙佛魔同一室。如招海客通商船，黄白黑种同一国。"又极力摹写众花同供一瓶，却似不同种族、民族，各有不同的经历、地位，不同的性格和喜怒："一花惊喜初相见，四千余岁甫识面；一花自顾还自猜，万里绝域我能来；一花退立如局缩，人太孤高我惭俗；一花傲睨如居居，了更妩媚非粗疏。有时背面互猜忌，非我族类心必异；有时并肩相爱怜，得成眷属都有缘；有时低眉若饮泣，偏是同根煎太急；……"③ 这显然是对传统诗歌拟人化手法的创造性运用，意境奇特而又惟妙惟肖，使表现新哲理与审美效果二者得到了统一。

黄遵宪把新思想新哲理熔铸进传统诗歌形式之中，这是具有

---

① 袁祖光：《绿天香雪簃诗话》引陈三立评语，见《人境庐诗草笺注》，第1278页。
② 黄遵宪：《人境庐诗草》卷四《纪事》。
③ 黄遵宪：《人境庐诗草》卷七《以莲菊桃杂供一瓶作歌》。

历史意义的创造。他的成功启示人们,差异悬殊的中西文化能够交流,经过努力,能够做到吸收西方文化的营养与发扬本民族文化遗产相统一。夏曾佑评论说:"此诗殆以命世之资,而又适当世会之既至,天人相合,乃见此作,非偶然也。"① 他讲个人才能与时代条件相结合赋予黄遵宪成功的条件,是中肯的。《人境庐诗草》确是黄遵宪个人进取精神与中西文化接触这一时代风会结合的产物。在今天,我们吸收外国进步文化具有空前优越的条件。但学习和吸收有两种态度。一种是生硬模仿、生吞活剥,盲目崇拜和照搬,而对本民族文化遗产采取虚无主义态度。另一种是有选择地学习外国进步的东西,加以消化,为我所用,使之深深植根于本民族文化土壤中,开花结果。显然,采取后一种态度才是正确的,才有利于发展民族新文化。从文化史角度总结黄遵宪的诗歌成就,对于我们今天大力学习外国进步文化,建设具有中国特色的社会主义新文化,是有启发意义的。

---

① 《人境庐诗草》夏曾佑跋语,见《人境庐诗草笺注》,第1084页。

下编　20 世纪的中国近代史学

梁启超：近代学术文化的开拓者

梁启超（1873—1929），字卓如，号任公，又号饮冰室主人，广东新会人，是中国近代史上的风云人物，又是"古来著述最多的一个学者"①。他一生留下了数量浩巨的文字著述，仅《饮冰室合集》即多达四十册、一百四十八卷，虽然还没有包括他的全部论著（未编入合集者，主要是书信及未刊稿），总字数已达一千四百万字左右。他的大量论著，涉及政治、经济、哲学、史学、文学、民族、宗教、法律、教育、伦理等异常广阔的领域，产生过巨大的影响，"《饮冰》一集，万本万遍，传诵国人"②。20世纪前期的几代青年，包括其中的杰出人物，都曾醉心于他"笔锋常带情感"的文字，从中吸取大量的思想营养。

由于在梁启超身上又交织着近代社会的复杂矛盾，当资产阶级革命思想成为时代主流之后，他在政治上明显落伍，对社会发展起到消极的作用。他治学比较博通，但其庞杂的思想体系中包含有许多唯心主义的东西，加上他"浅尝多变"的弱点，正如他本人所说："吾学病爱博，是用浅且芜，尤病在无恒，有获旋去

---

① 蔡尚思：《梁启超有创造历史纪录的一面》，《解放日报》1983年9月18日。
② 丁文江、赵丰田：《梁启超年谱长编》1929年条，第1209页。

诸"①，又说："不惮以今日之我与昔日之我挑战。"② 故此，在他的论著中精华与糟粕杂陈，后人对其评价也存在很大分歧。时光的长河对于以往的思想学说毕竟是最好的检验者，它不断地冲刷淘汰掉渣垢与杂质，留下真正有价值的、闪光的东西。过了数十年后的今天，人们注意到，梁启超的著述在报刊文章中相当经常地被引用，一些重印的单行本，或包括其部分论著的选本，在图书市场上屡屡成为畅销书，供不应求。这就证明了，梁氏的许多论著，到今天仍然保持其生命力，仍然能给人以有益的启迪。以往，学术界对于梁氏的消极面曾有过大量的论述。进入新时期以后，如何正确评价梁氏的历史地位的问题，自然一再被提出来。已故近代史专家陈旭麓教授于 80 年代初曾为他 60 年代所写《论梁启超的思想》一文写了后记，说："由于当时的思潮和认识，语多苛求，辩证思维较少，对梁启超在文化思想上的贡献也未能给予应有的评价。"③ 这段话讲出重新评价梁启超历史地位的必要，实则也反映出不少学术界同仁的共识。1983 年，蔡尚思教授撰文，提出了如下看法："在近代向西方学习的进步人物中，洪秀全、严复、康有为、孙中山各有其突出地位，已为人们所共知。据我研究的结果，觉得梁启超在很多方面是创造历史纪录的，其前期的影响并不太低于前四人。"④ 这一论断堪称切中肯綮。

我认为，梁启超一生的活动虽然复杂，但其阶段性却比较清楚，大体可划分为三段：前期，从 1895 年梁氏发动广东、湖南两省举人上书都察院，反对清廷签订卖国的《马关条约》起，至 1905 年革命派与改良派展开大论战以前，在这十年间，他协助康有为领导戊戌维新运动和撰写大量宣传维新变法的文章，这些活动有力地推动了当时中国社会的进程，而且他写下的猛烈抨击揭

---

① 梁启超：《清代学术概论》，《饮冰室合集》专集之三十四，第 66 页。
② 梁启超：《政治学大家伯伦知理之学说》，《饮冰室合集》文集之十三，第 86 页。
③ 陈旭麓：《论梁启超的思想》，见《近代史思辨录》，广东人民出版社 1984 年版，第 291 页。
④ 蔡尚思：《梁启超有创造历史纪录的一面》，《解放日报》1983 年 9 月 28 日。

露封建专制统治和封建意识形态的论著,发挥了巨大的启蒙作用。中期,自1905年至1920年初,这十五年间,他深深卷入政治涡旋之中,在政治上日益落伍,从主要方面说,背离了时代的要求,起消极作用;然而在反对袁世凯称帝和策划护国战争中又有过特殊的功勋。后期,自1920年下半年起,至逝世前的最后十年,他的主要活动在文化教育界,集中力量从事著述和讲学,以近代学术观点为指导写下了大量论著,对中国近代学术文化起到奠基和开拓的作用。从梁启超对历史发展的影响说,前期和后期的作用是主要的。他是近代维新派的领袖,又是一位启蒙思想家和近代学术文化的开拓者。——这就是梁启超在近代学术文化史上的地位,而从其所处时代已经过去了半个多世纪以后的今天来冷静考察,更是这样。以下从五个方面概述他对开拓近代学术文化的巨大成就。

一、对近代启蒙运动的贡献

1896年7月,中国近代史上极负盛名的报纸《时务报》在上海创刊,梁启超撰写的《变法通议》在报上连载,《时务报》的发行量猛增,海内人士争相阅读,"新会梁启超"的名字也随之遐迩传扬。

《时务报》产生巨大影响和梁启超声名大噪,不仅是19世纪末维新变法思潮造成全国性影响的起点,同时也是近代启蒙运动的一个重要里程碑。思想启蒙——启开几千年封建专制统治造成的蒙昧状态,向民众灌输民主共和、思想自由、个性解放、理性思维等近代意识,是结束封建黑暗统治、促使中国社会走向近代化的极其关键而艰巨的任务。为了完成这项艰巨任务,自17世纪中期至20世纪前半期,好几代先进人物都为此努力。远溯其源,明清之际黄宗羲等揭露专制政治的罪恶,是早期的启蒙思想;在鸦片战争前后,龚自珍、魏源抨击时政的言论,则是近代启蒙运动的先声。至19世纪末20世纪初,历史行进到一个重要的关口。一方面，资本—帝国主义与中华民族的矛盾空前激化，从甲午战争、《马关条约》签订起，帝国主义列强更加疯狂地举起屠刀向落后的中国砍来，以西太后为首的清朝统治者依然顽固颟顸，亡国灭种的危险严重地摆在中国人面前。另一方面，这时的中国社会毕竟有了新变动，中国民族资产阶级在19世纪90年代产生了，民族资本主义有了初步的基础。这个民族资产阶级力量幼小，因而具有很大的软弱性，其上层又是从封建阶级转化而来，与这个阶级有着千丝万缕的关系。尽管有这些弱点，但中国民族资产阶级却是新生的社会力量，当时处于它的上升时期，显示出勃勃生气。为了救亡图强，发展资本主义，它发动了戊戌维新这场意义重大的政治运动，而且在思想文化领域内以蓬勃的锐气向封建顽固势力展开冲击。

就影响而论，梁启超是19世纪末20世纪初思想启蒙运动最主要的代表人物。他既是与康有为并称的维新派领袖，同时，又在批判封建势力、宣传新思想上做出巨大的贡献。在创办《时务报》之前，他在北京曾担任《中外纪闻》的主要撰稿人。[①]《时务报》创办，他是总撰述。戊戌失败后，他逃亡海外，思想宣传工作却继续进行，并且仍然很有声势，除受海内外中国知识分子的欢迎，也引起清朝统治集团的仇恨和恐惧。在1895年至1905年十年间，他在思想文化领域主要有如下贡献：

第一，打破顽固派长期统治造成的闭目塞听的状态，将列强疯狂侵略、中国面临亡国灭种危险的情景突兀地显示在人们面前，呼喊变革进取是不可抗拒的规律，变法图强是中国唯一的出路。

在《变法通议》一文中，梁启超用尖锐的言辞向国人指出：在当前各国激烈竞争、弱肉强食的时代，中国保持闭塞落后，不思进取，处境的危险有如"一羊处群虎之间，抱火厝之于积薪之下而寝其上"。他相当透彻地论述了世界形势的特点：西方国家

---

① 1895年7月，康有为在北京创办了宣传变法的刊物《中外纪闻》，附《京报》发行，每天送千余份给在京的王公大臣，梁启超和麦孟华是刊物的主要撰稿人。此年年底，《中外纪闻》被清廷勒令停刊。

由于在竞争中求进步，在 18 世纪这百年之中取得了迅速发展，日本经过明治维新，改从西法，三十年间已由弱变强；印度、缅甸、越南、朝鲜、波兰等中小国家，已相继沦为列强的属国，或惨遭瓜分，它们是中国的前车之鉴；更为严重的是，自甲午之役中国战败以来，侵略野心受到鼓励，"磨牙吮血，伺于吾旁"，亡国灭种之祸已迫在眉睫。中国社会却仍然百弊丛生，工艺不兴，商务不振，学校不立，兵学不讲，官制不善，在帝国主义的武力侵略面前，简直是"敝痈当千钧之弩"！因此，当前之急务，就是以日本为榜样，上下一心变法图强。他向顽固派发出警告，变革的潮流无法阻挡，不变革终将逃脱不了被推翻的命运："法何以变？凡在天地之间者，莫不变。""变者，天下之公理也。……变亦变，不变亦变。变而变者，变之权让诸己，可以保国，可以保种，可以保教。不变而变者，变之权让诸人，束缚之，驰骤之，呜呼！则非吾之所敢言矣！"① 在当时政治极端腐败、国家危在旦夕的时代，梁氏的言论确实振聋发聩、撼人心弦，它是声震封建古国长空的第一声爱国启蒙，所以在大江南北产生了强烈的反响。

这一时期，梁氏发表的许多文字都具有强烈的警醒作用。《论中国之将强》（1897）一文报告说：西方列强和日本的报纸近来一齐鼓噪，大讲中国国政、纲纪、吏治、风俗样样败坏紊乱，这正是侵略者企图悍然发动进一步侵略的严重信号！② 《南学会叙》（1897）一文，痛斥统治集团在签订了奇耻大辱的《马关条约》后一片文恬武嬉的景象："曾不数月，和议既定，偿币犹未纳，戍卒犹未撤，则已以歌以舞，以遨以嬉，如享太牢，如登春台。其官焉者，依然惟差缺之肥瘠是问；其士焉者，依然惟八股八韵大卷白折之工窳是讲。"他再次警告，统治集团这种恶浊的空气是把国家推向更加危险的境地："敌无日不可以来，国无日不可以亡。数年以后，乡井不知谁氏之藩，眷属不知谁氏之奴，

---

① 梁启超：《变法通议》，《饮冰室合集》文集之一，第 1—8 页。
② 见梁启超《论中国之将强》，《饮冰室合集》文集之二，第 11—12 页。

血肉不知谁氏之俎,魂魄不知谁氏之鬼。及今犹不思洗常革故,同心竭虑,摩荡热力,震撼精神,致心皈命,破釜沉船,以图自保于万一。而犹禽视息息,行尸走肉,毛举细故,瞻前顾后,相妒相轧,相距相离。譬犹蒸水将沸于釜,而鲦鱼犹作莲叶之戏;燎薪已及于栋,而燕雀犹争稻粱之谋,不亦哀乎!"①

梁启超所发表的《变法通议》等文章极大地唤醒了人们认识国家前途的危险和维新救国的迫切需要,为近代启蒙运动立下不可磨灭的功勋。《时务报》的发行量迅速增至一万余份,当时人真实地记载了梁氏文章产生的影响:"当《时务报》盛行,启超名重一时,士大夫爱其语言笔札之妙,争礼下之。自通都大邑下至僻壤穷陬,无不知有新会梁氏者。"② 严复也曾在致友人信中说:"任公文笔原是畅达,其自甲午以后,于报章文字,成绩为多,一纸风行,海内观听为之一耸。"③ 又因受《时务报》所推动,在相当广泛的范围内激起人们议论国家命运和维新变法的热情,短时间内涌现出为数甚多的学会和报纸,戈公振在《中国报学史》中说:"时四方新学士子喜康、梁之议论新颖,群相呼应,起而组织学会,讨论政治问题与社会问题。举其著者,如长沙之湘学会、时务学堂;衡州之任学会;苏州之苏学会;北京之集学会;其他如算学会、农学会、天足会、禁烟会等,尤不可以计数,而每会必有一种出版物以发表其意见。于是维新运动,顿呈活跃之观,而杂志亦风起云涌,盛极一时。"④ 这里所提供的重要史实,正是《时务报》所进行的启蒙宣传将维新变法运动推向高潮的生动写照。甚至张之洞的《劝学篇》中也说,由于报馆创办,报纸发行,"始于沪上,流衍于各省,内政、外事、学术皆有焉。虽论说纯驳不一,要可以析见闻,长志气,涤怀安之鸩毒,破扪籥之瞽论,于是一孔之士,山泽之农,始知有神州,筐

---

① 梁启超:《南学会叙》,《饮冰室合集》文集之二,第65—66页。
② 胡思敬:《戊戌履霜录》卷四《党人列传》,见中国史学会主编《戊戌变法》第四册,上海人民出版社1957年版,第47页。
③ 严复:《致熊纯如》,《学衡》第12期。
④ 戈公振:《中国报学史》,生活·读书·新知三联书店1955年版,第123页。

篋之吏，烟雾之儒，始知有时局。不可谓非有志四方之男子学问之一助也"①，指的也是这一时期的情况。此后，维新变法运动遂逐步掀起高潮。

第二，揭露封建专制统治的罪恶。

梁启超对封建统治罪恶的揭露，有一个发展过程。戊戌政变以前，他批判的范围还主要限于封建官制和官场风气等。戊戌政变发生后，慈禧太后为首的顽固派扼杀变法运动的行径使他深受教训，本人被通辑、逃亡海外的遭遇激起他对专制黑暗统治的仇恨。在日本，明治维新后的新气象使他耳目一新，又借助"和文汉读法"，阅读孟德斯鸠等西方启蒙思想家和福泽谕吉等日本学者的著作，因而思想一度趋于激进。如他本人所说："广搜日本书而读之，若行山阴道上，应接不暇，脑质为之改易，思想言论，与前者若出两人。"② 这一时期，他在日本先后创办《清议报》《新民丛报》和《新小说》，③ 继续发表大量文章。发表于1901年的《中国积弱溯源论》一文即用犀利的语言对封建专制制度的祸害展开批判。梁氏认为，造成中国衰弱的根源之一，是"不知国家与国民之关系"。本来，国家的主人，是一国之民，中国历史上却完全颠倒过来，认为君主至高无上。"盖我国民所以沉埋于十八层地狱，而至今不获见天日者，皆由此等邪说，成为义理，而播毒种于人心也。数千年之民贼，既攘国家为己之产业，絷国民为己之奴隶，曾无所忤怍，反得援大义以文饰之，以助其凶焰，遂使一国之民，不得不转而自居于奴隶，性奴隶之性，行奴隶之行。""有国者仅一家之人，其余则皆奴隶也。"梁氏愤怒地指斥数千年专制统治的根本出发点，即在于"以国家为彼一姓之私产，于是凡百经营，凡百措置，皆为保护己之私产而

---

① 张之洞：《劝学篇·外篇·阅报》，见《丛书集成初编》，中华书局1991年版。
② 梁启超：《夏威夷游记》，《饮冰室合集》专集之二十二，第186页。
③ 1898年11月，梁启超与冯镜如等在日本横滨创办《清议报》（旬刊），自称"明目张胆，以攻击政府彼时最烈矣"。至1901年11月，《清议报》出版一百册后，由于火灾停刊。《新民丛报》为半月刊，于1902年正月初一创刊于横滨。至1907年10月停刊，共出九十六号。《新小说》于1902年10月15日创刊，梁所著政治小说《新中国未来记》即发表在创刊号上。

设",这是专制政体罪恶的总根源!为保护一家一姓之私产,专制统治者从来把民众视为压迫、防范的对象,"但使能挫其气,窒其智,消其力,散其群,制其动,则原主人永远不能复起"。①因此,梁氏举数千年来专制政治视为天经地义的各项制度设施,无不分析其压制、奴化以至敌视人民的实质,而加以痛切的批判。这些分析,出于梁氏多年来对罪孽深重的专制主义种种弊端的观察总结,又具有理性的高度,因而确能打中要害。不仅在当时使知识分子、爱国民众受到触电般的刺激,推动他们愤起反抗专制统治,而且对于后人认识专制制度的祸害仍很有价值。

第三,猛烈地批判封建时代束缚人民思想的制度和意识形态,尤其是对汉武帝独尊儒术以来各个朝代的"正统"学术和科举制度等,尖锐地指出它们禁锢人的头脑、窒息思想自由的严重害处。

在《论中国学术思想变迁之大势》(1902)一文中,梁氏揭露封建文化专制政策对学术和社会的发展造成严重阻碍:"盖宇宙之事理,至繁赜也,必使各因其才,尽其优胜劣败之作用,然后能相引以俱上。若有一焉,独占势力,不循天则以强压其他者,则天演之神能息矣。……学说亦然,使一学说独握人人良心之权,而他学说不为社会所容,若是者谓之学说之专制。苟专制矣,无论其学说之不良也,即极良焉,而亦阻学术进步之路,此征诸古今万国之历史而皆然也。……故罗马教会最全盛之时,正泰西历史最黑暗之日。……吾中国学术思想之衰,实自儒学统一时代始。"②儒学居据独占势力,阻碍了历史进步之路。这种言论,对二千年来习惯于儒学独尊的封建士大夫来说,无异具有石破天惊的警醒作用!比起梁氏本人在戊戌前追随康有为主张"保教"之说,也是认识上的巨大飞跃。同年所写《保教非所以尊孔论》一文,他的论述更加鞭辟入里。梁氏认为:思想自由,是文明进步的"总因"。欧洲学术思想的迅速进步,是由于经过文艺

---

① 梁启超:《中国积弱溯源论》,《饮冰室合集》文集之五,第16、17、28页。
② 梁启超:《论中国学术思想变迁之大势》,《饮冰室合集》文集之七,第56—57页。

复兴之后,"一洗思想界之奴性"而取得的。在中国历史上战国时代诸子学术勃兴,是"思想界自由之明效"。秦皇焚书坑儒,汉武独尊儒术,手段虽不同,后果都是窒息自由思想。而此后历朝儒学居于正统地位,一直严重地起到束缚、禁锢的作用,阻扼了有创造性的思想的发展。"自汉以来,号称行孔子教二千年于兹矣,而皆持所谓表章某某、罢黜某某者,以为一贯之精神。故正学异端有争,今学古学有争。言考据则争师法,言性理则争道统,各自以为孔教,而排斥他人以为非孔教,于是孔教之范围,益日缩日小。寖假而孔子变为董江都、何邵公矣,寖假而孔子变为马季长、郑康成矣,寖假而孔子变为韩昌黎、欧阳永叔矣,寖假而孔子变为程伊川、朱晦庵焉,寖假而孔子变为陆象山、王阳明矣,寖假而孔子变为纪晓岚、阮芸台矣。皆由思想束缚于一点,不能自开生面。"[①] 重新审查和批判二千年封建社会的意识形态,是近代启蒙运动的重要内容,梁启超的论述对此具有先导的意义,因此被称为以后辛亥革命和五四新文化运动批判封建儒学的先驱。

梁启超对封建时代的教育、科学制度也作了淋漓尽致的批判,他引用日本启蒙思想家福泽谕吉的话,称科举制度的实质是"使之恭顺于民贼之下"。又说:八股取士的方法,手段"远出于秦皇之上","使人入于其中,销磨数十年之精神,犹未能尽其伎俩,而遑及他事"。"务驱此数百万佹佹衿缨之士,使束书不观,胸无一字,并中国往事且不识,更奚论外国?并日用应酬且不解,更奚论经世?"[②] 自嘉道年间以来,龚自珍、魏源等进步思想家便一再对科举制度、八股文加以抨击,至此梁启超等维新志士痛加挞伐,顽固势力再也无法守住这块营垒。至1905年,清廷遂被迫宣布废除科举制度。

梁启超和维新志士们向封建正统思想及科举制度等展开猛烈批判,在当时实具思想解放的意义。范文澜先生说的好:"戊戌

[①] 梁启超:《保教非所以尊孔论》,《饮冰室合集》文集之九,第55页。
[②] 梁启超:《中国积弱溯源论》,《饮冰室合集》文集之五,第29—30页。

变法运动的进步意义，主要表现在知识分子得到一次思想上的解放。中国的封建制度，相沿几千年，流毒无限。清朝统治者，选择一整套封建毒品来麻痹知识分子，务使失去头脑的作用，驯服在腐朽统治之下。这些毒品是程朱理学、科举制度、八股文章、古文经学（训诂考据）等等，所有保护封建制度的东西，一概挂上孔圣人的招牌，不许有人摇一摇头，其为害之广之深，与象征帝国主义的鸦片（当然不只是鸦片），可谓中外二竖，里应外合，要中国的命。"而梁启超等思想家，"公然对清朝用惯了的毒品大摇其头"，这就使"当时一整套毒品，受到了巨大的冲荡"！①

第四，倡导输入西方社会学说，进行了广泛的宣传介绍，并且在运用西方近代理论作指导以研究中国文化学术问题上作出示范。

"向西方寻找真理"是中国近代思想启蒙运动的基本课题。20世纪初期，许多爱国留日学生从日文翻译介绍西方学者或日本学者的社会科学著作，新思想之输入如火如荼。梁氏也据他在日本读到的书籍广泛介绍西方社会学说。他于1901年写有《霍布士学案》《斯片挪莎学案》《卢梭学案》；1902年写有《生计学说小史》《进化论革命者颉德之学说》《近世文明初祖二大家学说》《天演学初祖达尔文之学说及其略传》《法理学大家孟德斯鸠之学说》《乐利主义泰斗边沁之学说》；1903年写有《近世第一哲学家康德之学说》；1904年写有《政治学大家伯伦知理之学说》。其中最有进步意义的是对达尔文学说和孟德斯鸠学说的介绍。

梁氏以充沛的热情，赞誉达尔文进化论学说在整个思想领域以至社会生活中所引起的巨大变革，并且反复强调以进化论学说激发国民发愤自强、摆脱在国际激烈竞争中落后的命运，争取民族光明的未来。他指出，进化论引起了人类思想的一场革命："达尔文者，实举十九世纪以后之思想，彻底而一新之者也。是故凡人类智识所能见之现象，无一不可以进化之大理贯通之：政

---

① 范文澜：《戊戌变法的历史意义》，《范文澜历史论文选集》，中国社会科学出版社1979年版，第191—192页。

治、法制之变迁，进化也；宗教、道德之发达，进化也；风俗、习惯之移易，进化也。数千年之历史，进化之历史；数万里之世界，进化之世界也。……此义一明，于是人人不敢不自勉为强者为优者，然后可以立于此物竞天择之界。无论为一人为一国者，皆向此鹄以进。""虽谓达尔文以前为一天地，达尔文以后为一天地可也。"并且预言进化论学说"将磅礴充塞于本世纪而未有已也"。① 在《进化论革命者颉德之学说》一文中，他进一步总结说："伟哉近四十年来之天下，一进化论之天下也！唯物主义昌，而唯心主义屏息于一隅，科学盛而宗教几不保其残喘，进化论实取数千年旧学之根柢而摧弃之翻新之者也！"② 他撰写《天演学初祖达尔文之学说及其略传》，介绍天演论学说要点和这位思想家、科学家的生平，着眼点即在向国人传播有关天演学说在西方各国思想界引起巨大变化的信息，并且以此激励人们挽救国家的危亡，故说："今所以草此篇之意，欲吾国民知近世思想变迁之根由；又知此种学术，不能但视为博物家一科之学，而所谓天然淘汰优胜劣败之理，实普行于一切邦国、种族、宗教、学术、人事之中，无大无小，而一皆为此天演大例之所范围，不优则劣，不存则亡，其机间不容发。凡含生负气之伦，皆不可不战兢惕厉，而求所以适存于今日之道。"③

梁氏认为，孟德斯鸠《法意》（当时梁氏据日译名称为《万法精理》）的最主要部分是政体论。他介绍说，孟德斯鸠痛陈专制政体之弊，一是"绝无法律之力行于其间"，"以使民畏惧为宗旨，虽美其名曰辑和万民，实则斫丧元气，必至举其所赖以立国之大本而尽失之"。二是"凡专制之国，必禁遏一切新奇议论，使国民隤然不动，如木偶然，其政府守一二陈腐主义，有倡他义者，则谓之为叛道为逆谋"。梁氏还盛赞孟德斯鸠论述共和政体

---

① 梁启超：《论学术之势力左右世界》，《饮冰室合集》文集之六，第114页。
② 梁启超：《进化论革命者颉德之学说》，《饮冰室合集》文集之十二，第79页。
③ 梁启超：《天演学初祖达尔文之学说及其略传》，《饮冰室合集》文集之十三，第17—18页。

下能出现"人人皆治人""人人皆治于人"的局面。①

梁氏介绍西方近代社会学说，自然比不上严复那样深刻、系统，影响也无法与严复相比。但梁氏对此项的贡献也不可抹杀。一是梁氏用浅显易懂、富有吸引力的文字介绍西方学说，且是在报刊上及时发表，读者面甚广。二是梁氏是有意识地运用他所接触的西方进步学说来分析中国的现状和历史。《中国积弱溯源论》中对封建专制的批判，明显地是用孟德斯鸠的学说作为武器。《论中国学术思想变迁之大势》一文，则是运用进化论学说为指导，研究中国学术思想变迁结出的第一个硕果。这篇约八万字的长篇论文，对几千年学术史发展作出纵贯的总结，而且阶段分明、脉络清晰，因果变化清楚。全篇把对学术史大势鸟瞰式的客观研究，同深入的具体分析相结合，有对思想家的主要倾向、功过的评论，有对复杂的时代条件如何形成一代学术思潮的剖析，也有对一个时期学者学术倾向不同类型及相互间的同异的缕析、归纳。这种运用西方近代学术观点以分析中国历史、文化的特点，同样体现在梁氏的其他论著之中，此项是梁氏学术上的一个重要特色，很值得我们注意。

二、从"史界革命"到"小说界革命"

梁启超又是20世纪初年的"史界革命""诗界革命"和"小说界革命"的重要人物，这些同样是他对近代思想启蒙的重要贡献。

梁启超大声疾呼要实行"史界革命"，他写于1902年的《新史学》一文，即成为激烈批判封建旧史、宣告具有不同时代意义的"新史学"到来的宣言。当时，进步知识界掀起了批判"君史"、提倡"民史"的热潮，与要求推翻封建专制的时代大潮呼

---

① 梁启超：《天演学初祖达尔文之学说及其略传》，《饮冰室合集》文集之十三，第20、21、22页。

应，爱国留学生们大量翻译日本的新著作，其中有《史学原论》《史学概论》等多种。《新史学》即是这一思潮的代表作。

梁启超对旧史进行了激烈批判，其理论基础是国民意识和进化观念。前者是戊戌变法失败后进步社会力量要求推翻帝制，最终实现民主的时代潮流的产物，后者则来自《天演论》。《新史学》开宗明义标明史学的地位和作用，认为史学应是"学问最博大而切要"的一门，是"国民之明镜"，"爱国心之源泉"。而造成旧史陈腐落后的根源，正在于完全违背国民意识和进化观念："盖从来作史者，皆为朝廷上之君若臣而作，曾无有一书为国民而作者也。""夫所贵乎史者，贵其能叙一群人相交涉、相竞争、相团结之道，能述一群人所以休养生息、同体进化之状"，旧史界却"未闻有一人之眼光，能及见此者"。由此而造成旧史"四弊""二病"："知有朝廷而不知有国家"，"知有个人而不知有群体"，"知有陈迹而不知有今务"，"知有事实而不知有理想"；"能铺叙而不能别裁"，"能因袭而不能创作"。[①] 致使旧史简直成为二十四姓之家谱，是墓志铭、相斫书、蜡人院的偶像。这些批评虽属过当，却打中要害。旧史是封建时代的产物，层层堆积。封建意识根深蒂固，近代史学要为自己开辟道路，就必须以凌厉的攻势，廓清其谬论，使人们猛醒过来，认清封建毒素的危害。

因此，梁启超所倡导的"史界革命"，就是要用国民意识和进化论哲学观为指导，对旧史实行彻底改造，创造出符合于"提倡民族主义，使我四万万同胞强立于此优胜劣败之世界"这一时代需要的新史学，发挥激励爱国心和团结合群之力的巨大作用。

在激烈批判旧史的基础上，梁启超贯彻以进化论学说为指导，进行理论创造，提出新史学的方向，从三个层次对"新史学"的性质、内容加以界定：

一是，阐述"历史者，叙述进化之现象也"，划清旧史一治一乱的循环史观与新史学认为历史的变化"有一定之次序，生长焉，发达焉"，即由低级向高级进化的界限。

[①] 梁启超：《新史学》，《饮冰室合集》文集之九，第3—5页。

二是，阐述"历史者，叙述人群进化之现象也"，划清旧史把史书变成孤立的人物传的做法，与"新史学"要求写出人类"群力之相接相较、相争相师、相摩相荡、相维相系、相传相嬗，而智慧进焉"的界限。

三是，阐述"历史者，叙述人群进化之现象，而求得其公理公例者也"，提出史家应善于通过比较研究和纵贯联系考察，"内自乡邑之法团，外至五洲之全局，上自穹古之石史（即远古的石器时代），下至昨今之新闻"，从人类活动总背景中去求得人群进化的真相，并且重视史学与其他学科的关系，总结出历史进化的公理公例。最后总结出历史哲学的理论，"以过去之进化，导未来之进化"，使后人循历史进化的公例公理，"以增幸福于无疆"。①

梁启超对"新史学"的规划虽嫌简单，但他的理论与正在酝酿的革命潮流相合拍，从此宣告在指导思想上、内容上跟以帝王将相为中心的旧史迥然不同的新史学时代的到来，其开辟创始之功是巨大的。

在此前一年，梁启超还撰著有《中国史叙论》，此文也很有理论上的创新意义。它先立"史之界说"一节，强调"近世史家"的任务与旧史家很不相同，近世史家"必说明其事实之关系，与其原因结果"，"必探察人间全体之运动进步，即国民全部之经历，及其相互之关系"。这些论述已经提出了《新史学》中理论主张的雏形。《叙论》显示出远比旧史家开阔得多的眼光，论及了中国史与世界史的关系；论及了地理与历史的关系，不同地理条件养成了不同的民族性，又不同历史时期地理条件作用相异，故在历史舞台上占有主动力的民族古今不同；概述了中国的人种。介绍西方学者的观点，史前人类经历过"石刀、铜刀、铁刀"三期，"此进化之一定阶级也"；介绍斯宾塞《群学》的论点：远古的人类社会，一群之中常分为"最多数之随属团体""少数之领袖团体""最少数之执行事务委员"三种人，"盖其初

---

① 梁启超：《新史学》，《饮冰室合集》文集之九，第7—11页。

时，人人在本群，为自由之竞争，非遇有外敌，则领袖团体，殆为无用。其后因外敌数见，于是临时首领，渐变而为常任首领……而兼并力征之势日盛，久乃变成中央集权之君主政体"。并认为这是"历代万国之公例"。①《叙论》中还提出划分中国历史为三个阶段的看法：上世史（自黄帝以迄秦之一统）；中世史（自秦一统后至清代乾隆之末年，又认为这一段时间太长，可再分为三小时代）；近世史（自乾隆末年以至于今日）。

梁启超又是"诗界革命"和"小说界革命"的倡导者之一，他的理论主张，对于近代诗歌创作和小说的繁荣起了很大作用。"诗界革命"是戊戌新文化运动的组成部分。在戊戌前一两年，梁启超、夏曾佑、谭嗣同就提出了这一口号，并试作"新诗"。"纲伦惨以喀私德，法会盛于巴力门"②，"三言不识乃鸡鸣，莫共龙蛙争寸土"，这就是谭嗣同所自喜的"新学之诗"。这种新诗创作的尝试，反映了人们对新思想、新文化的要求，并且是试图解决以诗歌推动维新变法的问题，确有一定的意义。但正如梁启超所总结的，这是"新诗"的幼稚阶段，只是在形式上着眼，手法又生硬，"捋扯新名词以自表异"。梁氏进而指出："过渡时代，必有革命。然革命者，当革其精神，非革其形式。……若以堆积满纸新名词为革命，是又满洲政府变法维新之类也。能以旧风格含新意境，斯可以举革命之实矣。苟能尔尔，则虽间杂一二新名词，亦不为病。"③ 在当时历史条件下，梁氏提出的"以旧风格含新意境"的确是很有积极意义的，"它是近代进步诗歌潮流的一个概括和理想"④。

在"新诗派"作者中，梁氏最推崇的是黄遵宪，说："近世诗人能熔铸新理想以入旧风格者，当推黄公度。""要之公度之诗，独辟境界，卓然自立于二十世纪诗界中，群推为大家，公论

---

① 梁启超：《中国史叙论》，《饮冰室合集》文集之六，第1、9、10页。
② 喀私德，Caste的音译，指印度历史上的社会等级制度；巴力门，Parliament的音译，指英国议院。
③ 梁启超：《饮冰室诗话》，《饮冰室合集》文集之四十五（上），第40、41页。
④ 游国恩等主编：《中国文学史》第四册，人民文学出版社1964年版，第337页。

不容诬也。"① 对于谭嗣同、严复、康有为、夏曾佑、蒋观云等维新志士的诗作也多有所肯定。故《饮冰室诗话》与历来泛论古今的"诗话"不同，它集中表达了梁启超对"诗界革命"的理论主张。他极其重视诗歌创作对于改造近代社会生活的作用，认为"欲改造国民之品质"，诗歌、音乐乃是"精神教育之一要件"。这同他认为小说是培养"新民"的有力手段是一致的。因此他斥责旧的缺乏进步思想的诗、词、曲三者"皆成为陈设之古玩，而词章家真社会之蠹矣"。② 他所赞扬的"新诗"，首先即着眼于其中熔铸的新理想、新意境，包括：输入西方的新思想、新哲理；反对侵略、挽救国家危亡、誓死保卫祖国疆土的尚武精神；变革旧制度、献身国家民族的高尚抱负和雄伟气魄。

梁启超又认为，小说创作具有改造国民性、改造社会风俗以至革新政治的巨大作用，故说："欲新道德，必新小说；欲新宗教，必新小说；欲新政治，必新小说；欲新风俗，必新小说；欲新学艺，必新小说；乃至欲新人心，欲新人格，必新小说。"他认为，小说对一般人有不可思议的支配力，不但"浅而易解"，"乐而多趣"，有曲折的故事情节、生动的人物形象吸引人，而且小说创作能将普通人的生活景象加以升华，给人以新鲜感受，"导人游于他境界，而变换其常触常受之空气"，并且能更集中地表达读者内心积蓄的感情，将它"和盘托出，彻底而发露之"。③又提出文学家应利用小说体裁的特点，使民众在潜移默化中受到感染和教育："凡人之情，莫不惮庄严而喜谐谑。故听古乐，则惟恐卧，听郑卫之音，则靡靡而忘倦焉。……善为教者，则因人之情而利导之。"他还预言，小说创作将蔚为大观，成为文学著述的一大类，"增《七略》而为八，蔚四部而为五"。④ 诚如当代文学史家所评价的，梁启超的主张，"反映了当时新兴的资产阶级蔑视传统看法，勇于建树的革新精神"⑤。由于梁启超这样大力

---

① 梁启超：《饮冰室诗话》，《饮冰室合集》文集之四十五（上），第2、20页。
② 梁启超：《饮冰室诗话》，《饮冰室合集》文集之四十五（上），第47、48页。
③ 梁启超：《论小说与群治之关系》，《饮冰室合集》文集之十，第6—7页。
④ 梁启超：《译印政治小说序》，《饮冰室合集》文集之三，第34页。
⑤ 游国恩等主编：《中国文学史》第四册，第357页。

提倡，原来被视为里巷琐言、不登大雅之堂的小说，显著提高了地位，成为近代文学史上影响力最大的体裁。

三、褒扬与忌恨

从呼吁维新变法、救亡图强，批判专制统治的祸害，到提倡史界革命、诗界革命、小说界革命，梁启超前期活动的十年，在上述广阔的领域，撰写了大量文章，宣传一整套在当时是先进的新颖的资产阶级意识形态，宣传的对象是当时正在涌现的近代学生和近代知识界。民权思想、进化论、西方经济学说、"新史学"等新鲜知识，一下子涌进原先只读封建经典，只知八股、考据的人们的头脑中，打开他们的眼界，把他们引进另一个丰富多彩的新世界。不只是传播新知识，更重要的是大量新鲜的理论、观点、价值标准，被越来越多的人所掌握，由此燃起救国和革命的热情，青年人更可经由此初步的启蒙，走向更广阔的思想解放的境界。这就是思想启蒙的力量，启蒙的意义。梁启超成为20世纪初知识界心目中最有影响的人物。近代著名的爱国者黄遵宪当时即在致梁启超信中说："此半年中中国四五十家之报，无一非助公之舌战，拾公之牙慧者，乃至新译之名词，杜撰之语言，大吏之奏折，试官之题目，亦剿袭而用之。……以公今日之学说、之政论，布之于世，有所向无前之能，有惟我独尊之概，其所以震惊一世，鼓动群伦者，力可谓雄，效可谓速矣。……一言兴邦，一言丧邦，芒芒禹域，惟公是赖。"① 不夸大地说，梁启超传播新思想的论著教育了20世纪前期几代青年，包括其中最杰出的人物。毛泽东讲过，他青年时期曾经崇拜过梁启超，爱读《新民丛报》。② 鲁迅青年时代也受他的影响，还曾购买《清议报》

---

① 丁文江、赵丰田：《梁启超年谱长编》1902年条，第306—307页。
② 见埃德加·斯诺《西行漫记》，生活·读书·新知三联书店1979年版，第113页。

汇编、《新民丛报》和《新小说》赠人阅读。① 特别值得我们注意的，是郭沫若在一段回忆中，翔实地写出他在成都上中学堂时受梁启超的影响的情况，且对梁历史功绩作了公正的评价：

> 但那时候他（指章太炎）办的《民报》是禁书，我们没有可能得到阅读的机会。《清议报》很容易看懂，虽然言论很浅薄，但他却表现出具有一种新的气象。那时候的梁任公已经成了保皇党了。我们心里很鄙屑他，但却喜欢他的著书。他著的《意大利建国三杰》，他译的《经国美谈》，以轻灵的笔调描写那亡命的志士，建国的英雄，真是令人心醉。我在崇拜拿破仑、毕士麦之余，便是崇拜的加富尔、加里波蒂、玛志尼了。
>
> 平心而论，梁任公的地位在当时确是不失为一个革命家的代表。他是生在中国的封建制度被资本主义冲破了的时候，他负载着时代的使命，标榜自由思想而与封建的残垒作战。在他那新兴气锐的言论之前，差不多所有的旧思想、旧风习都好像狂风中的败叶，完全失掉了它的精彩。二十年前的青少年——换句话说：就是当时的有产阶级的子弟——无论是赞成或反对，可以说没有一个没有受过他的思想或文字的洗礼的。他是资产阶级革命时代的有力的代言者，他的功绩实不在章太炎辈之下。他们所不同的，只是后者的主张要经过一次狭义的民族革命，前者以为这是不必要的破坏罢了。他们都是醉心资本主义的人，都是资本制度国家的景仰者，都在主张立宪。同样的立宪，美、法的民主和英、日的君主是并没有两样的。②

《少年时代》著于1929年，与《中国古代社会研究》著成于同一年，此时的郭沫若已经是一个马克思主义者。这段话真实、明确地讲出梁启超是近代史上的猛烈冲击封建制度及其意识形态，并且产生了巨大影响的"资产阶级代言者"，因而他"确实

---

① 见周启明《鲁迅的青年时代》，中国青年出版社1957年版，第77—78页。
② 郭沫若：《少年时代》，人民文学出版社1979年版，第112—113页。

不失为一个革命家的代表"。换言之，郭沫若认为梁启超是杰出的近代启蒙思想家，他是根据自己青年时代的亲身感受经历，又依据辛亥革命、五四运动和北伐战争以来中国近代历史潮流的检验，才得出这一评价的。

梁启超固然是与革命派论战的保皇派领袖，思想体系中有许多唯心主义的东西，五四以后对马克思主义采取敌对态度，形成他在历史上的消极面，而同时，他又是在近代史上教育、激发了几代青年的杰出的思想启蒙的代表人物。——梁启超的这一历史地位，是依靠他写出的大量犀利地批判封建制度、封建思想的论著所确立，并且由从黄遵宪到郭沫若这些近代著名人物所论定了的。但是在以往很长时期中这一点却被忽视，甚至梁启超往往还被当作主要应该否定的人物，那种认识显然是不符合历史事实的。还应该进一步提出两个问题：一是，如何看待20世纪初年维新派所起的进步作用？二是，如何评价思想宣传工作在促进清朝封建统治基础陷于瓦解和国内人士革命思想形成的过程中所发挥的作用？

有的论者似乎认为：近代史上的维新派在19世纪末曾起到其进步作用，但随着百日维新失败，证明了改良的道路在中国走不通，维新派的进步作用便消失了。这种看法是以绝对化观点看问题，腰斩历史，忽视历史现象的前后联系。戊戌维新运动不仅是一场要求改革政治的运动，而且也是一场新文化运动，因而是近代中国的第一次思想解放运动。戊戌政变，六君子惨遭杀害，固然证明改良的办法在政治上无出路，但这场文化运动猛烈批判封建专制、传播新思想、要求在中国建立和发展资本主义的进步意义，仍然没有消失。而且由于顽固派的残酷绞杀，又促使一些维新志士思想转向革命。当时有识之士的共同看法是，"只有推翻清朝政府，中国才有革新之望"[①]。梁启超大量传播新思想的文字，正是在20世纪初期写成的，当时，即1901至1903年，他的思想明显转向激化。他致信康有为说："今日民族主义最发达之

---

① 陈旭麓：《中国近代史上的革命与改良》，见《近代史思辨录》，第81页。

时代，非有此精神，决不能立国，……中国以讨满为最适宜之主义。弟子所见，谓无以易此矣。"① 又在给徐勤信中说："中国实舍革命外无别法。"② 由于仇恨清朝顽固派和 1900 年帝国主义残暴侵略的刺激，他在这一时期转向革命、排满，并且与康有为坚持的保皇路线产生了分歧。以往论述这段历史时，都说是梁启超"投机""伪装革命"，实际上这一时期他有许多激进的言论，《瓜分危言》中，谴责帝国主义借勾结、利用的手段，"使役满洲政府之力，以压制吾民"③。在《新民说》中呐喊："必取数千年横暴混浊之政体，破碎而齑粉之"，号召人们去"破坏"，"不破坏之建设，未有能建设者也"。④ 故戊戌政变后，改良派有消极的一面，也有起进步作用的一面，在一段时期，改良派与革命派在要求改革、反对清朝统治上有某种联合。以往还惯于称梁启超没有自己的思想，认为他的文章宣传的观点都是康有为的。这种说法也缺乏具体分析。若是指戊戌之前而论，这样说也许大致符合事实，至戊戌以后，梁启超相当独立地传播一整套的新思想，已经在一定程度上摆脱了康的支配控制。

还应看到，这一时期梁启超对于传播新思想、新观点，有着相当自觉的认识。他总结他所主办的《清议报》使命是："输入文明思想，为吾国放一大光明。"因为，他相当明确地认识到 19 世纪与 20 世纪之交是新旧思想激烈搏斗的年代，说："中国两异性之大动力相搏相射，短兵紧接，而新陈嬗代之时也。"因此报纸要"广民智，振民气"；尤其以宣传民权、反对专制为最中心的任务："倡民权，始终抱定此义，为独一无二之宗旨，虽说种种方法，开种种门径，百变而不离其宗。海可枯，石可烂，此义不普及于我国，吾党弗措也。"⑤《清议报》停刊后，《新民丛报》同样继续以传播新思想、输入西方社会学说为宗旨。这份刊物在

---

① 丁文江、赵丰田：《梁启超年谱长编》1902 年条，第 286 页。
② 丁文江、赵丰田：《梁启超年谱长编》1903 年条，第 318 页。
③ 梁启超：《瓜分危言》，《饮冰室合集》文集之四，第 35 页。
④ 梁启超：《新民说》，《饮冰室合集》专集之四，第 64 页。
⑤ 梁启超：《清议报一百册祝辞并论报馆之责任及本馆之经历》，《饮冰室合集》文集之六，第 53、54、56 页。

当时对国内产生的广泛而巨大的影响,当时人多有评论,如说:"杭州开化之速,无有如去岁之甚也,……推其故,溯其因,乃恍然于《新民丛报》之力也。"①

20世纪初,革命派在政治思想上已占主流,但"相对忽视了思想启蒙工作"②。而由于《清议报》《新民丛报》在思想宣传上起到瓦解清朝统治基础和客观上促进了进步阶层思想革命化的作用,所以清廷把康、梁同孙文一样列为最仇恨的人物。在此之前,清廷曾企图借扼杀新政之机,一举扑灭各地报馆。③至此对梁启超在海外办报更为忌恨,又于光绪二十六年正月十五日下谕:"前因康有为、梁启超罪大恶极,叠经谕令海疆各督抚悬赏购缉,严密缉拿,迄今尚未弋获。该逆等狼子野心,仍在沿海一带煽诱华民,并开设报馆,肆行簧鼓,种种悖逆情形,殊堪发指。着南北洋、闽、浙、广东各督抚,仍行明白晓谕,不论何项人等,如有能将康有为、梁启超缉获送官,验明实系该逆犯正身,立即赏银十万两。……并著该督抚逐处严查,如有购阅前项报章者,一体严拿惩办。"④顽固派如此恐惧和仇视正好证明《清议报》等进行思想启蒙产生了巨大的威力。

梁启超本人对于他在戊戌时期至20世纪初年传播新思想的工作也曾有这样的评价:"启超复专以宣传为业,为《新民丛报》《新小说》等诸杂志,畅其旨义,国人竞喜读之。清廷虽严禁,不能遏。每一册出,内地翻刻本辄十数。""启超务广而荒,每一学稍涉其樊,便加论列,故其所述著,多模糊影响笼统之谈,甚者纯然错误,及其自发现而自谋矫正,则已前后矛盾矣。平心论

---

① 马世杰:《与陈君逸庵论杭州宜兴教育会书》,《新世界学报》1903年第12期。
② 李泽厚:《中国近代思想史论》,人民出版社1979年版,第429页。
③ 见慈禧复政后,于光绪二十四年八月二十四日下谕,谓:"莠言乱政,最为生民之害,前经降旨将官报《时务报》一律停止。近闻天津、上海、汉口各处,仍复报馆林立,肆口逞说,捏造谣言,惑世诬民,罔知所忌,亟应设法禁止。著各该督抚饬属认真查禁,其馆中主笔之人,皆斯文败类,不顾廉耻。即由地方官严行访拿,从重惩治,以息邪说,而靖人心。"见《清实录·德宗实录》卷四百二十八。
④ 丁文江、赵丰田:《梁启超年谱长编》1900年条,第195—196页。

之，以二十年前思想界之闭塞委靡，非用此种卤莽疏阔手段，不能烈山泽以辟新局。就此点论，梁启超可谓新思想界之陈涉。"①而《新民丛报》合订本，至 30 年代仍被重印至十数次，仍有许多热心的读者，宣传新思想的生命力由此可见。

1905 年至 1920 年十五年间，是梁启超深深地卷入政治涡旋的十五年。在《民报》与《新民丛报》辩论中，他是保皇派的首领，受到革命派的严词批判，辛亥革命发生，民国成立初年，梁与袁世凯关系密切，受到舆论抨击。此后数年，依附于北洋军阀，常被人视为官僚政客一类人物。梁启超的这些作为都违背了时代前进的方向。但又应看到，即使在这段时间内，他也曾起过好的作用。他所主持的政闻社，于 1908—1910 年期间要求速开国会，主张限制君权，实行资产阶级的议会政治，这与清廷搞"假立宪"，换取时间另有图谋，不能混为一谈。② 当清廷继续拖延时间，宣布以五年为"预备立宪"期，至宣统五年（1913）实施时，梁即在《国风报》上撰文警告说：若不速开国会，则将来世界字典上，决无"宣统五年"一词。武昌首义一举成功，清帝退位后，梁于 1912 年 4 月于《庸言》发表《中国立国大方针》，说："譬诸破漏霉朽之老屋，非破坏后，则建设未由得施。故革命事业，实应乎时代之要求，洽乎人人心理之所同然。"又说："共和之局，则既定矣，虽有俊杰，又安能于共和制之外而别得活国之途？"③ 1915 年，袁世凯策划恢复帝制，杨度、刘师培、严复等组织"筹安会"为袁劝进，各种封建余孽，无耻的军阀、官僚、政客一起鼓噪，闹得乌烟瘴气。此时，梁启超公开发表《异哉所谓国体问题者》，痛斥恢复帝制的种种谰言，并代表进步舆论严正宣告：谁想恢复帝制，"四万万人所宜共诛也"④！预言袁氏若窃帝位，必将成众矢之鹄，自取灭亡。这篇文章在当时发表，使得意忘形的反动腐朽势力和种种罪恶言论，受到致命的打

---

① 梁启超：《清代学术概论》，《饮冰室合集》专集之三十四，第 62、65 页。
② 见陈旭麓《近代史思辨录》，第 84—85 页。
③ 梁启超：《中国立国大方针》，《饮冰室合集》文集之二十八，第 39、77 页。
④ 梁启超：《盾鼻集》，《饮冰室合集》专集之三十三，第 96 页。

击，正直人士感到它具有摧陷廓清、拨云见日的威力。陈寅恪曾追述其亲身经历："任公先生高文博学，近世所罕见。然论者每惜其与中国五十年腐恶之政治不能绝缘，以为先生之不幸。是说也，余窃疑之。……忆洪宪称帝之日，余适旅居旧都，其时颂美袁氏功德者，极丑怪之奇观。深感廉耻道尽，至为痛心。至如国体之为君主抑或民主，则尚为其次者。迨先生《异哉所谓国体问题者》一文出，摧陷廓清，如拨云雾而睹青天。然则先生不能与近世政治绝缘者，实有不获已之故。"① 梁遂即与蔡锷秘密策划并发动"护国运动"，迫使袁世凯取消帝制，此后，策划逼袁退位，梁启超也是核心人物。至1917年张勋复辟时，他通电全国反对。这些是梁启超为保卫共和政体建立的特殊功勋！

四、晚年学术的特色

1918年底，梁启超在与友人谈话中表示，今后"决然舍弃（政治活动），要从思想界尽些微力"②。次年，他游历欧洲。1920年初归国，开始他最后从事学术研究和教育工作的时期。在这期间，梁氏还在南京大学、清华学校、清华研究院担任教授、导师，又曾先后在北京或外地的一些大学兼课或讲学，为培养人才付出辛勤的劳动。

梁启超在其前期虽未能集中力量从事学术的著述，但他所写的《新史学》《论中国学术思想变迁之大势》《子墨子学说》等，已经显示出他一方面着眼于宣传新思想的时代需要，具有批判精神，另一方面，他旧学根柢深厚，精熟于典籍，眼光敏锐，掌握了近代哲学观点和方法之后，辨析问题更左右逢源，在学术上具有饱满的创造力。他最后十年潜心于研究，保持并发展了这些特色，作出更加突出的建树。有的论著，是在大学讲堂上讲课，由

---

① 陈寅恪：《读吴其昌撰梁启超传书后》，《寒柳堂集》，上海古籍出版社1980年版，第148页。
② 丁文江、赵丰田：《梁启超年谱长编》1918年条，第874页。

学生记录下来，略加整理，即成为有系统的著作。

梁启超是20世纪20年代为中国近代学术开拓和奠基的几个卓越的学者之一。他晚年学术的特色可以概括为开拓精神、审视眼光、构建体系和注重总结四点，兹分别作扼要的论述。

梁氏最后十年的学术研究，显示出开阔的视野，突破了传统学术的旧格局，提出了不少新课题，开拓了新的领域。这一时期梁氏主要学术论著及其涉及的学科的大致情况是：

社会史方面，有《太古及三代载记》《春秋载记》《战国载记》等；

学术思想史方面，有《阴阳五行说之来历》《老子哲学》《孔子》《墨子学案》《老孔墨以后学派概观》《先秦政治思想史》《先秦学术年表》《评胡适之中国哲学史大纲》《儒家哲学》《庄子天下篇释义》《荀子评诸子语汇解》《韩非子显学篇释义》《清代学术概论》《中国近三百年学术史》《颜李学派与现代教育思潮》《戴东原先生传》《戴东原哲学》等；

史学理论方面，有《中国历史研究法》及其《补编》《历史统计学》等；

文献学方面，有《墨经校释》《国学入门书要目及其读法》《要籍解题及其读法》《古书真伪及其年代》《说方志》等；

文化史方面，有《科学精神与东西文化》《中国文化史（社会组织篇）》《地理及年代》《近代学风之地理的分布》等；

文学史、诗歌史方面，有《屈原研究》《情圣杜甫》《陶渊明》《中国之美文及其历史》《桃花扇注》等；

民族、宗教史方面，有《中国历史上民族之研究》《中国佛法兴衰沿革说略》《翻译文学与佛典》《佛教教理在中国之发展》等。

这些著作，数量巨大而又领域宽广，显示出梁启超渊博的学识、过人的才思，其中许多著作论述了前人未曾注意或很少涉猎的学术思想系统研究、史学理论、文化史、文学史、民族史、宗教史等，扩大了研究领域，促进了有关学科在近代的发展。譬如《中国文化史（社会组织篇）》论述中国历史上婚姻、宗法、社会等级、乡治、都市、港口等的演变，堪称是对中国社会组织变迁史的初步勾勒之作，对于突破传统史学的旧格局很有意义。梁氏运用近代社会学、民俗学知识，往往对古代资料作出新解。篇中对于社会等级关系的变化，如战国时期平民力量的崛起，两汉多次释放奴婢之后，至魏晋时代又出现逆转，都有生动的论述。关于沿海港口城市的变迁，梁氏所作的论列尤有系统，可说是粗具古代港口略史和对外贸易略史的雏形。《近代学风之地理的分布》则是近代区域文化地理的创始之作。作者推进了地理环境对历史的影响的研究。他提出，一方面是，地理环境对历史发展具有"伟大"的"支配力"；另一方面是，人类又不是坐等地理环境的摆布，而能改造环境。这些在当时都不失为卓识。对于人才辈出的清代学术界，梁氏按照各个行省（文化发达的省份又再分析到省内不同区域）归纳其主要特色，做到把区域文化发展与地理条件结合起来考察。《中国历史上民族之研究》一文，对中国民族发展作了概括的论述，他解释了"民族"的含义，把它跟"宗族""国民"区别开来。他论述了中国民族的由来，指出外国学者所持的中国民族西来说、南来说没有根据，又论述占中国人口大多数的汉族是在长期发展过程中跟各民族融合而成的混合体。白寿彝教授评价此文说："从民族史研究的发展上看，这是一篇很有影响的文章。"①

以求实求真的近代理性的眼光，审视几千年的传统学术，作出"重新估价"，因而使研究工作无论从哲理高度、开掘的深度和分析的系统性来说，都具有与传统学术迥然不同的新的时代风貌。这一项实为梁启超作为近代学术重要奠基人物的突出贡献。

要对传统学术作"重新估价"，是梁氏在《儒家哲学》一书中明确提出来的。为此，他在这部著作中相当深入地论述了思想演变与时代条件的关系，论述了儒学内部不同学派的分化，又极其重视转变时期的学者在学风转变过程中的枢纽作用，对于一些在历史上地位重要而历来少被论及的学者，也给予他们应有的地

---

① 白寿彝主编：《中国通史·导论》，上海人民出版社1989年版，第29页。

位。儒家关于"正其谊而不谋其利，明其道而不计其功"的说教，在几千年封建社会中产生了严重的消极作用，对此，梁氏在许多论著中都一再予以严肃的批评，在《墨子学案》中，他肯定墨家爱、利并举的思想比儒家的说教更有进步性，在《颜李学派与现代教育思潮》一文中，他高度评价颜元抨击宋儒的性理空谈，以"正其谊而兼谋其利"修正儒家的教条。《阴阳五行说之来历》一文，则是对古代阴阳迷信学说的来历，作了初步的有系统的清理。梁氏论证说：用五行说表示怪诞而有组织的说法，始于《吕氏春秋》。而把阴阳与五行结合起来，"造此邪说以惑世诬民者"，起初是燕齐方士，"而其建设之传播之宜负罪责者三人焉，曰邹衍，曰董仲舒，曰刘向"。二千年来被誉为"醇儒"的董仲舒，其《春秋繁露》一书，"祖述阴阳家言者几居半"。董仲舒的儒学，已"绝非孔、孟、荀以来之学术"。故两汉阴阳五行的流行，"大率自仲舒启之"，并造成此后二千余年间"机祥灾祲之迷信，深中于士大夫，智日以昏而志日以偷"的灾难性后果！①梁氏这样有力地廓清几千年来流毒甚广的迷信学说，在近代思想史上是很有进步意义的。

　　梁启超对文学史、诗歌史的见解也具有鲜明的近代特色。他分析屈原具有伟大的人格，整个生命充满着对国家"极诚专虑的爱恋"，绝不向恶势力屈服。在艺术手法上，屈原具有丰富瑰伟的想象力，"何止中国，在世界文学作品中，除了但丁《神曲》外，恐怕还没有几家够得上比较哩！"梁氏把屈原的成就放在时代背景中考察，得出这样的结论：中国境内出现民族融合的高潮之后，文学必放异彩。②这是极其深刻中肯的论点。他研究杜甫，指出杜甫把中国诗歌现实主义传统推向高峰，并分析产生杜甫的条件是：民族大融合，创造力旺盛；国家政治统一，气象宏大，文化发展；因安史之乱，社会突遭变乱，文学受到刺激，更加出现突兀的高峰。③

---

① 梁启超：《阴阳五行说之来历》，《饮冰室合集》文集之三十六，第56—65页。
② 梁启超：《屈原研究》，《饮冰室合集》文集之三十九，第55、68页。
③ 见梁启超《情圣杜甫》，《饮冰室合集》文集之三十八，第38页。

像这样以近代理性观点审视反思历史，做到宏观的概括与具体深入的分析相结合，的确是梁氏晚年学术的独创风格。《清代学术概论》《中国近三百年学术史》这两部历来备受赞誉的名著，对此有更加集中的体现。

《清代学术概论》和《中国近三百年学术史》都是总结自明清之际至本世纪初年学术思想嬗变的专著。梁氏对清代学术有深刻的了解，熟悉清儒繁富的著作，少年时代就读于广州学海堂，受过朴学的严格训练，又曾接触过考证学派耆宿，获得亲身闻见，随后，本人即是晚清今文学派和输入新思想的关键人物。两个世纪之交的丰富经历，加上掌握西方进步的学术观点和方法，使他上升到新的时代高度，俯视过去学术递嬗变化之路，对其源流曲折、前因后果了然在目。

《清代学术概论》概述了清代学术的演变历程，论述各个阶段的趋势、时代条件和主要成就，评价了三百年间所有主要学者的历史地位，做到纵横论列，气势非凡，又巨细兼顾，分析精当，全文尚不足七万字，却被誉为是一部"无所不包"的著作。梁氏分清代学术为启蒙期、全盛期、蜕分期。清初是启蒙期，以顾炎武、阎若璩、胡渭为代表人物，"于是清学之规模立焉"。当时大师还有黄宗羲、王夫之、颜元，而历史学、地理学、天文历算学也有卓越成就。造成启蒙期思想呈现复杂绚烂特点的原因是：历明代学术空疏之后，人心厌倦，相率返于沉实；经大乱之后，社会比较安宁，故使人得有余裕以自厉于学；一些有卓识的人物不满于清朝统治，潜心治学；宋明理学权威既坠，清学新系统未成，无"定于一尊"之弊，故富有自由研究的精神。从康熙后期，至乾隆初年，向第二期转变，唯考证派盛行，成为清学正统派，其他学派不盛或中绝。其时代及学术本身的原因，主要是：清廷对保持民族气节的学者大加猜忌，屡兴文字狱，学者不敢言现实问题，于是英拔之士遂将聪明才力转向考证整理古代典籍；考证学大师已辟出新途径，形成一套精良的研究方法，"学者既感其有味，又感其必要，遂靡然向风焉，愈析而愈密，愈浚而愈深"，因而达于极盛；清初颜元之学说，实行太苦，遂无继承者，天算学则经史中所固有，故能作为考证学的分支连带发达，其他自然科学则因缺乏社会土壤不能发展。晚清学术进入蜕分期，正统派衰落，新学派产生，也有学术及时代的原因。从正统派自身说，清学本以"求实"而盛，至此陷入明堂、丧服一类烦琐考证，甚至为阴阳五行的迷信说法争论不休，走向了"求实"的反面，正统派又盛气凌人，必然阻塞学术发展之路，当今文学派异军突起，考证学遂衰落下去。从时代条件说，则因民族生存面临危机，社会上归咎于学术不切实用，故要摆脱朴学藩篱，经世思潮复兴。西方新学说逐渐输入，造成"对外求索之欲日炽，对内厌弃之情日烈"。

以上是梁氏对清代学术思潮演变的特点及原因所作的宏观概括，高屋建瓴，堪称阶段分明，脉络清晰。同时，这部著作对于重要问题又有深入的具体分析。梁氏论述考证学内部两大派的代表人物惠栋、戴震的不同特点，就做到辨析缜密。惠栋为吴派代表人物，治学以"尊闻好博"为特色，又以"凡古必真"定是非，所以他既有确立"汉学"地位之功，又有胶固、盲从、褊狭、好排斥异己的弊病。戴震为皖派代表人物，治学以"深刻断制"为特色，其最得力处，在"不以人蔽己，不以己自蔽"，推断务求精审，祛除迷信，必至"征诸古而靡不条贯，合诸道而不留余议，巨细毕究，本末兼察"，才算得"十分之见"。其哲学著作《孟子字义疏证》，痛斥理学家"以理杀人"，要为中国文化转一新方向，"随处发挥科学家求真求是之精神，实三百年间最有价值之奇书"。皖派学者段玉裁、王念孙、王引之等，治学也不盲从古人，"虽其父师，亦不苟同"。这些论述，都贯串着梁氏"重新估价""求真求是"的指导思想，力求摒弃"是古非今"的封建旧习、迷信的观念、宗派门户之见，体现出近代理性精神。篇中笔锋所至，对于传统文化的消极面，如"好依傍""名实相混"的痼疾，因"重道轻艺"的偏见造成自然科学不发达，几千年来"惑世诬民汩灵窒智"的迷信邪说，都予以抨击。对其师康有为，梁氏高度评价他掀起晚清思想解放潮流的巨大进步作用，同时，对于康有为学风上的武断、托古比附的做法，杂引谶纬之言以神化孔子的神秘说法，也都中肯地指出，无所隐饰。梁氏对于他本人治学博而不专、入而不深的毛病，也公开批评，基本上做到了如他所说："以现在执笔之另一梁启超，批评三十年来史料上之梁启超也。"①

《中国近三百年学术史》的内容是与《清代学术概论》互相发明。《清代学术概论》所重在"论"，阐述学术思潮的源流变化，分析各个时期及其代表人物的成就与不足。《中国近三百年学术史》所重在"史"，有充足的篇幅，更加全面、深入而翔实地叙述一代学术发展的历史，因而此书各章对于前书均是重要的补充。以学术思潮言，首章"反动与先驱"，从王学自身的反动，刘宗周提倡"慎独"，舍空谈而趋实践等项，讨论晚明学风转变的原因，分析更加深入；第四章论述晚清新学派产生的原因是：中法战争后，列强加紧侵略中国，连续签订不平等条约，"这几场接二连三的大飓风，把空气振荡得异常剧烈，于是思想界根本动摇起来"。"因政治的剧变，酿成思想的剧变；又因思想的剧变，致酿成政治的剧变。"这些论述都较前更加深入。以对思想家评价而言，第五章对黄宗羲著《明夷待访录》作了高度评价："三百年前——卢骚《民约论》出世前之数十年，有这等议论，不能不算人类文化之一高贵产品。"《原君》《原法》诸篇，"的确含有民主主义的精神——虽然很幼稚——对于三千年专制政治思想为极大胆的反抗。在三十年前——我们当学生时代，实为刺激青年最有力之兴奋剂"。又中肯地评价黄宗羲学术的特点是："以阳明为根柢"，又修正王学。这类论述书中随处可见，都较前书更进一步。梁氏还总结了撰著学术史的四个原则：

> 第一，叙一个时代的学术，须把那时代重要各学派全数网罗，不可以爱憎为去取；第二，叙某家学说，须将其特点提挈出来，令读者有很明晰的观念；第三，要忠实传写各家真相，勿以主观上下其手；第四，要把各人的时代和他一生

---

① 梁启超：《清代学术概论》，《饮冰室合集》专集之三十四，第4页。

经历大概叙述,看出那人的全人格。①

用最简洁的话来说,这四项,就是要做到考察全面、力戒主观、注重时代、知人论世。唯其这两部书贯彻了这些原则,符合于近代理性精神,所以他做的反思审视才经得起半个多世纪的时间考验,至今对我们了解清代学术史仍有宝贵的价值。

作为近代著名的史学家,梁启超在理论上要求与几千年封建时代的史学划清界限。在接受西方近代史学观点和批判旧史的基础上,他发展了本世纪初撰著《新史学》时形成的观点,于1924年和1925年先后著成《中国历史研究法》和《中国历史研究法补编》,构建了自己的史学理论体系。若跟同时或较后时间的同类著作相比较,梁氏这两部专著观点更明确,内容更丰富,也更有系统性。他的史学理论体系主要包括五个方面:第一,关于史的目的、范围和旧史的改造;第二,历史的因果和动力;第三,史料的搜集、鉴别和研究专题的确定;第四,史家修养;第五,专史的做法。其中第一项是他理论体系的核心,在近代影响也最大。仅就此项加以论列,以见梁氏构建理论体系之一斑。

梁氏论"史"的目的,发展了《新史学》中反对"君史"、提倡"民史"的思想,明确主张今天著史应成为"国民资治通鉴"或"人类资治通鉴",以促进国家富强和社会进步。梁氏相当深刻地论述史学与现实生活的关系及历史的教育作用:"今日所需之史,则'国民资治通鉴'或'人类资治通鉴'而已。史家目的,在使国民察知现代之生活与过去、未来之生活息息相关,而因以增加生活之兴味;睹遗产之丰厚,则欢喜而自壮;念先民辛勤未竟之业,则矍然思所以继志述事而不敢自暇逸;观其失败之迹与夫恶因恶果之递嬗,则知耻知惧,察吾遗传性之缺憾而思所以匡矫之也。夫如此,然后能将历史纳入现在生活界使生密切之联锁。"这样来界定"史"的目的,又是世界激烈竞争、弱肉强食的形势使民族生存经受严峻考验的时代特点所决定的,因

---

① 梁启超:《中国近三百年学术史》,《饮冰室合集》专集之七十五,第28、45—49页。

为，"在今日惟个性圆满发达之民，自进而为种族上、地域上、职业上之团结互助，夫然后可以生存于世界而求有所贡献，而历史其物，即以养成人类此种性习为职志"。

梁氏认为今日理想之史著，必须再现出昔日人类活动的"体相"，且能显示出历史演进之因果关系，最终可为国民生活提供借鉴，因此对"史"下了这样的定义：

"史"者何？记述人类社会赓续活动之体相，校其总成绩，求得其因果关系，以为现代一般人活动之资鉴者也。其专述中国先民之活动供现代中国国民之资鉴者，则曰"中国史"。

根据这一定义，他为撰成一部"适合于现代中国人所需要之中国史"设计了二十二个项目，主要有中华民族如何由各族混合醇化而成，民族间的关系和中华民族活动范围的拓展，与世界的关系，政治组织、经济活动和经济制度，民族思想和思潮演变等。最后归纳中国史的主要内容为四项："第一，说明中国民族成立发展之迹，而推求其所以能保存盛大之故，且察其有无衰败之征。第二，说明历史上曾活动于中国境内者几何族？我族与他族调和冲突之迹何如？其所产结果何如？第三，说明中国民族所产文化，以何为基本？其与世界他部分文化相互之影响何如？第四，说明中国民族在人类全体上之位置及其特性，与其将来对于全人类所应负之责任。"这四项，构成了有机联系的四个层次：中国历史发展大势——各民族的活动和关系——思想文化特点——中国与世界，记载范围之广阔为旧史所无法相比，在指导思想上则明确贯串了近代国民意识和进化观点，因此对近代史学理论和史学研究都产生了很大影响。

梁氏又根据上述对"史"的意义的界定，系统地提出对旧史改造的意见：第一，改变旧史以"少数特别阶级"（贵族，或官僚阶级，或智识阶级）为写作对象，为以国民为对象；第二，"以生人本位的历史代死人本位的历史"，彻底改变旧史那种"费天地间无限缣素，乃为千百年前已朽之骨校短量长"的状况；第三，史家应改变"中国古代，史外无学"的旧观念，做到集中精力于对人类"各种活动之相"的研究；第四，改变旧史家好加主观褒贬的做法，提倡客观研究的精神，"务持鉴空衡平之态度，极忠实以搜集史料，极忠实以叙论之，使恰如其本来"；第五，对旧史的史料价值，应以"科学的眼光严密审查"，"重新估价"，作材料的搜补和考证；第六，改变旧史片段、孤立、不相联属的状况，新史叙述史实，"横的方面最注意于其背景与其交光，然后甲事实与乙事实之关系明"，"纵的方面最注意于其来因与其去果，然后前事实与后事实之关系明"，还应有说明，有推论，使整部史书成为结构严密的系统的著作。

以上各项，实则从史的对象、视角、史家的态度、史料的搜集和考证、史书的纵向联系和横向联系这六个方面，对比论述了新的史著与旧史的不同，规划了由改造旧史到创造新的史著的途径。关于集体编撰通史的组织工作，梁氏提出应联合各方面有专门学识的专家先作专门史的研究，在此基础上从事通史的研究和撰著，"分途以赴，合力以成"。

梁启超论述史的目的、范围和旧史的改造，确有自己的系统性。他的主要出发点和归宿，是改变旧史为帝王或特殊阶级服务，而为国民服务，改变旧史与现实生活割断联系，使之与当今社会进步密切相关，尤其具有卓识。但梁氏论点也有自相矛盾之处，如他指责旧史家主张史学"经世"是一种狭隘的目的，而他本人极力主张史应为今日国民所"资鉴"。其实，梁氏提倡史著为当今社会进步服务，也是传统史学"经世"观点在近代的发展。

梁氏的史学理论体系的重要观点还有：对比自然的因果律与历史的因果律的不同；认为历史事件的发生、民族的活动，都有环环相扣的关系，"一波才动万波随"；认为英雄人物在历史上有极伟大的作用，同时又认为，"而所谓大人物之言动，必与此社会心理发生因果关系者，始能成为史迹"，"所谓大人物者，不问其为善人恶人，其所作事业为功为罪，要之其人总为当时此地一社会——最少该社会中一有力之阶级或党派——中之最能深入社会阃奥而与该社会中人人之心理最易互相了解者。如是,故其暗示反射之感应作用,极紧张而迅速"。又认为,"文化愈低度,则'历史的人格者'之位置,愈为少数所垄断,愈进化则其数量愈扩大。……今后之历史,殆将以大多数之劳动者或全民为主体。……故'历史即英雄传'之观念,愈古代则愈适用,愈近代则愈不适用也"。① 上述论断都包含着十分深刻的思想,表现出他作为近代学者在理论上的可贵探索精神。但梁氏在论述历史运动的根本原因时,又每每陷于唯心主义,认为:"历史为人类心力所造成"②,"历史不外若干伟大人物集合而成"③,"所谓民族心理或社会心理者,其物实为个人心理之扩大化合品"④,把个人的作用夸大到荒谬的程度,不懂得表面上的偶然性始终是受内部隐蔽着的规律性所支配,不懂得决定历史方向的终极原因乃是生产力和生产关系的矛盾运动和亿万人民群众的意志。

梁氏晚年学术论著总结性的特点,从他论述清代学者治学的成绩、方法和精神可以清楚地看出来。处在东西方文化交汇的时代,使梁氏的眼界大开,掌握了近代科学精神,以及演绎、归纳的逻辑方法,因而能对清人的学术作出有系统的总结。《清代学术概论》总结朴学家的考证精神和方法,半个多世纪以来一直受到学术界的重视。梁氏归纳的朴学家的主要方法如下:

一、凡立一义,必凭证据;无证据而以臆度者,在所必摈。

……

三、孤证不为定说。其无反证者姑存之,得有续证则渐信之,遇有力之反证则弃之。

四、隐匿证据或曲解证据,皆认为不德。

五、最喜罗列事项之同类者,为比较的研究,而求得其公则。

---

① 以上引文均见梁启超《中国历史研究法》,《饮冰室合集》专集之七十三。
② 梁启超:《中国历史研究法》,《饮冰室合集》专集之七十三,第111页。
③ 梁启超:《中国历史研究法补编》,《饮冰室合集》专集之九十九,第30页。
④ 梁启超:《中国历史研究法》,《饮冰室合集》专集之七十三,第114页。

六、凡采用旧说，必明引之，剿说认为大不德。

七、所见不合，则相辩诘，虽弟子驳难本师，亦所不避，受之者从不以为忤。

八、辩诘以本问题为范围，词旨务笃实温厚。虽不肯枉自己意见，同时仍尊重别人意见。有盛气凌轹，或支离牵涉，或影射讥笑者，认为不德。

……

十、文体贵朴实简洁，最忌"言有枝叶"。

梁氏又总结朴学家治学的精神是："盖无论何人之言，决不肯漫然置信，必求其所以然之故；常从众人所不注意处觅得间隙，既得间，则层层逼拶，直到尽头处；苟终无足以起其信者，虽圣哲父师之言不信也。此种研究精神，实近世科学所赖以成立。"[①] 确实地，清代学者这种治学精神和方法，本来有许多符合于近代科学方法，经过梁氏加以总结归纳，更加系统，遂为近代学者所继承和发扬。

他如，《中国近三百年学术史》中条理分明地总结了清儒整理旧学的领域和成就，而《古书真伪及其年代》一书，则总结了自司马迁以后辨伪的传统，尤其是宋代学者欧阳修等，明清学者胡应麟、姚际恒至崔述、康有为等对辨伪学的贡献。梁氏又将伪书种类总结为十类，而关于辨别伪书及考证年代的方法，在《四部正讹》所归纳八项原则基础上，进而总结为"从传授统绪上辨别"和"就文义内容上辨别"两大系统，分别详加阐发，也都较前人所论更加全面、系统。

总起来说，梁启超最后十年在学术上的成就令人注目，他同只有前期而没有后期的严复、康有为，还有夏曾佑，都不相同。梁氏晚年的学术论著，从其开辟的领域、哲理的高度和运用的方法说，都具有开创近代风气和推动学术发展的作用，而且也是他前期宣传新思想、探求新哲理的继续。梁漱溟先生就曾把梁启超

[①] 梁启超：《清代学术概论》，《饮冰室合集》专集之三十四，第34—35、25—26页。

与蔡元培并称为近代开出新潮流、推动大局、影响后世的人物,说:梁任公的主要成就,"在迎接新世运,开出新潮流,撼动全国人心,造成中国社会应有之一段转变";又说:"从前韩信和汉高祖各有卓越的天才,一个善将兵,一个善将将。蔡(元培)、梁(启超)两先生比较,正复相似。蔡先生好比汉高祖,他不必要自己东征西讨,却能收合一批英雄,共图大事;任公无论治事和行文,正如韩信将兵,多多益善,自己冲锋陷阵,所向无前。"①

当然还应看到另一面,梁启超后期在政治上起消极作用,学术文化上也有大量的唯心主义观点。他在《欧游心影录》(1920)中把他以前曾尖锐批评的旧文化视为拯救世界的法宝,鼓吹以"孔、老、墨三大圣"和"东方文明",去超拔"大海对岸""愁着物质文明破产,哀哀欲绝地喊救命"的几万万欧洲人。在社会主义问题论战中,他称中国不存在劳动阶级,因此,"欲社会主义之实现,其道无由"②。在马克思主义传播和中国共产党诞生后,他一直抱敌对的态度。他赞成"打倒万恶的军阀",可是当北伐战争胜利进军时,他又感到惶恐和仇恨。对这些与历史潮流背道而驰的观点、行为,都应作严肃的批评。不过,从总体说,梁氏在最后十年的活动范围在文化教育界,是一位著述丰富的学者和辛勤地培养人才的教育家,他在学术文化上的成就实占主要的地位。

五、"新文体"的倡导者

梁启超有"流质易变"的弱点,他生活在近代中国社会变动最为激烈的"过渡时代",屡屡进行"自我交战"。那么,梁启超

---

① 见梁漱溟《纪念梁任公先生》一文,引自杨向奎《试论蔡元培》,《浙江学刊》1991 年第 3 期。

② 梁启超:《复张东荪书论社会主义运动》,《饮冰室合集》文集之三十六,第 6 页。

作为启蒙思想家和建树卓著的学者,在他身上有哪些是贯串前后的长处,他在学术文化上取得成功的原因又是什么呢?

这个问题需要作专门的研究,这里仅提出比较明显的几点。第一,他对中国传统文化有广博知识和深刻研究,又重视吸收西方新思想,故能站在19世纪末20世纪初资产阶级文化启蒙思想潮流的前面。第二,才思敏捷,而又异常的勤奋。一生勤奋读书,勤奋著述,任务紧张时,每天著五千字,下笔成文,不必修改。他曾在《创办〈时务报〉原委记》中回忆办报时夜以继日工作的情景:"(启超)悉任报中文字。每期报中论说四千余言,归其撰述。东西各报二万余言,归其润色。一切公牍告白等项,归其编排。全本报章,归其复校。十日一册,每册三万字。启超自撰及删改者几万字,其余亦字字经目经心,六月酷暑,洋烛皆变流质,独居一楼上,挥汗执笔,日不遑食,夜不遑息。记当时一人所任之事,自去年以来,分七八人始乃任之。"[1] 晚年刻意著述,《清代学术概论》这样一部内容丰富、见解精到的著作,他只用十五天写成。1921年居天津后,为著《墨子学案》《中国历史研究法》和预备讲课,常常"除就餐外,未尝离书案一步"[2]。1922年4月起,他在北京、苏州、南京等地作一年的巡回讲学,还对听讲者表达自己仍要勤恳读书研究的心情:"我现已年老,而趣味淋漓,精神不衰。"[3] 直到他逝世之前,还抱病著《辛稼轩先生年谱》。他名望很高,可是对待学术却是"较为虚心的,不自满足,一直求进步,愿向后辈学习,同时也长于鼓励青年学子进行研究,从来没有像一些老专家的大摆架子,老是觉得青年学子为学的幼稚可笑。所以单就学问家教育家的风度说,梁启超确实也有其比较难能可贵之处而值得人们学习的"[4]。第三,爱国思想。诚如李华兴同志所说:"梁启超是变中自有不变在,总其一

---

[1] 引自戈公振《中国报学史》,生活·读书·新知三联书店2011年版,第129页。
[2] 丁文江、赵丰田:《梁启超年谱长编》1921年条,第930页。
[3] 梁启超:《东南大学课毕告别辞》,《饮冰室合集》文集之四十,第15页。
[4] 蔡尚思:《中国近现代学术思想史论》,广东人民出版社1986年版,第282页。

生,他的爱国之心未尝变。"① 他为维新变法奔走呼号,是出于爱国;20世纪初年他处于思想激进时期,写下著名诗句表达心迹:"献身甘作万矢的,著论求为百世师。誓起民权移旧俗,更研哲理牖新知"②,是出于爱国。晚年著《清代学术概论》,也出于爱国思想表达对我国学术文化前途非常乐观的态度:"吾对于我国学术界之前途,实抱非常乐观。盖吾稽诸历史,征诸时势,按诸我国民性,而信其于最近之将来,必能演出数种潮流,各为充量之发展。吾今试为预言于此。""吾著此篇竟,吾感谢吾先民之饷遗我者至厚,吾觉有极灿烂庄严之将来横于吾前!"③ 第四,他是出色的文章家,他的笔锋常带感情,优美畅达的文章,极富感染力,备受人们喜爱,文体之新和文章之美,对他的论著在长时间内广泛传播起到很大作用。

倡导"新文体"这一项,同样是梁氏对近代文化的一大贡献,他的著述文章之妙,在今天也仍具有审美价值和借鉴作用。1902年《新民丛报》刊行时,黄遵宪曾赞誉梁氏文章"惊心动魄,一字千金,人人笔下所无,却为人人意中所有,虽铁石人亦应感动。从古至今,文字之力之大,无过于此矣"④。以后,梁氏的弟子吴其昌,曾于抗日时期写过《梁启超》的小册子,其中评论当年"一班青年文豪",如谭嗣同、夏曾佑、章炳麟、严复、林纾、章士钊等,都善于作文,各有特色,但有的高古淹雅而难通俗,有的精深邃密而无巨大气魄,有的因宗法桐城而格局不宏。他进而对比说:"至于雷鸣潮吼,恣睢淋漓,震骇心魄;时或哀感曼鸣,长歌代哭,湘兰汉月,血沸神销,以饱带情感之笔,写流利畅达之文,洋洋万言,雅俗共赏,读时则摄魂忘疲,读竟或怒发冲冠,或热泪湿纸,此非阿谀,惟有梁启超之文如此耳! 即以梁氏一人之文论,亦惟有'戊戌'以前至'辛亥'以前

---

① 吴嘉勋、李华兴:《梁启超选集·前言》,上海人民出版社1984年版。
② 丁文江、赵丰田:《梁启超年谱长编》,1901年条,第267页。
③ 梁启超:《清代学术概论》,《饮冰室合集》专集之三十四,第78、80页。
④ 《黄遵宪致梁启超书》,见《中国哲学》第八辑,生活·读书·新知三联书店1982年版。

(约 1896—1910) 如此耳。在此十六年间,任公诚为舆论之骄子,天纵之文豪也。革命思潮起,梁氏的政见既受康氏之累而落伍,梁氏有魔力感召的文章,也就急遽地下降了。可是就文体改革的功绩论,经梁氏等十六年来的洗涤与扫荡,新文体(或名报章体)的体制、风格,乃完全确立。"[1] 这段评论虽有赞誉过头的成分,但他论述梁氏改革文体有洗涤扫荡之功,取得巨大成绩,梁氏的文章震人心魄,雅俗共赏,似有魔力感召,却符合历史事实。梁启超本人也曾总结说,他一向不爱桐城古文,又摆脱了幼年为文,学晚汉魏晋,颇尚矜炼的束缚,自求解放,"务为平易畅达,时杂以俚语、韵语及外国语法,纵笔所至不检束";而"条理明晰,笔锋常带情感,对于读者,别有一种魔力"。因而"学者竞效之,号新文体"。[2]

总之,梁氏倡导的新文体,以其饱满的时代感情、酣畅的气势、活泼的形式,使旧文体受到猛烈冲击,相形见绌,"为晚清的文体解放和'五四'的白话文运动开辟了道路"[3]。写于 1900 年的《少年中国说》即是"新文体"的代表作。他用"少年"的精神风貌代表把中国引向进步和光明的社会力量,用"老年"代表顽固势力,两相比照,运用对偶或自由的句式,反复摹绘,反复强调,收到淋漓尽致之效:"……老年人常厌事,少年人常喜事。惟厌事也,故常觉一切事无可为者;惟好事也,故常觉一切事无不可为者。老年人如夕照,少年人如朝阳;老年人如瘠牛,少年人如乳虎;老年人如僧,少年人如侠;老年人如字典,少年人如戏文;老年人如鸦片烟,少年人如泼兰地酒;老年人如别行星之陨石,少年人如大洋海之珊瑚岛;老年人如埃及沙漠之金字塔,少年人如西伯利亚之铁路;老年人如秋后之柳,少年人如春前之草;老年人如死海之潴为泽,少年人如长江之初发源。此老年与少年性格不同之大略也。梁启超曰:人固有之,国亦宜然。"

---

[1] 吴其昌:《梁启超传》,百花文艺出版社 2004 年版,第 23 页。
[2] 梁启超:《清代学术概论》,《饮冰室合集》专集之三十四,第 62 页。
[3] 游国恩等主编:《中国文学史》第四册,第 344 页。

篇末，作者更把自己的爱国热情和进取精神熔炼成诗样的语言：

> ……少年强则国强，少年独立则国独立，少年自由则国自由，少年进步则国进步，少年胜于欧洲，则国胜于欧洲，少年雄于地球，则国雄于地球。红日初升，其道大光；河出伏流，一泻汪洋；潜龙腾渊，鳞爪飞扬；乳虎啸谷，百兽震惶；鹰隼试翼，风尘吸张；奇花初胎，矞矞皇皇；干将发硎，有作其芒；天戴其苍，地履其黄；纵有千古，横有八荒；前途似海，来日方长。美哉，我少年中国，与天不老！壮哉，我中国少年，与国无疆！①

表达出对祖国美好前途的信心，鼓舞人们为社会的进步而奋斗，具有磅礴的气势和强大的感召力，至今仍被人们传诵。

梁氏文章的豪放风格是以表达新哲理、传播新风格为内涵的，因而在当时能使读者感到眼界大开，进入新的思想境地。在《论中国学术思想变迁之大势》"总论"中，即以新颖的观点叙述中国文明的历史地位的变化和未来前途："……西人称世界文明之祖国有五：曰中华，曰印度，曰安息，曰埃及，曰墨西哥。然彼四地者，其国亡，其文明与之俱亡。今试一游其墟，但有摩诃末遗裔铁骑蹂躏之迹，与高加索强族金粉歌舞之场耳。而我中华者，屹然独立，继继绳绳，增长光大，以迄今日。此后且将汇万流而剂之，合一炉而治之。于戏，美哉我国！于戏，伟大哉我国民！吾当草此论之始，吾不得三薰三沐，仰天百拜，谢其生我于此至美之国，而为此伟大国民之一分子也！""生理学之公例，凡两异性相合者，其所得结果必加良，此例殆推诸各种事物而皆同者也。……盖大地今日只有两文明：一泰西文明，欧美是也；二泰东文明，中华是也。二十世纪，则两文明结婚之时代也。吾欲我同胞张灯置酒，迓轮俟门，三揖三让，以行亲迎之大典，彼西方美人，必能为我家育宁馨儿以亢我宗也。"②

---

① 梁启超：《少年中国说》，《饮冰室合集》文集之五，第7—8、12页。
② 梁启超：《论中国学术思想变迁之大势》，《饮冰室合集》文集之七，第1、4页。

梁氏还擅长于用形象的语言说明抽象的道理。在《读日本书目志书后》(1897) 一文中，他形象地譬喻国家所面临的危急形势，以此说明急迫地需要译书以学习御敌图强的办法：

> 今吾中国之于大地万国也，譬犹泛万石之木舫，与群铁舰争胜于沧海也。而舵工榜人，皆盲人瞽者，黑夜无火，昧昧然而操舵于烟雾中，即无敌船之攻，其遭风涛沙石之破可必也。况环百数习于出没波涛之铁舰，而舵工榜人，皆渔户为之，明灯火张旌旗而来攻，其能待我从容求火乎！然今及诸舰之未来攻也，吾速以金篦刮目，槐柳取火，尤不容缓也。①

每个有爱国心的人，看到这一幅触目惊心的图画，谁又能不扼腕发愤，急求救国良策，赞成广译西书、学习西法的举动？

再如，当袁世凯被迫取消帝制之后，原先袁氏在各地的党徒伪造民意推袁做皇帝的电文被公开出来。在汇集出版时，梁启超写了《袁政府伪造民意密电书后》一文 (1913)，对袁世凯窃国的罪行及其党徒无耻欺骗的手法予以痛快淋漓的揭露："自国体问题发生以来，所谓讨论者，皆袁氏自讨自论。……所谓表决者，皆袁氏自表自决。所谓推戴者，皆袁氏自推自戴。""质而言之，此次皇帝之出产，不外右手挟利刃，左手持金钱，啸聚国中最下贱无耻之少数人，如演傀儡戏者然。由一人在幕内牵线，而其左右十数嬖人蠕蠕而动。此十数嬖人者复牵第二线，而各省长官乃至参政院蠕蠕而动。彼长官等复牵第三线，而千七百余不识廉耻之辈冒称国民代表者蠕蠕而动。其丑态秽声播于社会者，何啻千百万事！"② 文章义正词严，无比犀利生动，对于人们认清这个窃国大盗极端无耻奸诈的面目，实有很大帮助。

无疑地，梁启超富有表现力的、感情饱满的文章，是他取得成功的重要原因之一。他的出色之作，是中国资产阶级上升时期宣传新思想的记录，也是五四时期形成的明白晓畅、活泼自然的

---

① 梁启超：《读日本书目志书后》，《饮冰室合集》文集之二，第53页。
② 梁启超：《盾鼻集》，《饮冰室合集》专集之三十三，第99—100、103—104页。

白话文体的先导，不但在历史上占据着重要地位，而且在今日也仍然具有欣赏的价值。

梁启超有关学术、文化的论著是一笔丰厚的遗产，需要我们用科学的观点，认真加以总结，批判地继承和发扬其中优良的部分。这对于反思近代思想文化的历程，推进今天的学术研究和建设民族新文化的工作，都是有积极意义的。

夏曾佑与通史撰著

中国近代史学的发端,始于鸦片战争时期;而具有比较完整意义的近代史学著作的正式产生,实则是在20世纪初年。梁启超《新史学》(1902)和夏曾佑《中国古代史》(1904—1906)[①]的相继完成,是近代史学发展上的重要事件,它们一是以史学理论的形式,一是以通史著作的形式,标志着自觉以新的历史哲学为理论指导、在内容上和著述形式上又都明确地提出新要求的近代史学著作正式产生了。那是一个新旧思想斗争激烈、革命运动正在酝酿、封建帝制行将灭亡的不平常的年代。与这一时代潮流相呼应,在史学范围内,经过自鸦片战争以来爱国救亡思潮的不断酝酿孕发,至此掀起了一股批判"君史"、提倡"民史"的热潮。梁启超和夏曾佑的著作,就是当时蓬勃高涨的进步思想在史学领域结出的重要成果。

比较来说,《新史学》历来受到较多的重视。而《中国古代史》一书,尽管它在实际上产生了颇大影响,问世之时即被誉为令人耳目一新之作,至1933年,又被当时的教育部列为"大学丛书"之一种,多次重印,至新中国成立初期又被再版,足见在

---

① 原名《最新中学中国历史教科书》,已完成自上古至隋朝,当时分三册出版。

几十年中一向受到学术界的重视，然而对它的研究却嫌不足。这部著作为何成为通史撰著的划时代著作？夏曾佑如何成功地做到以进步的历史观点为指导？它在内容上和形式上又有什么新的特色？这些都值得认真地探讨。

一、历史观指导上的探索和突破

进步的历史观点是史书的灵魂，对于一部上下纵贯几千年、囊括社会生活诸多方面的通史著作来说，尤其起着统率和指导的作用。夏曾佑在通史撰述上取得显著成就，具有决定性意义之点，在于他着力探索当前社会生活所需要的历史哲学；自19世纪末至20世纪初，他经历了当时一些有识之士所共同走过的道路，从喜谈公羊学说到热心地接受西方进化论，并且运用这一体现了时代精神的历史观点作为著述的指导。这就在根本上保证他的通史著作具有鲜明的时代气息和创新意义。

夏曾佑（1863—1924）的学术有家学的渊源。父鸾翔，精于算学，同、光时与同乡李善兰、戴煦三人并以善算学闻名。曾佑受此影响，从小即对自然科学知识深有兴趣，这与他后来倾心于西方进化论学说关系甚大。1890年（光绪十六年）中进士，不久即在北京任礼部主事。这时，历史进入了19世纪最后十年，一场要求中国结束封建专制统治、走上资本主义道路的维新变法运动正在酝酿，对外关系上，西方列强和东方暴起的军国主义的日本，正在策划更大规模的侵略行动，老大衰败的中国社会处于大危机的前夜，"山雨欲来风满楼"。严峻的社会现实刺激着知识界的优秀人物探求救国真理，冀图构建一种新的、适应时代特点的哲学，锻造淬砺"批判的武器"。正值康有为在南方加紧构建其维新学说时，在北京，也有三位血气方刚的青年人怀着满腔激情进行哲学的探求，他们是夏曾佑、谭嗣同和梁启超。1920年，梁启超写《清代学术概论》，仍视这段哲学探求为清代学术的重要事件写入书中：

启超屡游京师，渐交当世士大夫。而其讲学最契之友，曰夏曾佑、谭嗣同。曾佑方治龚、刘今文学，每发一义，辄相视莫逆。其后启超亡命日本，曾佑赠以诗，中有句曰："……冥冥兰陵（荀卿）门，万鬼头如蚁。质多（魔鬼）举只手，阳乌为之死。袒裼往暴之，一击类执豕。酒酣掷杯起，跌宕笑相视。颇谓宙合间，只此足欢喜……"此可想见当时彼辈"排荀"运动，实有一种元气淋漓景象。嗣同方治王夫之之学，喜谈名理，谈经济，及交启超，亦盛言大同，运动尤烈。而启超之学，受夏、谭影响亦至巨。

　　梁氏又称他们当时处于"学问饥荒"时代，指的就是哲学苦闷时代。这些英拔锐进的青年学者为了探索新哲理，公开树起"排荀"的旗帜，表示他们决心与为旧制度服务的旧学术、旧哲理分道扬镳。这些青年思想家认为，汉朝以下的旧学术"皆出荀卿，二千年间，宗派屡变，壹皆盘旋荀学肘下"。① 而他们首先要作彻底批判的，是清代盛行的"汉学"，认为："清儒所做的汉学，自命为'荀学'。我们要把当时垄断学界的汉学打倒。便用'禽贼禽王'的手段去打他们的老祖宗。"②

　　夏曾佑等人当时用以锻造哲学武器的思想原料有二，一是公羊学说的变易观点，它自东汉末年经历了一千多年消沉之后，至晚清被重新阐发，大力推演；二是刚刚接受的西方学说。所以梁氏又将他们的探索形容为："生育于此种'学问饥荒'之环境中，冥思枯索，欲以构成一种'不中不西即中即西'之新学派。"③ 为了探求创建新时代所迫切需要的哲学思想，他们热情奔涌，"几何没有一天不见面，见面就谈学问，常常对吵，每天总大吵一两场"。梁氏还回忆说："那时候我们的思想真'浪漫'得可惊，不知从那里会有怎么多问题，一会发生一个，一会又发生一个，我们要把宇宙间所有的问题都解决，……靠主观的冥想，想

---

① 梁启超：《清代学术概论》，《饮冰室合集》专集之三十四，第61页。
② 梁启超：《亡友夏穗卿先生》，《饮冰室合集》文集之四十四上，第21页。
③ 梁启超：《清代学术概论》，《饮冰室合集》专集之三十四，第71页。

得的便拿来对吵，吵到意见一致的时候，便自以为已经解决了。"①

梁氏还把夏曾佑称誉为"晚清思想界革命的先驱者"。实际上，代表着夏氏哲学探索的新阶段，并为他以后撰史提供了崭新的历史哲学观点的重要事件，是他从严复那里接受了进化论思想。1896年底，夏曾佑来到天津，并与严复相结识，两人遂密切往还，朝夕相处。通过严复的讲解，夏曾佑贪婪地学习西方进化论学说，仿佛顿时置身于新的天地，因而十分倾心和激动。夏氏在致表兄汪康年信中，称这段时间是"学问大进"时期，说："到津之后，幸遇又陵，衡宇相接，夜辄过谈，谈辄竟夜，微言妙旨，往往而遇。徐、利以来，始通算术，咸、同之际，乃言格致，洎乎近岁，政术始萌。而彼中积学之人，孤识宏寰，心通来物，盖吾人自言西学以来所从不及此者也。但理赜例繁，旦夕之间，难于笔述，拟尽通其义，然后追想成书，不知生平有此福否？"② 夏氏认识到鸦片战争后西方传入的新学说，依次由低到高，从算学——格致——政术，最后到哲学思想这一最高层次。以往在北京热烈讨论而未能解决的问题，似乎从这里得到了答案，找到了真理。所以他倍感珍贵，用整个身心去领会、消化。事实正是这样，进化论的传入，为一切立志改革、救亡图强的人们，提供了新的观察历史和民族命运的思想武器。夏氏的哲学观点也由此实现了质的飞跃，这是他学术历程中的重大突破！又据夏循垍撰《夏先生穗卿传略》载，当时严复译《天演论》《原富》等书，常"与先生反复商榷而成篇"③。反复探究，互相切磋，使夏氏对于进化论有更深刻的理解。他拟写阐述进化论的哲学著作的愿望未能实现，却独力撰著了《中国古代史》这部以进化史观为主导思想的历史著作。

夏曾佑运用刚刚传入的西方进化论阐释中国历史一举获得成

---

① 梁启超：《亡友夏穗卿先生》，《饮冰室合集》文集之四十四上，第20页。
② 夏曾佑致汪康年信第十三函，《汪康年师友书札》二，上海古籍出版社1987年版，第1325页。
③ 夏循垍：《夏先生穗卿传略》，《史学年报》1940年三卷二期。

功,并使这部著作具有长久的生命力,首先是由于他早先潜心研究的公羊学说与进化论之间是相通的。公羊学说,特别是它的"三世说"历史哲学,核心是阐释社会循由不同阶段向前演进,绝非万古如斯、永远不变。既然社会不断变化,那么治理国家的办法也必须变革。按照这种变易观点去做,便可使社会循由据乱——升平——太平的阶段前进,最后达到大同世界的美好未来;若果墨守旧规不谋变革,那同样也是要变的,由治世——衰世——乱世,越变越乱。这就从根本上驳倒"祖宗之法不可变"的顽固派论调,在民族危机来临的时刻,为进步的人们提供了变法图强的理论根据。当时社会已病入膏肓,革新人物阐释这一长期被冷落的学说,抬出来与正统学派长期固守的僵死的陈旧教条相对抗,更有耸动人心、推动变法前进的进步意义。晚清公羊学有其进步性,但又具有粗疏原始、主观和神秘的致命弱点。它所讲的变易历史哲学,是靠阐释古代经典中的"微言大义"而得,在很大程度上,建立在主观推论和比附的基础上,未能摆脱封建时代学术的旧体系,而且很带争论性,使许多人对之感到怀疑甚至骇异。

而西方进化论则是近代的学说体系,高出整整一个历史时代。严复所译《天演论》,生动地介绍达尔文学说"生存竞争,自然选择"的观点,小至花草虫蚁,大至飞禽走兽,用无数的实例证明生物在竞争中进化的规律,并且论证了人类社会由低级到高级的进化规律,"实则一切民物之事,与大宇之内日局诸体,……乃无一焉非天之所演也"①。进化论学说建立在近代实证科学的基础之上,它由无数客观存在的实例概括而来,并可以用实验的方法加以证实。当时,列强正在策划直接瓜分,中国面临着亡国灭种的危险,人们阅读书中从宇宙万物到人类社会,适应环境的得到生存,反之则被淘汰的道理,更加猛醒自警,看清环境和前途的危险,认识中国长期积弱的根源,发愤图强,急起直追,赶上世界潮流。所以,《天演论》教育了中国整整一代知识

---

① 赫胥黎著,严复译:《天演论·导言二》,商务印书馆1981年版,第6页。

分子,"自严氏之书出,而物竞天择之理厘然当于人心,中国民气为之一变"①。在马克思主义学说传入以前,它是最有进步意义的思想体系。

夏曾佑深悉进化论学说之精妙,深悉它与公羊学说二者间的高下、精粗的区别。他深研公羊学,写有"瑞人申受出方耕,孤绪微茫接董生"的名句,概括清代今文学派的学统颇为精到。但是,他却又"不以公羊学家自居",这点十分意味深长。他并不停留在靠主观推论和带有浓厚神秘色彩的公羊学说上,以此自限。而是由公羊学说的沟通作用,走向了近代进化论,做到了自觉地运用进化论作为自己著史的思想指导。即是说,吸收了今文学说的变易观点,而又能突破其牵强比附的体系,这是夏曾佑获得成功更为重要的原因。夏氏这种哲学个性,在《中国古代史》书中有确切的表示。他说:"案此篇(指陆德明《经典释文》),皆唐人之学,至宋学兴,而其说一变,至近日今文学兴,而其说再变。年代久远,书缺简脱,不可详也。然以今文学为是。"②又说:"儒术中有今文古文之争。自东汉至清初,皆用古文学,当世几无知今文为何物者。至嘉庆以后,乃稍稍有人分别今古文之所以然,而好学深思之士,大都信今文学。本编亦尊今文学者,惟其命意与清朝诸经师稍异,凡经义之变迁,皆以历史因果之理解之,不专在讲经也。"③

这些话说明,第一,夏氏推尊今文学,并且明确肯定晚清今文学风靡于世的进步意义,称赞当时信仰公羊学说者是"好学深思之士"。第二,他的学说,又与专讲"微言大义"的清朝经师不同。他不拘牵于经师的旧说,要运用今文学的精髓,与进化论的原理相结合,在书中阐明"历史因果之理"。故此,《中国古代史》开宗明义第一篇《世界之初》,论述人类起源,即揭示出达尔文进化论学说与宗教神学的对立。宗教神话讲人类是由"元祖

---

① 胡汉民:《述侯官严氏最近之政见》,《民报》第二号。
② 夏曾佑:《中国古代史》第一篇第二章第十节《孔子之六经》,第89页。
③ 夏曾佑:《中国古代史》第二篇第一章第六十二节《儒家与方士之分离即道教之原始》,第362页。

降生"，昔之学人笃于宗教而盲从，至近代才逐渐从这种落后意识中走出来。达尔文进化论学说，则"本于考察当世之生物，与地层之化石，条分缕析，观其会通，而得物与物相嬗之故"。又说，"由古之说，则人之生为神造；由今之说，则人之生为天演：其学如水火之不相容"。这就是宗教与科学的对立。他著史即是以论述自然和人类社会由低级到高级发展进化的理论为指导，以此贯串全书。所以，《中国古代史》是严复传播西方进化论在中国史坛上首先结出的硕果。

由于夏曾佑在哲学探索上站在时代的前列，他对历史——现实——未来的关系，尤有精到的见解。全书叙言说：

> 智莫大于知来，来何以能知？据往事以为推而已矣。故史学者，人所不可无之学也。……洎乎今日，学科日侈，日不暇给，既无目力以读全史，而运会所遭，人事将变，目前所食之果，非一一于古人证其因，既无以知前途之夷险，又不能不亟读史！若是者将奈之何哉？是必有一书焉，文简于古人而理富于往籍，其足以供社会之需乎！今兹此编，即本是旨。

他把总结历史与当前救亡图强的紧迫需要紧密结合起来，认为研究历史，才能更加看清当前社会积弊积弱的症结所在，找到解救的良法。而通过了解历史与现实的联系，又能使人们清醒地认识当时所处的环境，既包含将来可能发生更大的危机，又提供了通过变革争取民族光明前途的机遇，加倍努力。所以他要写出一本"以供社会之需"的著作。在第二篇又一再强调，"本篇用意与第一篇相同，总以发明今日社会之原为主"。"秦汉两朝，尤为中国文化之标准。以秦汉为因，以求今日之果。"

这种认识，使他在赞扬中国历史上光明面的同时，又十分重视对于专制主义罪恶的揭露。书中专门写了《历史之益》一节，举出古代之史和近今之史各有借鉴启迪的作用，认为读上古史和中古史，见到文化的发达，国力的强盛，都足使人自豪；读近今之史，看到外族入侵，国内专制压迫，则使人受到刺激而愤起；

再读清朝二百余年的历史，则可认识中国面临着空前的大变局，"又未始无无穷之望"。这种观点，是同 20 世纪初年涌起的批判专制和史学领域中批判"君史"的思潮相呼应的。强烈的批判意识，也是本书取得成功的重要原因。

二、对中国历史演进别开生面的论述

《中国古代史》的出版，在当时确实令人感到面目一新。夏氏以进化论和因果规律为指导，对中国历史的演进作了别开生面的论述。

首先，本书以发展变化的观点，高度概括了中国历史的总趋势，对自古到今几千年的中国历史，系统地提出了划分为各具特点的不同阶段的崭新看法。

中国历代"正史"的编撰，均以朝代起讫定终始，体例沿用不变，编年体史书则按年代先后逐年编写，也一向无所改易。至夏曾佑出，才破天荒第一次以进化发展观点为指导，提出了一套划分中国历史发展阶段的自成体系的学说。他认为中国历史经历了三个大的阶段：自传说时代至周初，为上古之世；自秦至唐，为中古之世；自宋至今，为近古之世。上古之世又可分为二期："由开辟至周初，为传疑之期。因此期之事，并无信史，均从群经与诸子中见之，往往寓言、实事，两不可分，读者各信其所习惯而已，故谓之传疑期。由周中叶至战国为化成之期。因中国之文化，在此期造成。此期之学问，达中国之极端，后人不过实行其诸派中之一分，以各蒙其利害，故谓之化成期。"中古之世，又可分为三期："由秦至三国，为极盛之期。此时中国人材极盛，国势极强，凡其兵事，皆同种相战，而别种人则稽颡于阙廷。此由实行第二期人之理想而得其良果者，故谓之极盛期。由晋至隋，为中衰之期。此时外族侵入，握其政权，而宗教亦大受外教之变化，故谓之中衰期。唐室一代，为复盛之期。此期国力之强，略与汉等，而风俗不逮，然已胜于其后矣，故谓之复盛期。"

近古之世，也可再分为二期："五季、宋、元、明为退化之期。因此期中，教殖荒芜，风俗凌替，兵力、财力逐渐摧颓，渐有不能独立之象。此由附会第二期人之理想，而得其恶果者，故谓之退化期。清代二百六十一年为更化之期。此期前半，学问、政治集秦以来之大成；后半世局人心，开秦以来所未有。此盖处秦人成局之已穷，而将转入他局者，故谓之更化期。"① 夏氏这样划分历史阶段，所注重的是国势强弱、文化发展及种族关系（当时他尚未能做到重视经济的发展，仅是论国势强弱略包含有经济的因素）。他还特别重视"世运""变局"，即历史发展的转折时期。总之，由于他已站在进化发展和注重考察因果关系的哲学高度，才能高屋建瓴地概括历史发展的趋势，对于清末历史即将出现的转折，尤其具有真知灼见。

其次，以进化论为指导，阐释了古代传说与信史的划分和联系。

夏氏明确提出划分传说与信史的界限。他所称"传疑时代"，其中即包含有很长一段时间为传说时期。中国历代儒生，往往"尚古""嗜古"成癖，总想把中国历史往上拉得越远越好，大谈"盘古开天""三皇五帝"之类，以此当作信史相夸耀。因此，如何对待神话传说，便成为治中国古代史的重要问题，是对于研究历史科学性的一个考验。夏氏则以截断众流的勇气，指出儒生们所侈谈的大多是不能据信的传说、神话。他将具体区分的界限放在炎、黄之际，认为："中国自黄帝以上，包牺、女娲、神农诸帝，其人之形貌、事业、年寿，皆在半人半神之间，皆神话也。故言中国信史者，必自炎黄之际始。"② 尽管作这样划分还嫌推得太前，但夏氏的论述表明他无愧为近代探索科学古史体系的先驱者之一。同样可贵的是，对于神话传说材料，夏氏也不是简单抛在一旁，而是认真抉剔，以人类社会进化的理论加以分析，找出其中所保留的上古初民社会生活的史影。此项在今日为普通常

① 夏曾佑：《中国古代史》第一篇第一章第四节《古今世变之大概》，第5—6页。
② 夏曾佑：《中国古代史》第一篇第一章第十节《神话之原因》，第11页。

识,但在当时却需要很高的见识。他根据包牺氏"结绳而为网罟,以畋以渔,制以俪皮嫁娶之礼"的传说,用社会进化观点作出新鲜的解释:"案包牺之义,正为出渔猎社会,而进游牧社会之期。此为万国各族所必历,但为时有迟速,而我国之出渔猎社会为较早也。故制嫁娶,则离去知有母而不知有父之陋习,而变为家族,亦为进化必历之阶级。"① 夏氏又根据神农氏斫木为耜,揉木为耒,播五谷,相土地,尝百草,察水泉的传说,用人类进化的共同规律作出解释,认为这正表明社会进入了更高一级的农业社会阶段,而且使文化的发展成为可能,他说:"案此时代,发明二大事,一为医药,一为耕稼,而耕稼一端,尤为社会中至大之因缘。盖民生而有饮食,饮食不能无所取。取之之道,渔猎而已。然其得之也,无一定之时,亦无一定之数。民日冒风雨,蓊豀山,以从事于饮食,饥饱生死,不可预决。若是之群,其文化必不足开发。……自渔猎社会,改为游牧社会,而社会一大进。盖前此之蚤暮不可知,巨细不可定者,至此皆俯仰各足。于是民无忧馁陡险之害,乃有余力以从事于文化。且以游牧之必须逐水草、避寒暑也,得以旷览川原之博大,上测天星,下稽道里,而其学遂不能不进矣。虽然,游牧之群,必须广土,若生齿大繁,地不加辟,则将无以为游牧之场。故凡今日文明之国,其初必又由游牧社会,以进入耕稼社会。自游牧社会,改为耕稼社会,而社会又一大进。盖前此栉甚风沐甚雨,不遑宁处者,至此皆可殖田园、长子孙,有安土重迁之乐。于是更有暇日,以扩其思想界。且以画地而耕,其生也有界,其死也有传,而井田、宗法、世禄、封建之制生焉。天下万国,其进化之级,莫不由此。"② 在这里,夏氏将有关神农氏传说中的珍贵史料与社会进化原理结合起来,进一步论述人类的生活需要如何促进生产的发展和文化的进步,婚姻和家庭关系如何变化,各种国家制度又如何产生,社会又如何由低级阶段向高级阶段演进。这些全新的科学

---

① 夏曾佑:《中国古代史》第一篇第一章第七节《包牺氏》,第8—9页。
② 夏曾佑:《中国古代史》第一篇第一章第九节《神农氏》,第10—11页。

知识，乃为传统学术之闻所未闻，包含着人类社会演进的基本原理，在当时确有开扩读者心胸和启迪智慧的巨大作用。夏曾佑还认为，由远古时代小国林立到春秋列国的局面，是由竞争的原理所决定的。禹之时，涂山之会，执玉帛而朝者万国，汤之时有国三千，周武王时，犹有一千八百国，以此知大量小国已被兼并。他还正确地指出当时的小国等于是一个氏族或部落："古国能如是之多者，大抵一族即称一国，一国之君，殆一族之长耳。"到了春秋时代，见于史册记载的，仅剩一百四十余，而其中也大多无事可记，在《春秋》《左传》中记载其事的，只十余国。为何有众多小国被兼并呢？夏氏用优胜劣败的道理来解释："盖群之由分而合也，世运自然之理。物竞争存，自相残贼，历千余年，自不能不由万数减至十数。"他指出小国兼并成大国是历史的进步，只有这样，华夏诸国才有足够强大的力量抵御南北蛮族的威胁。不然，"聚无数弹丸黑子之国，以星罗棋布于黄河之两岸，其不为别族人所灭者几何"！①

再次，注重考察历史因果关系，对于历史上的转折时期每有独到的分析。

书中辟有专节论述战国时代这一历史变革。夏氏所作的分析有几项特别值得重视：（1）认为春秋时代学术上的变化，已为战国的社会变革开辟了道路。他说："古今人群进化之大例，必学说先开，而政治乃从其后。春秋之季，老子、孔子、墨子兴，新理大明，天下始晓然于旧俗之未善。至战国时，社会之一切情状，无不与古相离，而进入于今日世局焉。"这样强调新的学说具有转变旧的风气、解放人们思想的巨大作用，正是20世纪初先进的人们大力倡导并身体力行的观点，是一种极为宝贵的近代意识。（2）论述政治上打破贵族世袭制度、平民参政的意义。他对比春秋战国先后的不同：春秋时代，"天下皆封建，其君为天子之同姓者十之六，天子之勋戚者十之三，前代之遗留者十之一。国中之卿大夫，皆公族也，皆世官也，无由布衣以跻卿相

---

① 夏曾佑：《中国古代史》第一篇第二章第二节《诸侯之大概》，第35页。

者"。到战国时代,"竞争既急,需材自殷,不复能拘世及之制,于是国君以外无世禄,而姓氏遂无辨矣"。夏氏认为此项是战国时代最根本的改革,"此事既改,则其他无不改者矣"。(3) 在阐述经济范畴之改革时,夏氏卓越地论及商鞅变法标志着由农奴制度向私有土地制的转变。他认为西周至春秋,"土地为贵人所专有,而农夫皆附田之奴,此即民与百姓之分也。至秦商君,乃克去之,此亦为社会进化之一端"。"民得蓄私产之法,即起于此。"① 继夏氏之后,经过近代学者半个多世纪的探索,证明上述论断大致都符合于后人研究得出的结论。

关于秦汉之际的历史变局,书中的论述也有两点颇值得重视。其一,夏曾佑指出,自汉高祖起,出现了平民出身而登帝位的新局面。"自汉以前,无起匹夫而为天子者。凡一姓受命,其先必为诸侯,积德累功,数百余年,而后有天下。其未有天下也,兆民之望,已集之久矣。……匹夫受命之事,乃猝见于秦之季世也。自此以后,为天子者不必古之贵族,百姓与民之界,至此尽泯。"夏氏进而分析,这种局面的造成,乃是由于秦朝废除分封诸侯的政治制度决定的,因为,秦以前诸侯并列,天子暴虐丧失民心,有诸侯起而救之,所以有商汤、周武出现;至秦以后,"天下无诸侯,天子之暴,必由兆民起而自救之,遂为汉高、明太之局"。② 其二,对于秦汉两代的继承和变革,早有学者提出"汉承秦制"的论断。夏曾佑的看法比前人大有发展。一方面,他提出,秦统治十五年中,"古人之遗法,无不革除,后世之治术,悉已创导"。书中总结了秦在制度上革古创今共有十项措施,重要者有如:(1) 并天下;(2) 号皇帝;(3) 天下皆为郡县,子弟无尺寸之封;(4) 立刑法;(5) 设官职。③ 另一方面,又认为:"中国之政,始于汉武者极多。"所举出的重要创设有:(1) 创帝王各有年号;(1) 定选举之法;(3) 专用儒家;

---

① 夏曾佑:《中国古代史》第一篇第二章第二十四节《战国之变古》,第183、185页。
② 夏曾佑:《中国古代史》第二篇第一章第七节《受命之新局》,第235页。
③ 夏曾佑:《中国古代史》第二篇第一章第五节《秦于中国之关系上》,第232页。

(4) 造历法，定正朔，色尚黄。① 夏氏的看法至为中肯，表明他确能运用发展的观点，对重要历史问题提出新解。

复次，书中激烈地批判专制主义的罪恶，反映了20世纪初进步思想界要求结束专制制度的时代潮流。夏曾佑论述战国时代社会进步的同时，又指出当时刑罚的残酷，君相定出种种酷刑，无所不用其极。所以当时的刑罚，"不得谓之国律，皆独夫民贼逞臆为之者耳"②！他又认为，秦始皇的暴虐统治，是丞相李斯制定的，而李斯从荀卿学帝王之术。因此秦的暴政是"本孔子专制之法"与"行荀子性恶之旨"二者结合，造成"在上者以不肖待其下，无复顾惜；在下者亦以不肖自待，而蒙蔽其上。自始皇以来，积二千余年，中国社会之情状，犹一日也！社会若此，望其乂安，自不可得"。故"二千年间所受之祸，不可胜数"。③ 这是对于专制主义祸害的控诉！夏氏又剖析汉武帝时实行尊儒术、信方士、好用兵三大政，都是由于专制主义的贪欲所驱使。武帝尊儒术，不是喜欢儒家教义中的仁义恭俭，而是"视儒术为最便于专制之教"；好用兵是为了"必使天下归于一人"（同时肯定削弱匈奴是武帝的功绩）；求仙慕道是为了"望不死以长享此乐"。④ 夏曾佑不仅一再痛斥独夫民贼的虐民，而且这样尖锐地批评儒学为专制统治者提供了很便于利用的学说，正是当时激烈批判专制主义的时代潮流的反映。在为严复译《社会通诠》一书所写的序中，他还批评"孔子之术，其的在于君权，而径则由于宗法，盖借宗法以定君权"。这些精警言论都是很有进步意义的。有的论者认为夏氏在书中"尊孔"，这个说法显然失于笼统。《中国古代史》中对于汉光武的评价更为耐人寻味。夏氏指出，光武帝崇尚气节，为历代专制君主所不及。但是光武秉政却有两大弊端：一是他宣布图谶于天下，造成鬼神迷信的盛行；二是使东汉重开女

---

① 夏曾佑：《中国古代史》第二篇第一章第十九节《武帝儒术之治》，第254—255页。
② 夏曾佑：《中国古代史》第一篇第二章第二十四节《战国之变古》，第187页。
③ 夏曾佑：《中国古代史》第二篇第一章第六节《秦于中国之关系下》，第233—234页。
④ 夏曾佑：《中国古代史》第二篇第一章第十九节《武帝儒术之治》，第256页。

主专政的局面。光武任命外戚阴兴为大司徒,所造成的恶果是:"终东汉之世,外立者四帝(安帝、质帝、桓帝、灵帝),临朝者六后(窦太后、邓太后、阎太后、梁太后、窦太后、何太后),莫不定策帷帘,委事父兄,贪孩童以久其政,抑明贤以专其威,任重道远,利深祸速,终于亡国而后已!"这两项,原为造成前汉败亡的主要原因,光武却不引为鉴戒,"其害遂与中国相终始"![1] 夏氏著书时,不正同样是那拉氏专制,"定策帷帘","贪孩童以久其政,抑明贤以专其威",造成行将亡国的危险局面吗!联系到其现实背景,我们更能感受到他的论述所具有的战斗意义。激烈地批判专制主义及其意识形态,是夏曾佑思想中民主性的精华。可惜,他只是一度激进,而晚年却鼓吹"孔教",走到了本人前期思想的反面。这是思想史上很深刻的教训。

三、对社会生活领域的描绘

一部好的通史,应该做到纵向研究与横向研究相结合,既有对历史演进主线作清晰的勾画,又有对社会生活各方面,如制度、思想、风俗、民族等作具体的描绘。这样,呈献给读者的历史才能既主干分明,又内容丰富,有血有肉。《中国古代史》属于20世纪初最早完成的通史著作,又是独力撰写,却在上述两项都取得了可喜的成就,为后人提供了有益的经验。关于夏氏在制度史方面的卓见上文已有论及,本节着重谈谈他在思想史、风俗史、民族史诸方面的建树。

本书论春秋战国(化成时代)一章,即把学术思想作为重点,一共设立了十一节来论述。[2] 特别值得提出来的是,对于老子学说如何评介,一个世纪来聚说纷纭,夏曾佑却目光如炬,指

---

[1] 夏曾佑:《中国古代史》第二篇第一章第二十八节《光武中兴三》,第280页。
[2] 这十一节是:《孔子以前之宗教》上下(按,宗教在此是泛称,实指思想学说)、《新说之渐》、《老子之道》、《孔子世系及形貌》、《孔子之事迹》、《孔子之异闻》、《孔子之六经》、《墨子之道》、《三家总论》、《周秦之际之学派》。

出老子是思想史上划时代的人物。他认为：春秋以前，是鬼神术数笼罩的世界。鬼神迷信的观点，至春秋末年开始动摇。"自此以来，障蔽渐开，至老子遂一洗古人之面目，九流百家，无不源于老子。"① "老子之书，于今具在，讨其义蕴，大约以反复申明鬼神术数之误为宗旨。"② 夏氏又说，"盖自上古至春秋，原为鬼神术数之世代，乃合蚩尤之鬼道，与黄帝之阴阳以成之，皆初民所不得不然。至老子骤更之"③。老子的"道"出，打破了以往鬼神五行前定的妄说，所以老子是思想史上开辟新时代的人物。夏氏上述见解，时至今日犹没有过时。我们注意到，杨向奎先生最近著文，论述"在《老子》书内，没有上帝或天神的地位，而创造一切的是'道'。这一点，我们看一看自春秋中叶以前的历史就可知道。老子，处于春秋末叶，是首先起来排斥上帝的人，他以道代替了上帝。这对当时的史官来说，是大胆而具有卓识的思想"。又说，"老子在当时是哲学上的革命者，是积极前进的人物"。④ 从提出富有启发意义的独到见解来说，前后两位历史学家确有其内在的联系。在论述西汉学术一节中，夏氏提出：西汉儒生各派，无论治《诗》、治《书》、治《春秋》，都与方士结合。《春秋繁露》一书，"所列求雨止雨之法，暴巫聚蛇、埋虾蟆、烧雄鸡老猪、取死人骨燔之等法，则仲舒之学，实合巫蛊厌胜、神仙方士而一之"。儒生与方士相糅合的内在原因，则是双方都企图取悦于统治者。"因儒家尊君，君者，王者之所喜也；方士长生，生者，亦王者之所喜也。二者既同为王者之所喜，则其势必相妒，于是各盗敌之长技，以谋独擅，而二家之糅合成焉。"⑤ 这些分析，闪烁着夏氏对服务于专制主义的封建意识形态批判的光彩，中肯地揭示出西汉一代儒学与阴阳五行学说相结合的特点，近代学者有不少论著即围绕这一基本论点展开。

---

① 夏曾佑：《中国古代史》第一篇第二章第五节《新说之渐》，第69页。
② 夏曾佑：《中国古代史》第一篇第二章第六节《老子之道》，第70页。
③ 夏曾佑：《中国古代史》第一篇第二章第九节《孔子之异闻》，第76页。
④ 杨向奎：《再论老子》，《史学史研究》1990年第3期。
⑤ 夏曾佑：《中国古代史》第二篇第一章第六十节《儒家与方士之糅合》，第337页。

夏曾佑对社会风俗史也很重视，且每每提出深刻的见解。他论述西汉一代风俗由任侠仗义到阿谀屈从的变化。西汉初多有游侠，专以抵抗专制淫威为义务，以故遭到权势者的忌恨，至景、武两朝，游侠被摧残净尽，任侠之风遂微。于是局面任由权势者操纵，阿谀取容、苟且偷生之风盛行，至西汉末，为王莽颂德者达四十八万七千五百七十二人！至两汉之际，社会风气又一变。光武中兴，崇尚气节，首礼严光，以为天下倡。于是，东汉一代，士林以砥砺志节相尚，"其不仕者，既不事王侯，高尚其志；而其仕者，亦危言深论，不隐豪强"。因而导致东汉末清议之风之盛。他认为，东汉士人崇尚气节是代表了儒学中具有积极意义的一面，"其微旨在补救君权之流弊，而非与君权为敌者"。夏氏进而总述两千年士林风气的变化，概括为三个时期：三国初年以前，为经师时代，讲究礼节；三国至唐，是名士时代，倜傥不羁；自唐至清，为举子时代。"举子者，天地之大，万物之多，而惟应试之知，故其蔽也无耻。"① 夏氏的论述，说明他的研究极有深度，对于科举制度的流毒尤能击中要害，这恰恰透露出科举制度行将被送进历史博物馆的信息。

民族史的论述在本书中占有相当大的分量。《极盛时代（秦汉）》一章论述少数民族的专节即有：《匈奴之政治》上下、《匈奴之世系》上下、《南匈奴之世系》、《北匈奴之世系》、《西域之大略》、《南道诸国》、《北道诸国》、《葱岭外诸国》、《西羌之概略》、《前汉之西羌》、《后汉之西羌》上中下、《西南夷》、《南粤》、《闽粤》等，共十七节。以这样的比重，即可看出夏曾佑对民族史的重视。夏氏又如何看待历史上的民族关系呢？在中古史范围内，他很重视唐朝，称之为"复盛期"，认为它是中国历史的又一关键。然则，他一再强调隋唐制度文化是直接由南北朝发展而来。在《北魏拓跋氏之世系》一节中，夏氏明确提出"魏为隋唐之原"。又说"隋之杨氏，唐之李氏，其先皆北周之臣也。

---

① 夏曾佑：《中国古代史》第二篇第一章第七十四节《三国末社会之变迁下》，第388—389页。

故隋唐风俗政教,皆衍于北朝"。对此,夏氏有具体的论证:"隋者,亦古今之关键也。然隋人事业,非杨氏自创之,其实皆藉宇文氏之遗业。初无过人之智,栉沐之劳,拱手而得天下,不可谓不幸。乃曾几何时,天下又复大乱,于是神器遗之唐人,而杨氏不啻为李氏之先导,又何其不幸也。而其间至要之事,则此时汉族渐强,蕃族渐弱,一变自永嘉以来之习气。然汉族虽强,而其所用之习俗(原注:如衣绯绿、着靴、用椅垂脚坐之类)、宗教(原注:如佛教)、官制、望族(原注:如崔、卢、裴、韦、郑、窦之类),皆上承宇文,遥接拓跋。与宋齐梁陈之脉,固不相接,而与两汉魏晋,亦自异也。此风至唐代而大昌,隋不过其过渡耳,然亦学者所不可不知也。"[①] 祖国的历史是各民族共同创造的,每一个民族都对祖国历史文化的形成出过力。各个民族又都不是孤立发展的,而是在互相影响和交流中发展起来,无论在政治、经济和文化上,汉族或其他少数民族,都不断从周围民族吸收营养,丰富自己。上述认识,是经过20世纪以来几代学者的不断探索,特别是有了马克思主义理论指导以后才形成的。夏氏自然不可能达到这样的高度。但是,他处于近代史学创建时期,却能在叙述中国历史进程中给少数民族以应有的重要地位,并已认识到汉族的强盛朝代是在吸收了少数民族制度文化成就的基础上达到的。这证明其民族观点是进步的,他努力的方向是正确的。本书对民族史的论述,同其在思想史、风俗史领域的成就一样,都具有创新的意义。

四、创造了新颖的编撰形式

历史编撰形式是史学的载体。历史家的观点和他要论述的内容,都要靠恰当的体裁形式表现出来,借以达到读者当中而发挥

[①] 夏曾佑:《中国古代史》第二篇第二章第三十六节《隋诸帝之世系》,第504—505页。

社会效用。新的历史观点,需要有新的形式来表现它;历史家所新发掘和所要揭示的新鲜内容,需要借经过改造的形式来容纳。因此,编撰形式上的创新,同样标志着近代史学比传统史学取得了巨大进步,其意义不容忽视。《中国古代史》一经问世便使读者"有心开目朗之感","上下千古,了然在目"。其原因,不仅在于它有进步的观点,有主线清楚而切实饱满的内容,还在于它有比较恰当的新颖的编撰形式。它在编撰上的特点,是借鉴于当时刚刚传入的外国史书分章叙述的方法,同时吸收了中国纪事本末体的优点,将二者糅合起来,达到创新的目的。

《中国古代史》全书按篇、章、节叙述,同时又寓含以大事为纲的特点。著者说,文字虽繁,以关乎皇室、关乎民族、关乎社会风俗三者为纲,属于此三项的大事则详,"如与所举之事无关,皆不见于书"。这种以大事为纲的特点,可拿第二篇《中古史》第一章《极盛时代(秦汉)》来说明,此章前五十节中,绝大多数是按事件设立节目的。

夏曾佑尝试的体裁形式,反映了历史编撰的新趋势。而这种体裁形式在20世纪初出现和流行,有着极深刻的原因。一则,由于历史家学习了西方的新理论,着意要说明历史的进化和因果关系,自然也要借鉴外国新的编撰方法;二则,中国史学的发展也已提出突破旧的编撰形式的要求。早在18世纪末,章学诚就提出了改革史书编撰的方向,主张用纪事本末体的优点去弥补纪传体的缺陷,以利于反映历史的大势。纪事本末体产生于中国封建社会后期,它具有因事命篇、灵活变化的优点,就成为20世纪初史学家学习西方、从事体裁创新的基础。诚如梁启超所说:"纪事本末体,于吾侪之理想的新史最为相近,抑亦旧史界进化之极轨也。"[①] 从实质说,分章节叙述的形式与以事件为中心,两者正有相通之处。有的研究外国史学史的学者则直接把章节体视为纪事本末体。因此,新的编撰形式一出现,就得到广大读者的承认,而且长期流行,这一事实很值得深思。可以说,学习西方

---

① 梁启超:《中国历史研究法》,《饮冰室合集》专集之七十三,第20页。

的历史观点和方法是外因，中国史学发展本身提出的要求和业已达到的基础是内因，二者才能糅合在一起。在大胆向外国学习有用东西的同时，又对本国原有形式加以改造和发展，吸收别人之长与发扬本民族的特点相结合，这就是夏曾佑在体裁创新上取得成功的根本经验。

"史之为务，必藉于文。"① "良史莫不工文。"② 优秀的史著必须重视文字的表述。夏曾佑发扬了我国史家这一优良传统，在文字表述上具有准确、凝练的风格。如第二篇第二章《晋南北朝隋之风俗》一节，论述当时门阀界限森严、牢不可破，举出皇帝、高门、寒族各阶层人物的突出事例，选材典型，内容生动丰富，叙述极有情趣。同篇《北魏拓跋氏之世系》一节的开头，论自十六国至唐分合大势，将复杂的事件梳理得很清楚，表述扼要、形象，书中这类例子极多，限于篇幅不能细述。

《中国古代史》是近代史学创立时期的拓荒之作，难免存在一些不足，诸如，对有的历史问题的解释未见恰当，前后论述时有不尽一致之处，重要的史实尚囊括不全，编撰形式也处于创始阶段而有待改进。但这些不足显然是次要的，全书的成就则是异常出色的。它以代表时代最高智慧的进步历史观点为指导，对几千年的中国历史能把握全局，揭示脉络，又能作出内容充实、有血有肉的论述，其体裁形式又有创新的意义。在当时，它确实代表着通史撰著的新方向，因而具有久远的生命力。

---

① 刘知幾：《史通·叙事》，浦起龙《史通通释》本，上海古籍出版社 1978 年版。

② 章学诚：《文史通义·史德》，见仓修良编《文史通义新编》，第 182 页。

20 世纪初宣传革命的历史思想

20世纪初年，辛亥革命的准备时期，革命派人物十分重视运用历史知识作宣传、教育工作。他们当时写的并不是历史著作，而是采用了通俗读物或政论文章的形式，以大量中外历史知识作有力的根据，揭露帝国主义企图灭亡中国的阴谋，揭露清朝政府对内残害人民、对外屈辱投降的本质，动员人民用革命手段推翻清廷，实现建立民主共和国的理想。革命派做的是成效显著的历史教育工作，他们喊出了时代的最强音，所采用的通俗浅近的形式更利于广泛传播，因而有力地帮助民众提高觉悟，认清武装革命、推翻清朝才是唯一出路。这一时期，用历史知识宣传革命的出色代表是邹容、陈天华、章炳麟。

一、邹容与《革命军》

邹容（1885—1905），字蔚丹（又作威丹），四川巴县人。出身于商人家庭，幼年即熟读儒家典籍和《史记》《汉书》。十二岁时参加童子试，目击八股考试制度的腐败，从此摒弃科场。戊戌维新时期，他在家乡接触了《时务报》《天演论》等读物，产生了革新政治的要求，经常与同学纵谈时事。戊戌六君子遇害，邹容异常悲愤，对于主张流血变法的谭嗣同尤其崇敬，写悼诗表示决心继承其爱国事业："赫赫谭君故，湖湘士气衰；惟冀后来者，继起志勿灰。"① 后即决定自费到日本留学，于1901年毅然出川，先在上海江南制造局附设广方言馆学习日文。次年春到日本，进入东京同文书院学习。此时正是留日学生革命思想渐次活跃的年代，邹容废寝忘食，精读了卢骚《民约论》、孟德斯鸠《万法精意》等宣扬资产阶级民主主义的著作，使他在思想上受到极大激励，进一步确立了推翻清廷的意志。他积极参加留日爱国学生的各种活动。在1903年春节新年团拜会上，他登台演说，"大倡排满主义"，号召反清革命。此后，凡留学生开会，他必争先演说，犀利悲壮，感人至深。清政府驻日公使和留学生监督一再对留学生革命活动加以非难和破坏，邹容等人抓住一次时机，当场揭露了留学生监督姚文甫的丑事，剪下他的辫子悬挂于留学生会馆示众，人心为之大快。邹容认为革命必须通过宣传唤起民众才能成功，他从1903年春即开始撰著通俗读物《革命军》一书。由于"除辫"事件而遭到迫害，邹容被迫离开日本回到上海。4月，《革命军》全部完稿，共七章，二万余字，署名"革命军之马前卒邹容"，章炳麟为之作序。随即在上海出版，行销各地，有如震天的号角，在全国范围内引起强烈的反响。

邹容把这本书题曰"革命军"，自信："文字收功日，全球革命潮。"说明他认为宣传革命的思想具有全副武装的军队那样的威力，必能唤醒民众，将专制统治摧毁。在"绪论"一章，他以火热的激情庄严宣告，当前要摆脱腐败黑暗的封建专制统治，要挽救民族的危亡，唯一的出路就是革命，对此别无选择，绝对不能犹豫徘徊："我中国今日不可不革命。我中国今日欲脱满洲人之羁缚，不可不革命。我中国欲独立，不可不革命。我中国欲与世界列强并雄，不可不革命。我中国欲长存于二十世纪新世界上，不可不革命。""革命革命！得之则生，不得则死。毋退步，

---

① 《题谭嗣同遗像》，见周永林编《邹容文集》，重庆出版社1983年版，第36页。

毋中立，毋徘徊，此其时也！此其时也！"

邹容从社会前进的普遍规律的实质，论述革命的必然性、正义性："革命者，天演之公例也。革命者，世界之公理也。革命者，争存争亡过渡时代之要义也。革命者，顺乎天而应乎人者也。革命者，去腐败而存良善者也。革命者，由野蛮而进文明者也。革命者，除奴隶而为主人者也。"① 邹容以最充沛的热情礼赞革命，宣告革命是摧毁腐朽的封建势力、彻底改造社会、为民众造福的唯一手段，指明时代前进的方向，语言气势磅礴，具有无比巨大的感召力量。邹容专辟"革命之原因"一章，对清朝历史作了鞭辟入里的分析，论证这一腐朽、专制、卖国的王朝绝对必须用革命手段推翻它的理由。最突出的有三项。一是分析清政府在政治上对人民实行极端反动的压迫。少数人实行专制，满洲贵族垄断一切行政、刑法大权，汉人处在层层高压之下。八旗官兵在各地"驻防"，对人民"羁束之如盗贼"。又实行八股取士制度束缚、毒害读书人，造成"中国士子者，实奄奄无生气之人"，"垂老气尽，阉然躯壳"，"不复知人间有羞耻事"，"不复有仗义敢死之风"，"抗议发愤之徒绝迹，慷慨悲咤之声不闻，名为士人，实则死人之不若"。二是揭露清朝在经济上对农民实行残酷剥削，苛捐杂税，五花八门，逼得农民走投无路，"若辈受田主土豪之虐待不足，而满洲人派设官吏，多方刻之，以某官括某地之皮，以某官吃某民之血，若昭信票，摊赔款，其尤著者也。是故一纳赋也，加以火耗，加以钱价，加以库平，一两之税，非五六两不能完，务使其鬻妻典子而后已"。邹容还大胆地喊出："若'皇仁'之谓，则是盗贼之用心杀人而曰救人。"三是痛斥清廷的卖国实质。在列强的侵略气焰面前，清廷屈辱投降，甘当洋人走狗。邹容怒斥这伙卖国丑类："'量中华之物力，结友邦之欢心'，是岂非煌煌上谕之言哉？中国者，中国人之中国也。割我同胞之土地，抢我同胞之财产，以买其一家一姓五百万家奴一日之安

---

① 以上引文均据《革命军》第一章"绪论"，见中国史学会主编《辛亥革命》第一册，上海人民出版社1956年版，第333—335页。

逸!""若台湾, 若香港, 若大连湾, 若旅顺, 若胶州, 若广州湾, 于未割让之先, 于既割让之后, 从未闻有一纸公文, 布告天下。……此满州人大忠臣荣禄, 所以有'与其授家奴, 不如赠邻友'之言也!"西太后、荣禄之流的卖国政策, 已使人民沦落为数重奴隶, 亡国的危险就在眼前! 像这样的反动、腐朽、卖国的专制政府, 难道还不该用革命的手段把它推翻吗? 邹容尖锐地指出: 革命决定着国家的生死存亡。"其光复中国乎? 其为数重奴隶乎? 天下事不兴则亡, 不进则退, 不自立则自杀, 徘徊中立, 万无能存于世界之理, 我同胞速择焉!"①

明确了革命的必要性、迫切性之后, 邹容进而用三章的篇幅②论述革命的手段。邹容指出, 他所号召的革命, 不是野蛮之革命, 而是文明之革命, "有破坏有建设, 为建设而破坏, 为国民购自由、平等、独立、自主之一切权利, 为国民增幸福"③。这是驳斥顽固派和改良派对革命党人只破坏无建设的诬蔑歪曲。他还论述学习法国革命、美国独立战争、德意志统一、意大利统一的经验, 鼓舞民气, 宣战君主, 倡言自由, 内修战事, 外抗强邻, 使国家获得新生。特别强调去掉奴隶性, 从"忠君"一类思想枷锁下解放出来, 为国家尽义务, 不做"一姓一家之家奴走狗"④。邹容还草拟了实行革命的纲领, 设计了民主共和国的理想, 其大端有: "中国为中国人之中国", "先推倒满洲人所立北京之野蛮政府"; "对敌干预我中国革命独立之外国及本国人", "建立中央政府为全国办事之总机关"; "凡为国人, 男女一律平等, 无上下贵贱之分"; 建议革命胜利建立的国家称为"中华共

---

① 以上引文均据《革命军》第二章"革命之原因", 见中国史学会主编《辛亥革命》第一册, 第338—348页。
② 即第三章"革命之教育"、第四章"革命必剖清人种"、第五章"革命必先去奴隶之根性"。
③ 《革命军》第三章"革命之教育", 见中国史学会主编《辛亥革命》第一册, 第349页。
④ 《革命军》第五章"革命必先去奴隶之根性", 见中国史学会主编《辛亥革命》第一册, 第358页。

和国"。① 作者最后热血沸腾，感情澎湃，号召全国男女同胞：

> 为祖国请命。掷尔头颅，暴尔肝脑，与尔之世仇满洲人，与尔之公敌爱新觉罗氏相驰骋于枪林弹林中。然后再扫荡干涉尔主权外来之恶魔，则尔历史之污点可洗，尔祖国之民誉飞扬，尔之独立旗已高标于云霄；尔之自由钟，已哄哄于禹域；尔之独立厅，已雄镇于中央；尔之纪念碑已高耸于高冈；尔之自由神已左手指天，右手指地，为尔而出现。嗟夫！天清地白，霹雳一声，惊数千年之睡狮而起舞，是在革命！是在独立！
>
> ……
>
> 中华共和国四万万同胞的自由万岁！②

《革命军》的问世，等于在政治上宣布清朝专制统治的死刑，从深刻总结历史经验中得到革命必然爆发的结论，为危机深重的中国指明了通向光明的前途。短时间内，它成为革命志士的必读书。上海《苏报》首先以大量篇幅推荐，主笔章士钊撰文盛赞说："卓哉！邹氏之《革命军》也，以国民主义为干，以仇满为用，捋扯往事，根极公理，驱以犀利之笔，达以浅直之词。虽顽懦之夫，目睹其事，耳闻其语，则罔无面赤耳热心跳肺张，作拔剑砍地奋身入海之状。呜呼！此诚今日国民教育之一教科书也。李商隐于韩碑，愿书万本诵万遍；吾于此书亦云。"③ 对于邹容出色地将民主革命理论与总结历史教训相结合作了高度评价。清政府害怕《革命军》和其他宣传革命思想的论著广泛传播，悍然下令封闭报馆，并将作者邹容、作序者章炳麟列为要犯。6月底、7月初，章、邹先后被关进上海租界监狱，这就是轰动一时的《苏报》案。清廷对《苏报》馆起诉，演出了一出清朝政府在帝国主义租界同老百姓打官司的闹剧。至次年5月，章炳麟、邹容被判

---

① 《革命军》第六章"革命独立之大义"，见中国史学会主编《辛亥革命》第一册，第361、362页。
② 均见《革命军》第七章"结论"，见中国史学会主编《辛亥革命》第一册，第363—364页。
③ 《读〈革命军〉》（署名"爱读《革命军》"者），载《苏报》1903年6月9日。

刑,但这一事件更激起全国义愤,形成革命思想的澎湃高涨。章、邹在狱中英勇斗争,章炳麟发表声明与清廷斗争到底,曾绝食七天。邹容在折磨和疾病中毫不动摇,以悲壮的绝命词表达高尚的革命情操,最后献出生命,于1905年4月病死狱中,年仅二十岁。

革命老人吴玉章曾结合当年的亲身体验,写诗赞扬邹容为宣传革命所建立的杰出功绩:"少年壮志扫胡尘,叱咤风云《革命军》。号角一声惊睡梦,英雄四起唤沉沦。"① 《革命军》出版不久,全国各地竞相翻印,其销行数量占清末书刊的第一位。② 鲁迅曾中肯地评价《革命军》的巨大动员教育作用:"倘说影响,则别的千言万语,大概都抵不过浅近直截的'革命军的马前卒邹容'所做的《革命军》。"③ 孙中山在1904年到1906年,先后在美国旧金山、新加坡筹印数万册,在华侨中广为散发,华侨"不及半载,观念大新,齐唱革命"④。在国内,如湖北军学界,几乎人手一册,很多爱国志士,都是读了《革命军》后立志确定走上革命道路,如著名的武昌起义三烈士之一彭楚藩,受刑时仍然无畏地自称"革命军",慷慨激昂地宣传革命道理。

二、陈天华与《猛回头》《警世钟》

陈天华(1875—1905)是20世纪初年与邹容齐名的革命宣

---

① 吴玉章:《纪念邹容烈士诗》,见《辛亥革命》卷首插页,人民出版社1974年版。

② 为了躲避清政府的封禁,革命派巧妙地变换书名,在国内外不断重版,如陈楚楠等在新加坡更名为《图存篇》,香港《中国日报》社改名为《革命先锋》,上海重印时易名《救世真言》,冯自由在日本把它与章炳麟的《驳康有为论革命书》合刊,题名为《章邹合刻》,此外,还有作为烈士遗著题为《铁券》的。参见章开沅、林增平主编:《辛亥革命史》上册第四章第二节,人民出版社1980年版。

③ 鲁迅:《坟·杂忆》,《鲁迅全集》第一卷,人民文学出版社1981年版,第221页。

④ 陈健夫:《国父孙中山全传初稿》,第123页,转引自《辛亥革命史》上册,第446页。

传家。字星台，湖南新化人。父亲是私塾教师，天华从小随父读书。后因家境贫寒，辍学做小买卖，一边仍用功自学，经常阅读一些历史书籍、传奇小说等，"尤其喜读民间流行的说唱弹词，并曾模仿编写一些情节生动的小说或山歌小调"①。这就锻炼了陈天华以后能够采用通俗文艺的形式进行革命宣传的本领。他从青年时代起就关心国家命运，憎恶清朝的专制统治，遇有人称赞本省曾国藩、左宗棠的所谓功业，他都表示反感。以后，陈天华经族人接济得继续求学，并考入提倡新学的新化实学堂；他如饥似渴地阅读传播新学的书籍，对中西史志尤为喜爱，因而具有丰富的中外历史知识。1903年，陈天华赴日本留学，进入东京弘文学院师范科。他更加系念饱受列强侵略、前途极其危险的祖国，积极投身于留日学生的爱国运动，并经常在报刊发表文章，进行反帝爱国宣传。他的出色著作《猛回头》《警世钟》即在此期间完成的。此年10月，沙俄军队强占奉天，列强报章再次掀起瓜分中国的嚣嚷，陈天华满怀爱国义愤，咬破手指，作血书寄回湖南，陈述国家面临灭亡的惨状，号召国人作好誓死抵抗的准备，使全省士人及下层民众大受激励。随后，陈天华回到长沙，参与发起组织华兴会，并往江西策动武装起义。在湖南，他利用一切与民众接触的机会宣传爱国道理，或发表演讲，听者无不感动，并在《俚语日报》发表文章，进行革命宣传。1905年，在日本与宋教仁等创办《二十世纪之支那》杂志，撰文宣传反对帝国主义、推翻清朝政府，此期间所撰写有《支那最后之方针》《国民必读》《狮子吼》（未完）。当年8月，同盟会在东京成立，陈天华为主要发起人之一，同盟会的著名文告——《革命方略》即出于他的手笔。担任同盟会机关报《民报》撰述员，在第一期上发表《中国革命史论》等论文。11月，日本文部省发布《取缔清韩留学生规则》，陈天华奋起反对，因感时忧事，一时激愤不能自解，于是年12月8日在东京大森湾投海自杀。留下《绝命

---

① 刘晴波、彭国兴编校：《陈天华生平简介》，《陈天华集》，湖南人民出版社1982年版，第1页。

辞》，勉励人们"去绝非行，共讲爱国"，还有给留日学生总会信，要求坚持斗争。陈天华的思想和行动，对留日学生和国内群众广泛地产生了教育激励作用。

陈天华写作的《猛回头》和《警世钟》在宣传革命思想上获得的巨大的成功，是由于他以炽烈深沉的感情，叙述了大量确凿的史实，又运用通俗的唱本形式，生动形象地讲出不以革命的手段推翻清朝，中国就要亡国灭种的道理，为群众所乐于接受。发表后传遍城乡，震撼全国，学生读之"如同着迷"，士兵读之"都奉为至宝"，民间用作歌本，到处歌唱。《猛回头》以铁的事实，揭露清廷残酷榨取民脂民膏的腐败实质，不用说西太后复修颐和园，动辄挥霍银几千万两，就连荣禄嫁女，门房得门包就有三十二万，这些都是贪官污吏对老百姓榨取而得，致使"十八省中，愁云黯黯，怨气腾霄，赛过那十八层地狱"。清廷对外妥协投降，屈辱苟全，"件件依了洋人"。造成列强合伙瓜分，中国面临灭亡的危险局面："俄罗斯，自北方，包我三面；英吉利，假通商，毒计中藏；法兰西，占广州，窥伺黔桂；德意志，胶州领，虎视东方；新日本，取台湾，再图福建；美利坚，也想要，割土分疆。这中国，哪一点，还有我份？这朝廷，原是个，名存实亡。替洋人，做一个，守土官长，压制我，众汉人，拱手投降。"陈天华列举世界史上印度、波兰等亡国的教训，沉痛地呼吁民众猛醒奋起：

怕只怕，做印度，广土不保；

怕只怕，做安南，中兴无望。

怕只怕，做波兰，飘零异域；

怕只怕，做犹太，没有家乡。

怕只怕，做非洲，永为牛马；

怕只怕，做南洋，服事犬羊。①

最后，他以铿锵有力的语句宣告，中国的唯一出路，就在于

---

① 陈天华：《猛回头》，《陈天华集》，第35—38页。

推翻清朝专制统治，废除不平等条约，实现国家独立。

在《警世钟》中，他再次描绘出亡国的可怕前景："我们同胞的生路，将从此停止；我们同胞的后代，将永远断绝。枪林炮雨，是我们同胞的送终场；黑牢暗狱，是我们同胞的安身所。大好江山，变做了犬羊的世界；神明贵种，沦落为最下的奴才。"对于清廷甘心卖国的丑恶面目，也进一步作了深刻的揭露："他见了洋人，犹如鼠见了猫一样，骨都软了。洋人说一句，他就依一句。""他拿定'宁以天下送之朋友，不以天下送之奴隶'的主见，任你口说出血来，他总是不理。"他总结了十项"须知"："须知这瓜分之祸，不但是亡国罢了，一定还要灭种。……须知事到今日，断不能再讲预备救中国了。……"最后慷慨激昂，号召全国民众发扬爱国精神，勇担革命、救国的重任，"前死后继，百折不回"！[1]

在《中国革命史论》这篇论文中，陈天华从阐明历史发展规律的高度，说明革命是推动社会前进的伟大动力："革命者，救人救世之圣药。终古无革命，则终古成长夜矣。"有如声震寰宇的洪钟，鼓舞着处在清朝腐朽、黑暗统治下的人民，用革命手段争取光明的前途。这篇论文在研究方法上提出了精辟的看法，认为：梁启超所写的《中国历史上革命之研究》，研究方法上就错了，他是将中国古代革命与欧洲古代革命相比较，若作这样的比较，那么，中国古代革命更有平民性。又认为：中国古代革命虽然未能成功，尚且教训了统治者，改善了百姓的生存条件，今天实行国民革命，进步就更无可限量！[2] 这确是对历史经验的深刻总结。

陈天华宣传革命的论著，尤其是他的《猛回头》《警世钟》，在20世纪初年发挥了巨大的教育作用。重刊十余次之多，发行至全国各地。清政府对这种宣传力量十分害怕，宣布《猛回头》

---

[1] 陈天华：《警世钟》，《陈天华集》，第95页。
[2] 见陈天华《中国革命史论》，《陈天华集》，第213页。

是"逆书"。可是反动派越禁止,要阅读"逆书"的人越多,外省纷纷辗转向上海购买。正如烈士死难后《民报》上一篇祭文所说:"一字一泪,沁人心脾,谈复仇而色变,歌爱国而声歔。"①革命党人还赞扬说:《警世钟》《猛回头》等书,由于"咸用白话文或通俗文,务使舆夫走卒都能读之了解,故其文字小册散播于长江沿岸各省,最为盛行"②。

三、章炳麟与《驳康有为论革命书》

章炳麟(1869—1936),字枚叔,号太炎,浙江余杭人,是近代著名的"有学问的革命家"。他于 1897 年即投身于政治运动,时在上海任《时务报》撰述,宣传维新思想。1899 年到上海,结识孙中山。当年秋返回上海。次年,因反对唐才常既"排满"又"勤王"的主张,当场剪辫与之决裂,此后倡言排满革命,不遗余力。1903 年 5 月,他为邹容《革命军》作序,称赞它是"义师先声",能使误入歧途跟随清廷的人"诵之犹当流汗祇悔","而材士亦知所返","屠沽负贩之徒,利其径直易知,而能恢发智识,则其所化远矣"。

而章炳麟作为辛亥革命准备时期著名的革命宣传家,他最被广泛传诵的名文则是《驳康有为论革命书》。前此,康有为发表了一篇公开信:《答南北美洲诸华商论中国只可行立宪不可行革命书》,坚持君主立宪,攻击孙中山领导的革命运动,在华侨中造成恶劣影响。章炳麟即针锋相对地写成此文,于 1903 年印为小册子发行,并由当时任《苏报》主笔的章士钊节录后在《苏报》上发表,对康有为诋毁革命的言论予以有力的反击。

《驳康有为论革命书》气势磅礴,一开始就指出康有为写公

---

① 《祭陈星台先生文》,《民报》第 2 号。
② 冯自由:《〈猛回头〉作者陈天华》,《革命逸史》上,东方出版社 2011 年版,第 238 页。

开信是向清廷献媚,"非致书商人,致书于满人也"。而康氏早有"圣人"的虚名,他的言论更有欺骗性,"乃较诸出于贱儒元恶之口为尤甚",所以必须痛加驳斥,以正视听。章炳麟列举出清朝专制政府对民众在政治上高压、在经济上榨取的大量史实,证明人民为了摆脱二百多年来当满洲贵族奴隶的地位,起来实行革命之必要。康有为用"革命之惨,流血成河",进行蛊惑人心的宣传,章炳麟驳斥说:革命固然要流血,须知变法也要流血。他举出欧洲各国及日本的史实:"既知英、奥、德、意诸国,数经民变,始得自由议政之权。民变者,其徒以口舌变乎?抑将以长戟劲弩飞丸发憯变也?近观日本,立宪之始,虽徒以口舌成之,为攘夷覆幕之师在其前矣。使前日无此血战,则后之立宪亦不能成。故知流血成河,死人如麻,为立宪所无可幸免者。"而康有为以避免流血为口实,反对革命,鼓吹"以君权变法",其实质,乃是保持君权专制,大众是绝不能上这个当的。康有为另一蛊惑人心的宣传是:中国今日公理未明,旧俗俱在,所以不能革命。章炳麟据理驳斥说:民智未开,正要靠革命的进行来启发,革命的纲领也要靠在实际斗争中不断提高:"人心之智慧,自竞争而后发生,今日之民智,不必恃他事以开之,而但恃革命以开之。且勿举华、拿二圣,而举明末之李自成。李自成者,迫于饥寒,揭竿而起,固无革命观念,尚非今日广西会党之俦也。然自声势稍增而革命之念起,革命之念起而剿兵救民赈饥济困之事兴。岂李自成生而有是志哉?竞争既久,知此事之不可已也。虽然,在李自成之世,则赈饥济困为不可已;在今之世,则合众共和为不可已。是故以赈饥济困结人心者,事成之后,或为枭雄;以合众共和结人心者,事成之后,必为民主。民主之兴,实由时势迫之,而亦由竞争以生此智慧者也。"不仅在今日形势下进行的革命,要形成建立民主共和国的纲领、目标,而且也只有在革命实际斗争中,才能锻炼出华盛顿、拿破仑那样的豪杰。

因此,章炳麟充满热情和信心地预言革命必然成功:"公理之未明,即以革命明之;旧俗之俱在,即以革命去之。革命非天雄大黄之猛剂，而实补泻兼备之良药矣。"① 如同暴风雨来临前海燕的勇敢喊叫一样，这些预言已向世人宣告革命的行将到来。

在20世纪初年，中国历史行进到一个十分重要的时刻。清朝统治反动腐败的实质已经彻底暴露，帝国主义列强一再任意宰割使中国随时有灭亡的危险，戊戌维新的失败也早已证明改良的道路在中国行不通，爆发资产阶级革命的各种社会条件正逐步酝酿成熟。以邹容、陈天华、章炳麟为代表的革命宣传集中地反映了时代的潮流和爱国人民的呼声，因而成为革命准备过程中有力的催化剂。吴玉章说："邹容以无比的热情歌颂了革命，他那犀利沉痛的文章，一时脍炙人口，起了很大的鼓舞作用。"又说，《革命军》的出版，"对人们从资产阶级改良主义思想跃进到资产阶级革命思想，却起了很大的推动作用。因此，它的历史意义是不可泯灭的"。② 这些话用来评价陈天华、章炳麟的革命宣传是同样适用的。紧随着革命宣传高潮之后，华兴会、科学补习所、光复会等革命团体在1904年前后相继成立，次年中国第一个资产阶级政党——同盟会又宣告成立，便是革命运动迅速向前推进的证明。

20世纪初年，还有不少爱国知识分子写下数量甚多的亡国史著，沉痛地叙述越南、朝鲜、印度、波兰等国遭受列强侵略，最后灭亡的历史，作为中国的前车之鉴。这批亡国史鉴的作者，有的是革命者，有的则不赞成革命，只是从爱国的立场出发。如梁启超在这一时期即先后写有《波兰灭亡记》《朝鲜亡国史略》《越南小志》《越南亡国史》。③ 当时处在亡国危险迫在眉睫的情况下，只要怀着爱国衷肠，拿出别国灭亡的历史向国人敲响警钟，就会帮助人们认识清朝政府投降卖国的本质，去掉对它的幻想。因此，不管作者是否赞成革命，这些亡国史鉴在客观上的影响，都有利于人们转向革命的立场。

---

① 《驳康有为论革命书》，见汤志钧编《章太炎政论选集》上册，中华书局1977年版，第194、203、204页。
② 吴玉章：《辛亥革命》，第58页。
③ 其中《波兰灭亡记》作于1896年，其余三种均作于1904—1905年。

陈寅恪治史风格

陈寅恪先生（1890—1969）所著《金明馆丛稿二编》（上海古籍出版社1980年出版）充分反映出这位近代著名史家的渊博学识，五十多篇文章涉及广阔的研究范围，有关于魏晋南北朝史研究、关于蒙古史研究、关于佛教史研究（包括敦煌写经及西夏文佛经）等，都颇多独到的见解。但本书更值得我们注意的，是书中陈寅恪为别人的论著所写的序、跋、审查报告。这是因为：第一，这类文章都已收入本书，而为其他两本论文集《寒柳堂集》和《金明馆丛稿初编》所没有。第二，作为近代新考证学家中最具史识者，陈寅恪是很重视治学方法的，在他去世前一年那样极端困难的情况下，还嘱咐别人"写篇谈谈我是如何做科学研究的文章"[①]。其实，恰恰在他写序跋评论别人学术的时候，已经讲出自己关于治学的许多重要见解。因此，认真研读这些文章，并与其他论著联系起来，也就很有助于总结陈寅恪的治史风格，对他之所以取得超越前人成就的原因，能有进一步的了解。现举三篇文章略作分析。

[①] 蒋天枢：《陈寅恪先生编年事辑》1968年所引，上海古籍出版社1981年版，第170页。

《王静安先生遗书序》

此文对王国维的学术作了精到的评价。陈寅恪与王国维同在清华研究院担任导师，旨趣相得，过从甚密。他们作为20世纪前期由旧史学向"新史学"过渡时代的代表人物，具有共同的特点：谙熟中国古代典籍，继承了清代学者实事求是的考证方法，又都在欧美或日本受过资产阶级式的教育训练，采用了西方近代学者的治学方法，二者相结合，使各自都取得很高成就。序文说："先生之学博矣，精矣，几若无涯岸之可望，辙迹之可寻。然详绎遗书，其学术内容及治学方法，殆可举三目以概括之者。"他概括的三项是：

第一，"取地下之实物与纸上之遗文互相释证"。

第二，"取异族之故书与吾国之旧籍互相补正"。

第三，"取外来之观念，与固有之材料互相参证"。

这三条，可以视为近代中国新考证学的共同特点，是共性。陈寅恪说："吾国他日文史考据之学，范围纵广，途径纵多，恐亦无以远出三类之外。"[①] 显然也把自己包括在内。

共性之中又有个性，同中有异。王国维着重研究的领域是上古史，最大长处是"取地下之实物（即考古资料）与纸上之遗文（即典籍记载）互相释证"，即他自己所说的"二重证据法"。因此序中把这一项列为王国维治学方法的首项。陈寅恪长期致力的范围是"中古以降民族文化之史"（见本书《陈垣元西域人华化考序》一文），他采用了近代西方学者所重视的比较研究、民族文化关系、因果关系等"外来观念"和方法，与本国文献和乾嘉学者考证方法结合起来，既善于钩稽史料、抉幽阐微，又具有比他的先辈们广阔得多的眼光，从比较和联系中探求一个历史时期带全局性的大事。他的特点在后两项，即"取异族之故书与吾国之旧籍互相补正"，"取外来之观念，与固有之材料互相参证"。

---

① 陈寅恪：《王静安先生遗书序》，《金明馆丛稿二编》，第219页。

阅读陈寅恪的专题论著，应与他归纳得出的这两项治学方法联系起来理解。

本书《论李栖筠自赵徙卫事》一文，将《白居易文集》《新唐书》《权德舆诗文集》中三段不为人重视的记载联系起来，说明李栖筠（李吉甫之父、李德裕之祖父）本是河北拥有地方势力的豪族之家，安史之乱前却忽然迁居至河南汲郡共城山，其原因是，这一时期河北地区民族关系出现了新格局。"自玄宗开元初，东突厥衰败后，其本部及别部诸胡族先后分别降附中国，而中国又用绥怀政策，加以招抚。于是河北之地，至开元晚世，约二十年间，诸胡族入居者日益众多，喧宾夺主，数百载山东士族聚居之旧乡，遂一变而为戎区。"原来世代居住的河北士族，"今则忽遇塞外善于骑射之胡族，土壤相错杂，利害相冲突，卒以力量不能敌抗之故，惟有舍弃乡邑，出走他地之一途"。从详细考证一家一事入手，又从大处着眼，放在广阔的背景来考察，说明民族关系变化这"中古史之一大事"。① 著名的《唐代政治史述论稿》下篇概括出"外族盛衰之连环性"的观点，认为：

> 李唐一代为吾国与外族接触繁多，而甚有光荣之时期。……观察唐代中国与某甲外族之关系，其范围不可限于某甲外族，必通览诸外族相互之关系，然后三百年间中国与四夷更叠盛衰之故始得明瞭，时当唐室对外之措施亦可略知其意。盖中国与其所接触诸外族之盛衰兴废，常为多数外族间之连环性，而非中国与某甲外族间之单独性也。……
>
> 又唐代武功可称为吾民族空前盛业，然详究其所以与某甲外族竞争，卒致胜利之原因，实不仅由于吾民族自具之精神及物力，亦某甲外族本身之腐朽衰弱有以招致中国武力攻取之道，而为之先导者也。国人治史者于发扬赞美先民之功业时，往往忽略此点，是既有违学术探求真实之旨，且非史学陈述覆辙，以供鉴诫之意，故本篇于某外族因其本身先已衰弱，遂成中国胜利之本末，必特为标出之，以期近真实而

---

① 陈寅恪：《论李栖筠自赵徙卫事》，《金明馆丛稿二编》，第5页。

供鉴诫，兼见其有以异乎夸诞之宣传文字也。①

根据这一观点，此篇将唐与突厥、回纥、吐蕃以至大食的关系联系起来考察，说明：隋末唐初十分强大的突厥，至唐太宗时被打败，重要原因之一是回纥从突厥的背后兴起，"授中国以可乘之隙"；以后吐蕃又强大起来，唐为了保住腹心地区关陇而全力对付西北，固守河西，扼据小斛律，断绝吐蕃与大食通援之路；对于东北边境则采取维持现状的消极政策，其结果甚至影响到唐以后五代、赵宋的国势，导致后来契丹、女真在东北的兴起。这类著作既能细致入微地考辨史实，又能作综合分析，探求带规律性的东西，所以为中外学者所推重。

我国20世纪30年代成长起来的一些学者，当时值求学时代，有机会听到寅恪先生讲授魏晋南北朝史课，即被他善于从广泛联系发现问题、辨其源流演变、因小见大的治学风格所吸引，开阔了视野，在历史见识和方法上受到极大的启发。周一良教授曾撰文回忆他在1935年秋听陈氏讲课的感受。当时他本人在燕京大学研究生院就读，他的同学俞大纲（陈氏的表弟）常谈到寅恪先生学问既博且精，于魏晋隋唐历史造诣尤深。于是他"抱着听听看的心理，到清华三院教室去偷听了陈先生讲魏晋南北朝史。第一堂课讲石勒，提出他可能出自昭武九姓的石国，以及有关各种问题，旁征博引，论证紧凑，环环相扣。我闻所未闻，犹如眼前放一异彩，深深为之所吸引"。又说，当时同去听讲的还有劳榦、余逊两位，"他们两位都从北大史学系毕业不久，当时已在史语所工作，我们都很喜欢听京戏，第一堂课听下来之后，三人不约而同地欢喜赞叹，五体投地，认为就如看了一场著名武生杨小楼的拿手好戏，感到异常'过瘾'。我从此风雨无阻到清华去听课，同时搜罗陈先生在各杂志上发表的论文来阅读……陈先生的讲课和北大、燕京两校老师确实不同，各有千秋。但陈先生讲课之所以使我们这些外校的学生们特别倾服，应有其原因。今天我回忆，当时想法有两点。一是陈先生谈问题总讲出个道理来，亦即

---

① 陈寅恪：《唐代政治史述论稿》，第125—126页。

不仅细致周密地考证出某事之'然',而常常讲出其'所以然',听起来就有深度,说服力更强。……当时另一点想法是,别位先生的学问固然很大,但自己将来长期努力积累,似乎并不是办不到;而陈先生的学问,似乎深不可测,高不可攀,无从着手,不可企及。……"① 这段回忆很可说明当年一些青年学者所受陈氏学风格感染之深。

陈寅恪对蒙古史研究也很有成就,利用他通晓多种文字的条件,用中外文献对比研究,解决蒙古史上一些长期疑难未决的问题。本书《元代汉人译名考》,用汉、蒙、波斯多种文字史料作比较研究,考证陶宗仪《辍耕录》"氏族"条所举八种汉人名称,"后人均视为疏略尤甚者,寅恪则颇疑其全袭蒙古最初故籍旧题之原文,绝未增损一语"②。八种名称即当时对契丹、高丽等地区内汉人的称呼。《彰所知论与蒙古源流》,是利用中外史料考证蒙古民族的起源。由于《元史》等书对蒙古民族起源的记载各不相同,自清迄近代学者对此众说纷纭。陈寅恪认为:《元史》关于蒙古民族起源的记载,仅述感生说,并无追述以前的神话,是比较原始可信的。而《蒙古源流》中的说法,则有的取材于高车、突厥等民族的狼祖传说,有的采取天竺、吐蕃的旧载追加混合,结果在孛端叉儿前增加了十一世事迹,"恐尤荒诞不可征信"。《蒙古源流》说法的来源又在元帝师八思巴《彰所知论》一书。八思巴既采用仿梵文制成的吐蕃字母,以为至元国书,他著《彰所知论》一书,亦取天竺吐蕃事迹,联接于蒙兀儿史,结果蒙古民族起源又增加了十一世传说。并认为,以前学者中,洪钧不相信十一世传说,是正确的;阮元、屠寄相信《蒙古源流》的说法,则是错误的。利用中外文献对比研究,追根穷源,廓清了前人的附会和误信。

但是,陈寅恪过分重视"种族和文化"对历史的作用,他不谈经济基础,更不谈生产力生产关系矛盾运动、阶级斗争是历史发展更根本的原因。这又是他治学的局限。

---

① 周一良:《纪念陈寅恪先生》,《纪念陈寅恪教授国际学术讨论会文集》,中山大学出版社1989年版,第17—18页。
② 陈寅恪:《元代汉人译名考》,《金明馆丛稿二编》,第95页。

《冯友兰中国哲学史上册审查报告》

　　本文集中阐述了作者关于史料运用的见解，具有鲜明的辩证法的观点。首先，他认为古代遗留下来的材料都是片断的分散的，必须放在当时的历史背景下，进行综合联贯的研究；而这样又必须防止穿凿附会，把现代人的思想和处境强加到古人身上。他说："盖古人著书立说，皆有所为而发。故其所处之环境，所受之背景，非完全明了，则其学说不易评论，而古代哲学家去今数千年，其时代之真相，极难推知。吾人今日可依据之材料，仅为当时所遗存最小之一部，欲借此残余断片，以窥测其全部结构，必须备艺术家欣赏古代绘画雕刻之眼光及精神，然后古人立说之用意与对象，始可以真了解。""但此种同情之态度，最易流于穿凿附会之恶习。……著者有意无意之间，往往依其自身所遭际之时代，所居处之环境，所薰染之学说，以推测解释古人之意志。"① 陈寅恪讲"时代性"② 正是强调解释运用史料必须重视历史背景。这一提法已经接近于历史唯物主义"要把问题提到一定的历史范围之内"的原则。其次，认为伪材料也可变为真材料；对于儒家及诸子"经典"，又认为必须用历史发展的眼光有分析地慎重对待。他说："以中国今日之考据学，已足辨别古书之真伪。然真伪者，不过相对问题，而最要在能审定伪材料之时代及作者，而利用之。盖伪材料亦有时与真材料同一可贵。如某种伪材料，若径认为其所依托之时代及作者之真产物，固不可也。但能考出其作伪时代及作者，即据以说明此时代及作者之思想，则变为一真材料矣。"又说："中国古代史之材料，如儒家及诸子等经典，皆非一时代一作者之产物。昔人笼统认为一人一时之作，其误固不俟论。今人能知其非一人一时之所作，而不知以纵贯之

---

① 陈寅恪：《冯友兰中国哲学史上册审查报告》，《金明馆丛书二编》，第247页。
② 除本文外，陈寅恪在其他论著中也曾一再强调"时代性"，如《论韩愈》一文（见《金明馆丛稿初编》）说："今所宜注意者，乃退之所论实具有特别之时代性"，批评"后人昧于时代性"，"不加深察"，对韩愈不能作出正确评价。

眼光，视为一种学术之丛书，或一宗传灯之语录，而断断致辩于其横切方面。此亦缺乏史学之通识所致。"因此，他曾劝其学生用这种历史的纵贯眼光将《周礼》分为两部分：书中保存之真旧材料，可用金文及《诗》《书》比证；编纂者附加的真旧材料，可用同时代的文字比证。再次，过去有一种看法，认为古人关于历史的言论，不能作为研究历史之用，而且对于研究历史还有害。陈寅恪认为，这些言论本身，同样可以作为史料看待，"与旧史互证，当日政治社会情势，益可借此增加了解"。[①] 与此相联系，他认为私家著述易流于诬妄，官修史书又往往多所讳饰，应对两者等量齐观，详辨而慎取，就无诬讳之失了。他取唐人小说《续玄怪录》与韩愈《顺宗实录》相印证，证明唐代中叶宦官屡屡制造宫廷剧变，用阴谋手段杀死皇帝，外廷士大夫只充当附属物。（见本书《顺宗实录与续玄怪录》）他又著有《元白诗笺证稿》《柳如是别传》，用一些历史记载去笺证诗文，反过来又用诗文引出探讨史事的新线索，获得了不少新解新证。

对史料运用强调"时代性"；不囿于传统的见解；将"文""史"打成一片：这些都显示了陈寅恪的"通识"，扩大了史料的范围，开辟了新的研究途径。

《冯友兰中国哲学史下册审查报告》

本文运用作者的"通识"，纵观两千年中国思想文化演进的历史，作出独到的概括，不愧为近代考证学者作品中最精彩的论述。他认为："中国自秦以后，迄于今日，其思想之演变历程，至繁至久。要之，只为一大事因缘，即新儒学之产生，及其传衍而已。"接着论述儒、佛、道三者在中国文化史上的作用及其相互影响，他说："二千年来华夏民族所受儒家学说之影响，最深最巨者，实在制度法律公私生活之方面，而关于学说思想之方面，或转有不如佛道二教者。"承认儒家对华夏民族制度法律社

[①] 陈寅恪：《冯友兰中国哲学史上册审查报告》，《金明馆丛书二编》，第248页。

会生活有最大影响,但认为在学说思想方面佛道二教影响更大,这是作者独到的见解。对于道教的作用和特点,作者说:"六朝以后之道教,包罗至广,演变至繁,不似儒教之偏重政治社会制度,故思想上尤易融贯吸收。凡新儒家之学说,几无不有道教,或与道教有关之佛教为之先导。""至道教对输入之思想,如佛教摩尼教等,无不尽量吸收,然仍不忘其本来民族之地位。……虽似相反,而实足以相成。"

这篇文章概括了整个思想文化史演进的大势,其中每个具体论断今天看来当然未必都很确当,也是一家之言,但作者具有这种纵贯上下的眼光,则是值得称道的。尤应重视的是,他强调了文化史上一条"虽似相反,而实足以相成"的通则,对外来文化"无不尽量吸收,然仍不忘其本来民族之地位"。不但道教如此,"从来新儒家即继承此种遗业而能大成者"。而作为外来宗教的佛教,"输入之后,若久不变易,则绝难保持。是以佛教学说,能于吾国思想史上,发生重大久远之影响者,皆经国人吸收改造之过程。其忠实输入不改本来面目者,若玄奘唯识之学,虽震动一时之人心,而卒归于消沉歇绝"。作者的结论是:

> 其真能于思想上自成系统,有所创获者,必须一方面吸收输入外来之学说,一方面不忘本来民族之地位。此二种相反而适相成之态度,乃道教之真精神,新儒家之旧途径,而二千年吾民族与他民族思想接触史之所昭示者也。①

作者强调外来文化必须经过改造才能在中国生根,强调中国文化的发展,必须一方面不拒绝吸收外来学说,一方面不忘本民族之地位,这正符合"拿来主义""洋为中用"的意思,并且明确指出两者相反相成即对立统一的关系,达到了辩证法的高度。在这里,他不但总结了历史,而且以此启示后学,突出地反映了他对民族文化的深厚感情。这种感情贯串在他一生治学之中。陈寅恪早年在欧美留学和从事研究工作,前后达十一年,通晓多种

---

① 陈寅恪:《冯友兰中国哲学史下册审查报告》,《金明馆丛稿二编》,第250—252页。

外国文字并熟悉外国学者的治学方法,而他始终"不忘本民族之地位",运用这些知识来研究中国的历史,深深扎根于祖国文化的土壤中,结出了丰硕的果实。在政治上,陈寅恪是一位爱国主义者。日寇侵略时,他流离颠沛到昆明,写有《陈垣明季滇黔佛教考序》,说:"先生讲学著书于东北风尘之际,寅恪入城乞食于西南天地之间,南北相望,幸俱未树新义,以负如来。"① 这里"新义"指改变志节,"如来"指中华民族,表明两人都保持高尚的民族气节。后他受聘拟赴英讲学,途遇战事发生滞留香港,生活困难,日本人以巨资请他办所谓"东方文化学院",被他力拒。全国解放前夕,陈寅恪在广州岭南大学任教,已到台湾的中央研究院历史研究所所长傅斯年多次电催赴台,陈寅恪坚决拒绝。他曾说到这段经历:"我坚决不去。至于香港,是英帝国主义殖民地。殖民地的生活是我平生所鄙视的。所以我也不去香港。愿留在国内。"② 很明显,"不忘本民族之地位"的感情乃是他爱国主义政治立场的深刻基础。陈寅恪先生还有大量的论著,对其治史风格和成就,还须作进一步的探讨和总结。

---

① 陈寅恪:《陈垣明季滇黔佛教考序》,《金明馆丛稿二编》,第241页。
② 蒋天枢:《陈寅恪先生编年事辑》1949年所引,第137页。

陈垣学术思想的升华

一、在民族生死关头坚持斗争的史学家

八年浴血抗战是我们民族生死存亡的紧急关头，而对当时生活在日寇统治下北平的陈垣先生来说，这漫长的八年尤其是一场严峻考验。在日寇的迫害威胁面前，陈垣处处表现出爱国者的凛然正气，并且以他的一系列同民族解放斗争密切相联系的史学新著，同全国人民一道迎来了抗战的胜利。他是一位在残酷环境中坚持同日寇斗争的爱国者和史学家，是一位经受了生死考验的战士，所以，他不能忍受任何人对于崇高的爱国精神加以歪曲贬低，不管出于什么地位显赫的"大人物"之口。我们可以举出一件颇不平常的事实：

在抗战胜利后北平举行的一个元旦团拜会上，国民党政府的国防部长陈诚以接收大员的身份讲话，他说抗战时期北平这地方没有一点民族意识。陈垣先生也出席了，他听了十分气愤，便站起来反驳他，说："陈部长，你过去来过这里没有？我们在日本人统治下进行斗争，你知道吗？可惜你来得太迟了！"

此事载于柴德赓所写《陈垣先生的学识》一文。[①]"我们在日本人统治下进行斗争！"这话多么铿锵有力，掷地有声，其中又包涵着他八年之中多少艰难的斗争！由于他是著名学者、大学校长，沦陷期间日寇当局和特务们常常别有用心地找麻烦，或直接威胁。陈垣总是及时地识破他们的险恶用心，他不顾生命危险，一再拒绝敌人请他到汉奸政府任职，或到所谓的"学术团体"当会长。平时"杜门谢客，不见生人"，不管敌人派什么身份的人来，陈垣都毫不客气地将他顶回去。

而作为教育家和史学家，他主要的斗争手段是慷慨激昂地宣传民族气节和爱国精神。陈垣在课堂上向学生讲《日知录》《鲒埼亭集》，以顾炎武的经世思想和全祖望的民族气节教育激励学生；同时，在研究工作中，他将爱国思想熔炼在阐发历史上人民的正义斗争和表彰历史人物坚持民族大义的著作中。"烈火识真金"，民族解放斗争空前严酷的考验，磨炼了陈垣对敌斗争的意志，并为他的学术工作注入了新生命，他的学术思想产生了意义重大的飞跃。1943年年末，陈垣写信给友人，申明自己对于史学的新见解：

> 至于史学，此间风气亦变。从前专重考证，服膺嘉定钱氏；事变后，颇趋重实用，推尊昆山顾氏；近又进一步，颇提倡有意义之史学。故前两年讲《日知录》，今年讲《鲒埼亭集》，亦欲以正人心，端士习，不徒为精密之考证而已。此盖时势为之，若药不暝眩，厥疾弗瘳也。未知南中风气如何？素患难，行乎患难，愿与同人共勉之。[②]

这份珍贵的文献告诉我们：正当抗日战争处于最困难阶段之际，陈垣不但没有彷徨悲观，反而更加坚定，他极其鲜明地把著史跟民族解放战争更紧密地联系起来，"提倡有意义之史学"，让史学直接服务于抗战事业，坚定人民抗战的意志，指斥汉奸叛卖

---

① 收入白寿彝等著《励耘书屋问学记》一书，生活·读书·新知三联书店1982年版，第26—55页。

② 陈垣：《致方豪》，《陈垣史学论著选》，上海人民出版社1981年版，第624页。

行为，打击投降主义气焰。他身居于危险、黑暗、令人窒息的沦陷区，却一连写出了《明季滇黔佛教考》《清初僧诤记》《南宋初河北新道教考》《中国佛教史籍概论》《通鉴胡注表微》这五部很有价值的著作。这些著作，对于坚持抗战的人们是一种鼓舞，对陈垣本人来说，则标志着他的学术工作进入崭新的阶段。

而其中，我以为撰写于1938—1940年的《明季滇黔佛教考》一书格外值得我们注意，因为它是陈垣自觉地把史学工作与民族命运联系起来的里程碑。陈垣本人也对这部书极为重视。书刚撰成，他便辗转寄往西南大后方的友人阅读，征求意见，并在家书中讲他完成这一有意义工作的激动心情。信中说到：

> 《佛教考》尚未抄好。……本文之着眼处，不在佛教本身，而在佛教与士大夫遗民之关系，及佛教与地方开辟、文化发展之关系。若专就佛教言佛教，则不好佛者无读此文之必要；惟不专言佛教，故凡读史者皆不可不一读此文也。三十年来所著书，以此书为得左右逢源之乐。

另一封家书中又说：

> 顾亭林言著书如铸钱。此书尚是采铜于山，非用旧钱充铸者也。①

那么，《明季滇黔佛教考》有哪些主要成就？本书达到了何种新境界，而使陈垣体味到生平未有的"左右逢源之乐"？它对陈垣抗战时期的其他著作又产生了什么积极的影响？这些都值得深入探讨。

二、表彰明末遗民的民族气节和爱国精神

陈垣一向对宗教史有深刻的研究，先后撰有《元也里可温教考》《开封一赐乐业教考》《火祆教入华考》《摩尼教入中国考》

---

① 《家书》，《陈垣史学论著选》第三部分"书信"，第629页。

《基督教入华史略》《回回教入中国史略》等著作。他对佛教史的研究,始于撰著《释氏疑年录》一书(完成于1938年)。这一时期,他发现并利用了《嘉兴藏》本大量明清之际僧人语录。处在举国抗战的时代环境中,陈氏阅读这些佛教史料,发现明末清初滇黔二省佛教大盛,许多明末士大夫遗民出家为僧,乃是一种政治现象,即遗民以"逃禅"作为抗清斗争的手段,是他们表达忠于故国思想感情和坚持民族气节的行动。由于总结出这一规律,陈垣极为重视这段历史的意义,认为它足以鼓励今天坚持抗日斗争的人们。他把恢复当时史实真相、记载遗民的活动视为历史家的责任,由此真切地体味到史学与现实斗争之息息相关。他在解放后写的《明季滇黔佛教考》重印后记中说:"此书作于抗日战争时,所言虽系明季滇黔佛教之盛,遗民逃禅之众,及僧徒拓殖本领,其实所欲表彰者乃明末遗民之爱国精神、民族气节,不徒佛教史迹而已。"[①] 这是对于本书思想蕴含的集中揭示。

《明季滇黔佛教考》的成就,首先就在对遗民的思想和行动的政治意义作了深刻的阐释,大力表彰他们的爱国思想、民族气节。

本书卷五论述"遗民之逃禅",是全书的重点。所记二十几个人物中,按社会地位和声望影响说,钱邦芑尤为关键人物。书中着力写他心怀故国、拒不仕清,任凭百般威逼,始终毫不屈服。钱邦芑,字开少,原籍江苏丹徒,明末遗臣。壬辰年(1652),桂王任他为贵州巡抚。孙可望入黔,邦芑避居余庆县一处偏僻村庄——蒲村。"又辟柳湖于村之他山下,自号他山湖,大可百亩,中有七十二泉,旁大柳树百章,结庐临之,……终日啸歌,或聚邑人士讲学,播北水西,有千里负笈者。"邦芑的志节名望,使许多不甘心受清廷统治的人汇集在他周围。清廷当局对此更加忌恨,孙可望一再对他威逼出仕,邦芑遂削发为僧,表示决不降清的意志,号大错和尚。书中引其《维州冤》诗,是钱氏任四川巡按时所作,收在《明末四百家遗民诗》之内。这首

[①] 陈垣:《明季滇黔佛教考》,中华书局1962年版,第320页。

诗，表达了钱氏维护国家疆土完整、斥责投降退让行为的热切情怀。诗云："无忧城，祖宗地，尺寸土，安可弃！唐宰相，便私计，宋史臣，持腐议，朋党祸患虽一时，万世是非何可废！宋代君臣终斯志，燕云十六州委弃，无复意偏安，和议为国累，金元终得乘其弊，谋国之误宁无自！"当日所表达的对退让而致丧国的愤慨，正是他坚持抗清不仕的思想基础。钱氏又撰有《甲申纪变实录》《甲申忠佞纪事》等文，收在《荆驼逸史》中，记载他亲见的事实，意在"严辨忠奸，激扬节义"，这又是他民族气节的突出反映。

陈垣在书中引录了钱氏《祝发记》一文，借此极写削发不是消极避世，而是面对刀剑和死亡威胁的勇敢斗争。因为：第一，在邦芑下决心祝发之前，孙可望曾逼召封官十三次。庚寅年（1650）八月，孙可望一到贵州，即迫钱邦芑受官。此后三年中，孙可望频繁地遣员逼召，甚至"封刀行诛"，恐吓他不应召将被杀害，面对长达数年的严重威胁，邦芑"义命自安，不为动也"。陈垣通过引述，具体写出邦芑的气节、风貌。第二，邦芑剃发为僧，正处于斗争达到焦点的时刻，一方面，孙可望胁逼更加凶恶；另一方面，邦芑身边正好聚集着一群意气相投的朋友。那天是邦芑生日，他的好友胡兔庵、甘羽嘉、杜尔侯、许飞则等人都聚集蒲村，为他祝寿。还有在外地的朋友来信祝贺，赞扬他作为直臣，"汲黯有其骨，而学术逊之"；作为隐者，"严光有其高，而气节逊之"。邦芑庄重地向朋友们表示要以此自励，决不给诸位知己丢脸。次日，当地县令邹秉浩带着孙可望的命令，逼邦芑立刻上路，"恐吓万端"。此时邦芑出家决心已定，却在清廷官吏面前谈笑自若。当晚便正式当了和尚，并说一偈："一杖横担日月行，山奔海立问前程，任他霹雳眉边过，谈笑依然不转睛。"表示抗清志节不改，矢志不渝。第三，邦芑削发为僧立即引起连锁反应，平时仰慕其志节者，三天之内共有十一人"争先披剃"，一起出家。因此以钱邦芑为开头的这次集体"逃禅"，无异演成了抗议清廷的一次小型示威行动。

孙可望得知邦芑以出家向清廷示不屈服，感到又气又愧，乃让下属修书劝邦芑回心转意。邦芑以诗作答，表示自己志向，也对孙可望投降行为加以讽刺。诗云："破衲蒲团伴此身，相逢谁不讯孤臣，也知官爵多荣显，只恐田横笑杀人。"孙可望更加恼恨，命令将邦芑逮捕论死。在被解向贵阳路上，必死无疑的时刻，邦芑口中占诗，表达视死如归的心迹。陈氏全文引录了这三首诗，其中一首云："才说求生便害仁，一声长啸出红尘，精忠大节千秋在，桎梏原来是幻身。"表现出钱邦芑决心以死报国的高尚品格。当时陈氏日日处在日寇威胁之下，对于出处、生死当然想得很多且深，他认为死必须有价值，为国家民族去死，是值得的。而能勇敢地面对死亡的人，则必须靠长期培养起的高尚品质。所以陈氏评论说："求仁得仁，非养之有素者不办。"这是评论历史，也是评论抗日时期眼前发生的事情。书中还评论了邦芑外出途中一件趣事，他责骂吴三桂之子，吴三桂闻知后却厚颜为自己解嘲。事见《庭闻录》所载："康熙元年，吴应熊给假省父，四月至滇，遇大错和尚于贵州道上，出语不逊，应熊执以见三桂，三桂笑曰：'是欲辱我以求死所耳，吾儿正堕其计。'"陈垣对此也极赞赏，称赞他一再使奸臣叛贼陷于狼狈境地，而又对他无可奈何，故说："大错和尚可谓游戏人间者哉!"

　　陈垣对钱邦芑"逃禅"行动如此作详细记述并予以高度赞扬，其用意很明显，即把钱氏事迹作为明末遗民爱国思想的代表。爱国主义是一个历史范畴，在不同历史时期，可以有不同的具体内涵。我们今天讲爱国主义，是指社会主义大家庭内平等、团结的各兄弟民族一起爱我们的社会主义祖国。处在明清之际的人物，他们对于"爱国"当然不可能这样理解。我们应该承认，在当时，入主中原的满族与汉族之间属于敌对关系，而且满族统治者统治中原，是伴随着对汉族人民残酷杀戮进行的。满族下层大众对此没有责任，而应由满洲贵族负责。因此，站在当时汉族士大夫的角度说，他们的爱国，只能是怀恋故国，他们坚持抗清，不与清廷合作，便是崇高的爱国精神和民族气节的表现，足以扬名后代；而像吴三桂、孙可望之流屈膝投降，帮助满洲贵族统治、杀害汉族人民，则是可耻的叛卖行为，定然遗臭万年！我们当然不能颠倒是非,去赞扬吴三桂一类汉奸。陈垣正是在这种意义上来赞扬明末遗民的爱国精神的。他认为这种崇高精神被后代志士们所继承发扬,所以最后才能推翻清朝的腐败统治,并且,这种精神与抗击日寇的民族正气也正一脉相承,这正是陈垣表彰钱邦芑等人物的现实战斗意义之所在。对此,陈垣有一段很精彩的概括:"明末遗民多逃禅,示不仕决心也。永历之时,滇黔实为畿辅,各省人文荟萃,滇黔不得而私。兹篇所举,特遗民之关系滇黔者耳,非尽滇黔人也,若推而求之滇黔以外,所得更不止此。"陈垣是把滇黔两省遗民看作全国抗清活动的中心和时代精神的缩影来论述的,这是理解全书论列的众多人物和活动的一把钥匙。其他重要人物,还有陈起相、皮熊等人。

陈起相是另一类型人物的代表,即西南文人之佼佼者。清初人称他为明末文章巨手,《遵郡纪事》评价他"行文如烈马驭空,游龙戏水,不知其来"。《黔志》记其《平水集》有百余卷。《蜀经籍志》谓其集多至数百卷,而后散失殆尽。起相在变乱后当了和尚,先遍走吴楚诸山,以后到贵州南平水里掌台山寺,故号掌山老人,隐居三十余年。《明季南略》称:遵义人才之开,其功最巨。陈垣据所见到的诗文,高度评价其民族气节。卷五举出他一首《传衣寺看杜鹃花有感》云:"杜鹃花发杜鹃啼,不问心知并蜀西,空忆怨魂迷望帝,何期旅色动滇鸡。湘江水冷痕留在,阆苑仙归月欲低,深院疏帘容客到,花光缺处补山齐。"认为此诗深刻地表达出起相的亡国之痛:"词楚声凄,零泪欲滴,孤臣之心事可知矣。"

书中又通过论述皮熊的事迹,揭示出遗民逃禅还有更深一层意义,他们志在复国,心中仍然点燃着恢复江山的希望之火,这是更可贵的。据《小腆纪传补遗》载:皮熊原以功被封为定番伯,清兵攻黔,皮熊战败,后"祝发于水西之可渡河。既永历帝被执,有常金印者,与(宣慰司安)坤谋反正,熊亦使蜀人陈进才给放劄付,招集部曲。事泄,熊走避乌撒,三桂执至云南。时年八十余,背立不顺命。诸降将往省之,熊称引古今忠义,追叙国家败亡之故,词意慷慨,积十三日不食死"。《存信编》亦记:

"熊于己亥年祝发为僧，隐水西山中，谋兴复不克。康熙四年正月，吴三桂灭水西，熊被获不屈死。"陈垣由滇黔遗民志存匡复，联系到全祖望所记东南遗民逃禅的隐志，全氏说："易姓之交，遗民多隐于浮屠，其不肯以浮屠自待宜也。"语见《鲒埼亭集》退翁第二碑。陈氏极赞滇黔遗民内心蕴蓄的志向与此正同，"既已出家，仍不忘复国"。以上钱邦芑、陈起相、皮熊三人，代表了士大夫遗民中三种类型。陈氏精心构撰了这一章，堪称是一篇爱国者传，是民族正气的赞歌。

《明季滇黔佛教考》又一主要成就是，由于陈垣掌握了遗民逃禅以抗清这一规律，故能将分散而隐晦的材料处处互相印证而获得新解，使长期被掩盖的当日志节之士逃禅的真实历史得以恢复面目。

如卷五记曾高捷，他是崇祯十三年进士，官至吏部验封司员外郎。《云南阮志》《滇南诗略》均讳言他出家。《阮志》云："致仕归，山居读书，精求性命之学。慷慨好施与，至老不倦。丁亥孙可望入滇，胁之官，抗节不屈，年八十卒。"《诗略》引述此文，但删去"年八十卒"，改为"抗节不屈死"，大概觉得年八十卒与抗节不屈之间难以说明白。陈垣指出：若曾高捷系以抗孙可望死，则应入忠义传，"而不知其为僧数十年乃卒也。不记其为僧，而言其精求性命之学，似为之讳，'出家丈夫事'，有何可讳"！书中钩稽《鸡山范志》、大错和尚《片云居记》《野竹后录》等书上记载的材料，细加考辨。据《鸡山范志·寺院门》载："白云居在天池山下，崇祯十六年宾川乡绅曾高捷延僧圆彩建。曾晚年祝发，隐修于此。"又载："三笑桥在白云居门内秋月池上，还源禅师隐于此者二十年。"而此志《人物门》载："还源讳宗本，俗姓曾，名高捷。"根据这些记载，陈氏论曰："使无'还源俗姓曾，名高捷'一条，则又乌知还源为高捷耶！"

陈垣之所以下功夫考出僧号与本名，揭示逃禅人物的真实事迹，其原因在于：遗民之出家为僧，与本来就为僧，实有根本之不同。遗民而为僧，即是一种抗清的行动，不考出他们原来的俗名、生平等，则他们斗争的事迹永远湮灭无闻。故陈氏认为这是今日关心抗日救亡的爱国史学家的责任。对此,他提到应有的高度加以议论:"考遗民出家之难,在不能沟通其僧俗名号。……陈起相之为无尽,曾高捷之为还源,则《黔诗纪略》、《滇南诗略》均不之知。不独不知其僧名,如曾高捷、杨永言等,且并不知其为僧也。又有知其僧名,不知其俗名,则直以为僧而已,恶知其为遗民哉!发微阐幽,是在吾党。"又如卷五考吴鼎为何屡改姓名?他先号"大拙",又号"达谛",又号"石峰",是何原因?陈氏引《担当遗诗》上赠给吴鼎的一首诗云:"浩气摧残冷似水,撑天拄地有枯藤,姓名不敢污青史,一字犹存是伪僧。"赞扬他在严酷环境下的坚贞志节,也道出他屡改姓名的秘密,原来他是怕有辱于先朝,所以要隐姓埋名。像这样的例子书中还有不少。由于陈垣透过历史现象总结出遗民逃禅以抗清这一规律,所以他的研究工作做得越深入,就越能对扑朔迷离的孤立记载揭示出其内在的本质联系,而把历史上被掩盖的有价值的人物、事件发掘出来。[①]

三、自觉体现时代精神的新境界

撰著《明季滇黔佛教考》,使陈垣体验到治史以来从未有过的"左右逢源之乐",是因为他做到把明末遗民逃禅的抗清行动视为当时士大夫爱国精神的缩影,透过宗教现象而发现其背后的政治意义,作了深刻的阐释;又能钩稽贯串,发前人未发之覆,对片断分散的材料作出新解。前文已对此两项作了论列。本节将进而分析:从这部著作开始,陈氏在论著中大量正面发表富有思想性和政治意义的议论,实现了由严密考证向更高层次——自觉体现时代精神的飞跃,这就为陈垣的学术注入新的生命,所以使他更有左右逢源之乐!充满爱国感情的议论与严密考证相结合,是本书第三方面的主要成就。

---

① 陈垣:《明季滇黔佛教考》卷五"遗民之逃禅",第203—238页。

陈垣学术思想的升华

陈氏在书中多次高屋建瓴地论及一些富有时代意义的问题,如:明末清初西南宗教风气盛行与社会政治有何直接关系?明末遗民的爱国精神有何现实意义?在民族危难之秋,应怎样对待个人的出处、生死?这是陈氏以前的著作所少见的。陈垣论述了宗教与时代的关系,深刻地指出许多士大夫由于亡国的痛苦而向宗教寻找精神寄托的心理,他说:"人当得意之时,不觉宗教之可贵也,唯当艰难困苦颠沛流离之际,则每思超现境而适乐土,乐土不易得,宗教家乃予以心灵上之安慰,此即乐土也。故凡百事业,丧乱则萧条,而宗教则丧乱皈依者愈众,宗教者人生忧患之伴侣也。"[1] 陈垣还含意深刻地论述遗民的爱国精神是留给后代的思想财富,说:"范蔚宗谓'汉世百余年间,乱而不亡,皆仁人君子心力之为',然则明之亡而终不亡,岂非诸君子心力之为乎!"[2] 并且一再论及生死观问题,卷五中再次强调只要能保持民族气节,那么生死可以随其自然,都是有价值的。他说:"胡一青、皮熊不知僧名,幻阇黎、眼石不知俗名,然皆能勘破生死,故可以生,可以死,顺其自然焉。"[3] 这显然也抒发了著者冒着生命危险坚持与日寇斗争的壮烈心情。

书中议论更为精警之处,是陈垣笔意纵横,借论述僧徒拓殖、艰苦开辟不毛之地,而尖锐地谴责腐败的统治者断送了大好江山。陈氏搜集了大量材料证明:"滇黔之开辟,有赖于僧侣。""无人到处惟僧到,无人识路惟僧识。"并且赞叹僧人富有探险精神,又不避艰苦,勇于跋涉,"滇黔新辟,交通梗阻,人迹罕至,舍僧固无引路之人,舍寺更无栖托之地,其不能不以僧为伴,以寺为住者,势也"。嗣后笔锋一转,沉痛地感慨大好江山竟遭沦丧!他说:"按祖宗之遗我也厚矣,似此广漠无垠之土地,取无尽,用无竭,进退绰有余裕,吾何修而得此!乃我父老昆弟,优游卒岁,淡然置之,徒使三五缁流,托足其间,刀耕火种,是自弃也。《诗》曰:'子有廷内,弗洒弗扫,子有钟鼓,弗鼓弗考,

---

[1] 陈垣:《明季滇黔佛教考》卷六"乱世与宗教信仰",第285页。
[2] 陈垣:《明季滇黔佛教考》卷五"遗民之禅侣",第238页。
[3] 陈垣:《明季滇黔佛教考》卷五"遗民之逃禅",第236页。

宛其死矣,他人是保.'岂不痛哉!"① 在日寇侵占我大半国土的特定条件下,陈垣引用《诗经·山有枢》的诗句,乃是斥责反动统治集团把祖国领土拱手让给敌寇的巧妙笔法。

这些议论,证明陈垣的学术在时代潮流推动下产生了质的飞跃,他要自觉地体现时代精神。这种特点,又突出地反映在他以是否保持民族气节的大是大非评判一切人,做到烛幽抉微,见解透彻,对我们很有启迪意义。

如,他为申甫洗刷冤枉。申甫是另一类型人物,其他僧人均"先儒而后释",唯申甫为"先释而后仕",是一位为抗清殉难的僧人。可是,有的记载却将申甫诬为"游棍"。陈氏深入辨析,表彰他的民族志节。书中举出《明史》卷二七七附《金声传》所记申甫抗清事迹:崇祯二年,清兵逼都城,形势危急,金声慷慨向皇帝推荐申甫,说他有将才,愿训练敢战之士,为国家捍强敌。"申甫僧也,好谈兵,方私制战车火器。"被任命为副总兵,仓卒募新军数千人上阵,所需军装火器又未能及时供应。而势当速战,遂遭大败,申甫也阵亡。除《明史》外,还有《金文毅集》《尧峰文钞》《青门簏稿》《明儒学案》等六种记载均无异词。诬称申甫为"游棍"的是《烈皇小识》,但其中恰恰透露出申甫统率的七千人都"跪而受刃",无一人投降。陈垣还举出《胜朝殉国诸臣录》对申甫的褒扬,大书:"京营副总兵申甫,云南人。崇祯二年,大兵薄芦沟桥,统兵出战死,一军七千人尽殁。"赞扬为国死难者的壮烈情怀。

凡是事关民族气节的原则问题,陈垣都严正作出评价,不容半点含糊。他指出:明末遗民中有的人功过各有,不能因其过而掩其功。如杨文骢,原以画闻名,为董其昌、吴伟业所推扬、倾倒。但因他与马士英有亲戚关系,故"干士英者辄缘以进",借杨氏以托情求仕,故为世所诋。但陈氏认为他的过失不应掩盖他的民族气节,因此郑重地记载他抗清及殉难经历:"福王时擢

---

① 陈垣:《明季滇黔佛教考》卷四"深山之禅迹与僧栖",第191—192、199页。

(文骢为)右佥都御史,巡抚常镇,兼督沿海诸军。清兵破南京,命鸿胪丞黄家鼐往苏州安抚,文骢袭杀之于嘉定,遂走处州。唐王立,进浙闽总督。顺治三年七月,清兵入闽,文骢急移军卫仙霞关,清兵已间道先入,不能御,负重创,退至浦城,被执,不屈死。"陈氏还特别强调人们对杨氏为国死节的肯定,说:"世亦亟称之。"

对于前人赞扬不合事实者,书中也公正地加以揭示裁断,务求功过善恶都昭然无隐。如卷三论陆天麟,他与石峰、宝月等僧人交往甚密,故得到"互以气节相砥砺,不更仕新朝"的评论。陈垣作了深入分析,穷其底蕴,论定这种称誉与事实不符,指出:"集中僧友有石峰、息尘、慈衲、云庵、谈空、宝月诸上人,禅味诚为浓厚。然吾读其诗,有乱离之痛,无故国之思,知其身家之念重,君国之念轻也。"关于陆天麟经历的一个关键问题是他何时参加岁贡考试,陈垣指出记载矛盾之处:《黎县志》所载为康熙时岁贡;李坤为陆天麟《烟坪诗抄》作序,改为明岁贡,《滇南遗民录》遂据此列其为遗民。陈垣判定《黎县志》所载为得实,因为集中有写宝月上人一首,云:"宝月上人,予故人也,壮岁为僧,莫知所往。今与友辈走畇町小试,偶遇曲江邑中,坐谈而别。"他的诗中也有"笑我青衿销绿鬓,念师白足耐黄尘"之句。陈垣据此判断说:"则其乱后赴郡城应试,已自言之矣。"然后又举出陆天麟第二次为求仕而赴试的事实:"集中又有辛丑岁初抵滇城一首,顺治十八年辛丑,云南补行庚子乡试,疑即乱后赴省应试也,澂江赵士麟,即本科举人,卷上昆明送麟伯赵孝廉会试诗有云:'都门会面期吾党,马首题诗拟隔年,假使朝廷推谕蜀,滇南文物让君贤。'何尝有不仕新朝之意,欲为赵士麟而未得耳!"这些证据,足以证明陆天麟实在称不上保持民族气节,"身家之念重,君国之念轻",对他正是确评。陈先生还联系到历史上士人急切谋求个人仕进、将故国抛到脑后的教训,指出陆天麟与那班人如出一辙,所以应该受到责备。陈氏对陆天麟的论断是建立在精到考辨的基础上,自可作为定论。

严密的考证,原是陈垣继承、发展乾嘉学术而运用自如的方法。在本书中,他将原来擅长的考证,与站在时代高度对人物思想倾向的剖析、抒发民族正气的精辟议论结合起来,这就使他的著作焕发出新的光彩!前面论及本书"士大夫之禅悦及出家""僧徒拓殖本领""遗民之逃禅"等章的内容,已经体现出这一特点。此外,我们还可以再举出一些突出的例子加以说明。

书中对王弘祚的评述即是有说服力的例证。王弘祚,字懋自,云南永昌人,原为明户部郎中督饷大同,明亡后仕清,官至兵部尚书,晚年退仕后,曾表示发心学佛。《宝华山志》载其致僧人见月的信,示忏悔之意,云:"第自通籍来,日在风尘劳攘中,忽忽三十余年,都向忙里虚度。客春自揣黔技久穷,马齿见长,具疏引年,获遂丘壑之志。去冬抵金陵暂憩,距灵鹫峰头咫尺,尚未得沐慧海之清澜,饫醍醐之精液,何缘艰一至是耶!先致慕悰,嗣图斋沐身心,顶礼法座,俾三十年大寐,一朝顿寤。"据此,陈先生剖析了王弘祚极力想掩饰自己仕清行为的心迹,严肃地指出他并不值得同情,相反地应该受到谴责,故说:"综其一生,无灾无难,蹑足公卿,有何可悔?假令大同一役,戢影云冈,访刘孝标之遗踪,效文祖尧之高蹈,未必即为饿殍。乃不此之察,唯阿苟容,既返江南,闻文祖尧、杨永言之风,岂不自惭形秽!"并且进而论定王弘祚丧失民族气节,不仅是一人之耻,而且辱及云南全省:"迨乾隆传贰臣以辱降虏,云南竟得弘祚一人,全滇为之失色。君子悲其一念之差以至于此也,悔何及矣!"这是处在国难当头,告诫人们必须对坚守民族气节作出正确的抉择,丝毫不能动摇,否则将成为历史的罪人。①

为了强调爱国精神,陈垣还运用了对比手法,对不同人物的处事为人明确作出褒贬。卷三对比了明季两位著名的诗僧木陈和担当。木陈多年在东南活动,担当是云南名僧,二人均善诗,交情也厚。木陈主持东南坛坫,而对担当极为延誉,故担当作诗表达对木陈知己之感。而陈垣所着重的是二人的政治态度,以此评定担当的思想境界远在木陈之上,他说:"然木陈趋附新朝,逢

---

① 陈垣:《明季滇黔佛教考》卷三"士大夫之禅悦及出家",第139—158页。

迎少帝,与担当之高卧苍山,挥毫自在者,冷热殊途矣。"同卷,又对梅溪和尚与野竹和尚作比较,写他们的辩才。梅溪与清朝官吏大中丞田雯登山,二人问答时,对曰:"长啸古弥陀,高歌尧舜世。"当了和尚,还要如此曲意奉承,吹捧新朝。所以陈垣直斥之曰:"曲学阿世,神狐露尾","恶用是諂佞为哉"!而野竹曾寓楚雄福城院,建极居士向他索句,他所写题语云:余未经学,安知工诗作序,"不过一条棒到处打风打雨,以继先宗而已。……建极居士以一笔索余偈,余不得已,乃书曰:'但尽凡情,别无圣解。'"对比之下,陈垣评论野竹所书之语"尚为质实,胜梅溪之饰智矜愚,色厉内荏者矣"。①

以"坚守民族气节"作为评判功过的最高标准,使陈垣对一些问题能突破旧的框框,提出新的见解。如明代宦官一向受人唾骂,但陈氏也发现宦官中有志节高尚的人物。他举出《戴南山集》中述及和尚犁支写了有关南明抗清的记载,引起戴名世的重视。陈氏评论说,"犁支虽阉人,然国变后能学道,又能留心当代史迹,盖有心人也"。故加以表彰。陈垣还以锐利的眼光,对同被指责为明末两大权奸的马士英、阮大铖提出应该区别对待的新看法。他说:"弘光阁臣贵阳马士英,兵败后,亦削发入四明山中,为清兵擒戮。"证据见刘銮《五石瓠》,又据《明史·马士英传》:"清兵破扬州,逼京城,王出走太平,士英奉王母妃,以黔兵四百人为卫,走杭州。……明年大兵剿湖贼,士英被禽,诏斩之。"陈垣认为正史与笔记所载相同,当属事实,并评论说:"惟士英实为弘光朝最后奋战之一人,与阮大铖之先附阉党,后复降清,究大有别。南京既覆,黄端伯被执不屈,豫王问:'马士英何相?'端伯曰:'贤相。'问:'何指奸为贤?'曰:'不降即贤。'谅哉!马、阮并称,诚士英之不幸。"

陈垣还特意表彰在国变当头,舍弃个人恩怨利害,以民族气节为重的人物。如,文祖尧,滇南人,崇祯年间任太仓学正。当时,其同乡苍雪和尚在此地讲佛布道,文祖尧与他形同水火。至

---

① 陈垣:《明季滇黔佛教考》卷三"僧徒之外学",第103—118页。

甲申之变，文氏毅然弃官，到寺中与苍雪同游。陈垣论曰："按文先生之为儒固矣，先生在娄，与乡大夫陆桴亭世仪、陈确庵瑚，以道学相标榜。与苍雪虽乡人，道术实不相合，一旦国难，乃弃横舍而住伽蓝，平时水火，患难时则水乳也。"又引文氏为苍雪六十岁祝寿诗中之句："一时名宿悉皈依，几代公卿咸景仰。"是坚持高尚民族志节的共同感情使他们之间消释旧嫌，而互相砥砺称扬，陈氏予以充分的肯定，说："备极推崇，何尝水火！"唯其具有高尚卓异的操行志识，所以文祖尧才深得娄东士庶的敬爱。

总之，陈垣所言"提倡有意义之史学"，就是要自觉地在学术研究中体现发扬民族正气、鼓舞人们的抗战意志的时代要求。他把热烈表彰爱国精神和民族气节作为鲜明的标准，贯串于《明季滇黔佛教考》全书之中。时代的推动，使他跨出了考证学的局限，不再满足于广征史实、究其原委，而要做到把考辨的深厚功力与精彩的议论分析结合起来。明乎此，我们就有充分的理由把《佛教考》一书评价为陈垣学术思想升华的重要标志。

四、《明季滇黔佛教考》的重要影响

《明季滇黔佛教考》对于当时的抗战文化工作和陈垣一生的学术道路都产生了重要的影响。概括来说有如下三点：

第一，对抗战时期的学术文化界产生了鼓舞作用。陈垣撰成此书后，将稿本辗转寄到西南大后方，并请陈寅恪作序。据柴德赓所述，由于"这本书里确实充分表达了陈先生的爱国思想，很多西南朋友读了，非常感动"。[①] 陈寅恪先生写了一篇含义深刻的序，高度评价了援庵先生的爱国思想和历史见识，同时表明他与援庵先生志节相同、肝胆相照。序言说："明末永历之世，滇黔

[①] 紫德赓：《陈垣先生的学识》，《励耘书屋问学记》，第45页。

实当日之畿辅,而神州正朔之所在也。故值艰危扰攘之际,以边徼一隅之地,犹略能萃集禹域文化之精英者,盖由于此。及明社既屋,其地之学人端士,相率遁逃于禅,以全其志节,今日追述当时政治之变迁,以考其人之出处本末,虽曰宗教史,未尝不可作政治史读也。……忆丁丑之秋,寅恪别先生于燕京,及抵长沙,而金陵瓦解,乃南驰苍梧瘴海,转徙于滇池洱海之区,亦将三岁矣。此三岁中,天下之变无穷,先生讲学著书于东北风尘之际,寅恪入城乞食于西南天地之间,南北相望,幸俱未树新义,以负如来。"中肯地指出《佛教考》的意义,在于表彰明末遗民的民族精神,因而具有政治史的深刻内涵;同时借此以昭告世人,在民族危亡的时刻,两位学者都一致地斥责可耻的投降行为,以保持民族气节自励。两位爱国史学家围绕本书的这一思想交流和互相鼓舞,堪称为抗战时期史坛的佳话。

第二,由《佛教考》而发展为陈垣"抗战史学"的系列著作。

陈垣把著史与抗战大业联系起来,自此一发而不可收,以《佛教考》为起点,至抗战胜利前后,他连续撰成多部有价值的著作。民族的灾难和个人的困境,反而促使陈垣的学术工作达到高峰时期,这是令人感动,而又发人深省的。1950年陈垣在给友人的信中,回顾了他抗战时期的著述,说:"……北京沦陷后,北方士气萎靡,乃讲全谢山之学以振之。谢山排斥降人,激发故国思想。所有《辑覆》、《佛考》、《净记》、《道考》、《表微》,皆此时作品,以为报国之道至此矣。所著已刊者数十万言,言道、言僧、言史、言考据,皆托词,其实斥汉奸,斥日寇,责当局耳。"[①]他所明确概括的"斥汉奸,斥日寇,责当局",体现"报国之道",即是这些史著的共同宗旨。《旧五代史辑本发覆》撰著稍早一点(1937),其余即以《佛教考》为起点,继之有《清初僧诤记》(1941)、《南宋初河北新道教考》(1941)、《中国佛教史籍概论》(1942)、《通鉴胡注表微》(1945)。这五种著作

---

① 刘乃和:《陈垣年谱》,北京师范大学出版社2002年版,第176页。

可以视为陈垣的"抗战史学"系列著作。而它们共同体现出的鲜明爱国思想和把史学与社会实际结合的特点,又都是在《佛教考》一书的基础上发展的。

《佛教考》中表彰民族气节、斥责投降行为的思想倾向得到了发展,这可以《清初僧诤记》为例证。此书是为了指斥汉奸卖国求荣而写的。书中包括有遗民僧对气节不振的僧人的批评,如石谿和尚斥熊开元。有遗民僧之诤遗民,如僧人澹归,在吴梅村酒宴上缄诗掷入,诗云:"十郡名贤请自思,座中若个是男儿。……故陵麦饭谁浇奠,赢得空堂酒满卮。"酒宴上众名士启视,一座失色。陈氏于1962年所写后记中,特别点明本书写作的政治含义,他说:"一九四一年,日军既占据平津,汉奸们得意扬扬,有结队渡海朝拜、归以为荣、夸耀于乡党邻里者。时余方阅诸家语录,有感而为是编,非专为木陈诸僧发也。"①

《佛教考》中强调志士仁人的爱国心是恢复国土之所依赖的观点,更得到重大发展,这在《南宋初河北新道教考》中有清楚的反映。两部书所论述的时代不同,地域不同,宗教不同,但是表彰民族气节、激励爱国精神的宗旨则是一脉相承的。诚如陈氏在重印后记(1957)中所说:"芦沟桥变起,河北各地相继沦陷,作者亦备受迫害,有感于宋金及宋元时事,觉此所谓道家者类皆抗节不仕之遗民,岂可以其为道教而忽之也。因发愤而著此书,阐明其隐……诸人之所以值得表扬者,不仅消极方面有不甘事敌之操,其积极方面复有济人利物之行,固与明季遗民之逃禅者异曲同工也。"《道教考》中对光复国土的信念表达得更为强烈,卷首识语说:"呜呼!自永嘉以来,河北沦于左衽者屡矣,然卒能用夏变夷,远而必复,中国疆土乃愈拓而愈广,人民愈生而愈众,何哉?此固先民千百年之心力艰苦培植而成,非侥致也。"陈垣又在《全真篇·官府之猜疑》一节说:"金人既据河北,中国民情不服,乱言伏诛之事,史不绝书。"既是写历史,又表达出他对华北人民决心同日寇抗战到底的看法。同时,陈垣把人民

---

① 陈垣:《清初僧诤记》,中华书局1962年版,第88—89、94页。

热爱的祖国跟腐败的统治政权二者区分开来,他说:"其时金据中原已五六十年矣,诸人岂有爱于宋乎,爱中国耳。"这也是作者的思想感情与抗日的人民大众更加贴近的证明。

《南宋初河北新道教考》发表次年所完成的《中国佛教史籍概论》中,同样借论述史事鼓舞人们抗战到底。书中说:"自晋室渡江后,南北分立者二百六十余年,中原士夫之留北者,始终以中国为未灭。"又说:"永嘉之乱,中原沦陷,凉土与中朝隔绝,张轨父子崎岖僻壤,世笃忠贞,虽困苦艰难,数十年间,犹奉中朝正朔,此最难能而可贵者也。"① 这部书原为对学生上课讲稿,我们想见当时陈垣不顾危险、利用大学课堂激励同学抗战的决心,不禁肃然起敬。

《佛教考》善于在考辨的基础上发表议论、评价史实意义、抒发作者主张的学术风格,同样被大大发展,这在《通鉴胡注表微》一书中表现最为突出。陈垣撰著《表微》一书的意图,即要把长期被掩盖的胡三省的民族气节、爱国思想发掘出来,成为对于抗战事业有所裨益的一份思想资料。由于陈垣处于日寇统治、异族压迫的环境,对于《通鉴》胡注中所寄托的亡国之痛,感受最深,因此慨叹于胡三省事迹长期不传,如《表微·解释篇》所说:"鉴注成书至今六百六十年,前三百六十年沉埋于若无若有之中,后三百年掩蔽于擅长地理之名之下。"所以他决心表彰这位爱国史家。由于本书是作者体会了胡三省"当日的心情,慨叹彼此的遭遇,忍不住流泪,甚至痛哭。因此决心对胡三省的生平、处境,以及他为什么注《通鉴》和用什么方法来表达他自己的意志等",揭示出来而写,所以书中的议论更多。细读此书,我们可以发现其中许多论点都与《佛教考》前后衔接。如,书中进一步阐述生死观,第十四、十九篇专门为《出处篇》《生死篇》。《出处篇》说:"出处之于人大矣。逼于饥寒,怵于威力,炫于荣利,皆足以失其所守也。故身之注《通鉴》,于出处之节,三致意焉。"《生死篇》中说:"人生须有意义,死须有价值,平

---

① 陈垣:《中国佛教史籍概论》,中华书局1962年版,第8、15页。

世犹不甚觉之，乱世不可不措意也。""生死之宜，固可由修养而得。""与其受辱而后死，毋宁不受辱而先死之为得耳。"深刻地从各方面论述坚守民族气节的重要性和平时加强自身修养的意义。陈垣还在书中论述学术不能脱离政治，尤其是在民族生死存亡的时刻更是如此。《治术篇》讲："治术者致治之术，即身之之政论也。身之生平不喜滕口说，不喜上书言时事，国变以后，尤与政治绝缘。然其注《通鉴》，不能舍政治不谈，且有时陈古证今，谈言微中，颇得风人之旨，知其未尝忘情政治也。"而《表微》一书在钩稽丰富史料、深入考订辨析的基础上，更加突出地运用正面议论，阐述作者的见解主张。陈垣还特别写了《评论篇》，说明史书中的正面评论，具有代表一代之论议和申明作者之思想见解两重作用，矫正有的人偏颇的看法，他说："自清代文字狱迭兴，学者避之，始群趋于考据，以空言为大戒。不知言为心声，觇古人者宜莫善于此，胡明仲之管见，王船山的鉴论，皆足代表一时言议，岂得概以空言视之，《通鉴》注中之评论，亦犹是也。"这样，由《佛教考》开始形成的新的学术风格至此更入佳境，所以《表微》一书又被学术界誉为陈垣学术工作之总结性著作。书中针对当时形势，在《民心篇》中说："民心者人民心理之向背也。人民心理之向背，大抵以政治之善恶为依归，……恩泽不下于民，而责人民之不爱国，不可得也。夫国必有可爱之道，而后能令人爱之，天下有轻去其国，而甘心托庇于他政权之下者矣。《硕鼠》之诗人曰：'逝将去汝，适彼乐国。'何为出此言乎？其故可深长思也。"此书完成时抗战已经胜利，篡夺人民抗战果实的国民党政府更加暴露其反动、腐败的本质，越来越多的人民大众拥护中国共产党的无私廉洁，陈氏的议论，已预示着国民党垮台的结局。

第三，《佛教考》一书标志的学术工作的新境界又为陈垣最终接受毛泽东思想的指导奠定了基础。

陈垣在八年抗战中以史学为武器坚持斗争，他已经自觉地把学术工作与民族命运联系起来，这就决定他继续跟着时代前进，同全国人民一道迎接解放。他在北平解放不久，于1949年5月，在《人民日报》上发表给胡适的公开信,劝胡适转向人民,并且宣告他本人已经确定了"研究历史和其他一切社会科学相同,应该有认识社会、改造社会双重任务"的观点。这是陈垣以毛泽东思想指导学术研究的新起点。而从发展的角度看,陈垣接受历史唯物论的指导,确确实实是他撰写《明季滇黔佛教考》、提倡"有意义之史学"之必然归宿。

郭沫若史学的时代精神

一、《中国古代社会研究》的时代意义

郭沫若是中国马克思主义史学的奠基者。他从事奠基的工作，是在 1928 年至 1937 年，即撰著《中国古代社会研究》这一杰出名著和开辟古文字、古器物研究崭新局面的十年之间。在当时政治思想斗争和文化思想潮流双重推动下，他的史学研究，从一开始就迸射出耀眼的光辉。

《中国古代社会研究》酝酿和写作于 1928 年至 1929 年。当时，大革命刚刚失败，国内进步力量遭受严重摧残。由于革命处于低潮时期，面对反动统治的巨大压力，革命队伍内部出现了严重分化。陈独秀等人在组织上形成了托派小组织，在思想上向以蒋介石为代表的大地主大资产阶级反动统治投降。他们以公开发表《我们的意见书》等形式，蓄意歪曲中国历史，歪曲中国革命的性质，武断地说："中国社会经济虽是复杂，但资本主义的生产方法和生产关系是居领导（亦即支配）的地位。"按照这些说法，中国共产党领导进行的反帝反封建民主革命就没有必要，刚刚举行的中共六大确认的"中国现在的地位是殖民化"，"其政治经济制度，的确应当规定为半封建制度"，"中国革命现阶段的性

质,是资产阶级民主革命",也就统统毫无意义。

党内托陈取消派的主张是同国民党右派的论调互相呼应的。以陶希圣为代表的国民党"理论家",利用他们一时垄断的宣传阵地,连篇累牍地在写文章、发行小册子,大力宣扬中国二千年前早就不是封建社会,更否认近代社会的半封建性。陶希圣在一本题为《中国社会之史的分析》的小册子中声称他连续发表文章是为解剖中国社会,故必须把中国社会史作一清算。究竟如何解剖呢?他在《中国社会现象拾零》中,又说他认定中国的封建制度早已分解。所谓"早已分解",乃是指中国自战国以后,已没有完整的封建制度,自秦以后,中国社会组织已不是封建制度。①

共产党内托派分子和国民党"理论家"的论调异曲同工,他们的目的,一是否定中国共产党对现代中国社会性质的分析,从而否定中国共产党领导的反帝反封建革命;二是借口中国"国情特殊",宣扬唯物史观所指明的人类社会发展的共同规律不适用于中国,以此从根本上动摇人们对马克思主义的信仰和对革命前途的信心。一时间,陈独秀们和陶希圣们的宣传很具迷惑性,在知识分子和青年学生中造成了思想混乱。

驳倒所谓"国情特殊",用历史研究证明中国也要走世界人类共同的道路,就成为马克思主义史学工作者的一项战斗任务。郭沫若自觉地担当了这一时代使命。他早在1922年底至1926年,思想上就逐步确立了以唯物史观为指导的方向。1922年和1923年,他曾先后发表了如下看法:"唯物史观的见解,我相信是解决世局的唯一的道路。"②"远见的思想家在欧战未发以前已断言资本主义之必流祸于人类,伟大的实行家于欧战既发以后更急起直追而推源其祸本。马克思与列宁终竟是我辈青年所当钦崇的导师。"③ 1924年,通过翻译河上肇《社会组织与社会革命》一书,

---

① 分别见陶希圣《中国社会与中国革命》(新生命书局1929年版)、《革命论之基础知识》(新生命书局1930年版)。

② 郭沫若:《太戈儿来华的我见》,《郭沫若全集·文学编》第十五卷,人民文学出版社1990年版,第272页。

③ 郭沫若:《论中德文化书——致宗白华》,《郭沫若全集·文学编》第十五卷,第152页。

自称"在我一生中形成了一个转换时期"①。此后"在写作上、生活上都有了一个方向。宇宙观,比较认识清了"②。从此,郭沫若的思想确实产生了飞跃,他在当年十一月回国之后不久,即投身于大革命的斗争洪流之中。随后,经过参加实际社会调查和亲历"五卅"惨案,他更确立了这样的观点:革命的文学家应该使自己的创作事业服从于革命斗争的需要,在大众未获得自由之前,宁愿"牺牲自己的自由,以为大众人请命"③。大革命失败后,党组织安排郭沫若到日本隐居一个时期,根据客观环境所许可的条件,他转向了历史研究领域,立即以鲜明的态度,回答了唯物史观在中国是否适用和中国社会的方向问题。

《中国古代社会研究》这部中国马克思主义史学的奠基著作完成于1928年8月至1929年11月,1930年3月,由上海联合书店出版。这部著作的划时代意义,表现在以下三个方面:

第一,当时在国内,正是革命斗争环境极其残酷,许多进步青年和爱国民众困惑彷徨,"风雨如晦"的时期,郭沫若作为文化战线的一员,却毫不畏缩,勇敢地站到斗争的最前列。《自序》开宗明义,以最鲜明的态度,宣告他的史学研究是同中国人民的斗争事业紧密相连的:"对于未来社会的待望逼迫着我们不能不生出清算过往社会的要求。古人说:'前事不忘,后事之师。'认清楚过往的来程也正好决定我们未来的去向。""目前虽然是'风雨如晦'之时,然而也正是我们'鸡鸣不已'的时候。"④ 正是这部将革命热情与科学态度高度结合起来,跳动着时代脉搏的著作,给了革命人民以巨大的鼓舞,给了散布取消主义和唯心主义谬论的人以有力的回击!

---

① 郭沫若:《孤鸿——致成仿吾的一封信》,《郭沫若全集·文学编》第十六卷,人民文学出版社1989年版,第10页。
② 《郭沫若答青年问》,《文学知识》1959年5月号。
③ 郭沫若:《文艺论集序》,《郭沫若全集·文学编》第十五卷,第146页。参见林甘泉《郭沫若早期的史学思想及其向唯物史观的转变》一文第四部分,载《史学史研究》1992年第2期。
④ 郭沫若:《中国古代社会研究》,《郭沫若全集·历史编》第一卷,人民出版社1982年版,第6、10页。

第二，驳斥"国情特殊"的谬论，论述中国历史同样走世界各国共同的道路，使国内人民，特别是追求进步的广大青年知识分子在困难的时刻看到未来的光明前途。

郭沫若对这一撰述意图作了极其明确的表述：

> 我们的要求就是要用人的观点来观察中国的社会，但这必要的条件是须要我们跳出一切成见的圈子。
>
> ……
>
> 我们把中国实际的社会清算出来，把中国的文化，中国的思想，加以严密的批判，让你们看看中国的国情，中国的传统，究竟是否两样！①

他以唯物史观为武器，分析了中国古代文献和当时所能见到的甲骨、金文等考古资料，论证了：

商代尚未十分脱离母系中的社会。商代的产业是以牧畜为本位，商代和商代以前都是原始公社社会。

到周代，已有发达的农业。当时的阶级构成是分成"君子"和"小人"，"君子"又叫百姓，便是当时的贵族；"小人"又叫"民""庶民""黎民""群黎"，实际就是当时的奴隶。他们平时做农夫、百工，战时就当兵、当夫，备受虐待。周族一方面在族内使用着奴隶，另一方面便向四面八方的异族进攻。"我们由最可靠的信史——《诗经》——可以考查得的，直到周宣王时，汉民族都只仅仅踞居在黄河流域的中部，当时西方八面都还是比较落后的牧畜民族。例如，南方的长江流域便有荆蛮、淮夷、徐戎，西方的有犬戎，北方的有蛮貊、狄人、猃狁，山东一带还有所谓莱夷、嵎夷。所以事实上它还是被四围的氏族社会的民族围绕着的比较早进步了的一个奴隶制的社会。"

周室东迁以后，中国社会才由奴隶制转入真正的封建制。从那时以后，在农业方面才有地主和农夫的对立产生，工商业方面也才有师傅和徒弟的对立出现。春秋的五伯，战国的七雄，那些

---

① 郭沫若：《中国古代社会研究》，《郭沫若全集·历史编》第一卷，第6、9—10页。

才是真正的封建诸侯。"后来在秦统一了天下以后,在名目上虽然是废封建而为郡县,其实中国的封建制度一直到最近百年都是很岿然的存在着的。"

郭沫若特别针对陶希圣之流蓄意歪曲中国历史而制造的谬论,有力地反驳说:"到了现在,假使要说中国的封建社会在秦时就崩溃了,那简直是不可救药的错误。""从那时候一直到最近百年,中国尽管在改朝换代,但是生产的方法没有发生过变革,所以社会的组织依然是旧态依然,沉滞了差不多将近二千年的光景。""尽管一部二十四史成为流血革命的惨史,然而封建制度的经济组织和政治组织依然无恙。"为了澄清陶希圣之流声称"秦以后封建制已经崩溃"所造成的混乱,郭沫若特别指出:"东周以后,特别是秦以后,才真正地进入封建时代。"① 所谓"封建",并非是周代的分封制,而是指一种社会生产方式的基本阶级关系。根据后者,"西周完全是奴隶制的国家","而自秦以后的经济组织在农业方面促成了地主与农夫的对立,工商业是取的行帮制,就是师傅与徒弟的对立"。② 这样,郭沫若便正确地论述了中国封建制确立在社会经济组织上的基本特征,农民不断反抗的英勇精神和中国封建社会的长期停滞问题。

最后,郭沫若认为,"最近百年"中国社会性质又有新变化。当时他用"资本制"和"资本制的革命"来表述。而对其具体内涵则论述说:"然而发明了蒸汽机的'洋鬼子'终竟跑来了。尽管是怎样坚固的万里长城受不住资本主义的大炮的轰击。几千年僵定了的社会又起了天翻地覆的动摇,被人视为'睡狮'的老大帝国成为被万人宰割的肥猪。""太平天国的革命,那使马克思高喊着在中国的万里长城上已经打着:'中华共和国——自由、平等、博爱'的招牌的,那虽然是归了失败,但一九一一年的革命,依然是由南方的市民阶级所领导的革命,终竟把中华民国的招牌打出来了。""虽然那以后还不免有好几次的剧烈的动摇,然

---

① 郭沫若:《中国古代社会研究·导论》,《郭沫若全集·历史编》第一卷,第26—29页。
② 郭沫若:《中国古代社会研究》,《郭沫若全集·历史编》第一卷,第154页。

而资本制革命的形式总算是具备了。"这里,郭沫若主要是从西方资本——帝国主义自 1840 年以来不断地对中国野蛮侵略,以及原先的封建制度的解体、革命的目标和方式已与旧式农民战争不同着眼的。并且,他还论述中国社会也早已无法保持封闭状态,它已被卷入世界资本主义经济和世界革命的潮流之中,故又说:"世界资本主义的进展已经达到了最后的阶段,它已经把那国家的形式打破成国际的形式,把地方的形式打破成世界的形式,因而从前一国一地方的自然发生的社会革命也发展成为最后阶段的世界革命的形式了。所以中国的市民阶级尽管是怎样追赶,但资本帝国主义等不及他们把自己的产业扶植起来,已经把百分之九十以上的国民化成了一个全无产者。"① 这里所讲的仍是帝国主义侵略者与中华民族构成近代社会的基本矛盾。所以,尽管因为处在运用唯物史观研究中国的历史和中国社会的草创时期,郭沫若在这里使用的提法有不恰切的毛病,但他实际上指的,就是旧的封建制解体、帝国主义势力不断侵入之后的新的历史阶段,也即我们平时所讲的半殖民地半封建社会。稍后不久,他在《文学革命之回顾》一文中,对此已有更明确的表述。②

这样,就在史学著作中第一次论证了中国历史的发展经历了原始公社制——奴隶社会——封建社会——被卷入资本主义世界潮流的近代中国社会这几个基本社会阶段。后来,郭沫若本人对于区分历史阶段的时期曾有变更,但一直保持在这部著作中形成的基本看法,并且为进步史学界所接受。此后,郭沫若进而修正说:商代中期以后已逐步由畜牧转入以农业为主,原始制的解体

---

① 郭沫若:《中国古代社会研究·导论》,《郭沫若全集·历史编》第一卷,第 29—30 页。
② 此文写于 1930 年 1 月,郭沫若作了这样的表述:"然而中国资产阶级的革命是一个畸形的革命。中国的资产阶级在外来资本主义的束缚之下不容易达到它的应有的成长。外来的资本主义要把中国束缚成一个恒久的乡村,作为发泄它们过剩资本,过剩生产的尾闾,同时便是把中国作为世界革命的缓冲地。……中国的一大部分依然是封建社会,而封建社会却在外来的资本主义的羽翼之下庇护着。中国的薄弱的资产阶级势力,受着内外的夹攻,不能够遂行它的使命,而始终是萎缩避易以图其妥协的存在。"见《郭沫若全集·文学编》第十六卷,第 94—95 页。

和奴隶制的产生应提前到商代；又提出奴隶制向封建制的过渡应该放在春秋、战国时期。——这些修正都标志着他的研究工作不断获得进展。

第三，《中国古代社会研究》又是中国马克思主义史学的奠基作品，标志着唯物史观与中国社会史研究相结合开始了新阶段。中国马克思主义史学的创始人是李大钊，他的代表作《史学要论》（1924）第一次将唯物史观介绍到中国，宣告必须用这一新的科学理论来指导史学研究，重新改写中国的历史。这部著作在理论指导上第一次跟封建史家、资产阶级史家划清了界限，成为中国马克思主义史学的起点，影响深远。但李大钊尚处在对唯物史观的介绍、传播上，尚未能做到用马克思主义理论具体地诠释史料，对中国历史作出系统的深入的分析。把马克思主义理论与中国历史结合起来，推进新史学的发展，这一时代任务首先是由郭沫若自觉担当起来的。郭沫若本来就对于文献资料，甲骨、金文史料都有常人难以相比的深厚功底，如今有了先进理论做指导，他就能出色地对旧史料作出新解，赋予它们以新的意义，并且上升到系统地分析社会生产方式和阶级关系的高度。他自称所做的是使马克思主义的方法"中国化"的工作："我主要是想运用辩证唯物论来研究中国思想的发展，中国社会的发展，自然也就是中国历史的发展。""要使这种新思想真正地得到广泛的接受，必须熟练地善于使用这种方法，而使它中国化。使得一般的、尤其有成见的中国人，要感觉着这并不是外来的异物，而是泛应曲当的真理。"[①] 这在《中国古代社会研究》第四篇《周代彝铭中的社会史观》中有突出的反映。

他根据对《大盂鼎》铜器铭文诠释，认为：金文中"庶人"或"民人"与臣仆器物了无分别。"'庶人'就是奴隶。奴隶之赐予以家数计，可知奴隶是家传世袭。"奴隶的来源，主要是战

---

① 郭沫若：《海涛集·跨着东海》，《郭沫若全集·文学编》第十三卷，人民文学出版社1992年版，第311页。

争俘虏。奴有奴籍，也在《周公簋》《大克鼎》铭文中道出，正可与《左传·襄公二十三年》所说奴隶"著于丹书"相印证。奴隶可以抵债，可知在周代，奴隶是一种主要财产。①

论证西周奴隶制社会的生产方式和阶级关系，是郭沫若古史研究的一个基石。② 郭沫若首创的、影响中国现代史学界数十年的"西周奴隶制"论，即由此奠定。在中国史学长河中，郭沫若更以崭新的理论和对文献、文物资料的精辟诠释，提出了关于古代社会状况的系统的看法，震动了全国学术界。以前，铜器铭文只处在被鉴赏家作为古董摩玩，杰出者亦仅拘泥文字结构之考释汇集。《中国古代社会研究》一书出，运用了科学理论为指导，以"短刀直入"的气概，才开辟了科学地探求古代社会生产状况和生活状况的新天地。此后的马克思主义史家，都把自己的研究工作视为继承郭沫若所开创的事业继续前进。在此书撰著完成之时，他已经表示了他的自信和希望："草径已经开辟在这儿，我希望更有伟大的工程师，出来建筑铁路。"③

由于《中国古代社会研究》具有上述划时代意义，所以它的出版在当时产生了十分强烈的反响。当年发表的一篇书评便说："对于中国社会之科学的研究，是三年以来中国思想界的一个主潮。其在历史方面，郭沫若先生的《中国古代社会研究》，要算是震动一世的名著。就大体看，他那独创的精神，崭新的见解，扫除旧史学界的乌烟瘴气，而为新史学开其先路的功绩，自值得

---

① 郭沫若：《中国古代社会研究》，《郭沫若全集·历史编》第一卷，第252—255页。

② 此后，在《古代研究的自我批判》中，他的看法又有进一步发展，论证了《诗经》中的"十千维耦""千耦其耘"等诗句，都反映出使用大量的奴隶集体耕种。见《郭沫若全集·历史编》第二卷，人民出版社1982年版。他又在1947年4月写的《中国古代社会研究·后记》中说："大体上西周是奴隶社会的见解，我始终是维持着的。这个见解在我自己是认为极关重要的揭发。本来，社会的发展阶段并不是斩钉截铁地可以划分的，各个阶段之间有相当长期间的游移，依资料的多寡可以上属或下属。例如殷代则原始社会的孑遗比较多，春秋、战国时代则奴隶制已在崩溃，两者要认为前后两阶段的推移期似乎都是可以的。然而西周是典型的奴隶社会则可毫无问题。"

③ 郭沫若：《中国古代社会研究》，《郭沫若全集·历史编》第一卷，第270页。

我们的敬仰。"① 茅盾认为：此书当时"在繁琐的中国考据学的氛围圈里投下了一个炸弹，也正是中国史学界的一个'狂飙突进'"。② 董作宾则说："唯物史观派是郭沫若的《中国古代社会研究》领导起来的。这本书民国十八年十一月初版，到二十一年十月五版时，三年之间已印了九千册。他把《诗》、《书》、《易》里面的纸上史料，把甲骨卜辞、周金文里面的地下材料，熔冶于一炉，制造出来一个唯物史观的中国古代文化体系。"③ 而当年许多处于困惑彷徨中的爱国青年学生则是通过阅读这部著作相信中国历史也要走全人类的共同道路，因而坚定了对未来的信心。尹达曾以亲身感受提供了这方面的宝贵材料："记得在它（指《中国古代社会研究》）出版以后，销路就相当的好，不仅仅一般大学生争先恐后的购买，不少的中学生也都以先睹为快，捧读至再。所以，再版、三版不断的印出，依然是供不应求，翻印的本子也就应运而生了。""这大批的青年真正能了解郭先生这本著作吗？我想，他们是不能够完全了解的。但是，在那里明确指出，中国存在过氏族社会和奴隶社会，证明中国社会的发展，并不曾逃脱一般社会发展的规律，同时指出了未来的动向。且以锋利的文学手法，把枯燥的中国古代社会写得那样生动，那样富有力量，对当时的青年知识分子，正像打了针强心剂。"④

二、"凿破浑沌"与现代科学意识

郭沫若在日本的十年，也同时进行对古文字、古器物的研究，包括甲骨文的文字研究、甲骨文分类研究、金文研究和青铜器断代研究。这些研究，部分是作为他古史研究的基础，但又远

---

① 文甫：《评郭沫若〈中国古代社会研究〉》，《郭沫若评传》，现代书局1932年版，第219页。
② 茅盾：《为祖国珍重》，《华商报》1941年11月16日。
③ 董作宾：《中国古代文化论的认识》，台湾大陆杂志社1960年版，第3页。
④ 尹达：《郭沫若与中国古代社会研究》，《尹达史学论著选集》，人民出版社1989年版，第414页。

不局限于此，因为它们本身自成体系，并且把古文字学和古器物学的研究推向了新的阶段。

最为时人叹服的是郭沫若关于青铜器断代的系统看法，它一下子使原先浑沌一团的古器物变成井然有序的体系，称他的学说闪耀着近代科学思想的光芒，是毫不夸张的。我国青铜器的收集著录从宋代即开始。晚清至20世纪20年代，吴大澂、孙诒让、王国维等学者对铜器铭文考释都做出成绩。王国维贡献尤大，但一直到他为止，仍然无人能够提出青铜器科学分类和断代的看法。铜器依然以器形分类，对绝大部分的器物，并不明了它们的时代，这就大大妨碍利用铜器铭文作为可靠的史料。故王国维作为一个多年研究的学者，对此深有感慨，他曾在《殷虚书契考释·序》中说："于创通条例，开拓阃奥，慨乎其未有闻也。"王国维在治史中总结出"二重证据法"（用地下出土的文物与文献资料参证），运用了近代科学方法，被郭沫若称为"新史学的开山"。他看出金文和青铜器应该向具有科学体系的高度前进，却又无力达到。这个任务，合乎逻辑地由郭沫若这位五四新文化运动孕育出来的文化巨人来完成。

五四新文化运动提倡"民主"和"科学"，标志着中国现代社会生活和文化生活两股时代潮流。从提倡"科学"的文化潮流说，虽然在其历程上有回流有曲折，但从总体上，现代科学意识越来越广泛地传布，并在中国智识界确立了指导的地位。这也是五四运动开创的时代精神的一个重要方面。其明显的标志是：第一，学术界（包括自然科学界和社会科学界）更加重视建立本学科的学术体系，科学思维普遍地向体系化发展；第二，逐步地注重不同学科的互相渗透、交叉研究；第三，外国先进的科学理论和知识更大量地介绍到国内，努力吸收和借鉴世界各国优秀的科学成果，成为学术界的共识。现代科学是全人类共同的财富，不应有国界之分。立足于发展本国现代科学文化的需要，摒弃闭塞保守的落后观念，学习和引进各国先进成果，是本世纪进步智识界一代又一代共同努力的方向，形成了一股进步的潮流。郭沫若在古器物、古文字研究方面的卓越成就，正是由于他在这一时代潮流中迎流而上，吸收和借鉴西方进步学说而取得的。

1929年，郭沫若据日译本翻译了米海里斯《美术考古一世纪》一书（初版从日译本定名为《美术考古学发现史》，至1948年改版时改了书名）。米海里斯的著作综合论述了19世纪欧洲考古学发现的过程及研究方法。郭沫若在译者序中申明，他译此书的目的，是为了在考古学上尽快地借鉴西方学者的科学成就。特别应该注意的是，其后在重印本译者前言中，郭沫若郑重地说明此书的方法对他本人的极大启发："我的关于殷墟卜辞和青铜器铭文的研究，主要是这部书把方法告诉了我，因而我的关于古代社会的研究，如果多少有些成绩的话，也多是本书赐给我的。……假如我没有译读这本书，我一定没有本领把殷墟卜辞和殷周青铜器整理得出一个头绪来，因而我的古代社会研究也就会成为沙上楼台的。"这就清楚地说明他的学术成就与吸收借鉴外国进步学说这一时代潮流之间的关系。

具体地说，重视考古资料的历史发展，努力把握其总体的联系，从而创立系统的新说，是郭沫若不同于罗振玉、王国维的最大特点。而这种观点和方法，正得力于借鉴米海里斯的著作。郭沫若在《美术考古一世纪》译者前言中说："原作者谆谆告诫我们的，是要我们注重整个的历史的发展，自然要注意到的客观的分析，然而不要忘记了全体。研究任何学问都应该这样。"① 他研究甲骨文，所注重的便是在前人成果的基础上，提出甲骨文分类的体系，《卜辞通纂》中把全书正编所收录的八百片甲骨史料，分为干支、数字、世系、天象、食货、征伐、畋游、杂纂八类，这就十分有利于用这些经过科学分类的史料来研究商代社会状况。如作者在序言中所说："本书之目的，在选辑传世卜辞之菁粹者，依余所怀抱之系统而排比之，并一一加以考释，以便观览。"② 由于郭沫若重总体的联系与局部的精心考证，应用比较研究、年代学等新方法、新知识，才识读了罗、王诸家所未识读的

---

① 郭沫若：《美术考古一世纪》译者前言，上海出店出版社1998年版，第3、5页。
② 郭沫若：《卜辞通纂》，《郭沫若全集·考古编》第二卷，第8页。

文字，纠正前人的误释，而使他的新体系建立在可靠的基础上。①

1931年9月完成的《两周金文辞大系》，是郭沫若对两周金文、青铜器发展提出完整体系学说的巨著。撰著的目的，是在"求铭文之历史系统和地方分类"。上卷考证王臣器的年代，依《尚书》体系，分别于各王名下，将一百三十七件器物铭文组成自武王至幽王近二百年的西周编年史料；下卷有一百一十四件春秋时代的器物铭文，仿照《诗经》十五国风和《国语》，编为三十二国的国别史料。（作者于1934至1935年期间又将该书增订为《两周金文辞大系图录》和《两周金文辞大系考释》二书，内容有增补订正，《考释》共收录两周青铜器铭文二百六十一件，比初版《大系》增加百分之三十）。②

由于郭沫若已经确立了以唯物史观作为历史研究的指导，并且借鉴了西方近代考古学理论，他确定的目标，是要利用铭文来作为解释古代社会状况的史料，这就首先必须确定它们的年代，他说：

> 频年以来颇有志于中国古代社会之探讨，乃潜心于殷代卜辞及周京彝铭之译读。卜辞出土于一地，其出土地之地层，近由发掘，亦已略得明其真相，据为史料，无多问题。然至周彝则事乃迥别。彝器出土之地既多不明，而有周一代载祀八百，其绵延几与宋元明清四代相埒，统称曰周，实至含混。故器物愈富，著录愈多，愈苦难于驾驭。寝馈于此者数易寒暑，深感周代彝铭在能作为史料之前，其本身之历史尚待有一番精密之整理也。③

解决断代问题，是科学地研究古器物、使之成为足以说明历史问题的有价值材料的关键。米海里斯综述19世纪考古学理论的发展，提出"与既知既定的别种遗品比较研究"，作为判定历

---

① 参见黄烈《郭沫若史学思想与西方文化的影响》，《历史研究》1992年第2期。
② 参见张永山《郭沫若对青铜器铭文研究的贡献》，《北京农业工程大学学报》1991年增刊。
③ 郭沫若《〈两周金文辞大系〉序说》，《青铜时代》，群益出版社1946年版，第276页。

史年代未能确定的器物之重要方法。有年代可据的真器群可作为标准器,由此而考定年代未明的其他器物;又依凭研究出土器物"形式上与装饰纹饰上的发展",可以理出古器物发展的顺序,建构起分期断代的体系。

郭沫若借鉴了这一理论和方法,为了确定铭文年代,他先集中力量找时代确凿可靠的标准器,找到了它,这些标准器便可成为构建完整体系的支柱。其原则是:"就彝铭器物本身以求之,不怀若何之成见,亦不据外在之尺度。"若无铭文的,从器物形制和花纹形式与标准器相比,判定其相对年代。采用米海里斯的观点,把器物形制和花纹的演变看作时代的选择。郭沫若选取铸有铭文表明自身年代的大丰簋、献侯鼎等,分别作为西周自武王、成王至恭王、懿王时的标准器。还有的对铭文所载事件或人名等考证以后,可知所属年代的,也可作为标准器。以这些标准器作联络站,再通过人名、文辞、字体等项,又联系了其他大批铜器铭文。由是而形成了西周铜器铭文先后的时代系统。对于列国时期的青铜器铭文,则依照"由长江流域溯流而上,于江河之间顺流而下,更由黄河流域溯流而上"为顺序,将一百六十一件器物分为三十二国,同时贯串以年代先后。①

这样,《两周金文辞大系》便第一次提出青铜器分期的系统学说,改变了以往"以器为类"的古董鉴赏式著录习惯和孤立考证铭文的方法,而以年代为顺序,整理出金文的历史系统和地域分类。郭沫若对自己构建青铜器铭文体系的价值曾有过恰当的评价:"我自己费了五六年的研究,得到一个比较明晰的系统,便是我所著录的《两周金文辞大系》的《图录》和《考释》。……我一共整理出了三百二十三个器皿,都是铭文比较长而史料价值比较高的东西,两周八百年的浑沌似乎约略被我凿穿了。从这儿可以发展出花纹学、形制学等的系统,而作为社会史料来征引时,也就更有着落了。"② 由于凿开了浑沌,从此数以百计的青铜

---

① 郭沫若:《〈两周金文辞大系〉序说》,第277页。
② 郭沫若:《十批判书·古代研究的自我批判》,《郭沫若全集·历史编》第二卷,第10页。

器和它的铭文才有可能作为我们研究古史的有科学性的资料,这在近代学术史上实有巨大意义。

郭沫若又称他所构建的体系,是找到了青铜器"历史的串绳"。而且,"即使没有选入《大系》中的器皿,我们拿着也可以有把握判定它的相对的年代了。因为我们可以按照它的花纹形制乃至有铭时的文体字体,和我们所已经知道的标准器相比较,凡是相近似的,年代便相差不远,这些是很可靠的尺度,我们是可以安心利用的。一个时代有一个时代的文体,一个时代有一个时代的字体,一个时代有一个时代的器制,一个时代有一个时代的花纹,这些东西差不多是十年一小变,三十年一大变的"。根据上述理论和方法,郭沫若把殷周青铜器分为四个时期,"无论花纹、形制、文体、字体,差不多都保持着同一的步骤"。一是鼎盛期,相当于殷代及西周文、武、成、康、昭、穆诸世。二是颓败期,大率起自恭、懿、孝、夷诸世以迄于春秋中叶。三是中兴期,自春秋中叶至战国末。四是衰落期,自战国末叶以后。①

《中国古代社会研究》和《卜辞通纂》《两周金文辞大系》等著作所取得的巨大成就,使郭沫若不仅成为中国马克思主义史学的奠基人物,而且得到许多历史学者、考古学者的称颂。如唐兰说:"后之治斯学者,虽有异同,殆难逾越。"② 它们是用唯物史观指导研究历史结出的硕果,同时也是五四以来提倡科学的现代思想潮流的产物。

三、大有益于人民的史剧、史论

郭沫若是杰出的史学家,又是杰出的剧作家、文学家。他写

---

① 郭沫若:《青铜时代·青铜器时代》,《郭沫若全集·历史编》第一卷,第604—606页。在《两周金文辞大系图编序说》中则分为滥觞期、勃古期、开放期、新式期四期。

② 唐兰:《〈两周金文辞大系〉序》,见故宫博物院主编《唐兰先生金文论集》,紫禁城出版社1995年版,第382页。

有多部历史剧,以人民大众所喜爱的艺术形式宣传历史知识,写出他对历史人物、事件的理解,表达由此而生发的思想感情,我们应挑选其最有代表性的作品,联系他的史学成就来考察。

抗战时期,郭沫若创作了六部历史剧:《棠棣之花》《屈原》《虎符》《高渐离》《孔雀胆》《南冠草》,前后总共不到一年半时间。贯串这些剧本人物剧烈冲突的共同主题是:一方面,揭露侵略者、本国腐败的统治者、叛徒变节分子等邪恶势力,鞭挞他们的丑恶灵魂;另一方面,发掘和刻画历史上的爱国人物和侠义之士,歌颂他们忠贞爱国、大公无私、嫉恶如仇的高贵品质。因此,这些剧作自然地引起抗战时代人民大众的强烈共鸣,鼓舞他们同仇敌忾抗击日本侵略者、反对国民党顽固派投降、分裂、倒退政策的斗志。周恩来当时曾赞许地说:"在连续不断的反共高潮中,我们钻了国民党一个空子,在戏剧舞台上打开了一个缺口,在这场战斗中,郭沫若同志立了大功。"[1] 而《屈原》一剧,是郭沫若抗战时期史剧中成就最高、影响最大的作品,被誉为一部"伟大民族灵魂的史诗"[2]。

《屈原》取材于《史记·屈原列传》和《离骚》等屈原作品。处在抗战关头,郭沫若对这个历史人物深刻关注,是因为屈原当时在楚国所经历的坚持抗击暴秦侵略与投降卖国两种势力的斗争,同抗战时期反对侵略、反对投降的时代主题有相通之处,发掘并歌颂屈原的爱国精神,有现实的意义。郭沫若一向推崇屈原,1935年即出版有他的第一部历史人物论集《屈原》,包括《屈原的存在》《屈原的作品》《屈原的艺术与思想》三个部分。1936年,发表了《屈原时代》。1940年以后,又连续发表多篇研究屈原的文章:《关于屈原》《革命诗人屈原》《屈原的艺术与思想》《屈原考》《屈原·招魂·天问·九歌》《屈原研究》等。故史剧《屈原》有着对史实和历史时代深刻研究的基础。在总体上尊重史实的前提下,作者进行了艺术的再创造,把爱国与卖国两

---

[1] 夏衍:《知公此去无遗恨——痛悼郭沫若同志》,《人民文学》1978年第7期。
[2] 田本相等:《郭沫若史剧论》,人民文学出版社1985年版,第70页。

种势力的斗争更加集中和典型化，以饱满的激情、宏伟的气魄，表现歌颂爱国主义和崇高气节的庄严主题。抗日战争的时代精神在剧中强烈地反射出来，这是《屈原》取得巨大成功的真谛。

郭沫若创作历史剧的动机，是出于当前推动人民正义事业的需要。历史剧必须以史实为基础；而史剧又是艺术创作，与一般历史研究有很不相同的特点。关于这两层关系，郭沫若有独到的概括："优秀的史剧家必须是优秀的史学家"，"历史研究是'实事求是'，史剧创作是'失真求似'"。他又说："我要借古人的骸骨来，另行吹嘘些生命进去。"① 也就是说，史剧在情节上不能拘泥于与史实完全相同，作者注重的是追求人物之"神似"，要在剧中灌注进时代的精神。他全力提炼出当时楚国存在的以屈原为代表的爱国抵抗路线和以南后为代表的卖国投降路线之间的斗争，正好用来映照抗战时期反对侵略、反对卖国、反对独裁的斗争，从这里找到抒发作家本人关心民族命运的满腔激情的喷射口。郭沫若对此曾有深刻的剖白：

> 我写这个剧本是在一九四二年一月，国民党反动派的统治最黑暗的时候，而且是在反动统治的中心——最黑暗的重庆。不仅中国社会又临到阶段不同的蜕变时期，而且在我的眼前看见了不少的大大小小的时代悲剧。无数的爱国青年、革命同志失踪了，关进了集中营。代表人民力量的中国共产党在陕北遭受着封锁，而在江南抵抗日本帝国主义的侵略最有功劳的中共所领导的八路军之外的另一支兄弟部队——新四军，遭到了反动派的围剿而受到很大的损失。全中国进步的人们都感受着愤怒，因而我便把这时代的愤怒复活在屈原时代里去了。换句话说，我是借了屈原的时代来象征我们当前的时代。②

---

① 郭沫若：《孤竹君之二子》，《郭沫若全集·文学编》第一卷，人民文学出版社1982年版，第238页。
② 郭沫若：《序俄文译本史剧〈屈原〉》，《郭沫若全集·文学编》第十七卷，人民文学出版社1989年版，第250页。

在剧中，生活在战乱年代中的屈原，心中系念的是祖国和人民的命运。他全力主张联齐抗秦，因为他洞悉强秦侵吞六国的意图，确认唯有联合抗秦才能保国安民。（六国处于弱小地位，秦用战争兼并，确实给六国人民带来灾难。而从历史发展方向上秦的统一在客观上起到进步作用，这是属于另一问题。）屈原一向光明磊落，他根本没有料到南后、张仪之流使出最无耻的诡计陷害他，处在蒙受奇耻大辱、无法辩明的情况下，他想的仍不是个人的安危，而是国家的利益。屈原怒斥张仪："你生为魏国之人，而且是魏国的公族余子，你跑到秦国去便怂恿秦国征伐魏国，你跑回魏国去又劝诱魏国去投降秦国，你简直是不知羞耻的卖国贼！"当张仪支支吾吾，用"你是愈说愈不成话了"来搪塞时，屈原又进一步揭露他的伪善和阴险："你简直不是人！你戴着一个人的面具，想杀尽中原的人民来求得秦国的胜利，来保障你的安富尊荣，你怕我没有看透你？你离间我们齐楚两国的邦交，好让秦国来奴役我们！"屈原又愤慨地痛斥南后，表达自己对国家的忠贞和视死如归的心情："你陷害了的不是我，是我们整个儿的楚国呵！我是问心无愧，我是视死如归，曲直忠邪，自有千秋的判断。你陷害了的不是我……是我们整个儿的赤县神州呀！"

最后，昏庸而专横的楚怀王竟不听屈原满腔义愤的一再抗争，粗暴地撕毁齐楚盟约，破坏联合抗击侵略的事业，转而依附秦国，走上妥协投降的道路，并下令囚禁屈原。面对正在沉入黑暗的祖国，诗人屈原满腔忧愤，以《雷电颂》的政论式独白，表达他向一切恶势力宣战的不屈精神，他将自己的爱国义愤同宇宙的风、雷、电融为一体，发出震天动地的呼喊：

啊，这宇宙中的伟大的诗！你们风，你们雷，你们电，你们在这黑暗中咆哮着的，闪耀着的一切的一切，你们都是诗，都是音乐，都是跳舞。你们宇宙中伟大的艺人们呀，尽量发挥你们的力量吧。发泄出无边无际的怒火把这黑暗的宇宙，阴惨的宇宙，爆炸了吧！爆炸了吧！

……

> 但是我，我没有眼泪。宇宙，宇宙也没有眼泪呀！眼泪有什么用呵？我们只有雷霆，只有闪电，只有风暴，我们没有拖泥带水的雨！这是我的意志，宇宙的意志。鼓动吧，风！咆哮吧，雷！闪耀吧，电！把一切沉睡在黑暗怀里的东西，毁灭，毁灭，毁灭呀！

在恶劣的环境中保持崇高气节，是《屈原》的又一鲜明主题。在剧的开始，屈原徐徐放声朗诵《橘颂》，结合他对《橘颂》内容的阐发，赞美正直无私、坚贞不屈、凛冽难犯的性格。屈原告诫宋玉说："在这战乱的年代，一个人的气节很要紧。太平时代的人容易做，在和平里生，在和平里死，没有什么波澜，没有什么曲折。但在大波大澜的时代，要做成一个人实在不是容易的事。……我们目前所处的时代也正是大波大澜的时代，所以我特别把伯夷提了出来，希望你，也希望我自己，拿来做榜样。我们生要生得光明，死要死得磊落。"这是屈原精神的写照，也是剧作家对发扬民族气节、坚持抗战到底的呼吁，对变节投降、贪生怕死者的谴责！①

郭沫若要在剧中复活时代的愤怒、以屈原精神来推动爱国抗战斗争这一创作意图，被演出实践证明是充分达到了。当年春，《屈原》在重庆上演，反响空前强烈，"从进步方面受到了前所未有的热烈的欢迎"②。人们学着《雷电颂》的台词："爆炸了吧！爆炸了吧！"借此倾吐内心的愤怒。董必武观看首次演出后曾写诗赞颂当时的盛况：

> 诗人独自有千秋，嫉恶平生恍如仇。
> 邪正分明具形象，如山观者判薰莸。
> 婵娟窈窕一知音，不负先生泽畔吟。
> 毕竟斯人难创造，台前笔下共关心。

---

① 以上《屈原》引文见郭沫若《郭沫若全集·文学编》第六卷，人民文学出版社1986年版，第362—363、324页。

② 郭沫若：《序俄译本史剧〈屈原〉》，《郭沫若全集·文学编》第十七卷，第250页。

《屈原》所产生的政治影响使国民党当局恐惧，宣布禁演，但是《雷电颂》的声音仍然回响在整个山城。诚如现代文学史家所评价：《屈原》不但是抗战时期"革命历史剧最辉煌的代表作，而且在整个现代文学史上，也是不可多得的艺术瑰宝"①。直到 80 年代，中国艺术家到新加坡演出《屈原》，仍然受到观众极其热烈的欢迎和高度评价，可见《屈原》所具有的久远生命力。

　　抗战时期，郭沫若还撰写有一批史论，其中最著名的是写于 1944 年 3 月的《甲申三百年祭》。它对于中国人民的解放事业产生了巨大的影响。此文的撰写，是为纪念 1644 年李自成起义军攻进北京、推翻明皇朝的腐朽统治而作。文章论述明末政治极度腐败激起了尖锐的社会矛盾，加上严重的饥荒，引起农民起义的烈火燃烧，并且迅成燎原之焰。农民军经过长期的英勇奋战，终于使明皇朝的专制统治崩溃。随之吴三桂引清兵入关，农民军被镇压下去。这篇文章，是近代中国马克思主义史家研究农民起义史的开山之作，开辟了马克思主义史学的一个重要的新领域。而它在抗战后期发表的更大的现实意义，则在它总结了李自成起义军由胜利进军转为迅速失败的原因：

> 自成听从了顾君恩的划策，进窥关中，终于在十六年十月攻破潼关，使孙传庭阵亡了。转瞬之间，全陕披靡。十七年二月出兵山西，不到两个月便打到北京，没三天工夫便把北京城打下了。这军事，真如有摧枯拉朽的急风暴雨的力量。……在过短的时期之内获得了过大的成功，这却使自成以下如牛金星、刘宗敏之流，似乎都沉沦进了过分的陶醉里去了。进了北京以后，自成便进了皇宫。丞相牛金星所忙的是筹备登极大典，招揽门生，开科选举。将军刘宗敏所忙的是拷夹降官，搜括赃款，严刑杀人。纷纷然，昏昏然，大家都象以为天下就已经太平了的一样。近在肘腋的关外大敌，

---

① 唐弢等：《中国现代文学史》第三册，人民文学出版社 1980 年版，第 102 页。

他们似乎全不在意。山海关仅仅派了几千兵去镇守,而几十万的士兵却屯积在京城里面享乐。尽管平时的军令是怎样严,在大家都陶醉了的时候,竟弄得刘将军"杀人无虚日,大抵兵丁抢掠民财者也"了。①

由于胜利而骄傲,起义军的一些重要人物追求权势,贪图享乐,反过来掠夺、压迫民众,以致断送了起义事业。这个深刻的历史教训,对于经过八年抗战的艰苦奋斗,将要转入反攻和夺取全国革命胜利的中国共产党人,是十分及时和宝贵的。文章发表后,中国共产党中央即把它发给高级干部阅读,毛泽东于1944年4月在延安高级干部会议上作报告,说:"近日我们印了郭沫若论李自成的文章,也是叫同志们引为鉴戒,不要重犯胜利时骄傲的错误。"② 同年十一月,毛泽东写信给郭沫若,对他抗战时期所从事的史剧创作和史学研究予以高度评价:"你的《甲申三百年祭》,我们把它当作整风文件看待。小胜即骄傲,大胜更骄傲,一次又一次吃亏,如何避免此种毛病,实在值得注意。……你的史论、史剧有大益于中国人民,只嫌其少,不嫌其多,精神决不会白费的,希望继续努力。"③ 毛泽东的话,是对郭沫若史学事业促进了民族解放斗争发展的最好评价。

郭沫若是一位百科全书式的学者。即以20世纪20年代末至40年代在史学领域的辛勤耕耘而言,他在创建马克思主义史学、古器物学、史剧和史论方面,都已取得了很高的成就,提供了这么多出色的、具有高度科学价值和思想价值的代表作。他的史学著述,与人民事业的需要息息相关,五四以后用马克思主义指导中国革命、彻底地反帝反封建、争取民族解放的时代精神,和提

---

① 郭沫若:《历史人物·甲申三百年祭》,《郭沫若全集·历史编》第四卷,人民出版社1982年版,第194—195页。
② 毛泽东:《学习和时局》,《毛泽东选集》第三卷,人民出版社1991年版,第948页。
③ 中共中央文献研究室主编:《毛泽东书信选集》,人民出版社1983年版,第241页。

倡科学、吸收世界先进学说的当代文化潮流，都在他的作品中得到强烈的反映。我国自孔子、司马迁开始的史学密切联系社会实际的优良传统，在他手里得到了发扬，提高到前所未有的高度。深深地关心祖国和人民的命运，自觉地用作品推动时代前进，是郭沫若成为中国现代文化杰出代表人物的一个重要原因。他的史学成就和治史经验，值得我们认真地总结。

范文澜：从国学向唯物史观的跨越

范文澜是与郭沫若并称的老一辈中国马克思主义史学大师。[①]在20世纪30年代前期，他即是有名的国学专家和大学教授；抗战爆发，他脱下教授的长衫，到达战火纷飞的中原游击区，参加抗敌工作，经受了严酷的磨炼；以后到达延安，撰写成解放区影响最大的、以马克思主义为指导的通史著作《中国通史简编》。从此，他成为中国共产党内在历史学方面出色的代表人物。范文澜的史学道路既具本人的典型性，又有普遍的意义，因为他代表了20世纪50年代以前一批"国学"根柢深厚、严谨正直的学者，经过长期的社会实践和斗争考验，终于实现向唯物史观跨越的学术—人生道路。

一、国学名家

范文澜（1893—1969）字仲沄，出生于浙江绍兴。先辈世代

[①] 刘大年语。见《范文澜历史论文选集·序言》，中国社会科学出版社1979年版。

读书，父范寿钟相当博学，亲自教育子弟。① 叔父范寿铭，清末至民国初年，先后任河南辉县知县、河北道尹，喜研究金石学，著有《循园金石文字跋尾》等书。范文澜自幼在私塾读四书，又由父亲自教五经、古文和《泰西新史揽要》等，此后在县城上高等小学，中学阶段先后在上海浦东中学堂和杭州安定中学就读。1913 年，他进入北京大学文预科学习。次年下半年考取北京大学文科国学门，师从著名的音韵训诂学家黄侃、陈汉章和古文学派学者刘师培学习。此时的范文澜"笃定师法"，朝夕诵习经书、《汉书》、《说文》、《文选》，决心"追踪乾嘉老辈"，以专精训诂考据为己任。② 从 1915 年，五四新文化运动逐步高涨，北大校园里新旧思想斗争激烈。黄侃、陈汉章都属守旧派。1917 年初，蔡元培出任校长，陈独秀任文科学长，北大迅速成了传播新文化、新思想的中心。这一时期范文澜曾陷入矛盾苦恼之中："他对国事日颓，痛心疾首，但'没有感到《新青年》所提倡的新思想，是一条真出路'；他拒绝与守旧的师友合流，去书写反对新思潮的文章，但又不愿与革命派亲近。"在苦恼中，他读佛书，几乎成为"佛迷"。③ 1917 年北大毕业后，曾先后在沈阳、汲县教书。

1923 年以后，他先后在天津南开大学、北京大学等校任教，并与顾颉刚相过从，应顾之约，组织朴社，编辑出版书刊。1925 年，他在南开大学任教时，值五卅运动爆发，上街参加了反帝游行。随后他开始阅读宣传新潮流的书籍，不久加入中国共产党，任南开支部书记。后因党的组织遭受破坏而失掉关系。他在大学所教课程有经、史、文学课，自编讲义，为学生所欢迎。在北京，除在北京大学任教外，又在师范大学、女子师范大学、中国大学等校任课，最忙每周上课三十小时以上。1932 年，他担任北平大学女子文理学院国文系主任。次年，任文理学院院长。繁重

---

① 有关范文澜的家世和生平，可参阅《范文澜历史论文选集》一书中《范文澜同志生平年表》；朱瑞熙、刘仁达、徐曰彪：《范文澜》，《中国史学家评传》（下册），第 1473—1474 页。
② 范文澜：《从烦恼到快乐》，《中国青年》第 3 卷第 2 期，1940 年 12 月。
③ 朱瑞熙等：《范文澜》，《中国史学家评传》（下册），第 1474 页。

范文澜：从国学向唯物史观的跨越

的教学任务，促进了他的著述，这一时期先后出版有《群经概论》（1926年朴社出版）、《水经注写景文钞》（1929年朴社出版）、《正史考略》（1931年文化学社出版）、《文心雕龙注》（1936年开明书店出版）①。未刊的还有《诸子略义》。② 在抗战爆发以前，范文澜已经是一位在大学任教十多年的教授和出版有多种著作的知名学者。

综观上述几本著作的体例和内容即可看出，这一时期范文澜的治学路径，主要特色是继承了清代考据学者的方法，具有广博的经学、史学、诸子、文学知识，善于钩稽材料，进行考订、注释，并在此基础上提出自己的见解。《群经概论》内容涉及全部儒学典籍，博采了以往各个时期学者的有关论述，第一章是"经名数及正义"，第二章至十三章分论《周易》、《尚书》、《诗》、《周礼》、乐、《仪礼》、《礼记》、《春秋》及三传、《论语》、《孝经》、《尔雅》、《孟子》。《正史考略》则囊括了二十四部"正史"（但未包括《明史》，以《新元史》取代之）。与前书相比较而言，搜集材料之丰富相同，而较之更有改进的是，书前作者精心撰写有一篇绪言，对中国史学的源流和著史得失提出了一些独到的见解。归纳起来有以下三项：一是引证自《说文》至晚清发现的甲骨文材料，提出本人对"史"的来源的看法。认为，《说文》所释"史，记事者也。从又持中。中，正也"，以"正"释"中"并无根据。清儒江永《周礼疑义举要》称"又者右手，以手持簿书也"，以"中"为簿书，足正许慎之误。吴大澂也谓"史象手执简形"，而王国维在《观堂集林·释史》中反驳吴说，另外解释为"中者盛策之器"。最后范文澜申述己见："中即册之省形"。并引甲骨文"册"字以两手奉之，示册书繁重之意，故"册与中二形以繁省见义，非别有一物象中也"。二是论通史与断代史的得失。司马迁著《史记》，创纪传体通史体裁，班固撰《汉书》，复而断代为史。历来尊之者如刘知幾，称《汉书》"包

---

① 此书著成于1929年，初曾由北平文化学社出版。
② 范文澜《与顾颉刚论五行说的起源》一文（载于燕京大学历史会编《史学年报》第3期，1931年）云：十五年前曾撰有《诸子略义》。此书未刊。

举一代，撰成一书。言皆精练，事甚该密，故学者寻讨，易为其功，自尔迄今，无改斯道"①。诋之者如郑樵，比之于猪。② 为何意见如此尖锐对立？范文澜认为，郑樵绝不是实事求是地从总结史书演变得失出发，他乃出于自私的偏狭立场，为了抬高本人所撰《通志》的体裁，而痛骂别人。"欲自炫其书，抑班扬马，即以扬己，盖别有肺肠，难与正言。"《汉书》所创的断代体裁毕竟得以代代相传，而官修史书长期形成的积弊乃在于世代因袭旧规，不能创造更新。故范文澜极赞赏《文史通义·书教》所言："纪传行之千有余年，学者相承殆如夏葛冬裘，渴饮饥食，无更易矣，然无别识心裁可以传世行远之具"，称章学诚清楚明白地讲出问题的症结。三是，就历代"正史"的别识心裁和编撰方法论，范氏划分隋至唐初为一分界线。在此以前如司马迁、班固、陈寿、范晔、沈约、萧子显、魏收等，诸史的撰成，或出一人之手，或成一家之学。自隋文帝禁撰私史③，而唐初李世民诏廷臣十七人，以何法盛、臧荣绪十八家晋书重行编撰，称制旨临之，既成题曰"御撰"，从此国史便成官书。由于官府设局监修，一切以当权者的意志定是非，且造成修史者之间互相推诿、掣肘、分歧、戒备，所修史书失却统御全局的史识，类如官府簿书，而且效率低下，"头白可期，汗青无日"，"一国三公，适从何在"？针对这种严重弊病，宋至清代学者多有指摘。范文澜举出其中尤有代表性的言论作为有力的论据，如，范祖禹《唐鉴》卷六所说："人君观史，宰相监修，欲其直笔，不亦难乎？"朱彝尊《上史馆总裁书》曰："体例尤未见颁，而同馆诸君，纷纷呈列传稿于掌记，馆中供事遂相迫促。"又曰："朝呈一稿焉夕当更，此呈一稿焉彼或异，若筑室于道，聚讼于庭，糠粃杂糅，嵌罅分裂，记述失序，编次不伦，虽欲速而汗青反无日也。"因此，范文澜总结说："夫修史而视为奉行故事，卤莽灭裂，属草稿如寇盗之

---

① 刘知幾：《史通·六家》。
② 见郑樵《通志·总序》。
③ 《隋书·文帝纪》开皇十三年五月癸亥诏曰："人间有撰集国史臧否人物者，皆全禁绝。"

至,于是所谓正史者,托克托辈引弓持矢之人,竟司南董之职而修宋、辽、金三史矣!纰缪芜杂,爬梳不易,宜乎先识之士为之太息,而史学为之暧曃无光也。"官方的控驭干涉,制度的百弊丛生,是造成后代"正史"暗淡无光的根本原因,《宋史》《元史》则是最为甚者!

最能代表范文澜对传统学术高深的造诣和他治学把"文""史"打通一片之特色的,是后出的《文心雕龙注》。

范文澜曾师从黄侃学习《文心雕龙》。20年代以后他在南开大学及其他学校多次讲授《文心雕龙》课程。1925年,范文澜撰成《文心雕龙讲疏》。梁启超为之作序云:"其征证详核,考据精审,于训诂义理,皆多所发明,荟萃通人之说,而折衷之,使义无不明,句无不达,是非特嘉惠于今世学子,而实有大勋劳于舍人(指刘勰)也。"《文心雕龙注》一书即由《讲疏》增修而成。当时开明书店编辑部在《校记》中评价此书说:"博综群书,为之疏证,取材之富,校订之精,前无古人。"此书在解放后又一再重版,至今仍获得海内外文史研究者的高度评价。《文心雕龙》研究专家牟世金在他为中国《文心雕龙》研究学会所编《文心雕龙研究论文集》一书写的前言中,称范注是1949年以前"最重要的成果"。又说:

此本为注《文心雕龙》的划时代之作,已早为海内外龙学界所公认,如日本户田浩晓氏著《文心雕龙小史》,即谓范注"不可否认是《文心雕龙》注释史上划时期的作品",台湾王更生谓是书"确实在《文心雕龙》的注释方面开一新纪元",王元化更称范注对《文心雕龙》作了详赡的阐发,用力最勤,"迄今仍是一部迥拔诸家、类超群注的巨制"。这些评价都并不为过。①

何以《文心雕龙注》能历经半个世纪时光的考验,至今仍享有如此盛誉呢?这不仅由于范文澜熟悉典籍,征引宏丰,考订精

---

① 牟世金:《龙学七十年概观》,《文心雕龙研究论文集·前言》,人民文学出版社1990年版,第5页。

审,而且因为他对于传统学术经、史、子以至诸家文集、笔记之类都作过相当深入的研究,故能广泛联系贯串,抉幽阐微,注本就能在材料上和见解上都胜人一筹,成为一部划时代的巨制。《文心雕龙注》是范文澜国学造诣高深的明证,这样说绝非溢美之词。他注《辨骚》篇,因此篇原文多引《离骚》,故全录其文。分段依戴震《屈原赋注》,韵依江有诰《楚辞韵读》,均系严格选用清儒训注之最佳者。每段之末又用简洁文字概括本段大意,极便读者。而其中《史传》篇讨论的是史学著作的源流、得失,范文澜的注文也与史学关系最为密切,因此值得深入分析。

此篇注文的重要价值在于:做到广泛搜集前人研究成果,评价得失,纠正谬误。对于《史传》篇,清代著名文献学家纪昀不了解其价值,称"彦和(刘勰字)妙解文理,而史事非其当行,此篇文句特烦,而约略依稀,无甚高论,特敷衍以足数耳。学者欲析源流,有刘子玄(即刘知幾)之书在"。范注明确纠正纪昀此论之误,指出《史传》篇对史学源流的论述具有创始的意义,强调《史传》篇开《史通》评论史学之先河。范文澜认为:《史通·六家》篇"特重《左传》《汉书》二家,《文心》详论《左传》《史》《汉》,其同一也;《史通》推扬二体,言其利弊,《文心》亦确指其短长,其同二也;至于烦略之故,贵信之论,皆子玄书中精义,而彦和已开其先河,安在其为敷衍充数乎?至如《浮词》篇,'夫人枢机之发'至'章句获全',并《文心》之辞句亦拟之矣"。他更指明《史传》篇中"至于寻繁领杂之术,务信弃奇之要,明白头讫之序,品酌事例之条,晓其大纲,则众理可贯"一段,乃构成刘知幾评论史书体例的纲领。"《史通》全书,皆推阐此四句之义,孰谓彦和此篇是敷衍足数者?"

这些论述,说明范文澜熟悉传统学术,能够继承清代考证学派的治学方法,同时见识又超过前人。他阐发的《史传》篇开《史通》论史先河的论点,已被当代学者所赞同并加以发挥。范文澜还正确地评判刘知幾所言与《史传》篇歧异之处及其造成的错误。《史传》篇论《汉书》的成就称:"至于宗经矩圣之典,端绪丰赡之功,遗亲攘美之罪,惩婢鬻笔之愆,公理(仲长统字）辨之究矣。"范文澜注云："'至于'以下四事，当在仲长统《昌言》中。"班固《叙传》"自负甚至，因而有人嫉忌，造作谤语"。前二句，当即仲长统证明《叙传》说非夸诞之语。后二句，范注更详评为辨析："《汉书》赞中数称司徒掾班彪云云，安得诬为'遗亲攘美'？《北周书·柳虬传》虬上疏言：'汉魏以还，密为记注，徒闻后世，无益当时；纵能直笔，人莫之知，何止物生横议，亦自异端互起，故班固致受金之名，陈寿有求米之论。'据此，虬亦知班陈之冤。刘子玄深于史学，而《曲笔》篇竟谓'班固受金而始书，陈寿借米而方传，此又称记言之奸贼，载笔之凶人，虽肆诸市朝，投畀豺虎可也'。何无识轻诋至此乎！"时贤论著中仍见有继续辨明《史通》此处指责班固、陈寿的不当，范文澜对此早已明论其是非。

　　抉幽阐微，引发新义，是范注又一重要价值所在。《史传》篇原文有云："唐虞流于典谟，商夏被于诰誓。"这是认为史籍的开端是《尚书》中典谟、诰誓诸篇。范注对此加之辨析："《尚书》所载皆典谟训诰誓命之文，虽为古史，而体例未具，非史之正宗。至周公①制《春秋》，编年之体，于是起也。"正确指出《尚书》虽属史的范围，但尚不是正式史书，编年史著应从《春秋》开始。《史传》篇又有针砭史家记载久远年代的事附会讹伪的话："若夫追述远代，代远多伪，公羊高云传闻异辞，荀况称录远略近；盖文疑则阙，贵信史也。然俗皆爱奇，莫顾实理。传闻而欲伟其事，录远而欲详其迹，于是弃同即异，穿凿傍说，旧史所无，我书则传，此讹滥之本源，而述远之巨蠹也。"对此，范注申明刘勰的议论对刘知幾的影响，并引证自先秦至汉、晋、两宋的许多事实，证明前代儒生因嗜古的癖好，越往后竟将上古史事推得越远，牵强附会，造成许多迷误。他说："彦和此论，见解高绝，《史通》《疑古》、《惑经》诸篇所由本也。孔子修《春秋》，托始乎隐，以高祖以来事，尚可问闻知也。《尚书》托始于尧、舜，以尧、舜为孔子所虚悬之理想人物，故尧、舜二

---

① "周公"应为"孔子"，此处范注原文偶误。

典,谓之《尚书》;尚书者,上古之书,与《夏书》《商书》之有代可实指者,本自有别。《竹书纪年》起于夏禹,不必可信。司马迁撰《史记》,乃又远推五帝,作《五帝本纪》;张衡欲纪三皇,司马贞本其意补《三皇本纪》(皇甫谧《帝王世纪》、徐整《三五历纪》皆论三皇事。亦记盘古神话。);宋胡宏撰《皇王大纪》,又复上起盘古(盘古本西南夷之神话,自后汉渐流传于中国。);愈后出之史家,其所知乃愈多于前人,牵引附会,务欲以古复有古相高,信述远之巨蠹矣。"[1] 范文澜的议论,明显地吸收了近代学者顾颉刚等人古史辨伪的理论和成果,因而从近代学术思想的高度阐发了《史传》篇提倡征信阙疑、反对好奇穿凿的原则,赋予古人有识之见以新的意义,故能给人以深刻的启迪。

二、向唯物史观跨越的条件

20世纪30年代前期范文澜的著作,包括最受人们赞扬的《文心雕龙注》在内,基本上都属于考证学派的范围,到了40年代初,他却成为著名的马克思主义史学家,写出供解放区广大干部学习,并且受到国统区读者欢迎的通史著作。二者之间相隔只有短短数年时间,那么,促成范文澜学术思想产生如此巨大飞跃的条件是什么呢?

明显地,分析这一问题,不仅对探讨范文澜史学道路必不可少,而且对于正确地说明中国马克思主义史学的发展,也是很有必要的。概括来说,应该归因于下述三项:

第一,强烈的爱国思想和不断追求真理的精神。范文澜从青年时代起就热切关心国家民族的命运,勇于反抗反动统治势力。范文澜出生于浙江绍兴,同女革命家秋瑾是同乡。他的家离秋瑾主持的大通学堂(实际是革命派培养人才的军事学校)只有半里

---

[1] 范文澜:《文心雕龙注·史传》,人民文学出版社1962年版,第283—307页。

路,他的哥哥范文济是大通学堂的学生和分队长,少年范文澜常见到秋瑾男子装束,骑马外出的英武神态。1907年夏天,他亲眼见到清朝官兵到大通学堂强盗般地抓走秋瑾,半个世纪后他撰文回忆说,当时,"秋瑾严肃镇静的神情和那群狗子们疯狂凶恶的可憎相……,看得很分明,自然要同情秋瑾,厌恶那群狗子们。"① 革命党人奋斗牺牲的可贵精神在少年范文澜心中播下了关心国家命运、仇恨反动势力的思想种子。当他在上海浦东中学读书时,便因受"反满"思想影响而毅然剪去长辫,表示对清政府的蔑视,受到校长黄炎培的夸奖。五四时期他虽未加入斗争行列,但思想上的苦闷也是因忧虑国事所致。至五卅时期,他已坚决赞成反帝,认清了帝国主义是中国人民最凶恶的敌人。这种鲜明的爱国思想成为他人生道路的新起点。他不但参加了党领导的天津各界反帝大游行,而且在党员的影响帮助下,开始阅读宣传共产主义的书。从此他确立了信仰共产主义,决心放弃固守国学樊篱的旧立场。1927年,范文澜在北京会见李大钊。这一时期,"因在课堂上和接触学生时,常谈国外国内大势和共产主义,为天津反动当局所注意,5月间天津警备司令部派人逮捕。经南开大学校长张伯苓协助,离开天津到北京"。其后,"在北京教书几年间,和个别党员以及党所领导的团体——教联、左联和互救会联系"。② 反动军阀、宪兵、特务把他视为危险的进步学者,于1930年9月和1934年暑假后,两次将他逮捕,都因大学校长、教授多人联名营救获释。但是他的行动受到反动派的监视,除中法大学外,各大学都不敢再请他任教。

范文澜在抗战前所写的《水经注写景文钞序》和《大丈夫》一书,表明他自觉地把本人的著作与人民的斗争事业联系起来。《水经注写景文钞》于1929年出版。范文澜在序言中用林木、山水象征手法和正面议论,反映出国民党统治下少数人享乐、压榨工农民众的不合理社会现实:

---

① 范文澜:《女革命家秋瑾》,《中国妇女》1956年第8期。
② 《范文澜同志生平年表》,《范文澜历史论文选集》,第351页。

社会好似黑压压一大片野生森林，其中什么木材都有。越是不材恶木，凭着他所以为恶木的几种特质，繁荣超过一切。枝叶扶疏，独占雨露，根株布濩，广吸养料，良木如何能免于枯槁呢？不信，试翻历史和报纸，愤世嫉俗之士，不是数不清有多少么？小民呼号哀痛之声，不是震天动地价响么？在这样惨毒里生活的人们，能有心情去享受天地山川之美么？

富贵人应该能享受的了，然而未必。……名胜地方虽然不少花园别墅，不过表彰他们是富贵而已。有时候也曾听说某伟人游山啦，恐怕是想计策和看风色去的罢。青山丽水间，要是这类人多了，立刻会被血腥铜臭弥漫着像大雨前烟雾那样昏暗。

乡下农夫生在田野里，配做山水主人么？不，他们受种种压迫，很少机会受良好教育，成天作工、智识卑下，那能有鉴赏能力，美自美而人自人，两者间不发生关系。我说这话绝没有藐视农夫的恶意。他们忙的是耕种啦，纳租啦，伺候田主啦，黄牛害病啦，小鸡被偷啦，……他们是社会的职蜂职蚁，如何能责以雅人高士的勾当呢？都市中工人更不用提，白天做活动机器，夜里挺着喂臭虫。农夫有时还会被美术家在画片上作点缀品，工人连这些资格也很微。

他写作本书的目的，就是号召人们铲除那些玷污山川的东西。"首先把那片野生森林整齐一下，恶木悉数伐去，良木排得有条有理，教他平均地发展，欣欣然而向荣。"然后，尽量开发山川自然之美，让人类过上合理、文明、美满的生活。

《大丈夫》一书于1935年编成，后由开明书店出版。这时，日寇扩大向全中国侵略的阴谋更加暴露，中华民族的生存面临更为严重的威胁。范文澜选择历史上具有高尚民族气节的人物，编写成通俗历史读物，目的就在激发全国人民团结抗战的民族大义，痛斥蒋介石对外卖国、对内残害革命人民的罪恶，号召民众人人做挽救危亡、"发扬汉族声威，抗拒夷狄侵略"①的大丈夫！

第二，民族解放战争烈火的锻炼、考验，为他学习马克思列宁主义提供了最好的课堂。这是范文澜更加难得的地方，他走出了书斋，来到抗战游击区，在严酷的环境中锤炼成为一个名副其实的革命者。1936 年，他由北京到开封河南大学任教，讲授中国上古史、中国文学史、经学、《文心雕龙》等课程。次年，"七七"事变爆发，全国抗战局面出现，在党组织领导下，范文澜和王阑西、嵇文甫一起创办救亡刊物《风雨》周刊，进行抗战动员，推动河南省的救亡运动。范文澜又在开封创办抗战讲习班，训练对象主要是河南大学和高级中学的青年学生，他本人亲自讲课。1938 年 6 月，开封沦陷，他随河南大学转移到鸡公山一带。不久，与中共河南省委取得联系，先后在遂平县办抗日训练班，又随新四军在信阳一带开辟游击区，和在第五战区抗敌委员会做抗日民族统一战线工作，由于他的勇敢、忘我工作热情和丰富学识，被誉为"文武双全的民族英雄"②。当时和他一同工作的王阑西曾回忆说："他在信阳活动，一直到一九三九年春季。这几个月中，范老深入群众，作抗战动员，足迹踏遍了桐柏山区。"以后，中共河南省委安排他在省委宣传部做干部教育工作。在这段环境极其艰苦的日子里，范文澜坚持孜孜不倦地学习马列主义著作，"认真圈点，还写了许多札记"。③在党的领导下，他作为抗日武装队伍中的一员，从事抗战动员和扩大游击区的工作，是在最生动丰富的革命熔炉中学习马列主义，加上书本上的深入钻研，因此完成了向唯物史观的转变。在范文澜的人生—学术道路上，这几年从事抗战实际工作意义之重大不言而喻。这些活动，使他兼具学者和革命家的品格，学习马列主义更加得其精髓，并

---

① 《大丈夫》中的人物故事有张骞、卫青、霍去病、李广、苏武、赵充国、马援、班超、刘琨、玄奘、颜杲卿、张巡、许远、狄青、宗泽、岳飞、张世杰、陆秀夫、文天祥、方孝孺、戚继光、熊廷弼、袁崇焕、史可法、黄道周共二十五人。范文澜编写这些历史故事是为了推动抗战事业服务，故这里的"汉族"实指整个中华民族，"夷狄"则指日寇。

② 铁夫：《范文澜先生》，《中国青年》第 1 卷第 10 期，1939 年 10 月。

③ 王阑西：《抗日初期的范文澜同志》，见《范文澜历史论文选集》，第 359 页。

且成为他血肉的一部分。1939年9月，范文澜在河南省委机关所在地竹沟镇重新加入中国共产党。

第三，范文澜又善于继承传统文化的具有积极意义的部分，如关心国家民族命运的爱国思想，实事求是、无征不信的治学旨趣，朴素的辩证观点，成为他通向辩证唯物主义和历史唯物主义的桥梁。前者与后者虽在发展阶段和完善程度上属于不同质的，但二者之间毕竟有其联系，前者构成向后者飞跃的内在基础。关于爱国思想、实事求是二项，前面已有论述，这里只说范文澜前期思想中所具有的朴素辩证观点。

《文心雕龙·史传》篇注即是明显例证。刘勰云："至于纪编同时，时同多诡，虽定、哀微辞，而世情利害。勋荣之家，虽庸夫而尽饰；迍败之士，虽令德而常嗤。理欲吹霜煦露，寒暑笔端；此又同时之枉，可为叹息者也。"这是概括著史涉及当代人物、事件时，由于"世情利害"、权势干预等因素，而造成有所隐饰、歪曲。范注分两层申其说。第一层云："《史通·曲笔》篇申述彦和此论。"故刘知幾反复指斥褒贬失实、虚美隐恶的行为："用舍由乎臆说，威福行乎笔端，斯乃作者之丑行，人伦所同疾也。""至如朝廷贵臣，必父祖有传，考其行事，皆子孙所为，而访彼流俗，询诸故老，事有不同，言多爽实。"第二层，更为可贵的是，范文澜对于史书记载失实区分了两类情况。属于有意曲笔，"任情高下，爱憎无准"者，违背作史必求信实的原则，应该谴责。但还有另一种性质的问题，非有意歪曲，出于环境的压力或材料失实、认识产生偏差所致。范文澜举出了五种情况：（1）《汉书》《三国志》以下"正史"，有的处于统治者极其腐败时修成，要写出真相，压力过大，"生在本朝，宜避时难"。（2）史馆监修或所据史料失实造成的失误。"隋唐以降，更置监修，限以岁月，钳其喉舌，载笔之士、乌合史馆，仓卒成编，惟务速效。史料所资，朝廷则有实录，语多诒谀，大臣则有行状碑表，或出门生献媚，或出文人鬻笔，类不可信，至于名士专集，杂载传状墓志，本无直笔之责，自多阿世取容。及其易代修史，借此排编，删改首尾，贵能形似，既乏旁稽参校之暇，故老乡里之询,浊源混混,欲挹清流,乌可得乎?"(3)传闻有失误,即使完全如实记下来,也已违背史实。"耳目所亲,犹或舛讹,况时代久远,疆域宽广,转展言传,能不失实?记录之士,有闻直书,纵无一字之差,已违事物之直矣。"(4)因为"正史"记载范围广泛,包罗万象,修史者很难样样精熟,"包举既广,舛驳舛讹,势不可免"。故提出撰著专史以救纪传体史书之失。(5)史书记载一概都用古语,却不能用当时的口语,"于是武夫走卒,言必雅驯,修饰改易,几类翻译",也是造成失实的原因之一。①

这段论述,对史书失实尽可能作了具体分析,区分不同情况讨论致误的原因,避免了看问题绝对化的形而上学观点,因而所论比前人推进了一步。这一事例说明范文澜善于从传统文化和五四以后思想潮流中吸取营养,突出地具有朴素的辩证观点。马克思主义的世界观和方法论本来就是人类优秀文化发展的成果。具有朴素辩证思想的学者当然更容易学习唯物辩证法的思想体系,并在普遍自觉学习马列主义的客观环境下,经过刻苦努力,达到精熟地运用它。上述诸项条件,使范文澜能够完成由国学向唯物史观的跨越。

三、中国马克思主义史学发展的重要成果

1940年初,根据党组织的安排,范文澜从中原游击区来到中共中央所在地延安,任马列学院历史研究室主任。不久,因根据地文化教育工作的迫切需要,他著成享有盛名的《中国通史简编》一书。这部书标志着范文澜的学术产生了意义重大的飞跃。

《简编》出版之前,他还有两篇重要的论著。当年春,他撰成《关于上古历史阶段的商榷》② 一文。这是范文澜到延安后所

---

① 范文澜:《文心雕龙注·史传》,第304—305页。
② 发表在1940年5月延安出版的《中国文化》第1卷第3期。

写的有关中国古史分期问题的第一篇论文，他赞成吴玉章关于殷代是奴隶社会、西周是封建社会的主张，而对郭沫若所提西周是奴隶社会的观点提出商榷意见。范文澜自觉地运用唯物史观关于生产力和生产关系相适应的观点和几种基本社会形态的学说，分析了大量的中国古代文献（《诗经》《尚书》《左传》等）和甲骨、金文材料，论证殷代、西周的不同社会性质。此文所显示出的深厚理论性和高度概括力是很突出的，文中的基本论点构成范文澜本人"西周封建论"学说的基础，一直到60年代都没有更改。自然，由于是首次作这样的理论分析，故在理论运用上有的地方略显生硬。次年，范文澜（时任中央研究院副院长）在中央党校讲《中国经学史的演变》[1]。在中国学术史上，这是第一次运用马列主义观点对二千年经学的源流变化作初步总结。范文澜以"绪言""第一部分　汉学系——孔子到唐""第二部分　宋学系（道学、理学、心学）——唐到清""第三部分　新汉学系——清到'五四'""总结"共五个部分，概述经学的演变过程，对经学的阶级本质、各阶段主要学说、历史地位和发展规律作了中肯的、实事求是的分析，故具有重要的开创性意义。毛泽东亲临听讲，并写信给予肯定，说："提纲读了，十分高兴，倘能写出来，必有大益，因为用马克思主义清算经学这是头一次，因为目前大地主大资产阶级的复古反动十分猖獗，目前思想斗争的第一任务就是反对这种反动。你的历史学工作继续下去，对这一斗争必有大的影响。"[2]《关于上古历史阶段的商榷》论述了古史的分期，《中国经学史的演变》对两千年思想文化的主干部分经学作了分析、评价，这两项工作是范文澜运用唯物史观分析中国历史取得的初步成功，也是为大规模的通史撰著所作的准备。

《中国通史简编》的撰著时间是在1940年8月至第二年年底。原先是由历史研究室的同志分工写作，范文澜任总编。[3] 但

---

[1] 后发表在《中国文化》第2卷第2、3期。
[2] 中共中央文献研究室主编：《毛泽东书信选集》，第163页。
[3] 当时参加编写工作的除范文澜外，另有谢华、佟冬、尹达、叶蠖生、金灿然、唐国庆。详见《中国通史简编·序》（中国历史研究会），华北新华书店1949年版，第3页。

范文澜：从国学向唯物史观的跨越

由于缺乏集体编写的经验，稿子分头写出后，有的太详，有的太略，不甚合用，于是决定由范文澜索性从头写起，故《中国通史简编》一书实际上是范老一人著成。全书共五十六万字。[①] 当时，延安物质条件、研究条件困难极大，资料缺乏，据范文澜讲，那时连《农政全书》《天工开物》这类书都找不着，[②] 编著时间又如此仓促，自然存在不少缺点。然而它著成后却产生了巨大反响，1941 年在延安出版以后，各个解放区多有翻印，受到干部、群众的欢迎。在国民党统治区虽然遭受特务的禁止，但是 1947 年上海也终于印出了。广大读者的欢迎是对这部著作新颖的观点、系统的内容、生动的文字所具有的价值的最好评价。

公正地说，《中国通史简编》为新中国成立后内容更丰富、水平更高的修订本《中国通史简编》提供了基础，也是中国马克思主义史学发展的重要成果。但是，对这部延安版《中国通史简编》的价值却至今似乎仍研究得很不够。其原因有二：一者，从 1953 年起，修订本《中国通史简编》陆续出版，比较前书，观点更加成熟，分析更加深入，更高的成就可能会有些掩盖原书的价值。再者，又因为范文澜一向谦虚，常严格地作自我批评，曾一再检讨原书存在"非历史主义的缺点"和"在叙述方法上缺乏系统，头绪紊乱"，[③] 而对原书的成绩却少有谈及，这或许也影响到人们细心地总结书中的成就。

我认为，今天认真读这部著作，仍然可发现它有多方面的宝贵价值，值得认真地探究。这里初步归纳为以下五项：

第一，它是较早诞生的一部以唯物史观为指导，系统地叙述几千年中国历史进程的通史著作。范文澜对中国马克思主义史学

[①] 此系指自远古至鸦片战争以前。初版时称为《中国通史简编》的上册和中册。1943 年范文澜到中央宣传部工作，继续写《中国通史简编》下册。至 1945 年范老离开延安至晋察冀边区时，已写成从鸦片战争到义和团运动部分，题名《中国近代史》（上册），于 1946 年在延安出版。此后习惯上即把《近代史》（上册）视为单独著作，故上述字数不包括近代部分在内。

[②] 范文澜：《关于〈中国通史简编〉》，《新建设》1951 年第 4 卷第 2 期。

[③] 范文澜：《关于〈中国通史简编〉》（1951），修订本《中国通史简编·绪言》（1954）。

工作者的根本任务有自觉的认识，即不仅要说明中国历史进程符合唯物史观创始人指出的人类社会所共同经历的阶段，而且要全力总结出这种共同规律在中国历史上表现出来的特殊性。本书对此有明确的表述："我们要了解整个人类社会的前途，我们必需了解整个人类社会过去的历史；我们要了解中华民族的前途，我们必需了解中华民族过去的历史；我们要了解中华民族与整个人类社会共同的前途，我们必需了解这两个历史的共同性与其特殊性。只有真正了解了历史的共同性与特殊性，才能真正把握社会发展的基本法则，顺利地推动社会向一定目标前进。"① 这段话很可以视为范文澜在延安时和新中国成立后史学工作的总的指导思想。唯其明确地以唯物史观发现的共同规律来指导这部通史著作，才同封建时代史家以至资产阶级史家的著作划清了界限，具有崭新的内容和意义；唯其要总结和说明共同性在中国历史上表现出来的特殊性，他的研究才避免教条主义和公式化的毛病。通过对历史资料的分析、综合，范文澜对几千年中国历史提出了系统的看法：夏以前，是原始公社时期；夏、商是原始公社逐渐解体到奴隶占有制时代；从西周到秦统一，是初期封建社会；秦汉至南北朝，是封建社会的第二阶段，封建社会的政治、经济、文化获得大发展；隋、唐至鸦片战争以前，是第三阶段，封建社会螺旋式继续发展至西洋资本主义侵入。原本《简编》所安排的章节内容，也构成修订本内容的基础。② 书中对中国历史演进的总看法，以后虽有所调整，③ 但基本格局则由此奠定。长时间内关

---

① 范文澜：《中国通史简编·序》，华北新华书店1949年版，第1页。
② 拿原本《中国通史简编》与修订本的章节标题比较，第一编第三章"封建制度开始时代——西周"中，"古公建立封建制度的周国""周怎样灭商""周初大封建""各族间战争与西周的灭亡"这四节，是原有或基本上原有的；重新设置的只有"西周的经济结构"等三节。第四章"列国兼并时期——东周"中，"王室衰微与大国争霸""弱国对强国、人民对国家的负担"等六节，是原有或基本上原有的；重新设置的只有"在兼并战争中变化着的东周社会""古代文化的创造"两节。另外，"孔子及其所创儒家学说"等三节系从其他章移入。
③ 修订本在此基础上作了调整，划分中国封建社会为三个阶段、四个时期：西周至秦统一，为封建社会初期；秦至隋统一，为中期前段；隋至元末，为中期后段；明至鸦片战争以前，为封建社会后期。

于中国古史分期讨论中影响很大的西周封建说一派，也就以范文澜为主要代表。

第二，《简编》做到比较深入而成功地分析和描述各个时代的特点。有了对社会形态和历史时期的正确看法，构成一部通史著作的骨干和脉络，而对各个时代的分析和描述，则是包裹这些骨干和脉络的血肉，二者配合，才是主干清晰、有血有肉的历史。《简编》已经比较成功地作到了这一点，这无疑是它受到欢迎的重要原因。

书中叙述战国盛行养士制度。因为在当时，"士能替主人出计策，能替主人显扬声名，巩固他的地位。如果待士不好，他能投到仇敌方面来作对。例如商鞅、张仪、甘茂、范雎、蔡泽、李斯，全是山东失意的策士，入关助秦灭亡六国"。养士著名的，国君有魏文侯、齐宣王、燕昭王，贵族有孟尝君、平原君、信陵君、春申君。齐孟尝君田文家财巨万，"在薛召集豪侠奸人六万多家，宾客三千多人。其中有犯罪亡命的，有装狗偷窃的，有学鸡叫的，不论贵贱，一律招待。他在薛放高利贷，取息金养食客。他曾路过赵国，赵人闻名，群出看他，笑道，田文原来止是一个普通样子。田文怒，他的食客下车斩杀观众几百人，索性把一县屠灭才走路。后来田文失位，食客都跑走了"。山东策士聚在赵国谋攻秦。秦相魏冉说不妨事，因为策士无非谋自己的富贵。"好比狗，……投下一块骨头，立刻起来争夺了。秦王用魏冉计，费不了三千金，赵国策士果然大争夺。"[1] 读着书中这些有独到眼光、简洁生动的叙述，有谁对战国盛行养士这一时代特点不留下深刻印象呢？

自从曹丕创九品中正制度后，两晋南北朝形成了严格的士族（门阀）制度。书中对这一时代特点有充实、深刻的描述："士族依法律保证统治地位的巩固，生活极端腐化，造成西晋末年的大乱，中原士族十之六七避难到长江流域，拥护司马睿重建政权。士族中王氏一族最强盛，王导做丞相，管政治，王敦做大将军，

---

[1] 以上引文均据《中国通史简编》第一编第五章第四节"养士制度"。

专兵权,子弟满布要职,当时有'王与马(司马氏),共天下'的传言,又有谢氏一族与王氏并称,南朝士族,王谢居首。其余众族各依门第高低,分配权利,不敢僭越。北方士族过江较晚,便被指为伧荒(南人呼北人为老伧或伧夫),即使人才可用,也止得浮沉微职,难升上流。"士族在入仕、婚姻、身份等方面都有特权。书中举出典型性的史实论述门阀制度下的婚姻的严格界限:"门第相等,才通婚姻,否则视为极大罪恶。梁王源嫁女给富家满氏,沈约上表弹劾,说王源污辱士流,莫此为甚。甚至说满氏'非我族类',强烈的等级偏见,竟否认同种人为自己的'族类'。……东晋末杨佺期自矜门第极高,江左莫比,一般士族,却因杨氏过江较晚,又与伧荒通婚,共同排抑,不认杨氏为甲族。梁时侯景攻破台城(南京玄武湖旁),迫胁萧衍允许他求婚王谢。萧衍道:'王谢门高,可向朱张以下去求。'门第界限,严格如此。"由于士族掌握着统治权,朝代更换,士族地位不变,因此长期形成士族阶层种种恶劣特性:傲慢、苟安、优闲、腐败。书中这样简练而又淋漓尽致地描述士族的腐败:"颜之推说梁朝士大夫,通行宽衣大带大冠高底鞋,香料薰衣,剃面搽粉涂胭脂,出门坐车轿,走路要人扶持。官员骑马被人上表弹劾。建康(南京)县官王复未曾骑过马,见马叫跳,惊骇失色,告人道,这明明是老虎,怎么说它是马。后来侯景叛乱,贵族们肉柔骨脆,体瘦气弱,不堪步行,不耐寒暑,死亡无数。还有些贵族,因为百姓逃散,不能得食,饿成鸟面鹄形,穿着罗绮,怀抱金玉,伏在床边等死。"最后总概括:"九品中正制不仅在南朝行施,北朝士族虽在异族压迫的下面,也还享受一部分的政治上特权,直到隋唐,士族制度才逐渐破坏。"[①] 这样,书中做到从多方面叙述这一时期士族发展的种种特性和来龙去脉,文字简明扼要,把道理的阐发与形象化的描述很好地结合起来,使读者有全面、深入的了解,并且感到饶有兴味。再如叙述唐朝安史之乱后出现的藩镇割据局面:"唐朝经这次大乱,统治力量大为削弱,

---

[①] 以上引文均据《中国通史简编》第二编第五章第二节"士族制度"。

又加回纥、吐蕃乘虚入寇,更不敢激起内变,破坏危局。对拥兵悍将,李豫(唐代宗)以下诸帝,一贯采取姑息政策,止求名义上还承认朝廷。占据土地、封赏官爵、厚给财物,都在所不计。广德二年,淄青节度使李正己、成德节度使李宝臣、魏博节度使田承嗣……互相婚姻,遥为声援,收集安史余众,各拥劲卒十万,练兵修城,任命文武官吏,扣留赋税,不服朝廷命令,造成地方势力与中央对抗。"① 写南宋初年,以李纲、宗泽为首的主战派不顾投降派的压力勇敢抗击金兵。李纲任宰相七十五天,政治上坚决反对和议,主张广开言路,军事上专力招抚义兵,建立新军,得到两河人民踊跃响应。宗泽留守东京,部署各军进击金人,却被宋高宗赵构阻拦。这位七十岁的老人眼见恢复无望,忧愤成重疾,最后"连呼渡河三声,气绝身死"。河南、河北、山西民众组织义军浴血奋战,红巾军"声势浩大,组织极严","遇敌即奋死进攻,绝不畏避"。他们曾袭击金军大寨,宗翰几乎被擒。② 这些精彩的文字再现了历史的场景,具有强大的感染力。

第三,《中国通史简编》的成功还在于,历史家做到把冷静的理论分析与表达对历史事件、人物是非分别的态度二者结合起来,取得了相当成功的经验。这是基本写作旨趣、写作态度问题,对于既保证历史著作的科学性,又要发挥其教育、感奋作用,有着重要的意义。优秀的史著必须始终以冷静态度对所有历史问题作分析,"把问题严格地提到一定的历史范围内",不允许以史家个人的好恶去歪曲或割裂历史事实,因此,作冷静的科学分析具有首要的意义。然而,冷静的理性态度不等于"冷眼旁观",并非要熄灭掉史家的热情。因为历史上的善恶是客观存在的,其标准是对历史起推动或阻碍作用,对人民的态度如何;同时历史与今天的现实又是相联系的,写作史书,在确切叙述事实的基础上,必然要评判是非,总结经验、教训,从中求得今日行动的教益,推动时代前进。因此,史家不可能是冷眼旁观,对一

---

① 以上引文均据《中国通史简编》第三编第二章第五节"中唐的政治"。
② 以上引文均据《中国通史简编》第三编第五章第一节"南宋建国与宋金间的和战"。

切善恶行为无动于衷，史书也不能停留在罗列事实，而要写出史家对史实的理解，表现史家赞成什么，反对什么。问题在于应当在忠实于历史的前提下，把理性的分析与热情的态度结合起来。范文澜作为一个关心国家民族命运，自觉地要求以历史著作教育大众，帮助"顺利地推动社会向一定目标前进"的马克思主义史学家，他对于这一事关著史旨趣和基本态度的重要问题是把握得好的。他对热爱祖国历史、吸收珍贵经验与创造美好未来的关系，歌颂历史光明面与揭露暴君民贼罪恶的关系，曾有非常深刻的论述：

> 几千年来，中国人民千辛万苦，流血流汗，创造了自己的祖国，创造了自己的历史，既然是自己创造的，产生热爱祖国，热爱历史的心情，也是很自然的。今天人民革命胜利了，劳动人民真正当了自己祖国的家，对自己祖先创造历史的勤劳和伟大，特别感到亲切与尊敬，要求知道创造的全部过程，为的承继历史遗产，从那里吸收珍贵的经验，作更伟大更美好的新创造。历史上，中国劳动人民对自然界作斗争的生产斗争历史，对统治阶级及侵略民族作斗争的阶级的民族的斗争历史，都有非常光辉的成就。统治阶级中一部分人，以各个不同的程度，参加这种斗争，全部或部分的符合人民的意志和利益，在政治经济上，在武力卫国上，在文化思想上作出许多大小事业，给历史以巨大的贡献，这与劳动人民的成就，同样值得人民的永远纪念与学习。把上述丰富的史实综合起来，就会基本上构成古代历史的光明面。当然，正因为中国人民充满着民族自尊心，所以特别愤恨自己的已往的奴隶生活与落后状态，对那些玷污民族名誉，出卖人民祖国，压迫劳苦人民，破坏经济文化，阻碍社会发展，毒害人民思想的暴君民贼及其所代表的反动地主阶级，表现无限仇恨，把他们的罪恶写在历史上，好让人民知道历史不是走的一帆风顺的胜利道路，历史走的是崎岖曲折，艰难困

苦的道路。①

这些话是在四十多年前说的,在今天却仍然没有过时,《中国通史简编》便是以有血有肉的叙述,体现了这一指导思想和根本态度,因而能给人以道理上的启发和感情上的激励。《简编》一出版就赢得解放区和国统区广大读者的欢迎,说明这部著作的鲜明倾向和许多论断得到人们的认同,引起了内心的共鸣,所以获得了成功。

《简编》的基本观点之一,是肯定劳动人民是历史的主人。这是同旧史将帝王将相作为历史的主人而歪曲人民大众的作用相对立的命题。书中以具体的史实论证了:秦末、隋末和元末三次大规模农民战争胜利的结果,建立了汉、唐、明三个强大的皇朝,推进了封建社会的发展。相反,农民战争失败的结果,军阀混战割据,外族乘虚侵入,就出现分裂或经济遭受严重破坏的局面。对此,范文澜明确总结说:"劳动人民的命运就是整个历史的命运,不看清这一件大事,等于忘记了劳动人民是历史主人的原则。"② "劳动人民是历史的主人"的命题,是根据历史上归根结底是人民的意志、人民的斗争决定历史前进的方向,推动社会前进的大量史实总结出来的,因而是正确的、马克思主义的命题。坚持这一原则,同承认统治阶级中有作为的人物(包括政治上、经济上、军事上、文化上)也曾或大或小地推动历史前进,是不相矛盾的。《简编》在这方面存在的缺点则有如范文澜后来一再总结的:一是对唯物史观运用得还不熟练,因要暴露统治阶级的罪恶,而对汉武帝、唐太宗这样的杰出的帝王有贡献的一面写得不够。二是书中"有些地方因'借古说今'而损害了实事求是的历史观点",如叙述三国历史时,借吴、蜀联合拒魏来类比抗日民族统一战线,借孙权来类比蒋介石集团破坏统一战线。③以后修订本对这些地方都作了修正和补充。

---

① 范文澜:《关于〈中国通史简编〉》,《新建设》1951 年第 4 卷第 2 期。
② 范文澜:《关于〈中国通史简编〉》,《新建设》1951 年第 4 卷第 2 期。
③ 参见范文澜《关于〈中国通史简编〉》及修订本《中国通史简编·绪言》。

第四，原本《简编》广泛地叙述了历史发展的各个方面，除政治、民族、军事、阶级阶层诸项外，还重视论述了各个时期经济生产状况、科技发明和思想文化状况，这也是优于以往史书的地方。范文澜对于叙述古代的科学发明和有关农业、手工业知识十分重视，尽管编写时材料极缺乏，这些方面还是写的不少。例如炼钢、造纸、印刷、火炮的逐步发展；茶叶、早稻、棉花的大量种植。又如汉时陕北发现石油，北宋用来点灯，东汉末曹操开始用石炭，唐时航海有大船，宋时航海用指南针定方向，诸如此类都重视叙述。原本书中对文化思想的论述虽较简略，但所提出的不少基本观点即是后来修订本论述的基础。如关于春秋时期孔子和战国诸子的论述，除评价孔子后来作较大修正外，其余对道、墨、法诸家及孟子、荀子的评价，都保留了原本的基本论点而加以扩充、发展。

第五，《简编》为通史编著创造了视野开阔、上下联贯的经验：写中国史要注意东西方的联系，写古代史要重视与近代史的联贯，深刻地分析近代中国的命运乃是孕育于明清时期多种社会与外交的矛盾和社会因素演变的必然结局。

范文澜对此项有自觉的认识，他采用"古代史与近代史的联结"和"直通"的提法。中国历史行程至鸦片战争出现巨大转折，由封建国家走上半殖民地道路，由独立国家变为半殖民地。而这种结局乃种因于明清时期，原本《简编》在第三编第七、八两章中，从多方面揭示出造成后来巨大转折的复杂因素。第七章专辟"西洋人东来"一节，追述了东汉时中国与罗马帝国的交通，元朝交通复活，明正德年间葡萄牙人到达中国，嘉靖年间占领澳门，荷兰占据台湾，明末天主教利玛窦、庞迪我等来华。第八章设置"海禁与华侨""鸦片战争前的国际贸易"等节，论述清朝实行海禁，抛弃海外华侨，给欧洲将南洋作为殖民扩张前哨提供了机会。长期的闭关政策，造成清统治者对西方世界及其侵略意图懵然无知。"老朽的中国，好比紧密封闭在棺材内的'木乃伊'，一朝与外界新鲜空气接触，不可避免的要腐烂。"清朝采取限制洋商的各种措施，但"事实上并不能阻止西洋商品暴风雨般的侵袭，也不能阻止奸官们贪饱私囊，暗中通融勾结。紧闭的关门，鸦片战前早成半开的破门了"。此后，嘉庆末至道光年间，鸦片大量走私造成白银剧烈外流。英国政府为维持其不合法贸易的顺利进行，决心发动武装侵略，中国为了自救，也只有诉诸武力，"鸦片战争不能不爆发了！"① 这两章中，对国内社会矛盾和中国与西方殖民者的矛盾步步深入作了揭露，令人信服地告诉人们：近代中国的苦难命运，革命的性质和各阶级的地位，都是由上述各种因素决定的，具有深刻的历史必然性。这样，古代史与近代史真正贯通起来，成为名实相符的"通史"。

以上五项说明，原本《中国通史简编》的成就不容低估，它是一部以正确观点作指导、脉络清晰、内容充实、上下贯通的成功之作。加上范文澜擅长于发扬古代优秀史家兼通"文""史"的好传统，有高度的文学修养，书中语言简练、流畅、形象，确已成为一部"简明扼要，通俗生动"的中国通史著作。

范文澜在延安时期困难的条件下，以一年多的时间著成具有如此多方面成就的通史著作，即从整部近代文化史来说，也是非常了不起的。对于祖国历史文化的深厚素养，唯物史观的指导和根据地建设新民主主义文化迫切需要的推动，以及历史家献身学术、忘我工作的崇高精神，综合了这些条件才能结出如此丰硕的果实。有了《中国通史简编》这部系统著作，与40年代其他马克思主义史家的著作汇合一起，便把中国历史科学的发展推向了新阶段。

---

① 范文澜：《中国通史简编》第三编第八章第九节"鸦片战争前的国际贸易"。

侯外庐学术的特色

一、独树一帜的理论主张

在深入探讨中国社会发展和思想演变的过程中，侯外庐形成了自己鲜明的学术特色。

侯外庐（1903—1987）在从事史学研究以前，曾以十年时间研究、翻译《资本论》（1927—1937），并于1936年出版了《资本论》第一卷中译本（与王思华合译）。① 对马克思主义这一经典名著的长期钻研，使他具有高深的唯物史观的素养。1930年侯外庐由国外归来不久，即经历了国内理论界热烈展开的社会史大论战。他读到郭沫若著的《中国古代社会研究》，此书在掌握大量史料的基础上，运用历史唯物主义观点和方法，以其锐利的眼光，第一次提出并论证了中国古代同样存在奴隶制社会，从而证明马克思主义关于人类社会发展的规律对于中国同样具有普遍意义，这一卓越的科学发现使侯外庐深感敬佩。尽管此书在运用唯

---

① 由北平世界名著译社出版，成为《资本论》第一卷在我国第一次出版的中文全译本。参见杨国昌《〈资本论〉在我国的传播》，《马克思经济学说研究》，沈阳出版社1992年版，第108—111页。

物史观理论的某些方面还不很成熟,但侯外庐充分肯定它是中国马克思主义史学的拓荒之作,开辟了"科学的中国历史学的前途"①。侯外庐又总结了这场论战存在的两个缺点。一是对于马克思主义的基本理论没有很好消化,融会贯通,未能很好地用来分析中国历史的特点,因此不免陷入公式化和简单化。二是不少论者缺乏足以征信的史料作为基本的立足点,往往在材料的年代或真伪方面发生错误。从此他确立了本人治史的根本原则,是在理论指导下对文献资料作深入的考辨、诠释,来认识中国历史发展的特点。用他自己的话来说:"我个人对这门科学探讨了十五年,在主要关键上都作过严密的思考,对每一个基础论点的断案,都提出自己的见解。但是我自己从事这项研究工作是有依据的,一是步着王国维先生和郭沫若同志的后尘,二是继承亚细亚生产方式论战的绪统,我力求在这两个方面得到一个统一的认识。"②

由此,他形成了一套独特的理论主张,认为:中国古代进入文明的途径与希腊、罗马不同。希腊、罗马是属于"古典的古代",中国则属于"亚细亚的古代"。二者在本质上都是奴隶社会。"古典的古代"走的是革命的路径;"亚细亚的古代"走的却是改良的路径。"前者便是所谓'正常发育'的文明'小孩',后者是所谓'早熟的'文明'小孩',用中国古文献的话来说,便是人惟求旧、器惟求新的'其命维新'的奴隶社会。旧人便是氏族(和国民阶级相反),新器便是国家或城市。"③按照这一基本观点,即是说:马克思主义所阐述的人类社会发展的共同规律,对于无论东方国家和西方国家都是适用的,但是不同的国家、民族,又有不同的途径。"古典的古代",是从家族到私产到国家,新旧社会之间可以有截然的界限,国家产生以后,氏族制就不存在了,不是以血缘关系而是以地缘关系为单位。而"亚细亚的古代",则是从家族到国家,国家混合到家族里面,就是所

---

① 侯外庐:《中国古代社会史论·序言》,人民出版社1955年第,第1页。
② 侯外庐:《韧的追求》第二章"中国社会史的研究",生活·读书·新知三联书店1985年版,第224页。
③ 侯外庐:《中国古代社会史论·序言》,第2页。

谓"社稷"。前者是新陈代谢，新的冲破了旧的，这是革命的路线；后者却是新陈纠葛，旧的拖住了新的，这是维新即改良的路线。"周虽旧邦，其命维新"，在殷周社会之际，社会有了新的内容，却保持了旧的氏族制的形式，并且造成血缘关系在长期中国历史中产生很深的影响。对于侯外庐先生提出的这些理论主张，白寿彝先生给了高度评价，他称《中国古代社会史论》一书应是最能代表侯外庐史学成就之作，"反映了我们中国马克思主义史学发展到新的阶段，外庐同志的著作是这个阶段的标志"[1]。

侯外庐所阐述的这一理论在学术界产生的影响是很大的。有位中国伦理学史的研究者根据自己的体会，认为："侯先生讲的'亚细亚生产方式'乃是中国古代伦理思想的真正秘密所在，它是把握中国古代伦理思想史的钥匙。一切中国古代伦理思想的特征，都可以从'亚细亚生产方式'中得到令人信服的说明。"中国古代伦理思想重视道德，以"孝、悌"为中心，重视"中庸"等，这些特点，都可以从侯外庐所揭示的"亚细亚生产方式"得到解释。"中国历史上的道德规范具有宗法制度和血缘关系的特色。这是中国古代'亚细亚生产方式'在道德领域中的反映。既然血缘关系和宗法制度的存在是中国奴隶社会的重要特征，甚至是它赖以建立的基石，那么以孝悌为核心的维护血缘关系和宗法制度的道德观念，自然在中国奴隶社会的意识形态中占据重要地位。"[2] 专史研究与社会史基本理论是相通的，基本理论对专史研究具有指导作用。从上述例证，可以说明侯外庐所揭示的中国历史的具体道路对于史学研究的意义。他在40年代所说："中国学人已经超出了仅仅于仿效西欧的语言之阶段了，他们自己会活用自己的语言而讲解自己的历史与思潮了。""他们在自己土壤上无所顾虑地能够自己使用新的方法，掘发自己民族的文化传统了。""我相信（这）一方面的研究会在业绩方面呈现于全世界的文坛，

---

[1] 白寿彝：《外庐同志的学术成就》，《史学史研究》1989年第1期。
[2] 陈瑛：《中国伦理学史研究的正确道路》，《纪念侯外庐文集》，陕西人民教育出版社1991年版，第301页。

虽则说并不脱离其幼稚性,而安步总在学步之时可以看出来的。"① 这些话,反映了中国史家在推进马克思主义中国化过程中达到新阶段时的一种自信。

二、研究社会史与思想史密切相联系

侯外庐在 40 年代初几乎同时完成了《中国古代社会史论》与《中国古代思想学说史》两部著作,很清楚地显示出他把研究社会史与思想史密切相联系的学术风格。这是他几十年治学的又一特色。他明确说过:"研究中国思想史,当要以中国社会史为基础。"② 此后,从 1947 年修改出版了《中国思想通史》第一卷,至 60 年代初《中国思想通史》第五卷完成出版,十五年中他始终贯彻这一研究方法,在论述每个时代的思想家的著作和思想之前,都设有专章论述当时的经济、政治、文化等社会状况。论述的主要问题有:关于中国奴隶社会的特殊路径;中国封建社会历史分期、封建土地制度、封建社会品级结构;提出秦汉之际是中国封建社会确立时期,封建土地国有论,由皇族地主、豪族地主、庶族地主构成的封建品级结构论,至明中叶以后由于工商业发展等因素,而产生资本主义萌芽,"形成了他的一个比较完整的社会学说体系"③。马克思主义关于社会存在决定社会意识、社会意识又对社会存在起反作用的基本原理,于此得到具体体现。"每个原理都有其出现的世纪。"④ "每一个时代的理论思维,从而我们时代的理论思维,都是一种历史的产物,它在不同的时代具有完全不同的形式,同时具有完全不同的内容。"⑤ 侯外庐治学坚持把研究社会状况与研究思想学说密切结合,便能做到一方面

---

① 侯外庐:《中国古代思想学说史·再版序言》,文风书局 1946 年版,第 1 页。
② 侯外庐:《中国古代思想学说史·自序》,文风书局 1946 年版,第 1 页。
③ 黄宣民:《侯外庐——马克思主义史学的开拓者》,《中国社会科学院研究生院学报》1988 年第 2 期。
④ 马克思:《哲学的贫困》,《马克思恩格斯选集》第一卷,第 146 页。
⑤ 恩格斯:《自然辩证法》,《马克思恩格斯选集》第四卷,第 284 页。

对特定时代的思想学说找到产生它的社会历史条件、时代土壤，另一方面特定的时代也从由其所产生的特殊思想体系、理论主张之中，证明自身的存在。诚如侯外庐在晚年回顾自己的学术历程所说："运用马克思主义特别是政治经济学理论，分析社会史以至思想史，说明经济基础与上层建筑、意识形态之间的辩证关系，是我们这部思想通史紧紧掌握的原则。把思想家及其思想放在一定的历史范围内进行分析研究，把思想家及其思想看成生根于社会土壤之中的有血有肉的东西，人是社会的人，思想是社会的思想。而不作孤立的抽象的考察。对先秦诸子、两汉经学、魏晋玄学、隋唐佛学、宋明理学、明末清前期启蒙思想，无不如是。"[①] 关于汉代社会与汉代思想，《中国思想通史》第二卷，特意辟出专章，论述秦的统一，表示中国古代社会的经济构成正被封建制社会的经济构成所代替，"经过汉初的一系列的法制形式，如叔孙通制礼，萧何立法，张苍章程等，到了汉武帝的'法度'，封建构成才典型地完成"[②]。而董仲舒"天人合一"的思想体系正与封建"法典化"过程的完成相适应。首先，他"把天从五行之理中解救出来，反过来使它去主宰五行之理，使五行之理成为天的目的的外观。这样的'天'就有了意志"。董仲舒这套学说是把儒学阴阳五行化，"他给新宗教以系统的理论说明。把阴阳五行说提到神学的体系上来，把'天'提到有意志的至上神的地位上来，把儒家伦常的父权（它作为封建秩序的表征）和宗教的神权以及统治者的皇权三位一体化"，以此来为汉武帝的专制统治服务[③]。朱熹理学对思想界的统治达六七百年之久。以往研究朱熹的著作汗牛充栋，侯外庐的研究工作注重方法论的研讨，从而提出系统的新看法。他认为：作为朱熹客观唯心主义哲学的核心，"理"是先于物质的存在，产生万物的神秘根源，是万物的

[①] 侯外庐：《韧的追求》第三章"简要的总回顾"，第327页。
[②] 侯外庐、赵纪彬、杜国庠、邱汉生：《中国思想通史》第二卷第一章，人民出版社1957年版，第3页。
[③] 侯外庐、赵纪彬、杜国庠、邱汉生：《中国思想通史》第二卷第三章，第89—90页。

主宰，一切存在和变化的主宰。朱熹使用了思辨的魔术，先把自然秩序伦理化，然后再以神化了的自然秩序反过来证实现实社会秩序的合理性。朱熹的人性论，是将"理"化为"性"，演出"天理"克服"人欲"的命题；而他的"格物致知"，是一种唯心主义的知识论，形式上是为了"穷理"，而内容上则是三纲五常的伦理实践。侯外庐这些论述的基本点，在今天仍是我们应该重视的。

三、在马克思主义理论指导下形成学派

自从 1946 年开始编著《中国思想通史》第一卷起，至全书（共五卷六册，二百六十万字）完成，形成了以侯外庐为首的、以马克思主义理论为指导的学派。这是侯外庐学术上的又一重要特色，其中主要参加者，有杜国庠、赵纪彬、邱汉生，以及以"诸青"为笔名的几位青年同志。所以侯外庐又称《中国思想通史》是一部集体著作。在侯外庐主持下，参加者对于研究中国思想史的一些原则有相同或基本相同的见解。一是，按照中国社会史的发展阶段论述各社会阶段的思想发展。二是，用马克思主义的经典著作关于亚细亚生产方式的理论分析中国古代文明"早熟"的特点。三是，分析中国封建社会专制帝王的土地所有制是中央专制主义的经济基础，并因此决定封建思想的定于一尊和正宗思想的神学性质。四是，分析豪族地主与庶族地主等地主阶级不同阶层的矛盾，从中寻求各个时期思想家不同倾向之间斗争的原因。五是，发掘中国思想史上唯物主义和反正宗"异端"思想家的优秀传统，开拓思想史的研究领域。六是，强调以法典作为论证历史分期的标志。侯外庐晚年总结说："以上几点，是我们经过几十年长期研究得到的。如果说，上述观点和方法足以构成作为个学派的体系，那么我们就应该把这个体系比较完整地叙述

出来。"①《中国思想通史》能够获得学术界的重视,很重要的原因,就在于形成了学派,"众家之长得以荟萃",这是大家所共认的。

我国马克思主义史学形成以来,在学术研究上已取得了巨大的成就。但在相当长一段时间里,我们忽视了"学派"的作用。用马克思主义普遍原理作指导,是我们的共性。而同时,不同的研究者,又具有风格各异的学术个性。"我们不能要求玫瑰花和紫罗兰放出同样的芳香。"马克思主义是尊重和提倡发挥学术个性的。因此,侯外庐创立的学派,在当代中国史学上是一件大事。

从侯外庐创建学派的几十年实践来看,我以为学派利于学术的发展,至少表现在以下三方面:

一是,有利于学术攻坚。早在40年代,郭沫若到苏联报告《中国战时历史研究》时,就盛赞侯外庐对思想史的研究"能力很强,成就甚大"。侯外庐有深厚的理论素养,由他独力完成,当然可以做许多工作。但是像《中国思想通史》五卷六本、二百六十万字这样的巨著,以及《宋明理学史》两卷三本、一百三十万字这样的巨著,工程浩大,囊括了众多的思想家,论述了各方面的学术问题,又要达到这样的深度,一人能力再强,也难以如愿。正因为形成了侯外庐为首的学派,才在40—50年代完成了《中国思想通史》;在70—80年代,仍以他为旗帜,在他计划、过问下,又完成了《宋明理学史》。可以说,这两部书是当代中国史学的优秀成果,是侯老创立学派的巨大贡献。

二是,有利于学术竞争。过去不敢讲竞争,好像讲"竞争"就是搞资本主义。其实,"百家争鸣,百花齐放",就是学术上的竞争、发展,争奇斗妍。出现许多学派,各有其独具特色的学术思想体系,写出有着内在联系的、带系列性的著作,彼此互相促进,学术的花圃就会更加绚烂多彩。

三是,有利于优秀学术思想的发扬。侯外庐主持编著《中国

---

① 侯外庐:《韧的追求》第三章"简要的总回顾",第325—327页。

思想通史》，参加的有他的同辈学者，有"诸青"——当年的这些青年同志，以后都卓然名家了。《宋明理学史》由侯外庐、邱汉生、张岂之三人主编，新人更多了，学派发展了。对理学的发生、发展、衰落的全过程，作系统的、深入的考察，这是侯老的一个重要思想，没有学派，就不可能以其基本学术观点为指导，完成《宋明理学史》这一艰巨而又意义重大的课题。这部著作赢得了学术界的高度评价，根本原因，即在于发扬了侯老实事求是、独立自得、勇于决疑、开拓创新的学风，因而在对理学史的浩繁资料作广泛搜集和严密考辨的基础上，拓展了理学研究的领域，比较完整地展现了理学思潮的全貌。不仅对周敦颐、张载、程颢、程颐、朱熹、陆九渊、王守仁等大家作了深入的研究，而且还发掘出胡安国、朱震、胡宏、张九成、赵复、许衡、刘因、方孝孺、钱德洪、刘邦采、王时槐等二十余位为学术界所未涉足或研究不多的理学家。元代理学向来为研究者所忽略，本书用较多篇幅进行论述，填补了这一空白。《宋明理学史》的成就，说明侯外庐创立的学派，不仅形成了队伍，而且有继续进军的梯队。这是学术上继承、发展、壮大的关键。还有一件事很有意义：杜国庠早在50年代时曾提出过，杨万里《诚斋易传》中有丰富的唯物主义思想，这位学者的学术成就过去被文学成就掩盖了。虽然当时在《中国思想通史》一书中来不及写进杨万里，但是杜国庠的这一重要见解始终为大家所记住。《宋明理学史》中撰写了杨万里一章，就是采纳了杜老的意见，如果没有学派，这一点也许就没有人注意到，或没有人去完成。

当然，学派不是自封的，它的形成也需要有主客观条件：要有核心人物或开创人物，形成比较成熟的、影响力大的思想体系，能把大家吸引在周围；学派的带头人能指导大家，发挥众长，合作者要有真诚的学术交谊，配合默契，互相支持；要有好的学术环境。

侯外庐的学术思想和他在创立学派上的贡献，对于当代史学都产生了深远的影响。白寿彝先生在《悼念侯外庐同志》的文章中讲，我们对于侯老，还有郭老、范老、翦老、吕振羽先生这几位马克思主义史学家,应该研究他们的著作和思想,以及提出的问题,要把他们已经取得的成就作为继续研究的起点。按我的理解,这番话也包含有形成不同学派的意思。我想,侯外庐学派的继承者将在他所开拓的道路上继续前进,继续贡献出这个学派的优秀成果。而且,可以预期,在学术园地上,将会形成更多的不同特色的学派,以各自出色的成果,把学术工作向前推进。

增订篇目

龚自珍：锻造新的哲学武器

一、"百年淬厉电光开"

关于龚自珍倡导思想解放、开启晚清社会改革思潮的历史功绩，梁启超曾作了精当的评论：

> 晚清思想之解放，自珍确与有功焉。光绪间所谓新学家者，大率人人皆经过崇拜龚氏之一时期。初读《定庵文集》，若受电然……①

> 当嘉道间，举国醉梦于承平，而定庵（自珍）忧之，俨然若不可终日，其察微之识，举世莫能及也。生网密之世，风议隐约，不能尽言，其文又瑰玮连犿，浅学或往往不得其指之所在。虽然，语近世思想自由之向导，必数定庵。吾见并世诸贤，其能为现今思想界放光明者，彼最初率崇拜定庵，当其始读《定庵集》，其脑识未有不受其激刺者也。②

---

① 梁启超：《清代学术概论》，《饮冰室合集》专集之三十四，第54页。
② 梁启超：《论中国学术思想变迁之大势》，《饮冰室合集》文集之七，第96—97页。

梁启超是戊戌维新运动的领袖人物，又对清代学术思想变迁有精湛的研究，他结合自己的切身体会，评价龚自珍及其挚友魏源处在清朝统治陵夷、社会危机深重的时代，勇敢地抨击专制政治的黑暗，主张经世致用，向长期支配士人思想的朴学思潮加以挑战，独树一帜与之抗衡，因而具有震耸一般人耳目之威力，为思想界导引光明，其论述可谓鞭辟入里、切中肯綮。龚自珍的强烈危机意识和大胆改革主张，主要是得自天资聪慧，还是后天磨炼的结果呢？

龚氏对此曾作了明确的回答。其《己亥杂诗》中有云："廉锷非关上帝才，百年淬厉电光开。"[①] 即是说，他对社会弊病的锐利观察和强烈的批判精神，绝非天生而来具有的，而是长期观察历练、总结亲身感受的结果。特别是由于家世和环境给了他锻炼、教育的条件，对官场风气和社会状况作长期观察了解，才淬厉了他文章中无与伦比的批判锋芒。

龚自珍一生的很大特点，是对于封建专制统治下的黑暗现实和深重危机，具有异乎寻常的敏锐感受。他少年和青年时期即随父亲到京城读书，十九岁应顺天乡试，中副榜贡生，并以此资格入武英殿充任校录。龚自珍才华横溢，青年时代在京城即以高才闻名，但由于科举制度的腐朽，他连年应进士试都因楷法不中式而落第。至三十八岁时，才以第九十五名中榜，又因楷法不光洁，"三试三不及格"而不入翰林，这更增加他认识朝廷取士制度的腐败不堪。龚自珍本人长时间在礼部任职。先任内阁中书十五年，至四十五岁改任宗人府主事，后又任礼部祠祭司主事，均冷署闲曹，不受重用。他的祖父敬身，曾任内阁中书、宗人府主事、礼部郎中，后任云南楚雄知府。父丽正，曾在礼部仪制司、祠祭司任职，后官苏松太兵备道，署按察使。三世供职礼部，前后历八十余年，得自祖父、父亲的传授和许多老辈的讲述，加上本人长期亲身经历，使他谙熟礼部掌故，洞悉官场内幕。龚自珍于二十一岁至二十五岁期间，父亲先后任徽州知府、苏松太兵备

---

① 龚自珍：《己亥杂诗》，《龚自珍全集》，第509页。

道，他即随同到皖南、上海生活了数年，故对外省民众生活情形也有所了解。特别是上海地处东南险要，龚丽正以文官任兵备道要职，一时"高才硕彦，多集其门"，青年龚自珍更有机会接触许多地方名流和文献典籍，"由是益肆意著述，贯串百家，究心经世之务"。① 二十五岁以前，龚自珍即写出《明良论》《乙丙之际箸议》《平均篇》等名文，对于清朝统治造成的社会危机进行深刻的解剖，对于专制统治的罪恶作了有力的揭露，有如寒光四射的利剑，直刺腐败政治的要害。

龚自珍十分痛恨当时官场盛行的投机钻营、阿谀奉迎、结党营私、贪赃枉法的种种丑恶行为，针砭当时士林中蔓延的粉饰太平、无视民众疾苦的麻木状态和迂腐僵化的习气。《明良论》四篇，即以英拔之气初次展露他的深刻观察和批判锋芒。"冷署闲曹"，却有利于他对官场冷眼观察。由于他怀着经世治国的抱负，因而能够无畏地顶住同僚耻笑他是"狂生"、"有癫疾"的压力，"探吾之是非，而昌昌大言之"。② 这四篇名文不仅淋漓尽致描绘出官僚集团种种丑态，更能深入实质，究其底蕴，透辟地分析官僚群体的心态特点，从制度上探讨官僚政治腐败的根由。龚自珍概述官僚集团的心理特点是献媚营私、丧失廉耻。越是身居高位，越是无耻地献媚取宠，"官益久，则气愈偷；望愈崇，则谄愈固；地益近，则媚亦益工。至身为三公，为六卿，非不崇高也，而其于古者大臣巍然岸然师傅自处之风，匪但目未睹，耳未闻，梦寐亦未之及。臣节之盛，扫地尽矣"。身为大臣却处事卑鄙，把探听人主喜怒作为保官求荣的诀窍，"堂陛之言，探喜怒以为之节，蒙色笑，获燕闲之赏，则扬扬然以喜，出夸其门生、妻子。小不霁，则头抢地而出，别求夫可以受眷之法"。营私谋利是他们的唯一目的，国家大事完全置之不顾，"苟安其位一日，则一日荣"，"以退缩为老成，国事我家何知焉"！一旦国家有事，

---

① 吴昌绶：《定庵先生年谱》，《龚自珍全集》，第599页。
② 龚自珍：《上大学士书》，《龚自珍全集》，第319页。

他们便像鸠燕一样飞得无影无踪。因此龚自珍斥责这班官僚是"求寄食焉之寓公,旅进而旅豢焉之仆从,伺主人喜怒之狎客",已经堕落为完全对国家社会丧失了责任感的寄生阶层。痛心疾首地揭露整个官僚士大夫集团一心投机钻营、不顾廉耻的实质和危害:"士无耻,则名之曰辱国;卿大夫无耻,名之曰辱社稷。""士不知耻,为国之大耻。"①

龚自珍进而历数官吏选举制度的积弊。他指出,清朝实行的"停年之格",即官吏升迁完全限于年数、资历的制度,"累日以为劳,计岁以为阶",造成人才的被压抑,碌碌无为者身居高位,"贤智者终不得越,而愚不肖者亦得以驯而到"。熬到最后当上宰辅、一品大臣的官员,"其齿发固已老矣,精神固已惫矣,……然而因阅历而审顾,……俨然终日,不肯自请去"。他用大门外石狮子的形象,来讽刺那些资格最深、稳坐其位、无所作为的官僚。这种用人制度的严重恶果,必然是进取精神的被窒息,畏葸退缩、冀图侥幸、萎靡不振的风气蔓延泛滥,整个社会失去活力。正如龚自珍所痛切分析的:"英奇未尽之士,亦卒不得起而相代。""至于建大猷,白大事,则宜乎更绝无人也。……此士大夫所以尽奄然而无有生气者也。"② 这些切中肯綮的话,表明龚自珍早在近代史前夜,就已经尖锐地提出论资排辈的官僚政治造成行政机制严重老化的大问题。龚自珍发扬公羊学家以治国经世为抱负的精神,才使他有如此深刻的观察,提出如此犀利、卓越的见解。龚自珍外祖父段玉裁是著名的古文学家,他精于训诂考证,但一生的阅历毕竟使老人对于社会矛盾和弥漫朝野的恶浊风气深有所感,因此,他读了此文后,非但没有责备外孙离开古文训诂的治学道路,正相反,他表示高度赞赏自珍切中官场病症的有力批判,称:"四论皆古方也,而中今病,岂必别制一新方哉?耄矣,犹见此才而死,吾不恨矣。"③

---

① 龚自珍:《明良论二》,《龚自珍全集》,第31—32页。
② 龚自珍:《明良论三》,《龚自珍全集》,第33—34页。
③ 龚自珍:《明良论四·文后附段玉裁评语》,《龚自珍全集》,第36页。

二、锻造新的哲学武器：对公羊学说的革命性改造

"任何真正的哲学都是自己时代精神的精华。"① 这是马克思的名言。嘉庆、道光时代，是在中国历史上具有极其重要意义的转折时代，急迫地需要有新的进步的哲学思想，来启示人们探索摆脱危机、通向未来的道路。龚自珍生活的年代，正当清朝统治由盛转衰，并且在下坡路上急速滑落，各种社会矛盾日益暴露，危机四伏。最严重的社会问题是土地兼并恶性发展，大官僚、大地主占田多达几千顷至几万顷。如直隶怀柔县郝氏是一个"膏腴万顷"、豪富异常的大地主。河南仪封县周伯章，"田连四邑，亩以百万计"。由于官僚、地主攫取土地遍及各省，农民失去土地，沦为佃户，首先受高额地租剥削。而给农民带来更大灾难的是苛捐杂税、横征暴敛。农民被逼得实在无法生存下去了，只好外出逃亡，造成了嘉道年间极为严重的流民问题。当时，有成千上万失去土地的农民转移流徙在高山密林、深壑荒岛之间，挣扎在死亡线上。川陕鄂三省交界的大山林聚集最多，别的地方也有数量不同的流民聚集。据《续文献通考》和《清实录》等书记载：广东、福建的流民流向台湾，关内的流向关外，还有贵州的苗山，浙江宁波、台州交界的南田地区，以及淮河边上，都有流民聚集。数以千计的流民转徙各地，突出地表明社会之不安定，危机之深重。而整个封建统治阶级却利用剥削而来的财富，任意挥霍，奢靡无度。吏治极其腐败，贪污贿赂公行。大权奸和珅即为典型，他任军机大臣二十四年，专横贪婪，大量收受贿赂，骇人听闻。嘉庆四年（1799）查抄其家产，计有田地八十万亩，当铺七十五座，银号四十二座，赤金五百八十万两，其他金银珍宝无

---

① 马克思：《第179号"科伦日报"社论》，《马克思恩格斯全集》第一卷，第121页。

数。查抄的家产共有一百零九号,其中已估价者二十六号,已等于五年多的国库收入。[①] 官府的横征暴敛,地主的残酷剥削,加上水旱灾害频仍,迫得农民走投无路,因而爆发了地区蔓延达五省、时间持续长达九年余的白莲教起义。清朝为镇压白莲教起义,耗费了巨额军费、资财。又由于鸦片战争走私急剧增加,造成白银大量外流,银根枯竭,财政恐慌。

龚自珍所处的历史变局,不仅标志着清朝统治由盛到衰,而且是整个中国历史进程和学术风气的转捩点。在嘉道以前,中国长期处于封建社会阶段。至鸦片战争以前,封建专制统治早已腐朽,风雨飘摇,它扼杀新生力量的成长,严重阻碍社会前进。龚自珍和魏源作为新生力量的代言人敢于冒险犯难,置黑暗势力的仇视、迫害于不顾,"短刀直入"地将这黑暗得使人窒息的沉重的铁桶捅开一个缺口,让少许新鲜空气和熹微的曙光开始透过来。在国际上,古老的封建的中国正遇到蓄意东进的资本主义势力,西方列强早已看透清朝虚弱的实质,决心不择手段地敲开中国紧闭的大门。而清朝统治者却妄自尊大,闭目塞听,丧失警惕,军备废弛。1840年(道光二十年)爆发的鸦片战争,必然是以中国战败、签订丧权辱国的不平等条约而告终。正是以鸦片战争为标志,划分了中国长期封建社会的结束和近代半殖民地半封建社会的开始。在18世纪,朴学(古文经学)在特殊条件下取得了繁荣,学者辈出,"家家许郑,人人贾马,东汉学烂然如日中天"[②]。文献典籍整理、考证训诂之学达到鼎盛,从具体学术领域来讲,研究工作超越前人,而从关心现实、推动社会进步而言,比起清初学者来,则是明显的倒退。到了后来,考证学的末流,更沉溺于琐屑问题的考证。这种学风无益世事的严重弊病,经过白莲教起义事件更加暴露出来,这样一次波及范围广阔、使清朝统治受到"痛深创巨"打击的起义事件,竟然没有从当时学者们的论著中得到反映!这充分说明当时学者脱离实际之严重程

[①] 薛福成:《查抄和珅住宅花园清单》,《庸庵笔记》,江苏人民出版社1983年版。
[②] 梁启超:《清代学术概论》,《饮冰室合集》专集之三十四,第53页。

度。至鸦片战争前夕，民族危机更加深重，面对着"人畜悲痛，鬼神思变置"①的危险局面，学术还能不走出象牙之塔?！因此，至鸦片战争前后清代学风出现了新的转折，乃是时代之必然。

嘉道时期学风的转变，从哲学意义上，是今古文经学地位划时代的变化。从东汉至乾隆时期，是古文经学处于尊崇的地位，今文经学则消沉无闻；自鸦片战争前夕至清末，今文经学重新崛起，并风靡于世。

龚自珍锻造新的哲学武器，其实质，便是警告"衰世"到来，"乱将不远"，让人们从醉梦升平中惊醒起来，急图改革，挽救社会危机。这恰恰证明了马克思所说："一切划时代的体系的真正的内容都是由于产生这些体系的那个时期的需要而形成起来的。"② 今文公羊学派的哲学经过东汉末何休的总结，提出了"据乱世——升平世——太平世"的"三世说"。公羊家哲学具有强烈的变易、发展观，反对以静止、凝固不变的观点看世界，主张用变化递嬗、朴素进化的观点观察社会变迁；它具有强烈的政治性，主张"以经议政"，主张"改制"，"为后王立法"，要规划天下大计，制定一套治国方略；它强调阐发儒家经典中的"微言大义"，重发挥、重创造，因此可以在合法的形式下容纳新思想。龚自珍对公羊家哲学的精髓有精到的把握，对时代危机的深刻感受更使他充满历史使命感和哲学创造精神，他呼唤时代的风雷，倡导实行社会变革，为国家民族从危机中寻找出路。其最大贡献是将原有的"三世说"改造成为"治世——衰世——乱世"的新"三世说"，警告"衰世"已经来临，时代大变动就在眼前！

龚自珍青年时期写有著名的《尊隐》一文。他对此文异常重视，直到晚年，还自豪地写下"少年《尊隐》有高文，猿鹤真堪张一军"的诗句。在这篇寓言式文字中他巧妙地运用象征和隐喻手法，以"三世说"来描绘专制统治的濒于灭亡，把社会危机随时将要爆发这番抽象道理，形象化地变成几乎是伸手能触及的情

---

① 龚自珍：《平均篇》，《龚自珍全集》，第78页。
② 马克思、恩格斯：《德意志意识形态》，《马克思恩格斯全集》第三卷，第544页。

景、耳际能听到的呼号。他用"早时""午时""昏时"来象征封建统治的三个阶段,称"岁有三时:一曰发时,二曰怒时,三曰威时;日有三时:一曰早时,二曰午时,三曰昏时"。当其早时,"夫日胎于溟涬,浴于东海,徘徊于华林,轩辕于高闳,照曜人之新沐濯,沧沧凉凉,不炎其光,吸引清气,宜君宜王"。象征着统治集团处于上升阶段,专制皇权所在的"京师"有力地控制全国。至日之午时,"乃炎炎其光,五色文明,吸饮和气,宜君宜王,丁此也以有国,而君子适生之,入境而问之,天下法宗礼族修心,鬼修祀,大川修道,百宝万货,奔命涌塞,喘车牛如京师,山林冥冥,但有窒士,天命不犹,与草木死"。此时统治集团仍然有力量控制局面,制度、秩序尚未崩坏,"京师"仍是集中全国财富和吸引人才的中心,那些处境窘迫不得志、代表在野势力的"窒士"仍然不能构成对当权者的威胁。到了"昏时",不思进取的当权者已经到达穷途末路,整个社会美与恶、是与非都被颠倒了:"日之将夕,悲风骤至,人思灯烛,惨惨目光,吸饮暮气,与梦为邻,未即于床,丁此也以有国,而君子适生之;不生王家,不生其元妃、嫔嫱之家,不生所世世豢之家,从山川来,止于郊。而问之曰:何哉?古先册书,圣智心肝,人功精英,百工魁杰所成,如京师,京师弗受也,非但不受,又裂而磔之。丑类痈疽,诈伪不材,是举是任,是以为生资,则百宝咸怨,怨则反其野矣。贵人故家蒸尝之宗,不乐守先人之所予重器,不乐守先人之所予重器,则婪人子篡之,则京师之气泄,京师之气泄,则府于野矣。"当此之时,眼光锐利、有所作为的人才都生于民间,他们才是真正有希望的力量,他们非但不被信赖,反而受压迫、受摧残,卑劣龌龊的小人却受到重用,完全是黑白混淆、理性泯灭、诈伪横行的可诅咒的时代。于是,代表统治者的"京师"与代表在野力量的"山中"力量对比发生了根本变化:"京师之气泄,则府于野矣。如是则京师贫;京师贫,则四山实矣。……如是则豪杰轻量京师;轻量京师,则山中之势重矣。如是则京师如鼠壤;如鼠壤,则山中之壁垒坚矣。"到最后,统治集团陷于孤立无助,山中之民则齐心协力,一呼百应,时代大变动就要发生了。"京师之日苦短,山中之日长矣。……俄焉寂然,灯烛无光,不闻馀言,但闻鼾声,夜之漫漫,鹍旦不鸣,则山中之民,有大音声起,天地为之钟鼓,神人为之波涛矣。"①这并不是龚自珍的臆想,而是根据历史经验和接连发生的起义事件而作出的预言,"山中之民"是什么人,没有明说,实际上应包括隐于野的有不满思想的知识分子和数量众多的农民群众。龚自珍死后不过十年,果然爆发了惊天动地的太平天国起义。这篇以寓言形式写成的《尊隐》,和他所写的匕首投枪式的政论、史论一样,以其观察社会危机的深刻性震动人心,他对时代风暴行将到来的预言为此后的事态发展所证实,对于后来的维新派人物更是有力的启迪。

大约写于同一时期的《乙丙之际箸议第九》一文中,龚自珍又将自己对当代历史的观察总结为"治世——衰世——乱世"的"三世说"历史观,断言封建统治已经到了"衰世":

> 吾闻深于《春秋》者,其论史也,曰:书契以降,世有三等,三等之世,皆观其才;才之差,治世为一等,乱世为一等,衰世别为一等。衰世者,文类治世,名类治世,声音笑貌类治世。黑白杂而五色可废也,似治世之太素;宫羽淆而五声可铄也,似治世之希声;道路荒而畔岸隳也,似治世之荡荡便便;人心混混而无口过也,似治世之不议。……当彼其世也,而才士与才民出,则百不才督之缚之,以至于戮之。……然而起视其世,乱亦竟不远矣。

龚自珍称"深于《春秋》者",显指西汉公羊学大师董仲舒。龚氏提出"治世""衰世""乱世"三世说,既是取法于董仲舒《春秋繁露》中划分春秋为三世的理论,同时又是他本人对现实社会深刻观察而得出的新概括。他利用公羊学资料而锻造现实斗争所需要的哲学思想取得了出色的成果,昭示着社会的动向,标志着公羊学发展史上的巨大飞跃。在举世昏昏然如梦如痴的时

---

① 龚自珍:《尊隐》,《龚自珍全集》,第87—88页。

候,他却深刻感受到社会危机的深重,忧虑憔悴、日夜不安,为了唤醒人们,大声疾呼。他刻画衰世的种种特征:"黑白杂而五色可废","道路荒而畔岸隳","人心混混而无口过",从表面看似乎仍然太平无事,而实际上却是黑白混淆,清浊不分,社会没有出路,真才横遭摧残。一旦出现有头脑、能思考、有廉耻心的"才士""才民",那班奸佞邪恶之徒立即用种种手段将之扼杀。"督之缚之,以至于戮之"。"文亦戮之,名亦戮之,声音笑貌亦戮之。"因此他发出有力的警告:"乱亦竟不远矣!"龚自珍进一步描绘了一幅社会行将解体的惨状:

> 履霜之屩,寒于坚冰;未雨之鸟,戚于飘摇;痹痨之疾,殆于痛疽;将萎之华,惨于槁木。

只有置身于危机深重的社会现实之中,才会产生如此惨痛的感受!

推动龚自珍运用公羊学说进行新的哲学创造的力量,是要为危机时代寻找出路。这就是他所说的纵观三千年历史的优秀史家,负有"忧天下""探世变"的责任。"变"是乾隆末年以后由盛到衰转折时代的本质,龚自珍以他深刻的洞察力抓住了这一"变"的特点。公羊学说中阐发历史必变的思想资料,正好与这种时代特点相沟通,对它进行改造和发挥,便成为指导人们认识晚清历史潮流趋向的有力理论武器。[1]

三、论证改革是历史的必然,倡导个性解放

变革旧制度,挽救危机,寻找自救自强之路——这是嘉道以后中国社会的方向和主流。由于龚自珍成功地对公羊家哲学进行了革命性的改造,就使他对这一时代方向的认识,比同时代人更加深刻,站在更高的高度,因而成为近代改革派的前驱。他的一

---

[1] 龚自珍:《乙丙之际箸议第九》,《龚自珍全集》,第6—7页。

系列重要思想主张,由于紧扣时代的主题和体现出鲜明的近代价值观,因而有力地震动晚清进步人士的心弦,成为晚清思想解放的源泉。在《乙丙之际箸议第七》这篇著名政论中,龚自珍深刻地总结出实行变革是历史的必然规律:

> 夏之既夷,豫假夫商所以兴,夏不假六百年矣乎?商之既夷,豫假夫周所以兴,商不假八百年矣乎?无八百年不夷之天下,天下有万亿年不夷之道。然而十年而夷,五十年而夷,则以拘一祖之法,惮千夫之议,听其自夷,以俟踵兴者之改图尔。一祖之法无不敝,千夫之议无不靡,与其赠来者以劲改革,孰若自改革?抑思我祖所以兴,岂非革前代之败耶?前代所以兴,又非革前代之败耶?何莽然其不一姓耶?天何必不乐一姓耶?鬼何必不享一姓耶?奋之,奋之!将败则豫师来姓,又将败则豫师来姓。《易》曰:"穷则变,变则通,通则久。"非为黄帝以来六七姓括言之也,为一姓劝豫也。①

龚自珍是从历史必然规律的高度来论述改革的必要性、迫切性,因而具有振聋发聩的力量。他尖锐地指出:没有八百年不亡的一姓王朝,但是天下有万亿年不变之道,这就是死守祖宗的老办法必定灭亡!从夏、商、周以来的历史反复地证明:时代变了,老办法就弊端百出,再也行不通,众人要求改革的愿望和议论是无法抵挡的。所以他警告清朝当权者:不改革必将衰败、灭亡。与其不思进取,坐等灭亡,何如奋发振作,改革图强!

龚自珍在另一名文《平均篇》中,表达出对社会危机的敏锐观察和警告。他分析由于土地集中恶性发展,造成贫苦农民丧失土地,生计无着,这种财富占有的严重不均,正是社会危机的根源:"浮不足之数相去愈远,则亡愈速,去稍近,治亦稍速。千万载治乱兴亡之数,直以是券矣。……贫者日愈倾,富者日愈壅。或以羡慕,或以愤怨,或以骄汰,或以嗇吝,浇漓诡异之

---

① 龚自珍:《乙丙之际箸议第七》,《龚自珍全集》,第5—6页。

俗，百出不可止，至极不祥之气，郁于天地之间，郁之久乃必发为兵燹，为疫疠，生民噍类，靡有孑遗，人畜悲痛，鬼神思变置。其始，不过贫富不相齐之为之尔。小不相齐，渐至大不相齐；大不相齐，即至丧天下。"① 只有对清代嘉道时期严重的土地兼并和流民问题有敏锐观察和深刻体验，才会发出如此沉痛的呼号！所以，龚氏呼吁对土地占有现状实行改革，目的是要做到大体的平均。

道光九年（1829）他参加进士廷试时作《御试安边绥远疏》，便是效法王安石向皇帝上书，规划天下大计，向道光皇帝提出施政、用人、水利、治边等改革主张。其中，有两项重要内容，一是反复陈述清代边疆形势与前代大不相同，"中外一家，与前史迥异"，汉唐时代的"凿空""羁縻"办法已完全不适用了；今天的迫切问题是如何加强国家统一、实现中央政府对新疆的有效管理、在新疆建立新的政治体制，"疆其土，子其民，以遂将千万年而无尺寸可议弃之地"。二是针对刚平息张格尔叛乱这一事件，"胪举时事"，"直陈无隐"，批评清政府为了平叛远从二万里以外的东北调派军队，结果劳师糜饷，骚扰州县，"兵差费至巨万"，"故曰甚非策也"。② 因此建议加强伊犁索伦驻军的训练，以防备边疆地区再度发生不测事件。这些一针见血的见解，却使"阅卷诸公皆大惊，卒以楷法不中程，不列优等"③。又曾在《上大学士书》中，明确无疑地论述改革方向的不可逆转："自古及今，法无不改，势无不积，事例无不变迁，风气无不移易。"④ 这同他发挥《易经》和公羊学变易哲学而得出的"一祖之法无不敝，千夫之议无不靡"的大胆预言一样，都完全被晚清历史前进的方向所证实。

龚自珍还专门撰文论述个人利益的合法性，这同样是进步公羊学家重视哲理思考结出的硕果，在中国文化史上是破天荒第一

---

① 龚自珍：《平均篇》，《龚自珍全集》，第78页。
② 龚自珍：《御试安边绥远疏》，《龚自珍全集》，第112—114页。
③ 吴昌绶：《定庵先生年谱》，《龚自珍全集》，第618页。
④ 龚自珍：《上大学士书》，《龚自珍全集》，第319页。

次。《论私》一文用醒目的标题亮出自己的旗帜,毫不掩饰,批判锋芒直指满口"仁义道德""至公无私"的伪道学。龚自珍从自然界、生物界和社会现象多方面说明"私"的存在天经地义。"天有闰月,以处赢缩之度,气盈朔虚,夏有凉风,冬有燠日,天有私也;地有畸零华离,为附庸闲田,地有私也";圣帝哲后,所谓"庇我子孙,保我国家而已,何以不爱他人之国家,而爱其国家?何以不庇他人之子孙,而庇其子孙?""忠臣何以不忠他人之君,而忠其君?孝子何以不慈他人之亲,而慈其亲?寡妻贞妇何以不公此身于都市,乃私自贞私自葆也?"并进一步认为,如果按照那班假道学所标榜的去做,只能与禽兽无异。因为,"禽之相交,径直何私?孰疏孰亲,一视无差。尚不知父子,何有朋友?若人则必有孰薄孰厚之气谊,因有过从宴游,相援相引,款曲燕私之事矣"。① 这里他举出动物界做例子,并不恰当,但他的意图是要证明在道德观念上应该承认"私"的合法存在,并认为正确的提法应该是"公私并举",这些又都是独到的进步见解。这些言论,是继承了明代思想家李贽的观点而加以发展。这种论证个人利益合法性的言论在明清出现不是偶然的,在客观上,它反映了这一时期资本主义萌芽因素正在生长,商人和手工业主要求在一定程度上挣脱封建主义的束缚,在经济上获得发展。经典作家曾指出人类私欲对于历史发展具有推动作用,恩格斯说:"自从阶级对立产生以来,正是人的恶劣的情欲——贪欲和权势欲成了历史发展的杠杆,关于这方面,例如封建制度的和资产阶级的历史就是一个独一无二的持续不断的证明。"② 恩格斯的话有助于我们理解:龚自珍在封建末世论述个人利益的合法性的确是有其进步意义的。

龚自珍晚年,在《己亥杂诗》中写有两首脍炙人口的诗句:"河汾房杜有人疑,名位千秋处士卑。一事平生无齮龁,但开风气不为师。""九州生气恃风雷,万马齐喑究可哀。我劝天公重抖

---

① 龚自珍:《论私》,《龚自珍全集》,第92页。
② 恩格斯:《路德维希·费尔巴哈和德国古典哲学的终结》,《马克思恩格斯选集》第四卷,第233页。

擞，不拘一格降人材。"前一首，是对他身处转折的时代而为思想学术界开创了一代新风气表达出充分的自信。后一首，是他深沉地呼唤出现迅烈的时代风雷，冲破这万马齐喑、危机深重的可悲局面，开辟出一条民族自救的生路。对于龚自珍这样一位卓越人物在思想史上地位的评价，不能只局限在嘉道年间这一狭小范围内。龚自珍的开风气和呼唤时代风雷，乃是适应历史发展的需要，大胆地批判专制制度的腐朽和暴露当时思想风气的恶浊，憧憬一个变革、进取时代的到来。在锻造新的哲学武器、提出新价值观和倡导学术风气的转变上，自珍都有披荆斩棘开创之功。因此，到了19世纪末20世纪初，人们读他的著作，仍然感到有思想的火花在闪耀，具有强烈的震撼力量。对于龚自珍言论的这种"超前性"特点，处在两个世纪之交的进步人物，是有深刻的感受的。维新巨子梁启超的评论即最有代表性。饶有兴味的是，甚至清末顽固派营垒人物，也以痛切的心情，把戊戌维新、辛亥革命、清朝灭亡的历史变局，归结为由于龚自珍所倡导的新思潮所引发。叶德辉即是一个突出代表。其论云："曩者光绪中叶，海内风尚《公羊》之学，后生晚进，莫不手先生（按，指龚自珍）文一编。其始发端于湖、湘，浸淫及于西蜀、东粤，挟其非常可怪之论，推波扬澜，极于新旧党争，而清社遂屋。论者追原祸始，颇咎先生及邵阳魏默深二人。"① 叶德辉本意要归罪于龚自珍，实际效果则相反，恰恰从反面证明龚自珍的主张对于晚清社会发展的巨大功绩。梁启超从进步派的角度"语近世思想自由之先导"，叶德辉从顽固派的角度"追原祸始"，两人从对立的角度出发而竟能得出共通的看法，这就无可辩驳地证明：龚自珍呼唤社会变革的时代风雷，确确实实开创了晚清思想解放的潮流，有力地推动了晚清的历史进程。

（原刊《河南社会科学》2008年第1期）

---

① 叶德辉：《龚定庵年谱外纪序》，《郎园北游文存》，1921年铅印本。

张穆的经世学风与
《蒙古游牧记》的撰著

一、经世致用的学术旨趣

张穆生活的时代，因巩固清朝国家统一的现实需要，促使学者致力于研治边疆史地成为风气，他又受到鸦片战争外侮严重的刺激，加上本人际遇坎坷，因而形成强烈的经世致用的治学旨趣，以数十年之内，撰成边疆史地名著《蒙古游牧记》。该书开创了对内外蒙古广大地区历史、地理的记载，体例形式合理谨严，以恰当的形式把丰富的内容组织起来；突出地贯串了旨在提供今日蒙古各部社会情状的明晰可靠的资料，作为制定边疆民族政策的重要参考的指导思想；史料详博，考订精审，对以往的误载努力予以纠谬、廓清，因而具有显著的特色和宝贵的价值。

张穆（1805—1849），号石州，山西平定人。他于1839年应顺天乡试时，被诬怀挟入场，虽经本人力辨，结果竟被逐出考场，并被处罚不准再应考，从此他愤然放弃仕进的努力，肆力于读书著述。张穆早年便确立以学术经世致用为宗旨，即因际遇坎坷而促使他更加关注现实问题。他与陈庆镛、俞正燮、沈垚、徐继畬、程恩泽、何秋涛等相友善,这些人中大多在当时以究心边疆史地并取得成就出名。祁寯藻为其书作序,称其"道光间以文学名都下","其为人豪放明锐,极深研几,于经通孔氏微言大义,精训诂篆籀,于史通天文、算术及地理之学,议论穿穴今昔,熔冶四库百氏,飚举泉涌,座客率挢舌不得语。海内名俊咸想望风采,蹑屣纳刺、载酒问奇者几无虚日。……其学不专主一家,而皆能得其精诣,涉历世故,益讲求经世之学,于兵制、农政、水利、海运、钱法,尤所究心"。[①] 张穆处在受压抑的社会地位,使他更容易感受到鸦片战争时期的社会矛盾和民族危机。他曾写信给御史陈庆镛,指出当今社会弊端丛生,急切需要有志之士研讨各项有关国计民生的问题,提出救治的办法,并且批评陈庆镛只满足于结纳名士,不肯认真思考如何救世的道理,见面时只会泛泛讲些不关痛痒的话,这样下去很危险。这封信当时即被传诵,其中云:"先生以直谏闻天下,天下仰望风采,以一瞻颜色为幸。……盛名难副,讵可不力自振刷,慰天下仰望之心乎!窃见先生年来日以招呼名士为事,苟有闻于世必宛转引为同类,从无闭户自精读书味道之时。穆蒙不弃,不四五日辄示过,乃不闻以新知相贶,所谈者皆泛泛不关痛痒之言,何以自了?深为先生惧之!当今天下多故,农桑盐铁、河工海防、民风士习,何一事不当讲求?先生富有藏书,经学既日荒废,治术又不练习,一旦畀以斧柯,亦不过如俗吏之为而已。古今必无侥幸之名臣、循吏也!愿稍敛征逐之迹,发架上书,择其切于实用者一二端,穷原竟委,殚心研贯,一事毕更治一事。然后于朋友中明白事理,如印林、伯厚比者,相与讨论之。如此,则取友自然不滥,它日出而宰世,亦不至贸贸而行,令人有言行不相顾之疑也。度今天下更无以直言贡执事者,过承厚爱,故敢竭其狂瞽,惟亮察千

---

① 祁寯藻:《朋斋文集》序,咸丰祁氏刻本。

万。"① 鸦片战争事起，张穆忧心国事，感慨万端，在与友人书中，他表达了对清朝当权者昏庸无能的强烈不满和对时局的深切忧虑："自海氛不靖以来，措置乖张，莫可究诘！……劫于众口，亦颇疑惑者，民心真不可恃？虎须真不可编？"②

张穆只活了四十五岁。他潜心多年著述之《蒙古游牧记》在生前尚未及全部完成，卒后由友人何秋涛继之以十年时间整理，最末几卷秋涛补充者尤多。此书是第一部关于内外蒙古的部旗、行政区划的历史和地理沿革的系统著作，在政治上，它适时地提供了瞭解蒙古各部、各旗历史由来，蒙古与内地的关系等的需要，以作为处理蒙古地区事务的依据；在军事上，则对加强北方边防、抵御外来侵略尤其有重要意义。祁寯藻为此书作序即指出张穆的著作在经世致用和加强边防上具有宝贵价值。他说，学者之著述，"卓然不朽者厥有二端：陈古义之书，则贵乎实事求是；论今事之书，则贵乎经世致用。二者不可得兼，而张子石州《蒙古游牧记》独能兼之"。"蒙古舆地，与中国边塞相接，其部族强弱关系中国盛衰，非若海外荒远之区，可以存而不论也。塞外漠南北之地，唐以前不入版图，史弗能纪。至辽、金、元皆尝郡县其地，乃三史地志虚存其名，而山川、形势、都会、厄塞阙焉无考。是则欲知古事，不外斯编矣。如科尔沁、土默特之拱卫边门，翁牛特、乌珠穆沁之密迩禁地，四子部落环绕云中，鄂尔多斯奄有河套；至于喀尔喀、杜尔伯特、土尔扈特诸部，或跨大漠杭海诸山，或据金山南北，或外接俄罗斯、哈萨克诸国，所居皆天下精兵处，与我西北科布多、塔尔巴哈台诸镇重兵相为首尾，是皆讲经制者所当尽心也。"③ 唯其张穆出其专门之学，筚路蓝缕，精心构撰，做到全书内容精审，又对于治理国家、安定广大民族地区、捍卫北部广袤的边疆具有重要意义，因而著成之时即

---

① 张穆：《䓕斋文集》卷三《与陈颂南先生书》。
② 张穆：《䓕斋文集》卷三《与徐仲升制军书》。
③ 祁寯藻：《蒙古游牧记序》，同治六年（1867）寿阳祁氏刊本。

享有大名于当世。

二、显著的特色　宝贵的价值

《蒙古游牧记》共十六卷，采用书志体裁。综观全书，实具以下显著的特色和宝贵的价值。

第一个特色是，开创对内外蒙古广大地区历史、地理的记载，体例格式合理谨严，以恰当的形式把丰富的内容组织起来。

《蒙古游牧记》全书之前六卷为记载内蒙古二十四部，其顺序为：卷一　哲里木盟（科尔沁　扎赉特　杜尔伯特　郭尔罗斯），卷二　卓索图盟（喀喇沁　土默特）；卷三　昭乌达盟（敖汉　奈曼　巴林　扎鲁特　阿鲁科尔沁　翁牛特　克什克腾　喀尔喀左翼）；卷四　锡林郭勒盟（乌珠穆沁　浩齐特　苏尼特　阿巴噶　阿巴哈纳尔）；卷五　乌兰察布盟（四子部落　茂明安　乌喇特　喀尔喀右翼）；卷六　伊克昭盟（鄂尔多斯）。后十卷记外蒙古各部。其中，记喀尔喀四部共四卷：卷七　总叙　喀尔喀汗阿林盟（土谢图汗部）；卷八　齐齐尔里克盟（赛音诺颜部）；卷九　喀鲁伦巴尔和屯盟（车臣汗部）；卷十　扎克必拉色钦毕都里雅诺尔盟（扎萨克图汗部）。记额鲁特蒙古共三卷：卷十一　总叙　阿拉善额鲁特；卷十二　青海额鲁特；卷十三　额鲁特蒙古乌兰固木杜尔伯特部赛音济雅哈图盟。记额鲁特蒙古新旧土尔扈特共三卷：卷十四　珠勒都斯旧土尔扈特蒙古乌讷恩素珠克图盟南路等三部；卷十五　和博克萨里旧土尔扈特蒙古乌讷恩素珠克图盟北路等三部；卷十六　额济纳旧土尔扈特及布勒罕河新土尔扈特蒙古青色特启勒图盟等三部。蒙古民族各部分散居住于极其广阔的地区，加上因游牧需要，在长期岁月中迁徙不定，因而部族、支系源流更加复杂。张穆经过多年潜心研究，认真进行考订、梳理，而达到对内外蒙古各部，所在盟、旗，及其迁徙源流变迁瞭然于胸，错综复杂的关系遂被整理成井然有序的记载。为醒眉目，他在各卷之前，先列出盟内各部名称，如卷一即在目录中标出：内蒙古哲里木盟游牧所在　科尔沁　扎赉特　杜尔伯特　郭尔罗斯。这四部在卷内即为记载的主体。各卷记载的体例为：每部之前是概述，内容包括：位置、距京师里程；区域幅员大小；四界；历史上的大事，地名的沿革，区划统属的源流演变，有关历史人物成败事迹，部族迁徙；入清以后朝廷对该部的安抚处置、封赏及有关评论。务求源源本本，翔实有征。各卷的正文是简洁的大纲，随处附以自注和考异，详引各种史料，并作考辨和论述。自注和考异均用小字，以示与正文的区别。继概述之后，即记载部内各旗。

如科尔沁部共六旗，逐旗作详细记述。正文中述本旗地域在历代行政区域之所属，历史掌故，地理特点，四界，旗治所在。如"科尔沁部"总叙部分，首先记载该部在喜峰口东北八百七十里，至京师一千二百八十里。东西距八百七十里，南北距二千一百里。东至扎赉特界，西至扎鲁特界，南至盛京边墙界，北至索伦界。然后重点记述历史沿革及历史人物事迹："秦汉辽东郡北境，后汉为扶余鲜卑地，南北朝隋唐为契丹靺鞨地，辽为上京东境及东京北境，金分属上京、北京及咸平路，元为开元路北境。明初置福余外卫，以元后兀良哈为都指挥，掌卫事。洪熙间，蒙古臣阿鲁台为瓦剌所破，其酋奎蒙克塔斯哈喇，姓博尔济吉特，[此处自注，张穆即详引《蒙古源流》《西斋偶得》史料，证明"各蒙古之类凡十数，皆出自奇渥温姓"。其中之博尔济吉特为蒙古皇族之支系，以此别于其他支系。"孛尔只斤歹，其先世之名也，蒙古不讳名，其来久矣。今蒙古元裔，皆博（孛）尔济（只）吉（止）特（歹）氏，而姓确特。确，北音作平声，即奇渥，亦平声，二字合，温其余音，当日译言之讹耳。"] 元太祖弟哈布图哈萨尔十四世孙也，[自注引各种史料，证明哈萨尔之同名异译，《元史·太祖纪》作哈撒儿，《表》作搠只哈儿，《食货志》作搠只哈撒儿、札入儿火者，《传》作哈札儿。《元秘史》作阿儿孩合撒儿，又作拙赤合撒儿，亦单称曰合撒儿。《蒙古源流》作特穆津哈萨尔。张穆又引《蒙古源流》所载一段故事，证明科尔沁与哈尔图哈萨尔后裔的关系，据载：满都古勒罕卒，其小福晋满都海彻辰,科尔沁之乌讷博罗特王欲娶之。满都海彻辰欲待汗之侄巴图蒙克长而嫁之,以问桑该乌尔鲁克之妻札哈阿海,札哈阿海云:适哈萨尔之子,则离却属众,败福晋名。若守汗之子,则据有国众,可以表扬福晋名誉。由此可见,科尔沁确为哈萨尔之后裔所据有。]走避嫩江,依兀良哈。因同族有阿噜科尔沁,故号嫩科尔沁以自别。[张穆又加案语云:科尔沁诸部,以《明史》考之,盖阿鲁台之裔。史称:"本雅失里,为瓦剌所袭,与阿鲁台徙居胪朐河。及闻成祖自将五十万众出塞……本雅失里西奔,阿鲁台东奔。其后当仁宗登极之初,阿鲁台数败于瓦剌,部曲离散,乃率其属东走兀良哈,驻牧辽塞。"正与科尔沁为卫拉所破,走避嫩江,情事时代相符。]"①

这段记述在《蒙古游牧记》书中堪称典型,说明著者网罗史料详博,叙述又脉络清晰,体例合理。他创造性地把纲目体的撰写特点运用到史志体书中。用大字书写的正文是著者研究得出的结论,文字简洁,条理清楚,而他所引用的史料和考证的理由则在注中用小字书写,以省枝蔓,得重点突出之效。历代史籍对于蒙古广大地区缺乏记载,《辽史》《金史》《元史》之书,对于这一地区的部族、行政区划、道里、山脉河流等,也付之阙如。幸赖张穆以可贵的毅力,作了成效卓著的开拓性的工作,钩稽搜罗,深入考证,遂使长久湮灭的史迹得以复现,诸多矛盾歧误的说法得到订正澄清,广阔草原上蒙古先民的活动的基本轮廓和史实得以勾勒出来。尽管所据的史料不免东鳞西爪,加上蒙古语译音造成的分歧和讹误,以致面对的史料几成谜团。但经著者深入、缜密的考证,终于证明了:明代生活在哲里木盟的科尔沁部先人正是《明史》所载在明初负责福余外卫事的元代后裔兀良哈部。其后又有阿鲁台部,因受瓦剌部所败,东投兀良哈部,遂在此地游牧。而《蒙古源流》中的一段故事,正证明科尔沁与哈尔图哈萨尔后裔的关系,得此佐证,遂使以往模糊隐晦的史事得以复显!

---

① 张穆:《蒙古游牧记》卷一《哲里木盟·科尔沁》。

贯串明显的经世旨趣,是本书的又一重要特色。

《蒙古游牧记》的撰著并非单纯为了稽古溯源,而主要是为了提供今日蒙古各部社会状况的尽可能明晰可靠的资料,以为了解边疆现状、制定边疆民族政策的有力参考。而入清以后,蒙古各部与清朝廷的关系如何,这与现实需要关系最为密切。故张穆尤其关注蒙古各部与中央政权的关系,详细记载入清以来朝廷对各部的封号、赏赐、诏令处置等项,以及有的部族拥戴朝廷、效力征讨的功绩。

科尔沁部和硕土谢图亲王、和硕达尔汉亲王与朝廷关系最为密切,世代膺受王爵。在清太祖努尔哈赤起兵时,和硕土谢图亲王部最早归降扈从,成为清太祖取得天下的赫赫功臣。张穆对此以显著的地位作了记载,在科尔沁部右翼中旗之下,首先载明该旗是和硕土谢图亲王游牧所在,紧接着即在正文中写道:"奎蒙克塔斯哈喇曾孙翁果岱,翁果岱子奥巴,世为察哈尔诺颜,天命十一年,以奥巴先诸蒙古来降,妻以庄亲王舒尔哈齐女孙,授和硕额驸,封土谢图汗。子巴达礼,崇德元年,叙功封札萨克和硕土谢图亲王,去'汗'号。诏世袭罔替,掌右翼五旗事。"而右翼牧场地处哈古勒河和阿鲁坤都伦河两河相汇的北岸,是水草肥美的好地方。① 和硕达尔汉亲王部,则与朝廷有先后纳三女为皇后的特殊关系。该部游牧地为科尔沁左翼中旗。张穆在正文中记载:"奥巴叔父莽古斯,以女归太宗文皇帝,是为孝端文皇后,追封莽古斯和硕福亲王,妻封福妃。孝端文皇后崩,莽古斯子宰桑,宰桑之长子乌克善,请以女弟为继室,是为孝庄文皇后,追封宰桑和硕忠亲王,妻封贤妃。乌克善封卓哩克图亲王。乌克善之仲弟察罕,子绰尔济复以女归世祖章皇帝,是为孝惠章皇后。顺治十八年,封绰尔济多罗贝勒。"张穆进而指出,和硕王达尔汉亲王部地位的尊贵,尚不仅是世代外戚,而且在清朝多次大征伐中都出兵效力、屡立战功。他在正文之下特加小注:"科尔沁,以列朝外戚,荷国恩独厚,列内札萨克二十四部首,有大征伐,

---

① 张穆:《蒙古游牧记》卷一《哲里木盟·科尔沁·右翼中旗》。

必以兵从。如亲征噶尔丹，及剿策妄阿喇布坦、罗卜藏丹津、噶尔丹策凌、达瓦齐诸役，札萨克等效力戎行，莫不懋著勤劳。土谢图亲王、达尔汉亲王、卓哩克图亲王、札萨克图郡王等四爵，俸币视他部独增，非惟礼崇姻戚，抑以其功冠焉。"并引魏源的一段中肯的评论："科尔沁从龙佐命，世为梯附，与国休戚，故世祖当草创初，冲龄践阼，中外帖然，繄蒙古外戚扈戴之功。"而《会典》中也明确记载："制外藩之禄，有俸银、有俸币，其等七，惟科尔沁亲王三、郡王一，各视其等而优焉。"①

由于张穆明确地要以历史记载为治理边疆和巩固边防提供有益的借鉴，故书中不仅详细记载行政区划沿革、部族迁徙和历史掌故，而且十分重视记述山川形势和军事要地在战略上的意义。卷六论归化城（与下绥远城同为今呼和浩特市的西部和东部旧城）形势之险要，对历史上著名战例的攻守意义、新城的建成和军事战略上的险要三项论之甚详。此城之兴建，实直接导因于清初皇太极追击喀尔喀部之时，观察到此地形势险要，并以此作为镇抚蒙古西部地区的战略要地。时为太宗崇德三年三月，追喀尔喀札萨克图汗至此，谕古禄格及右翼都统杭高曰："尔等所守城小壕狭，势难御敌，宜于城外建筑城垣，以资捍御。垣如城然，高一丈五尺，阔称之，俾可屯兵其上。垣四面置四门，门置瓮城，四隅各置望楼，垣外环以深壕，工竣之日，内城外垣严加防守，敌自不敢窥伺，尔等其善为之。"于是，命王贝勒以下，梅勒章京以上，各出银赴归化城贸易。康熙三十五年，清圣祖玄烨亲自统率大军征伐噶尔丹叛军，自白塔驻跸于此，受厄鲁特俘，犒赏西路凯旋之师。张穆又详载此地的地势、河流走向及绥远新城的营建："城西南三十四里，为浑津村，村南十里外，有浑津巴尔哈孙旧城基址。城北有黑河，向西流。城西南百四十里，旧有托托城（今托克托城）在黄河东岸，即河滩河朔也，今设托克托理事同知厅。绥远城，在归化城东北五里，周围二千丈，高二丈四尺，门四，乾隆四年建，移右卫建威将军驻其内。"为说明

---

① 张穆：《蒙古游牧记》卷一《哲里木盟·科尔沁·左翼中旗》。

归化—绥远城在军事战略上的重要地位,书中又引碑记所载云:"城在归化城之东北五里许,大青之山拥其后,伊克土尔根、巴哈土尔根之水抱其前,喀尔沁之水带其左,红山口之水会其右,地势宽平,山林拱向,实当翁公岭喀尔沁□军营之冲。"①

《蒙古游牧记》作为第一部蒙古史志名著,又具有极高的文献价值,征引史料至为详博,且究心于考订精确,对于以往的讹误努力予以纠谬、廓清,因而是发扬乾嘉史学严密考证的精神而在边疆史地领域取得的丰硕成果。这是本书的又一重要特色。

张穆把开拓史学新领域的工作和追求治学有益于世用的目标,建立在坚实的史料基础之上,因而保证了他撰成的史著具有弥足珍贵的学术价值。他长期潜心搜集蒙古历史源流和地理沿革文献,在本书中所引用者即超过五十种。其中,正史和官修图书有《汉书》《后汉书》《魏书》《北史》《隋史》《辽史》《金史》《元史》《明史》《元秘史》《蒙古源流》《元一统志》《明一统志》《明会典》《清一统志》《清会典》《平定朔漠方略》《清实录》《理藩院则例》等;杂史(包括考史著作、行程录、笔记)有郦道元《水经注》,《契丹国志》(旧题南宋叶隆礼奉敕撰,近人余嘉锡《四库提要辩证》考证此书为元中叶所撰,假隆礼之名以行),顾祖禹《读史方舆纪要》,钱大昕《元史考异》,魏源《圣武记》,博明《西斋偶得》,龚之钥《后出塞录》,方式济《龙沙纪略》,杨宾《柳边纪略》,郑晓《吾学编》,许亢宗《行程录》,西清《黑龙江外纪》,吴桭臣《宁古塔纪略》,沈垚《西游记》等;方志类有《盛京通志》《热河志》《承德府志》等,还有多种碑刻,康熙帝、乾隆帝诗文,及诸多元、明、清人诗作。

征引文献的详博,使《蒙古游牧记》所载的内容更增加其信史的价值。如卷一引康熙帝《赐班第祭文》,更加突出蒙古科尔沁部与朝廷实有世代外戚兼又军功卓著的特殊密切关系。祭文云:"科尔沁和硕达尔汉亲王额驸班第,世膺王爵,荣俪天家,

---

① 张穆:《蒙古游牧记》卷六《伊克昭盟·鄂尔多斯》。

行已朴诚，不愆轨度，居心忠顺，克殚勤劳，实宣力以有年，表诸藩而奉职。"① 又，哲里木盟境内有柳条边，究竟此绵延数百里之柳条种于何时？为何起到分隔内外的作用？由于张穆引用了很有价值的记载而得确证。一为杨宾《柳边纪略》载云："自古边塞种榆，故曰榆塞，今辽东皆插柳为边，高者三四尺，低者一二尺，若中土之竹篱，而掘壕于其外，人呼为柳条边，又曰条子边。"二为吴桭臣《宁古塔纪略》记曰："柳条边，垂杨数百里，系前朝所种，以隔中外。"三为引乾隆帝《柳条边诗》云："西接长城东属海，柳条结边画内外。"又《进英峨门诗》注："康熙年间，始建柳条边，西自山海关，东属海。又一自铁岭而分，东北绕吉林，过虞村而止，是为外障。"②

辽代的黄龙府在历史上脍炙人口，但因记载阙略，致使后人茫然不知所在。《清一统志》对"黄龙府"即持二说。一说称在永吉州西北，称："按《金史·地理志》：'天眷三年，改辽黄龙府为济州。大定九年，更为隆州，贞祐初升为隆安府。'以地考之，此龙安城，即隆安之讹，乃辽黄龙府旧址。今永吉州西北，皆古黄龙府之地。特其城隔在边外，后人遂茫无所据耳。"而同一《清一统志》在"奉天府"下，又称黄龙府在开原县境。张穆加案语指出："其说与此两歧，今以地望诊之，非是，故不取。"他详细举出以下三项理由。其一，《盛京通志》引康熙帝御制文集："今乌喇山噢间，古木灌莽，潢潦遍野，即古黄龙府之地也。"其二，杨宾《柳边纪略》释"黄龙府"云：《盛京志》言在开原县。按《金史·地理志》云："天眷三年，改黄龙府为济州。而娄室墓碑，载室葬于济州之东南奥吉里，今其墓在船厂西二百里之薄屯山，则当日黄龙府治应在今石头河、双阳河之间。"而《松漠纪闻》云："黄龙府南百余里曰宾州，州近混同江。其说亦合。若开原，则去混同江六百余里，金太祖安能一渡江即据有之邪？"今按，《柳边纪略》同样考定《盛京通志》所载之另

---

① 张穆：《蒙古游牧记》卷一《哲里木盟·科尔沁·左翼中旗》。
② 张穆：《蒙古游牧记》卷一《哲里木盟·科尔沁·左翼前旗》。

一说"黄龙府在开原县境"当属误载,正好证明黄龙府旧址在龙安城之说正确有据。其三,张穆又引许亢宗《行程录》中所详载沿途道里为进一步的佐证,云:"宋许亢宗于宣和六年,充贺金主登极使,著《行程录》,记自雄州至上京会宁府,道里曲折,至为详悉。黄龙府,亢宗实亲历其地,则故址所在,必当以亢宗之言为断矣。"许亢宗当日路线为:沈州——兴州——银州——咸州——肃州——同州——信州——蒲里——黄龙府,行程四百余里。一路东北而行,"以舆图诊之,黄龙府故址当在今柳条边外昌图厅西北,赫尔苏河之北岸"。① 以上三项证据,以《金史·地理志》所言金之济州(即隆安府)为最原始之史料,张穆据此而断言《清一统志》另一说"在开原县境"之误,可谓极具识见。今本《辞海》释"黄龙府",即云金之济州,治所在今吉林农安县,与《蒙古游牧记》卷一所言正相符合。

最后还应指出,张穆在考证上很见功力,广搜材料、考订异说、辨讹正误是他的擅长之处,但他又确能把考证功夫放在比较重要的、有价值的问题上。如卷七《外蒙古喀尔喀四部总叙》引龚之钥文及高其倬诗,乃意在证明朝廷与喀尔喀蒙古关系之密切,盛赞"中外一家"、民族间安定和好局面的到来。所引龚之钥《后出塞录》云:"喀尔喀诸部落甚众,统以三汗,曰赤城汗,曰札萨兔汗,曰兔舍汗。其威仪服制凛然,中土五六品之员,皆与抗礼。或有罪愆,仅需小校一人,赍诏而往,斥革絷缚,归于司寇,不敢少忤。近日以超勇亲王策凌,有平虏功,于三汗之外,分列一国,共为四大部落。"高其倬《喀尔喀部书所见诗》曰:"额手温纶正拜嘉,款宾解煮尚方茶。海西尽奉诸侯职,漠北兼无可汗牙。草瘠草肥占岁事,雁回雁去记年华。牛羊缯絮相酬酢,中外于今正一家。"② 形象地道出喀尔喀部与朝廷关系密切、部族之内游牧生活及社会秩序安定的情景。不滥聚异说以矜奇,不专事烦琐考证以炫博,而将考证功夫用在重要的地方,以资说明有意义的历史事件或问题。——这同样是张穆治史旨趣值得称道之处。

---

① 张穆:《蒙古游牧记》卷一《哲里木盟·郭尔罗斯部》。
② 张穆:《蒙古游牧记》卷七《外蒙古喀尔喀四部总叙》。

何秋涛《朔方备乘》的著史宗旨和史学价值

何秋涛（1824—1862），字愿船，福建光泽人。道光二十四年进士，授刑部主事，后任员外郎，懋勤殿行走。他留心经世之务，与张穆、陈庆镛交游密切。秋涛与张穆同以治边疆史地著名，由于他们的活动和著作的影响，边疆史地遂成为晚清学者关注的一门新学问。《蒙古游牧记》在张穆卒前尚未定稿，内容多有缺略，秋涛以十年时间为其作整理、补充、校订工作，方成完帙，由此亦可见秋涛笃于友谊、究心学术的精神。秋涛一生的心血尤萃集于《朔方备乘》一书。《清史列传》卷七十三《何秋涛传》称其著作缘起为"秋涛以俄罗斯地居北徼，与我朝边卡切近，而未有专书，以资考镜"，遂发愤收集史料，精心著述，成《北徼汇编》六卷。在此基础上，又继续详加扩充、考订、增补，最后成书八十卷。咸丰八年（1858），尚书陈孚恩疏荐何秋涛及郭嵩焘通达时务，晓畅戎机，将何秋涛所撰书籍呈进，咸丰帝阅其《北徼汇编》，称其于制度沿革山川形势考据详明，足征学有根柢，因赐名《朔方备乘》。进呈之后书竟散亡，副本复毁于火灾。后经李鸿章延请编修黄彭年及畿辅志局诸人，就秋涛家中所有残稿重加整理补缀，复还旧观，乃为今传世之本。所著还有

《镫精舍文初稿》一卷,《蒙古游牧记补证》四卷,《王会篇笺释》三卷,《校正元太祖亲征录》一卷,《延昌地形志》等,秋涛在官时创稿之《律例根源》后亦刊行。

一、"备用"的宗旨和编撰的特点

何秋涛撰著《朔方备乘》的直接动机,是因深感于俄罗斯与中国相接壤,边境绵长,延亘北部及东北、西北,且自康熙二十八年(1689)雅克萨之役以来,中俄双方直接交涉已达一百六七十年,而至今竟未有一部专书,一旦有事,何从取资参证?因此,这部著作必然是强烈地贯串"经世致用"的目的。《朔方备乘·凡例》开宗明义标出:"是书备用之处有八:一是宣圣德以服远人;二曰述武功以著韬略;三曰明曲直以示威信;四曰志险要以昭边禁;五曰列中国镇戍以固封圉;六曰详遐荒地理以备出奇;七曰征前事以具法戒;八曰集夷务以烛情伪。"以往这方面的记载不仅有阙漏疏略,且所记"半属传闻,淆讹迭出,又或展转口译,名称互歧,竟尚琐闻,无关体要"[1]。何秋涛特别强调他在两个方面要达到的目的:一是将广袤的中俄边境和北方边疆的山川形势、行政区划、市镇关卡,详细记载考订清楚,结束长期以来地理不明、正误不辨的荒忽渺茫状态,为边疆事务和抵御侵略提供切实有用的参考。二是详细记载中俄两国发生交涉以来的历史事件,钩稽考订各种资料,以明其中的是非曲直,总结历史的经验教训,证明正直的一方在中国,同时尽可能地提供有关中俄关系各个方面的资料。从清中叶以后,北方边疆一再出现危机,沙俄的军事侵略成为中国的严重威胁。何秋涛撰成这部适时的、详尽的北方边疆史地和中俄关系的专门著作,是中国史学经世致用优良传统在特定时代条件下取得的新成果,表明这位出色的边疆史地学者对于国家民族命运的深沉关切。

---

[1] 李鸿章:《朔方备乘叙》,光绪京师刻本。

为了达到"备用"的目的，何秋涛尽可能搜集了广泛详备的史料，主要包括：第一，清朝官方文献和记载，包括皇帝谕旨、事件经办大臣奏折、条约原文，官修《平定罗刹方略》《大清一统志》《皇朝通典》《皇朝文献通考》《大清会典》等官书；第二，历代正史有关北方边疆地区的记载；第三，中外地图，以之与文献相参证；第四，搜集各种私家著述、稗官野史以至外籍人士的记载。如此丰富的资料，经过何秋涛的苦心经营，汇集在一个有系统的体制之中。全书共八十卷，按内容分为十项：圣训钦定之书十二卷；圣武述略六卷；纪事始末二卷；记二卷；考二十四卷；考订诸书十五卷；辨正诸书五卷；传六卷；表七卷；图说一卷。其结构体例骤视有庞杂之嫌，实则全书有明显的主体部分，此即以记载北部边疆和中俄关系事件为纲、以考证为特色的综合性史书体裁。记载事件共十篇，包括《东海诸部内属述略》《索伦诸部内属述略》《喀尔喀内属述略》《准噶尔荡平述略》《乌梁海内属述略》《哈萨克内属述略》等六篇"圣武述略"，《俄罗斯互市始末》《土尔扈特归附始末》两篇"纪事始末"，《俄罗斯进呈书籍记》《俄罗斯丛记》两篇"记"；考证部分包括详考史实二十四篇，有《北徼界碑考》《北徼喀伦考》《雅克萨城考》《尼布楚城考》等，考订辨正诸书记载二十篇，如《考订职方外纪》《考订使俄罗斯行程录》《辨正西域闻见录》等。

何秋涛把发扬史以致用的传统与忠实记载历史结合起来，他通过总结和反思中俄关系的重大事件，证明自清初以来两国交涉中，有理的一方在中国，同时以详备精审的材料为北部边境军事防守和办理中俄外交提供考订准确的史实。其余诸篇都与上述主体部分相配合，如书中所设《汉魏北徼诸国传》《辽金元北徼诸国传》《元代北徼诸王传》《历代北徼用兵将帅传》《国朝北徼用兵将帅传》等篇，是提供北部边疆历代用兵的史实。又如，《北徼事迹表》《北徼沿革表》《北徼地名异同表》等，收集了大量分散的史料，并加以详审的考证，最后以眉目清楚的表格列出，颇具提纲挈领的作用，极便查阅。《北徼事迹表》实是中俄关系年表，起自清太祖天命元年（1616），迄于道光三十年（1850），按年记事,共分朝贡、假道、征伐、移檄、学馆、京师互市、恰克图互市、界碑卡伦、缉捕、航海、杂事十一个栏目,包括了两国政治、军事、礼仪、文化教育、经济贸易、边界协约、海上交通等方方面面的事件,均以简要的文字分别记载,故可以作为中俄两国关系史纲目来阅读使用。

二、记载中俄关系史上的重大事件

《朔方备乘》记载的重点,当然就是中俄关系史上的重大事件。特别是对中俄雅克萨之役的前因后果,书中以《雅克萨城考》《尼布楚城考》《北徼界碑考》三篇互相参照,对于中国政府坚决反抗沙俄侵略,在军事上胜利之后又主动给俄方以通商等项的便利,予以明确记载,同时纠正了官修《一统志》等书中的重大错误。

卷十四《雅克萨城考》篇前叙中,申明此篇记载的目的有二:一是证明清朝两次用兵雅克萨,对俄国的防御反击在第二次,以澄清史实记载的混淆。"东北边境与俄罗斯接界,最著者莫如雅克萨城。由雅克萨城以西千里而近为尼布楚地,已入于罗刹(即俄罗斯);由雅克萨城以北千里而遥,为外兴安岭,中间别无城戍。惟雅克萨为水陆扼要之区,虽未设官置戍,然每岁察边会哨必至焉。其系边防甚巨,不可不详考也。按,我朝用兵于雅克萨城凡二次:其一在太宗崇德年间,以征索伦之故;其一在圣祖康熙年间,以征罗刹之故。乃纪载家不知有征索伦之事,遂误以崇德四年罗刹已据雅克萨城,致劳大兵挞伐,直至康熙二十一年以后始克平定,是皆考核未精、访闻未确之故,志乘诸书互相沿袭,莫有知其非者。夫崇德年间之征索伦,雅克萨城实先戡定,载在钦定《开国方略》,并《八旗通志》、诸臣列传,事迹昭彰,赫赫耳目。而误以征索伦为征罗刹,是考核有未精也。《盛京通志》及《龙沙纪略》《黑龙江外纪》诸书,皆询访士人,登诸卷帙,追溯龙江旧事,既以无所征而不录,访及索伦遗老,又因有所讳而弗言，致误之由，职此之故，是访闻有未确也。"总之，据朝廷官书《开国方略》《八旗通志》等书，都可以确凿地证明早在清太宗征索伦之时，已将雅克萨城隶属中国版图，而决非俄罗斯先占有，而后清军再派兵夺回。故何秋涛强调此篇著述的目的，乃在于："裒辑北徼事迹，详加研究。爰知雅克萨城一区，中国隶籍在前，罗刹兵争在后，所宜详征博考，订前人之讹误，以示传信。而三朝大圣人德威远曁，遐迩从风之盛，亦因以备见焉"。①

对于围绕雅克萨城中俄交涉事件的许多重要关节点，何秋涛详引各种官私文献，精心考证。他指出，《黑龙江外纪》中载，"境内多废城，最著者曰爱珲、雅克萨二城。雅克萨城，罗刹筑也，久为大兵所毁"。这段记载漏记了雅克萨城最早是索伦部所筑的事实，故特意加了如下案语：

> 雅克萨城本索伦部筑，嗣因博木博果尔等据城以叛。崇德四年大兵讨平之，墟其城。顺治初年，罗刹窃据，又筑之。康熙二十五年，复克其城。《外纪》单言罗刹，殊属疏漏。

然后，何秋涛依次详细记载如下各项：（一）俄罗斯在黑龙江北岸地区的侵掠，构筑城堡作为向东扩张的据点，清朝多次发出函件抗议，俄罗斯侵略者置若罔闻，变本加厉其侵扰活动。《龙沙纪略》所载提供了极重要的史实："黑龙江将军所辖地，考四境元时尽隶版图，明代皆蒙古席帛达呼里、红呼里索伦散处之，国朝之初悉归附焉。后俄罗斯侵入境内，筑城曰雅克萨，又顺黑龙江而南，据呼麻拉。康熙二十三年，上命宁古塔副都统萨布素率舟师由松花江溯黑龙江上流伐之。彼自呼麻拉退保雅克萨城，大兵于艾浑（即爱珲）立城与之相拒。康熙二十八年围雅克萨城，攻之急，彼遣使间道诣阙吁请。命解围，听其去，而雅克萨城废，西距千余里立界石，艾浑遂永为重镇。"（二）雅克萨之

---

① 何秋涛：《朔方备乘》卷十四《雅克萨城考·叙》。

役,康熙事先多次派遣将领及侦探人员把俄军驻扎在雅克萨城的情况,如何构筑工事、给养情况如何、雅克萨城与尼布楚城之间俄军如何联系等项一一侦察清楚,并与边防将军萨布素、都统公彭春、副都统班达尔、副都统马喇以及议政王大臣等,反复磋商严密防守部署、有效控制俄军的策略。康熙帝为保证迅速了解前方军情,又设立驿站快速传递情报制度:"上谕议政王等凡奏报军机,自雅克萨至额苏里、经爱浑(即爱珲)前来,恐迂道迟延。令理藩院侍郎明爱于杜尔伯特、扎赖特派兵五百人,并索伦兵,酌自墨尔根至雅克萨设驿驰奏军机,庶免贻误。"在大军进击之前,康熙帝令向雅克萨城俄军发出谕告,"令还本境",但未获效果,雅克萨俄军凭其工事固守不动。清军乃于二十三日"分水陆兵为两路,列营夹攻,复移置火器。二十五日黎明急攻之,城中大惊,罗刹头目额礼克谢等势迫,诣军前稽颡乞降。于是朋春等复宣谕皇上好生之德,释回罗刹人众。其副头目巴十里等四十人不愿归去,因留之。我属蒙古、索伦逃人及被虏者咸加收集,雅克萨城以复"。(三)康熙二十五年春,中国官兵侦得在中国军队退回黑龙江以后,俄军复占据雅克萨城。康熙命令黑龙江将军萨布素等将俄国侵略军包围在雅克萨城内,并谕告议政王等:"向者罗刹侵犯雅克萨、尼布潮诸地,戕我居民,边境骚然。曾谕鄂罗斯察罕汗来使尼果来等,撤回其众,自后竟不复奏,反在在侵犯,肆行扰害。意尼果来未达前旨于察罕汗。复令被擒罗刹持书从喀尔喀地宣谕之,亦不复奏。因遣发官兵往雅克萨招抚罗刹,不戮一人,令其头目额礼克谢等持书归去。罗刹闻我师言,旋复回雅克萨筑城以居。朕思本朝频行宣谕,曾未一答,而雅克萨罗刹又死守不去。或尼布潮诸地阻隔,前书未达,或雅克萨罗刹皆彼有罪之徒,不便归国。俱未可知。"康熙二十五年七月,鉴于多次外交函件、口信均未能得到俄方回复,中国政府决定请荷兰使臣转发俄罗斯察罕汗处,目的是收回雅克萨城,同时两国派遣官员谈判确定"于何处分立疆界,各毋得逾越,则两界民人均得宁居,不失永相和好之意"。至九月,接到俄方复书,称以往中方所发外交函件因无人通晓中国文字而致延耽。"近闻

437

皇帝兴师辱临境上，有失通好之意。如果下国边民构衅作乱，天朝遣使明示，自当严治其罪，何烦辄动干戈。今奉诏旨，始悉端委，遂令下国所发将士，到时切勿交兵，恭请察明我国作乱之人，发回正法。除嗣遣使臣议定边界外，先令米起佛儿魏牛高、宜番法俄罗瓦等星驰赍书以行，乞撤雅克萨之围。仍详悉作书晓谕下国，则诸事皆寝，永远辑睦矣。"康熙帝为了与俄方通过谈判划定边界，遂下令撤除对雅克萨俄军之围。"上谕命萨布素等统率官兵，乘天时未寒，还至爱珲、墨尔根，……并以察罕汗遣使请和、撤还大兵之故，晓谕雅克萨城内罗刹知之。"何秋涛通过翔实的记载证明：雅克萨之战是由于沙俄对我早已管辖黑龙江以北地区肆行侵略劫掠而引起的。在康熙帝正确决策和将领指挥下，中国军队将俄军包围在雅克萨城内，只因俄方表示了谈判划定人口边界的愿望之后，中国军队主动撤围。①

紧接在卷十五《尼布楚城考》中，何秋涛详载了《中俄尼布楚条约》签订的经过。康熙二十七年五月，俄罗斯使臣费耀多罗等至色冷格地，派人报告清政府，要求会议。康熙帝命内大臣索额图、尚书阿尔尼等主其议，带兵前往。索额图奏言："尼布楚、雅克萨、黑龙江上下，及通此江之一河一溪皆属我地，不可弃之于鄂罗斯。又我之逃人根特木尔等三佐领及续逃一二人，悉应索还。如一一遵行，即归彼逃人及大兵俘获招抚者，与之画疆分界，贸易往来，否则臣当即还，不与彼议和矣。"康熙帝允之。康熙二十八年四月，费耀多罗等至尼布楚，"圣祖乃遣索额图等赴尼布楚就议，官兵同往者增量于前"。索额图等奏言："尼布楚、雅克萨既系我属所居地，请仍如前议以尼布楚为界，此内诸地均归于我。"圣祖谕曰："今以尼布楚为界，必不与鄂罗斯，则彼遣使贸易无栖托之所，势难相通。尔等初议时，仍当以尼布楚为界，彼使者若恳求尼布楚，可即以额尔古纳为界。"最后议定以额尔古纳河及格尔必齐河为界，立碑垂示久远。②

---

① 何秋涛：《朔方备乘》卷十四《雅克萨城考》。
② 何秋涛：《朔方备乘》卷十五《尼布楚城考》。

中国政府在这次平等谈判中,既维护了中国主权,又对俄方作了让步,条约的订立为中俄关系的正常化奠定了基础。何秋涛在卷十五《尼布楚城考叙》中,对此作了画龙点睛式的概括:由于康熙帝的运筹帷幄和索额图等大臣、将领的努力,"于雅克萨、额尔古纳河皆收入版图,而尼布楚则捐以界之",使俄方有"贸易栖托之所"。在卷八《北徼界碑考》中又详载两国界碑的确定。《朔方备乘》的上述记载为证明中国政府在中俄关系前期采取的正确而又明智的措施,坚决保卫本国主权而又适当作出让步的态度,以及证明黑龙江北岸大片地区原本已按照条约规定确认为中国领土等重要历史事实,提供了十分确凿有力的证据。

何秋涛以撰成信史流传后世的高度负责态度,纠正了清朝官修《一统志》及《盛京通志》中《尼布楚条约》首条边界条文的严重错误。按照《尼布楚条约》界碑碑文,明确载为:

> 大清国遣大臣与鄂罗斯国议定边界之碑一,将由北流入黑龙江之绰尔讷,即乌伦穆河相近格尔必齐河为界,循此河上流不毛之地有石大兴安以至于海,凡山南一带流入黑龙江之溪河尽属中国,山北一带之溪河尽属鄂罗斯。

按条约此条规定,格尔必齐河以东,外大兴安岭以南为中国领土,外大兴安岭以北为俄罗斯。据何秋涛考证,此条内容,在《平定罗刹方略》《会典》《事例》及《徐元文集》所载均相同,明确无误。可是《大清一统志》黑龙江卷内所载,竟误为:"分界石碑云:有石大兴安以至于海,凡山南一带之溪河,尽属鄂罗斯。"何秋涛斩钉截铁指出:"(《一统志》)语意与事理全相矛盾,殊不可解。臣秋涛详细校勘,始知刊本《一统志》于碑文'山南'二字下,脱落'流入黑龙江之溪河尽属中国'十二字,又脱去'山北'二字,遂致文意舛误,关系匪细!"[①]而乾隆四十年重修《盛京通志》则由于照抄《一统志》,同样致误。何秋涛以其严肃求真的精神和精审的考证,纠正了两部官修志书中此

---

① 何秋涛:《朔方备乘》卷八《北徼界碑考》。

项严重错误,对此应予充分的肯定。

三、详载土尔扈特回归祖国始末

《朔方备乘》作为道咸年间边疆史地专著的开创性著作,它同样将边疆民族关系的重大事件作为记载的重点。最为突出的是对土尔扈特部归国始末的记述。

土尔扈特部在经历迁徙境外一百七十多年后重新回到祖国,这是民族史上充满曲折、苦难与最终欢乐相交织的事件。何秋涛记载此一事件的始末有两大特点。其一,是从土尔扈特被迫迁徙后的种种遭遇,深刻地表现这一部族对祖国无法割弃的感情,从而表明它最终回归祖国的必然性。

土尔扈特为厄鲁特蒙古四部之一,其余三部为准噶尔绰罗斯部、和硕特部、杜尔伯特部。明崇祯年间,土尔扈特部头领和鄂尔勒克与绰罗斯交恶,遂率其族众西走,越哈萨克回部(今哈萨克斯坦共和国境),西抵俄罗斯之额济勒河(即伏尔加河)流域,居住放牧。先与俄罗斯贸易往来,从其征调。"后土尔扈特寖弱,俄罗斯遂指土尔扈特为己属国。土尔扈特习蒙古俗,务畜牧,逐水草徙,而俄罗斯城郭居。风俗既异,土尔扈特重佛教,敬达赖喇嘛,而俄罗斯尚天主教,不事佛,以故土尔扈特虽受其役属而心不甘,恒归向中国。"

康熙年间,曾有阿玉奇遣使入贡。阿玉奇为和鄂尔勒克之孙。其妹多尔济拉布坦嫁和硕特鄂齐尔图车臣汗。鄂尔齐图汗与多尔济拉布坦所生之女,又为阿玉奇儿媳。鄂尔齐图汗后被准噶尔部力图分裂叛国之反动头人噶尔丹所杀,其部众被占,其孙罗卜藏衮布阿拉布坦归清朝。故鄂尔齐图汗一家与噶尔丹是死对头,眷望祖国,希望得到清朝的帮助。噶尔丹死,策妄阿喇布坦据伊犁,阿玉奇嫂携其子阿喇布珠尔,率众入藏礼佛,策妄拦之不得归。"(策妄)并邀夺阿玉奇贡使赐物,而绝其贡道。阿喇布珠尔既不得归,款关乞内附。我朝封为贝子,畀党色尔腾地为游牧。"阿玉奇因不能径道伊犁向清朝入贡,乃设法"遣使假道俄罗斯,由库伦路入贡"。圣祖优赐之,使归。"经策妄阿拉布坦地,为所羁。阿玉奇夫妇兄妹子妇及部众,皆戴圣祖厚恩。""圣祖鉴其诚,使图理琛往报之。阿玉奇大喜,其妃达里睦巴拉、子沙克都尔扎布各置宴劳请使者。使者之归也,阿玉奇问中国事甚详。又问满州、蒙古之所以分,又言'我与满洲衣冠皆同,今居俄罗斯,与俄罗斯教不同,此情若蒙使者转奏,大皇帝自有筹画'。又曰:'屡经俄罗斯中,恐其厌而阻我,此后无由自达矣。'又曰:'南路不通,藏中药物不可得,所仗者天朝耳!'"阿玉奇之妹多尔济拉布坦及其亲属也盛情宴请使者图理琛,"并多馈遗,感念天恩,求使者代奏。是阿玉奇全家归心中国"。

至乾隆年间,乌巴锡为汗,时土尔扈特已徙七世,离开祖国已有一百七十余年。随乌巴锡居河南岸者,达四十六万余户,居北岸者数亦相当,至此已不堪俄罗斯奴役之苦。"当是时,俄罗斯察罕屡征土尔扈特兵,与邻国战,败绩,土尔扈特部众死者七八万人。察罕汗思雪其耻,复征兵于土尔扈特,土尔扈特诸部落人人忧惧,乌巴锡计无所出。"时有从伊犁逃来之舍棱言,旧居伊犁等地空虚无人,可据其地。乃决计全族迁徙归国。沿途历经万般艰难,人口死亡数目浩巨:

(乌巴锡)携四十余万部众东走,沿途劫掠,攻破俄罗斯城池四处,察罕汗闻之,使其济纳拉喇领兵数万追袭。乌巴锡人众已逾坑格勒图喇西南,已入中国地界,济纳拉喇乃引兵还。乌巴锡既入中国,乃由巴尔噶什淖尔西进,其间经过之戈壁五日行,虽有水泉,寸草不生,牲畜倒毙无算。行至青可斯察汉,哈萨克汗阿布赉及阿布勒必斯、阿布勒班毕特与之战,又有台吉额勒里纳拉里要劫之,相持二十余日,向沙喇伯勒西进。至沙喇伯勒南界,布鲁特闻之,人各喜跃相庆,聚集十余万骑,星飞云拥。乌巴锡避入沙喇伯勒北界,两千余里戈壁无滴水寸草,时际三月,天气温暖,人皆取马牛之血而饮,瘟疫大作,死者三十万人,牲畜十存三四,经十余日,狼狈逃出。而布鲁特久候于戈壁之外,或前或后,或聚或散,日夜追杀抢夺,被劫之男妇子女牲畜什物数倍于哈萨克。直至他木哈,与内地卡伦相近,布鲁特始敛兵退。乌巴锡至他木哈,所属男妇大小犹有二十七八万口。

土尔扈特部终于以最艰辛的代价换来到达内地卡伦。伊犁将军对于整个部族辗转迁徙而来的土尔扈特人,立即派领队大臣纳旺等前往讯问,乌巴锡乃以"决定投诚"相告。何秋涛在记载上述曲折复杂的事件中,始终把土尔扈特部身处异乡、心向祖国作为贯穿事件前后的主要线索,揭示出"土尔扈特虽受其役属而心不甘,恒归向中国",阿玉奇夫妇、亲戚及部众"皆戴圣祖厚恩",恳请使者向清朝皇帝转奏"我与满洲衣冠皆同,今居俄罗斯,与俄罗斯教不同"的真情和心愿,阿玉奇之妹及亲属"感念天恩,求使者代奏。是阿玉奇全家归从中国"。在记述中强调这些意愿和动力实有本质的意义,表明饱经颠沛流离苦难的土尔扈特部对祖国的巨大向心力,说明何秋涛对这一复杂历史事件具有深刻的洞察力。

何秋涛记载的又一特点,是突出乾隆帝果断坚决处理接纳土尔扈特所具有的政治家风度和清朝政府安排之周到,说明多民族统一国家的发展至此已臻于成熟。何秋涛明确记载:乾隆帝获得伊犁将军伊勒图急报,知土尔扈特将至后,立即命舒赫德前往视事,"遵旨收抚安戢,所至如归"。廷议中,乾隆帝驳倒怀疑土尔扈特所来持有何种动机的说法,作出果断决策。有人提出,"舍棱同来,情属叵测"。乾隆帝立即明确鉴复:"彼既背弃俄罗斯,岂敢复与我为难?是其归顺之事十有八九,诡计之伏十之一耳。至舍棱既偕众来,若声言前罪,受众降而独拒舍棱,则穷无所归,必寇掠边鄙。且恐舍棱不来,同行之众亦疑惧不前。倘俟其既至,执舍棱罪之,尤非所以昭威信,示怀徕也。乃决计宥其已往,悉加恩锡。"廷议中又有人提出,不宜受俄罗斯叛臣,"恐启衅"。乾隆帝亦立即予以辩驳澄清:"上曰:'舍棱即我之叛臣归俄罗斯者,何尝不一再索取,而俄罗斯讫未与我也!今既来归,即以此语折俄罗斯,彼亦将无辞以对。'因令理藩院以此意传檄示知俄罗斯。"于是乾隆帝立即安排在热河接见乌巴锡等土尔扈特部所有头人。

清政府对回归的土尔扈特部作了周到的照顾、妥善的安置："于是为之口给以食，人授以衣，分地安居，使就米谷而资。耕牧则以属之伊犁将军舒赫德，出我牧群之孳息驱往；供馈则以属之张家口都统常青，发帑运茶；市羊及裘则以属之陕甘总督吴达善，而嘉峪关外董视经理，则以属之西安巡抚文绶维。时诸臣以次驰牍入告：于伊犁塔尔巴哈台之察哈尔厄鲁特，凡市得马牛羊九万五千五百，其自达哩刚爱商都达布逊牧群运往者又十有四万，而哈密辟展所市之三万不与焉；拨官茶二万余封，出屯庾米麦四万一千余石，而初至伊犁赈赡之茶米不与焉；甘肃边内外暨回部诸城购羊裘五万一千余袭，布六万一千余匹，棉五万九千余斤，毡庐四百余具，而给库储之毡棉衣布不与焉。计费帑银二十万两，而赏贷路费及宴次赍予不与焉。……筹画无不悉，赒惠无少靳，而土尔扈特诸部落之人乃得以休养生聚，共安熙皞之风也。"最后何秋涛对此事件始末加以评论道：

> 土尔扈特自顺治年间间道入贡，至是凡一百二十余年，竟全部内附。圣祖之远道遣使，初非欲招而致之也。然深仁厚泽，固结人心，宜阿玉奇汗之子孙世世感念不忘！高宗克绳祖武，措置咸宜，百万之众，指麾立定。即此一事，不已足征两朝大圣人先天弗违，后天奉若之至德欤？诚自生民以来未有之盛举也！①

这段话如果去掉其中神化康熙、乾隆之类的封建性意味，那么，剩下的赞颂土尔扈特在一百多年后回归祖国的意义，和康熙、乾隆处置土尔扈特部族之得当，则是切中肯綮的。魏源的《圣武记》和何秋涛的《朔方备乘》都记载了这一意义重大的事件，而何秋涛记述更加详细具体，他所表达的"诚自生民以来未有之盛举"，也更加深刻感人。土尔扈特之回归祖国，是清代历史以至整部民族关系史的重大事件，其中所蕴含的多方的深刻意

---

① 何秋涛：《朔方备乘》卷三十八《土尔扈特归附始末》。

义,至今仍是清史研究者极感兴趣的研究课题,有的外国史学家也由衷地赞扬这是人类史上最为激动人心的事件。

四、记述全面　议论精辟

作为一部信史,《朔方备乘》还有记载全面的优点。它除以重点记载政治、外交、军事、民族、地理沿革等方面内容外,还以专篇记载中俄贸易往来和文化的联系。卷三十七为《俄罗斯互市始末》,分京师互市、黑龙江互市、恰克图互市三项,记载了许多有价值的内容。最早的记载为:"顺治十二年、十七年皆附贸易商人至京师奏书",康熙十五年"贸易商人尼果赖等至,圣祖仁皇帝召见之,赐察罕汗书"。又如,雍正五年"察罕汗遣使表贺世宗宪皇帝登极,附贡方物。八月,命郡王策凌、伯四格、侍郎图理琛等与彼国使臣萨瓦等议定楚库河等处边界,寻召见萨瓦等赏赐,遣归国。十月,理藩院奏,俄罗斯头目郎喀呈请以商人马匹牛羊留于张家口外牧放,允之。令郎喀严约所属,毋许滋事,遣司官一员照料,并饬附近张家口诸总管,如俄罗斯贸易商人马匹牲畜遗失,查而归之,如不获,即令赔还,毋俾困于行旅"。由何秋涛所载可知,当时中俄之间既当以"入贡""赐赠"的方式进行贸易,又有商人来华贸易。清政府对俄罗斯使团或商人在华的活动进行监视、管理,同时又予适当照顾,防止其利益受到损失。关于恰克图互市,则载有:雍正四年,"以恰克图为常互市所,人数不得过二百,设监视官一员,由理藩院司官内拣选,二年一次更代,是为恰克图准互市驻部员之始。……时俄罗斯人初同内地人民于市集交易,一切惟恐见笑,故其词色似少逊顺。经恰克图司员谕以中外一家之道,俄罗斯欢欣感激,信睦尤著。其内地商民至恰克图贸易者强半皆山西人,由张家口贩运烟茶、缎布、杂货,前往易换各色皮张、毡片等物。初时俗尚俭朴,故多获利,嗣是百货云集,市肆喧阗,恰克图遂为漠北繁富之区云"。这里对于恰克图互市的起源、初期的规模、双方贸易交换的商品种类，以及两国人民之间的互利往来，友好相处，有简洁具体的记载，具有重要的史料价值。①

书中还有《俄罗斯馆考》（卷十二）、《俄罗斯学考》（卷十三）、《俄罗斯进呈书籍记》（卷三十九）等篇，记载中俄间文化教育的往来。何秋涛言俄罗斯馆设置的缘起为："我朝始于旧会同馆（按，明代安置高丽诸国使者之馆所）修建屋宇以馆俄罗斯国之人。良以俄罗斯自明以来，阻于朔漠，未通中国。及顺治、康熙年间，向慕德化，重译来庭，故特设邸舍以优异之也。其国有贡使，有商人，有来京读书学生，有住京喇嘛，又有来学医术之人，虽事不恒见，然皆以俄罗斯馆为寓居之所。"② "俄罗斯学"则有不同的两种性质："国子监之俄罗斯学，为俄罗斯来京读书子弟而设，所以柔远人；内阁理藩院之俄罗斯学，为八旗习俄罗斯字学生而设，所以通象译也。"③

以上所述记载雅克萨之役和签订《尼布楚条约》的历史，以明曲直，记载土尔扈特回归始末，以示民族关系的历史经验，记载中俄经济文化往来，都证明何秋涛成功地做到将"备用"的著述宗旨贯穿于全书各部分之中。他的"备用"的视野又是较为宽阔的：备防卫边疆之用，备治理边政之用，备处理中俄关系各种事务之用。同时，他的"备用"又与大量的史实考订、山川地理形势考订紧密结合在一起，书中考订北徼界度、北徼界碑、北徼形势，和考订、辨正各种文献记载的内容，以其内容的丰富和精审言，置之乾嘉考证名家著作之林也毫不逊色。可以说，《朔方备乘》一书，同样是表明由此前的"考史"向"经世致用"学风转变的代表性著作。它兼具"求真"和"致用"的特色。既有丰富的史料、精审的考订，又有大量有的放矢发表的精彩议论。这些议论，包括各篇前的"叙"，以及篇中随处发表的论评和所加案语。或对重要史实抒发见解，或对歧误异说断以己见，或对全篇画龙点睛，关系至大。卷十《北徼喀伦考》卷首之"叙"，交代喀

---

① 何秋涛：《朔方备乘》卷三十七《俄罗斯互市始末》。
② 何秋涛：《朔方备乘》卷十二《俄罗斯馆考叙》。
③ 何秋涛：《朔方备乘》卷十三《俄罗斯馆学考》。

伦设置的由来、设置管理的方法、边界东西两段喀伦的分布、喀伦设置对边境防守的意义，读之足以使人明瞭全局、喻晓利害：

> 臣秋涛谨案：《尚书》有慎固封守之文，《周官》有掌固司险之职，汉制边郡皆设亭障，此即国朝边境安设喀伦所由昉也。更番候望之所曰台，国语谓之喀伦，亦作卡伦，又有称卡路、喀龙者，皆翻译对音之转也。北徼喀伦之设，始于雍正五年，郡王策凌、伯四格，侍郎图理琛等会同俄罗斯使臣萨瓦戡定疆界，并设喀伦五十九座。极东之十二喀伦，就近属黑龙江将军统辖，轮派索伦官兵戍守。迤西之喀伦四十有七，以喀尔喀四部属下蒙古，按其游牧远近，每喀伦安设章京一员，率领兵丁，皆令携眷戍守。其对面俄罗斯亦一体安设喀伦。所有两面喀伦，适中隙地，蒙古语谓之萨布，石堆曰鄂博。凡萨布处所皆立鄂博为界，间有丛林，无可堆石，即削大树镌记。是时，库伦尚未派驻大臣，凡喀伦事务，俱系办理夷务之喀尔喀王统辖。至乾隆二十七年，始设钦差大臣驻库伦，专理恰克图贸易事。自是以后，喀尔喀四十七喀伦，分属于库伦乌里苏雅苏台，而乌梁海平后，科布多增设喀伦，准噶尔平后，塔尔巴噶台、伊犁增设喀伦，一如前制，且加派侍卫分驻巡查，所以固封围而昭慎重也。谨考各处喀伦后多添设，如《盛京通志》载黑龙江另设之十五喀伦，所以防御俄罗斯来路，盖已增于十二喀伦之数。其他添置之处皆关系北徼防维，不可或略。至若新疆等处开齐布克申之制，尤为周密。盖我国家威灵远振，版图日见式廓，则规制日觉精详。谨胪列于篇，以备览观云。①

为了"备用"，《朔方备乘》终篇共绘制了地图二十五篇，这些图，都与书各部分记载相配合，并且在卷首有总叙，每图配以论说，阐发其意义，提示阅读使用这些地图的方法。绘制这二十五图的内容性质分类及作用，总叙中予以概括的说明："臣秋涛

---

① 何秋涛：《朔方备乘》卷十《北徼喀伦考叙》。

谨案：山川方位、远近形势，匪图弗显。图举其形，说详其事，故每图必系以说，亦古者左图右史之意也。臣纂辑兹编，合诸图说为一卷，首冠皇舆全图，以示会归有极之义；次列中国与俄国交界图，以著边塞之防；次地球图二，揽山海之全形也；次历代北徼图十有二，备古今之异势也；次俄罗斯初起图，次分十六道图，次《异域录》俄罗斯图，明彼国由微而渐巨；次康熙、乾隆、嘉庆、道光以来各图，明边塞之事不可执一，宜博以考之，详以辨之也。"① 这些地图虽然绘制尚未达到精当，但大致地形、方位已基本正确，与全书各部分文字相结合，完全可以达到明边防险要、山川形势、俄罗斯以至地球五大洲方位远近的效用。《地球东半图》《地球西半图》两篇图说中云："臣秋涛谨案：地圆如球，以周天度数分经纬线，纵横画之，每一周得三百六十度，每一度得中国之二百五十里。兹直剖为二图，北极在上，南极在下，赤道横绕地球之中，日驭之所正照也。赤道之南北各二十三度有奇，为黄道，限寒温渐得其平，又再北、再南各四十三度有奇，为黑道，去日驭渐远，凝阴冱结，是为南北冰海。大地之土，环北冰海披离下垂，如肺叶，凹凸参差不一。其形，泰西人分为四土：曰亚细亚，曰欧罗巴，曰利未亚，此三土相连，在地球之东半；别一土曰亚墨利加，在地球之西半。统计地球东半，惟利未亚一土在西南坤维，与俄国风马牛不相及。其亚细亚之北境，及欧罗巴之东境、北境，皆俄罗斯国之地，广长几二万里，北徼荒寒，人稀土旷。"② "地球西半，惟亚墨利加一土，前明中叶，泰西人始寻得之。……欧罗巴人海舶所至，即据其土，垦辟营缮，城邑相望。……其海曰大洋海，即中国之东洋大海，洋面之广阔，以此为最，而风浪又极安平。其土在地球西半，而由中国之东方可以直达其地，亦足证地球浑圆之理也。"③ 这些论述传播了近代科学知识，与《海国图志》《瀛寰志略》同样传达了传统史学向近代史学转变的重要信息。

---

① 何秋涛：《朔方备乘》卷六十八《图说叙》。
② 何秋涛：《朔方备乘》卷六十八《地球东半图说》。
③ 何秋涛：《朔方备乘》卷六十八《地球西半图说》。

黄遵宪文化思想的
特点及其历史地位[①]

黄遵宪（1848—1905）是近代杰出的外交家、维新活动家，同时，他在近代文化史上也占有特殊的地位。黄遵宪诞生于鸦片战争后八年，逝世于辛亥革命爆发、清朝灭亡之前六年。他生活的五十七年，正是清朝国势日益陵替、列强肆意对我欺凌宰割、民族危机极其深重的年代，在文化上，则处于中西文化撞击、时代急剧变动的时期，向人们提出了大量迫切需要回答的课题。对于这些近代文化的重大课题，黄遵宪是一位积极的探索者和成功的实践者，他继承了传统文化的精华，体察时代的变化，尤其能从他亲身接触的西方先进文化中吸取营养、获得启迪，因而随着时代而进步，跻身于代表近代文化前进方向的先进人物的行列。1902年八月，黄遵宪在致梁启超信中明确提出的"大开门户、容纳新学"的主张，就是他在文化问题上达到了时代高度之有力证据。

事情的起因是，戊戌政变后流亡日本的梁启超，于1902年

[①] 本文是作者于2005年3月26日在北京举行的"纪念黄遵宪逝世100周年国际学术研讨会"上的发言。

夏秋之间曾计划创办《国学报》，认为培养国民性，应以贯彻"保存国粹"为指导思想，欲以此作为办报方针，写信与政变后被"放归"回原籍的黄遵宪商议。这几年，黄遵宪身居家乡，心中却忧虑国内外危险局势，他回首一生经历，所探索的核心问题定然是救国道路何在，中国文化的根本出路何在，因此他立即毫不含糊地批评梁氏的主张不合时宜，复信说："公谓养成国民，当以保国粹为主义，当取旧学磨洗而光大之。至哉斯言！恃此足以立国矣。虽然，持中国与日本较，规模稍有不同。日本无日本学，中古之慕隋、唐，举国趋而东；近世之称欧美，举国又趋而西。当其东奔西逐，神影并驰，如醉如梦。及立足稍稳，乃自觉己身在亡何有之乡，于是乎国粹之说起。若中国旧习，病在尊大，病在固蔽，非病在不能保守也。今且大开门户，容纳新学。俟新学盛行，以中国固有之学，互相比较，互相竞争，而旧学之真精神乃愈出，真道理乃益明，届时而发挥之，彼新学者或弃或取，或招或拒，或调和或并行，固在我不在人也。国力之弱，至于此极，吾非不虑他人之搀而夺之也。吾有所恃，恃四千年之历史，恃四百兆人之语言风俗，恃一圣人及十数明达之学识也。公之所志，略迟数年再为之，未为不可。"[①] 黄遵宪洞察到中国落后的病根在于"尊大""固蔽"，这正击中了旧文化的要害。对症下药，就必须"大开门户，容纳新学"，从学习西方中寻找救国道路，即他说用"西人之政"（民主）、"西人之学"（科学）来救中国之弊。这不是缺乏民族自信心，而是相信中国文化有自己的优良传统，相信通过输入西方新学理，从比较中能真正认识中国文化的真精神、真道理，经过与西方文化"科学""民主"的精华相结合，为改造国民性和挽救这衰弱的民族找到正确出路，而同时也必将把中国文化提高到新的境界。

　　黄遵宪这封信，无疑是20世纪初年思想界探讨中国文化根本出路问题的极其宝贵的文献。一百年来中国社会所经历的文化

---

① 黄遵宪著，郑海麟、张伟雄编校：《致梁启超书》，《黄遵宪文集》，[日本京都] 中文出版社1991年版，第199—200页。

论争和文化变迁，充分证明其论断的真理性和前瞻性。次年七月，他再次在致梁启超信中，劝告说："公自悔功利之说、破坏之说之足以误国也，乃壹意返而守旧，欲以讲学为救中国不二法门。公见今日之新进小生，造孽流毒，现身说法，自陈己过，以匡救其失，维持其弊可也。谓保国粹即能固国本，此非其时，仆未敢附和也。"又说，"言屡易端，难于见信，人苟不信，曷贵多言！"① 平心而论，梁启超在近代文化潮流中也是一位出色的进步人物。他在担任《时务报》主笔时期大力宣传变法的迫切性，倡议废科举、兴新学、大译西书，其议论风靡海内。变法失败流亡日本后，西太后为首的清朝顽固派扼杀变法运动的行径和本人被通缉的遭遇激起他对专制统治的仇恨。明治维新后日本社会的新气象使他耳目一新，又借助"和文汉读法"，阅读孟德斯鸠等西方启蒙思想家和福泽谕吉等日本学者的著作，因而思想一度趋于激进。如他本人所说："广搜日本书而读之，若行山阴道上，应接不暇，脑质为之改易，思想言论，前后若出两人。"② 这一时期，他在日本先后创办《清议报》《新民丛报》和《新小说》，发表了大量激烈批判专制制度罪恶和介绍西方民主立宪政体的文章。但是梁氏诚有"流质易变"的弱点，过了不久，他又主张"壹意保守"，以"保存国粹"作为当今之急务了。相比之下，黄遵宪对于旧文化消极面严重地阻碍中国前进、必须大力输入西方先进文化的认识是明确的、坚定的，因而其文化主张较梁启超高出一筹。

黄遵宪之所以能够达到近代文化觉醒的高度，是由于他在几十年中锤炼而成的具有鲜明特点的文化思想所决定的。

其一，对旧学持有极可宝贵的批判精神。

黄遵宪成长的清朝咸丰、同治年间，在文化领域居于统治地位的仍然是空谈性理的程朱理学、八股科举制度，和专治名物训诂的考据学，保守陈腐的习气充斥于思想界，绝大多数士人置身

---

① 黄遵宪著，郑海麟、张伟雄编校：《致梁启超书》，《黄遵宪文集》，第223页。
② 梁启超：《夏威夷游记》，《饮冰室合集》专集之二十二，第186页。

其间，只好随波逐流，甚至终生无法自拔。青年黄遵宪却秉承了先哲们特立卓行的志向，对于举世视为天经地义的封建货色、陈腐观念进行了大胆的抨击。《人境庐诗草》开卷《感怀》诗，是黄遵宪十七岁时所作，他开宗明义，对封建儒生泥古保守弊病作了辛辣的讽刺："世儒诵《诗》《书》，往往矜爪嘴。昂头道皇古，抵掌说平治。上言三代隆，下言百世俟，中言今日乱，痛哭继流涕。摹写车战图，胼胝过百纸。手持《井田谱》，画地期一试，古人岂我欺，今昔奈势异。儒生不出门，勿论当世事，识时贵知今，通情贵阅世。"①他以形象的诗句讲了古今时势不同的哲理，呼吁学术风气的根本转变。鸦片战争后，社会危机日益深重，照搬儒家的陈旧教条只能是迂腐可笑。他清醒地认识到："当世得失林，未可稽陈编。"只能靠研究当代寻找救国之方。他斥责宋明理学的空疏无用："宋儒千载后，勃窣探理窟。自诩不传学，乃剽思孟说。讲道稍僻违，论事颇迂阔。"又贬斥考据学的琐屑恒钉："读史辨豕亥，订礼分袒袭。上溯考据家，仅附文章列。"最后指责两者都是对于国计民生毫无裨益的陈腐货色："均之筐篚物，操此何施设？"②这首诗所提出的是与当时弥漫朝野的因循守旧思想相对立的新的文化价值观念，是青年黄遵宪发出的文化观点宣言书。此后一生，他就沿着这一思想方向继续前进。二十一岁时所作《杂感》诗中，他以颇有理论意味的发展观点，对封建营垒的拟古风气作进一步的批判，对于时代和文化的进步高声赞扬："大块凿混沌，浑浑旋大圆，隶首不能算，知有几万年？羲轩造书契，今始岁五千。以我视后人，若居三代先。俗儒好尊古，日日故纸研，六经字所无，不敢入诗篇，古人弃糟粕，见之口流涎。沿习甘剽盗，妄造丛罪愆。黄土同抟人，今古何愚贤？即今忽已古，断自何代前？"这表明黄遵宪具有发展进化的文化观，认为三代和当今都是历史发展的一个阶段，迷信三代、鄙薄当今是极其错误的复古倒退观点。一味模仿因袭是把古

---

① 黄遵宪著，钱仲联注：《人境庐诗草笺注》卷一《感怀》，上海古籍出版社1981年版，第1页。
② 黄遵宪著，钱仲联注：《人境庐诗草笺注》卷一《感怀》，第8—9页。

人的糟粕当作宝贝,勇于革新创造才能推动文化的发展。他以充分的自信力提出诗歌创作的主张:"我手写我口,古岂能拘牵。即今流俗语,我若登简编,五千年后人,惊为古斓斑。"① 这些呼吁诗人关注当代,力求创新,抒发时代精神和个人新鲜感受的警句,确实为晚清文化领域带来新鲜气息。

青年时代形成的这种进取、革新精神奠定了黄遵宪一生文化观的基调,当他走出国门以后所经历的观察探索,则使他感受更加强烈,认识达到升华。这当中经历了一场思想的剧烈震动。黄遵宪随着首任驻日公使何如璋东渡之际,那种根深蒂固地存在于中国士大夫头脑中的以"天朝上国"自居的偏见,对他也深有影响,在赴日途中吟唱的"帝泽旁流遍裨瀛"② 的诗句就很典型,并且夸耀使团一行如何使日本人倾倒。但他观察到的现实却与想象中的落后岛国完全相反。当时日本明治维新处于关键阶段,"改从西法,计日程功",新事物新思想纷至沓来。到明治十二年到十三年(1879—1880),日本维新派大力倡导民权学说,这对黄遵宪这样的生活在中国专制政体下、习惯于"奉皇帝若天神,视平民如草芥"的传统观念的中国官员来说,无疑是巨大的冲击,所以他初闻颇惊怪。但黄遵宪没有盲目排拒,相反,他借来卢梭、孟德斯鸠的著作阅读,并且信服他们学说的原理,"心志为之一变,以谓太平世必在民主"③。因此,在驻日使馆参赞任上是黄遵宪提升其文化观的重要时期,此后他一再发表言论,对比中日情形,对中国士大夫暗昧拒外、固陋自安的顽症痛加针砭。1890年他在伦敦使馆所写《日本杂事诗自序》中说:"嗟夫!中国士夫,闻见狭陋,于外事向不措念。今既闻之矣,既见之矣,犹复缘饰古义,足己自封,且疑且信;逮穷年累月,深稽博考,然后乃晓然于是非得失之宜,长短取舍之要,余滋愧矣!……况

---

① 黄遵宪著,钱仲联注:《人境庐诗草笺注》卷一《杂感》,第42—43页。
② 黄遵宪著,钱仲联注:《人境庐诗草笺注》卷三《由上海启行至长崎》,第199页。
③ 黄遵宪著,郑海麟、张伟雄编校:《致梁启超书》,《黄遵宪文集》,第195页。

于排斥谈天,诋为不经,屏诸六合之外,谓当存而不论,论而不议者乎!"既深深责备自己"缘饰古义,足已自封"的旧习,同时有力地针砭那些对外国事物懵懵懂懂的无知者,特别是严厉地斥责那些拒绝反对认识新事物、阻碍中国历史前进的顽固派。黄遵宪对西方文化进步性的认识是从长期体验和艰苦思索中得来的,他所形成的观点就能前后一贯,而不至见异思迁,随波逐流。

当然,黄遵宪对文化遗产决非一味贬斥。相反,他对于传统文化的精华是大力继承弘扬的。贯串其一生强烈革新的进取精神,就是对先哲自强不息的垂训和实践的自觉继承。他熟悉先秦文献和历代贤才的著作,将他们的嘉言谠论熔炼于自己的著作和诗篇中,对孔子学说的精华尤为褒重,晚年曾计划著《演孔篇》,将近代进化论著作等列为参考书,意欲互相糅合,以发挥孔子儒学精义。历代杰出诗人的作品,古文大家的名篇,更是他创作诗歌效法和借鉴的榜样。他曾向日本人士介绍我国杰出的古典小说《红楼梦》,见解极其精辟:"《红楼梦》乃开天辟地、从古到今第一部好小说,当与日月争光,万古不磨者。恨贵邦人不通中语,不能尽得其妙也。""论其文章,直与《左》、《国》、《史》、《汉》并妙。"[①] 并将《红楼梦》亲自圈点后送给日本友人。对于文化遗产有继承,有舍弃,这就是黄遵宪一生中自觉坚持的做法。

二是,以开放的心态对待西方文化。

黄遵宪第一次接触西方文化,是二十三岁时因到广州赴考归途中游了香港,他的观察见于所写《香港感怀》组诗。一方面,祖国领土被西方侵略者盘踞,成为侵略中国的据点,使他感到无比愤慨:"岂欲珠崖弃,其如城下盟!帆樯通万国,壁垒逼三城。虎穴人雄据,鸿沟界未明。传闻哀痛诏,犹洒泪纵横。""方丈三神地,诸侯百里封。居然成重镇,高垒蠹狼烽。"另一方面,他

[①] 实藤惠秀,郑子瑜编校:《黄遵宪与日本友人笔谈遗稿》,日本早稻田大学东洋文学研究会1968年版,第182页。

又敏锐地认识到资本主义文明的发达,感叹它优越于封建制度:"火树银花耀,毡衣绣缕铺。五丁开凿后,欲界亦仙都。""流水游龙外,平波又画桡。佛犹夸国乐,奴亦挟天骄。御气毯千尺,驰风马百骁。街弹巡赤棒,独少市声嚣。""飞轮齐鼓浪,祝炮日鸣雷。中外通喉舌,纵横积货财。""《博物》张华志,千间广厦开。摩挲铜狄在,怅望宝山回。大鸟如人立,长鲸跋浪来。官山还府海,人力信雄哉!"这些诗句形象地写出西方制度下香港物质的繁华,治安的良好,交通信息的便利,贸易的兴盛和文化的发达。说明黄遵宪从青年时代起就独具一种开放的眼光,注重研究和善于考察新鲜事物,憎恨外国侵略的感情并没有挡住他的视线,这是近代中国人最为迫切需要的态度和识力。香港之行对于黄遵宪的最大意义是:他在陌生的西方文明面前,敏锐地看到它具有先进性和侵略性两重性质,以后他对外国的考察即由此继续发展。

处在19世纪后期中西文化交流的历史机遇,黄遵宪不仅"生逢其时",而且"遍历其地",其阅历之丰富在同时代人中是少有的。他先任驻日使馆参赞四年多(1877年秋至1882年春),接着任美国旧金山总领事三年余(1882年春至1885年秋),后又随同使英、法、意、比四国大臣薛福成到伦敦,任使馆参赞二年余(1889年夏至1891年秋),再后任驻新加坡总领事三年余(1891年秋至1894年底)。总共居留外国十四年,足迹到达东西半球,因此他有诗句云:"我是东西南北人","绕尽圆球剩半环。(自注:环游地球,所未渡者大西洋海耳。)"[①]他对比中西异同,更加认识到资本主义政治制度、经济发展、文化教育以至思想观念较中国的封建制度文化大大优胜,认识到中国必须学习西方,走万国富强之路。在《日本国志·自序》中,他尖锐地批判弥漫朝野的封闭落后意识:"中国士夫,好谈古义,足已自封,于外事不屑措意。"强调只有改变这种闭目塞听、愚昧无知的状况,中国才能进步。在书中《邻交志》等篇,他突出地记述欧洲、日本各国近代以来实行对外开放政策,互相师法而走向富强

---

① 黄遵宪著,钱仲联注:《人境庐诗草笺注》卷九《己亥杂诗》,第800、824页。

的史实，总结出"交邻之果有大益"这一真理。他说："欧洲之兴也，正以诸国鼎峙，各不相让，艺术以相摩而善，武备以相竞而强，物产以有无相通，得以尽地利而夺人巧。……（法国）合纵连横，邻交日盛，而国势日强，比之罗马一统时，其进步不可以道里计。"再看日本，它孤立海中，按理应是"闭关自守，民之老死不相往来"，但事实正相反。古代的日本，制度文化"无一不取法于大唐"，近代的日本，制度文化又"无一不取法于泰西"，结果都使日本取得大进步。尤其是明治以来学习西方，"近世贤豪，志高意广，竞事外交，骎骎乎进开明之域，与诸大争衡。向使闭关谢绝，至今仍一洪荒草昧未开之国耳！则信乎交邻之果有大益也"。①

学习西方民主制度，和掌握西方近代进化论思想以观察历史变迁与进化趋势，是黄遵宪在其诗歌和著作中特别关注的两个重点。在《日本杂事诗》中，他对日本社会的最大变动——推翻幕府、倡导民权学说、实行共和政体给以热情赞扬："剑光重拂镜新磨，六百年来返太阿。方戴上枝归一日，纷纷民又唱共和。"并加小注云："明治元年德川氏废，王政始复古，伟矣哉！而近来西学大行，乃有倡美利坚合众国民权自由之说者。"又赞美废除专制、设立议会："议员初撰欣登席，元老相从偶跻间。岂是诸公甘仗马？朝廷无阙谏无书。"并在小注中说明，议会的开设"固因民之所欲而为之"。在《日本国志》中，他详细地记述日本明治维新的发动，反复强调：宣传民权学说，要求召开国会，"庶人议政，倡国会为共和"，这是日本转向强盛的关键。并将肯定议会民主制度的优越与揭露封建专制的严重弊端对照论述。晚年与梁启超通信，仍然再三再四表达对中国必将废除专制政体，实行立宪共和政体的预见："中国之进步，必先以民族主义，继以立宪政体，可断言也。""二十世纪之中国，必改而为立宪政体。今日有识之士，敢断然决之，无疑义也。"②《人境庐诗草》

---

① 黄遵宪：《日本国志》卷四《邻交志一》。
② 黄遵宪著，郑海麟、张伟雄编校：《致梁启超书》，《黄遵宪文集》，第211、213页。

的最后一首,是他写于1904年底的诗篇《病中纪梦述寄梁任父》,表达的正是这明确的信念:"呜呼专制国,今既四千岁,岂谓及余身,竟能见国会。……人言廿世纪,无复容帝制,举世趋大同,度势有必至。"①再过六年,武昌起义爆发,封建帝制覆亡,这一预言得到完全的证实。当时清朝政治腐败至极,国家局势险恶至极,黄遵宪为何抱有这样的信心呢?这决定于他认清了人类历史发展的共同趋势,并且掌握了进化论哲学思想,相信社会进步不可阻挡。《己亥杂诗》有多首宣传他的进化哲学观点,其中有云:"乱草删除绿几丛,旧花别换日新红。去留一一归天择,物自争存我大公。""三千年上旧花枝,颇怪风人不入诗。我向秦时明月问,古时花可似今时?(自注:《诗》有桃李花,有梅实,而不及梅花。赋咏梅花,始于六朝,极盛于唐。以植物之理推之,古时花未必佳,后接以他树而后盛耳。)"这些诗句形象地说明生物进化是自然规律,今天比古代进步,将来必定比今天进步。他进而说明,人类一定要适应生存环境的变化,在此弱肉强食的时代,必须警策自己,自强不息,去争取民族的美好前途:"移桃接李尽成春,果硕花浓树愈新。难怪球西新辟地,白人换尽旧红人。"或是自强求生存,或是被征服而归于灭绝,二者必居其一。黄遵宪在哲学观上掌握了近代进化论这一进步的思想武器,因而其诗句更加具有启迪人、鼓舞人的力量。

中华文化兼容并包、海纳百川的胸怀,在黄遵宪的诗篇中也有生动的体现。《以莲菊桃杂供一瓶作歌》借写新加坡无冬无夏,莲菊桃李同时开花,手摘众花杂供一瓶这一奇观,抒发诗人对全世界黄白黑各种族共处,互有矛盾又互相交往的感想:"如竞箎鼓调筝琶,番汉龟兹乐一律。如天雨花花满身,合仙佛魔同一室。如招海客通商船,黄白黑种同一国。"②欣赏众花杂供一瓶,正反映出诗人希望有不同经历、地位,不同性格、喜怒的世界各

---

① 黄遵宪著,钱仲联注:《人境庐诗草笺注》卷十一《病中纪梦述寄梁任父》,第1075页。
② 黄遵宪著,钱仲联注:《人境庐诗草笺注》卷七《以莲菊桃杂供一瓶作歌》,第599页。

个种族、民族，都能通过互相了解、互相学习而平等相处的博大胸怀，也是以艺术手法表达他主张不同文化应当以开放的心态互相交流和吸收。

综合上述，黄遵宪在其一生的不断探索中，继承了中国文化的精华，同时自觉地意识到时代赋予的任务，对旧文化中迂腐空疏、闭塞落后的糟粕进行有力的批判，热情倡导学习西方进步文化，清醒地把握历史前进的潮流，因而形成了他革新进取、开放兼容、勇于开拓的文化品格。这是他在20世纪初年不为错综复杂的形势所迷惑，不为各种言论所左右，坚定地倡导"大开门户，容纳新学"的深刻原因，更是他在诗歌领域和史学领域作出卓越建树的巨大动力。当然，与所有历史巨人一样，黄遵宪也有其局限性。如他《日本国志》中讲到："思所以捍卫吾道者，正不得不藉资于彼法，以为之辅。"[①] 认为西方的"法"与中国原有的"道"是辅助关系。又说，吾不可得而变革者，是君臣、父子这些伦理纲常；吾可得而变革者，是轮舟、铁道、电信，和务财、训农、通商、惠工的具体制度。[②] 尽管他撰写的书是作为驻外使馆官员上呈清政府的，写上这些话有减轻压力的用意，但毕竟反映出他思想中仍有相当浓厚的封建保守性。他晚年发愿著《演孔篇》而最终未能完成，也是由于他既想保持儒学的体系，又想写成反映进化论学说、反映"举世趋大同"的政治潮流的成一家言著作，二者圆凿方枘，扞格而不可通。这些局限，置于当时的时代条件又是不应予以苛求的。从总体上说，黄遵宪的文化思想、文化精神确实达到了时代所能达到的高度，代表了时代的智慧，因而毫无疑问是一笔宝贵的思想财富。

（原刊《学术研究》2006年第1期）

[①] 黄遵宪：《日本国志》卷三十二《学术志一》。
[②] 黄遵宪：《日本国志》卷四十《工艺志序》。

王国维"二重证据法"的形成及其意义

一、治史观念和方法上取得重大突破的条件

王国维、陈垣、胡适是20世纪中国新历史考证学的奠基人和出色代表人物。他们治史的共性是生当西方学术大量输入的时代，本人既熟悉传统的经史典籍，又各有相当的接触西学的背景，方法上，既服膺乾嘉学者精良的考证方法并自觉地加以继承，同时又融合西方近代学者治学的新理念、新方法，二者融通起来，因而起点很高，首次撰成的论著即为学界所推重。其中，王国维尤最早重视运用新史料考证上古史上的重大问题，成为民国初年饮誉士林的杰出学者。

王国维（1877—1927），字静安，号观堂，浙江海宁人。1898年到上海，入《时务报》馆任书记校对职，同时在罗振玉所办东文学社学习日文。1901年到日本留学，在东京物理学校学习数理、英文，半年后因病回国。其后开始学习西方哲学、心理学、社会学著作，连续译出有关西方哲学、伦理学、心理学等著

作，尤醉心于尼采、叔本华哲学。1903年到南通师范学堂任教，教授伦理学、国文。次年初，主编《教育世界》，秋季至苏州任江苏师范学堂教习，兼授社会学。1907年，经罗振玉推荐，任清廷学部总务司行走，后任名词馆协修。这一时期喜治文学，先后撰成《红楼梦评论》《人间词话》。武昌起义后，随罗振玉亡命日本时，因协助罗氏整理藏书，尽阅其所藏古籍、古彝器与其他古器物拓片，"始尽弃前学，转攻经史"，尤其是在历史考证学和古器物学上作深入的研究，成就很大。自称在日本京都四年，"生活最为简单，而学问之变化滋甚，成书之多，为一生冠"。在政治上，则始终追随罗振玉，以清朝遗老自居。1916年返国，居上海，为英人哈同编辑《学术丛编》。1921年，将所撰重要经史论文编定为《观堂集林》二十卷刊行。五四运动起，王氏对时局日益忧惧抵触，曾说："观中国近忧，恐以共和起，以共产终。"此后，关于甲骨金文和古史考证的重要著作日少。1924年，出任清华大学国学研究院导师，并任北京大学通信导师。在清华大学讲授《古史新证》课程，兼治西北边疆地理和蒙古史料的考释。1927年，北伐军胜利进军时，在北京颐和园投昆明湖自沉。其一生主要著作编辑为《海宁王静安先生遗书》。

王国维作为20世纪中国新历史考证学主要奠基人之一，其深厚的学术素养，一方面是熟悉中国传统经史典籍，精通乾嘉学者严密考证的治学方法；另一方面，是他十分重视吸收、运用西方新学理，将它与中国传统学术的精华相结合。王氏本来资质聪颖过人，富有才华，他在日本留学修数学、物理课程，受到自然科学体系完整、逻辑方法严密的训练，他又深入学习了西方哲学、心理学、教育学等多种学科的知识，在专攻经史之学以前，翻译、撰写了有关教育学、算术及教授法、法学通论、哲学、心理学、动物学等多种著作。同时，他与当时国际著名的汉学家，如日本学者内藤虎次郎，法国学者伯希和、沙畹等人互有学术联系，进行切磋讨论。这些学术经历和时代背景使他具有超拔常人的卓识，在观念上和方法上富有科学精神和系统方法，对于新史料的价值有锐敏的眼光，能从广泛联系与比勘中阐发其实质意义，因而把传统历史考证方法大大向前推进。

生逢新史料相继发现之时，这是20世纪中国学术界之一大幸事，也是王氏本人治学之一大幸事。高度重视并以独特的识见运用新史料，这对王氏治史取得卓越成就具有特别重要的意义。他有名言云："古来新学问起，大都由于新发见。"[①] 这话概括了学术史的重要规律，同时也深刻总结了王氏本人治学的体会。1912年以后，他有条件整理、考释、利用大量新发现的甲骨卜辞、汉简等新的史料，此与他这一时期随罗振玉到日本协助其整理藏书有直接关系。罗振玉在政治上一直坚持反动的立场，但在历史文献领域，他是一位有见识有成就的学者，对王氏治学产生了巨大影响。据郭沫若《中国古代社会研究》中"卜辞出土之历史"一节所述，1902年罗振玉在刘鹗处开始得见甲骨卜辞，凭其对历史文献和古器物知识的学识，已敏感到卜辞有不同寻常的价值，便劝说刘鹗选其中千余片拓印问世。罗氏自1906年也开始搜集甲骨，起初从商人手中购买，后于1909年，由商人口中探知甲骨出土处为安阳小屯，又命其弟前往直接探采。由此罗振玉判定甲骨卜辞出土的地点即为殷商故都。这样，甲骨卜辞的时代性得以确定，卜辞即为殷商王室遗物，其史料价值的重要性随之大大提高。因而甲骨卜辞出于殷墟的探明，在近代史学史和考古学史上意义甚大。到1911年前后，他已搜集到甲骨卜辞两三万片以上。在收藏丰富的基础上，罗振玉尤其热心对卜辞进行整理、传布。前后印行之书，计有：《殷虚书契前编》八卷（1913年）；《殷虚书契菁华》一卷（1914年）；《铁云藏龟之馀》一卷（1915年）；《殷虚书契后编》，二卷（1916年）。郭沫若评价说："这些书，特别是《前编》和《后编》，是研究甲骨文字必要的典籍。"故"罗氏在中国要算是近世考古学的一位先驱者"。[②] 1916年，罗振玉还亲自到安阳小屯探访，清楚地考明卜辞出土的地理环境和历史背景，见于他在日记中的记载："至小屯，其地

[①] 王国维：《最近二三十年中中国新发见之学问》，《王国维论学集》，中国社会科学出版社1997年版，第207页。

[②] 郭沫若：《中国古代社会研究》，《郭沫若全集·历史编》第一卷，第188页。

在郡城之西北五里,东西北三面洹水环焉。《彰德府志》以此为河亶甲城。宋人《考古图》载古礼器之出于河亶甲城者不少,殆即此处。近十余年间龟甲兽骨悉出于此。询之土人,出甲骨之地约四十余亩。因往履其地,则甲骨之无字者田中累累皆是。拾得古兽角一,甲骨盈数掬。"[①] 总之,由于罗振玉富有见识和热心而有成效的整理工作,他为学术界提供了一批很重要的甲骨卜辞文献资料,同时也为王国维的深入研究提供了资料条件。学术界对罗振玉的学术贡献甚为重视,把他与王国维并提,称他们二人为甲骨学殷商史所做的奠基工作为"罗王之学"。

  王国维是"二重证据法"这一对20世纪史学影响深远的治史观念和方法的创立者和成功运用者。何谓"二重证据法"? 就是将"地下发现之新材料"与"纸上之材料"二者互相释证,以达到考证古史的目的。它作为一种重要的治史观念和方法,是20世纪初年中西学术交融和新史料大量发现刺激之下的产物,此为其所具有的强烈的时代性。而此一观念和方法于中国传统学术亦非毫无关系,而是存在着一定的渊源继承关系,乾嘉考史名家钱大昕利用碑刻史料与历史文献互相比勘解释对考证元史问题等项得到创获,可视为"二重证据法"的萌发。但钱氏因时代的关系,没有达到自觉运用阶段,所利用的材料和以之研究的领域都很有限,也未能解决对于历史研究具有重要意义的大问题。王国维处于20世纪初年,由于时代的机遇和本人的创造精神,方有可能较乾嘉前辈更胜一筹。甲骨文、汉简等重要发现为他提供了新的史料凭借,西方近代学术的相继传入,尤其是19世纪后期以来欧洲学者重视考古材料的运用,和"审查史料"即强调对于历史文献应以审慎态度究明其来历、考辨其真伪然后作出正确分析的观念和方法,给予他以深刻的启发;以此与他所熟悉的中国传统历史考证学的优良方法互相结合起来,遂能在治史观念和方法上取得重大突破。

---

① 罗振玉:《雪堂丛刻·五十日梦痕录》,民国四年(1915)上虞罗氏排印本。

二、从《流沙坠简》到《毛公鼎考释》："二重证据法"的形成

王国维"二重证据法"代表性成果撰成于1917年，在此之前，从1912年起，他已在汉简和甲骨文的综合整理考释和证史领域取得一系列成果，对运用新史料以考证历史问题作了长期的探索和思考，最后才水到渠成、瓜熟蒂落。1913年到1914年，他与罗振玉二人考订《流沙坠简》，全书共七卷，其中，《小学术数方技书》一卷，《考释》一卷，《简牍遗文》一卷，罗振玉编撰；《屯戍丛残》一卷，《考释》一卷，《补遗》一卷，王国维编撰。王国维从事此项考订工作，已开始显示出将新发现的考古史料与历史文献二者相互结合互相释证的治学路向。书成，王国维写了长篇序文，详考汉长城及玉门关之位置，汉代西域丝绸之路的路线，海头之地望及得名之由来，精绝国与后汉之关系。我们可以举出此序中以古代典籍与新出汉简史料互相发明，考辨汉长城位置的一段论述，以明王氏此项研究与其探索"二重证据法"之关系。1908年斯坦因在敦煌之北发现的汉简，准确地理位置为北纬40°，东经93°10′至95°20′之间，斯坦因据此位置初步判定为汉之长城，但未作具体考证。王国维根据汉简史料和出土文献二者相结合详加考辨，认为：据《史记》所载，秦之长城，西迄临洮。汉武帝时，为防匈奴，始筑令居以西，列武威、张掖、酒泉、敦煌四郡，但未载明长城之所止。而法显《佛国记》载，敦煌有塞，东西可八十里，南北四十里。《晋书·凉武昭王传》则云："玄盛（即西凉政权建立者李暠）乃修敦煌旧塞东西二围，以防北虏之患。筑敦煌旧塞西南二围，以威南虏。"再据唐《沙洲图经》所载，沙洲有古塞城、古长城二址。塞城周回州境，东在城东四十五里，西在城西十五里，南在州城南七里，北在州城北五里。古长城则在州北六十六里，东至阶亭烽一百八十里，入瓜州常乐县界，西至曲泽烽二百一十二里，正西入碛，接石城

界。《图经》所言古塞城,当即是李暠所修东西南北四围。至法显时所见,仅有纵横二围,其东西旧塞之八十里,或即《图经》之古长城,东西里数仅有八十里者,盖至晋末时长城已经颓废。《图经》所记东西一百三十里,则据废址载明里数。王国维经过将历史文献与汉简史料二者互证,乃得出结论:"此城遗址,《图经》谓在州北六十三里,今木简出土之地,正直其所,实唐沙州,《图经》所谓古长城也。前汉时敦煌郡所置三都尉,皆治其所,都尉之下,又各置候官。由西而东,则首玉门都尉下之大煎都候官、玉门候官(皆在汉龙勒县境),次则中部都尉所属平望候官、步广候官(汉敦煌县境),又东则宜禾都尉所属各候官(汉效谷、广至二县境。以上说均见本书《屯戍丛残·烽燧类》"考释"中及《附录》烽燧图表);又东入酒泉郡,则有酒泉西部都尉所治之西部障,北部都尉所治之偃泉障;又东北入张掖郡,则有张掖都尉所治之遮虏障,疑皆沿长城置之。今日酒泉、张掖以北,长城遗址之有无,虽不可知。然以当日之建置言之,固宜如是也。今斯氏所探得者,敦煌迤北之长城,当《汉志》敦煌、龙勒二县之北境,尚未东及广至界,汉时简牍即出于此,实汉时屯戍之所,又由中原通西域之孔道也。"[①] 以上所论汉长城之位置,沿长城各处屯戍之所,都尉候官的设置,汉长城为古代中原通西域之孔道等项,均于汉代历史关系甚大。故仅就王氏以新旧史料相结合考论长城而言,这一方法对于推进历史研究之重要性已经得到有力的显示。通过《流沙坠简》的编撰考释,王氏已充分认识到新发现的汉简史料对古史研究具有的不容忽视的重要价值,1914年四月全稿写毕,尝致书缪荃孙,提出了迥异于当时日本学者的重要看法:"此事关系汉代史事极大,并现存之汉碑数十通亦不足以比之。东人不知,乃惜其中少古书。岂知纪史籍所不纪之事,更比古书为可贵乎!"又自信其"考释"方法之优

---

① 王国维:《流沙坠简序》,《观堂集林》第三册,中华书局1959年版,第821—822页。

良,云:"使竹汀先生辈操觚,恐亦不过如是。"① 鲁迅对近代学术具有卓识,又于研究中国小说史和整理古代文学典籍深有造诣,他曾对王国维《流沙坠简》的研究方法和学术价值大加褒扬:"中国有一部《流沙坠简》,印了将有十年了。要谈国学,那才可以算一种研究国学的书。开首有一篇长序,是王国维先生做的,要谈国学,他才可以算一个研究国学的人物。"② 青年学者沈颂金在其博士论文《二十世纪简帛学研究》中,即称王氏与罗振玉合撰《流沙坠简》过程中,"已经自觉地运用'纸上之材料'与'地下之新材料'相互印证,可以视作'二重证据法'的肇始"③。

自1912年至1917年初数年间,王国维的古史考证成果累累,除《流沙坠简》外,主要有:辑成《齐鲁封泥集存》,为罗振玉整理手写《殷虚书契考释》并作《序》和《后序》,撰成《秦郡考》、《胡服考》、《宋代金文著录表》、《国朝金文著录表》、《洛诰解》、《鬼方昆夷玁狁考》、《殷虚卜辞中所见地名考》、《生霸死霸考》、《史籀篇疏证》、《释史》、《魏石经考》、《毛公鼎考释》并《序》、《汉魏博士考》、《太史公行年考》等,大凡都属于运用考古新史料与典籍相释证这一新创的治学方法,对于古代地理、民族、历法、制度、人物、习俗、古器物等作出新解,以其提出问题之新颖、见解之独到和考证之严密,而受到研究者的重视。王氏对于这些广泛涉及各个领域的问题的探索和思考,使其"二重证据法"的观念和方法经过长时间的积累、磨砺,已经呼之欲出。

《毛公鼎考释序》中说:"自来释古器者,欲求无一字之不识,无一义之不通,而穿凿附会之说以生。穿凿附会者非也,谓

---

① 王国维:《致缪荃孙(1914年7月17日)》,《王国维全集·书信》,中华书局1984年版,第40页。
② 鲁迅:《热风·不懂的音译》,《鲁迅全集》第一卷,人民文学出版社1981年版,第398页。
③ 沈颂金:《二十世纪简帛学研究》,学苑出版社2003年版,第77页。沈颂金:《王国维的汉晋木简研究——兼谈与"二重证据法"形成之关系》,《南都学坛·人文社会科学学刊》2002年第6期。

其字之不可识、义之不可通而遂置之者亦非也。文无古今，未有不文从字顺者。今日通行文字，人人能读之能解之，诗书彝器亦古之通行文字，今日所以难读者，由今人之知古代不如知现代之深故也。苟考之史事与制度文物以知其时代之情状，本之《诗》《书》以求其文之义例，考之古音以通其义之假借，参之彝器以验其文字之变化。由此而之彼，即甲以推乙，则于字之不可释、义之不可通者，必间有获焉。然后阙其不可知者以俟后之君子，则庶乎其近之矣！"① 在这里，王氏总结出要考证清楚古器物铭文（按，毛公鼎是清代道光末年在陕西岐山出土的晚周青铜器，铭文多达四百九十七字）所记载的史事和制度，必须以《诗》《书》等文献典籍和其他彝器互相参证，求其文之义例，通其义之假借，验其文字之变化，由此及彼，以甲推乙。这段总结，可视为"二重证据法"之初步表述。

《太史公行年考》是又一名作。太史公记载了自黄帝到汉武帝时期的史事，为中华民族留下了一部最重要而可靠的信史。但是司马迁却没有记下本人的生年，这么伟大的史学家却不明其生年，此实为学术史上极大的遗憾，历代学者亟望解决而未能如愿。王国维有勇气考证并且自信已经基本上解决了这一难题（王氏自编的《观堂集林》"史林"中，将《太史公行年考》列在关于殷商史考证的三篇名文之后的第四篇，以此突出显示其重要性），正是因为他除熟悉《史记》和有关汉史各种文献外，还从汉简中得到了极有价值的史料。关于司马迁的生年，现在所能找到的只有两条间接的史料。一为，《史记·太史公自序》中"（太史公）卒三岁而迁为太史令，䌷史记石室金匮之书"句，司马贞《索隐》引《博物志》："太史令茂陵显武里大夫司马迁，年二十八，三年六月乙卯除，六百石。"又一为，《太史公自序》"（为太史令）五年而当太初元年"句，张守节《正义》云："案：迁年四十二岁。"今按，"三年六月乙卯除"之三年，为武帝元封三

---

① 王国维：《毛公鼎考释序》，《观堂集林》第一册，中华书局1959年版，第294页。

年（前108），如果元封三年司马迁年二十八岁，则当生于建元六年（前135）。至太初元年（前104），则迁年为三十二岁。可是据下面"（为太史令）五年而当太初元年"句，张守节《正义》所注"迁年四十二岁"，与《索隐》引《博物志》载司马迁之年龄正好相差十岁。这两条记载，必有一处错误。王国维考证说：《索隐》所引张华《博物志》此条，不见于今本《博物志》，当在逸篇中，但此条记载的格式行款，无疑根据汉人之记录，决非魏晋人之文体语气。其证据和分析是："考史公本夏阳人，而云茂陵显武里者，父谈以事武帝，故迁茂陵也。大夫者，汉爵第五级也。汉人履历，辄具县里及爵。《扁鹊仓公列传》有安陵阪里公乘项处，敦煌所出新莽时木简有敦德亭间田东武里士伍王参是也。或并记其年，敦煌汉简有新望兴盛里公乘□杀之年卌八，又有□□中阳里大夫吕年，年廿八，此云茂陵显武里大夫司马迁年三十八，与彼二简正同。乙卯者，以颛顼历及殷历推之，均为六月二日。由此数证，知《博物志》此条乃本于汉时簿书，为最可信之史料矣。"① 而张守节《正义》所引，其所依据亦应当是《博物志》。故王氏得出审慎而重要的结论："疑今本《索隐》所引《博物志》年二十八，张守节所见本作年三十八。三讹为二，乃事之常，三讹为四，则于理为远。以此观之，则史公生年，当为孝景中五年，而非孝武建元六年矣。"② 由于王氏此文详引《史记》全书有关的记载与多种汉代史料互证，故其所得的司马迁生于孝景帝中元五年（前145），和司马迁一生约与汉武帝相终始的结论，遂为许多学者所接受和援引。王氏利用新出土汉简史料所作考证的缜密可靠和识力之卓异，后来已从海外发现的史料得到确证。日本学者水泽利忠编撰《史记会注考证校补》引用了日本现存南化本《史记》，书中《太史公自序》"迁为太史令"句下，《索隐》所引《博物志》之文即为："太史令茂陵显武里大夫司

---

① 王国维：《太史公行年考》，《观堂集林》第二册，中华书局1959年版，第492—493页。

② 王国维：《太史公行年考》，《观堂集林》第二册，第483页。

马迁，年三十八"，有力地证明王国维利用出土新史料考证的正确。①

三、《殷先公先王考》和《续考》：熟练运用"二重证据法"取得的重大成果

王国维成熟地运用"二重证据法"取得的重大成果，是1917年初先后撰成的《殷卜辞中所见先公先王考》和《殷卜辞中所见先公先王续考》两文。因其所运用的方法缜密精当，解决的问题重大，为研究者打开了一片新天地，故成为近代史学史上意义重大的一页。

在王氏之前，罗振玉已在《殷虚书契考释》中开始将甲骨文上的商王名号与《史记·殷本纪》相对证，指认出卜辞中商王名二十二个，外加示壬、示癸两个先王名号。王国维在罗氏的基础上大大向前推进，他综合《史记》及其他古代文献与卜辞相对证，对整个商王室世系作总体的研究，出色地运用"二重证据法"，取得了震惊学术界的成就。他先撰成《殷卜辞中所见先公先王考》，把卜辞与相质证的文献范围，由《史记》扩大到《楚辞》《山海经》《竹书纪年》《世本》《汉书·古今人表》《吕览》，甚至扩大到金文，广参互证，而使前人无法解决的问题在他手里迎刃而解。例如王亥，他首先注意到：卜辞中多记王亥事，《殷虚书契前编》有二事，曰"贞，奠于王亥"，曰"贞之于王亥，卌牛，辛亥用"。《殷虚书契后编》中，又有"贞于王亥，求年"，"甲辰卜囗贞：来辛亥，奠于王亥，卌牛，十二月"，"贞之于王亥囗三百牛"等，共七事。"观其祭日用辛亥，其牲用五牛、三十牛、四十牛乃至三百牛，乃祭礼之最隆者，必为商之先王先公无疑。"而《史记·殷本纪》及《三代世表》，商先祖

---

① ［日］水泽利忠：《史记会注考证校补》卷八，（东京）史记会注考证校补行会，昭和三十二年（1957）。参见施丁《太史公行年新考》，陕西人民教育出版社1955年版，第3页。

467

中无王亥。只记载："冥卒，子振立。振卒，子微立。"查《史记·索隐》所注："振，《世本》作核。"《汉书·古今人表》作垓。据此，王氏先判定："《史记》之振当为核，或为垓字之讹也。"然后，王氏引《山海经·大荒东经》所载："……王亥托于有易河伯仆牛，有易杀王亥，取仆牛。"郭璞注引《古本竹书纪年》云："殷王子亥宾于有易而淫焉，有易之君緜臣杀而放之……"的记载。又《今本竹书纪年》所载："帝泄十二年，殷侯子亥宾于有易……"王氏遂作出肯定，以上三种文献中的"王亥""殷王子亥""殷侯子亥"乃是一人，又列在上甲微之前一世，"则为殷之先祖冥之子、微之父无疑"。至此，王国维又从甲骨文中考证出一位商先公名号，而且以详审的证据纠正了《史记》的一项误记。王氏又进一步指出《世本·作篇》中的"胲"，《楚辞·天问》中的"该"，《吕氏春秋·勿躬篇》中的王冰，记的都同是王亥。[①] 用同样的方法，王氏又考证出卜辞的王恒也是商先公。王氏据《铁云藏龟》及《殷虚书契后编》，认定卜辞人名有王恒，其文曰"贞之于王亘（即恒）"。王恒之为殷先祖，《史记·殷本纪》缺载，唯见于《楚辞·天问》。《天问》自"简狄在台，喾何宜"以下二十韵，皆述商事。其问王亥以下数世事曰："该秉季德，厥父是臧。胡终弊于有扈，牧夫牛羊？干协时舞，何以怀之？平胁曼肤，何以肥之？有扈牧竖，云何而逢。击床先出，其命何从？恒秉季德，焉得夫朴牛？何往营班禄，不但还来？昏微遵迹，有狄不宁。何繁鸟萃棘，负子肆情？眩弟并淫，危害厥兄。何变化以作诈，后嗣而逢长？"王氏认为，此十二韵，以《山海经·大荒东经》及《尔雅》郭璞注引《竹书纪年》参证之，实记王亥、王恒及上甲微三世之事。而《山海经》《竹书纪年》之有易，《天问》作有扈，乃为误字。"盖后人多见有扈，少见有易，又同是夏时事，故改易为扈。"下文"昏微遵迹，有狄不宁"，昏微即上甲微，有狄即有易，古狄易二字互相通假。王氏参证卜辞及《殷本纪》《天问》等多种文献，疏

---

① 王国维：《殷卜辞中所见先公先王考》，《观堂集林》第二册，第415—418页。

理诠释商代王亥、王恒、上甲微三世史事,云:"盖商之先,自冥治河,王亥迁殷,已由商邱越大河而北,故游牧于有易高爽之地,服牛之利,即发见于此。有易之人乃杀王亥,取服牛,所谓'胡终弊于有扈,牧夫牛羊'者也。其云'有扈牧竖,云何而逢。击床先出,其命何从'者,似记王亥被杀之事。其云'恒秉季德,焉得夫朴牛'者,恒盖该弟,与该同秉季德,复得该所失服牛也。所云'昏微遵迹,有狄不宁'者,谓上甲微能率循其先人之迹,有易与之有杀父之仇,故为之不宁也。'繁鸟萃棘'以下,当亦记上甲事,书阙有间,不敢妄为之说。然非如王逸章句所说解居父及象事,固自显然。"根据上述考析,王氏归结说,向来学者甚难索解的《天问》一段,实与《山海经》及《竹书纪年》同出一源。而《天问》就壁画发问,所记尤详,虽为文学作品,却有如此重要的史料价值。王恒之名为他书所未载,但卜辞中王恒与王亥,同以王称,其时代自当相接;而《天问》之该与恒,恰好与此相当,以此新旧史料多种互参,适可明瞭商代王亥、王恒、上甲微三世史事之大略。王氏考证王恒一段最后得出的结论是:"王亥与上甲微之间,又当有王恒一世。以《世本》《史记》所未载,《山经》《竹书》所不详,而今于卜辞得之;《天问》之辞,千古不能通其说者,而今由卜辞通之。此治史学与文学者所当同声称快者也。"① 此文又根据卜辞中报乙、报丙、报丁,字皆在匚中或匸中,考证出卜辞中的田就是上甲微。并且识出卜辞中的唐就是商朝开国之君成汤,主要证据为:《铁云藏龟》中有一片刻有唐、大丁、大甲三人相连;又《殷虚书契后编》中有一片刻有三段卜辞,一曰"贞于唐",二曰"贞于大甲",三曰"贞于大丁",应为同时所卜,故三段辞在一骨上。故曰,"据此则唐与大丁、大甲连文,而又居其首,疑即汤也"。②

继上文之后,王国维又得见英人哈同戢寿堂所藏殷墟卜辞拓片凡八百纸,以及罗振玉带来新拓之卜辞文字约千纸,经过王氏

---

① 王国维:《殷卜辞中所见先公先王考》,《观堂集林》第二册,第419—422页。
② 王国维:《殷卜辞中所见先公先王考》,《观堂集林》第二册,第428页。

精心探索,又有重要创获,于是过两月又撰成《殷卜辞中所见先公先王续考》。此文首要的突出价值,是第一次采用甲骨缀合之法,考证出上甲微以下的世系应按"报乙、报丙、报丁、示壬、示癸"排列,改正了《殷本纪》中作"报丁、报丙、报乙"的误记。王氏前已从《殷虚书契后编》中,考证出囟冃即报丙、报丁,又据此知卜辞中系以报丙报丁为次序,与《史记·殷本纪》及《三代世表》不同。此番又从哈同藏卜辞拓片中发现一片上刻田彐示癸等字,以王氏对卜辞字形、文辞格式及对商代世系历史的丰富知识,立即悟出它们的共有规律,断定为一块甲骨折为二片分散二处。由此他首创了甲骨缀合法,并获得了殷先公先王世系的重要史料,"乃以二拓本合之,其断痕若合符节,文辞亦连续可诵,凡殷先公先王自上甲至于大甲,其名皆在焉"。

对此,他详加考证:"其文三行,左行,其辞曰:'乙未酒㞢自田十、彐三、囟三、冃三、示壬三、示癸三、大丁十、大甲十(下阙)。此中曰十曰三者,盖谓牲牢之数。上甲大丁大甲十而其余皆三者,以上甲为先公之首,大丁大甲又先王而非先公,故殊其数也。示癸大丁之间无大乙者,大乙为大祖,先公先王或均合食于大祖故也。据此一文之中,先公之名具在,不独田即上甲,彐囟冃即报乙报丙报丁,示壬示癸即主壬主癸,胥得确证,且足证上甲以后诸先公之次,当为报乙报丙报丁主壬主癸。而《史记》以报丁报乙报丙为次,乃违事实。"①《续考》另一重要价值,是考证商先王世数,以卜辞与诸多文献互比勘考析,证明对商代先王世数诸种文献记载不同中,以《史记·殷本纪》所记世数为正确。按,记载商代先王世数的文献有三种:《史记·殷本纪》《三代世表》《汉书·古今人表》。王国维指出,三篇所记殷君数同,而于世数则互相违异。据《殷本纪》,则商三十一帝,共十七世;《三代世表》,以小甲、雍己、大戊为大庚弟(《殷本纪》载为大庚子),则为十六世;

---

① 王国维:《殷卜辞中所见先公先王续考》,《观堂集林》第二册,第439—440页。

《古今人表》以中丁、外壬、河亶甲为大戊弟（《殷本纪》载为大戊子），祖乙为河亶甲弟（《殷本纪》载为河亶甲子），小辛为盘庚子（《殷本纪》载为盘庚弟），则增一世、减二世，亦为十六世。王氏经过考证，认为以《殷本纪》近是。关于此项的考证特点，是正确地总结出商代祭祀有"特祭"的规律而加以运用，对于有特别之价值但文字残缺的卜辞运用推理补足之，然后得出极具说服力的结论。所谓"特祭"为商代祭祀的一种独特仪式，"特祭其所自出之先王，而非所自出之先王不与者"。在前撰《殷卜辞中所见先公先王考》文中，他曾举出《殷虚书契后编》卷上有一片卜辞曰："甲辰卜贞王宾求祖乙祖丁祖甲康祖丁武乙衣亡囗。"（据王氏考证，祖乙即小乙，祖丁即武丁。）商代自小乙到武乙，中间有武丁、祖庚、祖甲、廪辛、康丁，其七帝，然此卜辞为文丁时之物，只列小乙、武丁、祖甲、康祖丁（即康丁）、武乙，是为特祭文丁所自出的五世先王，故非其所自出之祖庚、廪辛二帝不列及矣。王国维发现卜辞中有一断片，原文竖写三行，自左到右为：

[上阙] 大甲大庚 [下阙]

[上阙] 丁祖乙祖 [下阙]

[上阙] 一羊一南 [下阙]

对于常人，此残缺之三行十二个字，无异天书，万难索解。但王氏却能根据多年探索总结而得的卜辞祭祀规律及文辞书写格式"以意补之"，读为：

[大丁]、大甲、大庚、[大戊]

[中] 丁、祖乙、祖 [辛、祖丁]

[牛] 一、羊一、南 [庚、阳甲]

于是，万难索解的十二字残片至此可以补足疏通，成为证明商代世数最可宝贵的史料。王氏对此乃以确有把握的理由和无法抑制的兴奋的心情加以详论："此片虽残阙，然于大甲大庚之间不数沃丁，中丁（中字直笔尚存）祖乙之间不数外壬河亶甲，而一世之中仅举一帝，盖亦与前所举者同例（按，即前举《后编》卷上之例）。""由此观之，则此片当为盘庚小辛小乙三帝时之物，自大丁至祖丁皆其所自出之先王，以《殷本纪》世数次之，并以行款求之，其文当如是也。惟据《殷本纪》，则祖乙乃河亶甲子，而非中丁子。今此片中有中丁而无河亶甲，则祖乙自当为中丁子，《史记》盖误也。且据此，则大甲之后有大庚，则大戊自当为大庚子，其兄小甲雍己亦然。知《三代世表》以小甲雍己大戊为大庚弟者非矣。大戊之后有中丁，中丁之后有祖乙，则中丁外壬河亶甲自当为大戊子，祖乙自当为中丁子，知《人表》以中丁外壬河亶甲祖乙皆为大戊弟者非矣。卜辞又云：父甲一牡，父庚一牡，父辛一牡。甲为阳甲，庚则盘庚，辛则小辛，皆武丁之诸父，故曰父甲、父庚、父辛，则《人表》以小辛为盘庚子者非矣。凡此诸证，皆与《殷本纪》合，而与《世表》《人表》不合，是故殷自小乙以上之世数，可由此二片证之，小乙以下之世数，可由祖乙、祖丁、祖甲、康祖丁、武乙一条证之。考古者得此，可以无遗憾矣。"① 一千多年间学者对《殷本纪》等三篇文献中商先王世数究竟何者为正确问题，至此冰释。而司马迁《殷本纪》商先王三十一帝名、十六世数，除祖乙应为河亶甲子、非中丁子此一处有误外，其余全部能以新出土史料相质证，而太史公所记载史实之确切有据，乃再一次获得雄辩的证明。《续考》中还考证出卜辞中毓、後、后三字互通，商人称是先祖为后，卜辞中屡见之"多后"，乃是祭祀时对多位先祖的共称。且考证出，卜辞中称祖乙为中宗（按，戬寿堂藏卜辞拓片中有曰"中宗祖乙牛，吉"），证诸文献，全与古来《尚书》学家之说相异；唯《太平御览》引《竹书纪年》曰："祖乙滕即位，是为中宗，居庇。"今得卜辞证据，乃"知《纪年》是而古今《尚书》家说非也"；《史记·殷本纪》以大戊为中宗，亦由本《尚书》今文家说而致误。②

---

① 王国维：《殷卜辞中所见先公先王续考》，《观堂集林》第二册，第445—447页。

② 王国维：《殷卜辞中所见先公先王续考》，《观堂集林》第二册，第443页。

四、"二重证据法"对 20 世纪学术史发展的重要价值

甲骨卜辞之学，经过王国维的研究，始有脉络或途径可寻。《殷卜辞中所见先公先王考》和《续考》两文，"不仅为王国维一生学问中最大的成功，亦为近代学术史上的一大盛事"[①]。由于运用近代科学方法考证新史料，使文献所载几千年前的商先王先公世系获得了实物的确证，而《史记》这部古代杰出史著在总体上史料价值的可靠性也得到证实，且证明后人运用新出土的史料，以科学方法，可以有根据地纠正两千年前史家的误记。关于"二重证据法"的内涵和运用，王国维本人曾用简约的文字加以表述："上古之事，传说与史实混而不分，史实之中固不免有所缘饰，与传说无异；而传说之中亦往往有史实为之素地，二者不易区别，此世界各国之所同也。……吾辈生于今日，幸于纸上之材料外更得地下之新材料，由此种材料，我辈固得据以补正纸上之材料，亦得证明古书之某部分全为实录，即百家不雅驯之言，亦不无表示一面之事实。此二重证据法，惟在今日始得为之。虽古书之未得证明者，不能加以否定；而其已得证明者，不能不加以肯定，可断言也。"[②] 郭沫若对王国维有中肯的评价，称他是"新史学的开山"[③]，又说："王国维，研究学问的方法是近代式的，思想感情是封建式的。两个时代在他身上激起了一个剧烈的阶级斗争，结果是封建社会把他的身体夺去了。然而他遗留给我们的是他知识的产品，那好像一座崔巍的楼阁，在几千年来的旧学的城垒上，灿然放出了一段异样的光辉。""欲清算中国的古代

[①] 袁英光：《王国维》，《中国史学家评传》（下册），第 1220 页。
[②] 王国维：《古史新证·总论》，《王国维论学集》，第 38—39 页。
[③] 郭沫若：《历史人物·鲁迅与王国维》，《沫若文集》第十二卷，人民文学出版社 1959 年版，第 537 页。

社会，我们是不能不以罗、王二家之业绩为其出发点了。"①

五四前后的史学界，除王国维成功运用"二重证据法"外，陈垣之开创宗教史研究，胡适所提供的史学著作新范式，以及继其后的顾颉刚古史辨伪观点，都具有作为20世纪中国史学推进到新阶段之标志性成果的意义，然则相比较之下，"二重证据法"最享盛名，对于历史研究者影响最大。从学术史发展的角度看，究竟其价值何在？这是十分值得深入分析的。举其要者，约有以下三项。第一，"二重证据法"是20世纪中国史学科学化进程的重要界标。中国史学有久远的"求真"的优良传统，就考证而论，自司马迁起，历代史家不断积累有益的经验，至乾嘉时期，考证之风极盛，更形成了一套严密考证的精良方法。乾嘉学者考史固然具有科学因素，但因时代的限制，与近代学术仍不可同日而语。譬如，对于归纳、演绎、分析、推理的逻辑方法之运用尚缺乏自觉的认识，不具备近代学术要求的系统性，不少人尤未能树立运用考证方法解决较有价值的学术问题的目标，故被讥为"琐屑饾饤"、"钻故纸堆"。王国维则明确体现出近代学者自觉的科学精神和体系性的要求，其考史著作做到严密、系统、精当，如对甲骨文殷商史，考证了关于民族迁徙、地理、世系祭法等诸多方面的问题，对先公先王一项，考证了自相土、冥、王亥直到康丁、武乙等，因而为这一研究领域奠定了坚实的基础。他强调"治学应以实事求是为目标，务在不悖不惑，当于理而止"。并告诫必须防止嗜古成癖和疑古过头两种倾向："然好事之徒世多有之，故《尚书》于今古文外，在汉有张霸之《百两篇》，在魏晋有伪孔安国之《书》。而《百两》虽斥于汉，而伪孔《书》则六朝以降，行用迄于今日。又汲冢所出《竹书纪年》，自夏以来皆有年数，亦谍记之流亚；皇甫谧作《帝王世纪》，亦为五帝三王尽加年数，后人乃复取以补太史公书，此信古之过也。至于近世乃知孔安国本《尚书》之伪，《纪年》之不可信，而疑古之过，

---

① 郭沫若：《中国古代社会研究·自序》，《郭沫若全集·历史编》第一卷，人民出版社1982年版，第8页。

乃并尧、舜、禹之人物而亦疑之。其于怀疑之态度、反批评之精神不无可取，然惜于古史材料未尝为充分之处理也。"① 前者批评历代儒生好古过甚，造成古史或古代书籍许多附会、杜撰的严重弊病，后者，则是针对1923年以后兴起的古史辨派而说，既肯定他们勇于怀疑的眼光，不盲从古人，同时指出他们疑古过头，对于古代典籍中有用之史料未能充分重视和利用。毋庸讳言，这段评论正触及古史辨派学者的失误所在。由此也可证明王氏运用"二重证据法"所具有的科学精神。传统的考证方法到此得到升华，因而被郭沫若誉为"新史学的开山"。第二，"二重证据法"富有时代的特点，为研究者打开广大法门。将纸上之材料与地下发现之新材料互证，本来即是在中西学术交流背景下，学习19世纪后半叶西方学者高度重视考古材料、强调"审查材料"的观念和方法的产物，加上恰好自1898年以后，四大新史料相继发现，提供了大量新的研究课题。王国维总结出的"二重证据法"实为首开风气者，他不仅在殷商史，而且在运用汉简、敦煌文书、蒙元史史料等项也都取得卓异的成绩。中国历史文献极其丰富，20世纪初以后新的考古发现层出不穷，彼此互证就能不断有新的创获，因此"二重证据法"便成为20世纪历史考证学者应用最广的一种有效的研究方法。以后还有学者更推而广之，再运用民族学、民俗学材料以证史，并称之为"三重证据法"。第三，为研究者提供了如何运用史料的成功示范，丰富了古史研究的可信资料，扩大了史学工作者的视野。就文献而论，王国维又能突破以往研究者仅从史书上找证据的局限，而将以往视为神话、小说，不当作历史材料看待的记载，如《楚辞》《山海经》，也加以重视，与考古材料互相补充印证，得出重要的新见解。杨向奎先生称誉王氏的学术"在建设可信的古史系统上作出了成绩"，并特别强调他在运用史料上的过人之处，"他用考古学上的材料来证实文献上的记载，使久已沉埋的史料又活跃起来"。② 而就考古

---

① 王国维：《古史新证·总论》，《王国维论学集》，第38页。
② 杨向奎：《略论王国维的古史研究》，《东岳论丛》1980年第1期。

材料而论,地下之发现能提供以往未见的史料,可补典籍记载之缺,但考古材料又往往是片断的分散孤立的,必须以历史文献中有系统的记载来印证和阐释,才能赋予孤立的实物以活跃的生命,具有说明历史原貌的价值,王国维运用卜辞、汉简等材料以证史即为研究者作了很好的示范。故陈寅恪先生在《王静安先生遗书序》一文中,将王氏治学之内容和方法概括为三项:"一曰取地下之实物与纸上之遗文互相释证";"二曰取异族之故书与吾国之旧籍互相补正";"三曰取外来之观念,与固有之材料互相参证"。并称誉其成就和方法为"吾国近代学术界最重要之产物","要皆足以转移一时之风气,而示来者以轨则"。①

1917年七月,王国维又撰成《殷周制度论》,是他在甲骨文研究基础上总结殷周制度变化的文章,郭沫若称之为"一篇轰动了全学界的大论文"②。与王氏撰写其他考证文章目的在务求"不悖不惑,当于理而止"的态度不同,他自称此文寓"经世之意",要阐明周公创造周礼的本意,以求"知周公之所以圣和周之所以王"。故在文中强调:"盖天下之大利莫如定,其大害莫如争。任天者定,任人者争;定之以天,争乃不生。故天子诸侯之传世也,继统法之立子与立嫡也,后世用人之以资格也,皆任天而不参以人,所以求定而息争也。古人非不知官天下之名美于家天下,立贤之利过于立嫡,人才之用优于资格,而终不以此易彼者,盖惧夫名之可藉而争之易生,其敝将不可胜穷,而民将无时或息也。故衡利而取重,絜害而取轻,而定为立子立嫡之法,以利天下后世;而此制实自周公定之。"③ 这是歌颂君统万世不变的封建专制制度能使天下安定,应让它永远传袭下去。故陈梦家曾指出,"此文在实际上是王氏的政治信仰","由鼓吹周公的'封建'制度而主张维持清代的专制制度"。④ 这种露骨的封建遗老意

---

① 陈寅恪:《王静安先生遗书序》,《金明馆丛稿二编》,第219页。
② 郭沫若:《十批判书·古代研究的自我批判》,《郭沫若全集·历史编》第二卷,第7页。
③ 王国维:《殷周制度论》,《观堂集林》第二册,第457—458页。
④ 陈梦家:《殷虚卜辞综述》,中华书局1988年版,第630页。

识是由于深受罗振玉影响的结果,罗振玉于武昌起义爆发后携王国维亡命日本时,曾嘱咐他:"方今世论益歧,三千年之教泽,不绝如线,非矫枉不能反经。士生今日,万事无可为,欲拯此横流,舍反经信古末由也。公年方壮,予亦未至衰暮,守先待后,期与子共勉之!"① 要求他以治经史之学为复辟清室作准备。

《殷周制度论》的基本论点是:"中国政治与文化之变革,莫剧于殷、周之际。""周人制度之大异于商者,一曰'立子立嫡'之制,由是而生宗法及丧服之制,并由是而有封建子弟之制,君天子臣诸侯之制;二曰庙数之制;三曰同姓不婚之制。此数者,皆周之所以纲纪天下。其旨则在纳上下于道德,而合天子、诸侯、卿、大夫、士、庶民以成一道德之团体。周公制作之本意,实在于此。""有立子之制,而君位定;有封建子弟之制,而异姓之势弱,天子之位尊;有嫡庶之制,于是有宗法,有服术,而自国以至天下合为一家;有卿、大夫不世之制,而贤才得以进;有同姓不婚之制,而男女之别严。"② 对于本文的基本论点和具体论证,海内外学者多有讨论。其考证所得结论是否恰当,学术界有不同的看法。有的学者对文中所言"商之继统法以弟及为主而以子继辅之"及祀其先王兄弟同礼、未尝有嫡庶之别不表赞同,认为据《殷本纪》及卜辞的世系传统,实际情况应是"子继与弟及是并用的,并无主辅之分","虽无嫡庶之分而凡子及王位者其父得为直系"。③ 有的学者则从另一角度论证云:王氏文中有的具体观点不一定能够成立,如所谓同姓不婚之制,虽周人奉之为圭臬,但未能证明在商代未曾施行,又如王氏称周代"卿大夫不世",即其爵禄地位不得世袭的制度,也与周代史实不符;尽管如此,但王氏文中的核心论点基本上是符合实际的,并进一步加以申论。④ 还有的学者认为王氏所持商周之际政治文化制度变革

---

① 罗振玉:《海宁王忠悫公传》,《王国维论学集》"附录一",第413页。
② 王国维:《殷周制度论》,《观堂集林》第二册,第451、453—454、474页。
③ 陈梦家:《殷虚卜辞综述》,第370页。
④ 参见沈长云《论殷周之际的社会变革》,《上古史探研》,中华书局2002年版,第88—89页。

最为激烈的观点，是古史分期讨论中西周封建论的滥觞。① 王国维于 1917 年以后，还撰有《唐尺考》、《西胡考》上下及《续考》、《敦煌发见唐朝之通俗诗及通俗小说》、《魏石经续考》、《聚珍本戴校水经注跋》、《高宗肜日说》、《鞑靼考》、《圣武亲征录校注》、《长春真人西游记校注》，以及在清华国学研究院讲课的讲义《古史新证》，都是运用"二重证据法"并扩大其研究领域而完成的有价值的论著。

(原刊《北京行政学院学报》2005 年第 4、5 期)

---

① 参见周予同主编《中国历史文选》(下)，中华书局 1962 年版，第 445 页。

陈垣：宗教史的开山之作

一、破解元代"也里可温"之谜

民国初年，是中国近代史学的始创时期，王国维、梁启超、陈垣、胡适在这一时期均撰成有重要著作。陈垣先生所著《元也里可温教考》一书，乃是近代宗教史的开山之作。

陈垣始发愿著中国基督教史，这同他具有宗教信仰并且认为宣传基督教敬天爱人的教义可以救世密切相关。他的第一部成功著作即为《元也里可温教考》。元代时基督教曾在中国颇为盛行，元亡后，归于绝迹。再加上元代史料多有蒙古语音译的多种词语，因此元代基督教流行的历史长期无人知晓，"也里可温"一词几成谜团。乾嘉著名学者钱大昕学识渊博，考证极精，研治元史很有成绩，但他在所著《元史氏族表》中说："也里可温氏，不知所自出。"《元史国语解》卷三曰："也里可温，蒙古语，应作伊噜勒昆；伊噜勒，福分也，昆，人也，部名。"又于卷二十四曰："也里可温，有缘人也。"所言含义不明。无怪乎擅长元史的学者也难究其义。所幸元代修成的一部地方志在晚清道光年间，获得重刻，为解读"也里可温"之谜提供了重要的依据。此为元至顺年间所修《镇江志》，由丹徒包氏汇刻宋元旧志时收入。此志中多处载有"也里可温"之事，负责校勘工作的学者刘文淇于《校勘记》中作出了自己的解释："此卷述侨寓之户口。所谓也里可温者，西洋人也。卷九大兴国寺条载梁相记云：薛迷思贤在中原西北十万余里，乃也里可温行教之地。教以礼东方为主。十字者取像人身，四方上下，以是为准。据此则薛迷思贤乃西洋之地，而也里可温即天主教矣。"陈垣十分重视这部地方志和刘文淇的看法，说："谓也里可温为即天主教者，莫先于此。刘文淇道光间仪征人，阮元门下士。其说并非附会，较《元史语解》之解释为确切矣。"① 而《国语解》中"福分人""有缘人"，依此作"信教之人"或"奉福音教人"解释，则意义明晰无碍。陈垣又引用如下可靠史料与此互证。洪钧《元史译文证补》卷二十九"元世各教名考"认定也里可温为唐时景教之遗绪："也里可温之为天主教，有镇江北固山下残碑可证。自唐时景教入中国，支裔流传，历久未绝。也里可温，当即景教之遗绪。"同卷又引证法国著名的蒙古史学者多桑认为"也里可温"为阿拉伯语的音译的重要见解，云："多桑译著《旭烈兀传》，有蒙古人称天主教为阿勒可温一语，始不解所谓，继知阿剌比文、回纥文，也阿二音，往往互混，阿勒可温，即也里可温。多桑此语，非能臆撰，必本于拉施特诸人。"陈垣认为，多桑为蒙古史的著名学者，《元史译文证补》中引证的此条，自可信据。陈垣引证的又一可靠史料，是元代重要典籍《元典章》，其中所载多种元代原始文献均称"也里可温教"，以此与《元史国语解》释"伊噜勒昆"为"部名"相比勘，则可明确判定也里可温实为教名，而非部族。经过陈垣以上述多种中外史料辨析参证，元代历史文献中"也里可温"所指为元代基督教之称，已是确凿无疑的结论。数百年难以破解的谜团既已解开，元代也里可温的历史真相便可逐步揭开。

---

① 陈垣：《元也里可温教考》，《陈垣学术论文集》（第一集），中华书局1980年版，第2—3页。

二、多视角的系统研究

陈垣陈述其著述宗旨云:"此书之目的,在专以汉文史料,证明元代基督教之情形。先认定元史之也里可温为基督教,然后搜集关于也里可温之史料,分类说明之,以为研究元代基督教史者之助。"① 作为近代宗教史研究的开山之作,本书第一个显著特点是,在广搜史料、精审考证的基础上,对元代也里可温教作了系统的而非片断的研究,从多角度、多层面再现其历史面貌。全书十五章,论述的主要内容包括:也里可温之解诂;也里可温教士之东来;也里可温之戒律;也里可温人数之推想;也里可温人物之大概;也里可温军籍之停止;也里可温徭役之蠲除;也里可温租税之征免;政府对于也里可温之尊崇;关于也里可温碑刻之留存;也里可温与景教之异同。如第三章"也里可温之戒律",论证也里可温之宗教仪式,这是证实它确为元代宗教,辨正《元史国语解》《续通志·氏族略》《元史氏族表》中以也里可温为部族之误的重要前提。陈垣举出至顺《镇江志》卷九梁相撰《大兴国寺记》云:"受戒者悉为也里可温";《元史·世祖纪》:"至元七年九月,敕僧、道、也里可温有家室不持戒律者,占籍为民。"并加以分析:"果为部族之名,何以元代诏旨,屡以也里可温与僧、道等相提并论耶?""也里可温之有家室不足异,其无家室者,殆修士之属耳。修士例不婚娶,此所谓戒律,殆即修士不婚娶之律也。修士外奉教者未尝禁有家室也。"② 第四章"也里可温人数之推想",首先据《元典章》、元《通制条格》所载元代公牍中每以也里可温与各路诸色人等并举,推想其人数之众。如《元典章》卷二十三载,"至元九年二月,有谕各路达鲁花赤、管民官、管站官、打捕鹰房、僧、道、医、儒、也里可温、答失蛮

---

① 陈垣:《元也里可温教考》,《陈垣学术论文集》(第一集),第2页。
② 陈垣:《元也里可温教考》,《陈垣学术论文集》(第一集),第7—8页。

（按，指回回教，蛮谓人类）头目诸色人等兴举水利圣旨一道。至元十年三月，复立大司农司，有宣谕府州司县达鲁花赤、管民官、管军官、管站官、人匠、打捕鹰房、僧、道、医、儒、也里可温、答失蛮头目诸色人等圣旨一道"。而元《通制条格》卷二十九"僧、道词讼门"，更载有："崇福司官说：杨暗普奏也里可温教崇福司管时分，我听得道来，这勾当是大勾当，不曾与省台一处商量，省台必回奏，如今四海之大，也里可温犯的勾当多有，便有壹佰个官人，也管不得，这事断难行么道。"据崇福司官（按，元代崇福司管也里可温）这番言辞，尤可见当时也里可温人数甚众。但其数量究有多少，因《元史》等典籍皆无明载，仅有至顺《镇江志》卷三"户口类"留下侨寓户各类人员的数字："侨寓户三千八百四十五：蒙古二十九，畏吾儿一十四，回回五十九，也里可温二十三（录事司一十九，丹徒县三，金坛县一），河西三，契丹二十一，女直二十五，汉人三千六百七十一。"而按口躯计算：口一万五百五十五中，也里可温一百六（录事司九十二，丹徒县七，金坛县七）；躯二千九百四十八中，也里可温一百九。口躯合计，一万三千五百三中，有也里可温二百十五。志中所称侨寓者，他郡人寄居此郡者也，躯者，孑身无家，寄居于人者也。"镇江一郡如此，他郡可知。"① 第五章"也里可温人物之大概"中，从至顺《镇江志》中，共发现标明也里可温身份的人物十人。其中有：镇江府路总管府马薛里吉思，虎符怀远大将军，后改授明威将军，副达鲁花赤（按，达鲁花赤原意制裁者、盖印者，转而有监临官、总辖官之意）；总管兼府尹，安震亨，嘉议大夫；达鲁花赤兼管内劝农事阔里吉思，少中大夫；鲁合，阔里吉思子，朝列大夫，潭州路兼扬州达鲁花赤。而从其他分散记载中，共钩稽出也里可温人物九人，其中有：《元史·孝友·郭全传》载，马押忽，也里可温氏。事继母张氏、庶母吕氏，克尽子职。（陈垣论云："或曰，也里可温不应有二妻，何马押忽有庶母？曰不足奇，是母也，非妻也；其父之奉教与否

---

① 陈垣：《元也里可温教考》，《陈垣学术论文集》（第一集），第10—11页。

不可知。")杨瑀《山居新话》:"元统甲戌三月二十九日,瑀在内署退食余暇,广惠司卿聂只儿(原注:也里可温人)言:去岁在上都,有刚哈剌咱庆王,会上皇姊之驸马也,忽得一证,偶坠马,扶起,则两眼黑睛俱无,而舌出至胸。诸医束手,惟司卿曰:我识此证,因以剪刀剪之,剪下之舌尚存,亦异证也。广惠司者,回回医人隶焉。"陶宗仪《辍耕录》亦载此事。《元秘书监志》:题名:秘书少监失列门,也里可温人。又据汪辉祖《元史同名录》卷二十六,《元史》名失列门、昔烈门、失烈门、失里门者,共有十五人。失列门等与索罗门音极相近,凡此皆以基督教古代人名为名。陈垣称根据上述寻绎而得的材料,可以为《元史》补一篇《也里可温传》。"有孝子,有良医、有名宦,有文臣学士,此元代也里可温人物之大概也。"何以镇江一地也里可温人物独盛,答曰:"非镇江独盛也,至顺《镇江志》独详也。马薛里吉思何尝不见于康熙《镇江志》,安马里忽思何尝不见于《广东通志》,然因其不注为也里可温,则亦孰知其为也里可温?故知失于记载者众矣。"[①]

三、以贯通的眼光论述宗教的渊源流变

以贯通的眼光论述宗教流传的渊源演变,是本书又一重要特点。对此,陈垣主要关注并予以解答的问题有二。一是,元代基督教的流传为何如此之盛?答曰,在成吉思汗勇猛征战据有蒙古和中亚广大地区时,基督教已广为流行:"盖元起朔漠,先据有中央亚细亚诸地,皆昔日景教(聂斯托尔派)流行之地也。既而西侵欧洲,北抵俄罗斯,罗马教徒、希腊教徒之被掳及随节至和林者,不可以数计;而罗马教宗之使命,如柏朗嘉宾、隆如满、罗伯鲁诸教士,又先后至和林:斯时长城以北,及嘉峪关以西,

---

[①] 陈垣:《元也里可温教考》,《陈垣学术论文集》(第一集),第11—17页。

万里纵横,已为基督教徒所遍布矣。燕京既下,北兵长驱直进,蒙古、色目,随便住居(详《廿二史劄记》),于是塞外之基督教徒及传教士,遂随军旗弥蔓内地。以故太宗初元(宋绍定间)诏旨,即以也里可温与僧道及诸色人等并提。及至孟哥未诺主教至北京,而罗马派之传播又盛。大德间江南诸路道教所讼,谓江南自前至今,止有僧道二教,别无也里可温教门,近年以来,乃有也里可温招收民户,将法箓先生诱化,则当时状况,可想而知。"[1] 二是,元代也里可温教与唐代景教是何关系?至顺《镇江志》:"大兴国寺,在夹道巷,至元十八年本路副达鲁花赤薛里吉思建,儒学教授梁相记。其略曰:薛迷思贤,在中原西北十万余里,乃也里可温行教之地。愚问其所谓教者,云天地有十字寺十二,内一寺佛殿四柱,高四十尺,皆巨木,一柱悬空尺余,祖师麻儿也里牙(马利亚)灵迹。千五(当是三之误)百余岁,今马薛里吉思,是其徒也。教以礼东方为主,与天竺寂灭之教不同。……十字者,取像人身,揭于屋,绘于殿,冠于首,佩于胸,四方上下,以是为准。"陈垣一次与《马可·波罗游记》相证,认为此碑所称也里可温即为景教:"《游记》谓镇江府有景教礼拜寺二所,千二百七十八年,大可汗命景教徒名马薛里吉思者为其地长官,寺即其所建。马可欧人,对于基督教之源流,必较清晰,大兴国寺等,又为其所亲见,果为罗马派,马可必能辨之。次证以景教碑文:景教碑有东礼趣生荣之路之文,罗马派实无是说,而此碑则有教以礼东方为主之言;景教碑有判十字以定四方,及印持十字,融四照以合无拘诸文,罗马派亦无是说,而此碑则有十字者,取像人身,四方上下,以是为准之语。谓为景教,其又何疑。"[2] 在此基础上,后来陈垣在其所著《基督教入华史略》诸书中,对基督教在华传播的历史分为四期:第一期为唐代的景教,第二期为元代的也里可温教,第三期为明代的天主

---

[1] 陈垣:《元也里可温教考》,《陈垣学术论文集》(第一集),第54页。
[2] 陈垣:《元也里可温教考》,《陈垣学术论文集》(第一集),第43—44页。

教，第四期为清以后的耶稣教。

四、史料详备　功力深厚

  陈垣先生长期在熟悉目录学和阅读文献上下了艰苦的功夫，治学态度极为认真、严谨，对于研究者掌握史料有"竭泽而渔"的名言。本书史料网罗详备，发掘、校勘、考订的功力至深，虽为作者治史的第一部著作，却已充分地体现了这一特色（此书于1917年五月撰成出版，原题《元也里可温考》。至八月，由于"续获资料几封信，其中负有有力之证据数条"，于是作重大补充修改后再版印行。此后又经1920、1923、1934年三次修订成最后定本，并改题为《元也里可温教考》）。他长期收集史料，追波溯源，采集汉文典籍史料达二十余种。除正史《元史》外，官书有《元典章》、元《通制条格》、《经世大典》、《元秘书监志》、《续通考》、《续通志》；私人史著及地理、金石类著作有《元史氏族志》、《元史类编》、《元史新编》、《元史译文证补》、《元史同名录》、《帝京景物略》、《山东考古录》、《泰山石刻记》、《西湖游览志》、《东城记余》；地方志有至顺《镇江志》、康熙《镇江志》、万历《杭州志》、康熙《凤阳府志》、道光《广东通志》；总集、文集、笔记有《元文类》、《山居新话》、《辍耕录》、《青阳集》、《佩文斋书画谱》等。可谓尽其可能地网罗齐备。陈垣对史料的鉴别和利用尤具特识，如对《元史》史料价值的评价。清代学者因《元史》成书仓促，讥为疏陋或芜杂，多所改编，但其中有关也里可温的史料却不及《元史》。陈垣认为，也里可温教在元代流传之真相，之所以能依赖《元史》得以保留，其原因恰恰在明初宋濂等人"于草率之间，悉本诸《十三朝实录》，不轻笔削也。倘如清人修《明史》之例，矜为严谨，则芟落必多"。又如《元典章》，清代学者纪昀讥其兼杂方言俗语，体例瞀乱，屏而不录；魏源则讥其钞集案牍，出于胥吏之手，不经馆阁。陈垣经过深入研究，对此书史料价值作了高度评价："正为其不经馆阁，备录原文，然后保全者大。《经世大典》即馆阁编纂之书，其《礼典》只列僧、道二门，并不另著也里可温教；而《元典章·礼部》，则于释教、道教之外，另辟也里可温教一门。"① 遂使也里可温教的历史得此而大明。

由于本书开启了宗教史这一近代亟待探索的研究领域，达到论述系统、考订精审、材料详尽的造诣，"把沉埋了几百年的这段历史，作了充分的阐明"，因而著成之后，"不但引起了我国研究元史和宗教史家的注意，而且引起了国际学者和宗教史家的重视"②。本书的成功，对陈垣以后的治学方向有极大影响。首先，宗教史成为他长期致力的研究领域，相继著成《开封一赐乐业教考》《火祆教入中国考》《摩尼教入中国考》《回回教入中国史略》《明季滇黔佛教考》《中国佛教史籍概论》等，为近代中国宗教史学科作了重要的奠基工作。其次，以此为起点，以后又继续对元代历史问题苦心探索，撰成名著《元西域人华化考》。复次，又因对《元典章》史料价值的重视和版本、校勘等项的探究，又著成《元典章校补》《元典章校补释例》（又名《校勘学释例》），以及其他在历史文献学上有总结性意义的著作。白寿彝先生在论述陈垣先生的治学精神和治学风格时说："援庵先生治学的功力，可以说是功底厚，功力专，视野宽。他博学深思，对所选课题，必广泛搜集有关的资料，进行分析和综合，提炼成文。然后把文稿收存起来，经过一个时期，再以冷眼审查，反复修改，对没有可就依据的说法，概从删落，吸收前人已有成果而又决不再简单地重复。因此，他问世的作品总是谨严、有创见而使人信服。""援庵先生十分重视学术著作中的表述形式，其中包含全书的整个布局，不同层次的标题，行文、用字、表格。在遗著中，如《通鉴胡注表微》《元西域人华化考》内容包罗之广，《元典章校补释例》《史讳举例》《旧五代史辑本发覆》条目之细，都写得清晰缜密，在老一辈史学家中亦为仅见。《元西域人

---

① 陈垣：《元也里可温教考》，《陈垣学术论文集》（第一集），第55页。
② 陈乐素：《陈垣》，《中国史学家评传》（下册），第1248页。

华化考》《元典章校补释例》《史讳举例》，本都属于通论性质之作，但作者以'考'为题，以'释例''举例'为题，在写法上也一一如题所标举。这在作者，自是谦抑为怀，实事求是，在作品本身，则纵有疏漏，也不致成为讥评的口实。在目前学风趋于夸诞的情况下，援庵先生在功力上的扎实和文字表述上的认真，都应为我们学习的榜样。今当援庵先生一百一十周年诞辰之际，重读一些遗著，实不免有'高山仰止'之叹。"① 正因为陈垣沿着《元也里可温教考》所创辟的道路，长期在学术园地辛勤耕耘，他才成为为推进中国史学近代化作出重大贡献的杰出学者之一。

（原刊《江海学刊》2005 年第 5 期）

---

① 白寿彝:《纪念陈援庵先生诞辰一百一十周年》,《白寿彝史学论集》, 北京师范大学出版社 1994 年版, 第 383—385 页。

胡适:《中国哲学史大纲》的新范式

1917年秋季开学后,北京大学哲学系本科生的教室里有一番新景象,在学生们目光的注视下,一位刚从美国回来不久、风度洒脱的洋博士登上讲堂。他叫胡适,年方二十六岁,比班上有的学生年龄只略大点,他要讲授《中国哲学史》。这门课程在上一年已由一位老先生陈汉章讲授,他熟悉各种古代典籍,提供给学生们无数材料,讲哲学史从伏羲讲起,讲了一年,只讲到商朝的《洪范》。今年改请胡适任教。许多学生都怀疑:"他是一个从美国新回来的留学生,如何能到北京大学里来讲中国的东西?"胡适上台开讲,不管以前的课业,重编讲义,劈头一章是"中国哲学结胎的时代",用《诗经》作时代的说明,丢开唐虞夏商,径从周宣王以后讲起。当年听讲的学生顾颉刚曾用生动的笔触记下学生们强烈的感受:"这一改把我们一班人充满着三皇五帝的脑筋骤然作一个重大的打击,骇得一堂中舌挢而不能下。许多同学都不以为然;只因班中没有激烈分子,还没有闹风潮。"[1] 不少学生听下去后,却听出其中的道理,认识到胡适讲课确实不差,他

---

[1] 顾颉刚:《古史辨》第一册《自序》,上海古籍出版社1982年版,第36页。

有眼光，有胆量，有断制，确是一个有能力的历史家。次年，他在授课讲义的基础上撰成《中国哲学史大纲》上卷出版。

胡适（1891—1962），字适之，安徽绩溪人。幼年受传统的旧式教育。1904—1910年在上海求学，开始接触资产阶级维新派和革命派的新思想。1910年到美国留学，入康奈尔大学农学院，不久转入文学院学习哲学等课程。1915年进哥伦比亚大学研究院，从美国著名的实验主义哲学家杜威攻哲学，获哲学博士学位。1917年北京大学校长蔡元培聘他为哲学系教授，回国任教，他同时参加编辑《新青年》杂志。1919年7月，他针对五四前后马克思主义的传播，发表《多研究些问题，少谈些主义》，引起"问题与主义"论争，受到李大钊的批驳。1922年起，胡适任北京大学教务长。曾先后创办（或与人共同创办）《努力周刊》、《新月》杂志、《独立评论》。"九一八"事变后，他发表文章主张对日寇侵略实行妥协，并支持蒋介石"攘外必先安内"的反动政策。1938—1942年任驻美国大使。1945年任北京大学校长。1949年北京解放前夕，他离上海去美国，但甚不得意，后返台湾。他从1943年起，以近二十年的时间集中考证《水经注》各种版本，几乎付出了后半生的全力。1957年当选为台湾中央研究院院长。1962年卒于台北。主要著作还有《先秦名学史》、《戴东原的哲学》、《白话文学史》上卷、《胡适文存》、《胡适论学近著》等。

一、学术渊源和时代角色

胡适长于皖南，是乾嘉时代皖派学者"三胡"[①]之后，于青少年时代深受家乡先辈治学的影响，熟悉乾嘉考证方法。在上海求学时，他读了梁启超所著名文《论中国学术思想变迁之大势》，

[①] "三胡"之说有两种看法，章太炎在《訄书·清儒》中指胡匡衷、胡培翚、胡承珙，梁启超在《清代学术概论》中指胡匡衷、胡培翚、胡秉虔。

得到极大的教益，由此而发愿以治中国学术史作为长期努力的方向。过了二十五年，即 1930 年，胡适已经成为国内学术界、教育界声名显赫的人物，在回顾自己治学道路时，称他"受了梁先生无穷的恩惠"，《论大势》"给我开辟了一个新世界"，以后研治中国哲学史即由此布下种子。他真切地讲出自己的感受："严（复）先生的文字太古雅，所以少年人受他的影响没有梁启超的影响大。梁先生的文章，明白晓畅之中，带着浓挚的热情，使读的人不能不跟着他走，不能不跟着他想。""我个人受了梁先生无穷的恩惠。现在追想起来，有两点最分明。第一是他的《新民说》，第二是他的《中国学术思想变迁之大势》。……'新民'的意义是要改造中国的民族，要把这老大的病夫民族，改造成一个新鲜活泼的民族。……我们在那个时代读这样的文字，没有一个人不受他的震荡感动的。他在那个时代主张最激烈，态度最鲜明，感人的力量也最深刻。""《中国学术思想变迁之大势》也给我开辟了一个新世界，使我知道四书五经之外中国还有学术思想。梁先生分中国学术思想史为七个时代，……现在看这个分段，也许不能满意。但在二十五前，这是第一次用历史眼光整理中国旧学术思想，第一次给我们一个'学术史'的见解。所以我最爱读这篇文章。"① 其后他在美国留学多年，接受了包括杜威实验主义哲学思想在内的西方近代学术的教育训练，从学理层面和方法层面，他都熟悉了解并加以应用，如进化观点，历史演进的眼光，审查史料的批判态度和考证方法，严密的逻辑思想，系统的研究和构建体系的现代著述形式，就是最为明显者。1917 年初，胡适已在美国完成并出版了博士论文《中国古代逻辑方法的发展》（*The Development of The Logical Method in Ancient China*；1922 年在上海按英文原本出版发行时，封面英名下列中文译名《先秦名学史》），全书前面为"导言"及"历史背景"，正文分三部分，即"孔子的逻辑"、"墨翟和后期墨家的逻辑"（包括惠施、公孙龙和辩者）、"进化论和逻辑"（即庄子、荀子和韩非的

---

① 胡适：《四十自述》（一），上海亚东图书馆 1939 年版，第 100—106 页。

逻辑)。以墨家为全书重点,着重论述其三表法和名、说等问题,作了高度评价。书中还论述对史料应审慎选择,主张吸收西方现代文化,使与中国传统文化相协调,以此为基础建立和发展中国的科学和哲学。实则此书已在基本观点和研究方法、主要内容和史料、著述体系和体例等方面,为《中国哲学史大纲》上卷提供了原型。以上举出乾嘉朴学传统的熏陶,树立进化观点和发愿研究学术史,受到西方近代学术的正规训练诸项,是使胡适成为20世纪学术史上一位开创新局的人物的主要条件。

这里还应指出两点,其一,胡适接受西方近代学者审查史料的方法和批判眼光,能够与中国乾嘉学术严密考证的治学方法结合起来。这不仅明显地体现在《中国哲学史大纲》上卷之中,而且在此后他又相继写出《水浒传考证》《红楼梦考证》《清代学者的治学方法》《〈国学季刊〉发刊宣言》《校勘学方法论》等论著,对于五四前后用科学的方法整理、评价传统学术起到显著的积极作用。其二,他在美国留学,置身于近代世界学术潮流之中,多有理悟和见解,并且能以此与关注国内学术文化趋向结合起来。1915年陈独秀创办《新青年》杂志,胡适在美国读到,他见到上面载有陈独秀关于"吾国文艺犹在古典主义理想主义时代,今后当趋向写实主义"的见解,又见到同期刊载的某记者奉承复古倾向诗作的言论,引起了他的重视。他立即以通信的形式,以列论点的方式提出,"年来思虑观察所得,以为今日欲言文学革命,须从八事下手",分为"形式上之革命"五项,"精神上之革命"三项。[①] 过了三个月,于1916年十月,他根据信中论点撰成了系统文章在《新青年》发表,此即为著名的《文学改良刍议》一文。

胡适在此文中明确地提出反对旧文学、提倡新文学的基本主张:"吾以为今日而言文学改良,须从八事入手。八事者何?一曰,须言之有物。二曰,不摹仿古人。三曰,须讲求文法。四曰,不作无病之呻吟。五曰,务去烂调套语。六曰,不用典。七

[①] 胡适:《寄陈独秀》,《胡适文存》(一),黄山书社1996年版,第1—3页。

曰，不讲对仗。八曰，不避俗字俗语。"① 此文同陈独秀与之呼应而撰成的《文学革命论》一样，针对旧文学的种种积弊和长期禁锢、消蚀人们思想的负面作用，展开声势猛烈的批判，同时又证据充分，说理透彻。如胡适在文中论述"须言之有物"：

> 吾国近世文学之大病，在于言之无物。今人徒知"言之无文，行之不远"；而不知言之无物，又何用文为乎？吾所谓"物"，非古人所谓"文以载道"之说也。吾所谓"物"，约有二事：
>
> （一）情感 《诗序》曰："情动于中而形诸言。言之不足，故嗟叹之。嗟叹之不足，故咏歌之。咏歌之不足，不知手之舞之，足之蹈之也。"此吾所谓情感也。情感者，文学之灵魂。文学而无情感，如人之无魂，木偶而已，行尸走肉而已。(今人所谓"美感"者，亦情感之一也。)
>
> （二）思想 吾所谓"思想"，盖兼见地、识力、理想三者而言之。思想不必皆赖文学而传，而文学以有思想而益贵；思想亦以有文学的价值而益贵也：此庄周之文，渊明、老杜之诗，稼轩之词，施耐庵之小说，所以夐绝千古也。思想之在文学，犹脑筋之在人身。人不能思想，则虽面目姣好，虽能笑啼感觉，亦何足取哉？文学亦犹是耳。
>
> 文学无此二物，便如无灵魂无脑筋之美人，虽有秾丽富厚之外观，抑亦末矣。近世文人沾沾于声调字句之间，既无高远之思想，又无真挚之情感，文学之衰微，此其大因矣。此文胜之害，所谓言之无物者是也。欲救此弊，宜以质救之。质者何？情与思二者而已。②

又如论"不作无病之呻吟"：

> 此殊未易言也。今之少年往往作悲观，其取别号则曰"寒灰"，"无生"，"死灰"；其作为诗文，则对落日而思暮

---

① 胡适：《文学改良刍议》，《胡适文存》（一），第4页。
② 胡适：《文学改良刍议》，《胡适文存》（一），第4—5页。

年，对秋风而思零落，春来则惟恐其速去，花发又惟惧其早谢；此亡国之哀音也。老年人为之犹不可，况少年乎？其流弊所至，遂养成一种暮气，不思奋发有为，服劳报国，但知发牢骚之音，感喟之文；作者将以促其寿年，读者将亦短其志气：此吾所谓无病之呻吟也。国之多患，吾岂不知之？然病国危时，岂痛哭流涕所能收效乎？吾惟愿今之文学家作费舒特（Fichte），作玛志尼（Mazzini），而不愿其为贾生、王粲、屈原、谢皋羽也。其不能为贾生、王粲、屈原、谢皋羽，而徒为妇人醇酒丧气失意之诗文者，尤卑卑不足道矣！①

此时的胡适身在美国，但其思想、见解，已表明他与陈独秀一样，是站在新文化运动潮流前头指导潮流的人物。《文学改良刍议》迅即在《新青年》1917年首期（2卷5号，1月出版）刊载，刚刚接任北京大学校长的蔡元培读了此文，即有意聘请他到北大任文科教授，并请陈独秀立即于1917年初致函告知胡适，信云："蔡孑民先生已接北京（大学）总长之任，力约弟为文科学长，弟荐足下以代，此时无人，弟暂充乏。孑民先生盼足下早日回国，即不愿任学长，校中哲学、文学教授俱乏上选，足下来此亦可担任。"② 此时的胡适毫无疑问与新文化运动中的其他杰出人物一样在文学和学术领域代表着时代前进的要求，宜乎胡适所著《中国哲学史大纲》上卷成为民国初年史学领域开创新的风气、示后人以轨则的成功著作之一。

二、新范式之一：提出哲学史学科的基本构想

《中国哲学史大纲》上卷作为五四前后学术史演进的标志性成果之一，其主要特色和贡献，即在提出学科研究的基本构想和著述内容的自成体系两大方面，为近代史学研究和著述提供了新

---

① 胡适：《文学改良刍议》，《胡适文存》（一），第6—7页。
② 陈独秀：《致胡适》，《陈独秀选集》，天津人民出版社1990年版，第47页。

范式。

关于提出学科研究的基本构想。

近代学术的要求,是研究者应当对于本学科领域的研究目的、要求,本学科发展演变的阶段及其特点作出合理的界定和阐述,并提供给入门者以研究的方法。《中国哲学史大纲》即为20世纪初期最早提出这种研究范式的著作之一,因而使人感到耳目一新,并多所得益。

本书第一篇为"导言",胡适开宗明义明确而系统地论述中国哲学史研究的目的和方法等理论问题,这在近代学术史上具有首创的意义。(1)他首先为"哲学"和"哲学史"作了界定:"凡研究人生切要的问题,从根本上着想,要寻一个根本的解决;这种学问,叫做哲学。""这种种人生切要问题,自古以来,经过了许多哲学家的研究。往往有一个问题发生以后,各人有各人的见解,各人有各人的解决方法,遂致互相辩论。……若有人把种种哲学问题的种种研究法和种种解决方法,都依着年代的先后和学派的系统,一一记叙下来,便成了哲学史。"(2)论述中国哲学史的研究目的有三项:明变;求因;评判。对此三项,胡适都作了简洁而又明快的论述。"明变"的内涵是:"哲学史第一要务,在于使学者知道古今思想沿革变迁的线索。例如孟子、荀子同是儒家,但是孟子、荀子的学说和孔子不同,孟子又和荀子不同。又如宋儒、明儒也都自称孔氏,但是宋明的儒学,并不是孔子的儒学,也不是孟子、荀子的儒学。但是这个不同之中,却也有个相同的所在,又有个一线相承的所在。这种同异沿革的线索,非有哲学史,不能明白写出来。""求因"即要寻出这些沿革变迁的原因。大体可归结为三种:甲、"个人才性不同";乙、"所处的时势不同";丙、"所受的思想学术不同"。"评判",是"须要使学者知道各家学说的价值"。胡适强调这种评判是"客观的"而非"主观的",这也正体现出近代学术所尊奉的从实际的事实和效果出发、作出符合科学性的判断这一根本要求。故胡适解释说,这种客观的评判,即要把每一家学说所发生的效果表示出来。他所言的客观的效果可分为三种:甲、"要看一家学说在同时的思想和后来的思想上发生何种影响";乙、"要看一家学说在风俗政治上发生何种影响";丙、"要看一家学说的结果可造出什么样的人格来"。例如庄子,他有一套乐天知命的宿命论哲学,主张人要完全顺从自然命运的安排,认为"得者,时也;失者,顺也。安时而处顺,哀乐不能入也"。胡适称其哲学为"命定主义"。以此为例证,书中概括地分析庄子宿命论哲学思想对当世以及后代所产生的客观影响:"庄子把天道看作无所不在,无所不包,故说'庸讵知吾所谓天之非人乎?所谓人之非天乎?'因此他有'乘化以待尽'的学说。这种学说,在当时遇着荀子,便发生一种反动力。荀子说'庄子蔽于天而不知人',所以荀子的《天论》极力主张征服天行,以利人事。但是后来庄子这种学说的影响,养成一种乐天安命的思想,牢不可破。在社会上,好的效果,便是一种达观主义;不好的效果,便是懒惰不肯进取的心理。造成的人才,好的便是陶渊明、苏东坡;不好的便是刘伶一类达观的废物了。"① 以上胡适所论哲学史研究必须考察其演变、发展,对于哲学思想和思潮的产生、递嬗和革新,以历史的眼光作系统探究,从学者所处的社会和学术诸方面条件解释其变迁的原因,以及进行客观性的评价等项,对于近代中国哲学史学科的建立确实起到重要的推动作用。

中国哲学史走过两三千年的路程,应如何划分其发展的阶段,各个阶段的主要特点是什么,这也是构建学科体系必须解答的问题。书中对此作了简要的论述,划分中国哲学史为三个时代:(1)自老子至韩非,为古代哲学(又称为诸子哲学)。(2)汉到北宋为中世哲学。其中,自汉到晋为第一时期,此时期的学派无论如何不同,都还是以古代诸子的哲学为起点;东晋以后到北宋,为第二时期,书中称这几百年中间,是印度哲学在中国最盛的时代。(3)宋元明清是近世哲学。宋明的哲学家,无论程朱或陆王,一方面都受到佛学禅宗的直接影响,另一方面又攻击佛家的出世主义,极力提倡"伦理的"入世主义。明代以后,

---

① 胡适:《中国哲学史大纲》(上),东方出版社1996年版,第1—4页。

中国近世哲学完全成立。清代学术的趋势，是古学昌明的时代，嘉庆之前汉学、宋学之争，只是儒家的内讧，晚清以后则诸子学勃兴。

"导言"最后部分是论述审查史料和整理史料的方法。这是胡适论述哲学史研究方法论的重要部分，故特别举出诸多例证加以详论。先论史料的范围，他提出应区分为"原料"和"副料"。次论审定史料的重要性，认为："哲学史最重学说的真相，先后的次序和沿革的线索。若把那些不可靠的材料信为真书，必致（一）失了各家学说的真相；（二）乱了学说先后的次序；（三）乱了学派相承的系统。"①复论审定史料之法，胡适提出，审定史料的真伪，应找证据，方能使人心服。证据可分：史事；文字；文体；思想；此四种为"内证"。还有"旁证"，即其他典籍上有记载、引用，可以互相印证者。最后是整理史料之法，详论了三项。前两项，他阐释"校勘""训诂"之法，引证清代学者自顾炎武、阎若璩以下，包括惠栋、钱大昕、戴震、孙星衍、段玉裁、汪中、顾广圻、王念孙、王引之到俞樾、孙诒让、章太炎诸家精校典籍，和解释、改正古书疑难讹误的成功做法。胡适所选用的例证甚为精当，所作的评析也切中肯綮。尤其是第三项，他以近代学术发展的要求，强调须要做更高层次的"贯通"的整理："贯通便是把每一部书的内容要旨融会贯串，寻出一个脉络条理，演成一家有头绪有条理的学说。"书中对此项的论述，突出地显示出整理史料的路数与标准跟清代学者之时代性差异。胡适肯定清儒校勘、训诂之学可谓至精，但多不肯做贯通的功夫，故流于支离碎琐。到章太炎所著《原名》《明见》《齐物论释》等篇，"方才于校勘训诂的诸子学之外，别出一种有条理系统的诸子学"。"所以能如此精到，正因太炎精于佛学，先有佛家的因明学、心理学、纯粹哲学，作为比较印证的材料，故能融会贯通，于墨翟、庄周、惠施、荀卿的学说里面寻出一个条理

---

① 胡适：《中国哲学史大纲》（上），第12页。

系统。"①

胡适总论其哲学史方法论的要点是："我的理想中，以为要做一部可靠的中国哲学史，必须要用这几条方法。第一步须搜集史料。第二步须审定史料的真假。第三步须把一切不可信的史料全行除去不用。第四步须把可靠的史料仔细整理一番：先把本子校勘完好，次把字句解释明白，最后又把各家的书贯串领会，使一家一家的学说，都成有条理有统系的哲学。做到这个地位，方才做到'述学'两个字。然后还须把各家的学说，笼统研究一番，依时代的先后，看他们传授的渊源，交互的影响，变迁的次序：这便叫做'明变'。然后研究各家学派兴废沿革变迁的原故：这便叫做'求因'。然后用完全中立的眼光，历史的观念，一一寻求各家学说的效果影响，再用这种种影响效果来批评各家学说的价值：这便叫做'评判'。"② 审查、整理史料，是力求达到研究工作建立在确凿可靠、正确理解的材料基础之上；研究、分析、评价的工作，是要求写成一部反映学术渊源变化、阐释各家学说统系的哲学史，写成一部解释出各家学说变迁兴废原因、有序发展的哲学史，写成一部体现出著者客观评价的哲学史。如此清晰明白地为哲学史建构起具有科学性和合理性的体系，这在近代学术史上还是首次。不仅与传统学者常用的直观性议论，札记式、片断式著述根本不同，而且与胡适在书中所批评的侈谈"邃古哲学""唐虞哲学"一类著作迥然而异；即使拿在十几年前由梁启超著成并把胡适引上学术史研究道路的《论中国学术思想变迁之大势》相比，其科学性和体系性也上升了一个大的层次，尽管胡适本人也未能完全按照他所论述的做，而且他所完成的著作只限于先秦时期。这些都足以说明本书在建构学科体系方面对近代学术所具有的重要价值。

---

① 胡适：《中国哲学史大纲》（上），第23页。
② 胡适：《中国哲学史大纲》（上），第25页。

三、新范式之二：著述内容自成体系

关于著述内容的自成体系。

全书内容是贯串以著者的历史进化观点和裁断眼光为指导，展开有系统的论述。著者把重要史实、史料的考辨和对思想家的学说体系、学术流派、社会条件等的分析二者有机结合起来，在此基础上探究中国哲学史递嬗变迁的原因，提出对于评价思想家学说价值及时代思潮历史地位的独到看法。

传统史家中每有提倡"独断之学""别识心裁"的卓荦之士，他们对于诸多史学问题也都能提出特识之见。但在传统社会，由于受到科学水平，尤其是分析能力、系统的综合能力和逻辑思维能力等项的限制，史学著述远未达到对研究对象作有系统的分析、阶段分明、层次清楚、观点与体例贯通上下的水平。进入近代以后，史家的眼界不断扩大，史识不断进步，经验逐步积累，到20世纪初年以来，梁启超、夏曾佑、章太炎、王国维、陈垣等各以自己的努力为推进此项作出了贡献。但平心而论，胡适《中国哲学史大纲》上卷出版，不仅更加重视系统和分析，和熟练运用近代西方著述体例，且又用明白晓畅的白话文写作，所以它更具时代气息，更加符合现代学术的需求，确实为研究者提供了足可仿效的著述模式。胡适之所以能做到这一点，除了他有传统学术的深厚根柢以外，更重要的是得力于他多年受到西方近代学术的严格训练和对五四前后文化问题的敏锐见解。

胡适论述中国哲学史的背景径从周宣王时代讲起，其原因是认为《诗经》中的史料已得到近代科学家以科学验证方法予以证实。此为《诗经·小雅》说："十月之交，朔日辛卯日有食之。"以往已经唐僧一行、元郭守敬等历学家推定此次日食在周幽王六年，十月，辛卯朔，日入食限。清阎若璩、阮元推算此日食也在幽王六年。"近来西洋学者，也说《诗经》所记月日（西历纪元前776年8月29日），中国北部可见日蚀。这不是偶然相合的事，乃是科学上的铁证。《诗经》有此一种铁证，便使《诗经》中所说的国政、民情、风欲、思想，一一都有史料的价值了。"① 胡适以老子、孔子为中国哲学思想的源头，老子年代在孔子之前（书中称"老子比孔子至多不过大二十岁"），老子的事迹因史料阙略不可考，在胡著出版前后，有其他学者提出老子本人及《老子》书的年代应在孔子之后的看法，举出的理由有《老子》中"师之所处，荆棘生焉，大军之后，必有凶年"一类话，像是经过马陵、长平等战役的人才有这种感觉，不应是春秋时期所有。胡适则以《史记·孔子世家》和《老子列传》中讲孔子适周见老子为依据，定老子年代在孔子之前。最近湖北郭店战国初期楚墓中已有《老子》简牍出土，证明否定老子其人其书在春秋时代之说是不能成立的，此适足为胡适考证老子年代提供有力的佐证。胡适认为，在中国哲学史上，老子的最大功劳，在于超出天地万物之外，提出了"道"的观念。"这个道的性质，是无声、无形；有单独不变的存在，又周行天地万物之中；生于天地万物之先，又却是天地万物的本源。……道的作用，并不是有意志的作用，只是一个'自然'。"而"老子以前的天道观念，都把天看作一个有意志，有知识，能喜能怒，能作威作福的主宰"。② 因此他认为是老子的天道观念立下了后来自然哲学的基础。胡适又认为："中国古代哲学的一个重要问题，就是名实之争。老子是最初提出这个问题的人。"其主要见解是，《老子》中"惚兮恍兮，其中有象。恍兮惚兮，其中有物。窈兮冥兮，其中有精。其精甚真，其中有信。自古及今，其名不去，以阅（王弼本原作说。今刊本作阅，乃后人所改）众甫。吾何以知众甫之然（王本今作状，原本似作然）哉？以此"一段话，即论名的起源与名的功用。既有了法象，然后生信物。有物之后，于是发生知识的问题。人所以能知物，是因为每物有其本质属性，即所谓"其中有精，其精甚真，其中有信"。这些本质属性都包括在那事物的"名"里面。

---

① 胡适：《中国哲学史大纲》（上），第18页。
② 胡适：《中国哲学史大纲》（上），第46、45页。

具体的事物有存有灭，但那事物的类名，却永远存在。故说"自古及今，其名不去，以阅众甫"。众甫即万物。我们所以能知万物，多靠名的作用。但老子虽深知名的用处，却又极力崇拜"无名"，反对知识和文明，主张回到那"绳绳不可名的混沌状态"。①

到了孔子，即有"正名主义"。胡适认为，正名主义是孔子学说的中心问题。从《论语·子路篇》所讲"名不正，则言不顺。言不顺，则事不成。事不成，则礼乐不兴。礼乐不兴，则刑罚不中。刑罚不中，则民无所措手足"，可证明这个问题的重要。因为孔子的目的，"只是要建设一种公认的是非真伪的标准。建设下手的方法便是'正名'。这是儒家公有的中心问题"②。书中围绕这一基本观点，从三个层次展开论述：（一）《春秋》一书，体现了孔子正名的方法，内容包括三项。一是正名字，以别同异。如《公羊传》《谷梁传》解释"陨石于宋五""六鹢退飞"之类。二是定名分，以辨上下。"践土之会，明是晋文公把周天子叫来，《春秋》却说是'天王狩于河阳'。周天子的号令，久不行了，《春秋》每年仍旧大书'春王正月'。这都是'正名分'的微旨。"三是寓褒贬，这是《春秋》最重要的方法，把褒贬的判断寄托在记事之中。同样记弑君，用词不同，便有很大的分别。如记"卫州吁弑其君完"，这是指州吁有罪。记"卫人杀州吁于濮"，这一条"称'卫人'，又不称州吁为君，是讨贼的意思，故不称弑，只称杀"。"这种褒贬的评判，如果真能始终一致，本也很有价值。为什么呢？因为这种书法，不单是要使'乱臣贼子'知所畏惧，并且教人知道君罪该死，弑君不为罪；父罪该死，弑父不为罪。这是何等精神！只可惜《春秋》一书，有许多自相矛盾的书法。如鲁国几次弑君，却不敢直书。于是后人便生出许多'为尊者讳，为亲者讳，为贤者讳'，等等文过的话，便把《春秋》的书法弄得没有价值了。"③（二）孔子的正名主

---

① 胡适：《中国哲学史大纲》（上），第49—50页。
② 胡适：《中国哲学史大纲》（上），第83页。
③ 胡适：《中国哲学史大纲》（上），第87—90页。

义，又直接联系到他的知识论。胡适认为《论语》中说"一以贯之"含义是，"孔子认定宇宙间天地万物，虽然头绪纷繁，却有系统条理可寻"。"寻得出这个条理系统，便可用来综贯那纷烦复杂的事物。正名主义的目的，在于'正名以正百物'，也只是这个道理。……可见真知识，在于能寻出事物的条理系统，即在于能'一以贯之'。"① 孔子重视"一以贯之"，是要寻出事物的条理系统，用来推论，要使人闻一知十，举一反三。因为注重推论，故注重思虑。《论语》中说"学而不思则罔，思而不学则殆"，学与思二者缺一不可。但两者之中，学是思的准备，故更为重要。胡适认为，"孔子的'学'只是读书，只是文字上传受来的学问"。"只可惜他把'学'字看作读书的学问，后来中国几千年的教育，都受这种学说的影响，造成一国的'书生'废物，这便是他的流弊了。"② （三）孔子的人生哲学，也与其正名主义密切相关。孔子讲"仁"，不但是爱人，还有更广的意义，即做人的道理。"孔子的名学注重名的本义，要把理想中标准的本义来改正现在失了原意的事物。例如'政者正也'之类。'仁者人也'，只是说仁是理想的人道，做一个人须要能尽人道。能尽人道，即是仁。"胡适认为，《论语》中孔子所言，"君君臣臣，父父子子"，乃是孔子"正名主义"的应用，"使家庭社会国家的种种阶级、种种关系，都能'顾名思义'，做到理想的标准地步"。他又认为，孔子的人生哲学注重动机，更注重养成道德的品行。因此说，"孔子的正名主义，只是要寓褒贬，别善恶，使人见了善名，自然生爱；见了恶名，自然生恶。人生无论何时何地，都离不了名。故正名是极大的德育利器"。③ 以上胡适论述孔子《春秋》之正名字、定名分、寓褒贬在当时有令乱臣贼子、暴君污吏畏惧的积极意义，认为"仁"是孔子人生哲学的主要命题，仁字不但是爱人，而且要求完成人格修养，达到高尚的境界，而宋儒却用"仁者无私心而合天理之谓"解释纯属臆误，不合孔子原

---

① 胡适：《中国哲学史大纲》（上），第92—93页。
② 胡适：《中国哲学史大纲》（上），第95—96页。
③ 胡适：《中国哲学史大纲》（上），第99、101、106页。

意，以及用从天地万物间寻出个条理系统，便可用来综贯复杂事物来解释"一以贯之"等项，都有其独到的见解。但他对孔子哲学思想所包含的繁富学说，诸如孔子的天命观，"仁"与"礼"的关系，"仁"的学说与西周初周公敬德保民思想的关系，"过犹不及"，"毋意、毋必、毋固、毋我"等命题的深刻内涵等项，都未予论及。又将成书在战国以后、汇集儒家学派解《易》作品的《文言》《系辞传》作为阐释孔子哲学思想的内容，尤属明显的不当。

孔子以后最重要的儒家人物是孟子和荀子。胡适认为，孟子和荀子提出了不同于孔子的主张，显示了时代的进步。"孔子讲政治的中心学说是'政者，正也'，他的目的只要'正名'、'正己'、'正人'，以至于'君君、臣臣、父父、子子'的理想的郅治。孟子生在孔子之后一百多年，受了杨墨两家的影响（凡攻击某派最力的人，便是受那派影响最大的人。孟子攻杨墨最力，其实他受杨墨影响最大。荀子攻击辩者，其实他得辩者的影响很大。宋儒攻击佛家，其实若没有佛家，又那有宋儒），故不但尊重个人，尊重百姓过于君主（这是老子、杨朱一派的影响，有这种无形的影响，故孟子的性善论遂趋于极端，遂成"万物皆备于我"的个人主义）；还要使百姓享受乐利（这是墨家的影响，孟子自不觉得）。孟子论政治不用孔子的'正'字，却用墨子的'利'字。但他又不肯公然用'利'字，故用'仁政'两字。"因此，孟子告诫当时的君主，你享受逸乐时要想到百姓的艰辛，要善推其所为，所以须行仁政。"这个区别代表一百多年儒家政治学说的进化。"① 荀子对孔子的"正名主义"也加以发展。胡适认为，荀子之名学完全是演绎法，其大旨为，必须先立三个标准，凡是符合者为"是"，不合者为"非"。并肯定荀子名学的历史地位："他承着儒家'春秋派'的正名主义，受了时势的影响，知道单靠着史官的一字褒贬，决不能做到'正名'的目的。所以

---

① 胡适：《中国哲学史大纲》（上），第265—266页。

他的名学，介于儒家与法家之间，是儒法过渡时代的学说。"① 胡适对墨子及墨家后学的逻辑思想有专深的研究，提出了不少值得重视的见解。他认为，儒墨两家根本上不同之处，在于两家哲学方法不同，在于两家"逻辑"的不同。《墨子·耕柱篇》云：

叶公子高问政于仲尼，曰："善为政者若之何？"仲尼对曰："善为政者，远者近之，而旧者新之。"（《论语》作"近者悦，远者来"。）

子墨子闻之曰："叶公子高未得其问也，仲尼亦未得其所以对也。叶公子高岂不知善为政者之远者近之而旧者新之哉？问所以为之若之何也。……"

胡适根据这段典型材料分析说："这就是儒墨的大区别，孔子所说是一种理想的目的，墨子所要的是一个'所以为之若之何'的进行方法。孔子说的是一个'什么'，墨子说的是一个'怎样'，这是一个大分别。"②儒家的议论总要偏向"动机"一面。孟子讲"君子以仁存心，以礼存心"，存心是行为的动机。《大学》说的"诚意"，也是动机。儒家只注意行为的动机，不注意行为的效果。推到了极端，便是董仲舒说的"正其谊不谋其利，明其道不计其功"。只说这事应该如此做，不问为什么应该如此做。而墨子讲"善"与"不善"，则以是否利于人生实用为标准。"墨家说：'义，利也。'（《经上篇》，参看《非攻》下首段）便进一层说，说凡事如此做去便可有利的即是'义的'。因为如此做才有利，所以'应该'如此做。义所以为'宜'，正因其为'利'。"故胡适称墨子的哲学方法为"应用主义"，又称为"实利主义"。③胡适认为，墨子的后学（"别墨"书中以《墨经》中《经》上下、《经说》上下、《大取》、《小取》六篇俱"别墨"所作）又发展了墨子的学说，"于'宗教的墨学'之外，另分出一派'科学的墨学'"。并提出"知识论起于老子、孔子，到

---

① 胡适：《中国哲学史大纲》（上），第291页。
② 胡适：《中国哲学史大纲》（上），第134—135页。
③ 胡适：《中国哲学史大纲》（上），第136—137页。

'别墨'始有精密的知识论"的观点。书中对此加以论证，认为：《墨辩》（指上述《经》上下等六篇）论"知"，分为三层：（1）"知，材也。"指能获得知识的"官能"。（2）"知，接也。"指"感觉"，如眼睛视物，才有"见"的感觉。（3）"智，明也。"这个"智"，是"心知"，是"识"，即产生了知识。总起来说："所以'知觉'含有三个分子：一是'所以知'的官能，二是由外物发生的感觉，三是'心'的作用。要这三物同力合作，才有'知觉'。"①《墨辩》又论"知识"有三种：闻；说；亲。"第一种是别人传授给我的，故叫做'闻'。第二种是由推论得来的，故叫做'说'（《经上》："说，所以明也。"）。第三种是自己亲身经历来的，故叫做'亲'。"② 书中还对《墨辩》中所包含的科学知识的价值作了概括的说明："《墨子》的《经》上下、《经说》上下、《大取》、《小取》六篇，从鲁胜以后，几乎无人研究。到了近几十年之中，有些人懂得几何算学了，方才知道那几篇里有几何算学的道理。后来有些人懂得光学力学了，方才知道那几篇里有光学力学的道理。后来有些人懂得印度的名学心理学了，方才知道这几篇里又有名学知识论的道理。到了今日，这几篇二千年没人过问的书，竟成中国古代的第一部奇书了！"③

胡适在撰著此书过程中，深受西方近代学术之理性精神和实证方法的影响，故书中体现了尽量采取客观的研究的态度。传统学者习惯采取的"定儒术于一尊"的态度自然为他所不取，而对于近代有的学者故意抬高"诸子之学"、贬抑儒家的做法，他也不附会，故书中仍予以孔子、孟子、荀子的哲学思想相当的地位。传统学术中又有经今古文学派之争，胡适对此也采取较客观、清醒的态度，摒弃门户之见，不偏袒一派、排斥另一派。胡适对属于古文经学派的清代汉学家的学术成果是很重视的，他称清代朴学发达、大量历史文献得到整理为"古学昌明的时代"，"自从有了那些汉学家考据、校勘、训诂的工夫，那些经书子书，

---

① 胡适：《中国哲学史大纲》（上），第165、169、170页。
② 胡适：《中国哲学史大纲》（上），第173页。
③ 胡适：《中国哲学史大纲》（上），第24页。

方才勉强可以读得。这个时代,有点像欧洲的'再生时代'(按,指文艺复兴时代)"。① 又说:"清代的训诂学,所以超过前代,正因为戴震以下的汉学家,注释古书,都有法度,都用客观的佐证,不用主观的猜测。三百年来,周、秦、两汉的古书所以可读,不单靠校勘的精细,还靠训诂的谨严。"② 在此书《再版自序》中,称"我做这部书,对于过去的学者我最感谢的是:王怀祖、王伯申、俞荫甫、孙仲容四个人。对于近人,我最感谢章太炎先生"。可见胡适对古文经学派学者的推崇和对清代考证家成果的重视。而同时,他对于古文学派极力怀疑以至否定的今文经学派也不随意排斥。他论证孔子著《春秋》书里贯穿了孔子本人对现实政治是非褒贬的"微言大义",即采用了今文经学派观点。又说:"论《春秋》的真意,应该研究《公羊传》和《谷梁传》,晚出的《左传》最没有用。我不主张'今文',也不主张'古文',单就《春秋》而论,似乎应该如此主张。"③ 书中分析孔子的正名手段、逻辑方法,就一再引用了《公羊传》《谷梁传》的成果。

以上我们主要从提供学术新范式的角度分析评价《中国哲学史大纲》上卷在近代史上的价值和地位。当然,作为中国哲学史学科的拓荒时期之作,此书也存在明显的缺陷。除上文已提到者外,又如,对中国古代经典《易经》中丰富的古代哲学史资料完全弃置不用。对《尚书》也不作审慎的分析而武断地否定:"我以为《尚书》或是儒家造出的'托古改制'的书或是古代歌功颂德的官书。无论如何,没有史料的价值。"④ 故胡适的学生顾颉刚受到老师的启发、鼓励创立了古史辨派,在学术史上有积极的意义,同时又有疑古过头的明显失误,不能审慎地从古代文献中别择出有价值的史料;其功过两方面都与胡适直接相关。

---

① 胡适:《中国哲学史大纲》(上),第7页。
② 胡适:《中国哲学史大纲》(上),第20页。
③ 胡适:《中国哲学史大纲》(上),第85页。
④ 胡适:《中国哲学史大纲》(上),第18页。

四、《中国哲学史大纲》上卷的划时代意义

《中国哲学史大纲》上卷于1919年初出版之后两个月即再版。由于本书开创了学术史著作的新范式，它著成之时，即很受关注，甚至在七十年之后还为哲学史专家所乐于称道。梁启超于1921年撰有《评胡适之中国哲学史大纲》一文，他对先秦思想史有高深造诣，既中肯地称誉其成就，又直率地批评其缺点。他称许《中国哲学史大纲》是近来出现的一部名著，"哲学家里头能够有这样的产品，真算得国民一种荣誉"，肯定"这书处处表现出著作人的个性，他那锐敏的观察力，致密的组织力，大胆的创造力，都是'不废江河万古流'的"；"胡先生专从时代的蜕变，理会出学术的系统，这是本书中一种大特色"，而对于先秦名学（指逻辑学或知识论）的研究尤为突出。但梁氏指出，把知识论作为讨论先秦哲学史的唯一的观察点，"以宗派不同之各家，都专从这方面论他的长短，恐怕有偏宕狭隘的毛病"。胡适研究中国哲学史，以老子、孔子为起点，对此，梁氏认为这样做是"把思想的来源抹杀得太过了"。因为，《诗》《书》《易》《礼》四部书，大部分是孔子以前的作品，那里头所包含的思想，都给后来的哲学家提供了营养。"宇宙是什么"，"人生所为何来"，"人类该怎样的利用自然适应自然"，都是更远的祖先早就刻意研究的问题，决非起于孔子、老子。"像《诗经》说的'天生烝民，有物有则，民之秉彝，好是懿德'，'唯号斯言，有伦有脊'；《书经》说的'天叙有典，天秩有礼'，'洪范九畴，彝伦攸叙'；《易经》爻辞说的'君子终日乾乾夕惕若'，'直方大'，'观我生进退'，'不远复，无祇悔'等等，都含有哲学上很深的意义。《左传》、《国语》里头所记贤士大夫的言论，也很多精辟微妙之谈。孔子、老子，自然是受了这种熏习，得许多素养，才能发挥光大成一家之言。"而胡著的毛病，在疑古太过，不唯排斥《左传》《周礼》，连《尚书》也一字不提，"简直是把祖宗遗产荡去

一大半"。并认为胡适所言诸子之兴,是由于"战乱连年""政治黑暗"诸端,这些提法甚不中肯,更应该重视的是"西周时代,凡百集中王室,春秋以后,渐为地方的分化发展,文化变成多元的";"霸政确立之后,社会秩序,比较的安宁,人民得安心从事学问,加以会盟征伐,常常都有,交通频繁,各地方人交换智识的机会渐多"等项原因。[①] 为推进中国现代学术发展有重大贡献的教育家和学者蔡元培,于1918年8月为胡著作序,高度评价此书有"四种特长",这篇序在现代学术史上很有价值,特节录如下:

第一是证明的方法。我们对于一个哲学家,若是不能考实他生存的时代,便不能知道他思想的来源;若不能辨别他遗著的真伪,便不能揭出他实在的主义;若不能知道他所用辩证的方法,便不能发见他有无矛盾的议论。适之先生这《大纲》中此三部分的研究,差不多占了全书三分之一,不但可以表示个人的苦心,并且为后来的学者开无数法门。

第二是扼要的手段。中国民族的哲学思想远在老子、孔子之前,是无可疑的。但要从此等一半神话、一半政史的记载中,抽出纯粹的哲学思想,编成系统,不是穷年累月不能成功的。适之先生认定所讲的是中国古代哲学家的思想发达史,不是中国民族的哲学思想发达史,所以截断众流,从老子、孔子讲起。这是何等手段!

第三是平等的眼光。古代评判哲学的,不是墨非儒就是儒非墨。且同是儒家,荀子非孟子,崇拜孟子的人,又非荀子。汉宋儒者,崇拜孔子,排斥诸子;近人替诸子抱不平,又有意嘲弄孔子。这都是闹意气罢了!适之先生此编,对于老子以后的诸子,各有各的长处,各有各的短处,都还他一个本来面目,是很平等的。

第四是系统的研究。古人记学术的,都用平行法,我已说过了。适之先生此编,不但孔墨两家有师承可考的,一一

[①] 梁启超:《评胡适之中国哲学史大纲》,《饮冰室合集》文集之三十八,第50、51、52、53、56页。

显出变迁的痕迹。便是从老子到韩非,古人划分做道家和儒、墨、名、法等家的,一经排比时代,比较论旨,都有递次演进的脉络可以表示。此真是古人所见不到的。①

梁启超和蔡元培都是近代著名的学者,他们都从大处着眼,中肯地指出胡著具有迥异于前人的创造力,论述哲学史重视哲学家思想主张与时代的关系、辨别史料真伪、阐释哲学家的逻辑方法;全书组织严密,构建了自己的著述体系,显示出中国哲学史有层次的递进;并特别强调胡著的研究方法和著作范式的优胜:这些都突出地说明此书所具有的重要学术价值。梁启超所提出来商榷的各项,则中肯地批评了其缺失之处,也正是后人所应重视和改进的地方。

著名的哲学史专家冯友兰在其八十六岁高龄时口述记载一生治学历程的《三松堂自序》,较为详细地记述了当年胡适的著作在北大和学术界产生的反响,同样为我们提供了很可宝贵的资料。他说:"在五四时期的新文化运动中,在中国哲学史的研究方面,出版了一部具有划时代意义的书,那就是胡适的《中国哲学史大纲》卷上。"冯友兰回忆说,当时他在北大哲学系上三年级,给他们讲中国哲学史的教授,基本上都未脱离旧学的樊篱。"秦汉以后封建哲学家们,在讲述自己思想的时候,无论有没有新的东西,总是用注解古代经典的方式表达出来。从表面上看,似乎后来的思想,在古代已经有了,后来人所有的不过就是对于古代经典的不完全的了解。在我们班上,讲中国古代哲学史,就从三皇五帝讲起。讲了半年才讲到周公。当时的学生真是如在五里雾中,看不清道路,摸不出头绪。当时真希望有一部用近代的史学方法写出的中国哲学史,从其中可以看出一些中国古代哲学家的哲学思想的一点系统,以及中国哲学发展的一些线索。当时也有翻译过来的日本汉学家所写的《中国哲学史》。但都过于简略,不解决问题。在这种情况下胡适的书出来了。他用汉学家的方法审查史料,确定历史中一个哲学家的年代,判断流传下来的一个哲学家的著作的真伪,他所认为是伪的都不用了。这就是蔡

---

① 蔡元培:《中国哲学史大纲·序》,《中国哲学史大纲》(上),第2—3页。

元培所说的他的书的第一个特长：证明的方法。用这个方法，他把三皇五帝都砍掉了。一部哲学史从老子、孔子讲起。这就是蔡元培所说的'扼要的手段'。这对于当时中国哲学史的研究，有扫除障碍、开辟道路的作用。当时我们正陷入毫无边际的经典注疏的大海之中，爬了半年才能望见周公。见了这个手段，觉得面目一新，精神为之一爽。中国封建历史学家的与哲学史有关的著作，从《汉书·艺文志》一直到《宋史·道学传》，都是以儒家为正统，其余各'家'，或被认为是'支与流裔'，或被认为是'异端邪说'。胡适废除了正统与非正统的观念，无论哪一家哪一派的哲学思想都是中国哲学的组成部分。这就是蔡元培所说的'平等的态度'。这是这部书的思想性。在这一点上，这部书反映了五四时期反封建的潮流。"① 因此，冯友兰认为，蔡元培给这部书以这样高的评价，就当时学术界的重视，并非偶然。相反，有的老先生把胡适的讲义拿到讲堂上，对学生们讥笑它"不通"，还有的人认为胡适是胆大妄为，这些讥笑之词从反面证明，这部书在当时确实是作为"新事物"出现的。冯友兰还认为，胡适这部书审查材料的方法和对材料进行分析并综合地叙述出来的方法，当时不仅是对于中国哲学史学科，而且对治其他专史以至通史，都有更广泛的影响。并且归结说："在清朝末年，严复算是比较懂得西方哲学的了。但是他的精力主要用在翻译，没有来得及用那个手指头（按，指故事里讲的一个能点石成金的人的手指头，此处寓意是创造性地运用西方近代学理和方法）研究中国哲学。胡适是在哲学方面用那个指头比较早的一个成功的人。"② 冯友兰是结合本人长达四分之三世纪的思考和一生治中国哲学史的切身体会来评价此书的划时代意义的，这就更加证明，我们对《中国哲学史大纲》上卷在近代学术史上开创了新的著作范式的评价是有充分根据的。

（原刊《史学集刊》2005 年第 3 期）

---

① 冯友兰：《三松堂自序》，人民出版社1998年版，第204—205页。
② 冯友兰：《三松堂自序》，第206—207页。

民国初年历史观领域的新变革

在民国初年，除了王国维、陈垣、胡适、梁启超等人在历史研究上的创新和建树之外，推动史学前进的还有历史观领域的新变革。这一时期，在政治黑暗、思想空气恶浊的一片荆天棘地之中，新思潮却经过长久的蓄积而涌动，如春雷乍响，震动神州大地。这就是以1915年9月《新青年》创刊为标志的新文化运动的兴起。陈独秀和李大钊是新文化运动的主要领导人物，他们高举"民主""科学"的大旗，进行思想启蒙，向旧思想、旧文化、旧道德展开猛烈的批判，他们发表的大量政论，同时具有重要的史论价值。从历史观的角度言，陈独秀、李大钊这一时期发表的文章，继承了"世纪之交"近代进化论传播和思想启蒙的前进趋势，继承了资产阶级革命派宣传民主共和的精神，并且大大向前推进，把进化历史观和民主共和思想与彻底的反帝国主义、彻底的反封建主义精神相结合，与深刻地剖析现实社会状况和剖析旧的道德、文化传统相结合，与激励民众，特别是青年一代的革新创造热情相结合，因而对于五四前后的历史研究和整个学术领域的近代化产生了巨大的推动作用。为了讨论的方便，本节对他们两人的理论建树分开予以论述。但特别应予说明的是，二人发表的文章所讨论的问题和主要观点有很多是共同的，他们领导新文化运动的活动和其后创立共产主义小组的活动也是声气相通、互相支持进行的,因而他们的观点和见识有许多的共性。

一、陈独秀:"思想界的明星"

陈独秀于1898年入杭州求是书院,并开始参加反清革命活动。1901年到日本,入东京高等师范学校。1903年7月,与章士钊等在上海创办《国民日日报》,以后在安徽、东北、上海从事教学、著述和反清活动。参加辛亥革命,陈独秀曾三次东渡日本,接受西方现代科学民主思想的洗礼。1915年由日本回国即创办《新青年》杂志,在当时死气沉沉、风雨如晦的社会气氛下,连续发表剖析思想界状况和社会现实的文章,向顽固保守势力和封建统治展开猛烈攻击,影响之巨,成为思想界一颗耀眼的"明星"。

陈独秀通过剖析明清以来,特别是鸦片战争以来社会状况的演变,提出国人必须共同认识中国问题的彻底解决的途径乃在于"伦理问题"。他以历史的眼光作分析,认为自明末以来,由于西方文化和中国固有文化相接触相冲突,导致国人历经层层障碍,步履艰难地逐渐有所觉悟。先是视刚刚传入的西教西器为夸诞不可置信,而后开始接受西方历法知识。至鸦片战争发生,因西洋武力震惊中土,于是提倡学习西洋制械练兵之术,有了"洋务""西学"之说。至甲午战后至民国初年,又认识到应实行"变法",学习西方政治制度。而现今之下,国人则不得不面对虽然有了"共和国体"却仍然"备受专制政治之痛苦"的严酷现实。以"自经此次之试验,国中贤者,宝爱共和之心,因以勃发;厌弃专制之心,因以明确"。① 如何能够保住共和政体、避免专制复辟的危险?中国如何免遭亡国?如何走上欧美国家富强之路?这

---

① 陈独秀:《吾人最后之觉悟》,吴晓明编选《德赛二先生与社会主义——陈独秀文选》,上海远东出版社1994年版,第31页。

就迫使寻找对中国问题根本的、最后的解决办法。他把上述历史的经验教训归结为如下的结论："自西洋文明输入吾国，最初促吾人之觉悟者为学术，相形见绌，举国所知矣；其次为政治，年来政象所证明已有不克守缺抱残之势。继今以往，国人所怀疑莫决者，当为伦理问题。此而不能觉悟，则前之所谓觉悟者，非彻底之觉悟，盖犹在惝恍迷离之境。"[1] 陈独秀所强调的必须作根本的解决之"伦理问题"，是对思想、文化、道德问题的总称，要从思想观点、政治观点、道德观念等方面深入、广泛而彻底地除旧布新，解决民族的价值观问题。故他又说："今兹之役，可谓为新旧思潮之大激战。""政治根本解决问题，犹待吾人最后之觉悟。"[2] 这也正是梁启超在此后总结新文化运动兴起原因时所言："要拿旧心理运用新制度，决计不可能，渐渐要求全人格的觉悟。"[3]

为此，陈独秀在《新青年》创刊号中即发表《敬告青年》一文，呼吁青年们实现思想的解放，他称近世欧洲的历史为"解放历史"："破坏君权，求政治之解放也；否认教权，求宗教之解放也；均产说兴，求经济之解放也；女子参政运动，求男权之解放也。"以此激励中国青年以"利刃断铁，快刀理麻"的果敢精神，向陈腐恶浊的旧思想、旧道德展开猛烈的冲击，"解放云者，脱离夫奴隶之羁绊，以完其自主自由之人格之谓也"。在此文中，陈独秀针对充斥于社会的因循保守的习气，痛切地论述扫荡旧道德、旧思想乃是关乎民族存亡的极端紧迫的任务："固有之伦理，法律，学术，礼俗，无一非封建制度之遗，持较皙种之所为，以并世之人，而思想差迟，几及千载；尊重廿四朝之历史性，而不作改进之图；则驱吾民于二十世纪之世界以外，纳之奴隶牛马黑暗沟中而已，复何说哉！于此而言保守，诚不知为何项制度文

---

[1] 陈独秀：《吾人最后之觉悟》，吴晓明编选《德赛二先生与社会主义——陈独秀文选》，第34页。

[2] 陈独秀：《吾人最后之觉悟》，吴晓明编选《德赛二先生与社会主义——陈独秀文选》，第31—32页。

[3] 梁启超：《五十年中国进化概论》，《饮冰室合集》文集之三十九，第45页。

物，可以适用生存于今世。吾宁忍过去国粹之消亡，而不忍现在及将来之民族，不适世界之生存而归削灭也。"[1] 因此他号召青年破除奴隶的、保守的、退隐的、虚文的人生观，树立自主的、进步的、进取的、科学的人生观。

1916年9月，陈独秀又发表《新青年》一文，进一步号召青年人的精神世界应实现一场"除旧布新的大革命"。并进一步剖析旧思想、旧文化对国民最严重的毒害，在于人生以做官发财、牟取私利为目的，由此导致种种罪恶行为和社会病态："充满吾人之神经，填塞吾人之骨髓，虽尸解魂消，焚其骨，扬其灰，用显微镜点点验之，皆各有'做官发财'四大字。做官以张其威，发财以逞其欲。一若做官发财为人生唯一之目的。人间种种善行，凡不利此目的者，一切牺牲之而无所顾惜；人间种种罪恶，凡有利此目的者，一切奉行之而无所忌惮。此等卑劣思维，乃远祖以来历世遗传之缺点（孔门即有干禄之学），与夫社会之恶习，相演而日深。无论若何读书明理之青年，发愤维新之志士，一旦与世周旋，做官发财思想之触发，无不与日俱深。浊流滔滔，虽有健者，莫之能御。人之侮我者，不曰'支那贱种'，即曰'卑劣无耻'。将忍此而终古乎？誓将一雪此耻乎？此责任不得不加诸未尝堕落宅心清白我青年诸君之双肩。……吾可敬可爱之青年诸君乎！倘自认为二十世纪之新青年，头脑中必斩尽涤绝彼老者壮者及比诸老者壮者腐败堕落诸青年之做官发财思想，精神上别构真实新鲜之信仰，始得谓为新青年而非旧青年，始得谓为真青年而非伪青年。"[2]

陈独秀又反复地用东西文化作对比，来激发青年和全民族的觉悟："欧俗以横厉无前为上德，亚洲以闲逸恬淡为美风；东西民族强弱之原因，斯其一矣。"欲求中国的富强，必须大力发扬进取、抗争、战斗的精神："人之生也，应战胜恶社会，而不可为恶社会所征服；应超出恶社会，进冒险苦斗之兵，而不可逃遁

---

[1] 陈独秀：《敬告青年》，《陈独秀选集》，第11—13页。
[2] 陈独秀：《新青年》，《陈独秀选集》，第34—35页。

恶社会，作退避安闲之想。呜呼！欧罗巴铁骑，入汝室矣；将高卧白云何处也？吾愿青年之为孔、墨，而不愿其为巢、由；吾愿青年之为托尔斯泰与达噶尔（R·Tagore，印度隐遁诗人），不若其为哥伦布与安重根！"他特别强调必须破除中国国情特殊的保守狭隘意识，以开放的世界眼光，大力输入西方文明："国民而无世界智识，其国将何以图存于世界之中？""各国之制度文物，形式虽不必尽同，但不思驱其国于危亡者，其遵循共同原则之精神，渐趋一致，潮流所及，莫之能违。"① 1916年底至1917年初，他连续发表《宪法与孔教》《再论孔教问题》两文，对孔教展开激烈批判。当时正处于北洋军阀反动统治之下，尊孔复古的逆流甚嚣尘上，北洋政府竟然仿效袁世凯阴谋复辟之时草拟之"宪法草案"条文，将孔教列入民国宪法之中。陈独秀深刻地指出，孔教的核心即为三纲五常，它是宗法社会封建时代的产物，其实质是区别尊卑贵贱，维护等级制度，对于新社会新国家新信仰绝对不能相容。将尊奉孔教的条文列入宪法，完全与世界提倡民主平等人权的进步潮流背道而驰。"不徒共和宪法为可废，凡十余年来之变法维新，流血革命，设国会，改法律，（民国以前所行之大清律，无一条非孔子之道。）及一切新政治，新教育，无一非多事，且无一非谬误，应悉废罢。"②

陈独秀、李大钊以及胡适等人在《新青年》上连续发表的反对旧思想、旧道德、旧文学，提倡新思想、新道德、新文学的文章，因其深刻地代表中国社会前进的要求，喊出人民大众尤其是全国青年的心声，因此在全国民众中产生了强烈的反响，势如狂飚。顽固保守势力则视之如洪水猛兽，群起反对，要追究《新青年》的罪责。这正证明陈独秀、李大钊等人宣传的革命民主主义和进步历史观深深击中了阻碍中国社会前进的腐朽思想观念的要害。面对保守势力的反对指责，陈独秀发表了《〈新青年〉罪案之答辩书》的名文，更加勇敢地举起新文化运动"民主""科

---

① 陈独秀：《敬告青年》，《陈独秀选集》，第13、14页。
② 陈独秀：《宪法与孔教》，《陈独秀选集》，第42页。

学"的两面大旗：

> 他们所非难本志的，无非是破坏孔教，破坏礼法，破坏国粹，破坏贞节，破坏旧伦理（忠、孝、节），破坏旧艺术（中国戏），破坏旧宗教（鬼神），破坏旧文学，破坏旧政治（特权人治），这几条罪案。
>
> 这几条罪案，本社同人当然直认不讳。但是追本溯源，本志同人本来无罪，只因为拥护那德莫克拉西（Democracy）和赛因斯（Science）两位先生，才犯了这几条滔天的大罪。要拥护那德先生，便不得不反对孔教、礼法、贞节、旧伦理、旧政治。要拥护那赛先生，便不得不反对旧艺术、旧宗教。要拥护德先生又要拥护赛先生，便不得不反对国粹和旧文学。

并表达了为宣传新思想无所畏惧、一往无前的坚定态度："西洋人因为拥护德、赛两先生，闹了多少事，流了多少血，德、赛两先生才渐渐从黑暗中把他们救出，引到光明世界。我们现在认定只有这两位先生，可以救治中国政治上、道德上、学术上、思想上一切的黑暗。若因为拥护这两位先生，一切政府的压迫，社会的攻击笑骂，就是断头流血，都不推辞。"[①] 这正是自觉地代表社会革新力量、指导时代潮流前进的思想界先驱者所具有的胸襟、献身精神和勇气，与李大钊的诗句"铁肩担道义，妙手著文章"同样辉煌史册。1919 年 6 月，陈独秀因亲自撰写和散发抗议北洋政府逮捕爱国学生的传单，遭到官厅逮捕，激起了全国舆论界的愤怒抗议。李达在上海发表《陈独秀与新思想》一文，称陈独秀是"鼓吹'新思想'的书生"，"是一个极端反对顽固守旧思想的急先锋，并且还用文字反对政府卖国的行为。他的文字，很有价值，很能够把一般青年从朦胧提醒觉悟起来"。因此遭到反动当局的迫害。[②] 毛泽东在《湘江评论》创刊号（1919 年 7 月）著文说："我们对于陈君，认他为思想界的明星。陈君所说

[①] 陈独秀：《〈新青年〉罪案之答辩书》，《陈独秀选集》，第 72、73 页。
[②] 李达：《陈独秀与新思想》，上海《民国日报》副刊《觉悟》，1919 年 6 月 24 日。

的话，头脑稍为清楚的听得，莫不人人各如其意中所欲出……中国的四万万人，差不多有三万万九千万是迷信家，迷信神鬼，迷信物像，迷信运命，迷信强权，全然不认有个人，不认有自己，不认有真理。这是科学思想不发达的结果。中国名为共和，实则专制，愈弄愈糟，甲仆乙代，这是群众心里没有民主的影子，不晓得民主究竟是甚么的结果。陈君平日所标揭的，就是这两样。他曾说，我们所以得罪了社会，无非是为着'赛因斯'（科学）和'德莫克拉西'（民主），陈君为这两件东西得罪了社会，社会居然就把逮捕和禁锢报给他。"① 由此可见，陈独秀在新文化运动时期倡导思想启蒙、宣传新鲜历史观的地位：他是"思想界的明星"，"他在那个时代的形象是一位屹立在反帝反封建最前沿阵地的大刀阔斧勇猛拼杀的斗士"。②

五四新文化运动和1919年发生的五四运动，以彻底的反帝国主义和彻底的反封建主义的姿态，宣告了中国历史和中国学术史的新时代的到来。五四运动的爆发，标志着旧民主主义革命时代的结束，和新民主主义时代的开始。中国近代史学则进入了以新历史考证学发展和唯物主义史观传播双流并进的新阶段。由于陈独秀和李大钊在五四以前，已经成功地运用进步历史观分析中国的社会历史状况和文化问题，认清了严重阻碍中国社会前进的是帝国主义侵略和封建主义压迫，以及封建旧文化的桎梏，因此，当经由俄国十月革命胜利而传入马克思主义之际，他们便胜利地完成了由革命民主主义者向初步共产主义者的思想转变，成为最早宣传唯物史观原理的人物。陈独秀于1920年9月发表《谈政治》一文，批评无政府主义者的主张，认为要达到理想社会必须对政治实行彻底改造，劳动阶级应该改造统治阶级的国家、政治和法律，"用革命的手段建设劳动阶级的国家"，此为"现代社会的第一需要"。并且阐释《共产党宣言》中论述的劳动阶级和资产阶级战斗的时候，迫于情势，不能不用革命的手段夺

---

① 毛泽东：《陈独秀之被捕和营救》，《湘江评论》创刊号（1919年7月14日）。
② 胡明：《陈独秀与中国现代社会科学》，《陈独秀选集》，第10页。

取政权，建立起无产阶级专政的原理。此年夏天，陈独秀在共产国际代表帮助下，在上海建立了中国第一个共产主义小组。并于同年11月7日，在上海创办了秘密刊物《共产党》月刊，陈独秀在第一期上发表文章，宣告了通过阶级斗争夺取政权的奋斗目标："我们只有用阶级战争的手段，打倒一切资本阶级，从他们手抢夺来政权；并且用劳动专政的制度，拥护劳动者底政权，建设劳动者的国家以至于无国家，使资本阶级永远不至发生。"①

二、李大钊：由具有卓识的社会历史观点走向唯物史观

李大钊同样是新文化运动主要领导人。由于陈独秀主要活动于南方（1916年初以前以及1920年初以后），李大钊主要活动于北方，故当时即有"南陈北李"之誉。李大钊关注的问题和阐述的观点与陈独秀有许多共性，同时又有其鲜明的学术个性。

李大钊早年读书即开始接触"新学"，1907年入天津北洋政法学校。1913年入日本东京早稻田大学政治本科学习，1915年初，参加留日学生反对日本提出灭亡中国的"二十一条"的斗争，次年五月回国，投入反袁斗争。同年八月任《晨钟报》总编辑。《新青年》创刊后，他是主要撰稿人之一。

李大钊思想的突出特点，是深切关注民众的命运、民众的意志，这就赋予其进化史观和民主思想以深刻的社会实践性和科学性内涵。民国元年六月，他就撰有《隐忧篇》，认为中华民国初建之际，正是各界人士面临"除意见，群策力，一力进于建设"，以求国家日臻强盛之时。"民国"之船本应有希望缓缓行进，最终到达彼岸，但它迟迟数月，犹处于"惶恐滩"中，"扶摇飘荡，如敝舟深泛溟洋，上有风雨之摧淋，下有狂涛之荡激"。环顾国中，现今正紧迫地存在边患、兵忧、财困、食艰、业敝、才难六

---

① 陈独秀：《〈共产党〉月刊短言》，《陈独秀选集》，第129页。

项危难，亟需采取应对的办法。"隐忧潜伏，创国伊始，不早为之所，其贻民国忧者正巨也！"① 次年又撰《大哀篇》，痛斥军阀横行、战乱频仍，造成民众陷于水深火热之中！1915年，日本帝国主义向袁世凯提出灭亡中国的"二十一条"，消息传出，李大钊立刻奋起反对，编印了《国耻纪念录》，写了《国民之薪胆》一文，并散发《警告全国父老书》。在这些文章和文件中，李大钊满怀义愤地列举了当时日本帝国主义侵略中国的一系列活动，揭露了"二十一条"的侵略实质，号召国民奋起自救，用"卧薪尝胆"的精神和百折不挠的志气，誓死反对日本侵略，鼓励国民"勿灰心，勿短气"，坚持到最后胜利。②

在袁世凯复辟帝制前后，李大钊站在反袁斗争的前列，同时也由于袁贼上演这出称帝丑剧，引发他对民众觉悟与国家政治等一系列问题的思考，使其理论思维得以升华。当1914年，帝国主义分子古德诺写文章为袁世凯阴谋复辟帝制制造舆论时，李大钊即著文予以痛斥。至1916年初，袁贼迫于全国人民的愤怒声讨，被迫取消"洪宪帝制"，但仍腆然窃据大总统职务。民国已经宣告成立，举国公认实行共和政体，但袁贼为何能利用当时出现的种种政治丑恶现象实现其复辟野心？如何总结出经验教训以杜绝帝制再度借尸还魂？李大钊作了深刻的理论探索，围绕国家政治制度与民众觉悟和组织能力，民众如何认识自己的力量、发挥伟大的作用，以保证国家逐步地沿着民主、富强的道路前进等问题作了分析，得出了极其宝贵的认识。他认为，民主共和政体的建立和维护，必须以民众提高觉悟程度和组织能力为基础。"民彝者，民宪之基础也。""盖政治者，一群民彝之结晶，民彝者，凡事真理之权衡也。……良以事物之来，纷沓毕至，民能以秉彝之纯莹智照直证心源，不为一偏一曲之成所拘蔽，斯其包蕴之善，自能发挥光大，至于最高之点，将以益显其功于实用之途，政治休明之象可立而待也。"③ 再者，他提出必须正视中国几

---

① 李大钊：《隐忧篇》，《李大钊文集》（上），人民出版社1984年版，第1页。
② 李大钊：《国民之薪胆》，《李大钊选集》，人民出版社1959年版，第8—18页。
③ 李大钊：《民彝与政治》，《李大钊选集》，第40、41页。

千年专制政体压迫民众造成的历史重负，要彻底破除民众心目中对"英雄""神武"人物依赖、迷信、盲从的落后意识，要教育民众相信自己，掌握自己的命运。"两三年前，吾民脑中所宿之'神武'人物，曾几何时，人人倾心之华、拿，忽变而为人人切齿之操、莽，袒裼裸裎，以暴其魑魅罔两之形于世，掩无可掩，饰无可饰，此固遇人不淑，致此厉阶，毋亦一般国民依赖英雄，蔑却自我之心理有以成之耳！……残民之贼，锄而去之，易如反掌，独此崇赖'神武'人物之心理，长此不改，恐一桀虽放，一桀复来，一纣虽诛，一纣又起。吾民纵人人有汤武征诛之力，日日兴南巢牧野之师，亦且疲于奔命。而推原祸始，妖由人兴，孽由自作。民贼之巢穴，不在民军北指之幽燕，乃在吾人自己之神脑。"① 由此，他又相当精辟地论述"民众"与"英雄"的关系，认为英雄所具有的巨大影响力，在于集中民众的意志而拥有，是民众意志的总积累，故离开民众的支持，便不存在英雄人物："历史上之事件，固莫不因缘于势力，而势力云者，乃以代表众意之故而让诸其人之众意总积也。是故离于众庶，则无英雄。离于众意总积，则英雄无势力焉。"② 最后，李大钊针对民国成立、共和之政体虽已肇始，然而主持正义的社会舆论反更受压制、言论自由愈淹没不彰的现状，阐释了法制、秩序与理性、自由二者的关系。他指出，法制、秩序必须建立在理性和进步的基础上，社会才能进步："群演之道，在一方固其秩序，一方图其进步。前者法之事，后者理之事。必以理之力著为法之力，而后秩序为可安；必以理之力摧其法之力，而后进步乃可图。是秩序者，法力之所守；进步者，理力之所摧也。"③ 并以深沉的历史责任感呼吁国民应以发展民主思想、民主政治作为当今紧迫而重大的任务，才能从根本上铲除民贼窃国的基础："盖民与君不两立，自由与专制不并存，是故君主生则国民死，专制活则自由亡。……今犹有敢播专制之余烬，起君主之篝火者，不问其为筹安之徒与

---

① 李大钊：《民彝与政治》，《李大钊选集》，第47页。
② 李大钊：《民彝与政治》，《李大钊选集》，第48页。
③ 李大钊：《民彝与政治》，《李大钊选集》，第54页。

复辟之辈，一律认为国家之叛逆、国民之公敌而诛其人，火其书，殄灭其丑类，摧拉其根株，无所姑息，不稍优容，永绝其萌，勿使滋蔓。而后再造神州之大任始有可图，中华维新之运命始有成功之望也。"① 李大钊精心撰写的这篇《民彝与政治》，是标志着民国初年历史观取得重要进展的珍贵文献。我们细心细绎此文，可以发现：李大钊对于历史和现实问题的论述，已经自觉地运用了唯物主义的观点和具体地分析问题的方法，因而对一些重要的命题的阐释，既继承了20世纪初年宣传进化史观的学者和革命派宣传民主共和的进步观点，且又明显地向前推进，对社会民众觉悟与国家政治制度的确立和运作之间的关系，民众的实际愿望与"英雄"人物的作为、成败之间的关系，法制、秩序的维持与发展民众的自由意志、保障国民的民主权利之间的关系等项的认识，已达到与唯物史观原理相通的高度，这就为他此后在历史观上实现意义更加重大的飞跃奠定了基础。

当1916年，北洋军阀公然违背民众意志，要在宪法草案中列入"国民教育宜以孔子之道为修身大本"的条文，李大钊同样予以有力的抨击，他指出："宪法者，现代国民自由之证券也。专制不能容于自由，即孔子不当存于宪法。今以专制护符之孔子，入于自由证券之宪法，则其宪法将为萌芽专制之宪法，非为孕育自由之宪法也。"② 但其文章又明确地表明他所严词批判的历代专制君主利用不断演化的孔教作为维护其专制权力的法宝，而非指孔子学说本身。他说："余之掊击孔子，非掊击孔子之本身"，"孔子于其生存时代之社会，确足为其社会之中枢，确足为其时代之圣哲，其说亦确足以代表其社会其时代之道德"。③ 这些言论，显示出他对儒学采取了具体分析、区别对待的辩证态度，是很可贵的。李大钊与陈独秀一样，把中国的希望寄托在全社会中最有朝气、最易觉悟的青年身上。1916年，他连续发表《〈晨钟〉之使命——青春中华之创造》《青春》两篇名文，以火热的

---

① 李大钊：《民彝与政治》，《李大钊选集》，第56页。
② 李大钊：《孔子与宪法》，《李大钊选集》，第77页。
③ 李大钊：《自然的伦理观与孔子》，《李大钊选集》，第80、79页。

激情，号召青年乘风破浪，勇往直前，担负历史的重任，冲破一切旧势力、旧思想的阻碍，再造民族的生命，把国家引向光明幸福的未来。他说："青年者，国家之魂"；"青年之字典，无'困难'之字，青年之口头，无'障碍'之语；惟知跃进，惟知雄飞，惟知本其自由之精神，奇僻之思想，锐敏之直觉，活泼之生命，以创造环境，征服历史。"① "凡以冲决历史之桎梏，涤荡历史之积秽，新造民族之生命，挽回民族之青春者，固莫不惟其青年是望矣"；"青年之自觉，一在冲决过去历史之网罗，破坏陈腐学说之囹圄，勿令僵尸枯骨，束缚现在活泼泼地之我，进而纵现在青春之我"；"进前而勿顾后，背黑暗而向光明，为世界进文明，为人类造幸福，以青春之我，创建青春之家庭，青春之国家，青春之民族，青春之人类，青春之地球，青春之宇宙，资以乐其无涯之生。乘风破浪，迢迢乎远矣"。②

如上所述，李大钊作为思想界的先驱者，在1917年（这一年他刚二十八岁）以前，他所具有的坚决反帝国主义和反封建主义的革命精神和自觉担负救国重任的崇高历史责任感，他对社会现实问题的深刻剖析，他的强烈的进取精神和对于文化问题所持的既严肃批判又作辩证分析的态度，——这一切，都证明他无愧于是站在时代潮流前头引导潮流前进的卓越人物，而且决定他由此走向唯物史观的更高境界。1917年俄国十月革命的胜利使他受到极大的鼓舞和启发，1918—1919两年，他连续发表《法俄革命之比较观》《庶民的胜利》《Bolshevism 的胜利》《我的马克思主义观》等文章，热情歌颂俄国十月社会主义革命的胜利，宣传马克思主义。在《法俄革命之比较观》中，他批评了国内有的人认为俄国革命所要解决的是"面包"问题，必将导致社会混乱的错误看法，而认为："不知法兰西之革命是十八世纪末期之革命，是立于国家主义上之革命，是政治的革命而兼含社会的革命之意味者也。俄罗斯之革命是二十世纪初期之革命，是立于社会主义

---

① 李大钊：《〈晨钟〉之使命——青春中华之创造》，《李大钊选集》，第63、60页。

② 李大钊：《青春》，《李大钊选集》，第71、75、76页。

上之革命，是社会的革命而并著世界的革命之采色者也。"① 预言十月革命的胜利预示着 20 世纪全世界大变动的到来！1919 年五月，《新青年》出版了由李大钊主编的"马克思主义"研究的专号。他本人发表了两万多字的长文《我的马克思主义观》，对于马克思主义的三个组成部分——唯物史观、政治经济学和科学社会主义，都有所阐明，并指出这三个部分，"都有不可分的关系，而阶级竞争说恰如一条金线，把这三大原理从根本上联络起来"②。故此文的发表，是开始系统地宣传马克思主义的标志，由此也更可证明李大钊在革命史上的伟大功绩。

李大钊在从事系统地宣传马克思主义的事业中，十分重视与史学工作结合起来，阐明唯物史观指导对于从根本上改造旧史和开辟科学地研究历史的重大意义。他于 1920 年在北京大学等校开设《史学思想史》课程。其讲义内容，包括《史观》《今与古》《鲍丹的历史思想》《韦柯及其历史思想》《马克思的历史哲学与理恺尔的历史哲学》《唯物史观在现代史学上的价值》等题目，③ 其中有的文章如《唯物史观在现代史学上的价值》等曾在《新青年》等刊物发表。李大钊指出历史资料与历史的区别："吾兹之所谓历史，非指过去的陈编而言。过去的陈编，汗牛充栋，于治史学者亦诚不失为丰富资考的资料，然绝非吾兹所谓活泼泼的有生命的历史。"历史"不是僵石，不是枯骨，不是故纸，不是陈编，乃是亘过去、现在、未来、永世生存的人类全生命"。④ 他批评："从来的历史家欲单从上层上说明社会的变革即历史而不顾基址，那样的方法，不能真正理解历史。上层的变革，全靠经济基础的变动，固历史非从经济关系上说明不可。"⑤ 他强调进步历史观的指导对于推进历史研究的意义："历史观的更新，恰

---

① 李大钊：《法俄革命之比较观》，《李大钊选集》，第 102 页。
② 李大钊：《我的马克思主义观》，《李大钊选集》，第 177 页。
③ 人民出版社 1984 年出版《李大钊文集》时，已按讲义原先的顺序将这些文章收入。
④ 李大钊：《史观》，《李大钊文集》（下），第 264、265 页。
⑤ 李大钊：《马克思的历史哲学与理恺尔的历史哲学》，《李大钊文集》（下），第 346 页。

如更上一层,以观环列的光景,所造愈高,所观愈广。"① 并批评各种错误的观点。李大钊在这时已经有了用马克思主义理论改造旧史的思想。他对于旧史学的批评,是击中了要害的。因此,他很快地又在讲授《史学要论》课程的基础上,于1924年出版《史学要论》一书,它是我国第一部系统地阐述历史唯物主义并将之与历史研究的具体问题相结合的著作。李大钊在书中论述了应当把客观存在的历史与人们对历史的记载分开的观点。这对于当时的旧史界把历史文献看作历史本身,是一个深刻的、很确切的批判。他在书中高度评价史学对思想教育的重要意义,强调史学的重要作用在于指示社会前进的正确道路:"过去一段的历史,恰如'时'在人生世界上建筑起来的一座高楼,里边一层一层的陈列着我们人类累代相传下来的家珍国宝。这一层高楼,只有生长成熟踏践实地的健足,才能拾级而升,把凡所经过的层级、所陈的珍宝,一览无遗;然后上临绝顶,登楼四望,无限的将来的远景,不尽的人生的大观,才能比较的眺望清楚。在这种光景中,可以认识出来人生前进的大路。我们登这过去的崇楼登的愈高,愈能把未来人生的光景及其道路,认识的愈清。"② 诚如白寿彝先生所评价的:"李大钊同志对于史学的崇高的期望,使我们今天读着他的遗著,还觉汗颜。《史学要论》是一本不到四万字的小册子,但这是为马克思主义史学开辟道路的重要著作。这本小册子凝结着一个革命家、一个无产阶级理论家对人类前途的真挚的希望。对于在中国传播马克思主义史学理论来说,李大钊不愧是第一个开辟道路的人。"③

中国近代史学经过八十年的发展历程,它由鸦片战争前后肇始,取得突破传统史学旧格局的历史性跃进;以后从19世纪60年代至90年代,由于中西文化的交流推动,突出地宣传"历史必变"和"变法"的思想,直接介绍西方制度文化,为维新变法运动提供了借鉴;戊戌前后至20世纪初年,西方近代进化论在

---

① 李大钊:《史观》,《李大钊文集》(下),第267页。
② 李大钊:《史学要论》,《李大钊文集》(下),第763页。
③ 白寿彝:《六十年来中国史学的发展》,《白寿彝史学论集》,第640页。

国内迅速传播，成为国人观察历史和民族前途的指导思想，并在史学理论和通史撰述上结出硕果，宣告了严格意义上"近代史学"的诞生，同时革命派人物在运用历史知识宣传革命思想方面也有突出的成就；至民国初年，虽然政治环境十分恶劣，但由于近代史学在观点上、方法上、史料上经过长时间的积累，蓄积了有力的势头，因而在史学研究和历史观点上都引人注目地创辟了新的局面，预示着中国史学将跨入新的时代。

（原刊《陕西师范大学学报》2005年第2期）

"民族—文化"观念与傅斯年、陈寅恪治史

一

20世纪中国新历史考证学家大都有着西学的背景，他们处于中西史学交汇的时代机遇之中，运用西方新学理来研究本国固有的文献典籍和历史问题，把西方历史考证方法与乾嘉学派精良的考史方法结合起来，因而取得了卓著的成绩。傅斯年和陈寅恪是其中重要的代表人物。傅斯年于1920年在北京大学毕业后即赴欧洲留学，先在英国，然后到德国，至1927年回国。陈寅恪于1910年起，先后在德国、法国、美国的大学学习和从事研究工作，1921年由美再度抵德，在柏林大学研究院工作。至1925年回国。

对于傅、陈二人来说，在德国学习和从事研究是他们很重要的经历，当时德国的柏林大学是兰克学派的大本营，因此傅、陈二人首先受到兰克学派极深的熏陶。兰克学派在德国史坛有很大势力，兰克（1795—1886）本人在柏林大学任教长达四十余年，

又寿高九十一岁，一生写下了大量历史著作，《教皇史》尤被视为不朽巨著。兰克在柏林大学又长期以"历史研究班"的方式培养学生，许多人在其指点下成为史坛巨子。兰克宣布他著史的目的"只不过是说明事实的真相而已"。实则是郑重其事倡导一种尊重史实、客观叙述历史的治史态度。他所著《拉丁和条顿民族史》一书也被视为标志着"史学的批判时代的开始"。尽管因兰克一生著作甚多，其风格、主张不可能统统一致，故人们对于兰克的治史倾向也有很不相同的评述，有人称他重视历史的伦理训诫意义，重视民族传统、民族精神的巨大价值，有人称他研究历史存在着巨大的偏见，等等。然而，无论如何，兰克及其学派对19世纪后半叶至20世纪初西方史学的主要影响是：高度重视"第一手资料，用审查、批判的眼光对待史料"，强调"据实直书"的态度，提倡要弄清提供史料者的身份、性格、环境等，然后确定其价值的方法。这些治史原则和方法，恰恰与中国乾嘉史家所遵循的"实事求是，无征不信，广参互证，追根求源"的治史方法，从精神到方法的运用都是相通的，而且较之乾嘉考史方法更有近代色彩，有更高的科学含量。

傅斯年、陈寅恪这样的学者，原本即熟悉乾嘉考史方法，他们赴德留学后，对于兰克学派这个"考证的科学"自然迅速接受并且心悦诚服。傅斯年回国后即创办"历史语言研究所"，倡导以西方的考证方法来治中国的传统学问，并以历史语言学考据为主要特征。傅斯年的核心主张是："近代的历史学只是史料学，利用自然科学供给我们的一切工具，整理一切可逢着的史料。"[①]陈寅恪治史同样特别注重广搜史料，不仅务求将一切与史实相关的各种史料尽力钩稽，考辨其内容、文字的异同，判别其版本的源流，而且要联系提供史料者的身份、经历、性格特点，辨明其当日有无获得第一手资料的可能，相关史料前后传写、袭用的关系，来判定在多种史料中何者最为可靠，然后参考其他，再据以

---

① 《历史语言研究所工作之旨趣》，《中央研究院历史语言研究所集刊》第一本第一分册，1928年。

立论。陈氏治史又具有通识的眼光，善于因小见大，对史事作综合分析，从比较和联系中揭示出一个时期带全局性的大事。总之，傅斯年、陈寅恪之重视史料和考辨、运用史料的方法明显地深具兰克学派的精神。

傅、陈二人在近代史学上取得重要成就，还由于他们接受了西方史坛"民族（种族）—文化"观念的影响，此项同样应当引起我们的充分注意。

运用"民族（种族）—文化"观念治史，所关注的重点大致有三：（一）重视研究分处于中心地区和周边地区的不同民族（或种族）在政治、文化上既对峙又互相影响、渗透的关系；由于这种互动关系引起中心与周边民族（或种族）集团文化特征上的变化和政治势力之消长，导致全局性历史的盛衰变化；（二）认为一个民族的文化水平（包括其风俗、信仰等）是影响历史演进的很重要的因素，处于中心地区的民族与边境民族（或称"蛮族"）文化上的高下并不是绝对不变的，由于有原先处于后进地位的周边民族的"骠悍""质朴"的文化成分，加入到昔日先进而后来已衰颓的中心地区民族的实际中，会大有助于恢复其活力，演出历史的新场面；（三）民族的先进和落后，不是绝对一成不变，有的时候，原先落后的民族（或称"蛮族"）因吸收了先进的文化因素而居于先进地位，原先先进的民族（或其一部分）也可因周围环境影响而退居于落后地位。甚至民族（或种族）界限也非绝对不变，而是会发生双向"同化"现象，并予历史演进以大的影响。这确是研究历史的新视角，能由此发现新的研究课题，得到一些深层次的认识。据周樑楷《傅斯年和陈寅恪的历史观点——从西方学术背景所作的讨论（1880—1930）》一文介绍，德国的"学术从18世纪以来，特别偏爱从文化史的角度，思考政治与民族（种族）问题"。"从赫德、兰克以来，种族和文化的问题一直萦绕在日耳曼学者的脑海里。……在1920及30年代，德国学术界承其遗风，以种族与文化论述历史。"与陈寅恪、傅斯年同在德国留学的姚从吾曾撰有《德国佛郎克教授对中国历史研究的贡献》，称佛郎克的大量著作中有一类即属于

"中国与外族文化政治的关系"。该文还讲到葛白伦慈、预路比、夏德、米勒、卫礼贤、沙畹等人,"都是以中国与外族的政治文化关系为研究重心"。① 这种重视"民族(种族)—文化"关系的观点和方法,在傅斯年和陈寅恪的论著中有很显著的体现。

二

傅斯年固然称"近代史学,史料编纂之学也",强调"有一分材料出一份货,有十分材料出十份货,没有材料便不出货",强调"存而不补"、"证而不疏",不赞成超出考证材料之外的推论或解释。但是,恰恰正是傅斯年本人,对于史料作了大胆的解释,其着眼点便是"民族(种族)—文化"关系。事实上,如果除考证材料真、假之外,任何推论或解释都不能做,则根本无法从事历史研究。故傅氏之强调"史料即史学"与其用"民族(种族)—文化"观点解释历史在同一人身上可以并行而不悖!傅斯年的《大东小东说——兼论鲁燕齐初封在成周东南后乃东迁》《夷夏东西说》《周东封与殷遗民》等,都以政治集团或族群间政治与文化的互动关系,论述其势力消长和盛衰变化,而对商周之际的历史提出自己的新看法。《大东小东说》一文考证"小东""大东"及周初鲁、燕、齐始封国之地望,均联系周与殷商之间文化水平高低和政治势力强弱之互动关系立论。他认为,《诗·小雅·大东》所言大东,即泰山山脉迤南各地;小东,当即今山东濮阳大名一带,亦即秦汉以来所谓东郡者也。与此相联系,他认为,周灭商以后,处置原有之殷民是极艰巨困难之工作。既然周初封康叔于卫,微子犹得保宋,则周公、吕公等人封地必距成周不远,才能起到辅翼周王室的作用,也才符合利用殷商旧地较高的人文、物质条件的道理。故他参稽多项证据,推断燕之初封

---

① 周樑楷:《傅斯年和陈寅恪的历史观点——从西方学术背景所作的讨论(1880—1930)》,《台大历史学报》1996 年第 20 期。

地应与今河南郾城有关,鲁周公之初封地应在今日河南鲁山县,齐太公之初封地本在吕。此文立论之核心部分为:

> 武王伐纣,"致天之届,于牧之野"。其结果诛纣而已,犹不能尽平其国。纣子禄父仍为商君焉。东土之未大定可知也。武王克殷后二年即卒,周公摄政,武庚以奄商淮夷畔,管蔡流言,周室事业之不坠若线。周公东征,三年然后灭奄。多士多方诸辞,其于殷人之抚柔盖致全力焉。营成周以制东国,其于守防盖甚慎焉。犹不能不封微子以奉殷社,而缓和殷之遗民,其成功盖如此之难且迟也。乃成王初立,鲁燕齐诸国即可越殷商故域而建都于海表之营丘,近淮之曲阜,越在北狄之蓟丘,此理之不可能也。今以比较可信之事实订之,则知此三国者,初皆封于成周东南,鲁之至曲阜,燕之至蓟丘,齐之至营丘,皆后来事也。

> 雒邑之形势,至今日犹有足多者,在当年实为形胜之要地,周人据之以控南方东方之诸侯者也。齐燕鲁初封于此,以为周翰,亦固其所。循周初封建之疆,南不逾于陈蔡,毛郑所谓文王化行江汉者,全非事实,开南国者召伯虎也。东方者,殷商之旧,人文必高,而物质必丰。平定固难,若既平定之后,佐命大臣愿锡土于其地,以资殷富,亦理之常。夫封邑迁移,旧号不改,在周先例甚多,郑其著者。鲁燕移封,不失旧号。吕以新就大国,定宅济水,乃用新号,此本文之结论也。①

傅氏于同一年所撰《〈新获卜辞写本后记〉跋》中,同样以"民族(种族)—文化"的互动关系作为解释中国古代历史若干关键问题的依据:

> 凡是一个野蛮民族,一经感觉到某种文化高明,他们奔赶的力量,远比原有这文化的人猛得多。这是一个公例。王

---

① 傅斯年:《傅斯年全集》(三),(台北)联经出版事业公司1980年版,第10、17页。

季文王武王的强烈殷商化，并用一个最有效的法子，就是讨殷商或殷商治下诸侯的女儿做老婆。这是野蛮人整个接受文明人的文化系统的大道。后代的历史证明这个事实很清楚。譬如唐宗女文成公主下嫁吐蕃弃宗弄赞一事……又如回纥，历世受唐婚，结果是唐化得无对，虽佛教的经典还要用汉文译本为正，而又带着唐化向西方流布。①

至1934年，傅氏又撰有《周东封与殷遗民》一文，论述殷周之际殷民族与周民族之间的政治、文化之互动关系，以此为基础，然后提出其殷民族"为中国文化之正统"的独特观点：

> 然则商之宗教，其祖先崇拜在鲁独发展，而为儒学，其自然崇拜在齐独发展，而为五行方士，各得一体，派衍有自。试以西洋史为比：西罗马之亡，帝国旧土分为若干蛮族封建之国。然遗民之数远多于新来之人，故经千余年之紊乱，各地人民以方言之别而成分化，其居意大利，法兰西，西班牙半岛，意大利西南部二大岛，以及多脑河北岸，今罗马尼亚国者，仍成拉丁民族，未尝为日耳曼人改其文化的，语言的，民族的系统。地中海南岸，若非因亚拉伯人努力其宗教之故，恐至今仍在拉丁范围中，遗民之不以封建改其民族性也如是。商朝本在东方，西周时东方或以被征服而暂衰，入春秋后文物富庶又在东方，而鲁宋之儒墨，燕齐之神仙，惟孝之论，五行之说，又起而主宰中国思想者二千余年。然则谓殷商为中国文化之正统，殷遗民为中国文化之重心，或非孟浪之言。战国学者将一切神话故事充分的伦理化，理智化，于是不同时代不同地方之宗神，合为一个人文的"全神堂"，遂有《皋陶谟》一类君臣赓歌的文章。在此全神堂中，居"敬敷五教"之任者，偏偏不是他人，而是商之先祖契，则商人为礼教宗信之寄象，或者不是没有根据的吧。②

---

① 傅斯年：《傅斯年全集》（三），第253—254页。
② 傅斯年：《傅斯年全集》（三），第166—167页。

三

陈寅恪专攻的研究领域为中古时期之历史,与傅斯年致力于上古史之范围虽有不同,但其以"民族(种族)—文化"观念来分析却又明显地有相通之处。陈氏将中原与边境民族间文化的利用、吸收、融化,造成民族特性的嬗变,由此引起民族或政治集团间文化之先进落后或政治势力之强弱变化、盛衰升降,作为观察、论述魏晋南北朝至隋唐时期历史的主要视角和线索。他在1940年撰成的《隋唐制度渊源略论稿》中说:

> 总而言之,全部北朝史中凡关于胡汉之问题,实一胡化汉化之问题,而非胡种汉种之问题,当时之所谓胡人汉人,大抵以胡化汉化而不以胡种汉种为分别,即文化之关系较重而种族之关系较轻,所谓有教无类者是也。[①]

又说:

> 北朝胡汉之分,不在种族,而在文化。[②]

陈氏以胡、汉之间民族与文化的互动关系作为研究魏晋南北朝的重要线索,是以发掘出许多常人所忽略的史料为基础的,他十分重视运用德国和其他欧洲近代史学家的治史观念,对于民族、政治、文化以至地域、家族等项作综合的和动态的分析,探究其相互影响、吸收、嬗变和消长盛衰之迹,阐明其原因和对历史发展的影响。

此后,陈寅恪又在1942年撰成的《唐代政治史述论稿》上篇"统治阶级之氏族及其升降"中进一步论述"民族(种族)—文化"问题,认为在北朝时代接受何种文化比原先按血统划分的民族更加重要,此为探究历史演进的关键问题:

[①] 陈寅恪:《隋唐制度渊源略论稿》,中华书局1963年版,第71页。
[②] 陈寅恪:《隋唐制度渊源略论稿》,第41页。

> 汉人与胡人之分别，在北朝时代文化较血统尤为重要。凡汉化之人即目为汉人，胡化之人即目为胡人，其血统如何，在所不论。①

> 自鲜卑拓跋部落侵入中国统治北部之后，即开始施行汉化政策……此汉化政策其子孙遵行不替，及魏孝文帝迁都洛阳，其汉化程度更为增高，至宣武、孝明之世，则已达顶点，而逐渐腐化矣。然同时边塞六镇之鲜卑及胡化之汉族，则仍保留其本来之胡化，而不为洛都汉化之所侵染。故中央政权所在之洛阳其汉化愈深，则边塞六镇胡化民族对于汉化之反动亦愈甚，辛酿成六镇之叛乱，尔朱部落乘机而起。至武泰元年（公元五二八年）四月十三日河阴之大屠杀，遂为胡人及胡化民族反对汉化之公开表示，亦中古史划分时期之重要事变也。②

继又论述自北周宇文泰所实行的"关中本位政策"，实为以割据关中区域内之鲜卑六镇民族为主体，而在文化上依附古昔，把关中称为汉族文化发源之地：

> 宇文泰率领少数西迁之胡人及胡化汉族割据关陇一隅之地，欲与财富兵强之山东高氏及神州正朔所在之江左萧氏共成一鼎峙之局，而其物质及精神二者力量之凭藉，俱远不如其东南二敌，故必别觅一途径，融合其所割据关陇区域内之鲜卑六镇民族，及其他胡汉土著之人为一不可分离之集团，匪独物质上应处同一利害之环境，即精神上亦必具同出一渊源之信仰，同受一文化之薰习，始能内安反侧，外御强邻。而精神文化方面尤为融合复杂民族之要道。……此新途径即就其割据之土依附古昔，称为汉化发源之地。③

而陈氏论述唐代开元、天宝年间，在中国范围内，实则因"民族（种族）—文化"关系而存在着以长安为中心和以河北藩

---

① 陈寅恪：《唐代政治史述论稿》，上海古籍出版社1982年版，第17页。
② 陈寅恪：《唐代政治史述论稿》，第14页。
③ 陈寅恪：《唐代政治史述论稿》，第15页。

镇为中心的两大势力集团，两者势力之消长对唐代社会的全局起了决定性的作用：

> 因唐代自安史乱后，名义上虽或保持其一统之外貌，实际上则中央政府与一部分之地方藩镇，已截然划为二不同之区域，非仅政治军事不能统一，即社会文化亦完全成为互不关涉之集团，其统治阶级氏族之不同类更无待言矣。盖安史之霸业虽俱失败，而其部将及所统之民众依旧保持其势力，与中央政府相抗，以迄于唐室之灭亡，约经一百五十年之久，虽号称一朝，实成为二国。①

> 唐代中国疆土之内，自安史乱后，除拥护李氏皇室之区域，即以东南财富及汉化文化维持长安为中心之集团外，尚别有一河北藩镇独立之团体，其政治、军事、财政等与长安中央政府实际上固无隶属之关系，其民间社会亦未深受汉族文化之影响，即不以长安、洛阳之周孔名教及科举仕进为其安身立命之归宿。故论唐代河北藩镇问题必于民族及文化二端注意，方能得其真相所在也。②

> 今试检《新唐书》之《藩镇传》，并取其他有关诸传之人其活动范围在河朔或河朔以外者以相参考，则发见二点：一为其人之氏族本是胡类，而非汉族；一为其人之氏族虽为汉族，而久居河朔，渐染胡化，与胡人不异。前者属于种族，后者属于文化。质言之，唐代安史乱后之世局，凡河朔及其他藩镇与中央政府之问题，其核心实属种族文化之关系也。③

我们还可以作更进一步的考察：陈氏视文化的影响较之原先的民族（或种族）的分界更加重要，以此解释历史，这除了接受欧洲近代史学家的"民族（种族）—文化"观点之外，尚有更深一层的原因，这就是中国本土的春秋公羊历史哲学对他的影响。春秋公羊学在西汉时曾经大为盛行，至东汉末以后消沉了一千余

---

① 陈寅恪：《唐代政治史述论稿》，第19页。
② 陈寅恪：《唐代政治史述论稿》，第25—26页。
③ 陈寅恪：《唐代政治史述论稿》，第28页。

年，到清嘉道年间由刘逢禄、龚自珍、魏源等重新发现和改造，以之作为批判封建专制制度黑暗腐朽、倡导政治改革以挽救社会危机的思想武器，至戊戌维新时期更被康有为、梁启超大胆阐释发挥，并与刚刚传入的西方近代社会政治学说相结合，锻造成为鼓吹维新变法，用西方的君主之宪——民主共和制度取代中国的封建专制制度的思想纲领，因而公羊学说至晚清重新风靡于世。陈寅恪理解公羊学说，这首先是因为他自幼熟读经典，有关春秋公羊学的著作自不例外；更重要的是，寅恪之祖父和父亲都与晚清维新派关系甚深，故陈寅恪与盛行于晚清的公羊学说更有一层因缘。他对清季学术风尚有一段重要评论："曩以家世因缘，获闻光绪京朝胜流之绪论。其时学术风气，治经颇尚《公羊春秋》，乙部之学，则喜谈西北史地。后来今文公羊之学，递演为改制疑古，流风所被，与近四十年间变幻之政治，浪漫之文学，殊有连系。此稍习国闻之士所能知者也。西北史地以较为朴学之故，似不及今文经学流被之深广。"① 清季公羊今文之学是学术所尚，流被之深广，影响近代几十年，这个看法是积戊戌之前在湖南倡办地方新政的陈宝箴，协助策划湖南新政的陈三立，以及历史学家陈寅恪三代人的观察感受而得出的。春秋公羊学家恰恰极重视从"民族（种族）—文化"关系来解释历史和预见未来社会。从《春秋公羊传》起，便开始形成不以民族（或种族）来区分诸夏与夷狄，而以文明或道德进化程度来区分，所以夷狄进化了便可以进爵称"子"，可以受到赞许，而原先的诸夏国家如果在文化或道德上倒退了，则视为"夷狄"。②《春秋公羊传》作者从考察

---

① 陈寅恪：《朱延丰突厥通考序》，《寒柳堂集》，第144页。
② 典型的例子，如《公羊传·宣公十二年》："夏六月乙卯，晋荀林父帅师及楚子战于邲，晋师败绩，大夫不敌君，此其称名氏以敌楚子何？不与晋而与楚子为礼也。"楚本是南方后进国家，诸夏以夷狄视之。此年楚伐郑，郑伯肉袒至楚师谢罪。楚庄王于是下令退师。将军子重谏曰，楚都距郑国数千里，此役大夫死者数人，士卒死者数百人，如此胜郑而退师，乃失民臣之力。庄王以理晓之，曰，君子笃于礼而薄于利，服其人而不取其土，郑既告服，不赦不祥。晋师之救郑者明知郑国已经解围免祸，却仍向楚挑战。楚王被迫亲自击鼓指挥，大败晋师。庄王曰，两君相恶，百姓何罪之有！遂还师而放走晋军。《公羊传》记载了楚庄王伐郑而舍郑、迎战晋军大战之后又让其退走的具体过程，证明楚庄王能讲礼义，在文明和道德上远胜晋人，故赞许楚王"有礼"，进爵为子，而对"诸夏"的晋国加以贬责。

史实中总结出"民族(种族)—文化"互动嬗变的观点,以后董仲舒、何休以及晚清龚自珍、康有为等人都继承并且向前推进,成为中国传统学术中极可宝贵的思想遗产。陈氏论中古之历史,如此重视"胡化""汉化"问题,一再强调"北朝胡汉之分,不在种族,而在文化",这种观点,可以解释为既受德国19世纪末、20世纪初一批学者的影响,同时也包括着对中国本土春秋公羊学派观点的承受。

陈寅恪探索"民族(种族)—文化"关系对于中古历史发展的影响,在学术界反响甚大。即使在1958年由于"左"的路线干扰而对陈寅恪进行错误批判之时,有的文章也如实地承认陈氏治史善于抓住历史现象中的"重要环节",说:"陈先生是不愿意把自己的研究局限于个别事实的考证的。他的史学方法的特点之一,是企图在错综复杂的历史现象中抓住一些他认为重要的环节,先行解决,然后再以所得的结论为出发点,连带说明一系列的其他问题。这种方法使陈先生的研究成果带有一种系统性,而和其他一些专搞考据的资产阶级史学家有所不同。"[①] "胡化""汉化"问题,就是他所抓住的重要环节。因受陈氏之启发,颇有学者继续探求北朝"胡化""汉化"问题。有的学者肯定了陈氏所论北周宇文集团为在精神上团结原本有别的胡汉诸民族为一体,实行形式上模仿《周礼》、标榜本地区为汉族正统文化的当然继承者,实际上则强化鲜卑化的汉人控制政权的"关中本位政策",然后将高齐时期的"民族(种族)—文化"问题与之相对照,而认为:"反观高氏,虽其所凭借者胜于宇文,然并无调和汉人与鲜卑之方策,故东魏北齐四十余年(534—577年)之中,其政治上常发生鲜卑与汉人之冲突,力量分散。齐为周灭,此其一因。"[②] 还有的学者又特别提出,研究北朝"胡化""汉化"问题不应限于鲜卑与汉族的关系,还应扩大到当时其他少数民族与汉族的关系,认为:"寅恪先生之所谓胡者,含义颇广,乃是未

---

① 金应熙:《批判陈寅恪先生的唯心主义和形而上学的史学方法》,《理论与实践》1958年第12期。

② 缪钺:《读史存稿》,生活·读书·新知三联书店1963年版,第78页。

汉化的北方各少数民族和少数民族化的汉人之总称，非仅指鲜卑及鲜卑化的汉人而言。了解这一点对了解北齐一朝的政治历史至为重要，因为北齐的胡人势力，除了鲜卑勋贵而外，还有一个西域胡化的恩幸集团，在北齐后期的政治舞台上扮演着极为重要的角色，甚至连皇帝也为其所左右。"①

(原刊《天津社会科学》2004 年第 1 期)

---

① 许福谦：《从文化与民族的关系看东魏北齐的胡汉之争——学习寅恪先生民族与文化学说之偶得》，《纪念陈寅恪先生百年诞辰学术论文集》，江西教育出版社 1994 年版，第 448 页。

陈寅恪治史风格续议

陈寅恪先生（1890—1969）作为20世纪一位享有国际声誉的史学大师，在研究领域上对于魏晋南北朝史、隋唐史、诗文证史等均多所开拓，同时又重视研究方法上的创新和总结。据蒋天枢《陈寅恪先生编年事辑》记载，寅恪先生在他去世前一年那样极端困难的情况下，还对身边长期担任助手的黄萱女士嘱咐说，"写篇谈谈我是如何做科学研究的文章"[①]。笔者于1983年曾撰有《〈金明馆丛稿二编〉与陈寅恪治史风格》一文，发表在同年《史学史研究》第二期，就当时研读寅恪先生著作的体会，谈了若干粗浅的看法。因该文主要围绕陈氏所著《金明馆丛稿二编》，尤其是书中《王静安先生遗书序》《冯友兰中国哲学史上册审查报告》等文论述，所涉及的范围尚很有限，故早想再次撰文补充谈点看法。现草这篇续议，主要就寅恪先生治史的广阔领域，及其富有辩证色彩的史料观，"祛蔽求真"的治史旨趣，以及对方法论所作的精到概括等项略加阐发，以就教于学术界同好。

[①] 蒋天枢：《陈寅恪先生编年事辑》，上海古籍出版社1981年版，第170页。

一、蒙古史、敦煌学、佛经翻译文学等领域的建树

陈寅恪先生自称"平生治学,不甘逐队随人,而为牛后"。这种在深厚的学术功底基础上勇于开拓创新的精神,正是他与王国维、陈垣等杰出史学家所共有的,因而共同地对 20 世纪前期的史学起到开拓新领域、转移学术风气的非凡作用。陈寅恪不仅在魏晋南北朝史、隋唐史、诗文证史等方面造诣很高,而且在蒙古史、敦煌学、佛经翻译文学等领域均有建树。

陈寅恪在 1925 年回国初期主要从事于周边民族史和佛经翻译文学的研究。这是由于他长期在国外学习和研究期间深受国外学术风气的影响,20 世纪前期欧洲的东方学研究曾以我国周边各族历史和佛经翻译文学为其重点之一。"陈寅恪求学德国时的教师也大都有这方面的专长(如路得施研究佛教典籍,缪勒深研摩尼教经典残卷及回纥语文献,黑尼士专治《元朝秘史》等)。"陈氏回国后继续这方面的研究,开设"佛经翻译文学"和"《蒙古源流》研究"课程,并撰著论文发表。1926 年他在清华研究院对研究生的指导范围包括五项:一是年历学;二是古代碑志与外族有关系者之比较研究;三是摩尼教经典与回纥文译本之研究;四是佛教经典各种文字译本之比较研究;五是蒙古文、满文之书籍及碑志与历史有关者之研究。这些领域和专题,都是陈寅恪在德国从事研究所究心搜集史料和钻研的,"而在我国当时还几乎是全新的学术领域"。[①]

陈寅恪对蒙古史的研究很有成就,他利用通晓多种文字的条件,用中外文献对比研究,解决蒙古史上一些长期疑难未决的问题。《金明馆丛稿二编》中《元代汉人译名考》,用汉、蒙、波斯多种文字史料作比较研究,考证陶宗仪《辍耕录》"氏族"条所

---

① 金应熙:《陈寅恪》,《中国史学家评传》(下册),第 1354 页。

举八种汉人名称，"后人均视为疏略尤甚者，寅恪则颇疑其全袭蒙古最初故籍旧题之原文，绝未增损一语"。八种名称即当时对契丹、高丽等地区内汉人的称呼。《彰所知论与蒙古源流》，是利用中外史料考证蒙古民族的起源。由于《元史》等书对蒙古民族起源的记载各不相同，自清迄近代学者对此众说纷纭。陈寅恪认为：《元史》关于蒙古民族起源的记载，仅述感生说，并无追述以前的神话，是比较原始可信的。而《蒙古源流》中的说法，则有的取材于高车、突厥等民族的狼祖传说，有的采取天竺、吐蕃的旧载追加混合，结果在孛端叉儿前增加了十一世事迹，"恐尤荒诞不可征信"。《蒙古源流》说法的来源又在元帝师八思巴《彰所知论》一书。八思巴既采用仿梵文制成的吐蕃字母，以为至元国书，他著《彰所知论》一书，亦取天竺吐蕃事迹，联接于蒙兀儿史，结果蒙古民族起源又增加了十一世传说。这样陈氏通过比勘、考证，揭示出关于蒙古民族起源的传说有一个逐层向上添加的过程。并认为，以前学者中，洪钧不相信十一世传说，是正确的；阮元、屠寄相信《蒙古源流》的说法，则是错误的。利用中外文献对比研究，追根穷源，廓清了前人的附会和误信。①

陈氏对20世纪中国学术界重视敦煌学的研究，也起到提倡和示范的作用。他在《陈垣敦煌劫馀录序》中指出，敦煌文书发现二十余年间，已引起日本、法、英等国学者的重视，敦煌学已成为"今日世界学术之新潮流"。敦煌文书被外国人大量劫夺掠走，固然是我国学术上之伤心史，但留存国内的文献，只要善于利用，以此与流入国外的敦煌文献相综合，与其他史料相比勘，就能发挥其在研究唐代史、佛教史、民族史等方面的价值。他举出："摩尼教经之外，如八婆罗夷经所载吐蕃乞里提足赞普之诏书，姓氏录所载贞观时诸郡著姓等，有关于唐代史事者也。佛说禅门经，马鸣菩萨圆明论等，有关于佛教教义者也。佛本行集经演义，维摩诘经菩萨品演义，八相成道变，地狱变等，有关于小说文学史者也。"并勉励国内学者"作敦煌学之预流"，"庶几内

---

① 陈寅恪：《元代汉人译名考》，《金明馆丛稿二编》，第95页。

可以不负此历劫仅存之国宝,外有以裨进世界之学术于将来"。①陈氏所撰《敦煌本维摩诘经文殊师利问疾品演义跋》等论文,都是根据敦煌写卷研究佛经翻译文学和中印文化交流的成果。他据敦煌佛曲《维摩诘经文殊师利问疾品演义》等研究,认为中国宋明以后流行之章回体小说和弹词,都受到佛经文学的影响。"佛典制裁长行与偈颂相间,演说经义自然仿效之,故为散文与诗歌互用之体。后世衍变既久,其散文体中偶杂以诗歌者,遂成今日章回体小说。其保存原式,仍用散文诗歌合体者,则为今日之弹词。"《维摩诘经》之作者是一居士,他对于出家僧侣,可谓尽其玩弄游戏之能事。《维摩诘经》之主人公神通广大,异乎寻常。在本经中,维摩诘并无眷属。但在后来衍变的诸经中,却明言其有子女,且有妻(名曰无垢)。这是维摩诘故事在印度本土的演化。陈氏进而举出隋吉藏《净名言论》、嘉祥《维摩诘经义疏》等中国佛经典籍以相比勘,证明在中国流传的维摩诘的故事,也加上有父母妻子,并称以王氏、雷氏之类。据此,陈氏认为佛经故事对中国章回小说等的直接影响是中国文学史上的一件大事:"盖《维摩诘经》本一绝佳故事,自译为中文后,遂盛行于震旦。其演变滋乳之途径,与其在天竺本土者,不期而暗合。即原无眷属之维摩诘,为之造作其祖及父母妻子女之名字,各系以事迹,实等于一姓之家传,而与今日通行小说如《杨家将》之于杨氏,《征东征西》之于薛氏,所纪内容,虽有武事哲理之不同,而其原始流别及变迁滋乳之程序,颇复相似。"② 他又在《西游记玄奘弟子故事之演变》一文中讲得更加明确:"自佛教流传中土后,印度神话故事亦随之输入。观近年发现之敦煌卷子中,如《维摩诘经文殊问疾品演义》诸书,益知宋代说经,与近世弹词章回体小说等,多出于一源,而佛教经典之体裁与后来小说文学,盖有直接关系。此为昔日吾国之治文学史者,所未尝留意者也。"并举出佛教《贤愚经》、鸠摩罗什译《大庄严经论》等,说明佛经

---

① 陈寅恪:《陈垣敦煌劫馀录序》,《金明馆丛稿二编》,第 236—237 页。
② 陈寅恪:《敦煌本维摩诘经文殊师利问疾品演义跋》,《金明馆丛稿二编》,第 180、185 页。

中本有顶生王升天，又演化为闹天宫故事，而印度著名之纪事诗《罗摩延传》，则有猿猴造桥渡海、直抵楞伽的故事。"盖此二故事本不相关涉，殆因讲说《大庄严经论》时，此二故事适相连接，讲说者有意或无意之间，并合闹天宫故事与猿猴故事为一，遂成猿猴闹天宫故事。"陈氏的结论是，《西游记》玄奘弟子的故事，即直接受印度佛经神话故事的影响，因为，"支那亦有猿猴故事，然以吾国昔时社会心理，君臣之伦，神兽之界，分别至严。若绝无依藉，恐未必能联想及之。此《西游记》孙行者大闹天宫故事之起原也"。①

陈寅恪也重视对佛教史的研究，唯他所重不在教义本身，而注重其对政治、社会的影响。《武曌与佛教》一文，论述唐太宗崇尚道教，至武后称帝则大倡佛教，使佛教得以再度在全国盛行。其原因虽甚复杂，但最主要者，是武后女主称帝，在儒家经典中找不到根据，因而她需要利用佛教《大云经》一类作为宣传的工具，以制造舆论，取得人心。儒家经典的典型言论是"牝鸡无晨。牝鸡之晨，惟家之索。"武则天以妇人身份登帝位，只好从佛经教义中寻找理论根据，以证明其特殊地位之合理性。佛教原始教义亦轻视妇女，后来演变而改易初旨，至大乘急进派的经典，其中便有以女身受记为转轮圣王成佛之教义。陈氏指出，"武曌颁行天下以为受命符谶之《大云经》，即属于此大乘急进派之经典"。观其经文中，有"佛告净光天女言：……即以女身当王国土，得转轮王所统领处四分之一。汝于尔时实为菩萨。为化众生，现受女身"。又称："南天竺有一小国，名曰无明，……其王夫人产育一女，名曰增长。其王未免忽然崩亡。尔时诸臣即奉此女以继王嗣。女既承正，威伏天下。"佛经《大云经》既然能为武后称帝提供如此有用的根据，难怪武后于武周天授二年三月颁布《释教在道教之上制》中要大力鼓吹"《大云》阐奥，明王国之祯符；方寺发扬，显自在之丕业"。并强令"自今以后，释教宜在道法之上"。故陈氏得出颇有说服力的新看法："观此制

---

① 陈寅恪：《西游记玄奘弟子故事之演变》，《金明馆丛稿二编》，第192、194页。

文,凡武曌在政治上新取得之地位,悉与佛典之教义为证明,则知佛教符谶与武周革命之关系,其深切有如是者。"① 此论确系发前人之所未发,是运用佛教史的精深知识解决唐代政治史问题的成功例证。

二、"全面掌握、详辨慎取"的史料观

陈氏在史学上之所以取得杰出的成就,乃在于他具有治史的"通识"。概言之,他不仅继承了中国传统史学自司马光至乾嘉考证名家的优良方法,又熟悉和运用20世纪前期西方学者所重视的新学理,如审查史料方法、语源学方法、比较研究、民族文化互动研究等,且能上升到哲理的高度,熔于一炉,贯通运用。对于研史者最有启发意义的,尤推其"全面掌握、详辨慎取"的史料观和自觉地祛蔽求真的史识二项。

陈氏精熟史料,对于如何运用史料有极高明的见解,富有辩证的精神。首先,他强调治史者对史实"应有同情之理解",做到知人论世。他认为,古代遗留下来的材料都是片断的分散的,必须放在当时历史背景下,进行综合联贯的研究;而这样做又必须防止穿凿附会,把现代人的思想和处境强加到古人身上。他说:"盖古人著书立说,皆有所为而发。故其所处之环境,所受之背景,非完全明瞭,则其学说不易评论,而古代哲学家去今数千年,其时代之真相,极难推知。吾人今日可依据之材料,仅为当时所遗存最小之一部,欲借此残余断片,以窥测其全部结构,必须备艺术家欣赏古代绘画雕刻之眼光及精神,然后古人立说之用意与对象,始可以真瞭解。""但此种同情之态度,最易流于穿凿附会之恶习。……著者有意无意之间,往往依其自身所遭际之时代,所居处之环境,所薰染之学说,以推测解释古人之意

---

① 陈寅恪:《武曌与佛教》,《金明馆丛稿二编》,第150—151页。

志。"① 陈寅恪以"时代性"一词来概括史料的这种特点。他所讲的"时代性",正是强调解释应用史料必须重视历史背景。这一提法已接近历史唯物主义"要把问题提到一定的历史范围之内"的原则。其次,他认为官修史书和私家著述各有所长,应当详辨慎取,不可片面误信。"通论吾国史料,大抵私家纂述易流于诬妄,而官修之书,其病又在多所讳饰,考史事之本末者,苟能于官书及私著等量齐观,详辨而慎取之,则庶几得其真相,而无诬讳之失矣。"② 明代史家王世贞曾针对本朝的国史、野史在史料上的价值和是非评论说:"国史人恣而善蔽真,其叙章典、述文献,不可废也;野史人臆而善失真,其征是非、削讳忌,不可废也。"③ 陈氏对官书和私著的精到评论,是对前代学者认识的继承和发展。他取唐人李复言所著小说《续玄怪录》与韩愈任朝廷史官所修《顺宗实录》相印证,证明唐代中叶宦官屡屡制造宫廷剧变,用阴谋手段处死皇帝,外廷士大夫只充当附属物。陈氏除引证《续玄怪录》及《顺宗实录》中有关的史料外,又引用《旧唐书》之《宪宗纪》《俱文珍传》及《刘梦得外集》等相互比勘,最后得出结论说:"依据上引诸条综合观之,可知前言永贞内禅即新故君主替嬗之事变,实不过当日宫禁中阉人两党竞争之结局,其说诚不诬矣。夫顺宪二宗帝王父子且为其牺牲品及傀儡子,何况朝臣若王伾王叔文韦执谊刘禹锡柳宗元之徒乎?……然则永贞内禅及宪宗被弑之二大事变,即元和一代,其君主与宦官始终之关系,实为穆宗以后阉党之深讳大忌,故凡记载之涉及者,务思芟夷改易,绝其迹象。李书此条实乃关于此事变幸存之史料,岂得以其为小说家言,而忽视之耶?"④ 第三,陈氏还论述了史料的多重性。一些已被证明了的伪材料,在特定条件下能否成为真材料?他的答复是肯定的。他说:"以中国今日之考据学,

---

① 陈寅恪:《冯友兰中国哲学史上册审查报告》,《金明馆丛稿二编》,第247页。
② 陈寅恪:《顺宗实录与续玄怪录》,《金明馆丛稿二编》,第74页。
③ 王世贞:《弇山堂别集》卷二十《史乘考误一》,中华书局1985年版,第361页。
④ 陈寅恪:《顺宗实录与续玄怪录》,《金明馆丛稿二编》,第80—81页。

已足辨别古书之真伪。然真伪者，不过相对问题，而最要在能审定伪材料之时代及作者，而利用之。盖伪材料亦有时与真材料同一可贵。如某种伪材料，若径认为其所依托之时代及作者之真产物，固不可也。但能考出其作伪时代及作者，即据以说明此时代及作者之思想，则变为一真材料矣。"对于儒家及诸子"经典"，他又认为必须用历史发展的眼光有分析地慎重地对待："中国古代史之材料，如儒家及诸子等经典，皆非一时代一作者之产物。昔人笼统认为一人一时之作，其误固不俟论。今人能知其非一人一时之所作，而不知以纵贯之眼光，视为一种学术之丛书，或一宗传灯之语录，而断断致辩于其横切方面。此亦缺乏史学之通识所致。"① 因此，他曾劝其学生用这种历史的纵贯眼光将《周礼》分为两部分：书中保存之真旧材料，可用金文及《诗》《书》比证；编纂者附加的伪材料，可用同时代的文字比证。又有人认为，宋明时期史论之作繁多，其中往往逞空臆说，毫无价值。陈氏则认为，这类史论，当其发为言论之时，已经印入作者及其时代的思想意识和社会背景，故可以作为考察作者时代的社会特点之材料使用。有的议论，系对前人著作有所误解而发出不恰当的批评，但善治史者，又能以此作为研究批评者时代特点之材料。如洪迈在《容斋随笔》中曾评论白居易在江州夜入商人妇船为不道德，这是洪氏对《琵琶行》诗的误解（根据诗意，白氏并没有进入商人妇的船，却是商人妇被邀来到白氏送客的船）。陈寅恪却用洪迈的评论来说明唐、宋两代士大夫礼法观念的不同。陈氏能如此区分材料的多重性，予以恰当使用，故被学者誉为"目光实甚锐敏"②。第四，极其重视新材料的发现和运用对于开拓学术新领域、形成学术新风气的意义。对此，陈氏有极精到的论述："一时代之学术，必有其新材料与新问题。取用此材料，以研求问题，则为此时代学术之新潮流。治学之士，得预于此潮流者，谓之预流（借用佛教初果之名）。其未得预者，谓之未入流。此

---

① 陈寅恪：《冯友兰中国哲学史上册审查报告》，《金明馆丛稿二编》，第248页。
② 金应熙：《陈寅恪》，《中国史学家评传》（下册），第1366页。

古今学术史之通义，非彼闭门造车之徒，所能同喻者也。"①

三、祛蔽求真的治史旨趣

陈寅恪治史，始终以自觉地祛蔽求真为指导思想。他在《三论李唐氏族问题》一文中曾说："夫考证之业，譬诸积薪，后来者居上，自无胶守所见，一成不变之理。寅恪数年以来关于此问题先后所见亦有不同，按之前作二文，即已可知。但必发见确实之证据，然后始能改易其主张，不敢固执，亦不敢轻改，惟偏蔽之务去，真理之是从。"② 此言虽针对考证李唐氏族问题而发，实际上是借此具体例证而阐发其治史一贯的祛除偏蔽、求得真知的明确指导思想。他熟悉典籍，掌握了大量的史料，研究每一问题，总是先调集各方面的详细史料，逐条地对史料的可靠性加以辨正，尽可能做到多方参证，追根溯源；对于可靠的史料，进而联系史料的来历、作者的身份背景，进一步判断其可信程度如何；又再进而联系各方面的史料加以疏通、诠释，以明了此一史料所能说明的历史事件或社会情状的真相，究其前因后果；最后放在历史的大背景中，综合各方面的史实，阐发历史演进的趋势，求得通则性或规律性的见解。故有的学者称他是"既注意具体历史事实的精确性，又重视从历史全局着眼研究历史问题"③，这是对陈氏治史"通识"相当中肯的诠释。

《论李栖筠自赵徙卫事》一文，将《白居易文集》《新唐书》《权德舆文集》中三段不为人重视的记载联系起来，说明李栖筠（李吉甫之父、李德裕之祖父）本是河北拥有地方势力的豪族之家，安史之乱前却忽然迁居至河南汲郡共城山，其原因是，这一时期河北地区民族关系出现了新格局。"自玄宗开元初，东突厥

---

① 陈寅恪：《陈垣敦煌劫馀录序》，《金明馆丛稿二编》，第236页。
② 陈寅恪：《三论李唐氏族问题》，《金明馆丛稿二编》，第304页。
③ 何龄修：《〈柳如是别传〉读后》，见《纪念陈寅恪教授国际学术讨论会文集》，中山大学出版社1989年版，第642页。

衰败后，其本部及别部诸胡族先后分别降附中国，而中国又用绥怀政策，加以招抚。于是河北之地，至开元晚世，约二十年间，诸胡族入居者日益众多，喧宾夺主，数百载山东士族聚居之旧乡，遂一变而为戎区。"原来世代居住的河北士族，"今则忽遇塞外善于骑射之胡族，土壤相错杂，利害相冲突，卒以力量不能敌抗之故，惟有舍弃乡邑，出走他地之一途"。①从详细考证一家一事入手，又从大处着眼，放在广阔的背景来考察，说明民族关系变化这一"中古史之大事"。由上述思路的发展，便形成陈氏在《唐代政治史述论稿》中的基本观点，主要以统治集团的升降转移，及周边民族与中央地区政治、文化的互动关系为中心，来探索唐代政治史发展的基本线索。其后所撰《论隋末唐初所谓"山东豪杰"》一文，又通过对一些史实的周密考证，补充和发挥上述见解。他认为，"隋末唐初之史乘屡见'山东豪杰'之语，此'山东豪杰'者乃一胡汉杂糅，善战斗，务农业，而有组织之集团，常为当时政治上敌对两方争取之对象"②。唐太宗在与李建成、元吉争夺政权中，即因得到这一集团中人物的支持，才取得胜利。他据敦煌文书中发现的唐写本李义府撰常何碑文，参证史籍其他记载，认定此碑文为研究唐太宗为何在玄武门之变取得胜利的"最佳史料"。常何，汴州人，其身世经历与徐世勣相似，居家时喜以财物结交各路人物，在隋末群雄并起中与徐世勣关系至密，常何又曾从李建成平定河北，故建成亦以旧部视之而不疑。玄武门事变前夕，太宗以三十金梃、数十金刀子予常何，以赐守卫玄武门骁勇之夫，这种以金宝买通的办法，与建成、元吉的金银器物赐与尉迟敬德手段正复相同。"太宗能于武德九年六月四日预伏其徒党于玄武门，而守卫将士亦竟不之发觉，建成、元吉虽先有警告，而不以为意者，殆必以常何辈守卫玄武门之将士至少非太宗之党徒也。碑文所谓'九年六月四日令总北门之寄'。则此事变中何地位之重要及其功绩之伟大，据是可推知

---

① 陈寅恪：《论李栖筠自赵徒卫事》《金明馆丛稿二编》，第5页。
② 陈寅恪：《论隋末唐初所谓"山东豪杰"》，《金明馆丛稿初编》，第217页。

矣。""总之，太宗之戡定内难，其得此系统人物之助力，较任何其他诸役如战胜隋末群雄及摧灭当时外族者为更多也。"①

同在 50 年代初，陈氏又撰有《记唐代之李武韦杨婚姻集团》一文，则进一步揭示出唐代统治集团地位升降中的一个关键事件——唐高宗下诏册立武则天为皇后，它标志着唐初以来垄断政权的关陇贵族集团的地位之破坏，而被山东寒族集团取而代之掌握朝政。陈氏详引新旧《唐书》本纪、诸传，及《册府元龟》《通鉴》等文献，深入考证，阐明武则天之父武士彟本为太原文水县一商贩寒人，因经营木材生意投机致富，是属于与关陇贵族集团相对立的山东寒族，李渊领兵汾晋时，受其顾接，后李渊留守太原，引为行军司铠参军。又以大将军府铠曹参军从李渊平京师，故士彟有参与起义的资格，成为当时新贵。武则天之召入宫，又有其生母杨氏是隋朝皇族支系、门望甚重这一层关系。唐高宗欲废王皇后、立武则天为后，在筹划期间，曾遭重臣长孙无忌、于志宁、褚遂良三人激烈反对。陈氏透过表象究其实质，认为："当高宗废王皇后立武昭仪之时，朝臣赞否不一，然详察两派之主张，则知此事非仅宫闱后妃之争，实为政治上社会上关陇集团与山东集团决胜负之一大关键。"② 其根据为分析反对、赞成两派之籍贯、门第出身背景。除参与决策的四位重臣中之长孙无忌等三人都属于关陇贵族集团外，韩瑗、上官仪也各出身于雍州、陕州。赞成派中的首领为徐世勣，为四位重臣之一，属山东寒族，又掌握兵权，故高宗敢于依靠于他而不顾元舅长孙无忌等三人之反对。《册府元龟·宰辅部·净谏门》载，高宗提出商议之日，遭长孙无忌等三人反对，帝不悦而罢。翌日，高宗言之，褚遂良又持异议，帝大怒，命引出之。又《宰辅部·依违门》载，李勣（即徐世勣）为太尉，高宗欲废王皇后，立武昭仪，韩瑗、来济谏，皆不纳。勣密奏曰：此是陛下家事，何须问外人。高宗之志乃决。陈氏又考证其他持赞成意见之朝臣，崔义玄，贝

---

① 陈寅恪：《论隋末唐初所谓"山东豪杰"》，《金明馆丛稿初编》，第 226 页。
② 陈寅恪：《记唐代之李武韦杨婚姻集团》，《金明馆丛稿初编》，第 243 页。

州武城人；许敬宗，杭州新城人；李义府，瀛州饶阳人。陈氏之结论是："武氏之得立，其主要原因实在世勣之赞助。……世勣在当时为军事力量之代表，高宗既得此助，自可不顾元舅无忌等关陇集团之反对，悍然行之。然则武曌之得立为皇后乃决定于世勣之一言，而世勣所以不附和关陇集团者，则以武氏与己身同属山东系统，自可不必反对也。"并认为，唐高宗永徽六年冬十月乙卯下诏立武则天为皇后，乃是唐代政治史演变至为关键之事件。"此诏之发布在吾国中古史上为一转捩点，盖西魏宇文泰所创立之系统至此而改易，宇文氏当日之狭隘局面已不适应唐代大帝国之情势，太宗以不世出之英杰，犹不免牵制于传统之范围，而有所拘忌。武曌则以关陇集团外之山东寒族，一旦攫取政权，久居洛阳，转移全国重心于山东，重进士词科之选举，拔取人材，遂破坏南北朝之贵族阶级，运输东南之财赋，以充实国防之力量诸端，皆吾国社会经济史上重大之措施，而开启后数百年以至千年后之世局者也。"[①] 历来治唐史者，并未曾有人对于高宗立武后之诏书特别加以注意，陈寅恪却通过博考详论，阐发其象征山东寒族取得政权后，所引起的唐朝政治、选举、财政各方面带根本性变化的异乎寻常的意义，堪称是陈氏运用其"通识"取得重要创获的例证。

四、有关方法论的精到概括

陈寅恪治史"通识"还突出地表现在他两项具有方法论意义的概括。一是"通性之真实"，此指笔记小说高度地概括出社会史的内容，故具有值得重视的史料价值。他认为，诗歌和小说作为史料来说是各有不同的特点的。唐代及以后的诗歌，咏事者甚多，常能提供关于时、地、人的确切材料，可资校正史籍的讹

[①] 陈寅恪：《记唐代之李武韦杨婚姻集团》，《金明馆丛稿初编》，第247—249页。

误。小说与此不同，其中的年代、人名、地名等多是不确实的，但其人物或情节的通性则往往能反映历史的真实。例如《莺莺传》中主要人物的姓名和其遇合情节多是虚构的，不必深考，但我们却可以从中了解到唐代后期的门第观念和婚姻观念。如果同白居易的《井底引银瓶》诗合起来研究，就能知道男女关系上"始乱终弃"已经成为当时严重的社会问题了。诚如金应熙先生所说："陈氏由此指出《莺莺传》的社会史料价值，确是能发人之所未发。"① 撇开个性即特殊性，去认识"通性"，即典型性，这种辩证分析的眼光确是陈氏很高明的见识。我们由此联系到恩格斯在论及巴尔扎克名言时讲的一段名言："他在《人间喜剧》里给我们提供了一部法国'社会'，特别是巴黎'上流社会'的卓越的现实主义的历史。……围绕着这幅中心图画，他汇集了法国社会的全部历史，我从这里，甚至在经济细节方面（诸如革命以后动产和不动产的重新分配）所学到的东西，也要比从当时所有职业的史学家、经济学家和统计学家那里学到的全部东西还要多。"② 白寿彝先生也曾论及："文学作品中的典型人物和典型事迹，如果写得好，会比历史记载更能反映社会面貌。""如唐代诗人元稹所写的《织女词》里面有这样的诗句：'东家头白双女儿，为解桃纹嫁不得。'……这样的诗句内容，关系到工艺传授的封建性问题，关系到中国封建社会生产力的问题。这是很重要的社会史材料。"③ 这些论述都与陈氏的观点相通，对于我们研史很有启发意义。

二是诗文证史要究明"今典"。所谓"今典"，是指作者当日之情事。"许多作者在用典时还往往'借古典以述今事'，同当日情事有密切的联系，这就是'今典'。只有弄清今典，才能透彻了解作者的用意，并且进一步增进对作家和作品的了解。"④ 但究

---

① 金应熙：《陈寅恪》，《中国史学家评传》（下册），第1366页。
② 《恩格斯致玛·哈克奈斯》，《马克思恩格斯选集》第四卷，人民出版社1995年版，第683—484页。
③ 白寿彝主编：《史学概论》，宁夏人民出版社1983年版，第194页。
④ 金应熙：《陈寅恪》，《中国史学家评传》（下册），第1369页。

明"今典"需下大功夫。"须考知此事发生必在作此文之前,始可引之,以为解释。否则,虽似相合,而实不可能。此一难也。此事发生虽在作文以前,又须推得作者有闻见之可能。否则其时即已有此事,而作者无从取之以入其文。此二难也。"① 陈氏在其论文《读哀江南赋》及其巨著《柳如是别传》中,都为考明"今典"及运用其史料价值作出了很好的示范。

陈寅恪治史重视详细占有材料、从比较和联系中揭示全局性大事、祛蔽求真,具有"通识"等基本特点,使他与唯物史观的科学思维有许多相通之处。除了上面述及的他的考证方法和史料学观点中许多符合唯物主义和辩证法的精华外,我们还可举出:陈氏治史以"求真"为鹄的,但他不反对致用,而认为求真与致用二者可以一致。他在阐述唐代"外族盛衰之连环性"这一基本观点时说:"国人治史者于发扬赞美先民之功业时,往往忽略此点,是既有违学术探求真实之旨,且非史家陈述覆辙,以供鉴诫之意,故本篇于某外族因其本身先已衰弱,遂成中国胜利之本末,必特为标出之,以期近真实而供鉴诫。"② 这同唯物史观学派主张在提高科学性的前提下发挥史学的社会功用,同样是相通的。陈氏多次论述经济条件对于历史进程的重要作用。《王观堂先生挽词》即云,中国古代纲纪之说之所以长期保留而不动摇,实由"其说所依托之社会经济制度未尝根本变迁",而至近代,由于"社会经济之制度"发生"剧疾之变迁",遂导致纲纪之说"销沉沦丧","终归于不可救疗之局"。③ 他在《柳如是别传》中解释为何吴江盛泽镇声伎风流之盛,几可拟于金陵,原因是:"其故盖非因政治,而实由经济之关系有以致之","吴江盛泽实为东南最精丝织品制造市易之所,京省外国商贾往来集会之处。……吴江盛泽诸名姬,所以可比美于金陵秦淮者,殆由地方丝织品之经济性,亦更因当日党社名流之政治性,两者有以相互

---

① 陈寅恪:《读哀江南赋》,《金明馆丛稿初编》,第209页。
② 陈寅恪:《唐代政治史述论稿》,第126页。
③ 陈寅恪:《王观堂先生挽词(并序)》,《寒柳堂集·寅恪先生诗存》,第6、7页。

助成之欤？"① 他又解释郑成功祖孙三代相继抗清能够坚持数十年的原因："郑氏父子之兴起，非仅由武力，而经济方面，即当时中国与外洋通商贸易之关系有以致之。明南都倾覆，延平一系犹能继续朱氏之残余，几达四十年之久，绝非偶然。"② 何龄修认为这是陈氏史学研究的明显的进步，他有很中肯的评价："值得注意的是，在《柳如是别传》中他又重视社会经济对政治、军事、文化的影响，经济发展成了他解释历史现象的又一条指导性线索。这当然并不是历史唯物主义，但却证明陈氏的思想更加活跃，眼光更加扩大。这是一种明显的发展和进步。"③

陈氏曾在高度评价王国维史学成就之后云："先生之学说，或有时而可商。"④ 此言用于陈氏学说也同样适用。唐代历史问题错综复杂，一个学者根据自己所掌握的史料作出的论断，不可能全部正确无误。《唐代政治史述论稿》中，曾引用晚清学者沈曾植之言："唐时牛李两党以科第而分，牛党重科举，李党重门第。"称之为"卓识"并加以发挥。岑仲勉先生则认为："吾人细从事实推求之，则知牛党对德裕，只是同一士族阶级内结党营私者与较为持正者之相互间斗争，并非'门第'与'科举'之斗争。"⑤ 尚有其他学者撰文，提出李德裕无党、李德裕并不否定科举制本身等商榷意见。⑥ 海外汉学界对陈氏多有推崇，同时对其一些具体论断也提出质疑，如《剑桥中国隋唐史·导言》说：关于唐代政治和制度史的论述，"他的主要贡献是对不同的对立集团和利益集团的分析，因为这些集团为唐代的宫廷政治提供了动力"。"此书的每一章节都很得益于陈的研究成果，虽然陈对具体

---

① 陈寅恪：《柳如是别传》上册，上海古籍出版社1980年版，第329—330页。
② 陈寅恪：《柳如是别传》中册，上海古籍出版社1980年版，第727页。
③ 何龄修：《〈柳如是别传〉读后》，《纪念陈寅恪教授国际学术讨论会文集》，第643页。
④ 陈寅恪：《清华大学王观堂先生纪念碑铭》，《金明馆丛稿二编》，第218页。
⑤ 岑仲勉：《隋唐史》，河北教育出版社2000年版，第400页。
⑥ 参见胡戟《陈寅恪与中国中古史研究》，《历史研究》2001年第4期。

问题的明确的观点受到了挑战。"[1] 史学研究正应该通过在继承前人的科学成果的基础上勇于创新和对不同的意见展开论辩切磋中不断向前推进。

（原刊《中州学刊》2003 年第 4 期）

---

[1] ［英］崔瑞德编：《剑桥中国隋唐史》，中国社会科学出版社 1990 年版，第 10、11 页。

跋　语

读书治学之路崎岖曲折
却又充满欣喜格外充实
大学里种下梦想
研究生阶段幸遇名师指导
从此走进学术殿堂
深深庆幸自己赶上这伟大时代
沐浴着学术发展的大好春光
刻苦自励辛勤耕耘
三十几个寒暑
三百万字篇章
抒写我对祖国优良文化传统的挚爱
对新世纪学术灿烂前景的渴望

上面这段话，表达了我编完《史学萃编》全书后的真切感受。直至此刻，我的心中仍然洋溢着殷切的感激之情，因为这九种著作的相继撰成和全书汇集出版，论其根源都应得力于时代之赐！这也正如我在最近完成的《历史学新视野——展现民族文化非凡创造力》一书后记中所言："置身于这个伟大的时代，我才有真情、有毅力为深入发掘和理性对待祖国优秀传统文化而接连写出这些论著，并且充满乐观和深情地展望我们民族的未来。"

北京师范大学历史学院对本书的汇集出版给予了宝贵的大力支持。华夏出版社对全书出版予以热心帮助，责任编辑杜晓宇、董秀娟、王敏三位同志为编校工作付出很大心力。为这九本书稿做查核引文、校正错字、规范注释的工作甚为复杂繁重，幸赖各位教授、博士热心为我帮忙，细致工作，付出很大心力，他们是：晁天义、张峰、刘永祥、屈宁、焦杰、李玉君、张雷、施建雄、宋学勤、谢辉元。谨在此向以上单位和朋友郑重表示衷心的谢忱！夫人郭芳多年以来除尽力服务于其本职工作和照顾家庭之外，又为帮助我电脑录入、校对文稿等项付出辛勤的劳动，也在此向她深切致谢！

书中不当之处，诚恳地期望专家、读者惠予指正！

陈其泰

2017 年 8 月 12 日